# Brincar

Conhecimento que transforma.

A Artmed cresceu e agora é Grupo A. Uma empresa que engloba várias editoras e diversas plataformas de distribuição de informação técnica, científica e profissional. E que, além dos selos Artmed, Bookman, Artes Médicas e McGraw-Hill, agora possui uma nova marca exclusiva para as Ciências Humanas: **a Penso editora, que gradativamente vai substituir e ampliar a atuação da Artmed no segmento.**

---

B858    Brincar : aprendizagem para a vida / Avril Brock ... [et al.] ; tradução: Fabiana Kanan ; revisão técnica: Maria Carmen Silveira Barbosa. – Porto Alegre : Penso, 2011.
        396 p. : il. ; 25 cm.

        ISBN 978-85-63899-18-7

        1. Educação infantil. I. Brock, Avril.

CDU 373.2

---

Catalogação na publicação: Ana Paula M. Magnus – CRB 10/2052

# Brincar

| Aprendizagem para a vida |

Avril Brock
Sylvia Dodds
Pam Jarvis
Yinka Olusoga

Tradução:
Fabiana Kanan

Consultoria, supervisão e revisão técnica desta edição:
Maria Carmen Silveira Barbosa
*Doutora em Educação pela Universidade de Campinas.
Professora na Faculdade de Educação da
Universidade Federal do Rio Grande do Sul.*

2011

Obra originalmente publicada sob o título *Perspectives on play: learning for life*
ISBN 1-4058-4673-9
Pearson Education Limited 2009.
This translation of *Perspectives on play: learning for life*, 1st Edition is published
by arrangement with Pearson Education Limited.
Portuguese language translation (c) 2011 by Artmed Editora S.A.

Capa
*Ângela Fayet – Illuminura design*

Preparação de originais
*Marcelo de Abreu Almeida*

Leitura final
*Cristine Henderson Severo e Jonas Stocker*

Editora Sênior – Ciências Humanas
*Mônica Ballejo Canto*

Editora responsável por esta obra
*Carla Rosa Araujo*

Projeto e editoração
*Armazém Digital® Editoração Eletrônica – Roberto Carlos Moreira Vieira*

Reservados todos os direitos de publicação, em língua portuguesa, à
ARTMED® EDITORA S.A.
Av. Jerônimo de Ornelas, 670 - Santana
90040-340 Porto Alegre RS
Fone (51) 3027-7000 Fax (51) 3027-7070

É proibida a duplicação ou reprodução deste volume, no todo ou em parte,
sob quaisquer formas ou por quaisquer meios (eletrônico, mecânico, gravação,
fotocópia, distribuição na Web e outros), sem permissão expressa da Editora.

SÃO PAULO
Av. Embaixador Macedo de Soares, 10.735 - Pavilhão 5 - Cond. Espace Center
Vila Anastácio 05095-035 São Paulo SP
Fone (11) 3665-1100 Fax (11) 3667-1333

SAC 0800 703-3444

IMPRESSO NO BRASIL
*PRINTED IN BRAZIL*
Impresso sob demanda na Meta Brasil a pedido de Grupo A Educação.

À Jackie Brock, por sua perseverança e apoio; para Kirsty, David, Melissa, Simon, Joe e Tom pelas suas brincadeiras; e é claro, à JJ, por manter o sustento contínuo durante as longas horas de escrita.

**Avril Brock**

Aos meus filhos. Alex e Mark, que ainda me encorajam a brincar com eles, a aprender novas habilidades e com quem tenho tido muitos momentos agradáveis, que serviram de referência para contribuir com esse livro. Também à Jos, meu marido e outros membros da família que sempre acreditaram em mim e tem estado ao meu lado enquanto vou atrás dos meus sonhos.

**Sylvia Dodds**

Aos meus pais e avós, que foram o arco e meus filhos, que são as flechas: "o arqueiro vê o alvo no caminho do infinito".

**Pam Jarvis**

À minha mãe Marion Olusa e ao meu companheiro Dan Austin, pelo apoio e encorajamento que ambos me proporcionaram durante a escrita deste livro e me lembravam de ter tempo para a brincadeira na minha própria vida. Ele também é dedicado a uma outra grande realização dos últimos doze meses, minha filha Mia. Gosto de acreditar que Mia e eu produzimos o meu capítulo juntas, porque eu estava grávida de sete meses nessa época. À medida que escrevia, seus chutes e brincadeiras dentro da minha barriga eram uma fonte constante de imaginação, enquanto eu ansiava poder vê-la brincando e aprendendo durante o seu crescimento.

**Yinka Olusoga**

# Autores

**Avril Brock**
Professora na Leeds Metropolitan University.

**Sylvia Dodds**
Mestre em Educação pela Open University. Especialista em formação de professores.

**Pam Jarvis**
PhD em Educação pela Leeds Metropolitan University. Tutora educacional na Open University. Consultora no Bradford College.

**Yinka Olusoga**
Professora Leeds Metropolitan University.

---

**Fraser Brown**
Professor Leeds Metropolitan University. Presidente da Ais for Romanian Children.

**Jackie Brock**
Pesquisadora sobre a primeira infância.

**Jane George**
Coordenadora e professora do programa para a primeira infância no Bradford College.

**Jonathan Doherty**
Coordenador e professor na Leeds Metropolitan University.

**Phil Jones**
Professor na Leeds Metropolitan University.

# Agradecimentos

## DOS AUTORES

### Avril Brock

Este livro não teria sido escrito sem a ajuda de membros da família, amigos, colegas, alunos, professores, enfermeiras de berçário e um monte de crianças. Em particular para: as famílias: David, Kirsty e Melissa; Jackie, Joe e Tom; Annabelle, William e Claudia; Fiona e Emily; Ken, Helen, Jed e Holly; Jo e Theo; Stuart, Pauline, Alex e Jack. Aos profissionais, Cynthia, Dawn, Francesca, Helen, Joan, Julie, Maggie, Marianne, Margaret, Naseem, Paul, Sarah, Scott, Tiffany e aos alunos de graduação e mestrado da Leeds Metropolitan University e do Bradford College.

### Sylvia Dodds

Este livro não teria sido possível sem os muitos indivíduos que influenciaram a minha prática ao longo dos anos. Desde a primeira criança para quem lecionei, e que me mostrou o quanto os professores fazem diferença, até as criança que gostaram de brincar, tanto quanto eu. Agradeço aos professores que compartilharam a minha paixão pelo ensino e pela aprendizagem e aos colegas que facilitaram minha reflexão e me encorajaram a ser uma profissional melhor. Obrigada aos alunos, pais e administradores na River Oaks, Oakville, Ontario, no Canadá que permitiram o uso das imagens das crianças, entre elas: Caitlin Bevington, Ocean Bryan, Tevin Doyley, Julianna Macmillan, Nicole Porter, Gillian Sandison, Amber Syme, Lex Jeffrey, Olivia Olberholster, Jasmine Stiff e Maddie e Katelyn Hill. Agradeço especialmente a minha grande família (aos meus pais, aos meus pais emprestados, Sheila e Neil e Parrys e Woodies) que nunca pararam de aprender e ainda amam brincar. Por fim, aos meus coautores e amigos Avril, Pam e Yinka, pela inspiração e encorajamento em fazer desse sonho uma realidade.

### Pam Jarvis

Agradeço ao meu marido, Chris Jarvis, pela ajuda na organização deste livro e aos meus filhos Claire, Sian e Andrew Jarvis por permitirem que eu observasse algumas brincadeiras e tirassem várias fotografias que foram utilizadas neste livro. Gostaria de agradecê-los, principalmente, por terem suportado um Natal de muito trabalho, devido às minhas infinitas revisões! O meu muito obrigado a todas as crianças, colegas e alunos que participaram das pesquisas que embasaram este livro nos últimos seis anos, e que, devido a ética de pesquisa, devem permanecer anônimos.

**Yinka Olusoga**

Agradeço aos meu coautores, Avril, Pam e Sylvia, pelo apoio profissional e pessoal incalculável tanto durante quanto depois de minha gravidez. À Verna Kilburn que serviu de inspiração no meu ofício de ser professora. À Maureen Small, enfermeira de berçário, por seu direcionamento, sua sabedoria e seu profissionalismo. À professora Denise Johnston, pela compreensão e pelo humor. Os alunos da Bradford College e da Leeds Metropolitan University. Aos meus irmãos, David, Kemi, Peter, Moremi, Daniel e Vin, com quem dividi brincadeiras: "Quem diria que o brincar com vocês era (e ainda é), na verdade, pesquisa?"

## DA PEARSON EDUCATION

Agradecemos pela permissão para reproduzir os seguintes materiais com direitos autorais:

Figura 2.2: Jordan, B. Em Anning, A., Cullen, J. E Fleer, M. (editores) (2004) *Early Childhood Education: Society and Culture*, (direitos autorais, Jordan, B. 2004), reproduzida com permissão da SAGE, Londres, Los Angeles, Nova Delhi e Cingapura.

Figura 2.3: Sylvia, K., Taggart, B., Siraj-Blatchford, I., Totsika, V, Ereky-Stevens, K., Gilden, R. E Bell, D. Em *International Journal of Early Years education*, Volume 15, Número 1 Março de 2007, reproduzido com permissão da Taylor & Francis Ltd http://www.tandf.co.uk/journals).

Figura 2.7: Adaptada de Whiting e o Modelo psicocultural de Whiting em *The Cultural Nature of Human Development* (2003), Rogoff, B. Reproduzida com permissão da Oxford University Press, Inc.

Figura 6.6: Kolb, Wallace, M (1999), Quando a aprendizagem experimental não é aprendizagem experimental? In: Claxton, G., Atkinson, T., Osborn, M. E Wallace, M. (editores), *Liberating the Learner* (1996). Routledge, reproduzida com permissão de Taylor & Francis Books Ltd.

Agradecemos pela permissão de reproduzir as seguintes fotografias:

Figura 1.1 reproduzida com permissão de UK21/ Alamy. Figura 1.4, reproduzida com permissão de Homer Sykes Archive/ Alamy. Figura 1.5, reproduzida com permissão de Sarah Winterflood/ Alamy. Figura 3.1, reproduzida com permissão de Janine Wiedel Photolibrary/ Alamy. Figura 4.4, reproduzida com permissão de Bubbles photolibrary / Alamy. Figura 7.3, Fotografia *Bonobo Playface* de Frans de Waal. Figura 8.1, reproduzida com permissão de John Callan/ reportdigital.co.uk. Figura 8.3, reproduzida com permissão de Jim West / Alamy. Figura 8.4 reproduzida com permissão de Paul Box / reportdigital.co.uk.

Nós somos gratos pela permissão de reproduzir os seguintes textos:

*When we were very young*, de A.A. Milne, direitos autorais dos administradores das propriedades Pooh, publicado por Egmont UK Ltd Londres e utilizado com permissão. *Spring Morning*, de A. A. Milne, de *When we were very young*, de A. A. Milne, ilustrações de E. H. Shepard, direitos autorais de 1924, de E. P. Dutton, renovado em 1952 por A. A. Milne. Utilizado com permissão de Dutton Children's Books, uma divisão da Penguin Young Readers Group, um membro do Penguin Group (USA) Inc., 345 Hudson Street, Nova York, NY 10014. Todos os direitos reservados. *Telegraph letter 2006*, reimpresso com permissão dos autores, Sue Palmer e Dr. Richard House. *On the trail of Santa Claus*, de Cole Moreton, de *The Independent on Sunday*, 23 de dezembro de 2007, direitos autorais do The Independent. *Game Over for China's Net Addicts*, de www.redherring.com, com permissão de Foste Reprints (Agência Reuters). *Speak to us of children*, de *O Profeta* de Gibran, K. (1923), Random House.

Em algumas circunstâncias fomos incapazes de encontrar os donos de materiais com direitos autorais, e apreciaríamos qualquer informação que possa nos ajudar a fazê-lo.

# Sumário

Prefácio ................................................................................................13
Introdução ............................................................................................15

## PARTE I
**O valor da brincadeira. As perspectivas
psicossociais, educacionais e recreativas**

**1** Três perspectivas sobre a brincadeira ..............................................22
**Pam Jarvis, Avril Brock e Fraser Brown**

**2** Nós não brincamos assim aqui: perspectivas
sociais, culturais e de gênero sobre a brincadeira ..............................61
**Yinka Olusoga**

## PARTE II
**As crianças brincando.
Uma jornada ao longo dos anos (0-11)**

**3** O currículo e a pedagogia da brincadeira:
uma profusão de perspectivas ........................................................94
**Avril Brock**

**4** Nascidos para brincar: bebês e crianças pequenas brincando .......................127
**Jonathan Doherty, Avril Brock, Jackie Brock e Pam Jarvis**

**5** Brincadeiras nos primeiros anos: liberdade para brincar –
não apenas permitido, mas também obrigatório! ...............................160
**Avril Brock**

**6** Nós queremos brincar: crianças dos primeiros anos
brincando na sala de aula ............................................................193
**Sylvia Dodds**

## PARTE III
**Apoiando a brincadeira das crianças**

**7** Construindo "firmeza social" para a vida: brincadeiras
duras e brutas nos primeiros anos ....................................................228
**Pam Jarvis**

**8** A brincadeira para as crianças com
necessidades educacionais especiais ..........................................252
**Jonathan Doherty**

**9** Playwork: ambientes de brincadeira ............................................281
**Fraser Brown**

**10** Começando a brincadeira: pesquisas
sobre a brincadeira e a dramaterapia...........................................299
**Phil Jones**

## PARTE IV
**Perspectivas finais**

**11** Brincar, aprendizagem para a vida: o papel vital
da brincadeira no desenvolvimento humano .............................324
**Pam Jarvis e Jane George**

**12** E agora, como fica a brincadeira? ...............................................347
**Pam Jarvis, Sylvia Dodds e Avril Brock**

Glossário ............................................................................................356
Referências ........................................................................................366
Índice ..................................................................................................388

# Prefácio

Perto do fim do livro, os autores usam uma frase que para mim soa muito fortemente. A frase se refere às *"duas décadas de aridez no que diz respeito à brincadeira nos anos finais do século vinte"*. É uma referência à diminuição implacável dos encontros para brincar e da reunião de crianças e pessoas jovens na nossa sociedade ocidental. Em particular, este livro chama atenção para as reduções enormes de oportunidades para brincar que tem sido testemunhada na Inglaterra, desde a introdução do Ato de Reforma da Educação (ERA) em 1988, a busca consequente e inflexível de testar as crianças e a pressão nas escolas e professores para ensiná-las a passar nesses testes, todos os quais foram subsequentemente perseguidos, depois do ERA. Como consequência, esforços enormes, intenções firmes e o compromisso do educador são agora necessários para restaurar a brincadeira como tendo um prestígio e valor alto nas nossas escolas particularmente, mas também em alguns casos nos nossos cenários dos primeiros anos, alguns dos quais sucumbiram, compreensivelmente talvez, às pressões para aumentar as atividades direcionadas por adultos e diminuir as atividades iniciadas por crianças – ou brincadeiras, como são mais bem conhecidas. Um novo equilíbrio precisa ser alcançado agora e esse livro será um instrumento para aqueles que escolherem alcançá-lo em favor das crianças em todos os lugares, dentro e fora das escolas.

Os autores acreditam que a hora é propícia para uma reviravolta na brincadeira e estão muito otimistas de que a brincadeira está voltando ao seu lugar de direito na herança das experiências humanas, especialmente para as crianças pequenas. Eles declaram isso com firmeza desde o início e nos capítulos seguintes fazem tudo que podem para acelerar o movimento na direção do máximo de exposição ao aprendizado através da brincadeira como um direito e não um "presente" dos adultos.

Um foco principal é faixa etária do nascimento até os 5 anos, onde os autores antecipam que o impacto do Early Years Foundation Stage irá na direção de comprometer os educadores de um amplo âmbito de estabelecimentos com uma filosofia e pedagogia de aprender através da brincadeira e com os debates relacionados; porém, o livro também está verdadeiramente interessado que a brincadeira não pare até os 5 anos de idade. São fornecidos exemplos de crianças mais velhas investigando divertidamente o currículo dado e mostram como a resolução de problemas pode proporcionar uma transição natural pelas variações de faixa etária. Para apoiar essa questão, o livro abrange uma abordagem muito útil do desenvolvimento profissional, que é harmonizar o teórico com tarefas ilustrativas e práticas, assim como perguntas para os leitores que trabalham com crianças de todas as idades numa ampla extensão de contextos. Essa publicação poderia apoiar uma abordagem baseada em um estabelecimento escolar para se comprometer com as complexidades da brincadeira com as tarefas e com o material ilustrativo oferecendo um caminho na direção de uma reflexão conjunta. Os materiais também poderiam servir para aqueles que querem trabalhar em um nível mais intenso de desenvolvimento profissional, como por exemplo, pesquisadores de ação colaboradores acompanhando as tarefas e as reflexões juntamente.

Entretanto, esse livro não trata apenas da brincadeira nas escolas de educação infantil e nos primeiso anos; de forma muito útil ele aborda uma perspectiva muito mais ampla e sinaliza isso claramente no Capítulo 1 com um foco triplo: nas perspectivas sociológicas da brincadeira, a brincadeira como aprendizagem e sob uma perspectiva de playwork, um foco nos aspectos inatos e naturalistas da brincadeira, cada em deles instiga maneiras diferentes de ver e compreender a brincadeira, mas que são potencialmente complementares. De qualquer maneira, as três perspectivas trazem esclarecimentos úteis em vez de gerar conflito e servem para abrir a mente do leitor para novas rotas para compreender a brincadeira e suas complexidades. A metáfora "jornada" está em destaque no livro e o uso de exemplos práticos, muitos dos quais surgiram das pesquisas dos autores, ajudam a ilustrar as suas próprias jornadas para compreender a brincadeira, assim como para contribuir com a compreensão dos leitores.

Cada um dos capítulos tem um foco complementar e as áreas principais são tratadas ao longo do livro incluindo aspectos como cultura, gênero e identidade, necessidades educacionais especiais, brincadeiras de combate, e não muito comum, mas extremamente útil, a brincadeira como dramaterapia. Esse ecletismo é muito bem-vindo e ajuda a reiterar as reivindicações dos autores para uma abordagem exclusiva para um livro sobre a brincadeira. O relatório recente da UNICEF sobre a qualidade de vida insatisfatória no Reino Unido para suas crianças teve um impacto considerável; o livro se vale desse trabalho e reitera a necessidade de nesse momento olhar na direção de uma melhora na qualidade de vida das crianças no Reino Unido; a brincadeira está no centro disso e um melhor entendimento da brincadeira agora precisa ser o centro das perspectivas dos profissionais – esse livro não tem dúvida disso. Precisamos de novas maneiras de pensar e novos tipos de pedagogia.

Esse é um texto detalhado e rico e representa uma aproximação de algumas perspectivas teóricas familiares de maneiras acessíveis e interessantes para os seus leitores, juntamente com algumas complementações teóricas que trarão novos *insights*. O livro identifica seus leitores como provavelmente sendo pessoas que nutrem uma paixão pela brincadeira e fala em nome de todas elas, aprendizes e experientes, de uma perspectiva informada e igualmente apaixonada. Aqueles que não possuem uma paixão pela brincadeira podem se descobrir adquirindo uma à medida que forem avançando na leitura.

**Pat Broadhead**
Professora na Leeds Metropolitan University

# Introdução

Este livro busca explorar, desenvolver e ampliar a teoria e a prática da brincadeira, celebrando o lugar central que ela ocupa dentro do aprendizado das crianças desde o nascimento até os primeiros anos do ensino fundamental e afirma o seu *status* por direito como um veículo para o desenvolvimento dos alunos. O livro retrata e analisa teorias, questões, ideologias, percepções e práticas variadas da brincadeira. O seu objetivo é não somente estimular o leitor, mas também fornecer recursos para que os profissionais articulem, justifiquem, publiquem e forneçam evidências da necessidade da brincadeira. Ele também apoia os debates atuais que buscam colocar experiências de aprendizado ativas e orientadas por brincadeiras como uma base para uma aprendizagem para toda a vida.

Os primeiros anos estão no primeiro plano das mudanças pedagógicas e, desde a introdução do Curriculum Guidance for the Foundation Stage (CGFS), com sua pedagogia baseada na brincadeira, existe ao menos uma aceitação da importância de brincar dentro dos estabelecimentos educacionais. Esse livro trata das recentes mudanças de paradigma na educação, em que está na direção do ressurgindo um reconhecimento de que os processos de pensamento e aprendizagem das crianças são qualitativamente diferentes daqueles dos adultos. Assim, os autores escrevem usando variadas perspectivas que, apesar disso, concordam em uma questão central: o ímpeto de dar às crianças uma "voz" dentro das suas próprias atividades de desenvolvimento. O livro examina os principais programas internacionais, como o foco das Nações Unidas sobre os Direitos das Crianças e os relatórios de programas nacionais ingleses – o Children's Act, Every Child Matters, Excellence and Enjoyment, Early Years Foundation Stage e The Children's Play, entre outros.

O leitor verá exemplos de atividades com base na brincadeira em uma arena impressionante de lugares, incluindo salas de aula, playground, casa, a comunidade e outros lugares. O livro introduz, explora e demonstra como a brincadeira pode ser usada como um veículo para a aprendizagem em diversas áreas do currículo dentro dos estabelecimentos educacionais. A brincadeira é explorada sob uma grande variedade de perspectivas e colocada no seu lugar de direito dentro do desenvolvimento infantil como: um "aprendizado para a vida", uma atividade holística que pode ser amplamente utilizada, mas que não pode ser aprisionada dentro do ensino formal e do processo de aprendizado. Nesse ponto, o livro examina as propostas de brincadeiras sob diferentes perspectivas, incluindo a visão de profissionais como: educadores, assistentes sociais, terapeutas, responsáveis, pais e membros de equipes profissionais multidisciplinares.

Questões de diversidade e inclusão, incluindo o inglês como segunda língua, a educação para alunos com necessidades especiais e afiliação étnica e gênero formam uma parte importante do texto. Diversos autores estiveram empenhados em desenvolver teorias e práticas dentro de suas áreas específicas de habilidade e, como tais, proporcionaram capítulos que apresentam perspectivas totalmente novas sobre os tópicos em questão. Essas incluem o uso de uma perspectiva biocultural na análise das brincadeiras livres e ao ar livre, uma análise sociopsicológica do impacto da brincadeira, pesquisas sobre como obter o reflexo e o pensamento dos educadores de ducação infantil e o sucesso do playwork e da terapia do brincar por todo o planeta.

O objetivo do livro é encorajar seus leitores a examinar as perspectivas de pesquisa e considerar as implicações para a prática. Isso facilita o desenvolvimento de profissionais reflexivos, que utilizarão essas perspectivas não só como um ponto de partida para melhorar a prática, mas também como uma ferramenta para identificar os pontos principais para o seu desenvolvimento contínuo pessoal e profissional, particularmente no que diz respeito a acessar uma ampla gama de teorias modernas e evidências empíricas, e também informações de uma variedade exaustiva de perspectivas, contidas em um livro alegre e diversificado.

*Brincar: aprendizagem para a vida* não será apenas uma fonte valiosa para alunos que estejam estudando a infância, para professores que buscam a qualificação superior, mas também para os profissionais da educação infantil e da educação infantil envolvidos com a brincadeira. Perspectivas mais amplas dos campos da terapia do brincar e do playwork demonstram como a brincadeira pode contribuir para o desenvolvimento emocional, social, acadêmico, físico e cultural dos aprendizes de todas as idades.

## DETALHES DOS CAPÍTULOS

O Capítulo 1 introduz o leitor a três perspectivas sobre a brincadeira, que por sua vez examinam a utilidade da brincadeira (incluindo as teorias evolucionistas, do despertar da modulação, metacomunicativa e cognitiva, assim como identificar textos e terapias relacionados com a brincadeira ao longo do desenvolvimento psicológico), a necessidade de aproveitar a brincadeira para a aprendizagem e a importância de um currículo baseado nas brincadeiras e, finalmente, o lugar do playwork no desenvolvimento holístico da criança. Ele também aborda o problema de definir o que é "brincadeira" e o que "não é brincadeira" e a relação por vezes problemática e não amistosa da "brincadeira" com a "educação" e o "desenvolvimento". Os autores fornecem pontos de partida para perspectivas teóricas que serão exploradas dentro de contextos nos capítulos seguintes.

No Capítulo 2, Yinka Olusoga se concentra nas perspectivas sociocultural, social e histórico-cultural, propondo que as crianças necessitam de tempo e espaço para brincar, destacando o papel principal do profissional como um guia, um andaime e um facilitador da aprendizagem. A zona de desenvolvimento proximal (Vygotsky), os andaimes conceituais (Bruner), a intersubjetividade, o pensamento partilhado assistido e a coconstrução são algumas das noções exploradas em profundidade nesse capítulo juntamente com o trabalho de Barbara Rogoff. Os conceitos de infância, gênero, o papel da brincadeira, o papel dos adultos, segurança *versus* risco e as necessidades da sociedade causam um impacto sobre as experiências das crianças e as oportunidades de brincadeira dentro e fora de casa.

No Capítulo 3, Avril Brock enfatiza não apenas as perspectivas do currículo no início da infância na Inglaterra, como também conta com perspectivas da Europa, Estados Unidos e Nova Zelândia. O Early Year Curriculum Group declarou, em 1989, que a educação infantil no Reino Unido estava bem-estabelecida e era reconhecida e imitada em todo o mundo, e que era um catalisador para um trabalho de alta qualidade com crianças pequenas e seus pais, baseado em princípios educacionais importantes e apoiados em uma boa prática. Entretanto, ao longo da década de 1990, na Inglaterra houve pressões imensas sobre a educação infantil no sentido de obedecer a uma abordagem mais formal que estava sendo exigida pelos profissionais que desenvolvem as políticas de ensino. Muitos educadores da primeira infância olhavam para a Europa e para o resto do mundo para ter inspiração e apoio para suas ideologias, que por sua vez apoiariam uma pedagogia fortemente baseada na brincadeira. A autora examina as perspectivas dos educadores sobre essas questões dentro das discussões relativas ao desenvolvimento apropriado aos currículos e às estruturas nacionais contemporâneas, como o Early Years Foundation Stage (EYFS).

No Capítulo 4, Avril Brock é acompanhada por Jonathan Doherty, Jackie Brock e Pam Jarvis, que oferecem evidências nacionais e internacionais de neurocientistas, psicólogos da área do desenvolvimento e pesquisadores da educação infantil, demonstrando a complexidade da brincadeira para as crianças com idade inferior a 3 anos. Os autores exploram como os bebês e as crianças na fase de engatinhar aprendem sobre si mesmos e sobre o mundo que os cerca e apontam a importância do papel dos profissionais que atuam com essa faixa etária. Exames de atividades práticas são proporcionados ao leitor, particularmente na área da brincadeira física, junto com as perspectivas dos profissionais e observações sobre os bebês em ação. Neste capítulo, o leitor irá explorar por que a brincadeira é vital para o desenvolvimento cognitivo, linguístico, social, emocional e físico; e também irá tirar proveito das capacidades desse grupo de aprendizes.

No Capítulo 5, Avril Brock enfoca as crianças entre 3 e 6 anos, promovendo as oportunidades para brincadeira na aprendizagem na educação infantil e nos anos iniciais, enquanto cumpre com as exigências dos currículos anteriores por meio de uma pedagogia baseada na brincadeira. Ela explora como o profissionalismo nos primeiros anos passou a envolver habilidades específicas, incluindo o conhecimento prático e profissional da pedagogia e os processos de aprendizagem por meio da brincadeira, dirigidos por estruturas públicas. Contribuições dos profissionais dos grupos de brincadeiras, das creches, dos pais e dos estagiários fornecem numerosas oportunidades para o leitor refletir sobre a sua própria filosofia da educação nos primeiros anos e para adotar uma linha de investigação para desenvolver o pensamento e a prática. Esse capítulo desenvolve ainda mais o que foi dito nos capítulos anteriores, oferecendo ideias práticas dos educadores para promover a brincadeira nos estabelecimentos educacionais e de cuidado das crianças.

No Capítulo 6, Sylvia Dodds amplia a noção de brincadeira como um veículo para a aprendizagem e a remete mais longe do que é normalmente reconhecido no currículo, da educação infantil para o ensino fundamental (dos 6 aos 11 anos). Ela explora e analisa os diferentes aspectos da brincadeira que são atualmente usados dentro das diferentes áreas do currículo, por exemplo, a investigação na ciência, a resolução dos problemas aritméticos, a comunicação e o papel da língua, os trabalhos criativos e temáticos, defendendo a existência de uma relação entre o ensino fundamental e a aprendizagem dos fundamentos que são originados pela brincadeira. O capítulo examina os pontos de partida na sala de aula que podem ser utilizados para aumentar o aprendizado no currículo, baseados em estudos de determinados casos, das perspectivas dos educadores e das experiências em sala de aula da própria autora. Ele fornece ao leitor pontos de reflexão sobre a aprendizagem orientada pela brincadeira, promovendo abordagens curriculares cruzadas e integradas para a prática que desenvolvem, estendem e estimulam a imaginação do aprendiz por toda a vida. Depois de explorar esse capítulo, o leitor perceberá que a pedagogia baseada na brincadeira tem um lugar no currículo do ensino fundamental, e que os profissionais só estão limitados pela sua própria imaginação!

O Capítulo 7 proporciona um resumo das pesquisas muito inovadoras que estão sendo desenvolvidas com humanos e animais sobre brincadeiras dura e bruta (D&B) e brincadeiras com a linguagem das crianças. Pam Jarvis também nos apresenta às suas investigações das brincadeiras de combate das crianças através de um estudo longitudinal e etnográfico de um pequeno grupo de crianças durante 18 meses, cobrindo o período que vai da educação infantil até o início da 1ª série. Descobertas fundamentais enfatizam as narrativas que essas crianças vinculam com essas brincadeiras de combate e a relações de um único gênero ou entre meninos e meninas que as crianças constroem com suas atividades de combate. Também será proporcionada ao leitor a oportunidade de refletir sobre o lugar da brincadeira livre nos ambientes externos dentro do currículo, sendo eles expostos a sugestões para melhorar o seu próprio apoio da prática das brincadeiras livres, equilibrando a provisão diária mais igualmente entre apoiar o desenvolvimento cognitivo e as habilidades sociais, baseados em um modelo biocultural de ser humano jovem como um primata complexo e linguístico.

No Capítulo 8, Jonathan Doherty explora a noção de educação inclusiva, o lugar da brincadeira na educação das crianças com necessidades educacionais especiais e as abordagens que os profissionais podem utilizar para garantir ambientes criativos para a brincadeira inclusiva. Ao longo do capítulo, o leitor é encorajado a refletir sobre a sua própria prática e seu conhecimento, aceitando os pontos principais para fazer uma análise, não esquecendo que todos nós precisamos brincar e temos o direito de brincar.

No Capítulo 9, Fraser Brown examina o ponto de vista do playworker sobre a brincadeira, oferecendo uma definição útil/um processo de trabalho do playwork e uma análise das principais discussões que estão acontecendo atualmente nessa profissão. O leitor é introduzido a uma pesquisa junto a um hospital pediátrico na Romênia. Ao longo do capítulo, o autor ilustra com êxito a extensão de caminhos nos quais os princípios da brincadeira podem ser aplicados na prática.

O Capítulo 10 proporciona ao leitor uma revisão das práticas de terapia relacionadas com as artes para crianças. Phil Jones examina os diferentes contextos de trabalho com crianças (desde a educação normal até as experiências especializadas) juntamente com resumos de descobertas relacionadas a uma variedade de metas diferentes, métodos de trabalho e resultados nas terapias envolvendo as artes, a música, o teatro e a dança. Todas essas são consideradas em relação aos processos baseados na brincadeira ou relacionados com a brincadeira dentro das terapias. Uma série de pesquisas e exemplos oriundos da prática proporcionam um panorama para reflexões importantes na dramaterapia, assim como uma ideia de como os terapeutas veem seu espaço como uma maneira de possibilitar que as crianças representem elementos de sua vida, criando uma relação divertida com a realidade.

No Capítulo 11, Pam Jarvis e Jane George olham mais atentamente para as discussões atuais que curcundam e refletem sobre a brincadeira na vida das crianças do século XXI. Elas examinam a brincadeira nas interações entre irmãos e exploram por que brincar com um grande grupo de amigos e colegas é essencial para um desenvolvimento humano saudável. Algumas das razões para diminuir as oportunidades para a brincadeira nas escolas são identificadas nesse capítulo, e também como os profissionais precisam trabalhar para ampliar as oportunidades de incentivar brincadeiras livres fora do ambiente escolar. O leitor escutará o que a "voz do aluno" tem a dizer a respeito da escola no século XXI e conhecerá as iniciativas para abrir espaços para as brincadeiras independentes das crianças.

O Capítulo 12 encerra o livro afirmando que a brincadeira pode ser utilizada por profissionais criativos para aumentar o desenvolvimento do aluno em qualquer disciplina. A atenção do leitor é direcionada para o fato de que, para a criança do século XXI, a brincadeira não se parece muito com a das gerações anteriores. Com o advento da tecnologia, o desenvolvimento da internet e o potencial para os jogos *online* com estranhos localizados por todo o mundo, a natureza da brincadeira não apenas para as crianças, mas para os seres humanos como espécie está mudando de forma implacável. Apesar dos perigos de tais transformações, é possível concluir que o desenvolvimento das habilidades transferíveis e o pensamento independente via atividades baseadas nas brincadeiras são essenciais para corresponder às necessidades das crianças. Os aprendizes de hoje não somente necessitam ter atributos de aprendizagem que durem para a vida toda como também precisam estar prontos para aceitar os desafios do mundo no futuro. Ao final do livro, o leitor verá que a brincadeira, não importa a idade ou o estágio de desenvolvimento, desempenha um papel fundamental para aprender para a vida.

## ESTRUTURA DOS CAPÍTULOS

Ao longo do livro, os autores encorajam o leitor a se comprometer com a teoria e com o desenvolvimento do currículo, a explorar as relações com as perspectivas dos profissionais e a refletir sobre a prática pessoal. Dentro dos próprios capítulos os leitores encontrarão os seguintes itens:

- *Introdução*, que identifica os pontos, aspectos ou questões principais que o capítulo busca explorar.

- *Teorias e pesquisas principais*, que proporciona um exame das perspectivas teóricas, das questões, das ideologias, das percepções e das práticas da brincadeira.

- *Ideias em ação* que se deslocam das pesquisas para um exame da prática vigente. Isso inclui uma grande extensão de evidências, provenientes da observação e de estudos de caso para observações, cenários e episódios. Resumos de palestras de professores e os trabalhos, fotografias e entrevistas com alunos e outros registros também demonstrarão a relevância e a aceitação dos pontos centrais do capítulo, proporcionando uma mistura de texto com estímulo visual para o leitor.

- *Pare e reflita*, que fornece perguntas ou comentários ao leitor, sugerindo uma ligação com as ideias em ação e os pontos de partida para pesquisas ou exames das filosofias e práticas pessoais.

- *Melhorando a prática*, que oferece aos profissionais pontos importantes para reflexão, oportunidades para identificar áreas de desenvolvimento pessoal e profissional ou observações adicionais dos estabelecimentos em questão.

- *Resumo e revisão*, que busca proporcionar observações finais e uma sinopse do material do capítulo que oferece ao leitor a oportunidade de reforçar e consolidar o seu entendimento.

- *Transformando o pensamento e a prática: é a sua vez!*, que proporciona ao leitor a oportunidade de estender a pesquisa das ideias principais com perguntas adicionais – *Questões para considerar* e/ou *Ideias para pesquisa*.

- *Leituras adicionais*, que direciona o leitor para as leituras suplementares profissionais ou acadêmicas, para sites da internet, relatórios recentes e uma lista de recursos e suas aplicações práticas pertinentes ao capítulo e proporciona a oportunidade de estender o estudo desses conteúdos. Essas fontes de informações são complementadas com uma seção de referências completas ao final do livro.

## CARACTERÍSTICAS DO TEXTO

Do início ao fim, cada capítulo utiliza uma variedade de ferramentas de apresentação (ícones, destaques e pequenos quadros), que serão usados para facilitar a orientação do leitor e a comunicação e o exame das ideias e pontos principais.

As palavras-chave são apresentadas dentro de pequenos quadros na margem e fornecem uma breve definição para auxiliar o entendimento do leitor. Esses termos serão apresentados em um Glossário na parte final do livro com maiores explicações, na medida em que isso for considerado necessário.

# parte I

## O VALOR DA BRINCADEIRA
As perspectivas psicossociais,
educacionais e recreativas

# 1

## Três perspectivas sobre a brincadeira

**Pam Jarvis, Avril Brock e Fraser Brown**

### INTRODUÇÃO

Este livro foi escrito exatamente em uma época emocionante do Programa de Atividades das Crianças na Grã-Bretanha, que foi lançado em 2008, o mesmo ano em que o Early Year Foundation Stages (EYFS) foi lançado na Inglaterra, que por sua vez foi endossado com intenções da parte do governo de ter uma estrutura organizacional baseada na brincadeira e direcionada às crianças com até 5 anos. O País de Gales também completou o lançamento de uma Foundation Stage baseada na brincadeira para crianças de 3 a 7 anos em 2008, enquanto a Irlanda do Norte introduziu um novo Foundation Stage holístico, focado nas crianças de 5 a 7 anos, em setembro de 2007. Como era esperado, o EYFS já causa controvérsia na imprensa inglesa, com o jornal *The Times* propondo que o EYFS é na verdade um "currículo clandestino", que é "uma ameaça para todas as crianças que estão em idade de começar a andar" (Frean, 2007). Entretanto, o governo forneceu fundos para garantir que o cuidado e a educação das crianças com idade inferior a 6 anos será conduzido por adultos na nova regra dos Early Years Professional (EYP), que serão treinados para preencher uma função parecida com a do "pedagogo" escandinavo. Tais pedagogos têm a responsabilidade de desenvolver a criança por inteiro – o corpo, a mente e as emoções – dentro de uma prática histórica e cultural, enquanto facilitam o potencial de cada criança para a criatividade e socialização com os outros (Moss e Petrie, 2002). Desde setembro de 2008 a Escócia também oferece aos profissionais da educação infantil, que proporciona um nível equivalente ao EYP inglês.

O Children's Plan, publicado em dezembro de 2007, dá início às aspirações do Brown New Labour Government para o desenvolvimento dos serviços prestados às crianças na Inglaterra de 2008 a 2020. Isso compreende assegurar novas áreas para brincar e uma revisão abrangente do currículo, incluindo a consideração de uma transição mais gradual da aprendizagem baseada na brincadeira para um currículo mais formal para as crianças de 6 e 7 anos.

Esta é, então, uma época favorável para publicar um novo livro que apresente tantas facetas diferentes da brincadeira: apesar de não ter a pretensão de contemplar

> **Early Years Foundation Stage**
>
> Estabelece as linhas gerais para a educação e o cuidado das crianças com até 5 anos. Introduzido na Inglaterra em setembro de 2008.

# BRINCAR: APRENDIZAGEM PARA A VIDA

todos os aspectos singulares da brincadeira, ele contém uma profusão de pesquisas baseadas na prática e na reflexão sob um número de perspectivas bastante variadas. Essas perspectivas mudam a partir de uma síntese de cultura, biologia e evolução em uma nova teoria "biocultural" da brincadeira, para a utilização inovadora da brincadeira com uso da dramaterapia, do papel principal do playwork[1] e da importância da brincadeira na sala de aula e no playground da educação infantil e dos anos iniciais do ensino fundamental. Os autores também explorarão as descobertas recentes sobre o desenvolvimento do cérebro que indicam um papel principal da brincadeira durante os primeiros meses de vida, o lugar essencial da brincadeira na vida das crianças com necessidades especiais e o impacto das questões sociais, culturais e de gênero nas atividades relacionadas à brincadeira das crianças.

O conceito de brincadeira e de aprendizagem baseada na brincadeira está atualmente surgindo de épocas muito desanimadoras na Grã-Bretanha, culminando com a publicação do relatório da UNICEF "Um panorama do bem-estar da criança nos países ricos" (2007), neste documento o Reino Unido foi avaliado e ficou em último lugar. As crianças inglesas tinham a menor probabilidade de achar seus colegas e companheiros de brincadeira "gentis e atenciosos" e maior probabilidade de consumir álcool sem ter a idade regulamentar e ter comportamentos sexuais. Menos de 20% das crianças inglesas relataram "gostar muito da escola". As crianças inglesas também apresentaram o sentimento mais baixo de bem-estar subjetivo entre to-

> **OCDE (Organização para a Cooperação e Desenvolvimento Econômico)**
>
> Uma organização internacional que ajuda o governo a lidar com os desafios econômicos, sociais e governamentais de uma economia globalizada (site da OECD).

das as crianças das nações da Organização para a Cooperação e Desenvolvimento Econômico (OCDE, UNICEF, 2007).

Tal descoberta destaca os problemas de uma iniciativa abrangente nacional para "transformar a prática", retirando a Inglaterra em particular de uma era negra, quando as crianças estavam firmemente presas ao vício do Currículo Nacional desde os 4,6 anos. As aulas do ano anterior à 1ª série eram, portanto, conduzidas para se dedicar às atividades quando as crianças que mal tinham completado o quarto aniversário passavam o primeiro ano escolar em um regime opressivo, que prescrevia que grandes períodos do dia deveriam ser passados com uma aprendizagem dirigida por resultados e com atividades desenvolvidas sobre mesas, dentro da sala de aula. As mudanças sociológicas em muitas sociedades pós-industriais, particularmente nas nações anglo-americanas, incluindo um enorme aumento do número de veículos, a dispersão geográfica da família extensiva e uma diminuição no tamanho médio do núcleo da família resultou no encurtamento das oportunidades para as crianças participarem das brincadeiras sociais livres. Um aumento gradual da sofisticação dos meios de comunicação também aumentou a percepção dos pais para o tráfico e para o perigo do "estranho", simultaneamente causando um impacto negativo nas oportunidades de brincadeiras ao ar livre para as crianças nessas sociedades.

O período de tempo que compreende o fim do século XX e o início do século XXI trouxe uma profusão de oportunidades para as crianças do mundo, mas cada novo conjunto de oportunidades era acompanhado por um novo conjunto de riscos. As novas tecnologias que revolucionaram os métodos de ensino também criaram novos *e-foruns* para crianças que as engajaram em comportamentos inadequados e, algumas vezes, levando-as ao *bullying*. As oportunidades para viajar e o acesso em massa à internet permitiu viagens para o mundo inteiro e uma abundância de oportunidades de aprendizagem multicultural para crianças e adultos. Entretanto, tal avanço tecnológico também gerou indústrias internacionais de tráfico de drogas e de pornografia, resultando no aumento do risco de exploração de crianças, tanto na condição de trabalhadores para essas indústrias ilegais quanto na condição de usuárias. O equilíbrio entre os riscos e as oportunidades também está injustamente distribuído entre as crianças das nações ricas do ocidente e pobres do oriente, com muitas crianças das nações mais pobres sendo privadas da brincadeira e da educação para trabalhar longas horas para produzir bens de luxo para as nações mais ricas. Essa é atualmente a principal preocupação internacional contínua, que felizmente levará a soluções derivadas mais de um esforço multinacional, com um potencial para apoiar uma maior cooperação na direção das estratégias de intervenção positiva, conforme caminhamos para o futuro.

À medida que a Inglaterra caminha na direção dos novos programas para os serviços prestados às séries iniciais que têm sido claramente endossados pelo novo Department for Children, Schools and Families como sendo uma aprendizagem baseada e apoiada na brincadeira, devemos lembrar que ainda há muito mais a fazer pelas nossas crianças, incluindo a necessidade urgente de desenvolver uma "rampa" mais suave para a tendência atual da educação, com mais espaço para a aprendizagem baseada na brincadeira e direcionada à criança no ensino fundamental e, como parte da mesma iniciativa, pela Grã-Bretanha como um todo, para explorar e facilitar a necessidade de brincadeira e recreação das crianças e adolescentes; e a ne-

> **Departament for Children, School and Families**
> Um novo departamento do governo inglês, que substitui o Departament of Education and Skills.

cessidade de brincadeira das crianças de todas as idades nos ambientes fora da escola.

Os autores desse livro oferecem um conjunto de ideias práticas e teóricas de grande amplitude para ajudar a facilitar a formação daqueles com vontade de ir em frente para contribuir para as futuras brincadeiras e iniciativas educacionais locais, nacionais e internacionais. Para oferecer uma introdução abrangente e adequada para um texto assim, este capítulo apresentará três pontos de vista sobre o papel da brincadeira na vida das crianças: a psicossocial, a educacional e a recreativa (playwork), que proporcionam pontos de vista e construtos diferentes, mas não incompatíveis, para examinar o conceito complexo da brincadeira. Esse livro surgiu da nossa compreensão de que, quando conversávamos na condição de colegas, estávamos comunicando valores parecidos e buscávamos resultados equivalentes. Estávamos todos de acordo que a brincadeira é decididamente importante para o desenvolvimento, o aprendizado e o bem-estar das crianças, refletindo sobre o fato de que o próprio conceito de brincadeira é infinitamente flexível, oferecendo escolhas e permitindo uma liberdade de interpretação.

O desafio oferecido ao leitor nesse capítulo é acomodar e refletir sobre quais semelhanças e diferenças podem estar entre cada perspectiva e, adicionalmente, se comprometer com os seguintes debates:

- A brincadeira deveria servir às necessidades da criança, em vez de servir às necessidades e expectativas dos adultos?
- Que oportunidades reais são oferecidas às crianças atualmente nas suas experiências de brincadeira no seu dia a dia?
- A brincadeira trata de experimentar e fazer ou de alcançar um resultado específico?
- O quão flexível deveria ser a brincadeira das crianças com relação a oferecer liberdade de movimento e de expressão?

## A UTILIDADE DA BRINCADEIRA

PAM JARVIS

Essa parte do capítulo enfatizará a utilidade da brincadeira para o desenvolvimento da criança, particularmente no que diz respeito a fornecer uma base psicológica para as habilidades sociais e intelectuais que os adultos necessitam para atuar em um ambiente social cada vez mais complexo, que os sociólogos chamam de "aldeia global". Dessa maneira, a brincadeira é uma experiência flexível e autodirecionada, que serve tanto para as necessidades de uma criança individualmente como para a sociedade futura na qual ela viverá na vida adulta.

## Introduzindo a evolução

Se usássemos a teoria evolucionista como ponto de partida, deveríamos presumir que o ímpeto para a brincadeira que está presente nos seres humanos jovens, e, também em muitas espécies de animais, oferece vantagens para a sobrevivência das criaturas de alguma maneira. Se não houvesse nenhuma vantagem inerente aos comportamentos que envolvem a brincadeira, os animais que brincam durante os anos de desenvolvimento não teriam sobrevivido para passar seus *genes* a seus descendentes. Portanto, é generalizado entre os *psicólogos do desenvolvimento* e *etólogos* que a brincadeira proporciona uma experiência prática essencial para os animais jovens; que eles podem usar os comportamentos que envolvem a brincadeira para desenvolver habilidades que utilizarão na vida adulta para ter uma vantagem quanto ao potencial para sua sobrevivência e da sua própria prole. Bruner (1976, p. 67) enfatiza a enorme importância da brincadeira em seu comentário "os animais não brincam porque são jovens, mas possuem sua juventude porque devem brincar".

Quanto mais complexa a sociedade adulta, mais tempo os animais permanecem no período de desenvolvimento e mais complexas são as atividades de brincadeira empregadas por eles. As sociedades mais complexas do mundo que requerem uma grande variação de habilidades cognitivas, físicas e acima de tudo sociais são aquelas encontradas nos macacos grandes: gorilas, orangotangos, chimpanzés e a mais complexa de todas a nossa própria espécie, *Homo Sapiens* ou mais comumente, seres humanos. Portanto, essa seção inicia a composição de que a brincadeira é pré-eminentemente, uma atividade útil através da qual uma grande aprendizagem é adquirida.

> **Genes**
> A unidade funcional de herança que controla a transmissão e a expressão de um ou mais traços genéticos (Merriam Webster).

> **Psicólogos do desenvolvimento**
> Psicólogo especializado na compreensão da psicologia dos bebês e das crianças, particularmente em como elas se modificam na medida em que amadurecem.

> **Etólogo**
> Quem estuda os animais em seu hábitat.

> **Teoria evolucionista**
> Teoria que propõe que as características que dão a uma criatura em particular uma vantagem no ambiente em que habita tem maior probabilidade de sobreviver, porque quanto mais bem sucedidas são as espécies, mais chances elas têm de reproduzir e passar adiante seus genes para a próxima geração.

> **Homo Sapiens**
> Nome latino para a versão das espécies humanas que atualmente vivem na terra.

## IDEIAS EM AÇÃO

### O valor da experiência da brincadeira (observação do autor)

Nathan, tem 5 anos, era um dos meninos da educação infantil, uma das crianças mais ativas dentro da amostra de observação e era frequentemente encontrado entretido com brincadeiras altamente ativas. Entretanto, quando chegou a sua vez de ser uma das crianças para uma observação focal, ele se envolveu em uma situação relevante quando, acidentalmente, machucou outro menino durante uma brincadeira de luta. Suas ações foram confundidas com agressões de verdade por um dos adultos supervisores, que resultou em uma punição do tipo "interrupção". Quando o intervalo havia terminado, Nathan procurou o menino que tinha machucado acidentalmente, se desculpou e explicou que o incidente havia sido um acidente; o menino aceitou o pedido de desculpas. Nathan então pediu ao menino que fosse junto com ele falar com o adulto supervisor para contar o que havia acontecido. Ela escutou o que eles tinham para dizer e pediu a eles que apertassem as mãos, o que eles fizeram. Então, Nathan se afastou sozinho, ainda parecendo chateado e chupando o dedo (que havia estado dentro e fora da boca desde que a situação teve início). Ele continuou a parecer melancólico, enquanto Cris, um de seus melhores amigos, pulava em volta dele claramente tentando animá-lo. Nathan se virou e sorriu para Cris, mas continuou quieto no meio do playground, com o dedo na boca.

> **Observação focal de uma criança**
>
> Uma observação conduzida focando apenas uma criança, registrando tudo que a criança faz e diz por uma quantidade determinada de tempo.

### O tempo para brincar é útil até mesmo quando não é uma "diversão"

Lembrei de uma reflexão nas minhas notas de observação que as medidas socialmente sofisticadas adotadas por Nathan para tentar retificar seu acidente por um período de meia hora (apesar do mecanismo de um dedo firmemente colocado na boca típico de uma criança de 5 anos associado com estresse) estaria muito além do repertório social de alguns adultos. Enquanto as experiências de Nathan certamente não contribuíram para um período de brincadeira agradável para ele, pode ser fortemente argumentado que muitos desses eventos sociais com base nas brincadeiras, mesmo aqueles que têm resultados totalmente negativos, são experiências de grande desenvolvimento para a criança envolvida. Esses eventos formam um conjunto contínuo de experiências de aprendizado relacionadas com o mundo social humano, que são relevantes para o gerenciamento independente do dia a dia da criança e para afirmar o eventual potencial adulto para lidar de forma competente com a grande extensão de situações sociais complexas, incluindo os mal-entendidos que qualquer pessoa encontra no mundo adulto.

### Pare e reflita

Como os seres humanos aprenderiam a lidar independentemente com situações sociais difíceis se eles não vivenciassem oportunidades de brincadeira livre o suficiente nas suas vidas cotidianas durante o desenvolvimento na infância?

## O problema de definir "o que é brincadeira" e "o que não é brincadeira"

É fácil (particularmente para os profissionais que trabalham na educação infantil) discutir casualmente o conceito da "brincadeira" sem especificar completamente o que isto quer dizer. Quais atividades desenvolvidas dentro de um ambiente pedagógico são "brincadeiras" e quais não são? Como definimos a diferença entre o "trabalho" e a "brincadeira" das crianças? Reed e Brown (2000) sugeriram que a brincadeira pode ser difícil de definir, pois ela é mais algo que se "sente" em vez de algo "feito", e comentam que não existe uma definição universal para a brincadeira na literatura. Ramsay (1998, p. 23) definiu a brincadeira como sendo um veículo social para "explorar as diferenças e desenvolver assuntos comuns". Mas como isso inclui todos os tipos de brincadeira? Como a brincadeira solitária se encaixaria nessa descrição?

Os critérios a seguir para definir a brincadeira foram propostos por Garvey (1977, p.10):

- É agradável para aquele que brinca.
- Não possui objetivos extrínsecos, sendo o objetivo intrínseco a busca pela diversão.
- É espontânea e voluntária.
- Ela envolve um comprometimento ativo daquele que brinca.

Mas serão essas definições excessivamente restritas? Seria possível argumentar que essa lista exclui os esportes, desde que as atividades esportivas envolvem certos objetivos extrínsecos e a inibição de um comportamento espontâneo, mas mesmo assim os esportes ainda são praticados como uma atividade de lazer agradável para muitos seres humanos, tanto adultos quanto crianças. Se encararmos o termo "brincadeira" como um equivalente de "diversão" (Anderson, 1998, p. 107), se torna claro o quanto indivíduos e grupos demográficos diferentes podem perceber muito diferentemente o que é brincadeira e o que não é; e quantos comportamentos diferenciados podem ser qualificados de "brincadeira". Dessa forma, a brincadeira parece ser uma categoria de comportamento *relativa*. Pode ser que quando indivíduos relatam que estavam brincando, eles provavelmente estavam: "é inútil perder tempo e esforços para definir o que é brincadeira e o que não é... por diminuir a ênfase do rótulo de 'brincadeira', pode ficar mais fácil de resolver o problema de estudar o desenvolvimento do comportamento" (Meaney e Stewart, 1985, p. 11-12).

> **Relativo**
> Algo que possui uma relação ou dependência necessária de outra coisa (Merriam Webster).

## A brincadeira e o desenvolvimento psicológico

A ligação da "brincadeira" com o "desenvolvimento do comportamento" é um foco comum para os pesquisadores do desenvolvimento.

Consequentemente, embora seja geralmente aceito que os seres humanos de todas as idades brincam, as pesquisas sobre a brincadeira têm sido desenvolvidas principalmente dentro de um *paradigma* de desenvolvimento humano, investigando as brincadeiras das crianças e o papel da brincadeira dentro dos processos de aprendizagem e de desenvolvimento. Portanto, muitas teorias sobre a brincadeira têm focado nas funções que diferentes tipos de brincadeira podem existir para aspectos específicos do desenvolvimento infantil, em vez de buscar categorizações exclusivas do que "é e o que não é brincadeira". Dessa maneira, muitos pesquisadores têm tentado categorizar os *tipos* mais comuns de brincadeiras observadas no comportamento infantil. Hutt (1979, p. 115) dividiu a brincadeira em três categorias principais, que ela referiu como sendo:

> **Paradigma**
> Uma estrutura filosófica ou teórica de qualquer tipo (Merriam Webster).

- Epistêmica: a brincadeira associada com o desenvolvimento das habilidades cognitivas/intelectuais.
- Lúdica: a brincadeira associada com o desenvolvimento das habilidades sociais e criativas.
- Jogos com regras: por exemplo, os esportes de equipes ou o xadrez.

O modo como os adultos estudam as brincadeiras das crianças está "baseado em

## IDEIAS EM AÇÃO

### "Trabalho" ou "Brincadeira" (observação dos autores)

Uma tarde, enquanto estava conduzindo uma observação de uma das turmas da educação infantil, a professora disse para as crianças organizarem seus materiais, porque ela queria ler uma história pra elas antes que elas fossem para casa. Rory, de 4,6 anos arrumou brevemente um dos cantos da sala e então, com a área por trás dele ainda por arrumar, começou a organizar cuidadosamente os garfos e as facas de brinquedo em uma gaveta da sala. Ele estava levando muito tempo para fazer aquilo, movendo-os de um compartimento para o outro, falando sozinho. Então, ele parou e olhou na direção das outras crianças que estavam guardando alguns lápis em uma mesa próxima, e comentou comigo: "elas estão só brincando". "O que você está fazendo então, Rory?", perguntei. "Estou trabalhando", disse orgulhosamente. "Guardando os garfos e as facas?", perguntei. "Sim", respondeu, voltando a organizá-los nos compartimentos.

### Pare e reflita

Os adultos realmente são mais competentes para definir as diferenças entre "trabalho" e "brincadeira" do que as crianças, ou será que como Rory eles também podem estar inclinados a definir o que estão fazendo como "trabalho" e o que os outros estão fazendo como "diversão"?

---

um conjunto de valores a respeito da natureza e função da infância... apoiados pela sociedade em que a criança vive" (Sylva e Czerniewska, 1985, p. 40); entretanto, existem muitas diferenças entre as culturas humanas no tempo e no espaço; e por causa disso, temos que aceitar no início de nossos estudos sobre a brincadeira que é impossível definir de maneira limitada e simples uma atividade complexa como a brincadeira. Portanto, é improvável que algum dia cheguemos a alguma definição do que "é brincadeira" e do que "não é brincadeira" que seja definitiva e apoiada universalmente. Apesar disso, muitas teorias criteriosas sobre a brincadeira foram criadas nos últimos 200 anos. As seções seguintes listam uma pequena seleção dessas teorias.

## Teorias clássicas (século XIX e início do século XXI)

Por um longo tempo se considerava que a brincadeira era somente algo que as crianças faziam e que não merecia a atenção dos adultos. Assim como é típico de muitos aspectos da cultura ocidental, existe uma breve referência às brincadeiras das crianças nos escritos da Grécia Antiga, que não foi reforçada até a época do "Iluminismo", desde o fim do século XVIII em diante.

## Teorias da regulação de energia

Essas teorias propõem que a brincadeira era apenas uma maneira de "alívio" e de gastar a energia que não havia sido usada de outras formas, ou de modo inverso, recuperar energia através de atividades de relaxamento. A ideia de "alívio" teve origem nos textos da Grécia Antiga com o conceito de *catarse* de Aristóteles. No século XVIII, o filósofo alemão Friedrich Schiller definiu a brincadeira como "gasto de energia abundante sem propósito" (Mellou, 1994, p. 91). Porém, o poeta alemão Moritz Lazarus (1883, em Mellou, 1994) propôs que a brincadeira é uma maneira de *recuperar* a energia

> **Catarse**
> Eliminação de um complexo, trazendo-o até a consciência e permitindo a sua expressão (Merriam Webster).
>
> **Filósofo**
> Uma pessoa que busca sabedoria ou iluminação (Merriam Webster).
>
> **Mamíferos**
> Um grupo de animais com sangue quente e pelos, e que dão de mamar aos filhos.
>
> **Primatas**
> Membro de um grupo de mamíferos que desenvolveram particularmente cérebros grandes e uma habilidade para segurar objetos. Esse grupo engloba tanto os chimpanzés quanto os macacos.
>
> **Fisiologia**
> Os processos e fenômenos orgânicos de um organismo (Merriam Webster).

gasta no trabalho, opondo-se diretamente as teorias de energia excessiva. O filósofo inglês Herbert Spencer (1820-1895) usou a teoria evolutiva darwiniana para propor que quanto mais desenvolvido o animal, maior a sua energia excedente e, portanto, mais complexa a sua brincadeira (Mellou, 1994). É verdade que as únicas criaturas que parecem brincar são os pássaros (de modo muito simples) e os *mamíferos*, principalmente os *primatas* que possuem as formas de brincadeira mais extensivas e complexas. Entretanto, atualmente sabemos que existem muitas diferenças entre as espécies, particularmente em termos de *fisiologia* do cérebro, o que significa que a situação não é tão simples como distinguir os diferentes níveis de "energia excedente" entre as espécies.

> **Teoria da evolução de Darwin**
> Uma teoria que propõe que características que dão a uma criatura em particular vantagem no ambiente em que habita tem maior probabilidade de sobreviver na espécie em questão. Isso se deve ao fato de que quanto mais bem sucedidos são os animais, maior a probabilidade de sobreviverem para reproduzir e passar adiante seus genes para a próxima geração.

> **Instinto humano**
> Uma aptidão ou capacidade natural, ou inerente, específica à espécie humana (Merriam Webster).

propôs que a brincadeira ajudava as crianças a trabalhar os instintos primitivos que existem nos seres humanos através do processo evolutivo, mas que os mesmos não seriam mais úteis em um modo de vida humano mais civilizado. Os estágios de Hall seguem o que ele propõe como sendo o caminho da evolução: animal, selvagem, sociedade tribal e sociedade moderna. Entretanto, sabemos que as sociedades ocidentais não são mais "desenvolvidas" do que as sociedades que ainda vivem em um meio tribal, e que é a tecnologia que faz uma diferença superficial, não os *instintos humanos* básicos e comportamentos, que podem ser observados em todos os ambientes humanos.

Consequentemente, essa teoria foi desacreditada, pois está baseada em interpretações obsoletas de "instinto" e "evolução".

## Teoria da recapitulação

G. Stanley Hall (1920) considerava a infância como uma ligação entre a forma animal e humana de pensar e de se comportar. Essa é uma teoria que se baseia na *teoria da evolução de Darwin* de maneira peculiar. Hall

## Teoria da prática ou do pré-exercício

Teoria proposta por Karl Groos (1986, 1901), que baseou a sua teoria em observações práticas em vez das especulações filosóficas utilizadas pelos antecessores de teorias sobre a brincadeira. Groos propôs que animais jovens e crianças aprendiam

> ### IDEIAS EM AÇÃO
>
> **Estudo de caso: a teoria da recapitulação na ficção popular?**
>
> Em 1954, William Golding publicou sua obra conhecida mundialmente, *O senhor das moscas*, que conta a história de alguns meninos ingleses pré-adolescentes que foram abandonados em uma ilha tropical sem a presença de nenhum adulto. Conforme a narrativa se desenrola, os meninos começam bem na tentativa de organizar a sua sociedade de acordo com as direções dos códigos sociais ocidentais, mas rapidamente a situação se deteriora até eles se comportarem de maneira perigosa, bárbara e selvagem, o que inclui pintar seus rostos e utilizar danças tribais. Esse comportamento finalmente resulta na morte violenta de dois integrantes do grupo. A análise racional de Golding para esse romance parece ter sido retirada diretamente da teoria de Hall, no que ele parece propor que as atividades de brincadeira que não são controladas das crianças ocidentais possam levar a comportamentos rudimentares, primitivos e selvagens, que no fim das contas seriam prejudiciais para a segurança delas. Os personagens do livro são descritos como precisando desesperadamente de uma direção firme de adultos ocidentais mais desenvolvidos.
>
> **Pare e reflita**
>
> O que isso pode nos dizer sobre a atitude da autora em relação às atividades de brincadeira livres e independentes das crianças?

durante a brincadeira, praticando as habilidades que necessitavam desenvolver para a vida adulta. Groos (1901) também foi um dos primeiros pesquisadores a considerar a ideia de que os adultos podem usar a brincadeira de maneira parecida. Ele desenvolveu uma *taxonomia* inicial, muito básica, da brincadeira, listando os seguintes tipos: brincadeira experimental (jogos orientados por regras), brincadeira socioeconômica (brincadeiras de perseguição e luta) e os jogos sociais e familiares (brincadeira de faz de conta).

> **Taxonomia**
> Uma classificação ordenada de um grupo de conceitos relacionados.

## Terapia através da brincadeira

A teoria psicanalítica foi desenvolvida por Sigmund Freud (1854-1938), que acreditava que a brincadeira possuía um papel importante no desenvolvimento emocional das crianças. Freud reintroduziu o termo catarse em termos de um "efeito catártico", acreditando que, através da brincadeira, as crianças seriam capazes de remover sentimentos negativos associados a eventos traumáticos. A filha de Freud, Anna desenvolveu subsequentemente a terapia através da brincadeira em meados do século XX. A terapia através da brincadeira pode ser usada para ajudar as crianças que tiveram experiências traumáticas, partindo as lembranças em segmentos menores e encorajando as crianças a "jogar" com os sentimentos perturbadores, oferecendo uma variedade de experiências envolvendo a brincadeira para esse propósito, por exemplo, bonecas, areia, água e materiais artísticos (Gitlin Weiner, 1998). A terapia através da brincadeira foi muito utilizada nos anos imediatamente após a Segunda Guerra Mundial para ajudar as crianças que haviam sido traumatizadas pelos eventos violentos na Europa ocupada pelos nazistas.

## IDEIAS EM AÇÃO

### Estudo de caso: a brincadeira como terapia

Van Dyk (2006) descreveu algumas sessões de terapia através da brincadeira que ela utilizou com um menino de 4 anos chamado Jason, que havia testemunhado seu pai agredindo sua mãe. Jason foi encorajado a usar "personagens de brinquedo" na areia do playground, e durante a sessão ele escolheu Darth Vader para representar o "pai perigoso", com quem ele não deseja ser deixado a sós durante suas visitas. Ele também foi encorajado a fazer desenhos representando seus sentimentos, descrevendo um deles como "alguém... brigando com os filhos e eles irão levá-lo para a cadeia". À medida que Jason continuou com suas sessões de terapia, o seu comportamento na escola melhorou, particularmente a sua habilidade para se concentrar.

### Melhorando a prática

**A "terapia" através da brincadeira na vida cotidiana**

As crianças que não estão "em terapia" também podem se beneficiar das atividades extraídas dos conceitos da terapia através da brincadeira. Um exemplo que funciona bem com meninas com idade de 8 anos ou mais é colocar um pequeno grupo (de quatro a oito) sentadas ao redor de uma mesa com vários esmaltes de unha de diversas cores. Uma menina de cada vez fala sobre um sentimento que teve e escolhe uma cor para representá-lo. Então o grupo é convidado para usar o esmalte para pintar as unhas, escolhendo uma cor diferente para cada unha para representar os sentimentos diferentes que tiveram, conversando a respeito deles enquanto pintam suas unhas.

### Pare e reflita

Você consegue pensar em uma atividade adequada para um dos gêneros parecidos a essa, onde as crianças possam desenvolver durante uma atividade artística que envolva o uso de cores diferentes para representar sentimentos diferentes? Considere como isso poderia ser transposto para crianças em diferentes estágios de desenvolvimento.

**Figura 1.1**
Uma infância moderna?
Fonte: UK21/Alamy.

## Teoria da modulação do interesse

A teoria da modulação do interesse foi desenvolvida por Berlyne (1960), que propôs que a brincadeira era o resultado de um estímulo no sistema nervoso central para manter o interesse em um nível ótimo. Ellis (1973) propôs a ideia do que as crianças usam a brincadeira para aumentar a estimulação e o nível de interesse. No modelo de Berlyne, as crianças respondem a um dado ambiente para aumentar o interesse; no de Ellis, as crianças verdadeiramente criam esse interesse nas suas ações a partir do ambiente. A teoria da modulação do interesse pode ser relacionada com o debate atual a respeito do papel do tédio *versus* uma potencial superestimulação na infância. A questão é se substituindo o tédio por uma rodada de experiências estimulantes, a prática de educar uma criança do século XXI está eliminando o desenvolvimento e a prática de atividades autodirecionadas independentes que regulam os níveis de interesse das próprias crianças. O sociólogo Corsaro (1997) sugeriu que, nas sociedades ocidentais modernas, o tempo das crianças está sendo absorvido, cada vez mais, por atividades direcionadas por adultos e "consequentemente, a infância" nessas sociedades está sendo "colonizada" pelos adultos.

## Teoria da brincadeira metacomunicativa

A teoria da *brincadeira metacomunicativa* foi desenvolvida por Gregory Bateson (1955). Bateson afirma que durante as brincadeiras simuladas as crianças aprendem a operar

---

### IDEIAS EM AÇÃO

#### Um estudo de caso: a infância no século XXI

No dia de hoje, Aimee que tem 8 anos acordará às 6 horas da manhã, será vestida e tomará café rapidamente para que sua mãe consiga deixá-la na casa de sua babá às 7:30, no caminho para o trabalho. Então Aimee estará na escola das 8:45 às 15:00. Sua babá irá buscá-la e levá-la para sua aula de piano que dura meia hora e depois será levada de volta para a casa de sua babá, onde sua mãe irá buscá-la às 16:30. Então Aimee irá para casa, jantará e se arrumará para o ir ao grupo de escoteiros, onde ficará entre 18:30 e 19:30. Seu pai irá buscá-la no grupo, levá-la para casa, dar-lhe banho e colocá-la na cama às 20:30. Nos outros dias da semana Aimee tem aula de hipismo e de ginástica. Nas manhãs de sábado ela frequenta uma aula de dança. Ela é filha única e mora em uma rua com muito trânsito, onde não consegue participar de brincadeiras ao ar livre sem supervisão de um adulto. A única oportunidade regular que ela tem para brincar sem a direção de um adulto é no playground de sua escola. Todavia, sua escola recentemente reduziu a duração do recreio, então o intervalo se resume a 15 minutos pela manhã e aproximadamente 20 minutos na hora do almoço, dependendo de quanto tempo ela leva para terminar seu almoço. A mãe de Aimee reclama que ela pode ser uma criança "difícil" durante os períodos de férias escolares. Parece que ela não consegue ficar quieta em nenhuma atividade (com exceção de assistir à televisão), apesar de estar cercada por brinquedos educacionais caros, ela reclama constantemente para os adultos que está "entediada". Isso indica que Aimee não possui estratégias para equilibrar seu próprio nível de interesse.

#### Pare e reflita

Como você pensa que essa situação pode afetar o futuro de Aimee na sua adolescência e vida adulta? Converse sobre o caso de Aimee com seus colegas.

> **Brincadeira metacomunicativa**
>
> Metacomunicação é comunicar a respeito da comunicação, usada para descrever conversas em que as pessoas estão falando sobre aspectos relacionados à comunicação; as crianças frequentemente fazem isso nas suas interações durante as brincadeiras.

em dois níveis diferentes, ou seja, nas cenas que elas estão representando, enquanto mantém sua existência no mundo real. Garvey (1977) propôs o termo "quebrar o quadro" para o que as crianças fazem quando problemas ou desentendimentos surgem e elas têm que interromper a fantasia para resolver a situação e então voltar ao cenário de faz de conta. Isso indica que as crianças não somente aprendem sobre o papel, mas também sobre o conceito de *interpretar* um papel e como isso se relaciona com a realidade.

## Textos das brincadeiras

Tem sido demonstrado que as *narrativas das brincadeiras*, ou seja, o que as crianças fingem ser, está altamente relacionado com o ambiente e as experiências verdadeiras dessas crianças (por exemplo, as crianças ocidentais brincando de "família", "escolas" ou papéis imaginários inspirados em fontes provenientes dos meios de comunicação). Bateson (1955) propôs que a brincadeira de faz de conta dentro desse contexto específico produz um adulto com uma autoimagem cultural e social particular, uma parte necessária de tornar-se um ser humano adulto completamente funcional. Jarvis (2006, 2007) estudou as nar-

> **Textos das brincadeiras**
>
> Uma história imaginária criada por uma criança ou por um grupo de crianças para justificar e explicar suas ações (também podem ser chamadas de "narrativas de brincadeira").

rativas das brincadeiras relacionadas com o contexto de um playground, descobrindo que elas eram complexas e altamente relacionadas ao gênero (veja o Capítulo 7).

## Teorias de desenvolvimento cognitivo

As teorias de desenvolvimento cognitivo propõem que a brincadeira é uma parte vital para a construção de um conjunto de representações mentais (Piaget as chamou de *esquemas*) do mundo ao redor da criança. Isso é alcançado em pequenos "pedacinhos", cada pedaço de aprendizado em uma área em particular é construído sobre o pedaço anterior por todo o período de desenvolvimento, com o jovem adulto finalmente alcançando um "mapa cognitivo" de como o mundo em que ele ou ela vive funciona na verdade. Por exemplo, todos os seres humanos aprendem sobre a operação básica da gravidade (porque não derrubaríamos propositadamente uma cesta de ovos), mas somente aqueles que vivem em uma área com automóveis sabem que você deve olhar e escutar atentamente antes de atravessar uma rua que inicialmente parece estar livre de carros. Os dois teóricos mais proeminentes nessa área são Jean Piaget (1896-1980) e Lev Vygotsky (1896--1934).

> **Esquema**
>
> Um termo da teoria piagetiana que refere a uma coleção de ações, conceitos ou ideias que estão altamente organizadas dentro do cérebro.

> **Assimilação**
>
> Da teoria piagetiana, usar um esquema existente para lidar com uma experiência nova; no ensino o termo pode ser usado com o significado de absorver, assimilar e compreender completamente um elemento particular da aprendizagem.

Piaget propôs um sistema de desenvolvimento de *assimilação* e *acomodação*, onde a criança

> **Acomodação**
> Da teoria piagetiana, construir um novo esquema em resposta a uma nova experiência.

assimila uma experiência nova (levando ela até o pensamento sem criar um novo conceito, por exemplo, você lambe uma casquinha de sorvete e você também lambe um picolé) ou a acomoda (criando um novo conceito no pensamento, por exemplo, você não consegue comer uma massa espaguete somente com uma colher, ou com garfo e faca, você tem que aprender uma nova ação usando a colher e o garfo). A criança chega até a acomodação através de um processo de *equilibração*, que significa a necessidade de equilibrar todos os esquemas relacionados com a imagem atual da realidade de uma pessoa (Piaget, 1955).

> **Equilibração**
> Levar ao equilíbrio. Na teoria piagetiana, refere-se especificamente a equilibrar as ideias de um indivíduo com a realidade.

Vygostky propôs o conceito da *zona de desenvolvimento proximal* (Vygotsky, 1978). A "ZDP" é uma área de competência que uma criança pode acessar com a aju-

> **Zona de desenvolvimento proximal**
> Da teoria Vygotskiana, a lacuna entre o nível atual de desenvolvimento do aprendiz comparado com o nível potencial imediato de desenvolvimento quando ele ou ela é auxiliado/a por um adulto ou par mais competente.

> **Pares ou semelhantes**
> Aqueles que pertencem ao mesmo grupo social, especialmente no que diz respeito à faixa etária, série ou *status* (Merriam Webster).

da de um adulto ou com a colaboração de *pares* com níveis de desenvolvimento equivalentes, mas não é capaz de acessá-la sozinha. Por exemplo, uma criança construindo um brinquedo com lego pode não conseguir descobrir como usar as peças com tamanhos diferentes para montar a roda de um carro, mas um adulto pode ajudar demonstrando e dividindo a tarefa (Jerome Bruner mais tarde chamou isso de "andaimes conceituais"). Duas ou mais crianças também podem "juntar suas ideias" e resolver problemas conversando e descobrindo como algo é feito pela tentativa e pelo erro.

---

## IDEIAS EM AÇÃO

### Estudo de caso: um exemplo de "quebrar o quadro"

Sofia e Elizabete, ambas com 5 anos, estão brincando de casinha. Elas previamente combinaram que Sofia seria a mamãe e Elizabete seria o bebê. Sofia coloca Elizabete na cama e vai para a área da cozinha. Elizabete se levanta e vai em direção a cozinha, pega uma panela de brinquedo e coloca sobre o fogão. Sofia se vira e "quebrando o quadro" diz, "Você é o bebê, não pode usar o fogão". Elizabete diz, "Mas e se o bebê *tentou* usar o fogão?". Sofia volta ao papel de mamãe (o quadro faz de conta), adotando um tom repreensivo: "Bebê desobediente! Fique longe do fogão ou vai se queimar". Elizabete começa a fingir que está chorando e Sofia diz, "Oh não, bebê, viu o que você fez?". Ela pega a mão de Elizabete e diz, "Vamos fazer um curativo?". Elizabete diz que sim com a cabeça, ainda "fingindo chorar".

### Pare e reflita

O que Sofia e Elizabete aprenderam sobre cuidar de crianças mais novas e de bebês nessa interação?

## CONCLUSÃO

Essa parte do capítulo introduziu a utilidade da brincadeira e, fazendo isso, também explorou uma variedade de perspectivas teóricas enraizadas na psicologia do desenvolvimento, muitas das quais serão revistas e exploradas mais a fundo por vários autores nos capítulos finais deste livro. Também delineou o elo vital entre a brincadeira e o

---

### IDEIAS EM AÇÃO

#### Textos das brincadeiras de playground (observação dos autores)

Em um dia de inverno extremamente frio, as crianças estiveram brevemente no playground enquanto nevava. Observei Rory, Elliot e Adam absorvidos em uma brincadeira de perseguição, a qual tiveram que abandonar quando foram chamados para voltar para a sala de aula. Imediatamente de volta a sala e sentei-me com eles para perguntar sobre a brincadeira deles. O resultado da conversa está relatado abaixo:

**Pam Jarvis:** De que vocês estavam brincando?
**Rory (para Elliot):** O que nós estávamos fazendo?
**Elliot:** Estávamos ajudando Adam.
**Rory:** Estávamos ajudando Adam a não congelar.
**Pam Jarvis:** Ajudando Adam a não o quê?
**Rory:** A não congelar. Estava nevando e caindo neve nos meus olhos.
**Pam Jarvis:** Sim, eu sei, estava muito frio.
**Rory:** Se você congela, não consegue se mexer. Parece que esse texto da brincadeira reflete as *narrativas* de super-heróis que são frequentemente mostradas nos desenhos de ação e filmes de animação ocidentais.

> **Narrativa**
> Literalmente algo que é falado (narrado); o termo é frequentemente usado por cientistas sociais para referir o modo como as pessoas explicam coisas ao contar uma "história" secundária.

#### Pare e reflita

O que esses meninos podem estar aprendendo a respeito dos papéis dos homens adultos, das responsabilidades e dos relacionamentos por fazer e representar coletivamente esse texto da brincadeira?

#### Melhorando a prática

**Pesquisa sobre os textos das brincadeiras: atividade sugerida**

Você poderia desenvolver uma observação focal de uma criança em uma área de brincadeira externa, enfocando as narrativas que as crianças criam em suas brincadeiras colaborativas durante a sessão. Uma vez que se sinta confortável com a técnica da criança focal, você poderia fazer subsequentemente várias observações, focando nas crianças de cultura semelhante a sua e de culturas diferentes, considerando o quanto as experiências culturais diferentes podem (ou não podem) ter implicações nas narativas da brincadeira que as crianças criam. Se você está em um estabelecimento onde conhece bem as crianças, você também pode conversar sobre suas atividades na brincadeira com elas, na tentativa de descobrir o que as narrativas que elas estão criando significam para elas. Certifique-se de cronometrar o tempo atentamente, cuidando para não interferir ou interromper a brincadeira delas, ou ao contrário, deixar passar muito tempo, porque crianças pequenas esquecem muito rapidamente. Para as crianças com idade média entre 4 a 7 anos, "deixar passar muito tempo" significa que elas já mudaram para uma outra atividade. Uma boa hora para conversar com as crianças sobre as brincadeiras no playground é no fim do horário do receio, enquanto elas caminham de volta para sala de aula depois que a campainha tocou.

## IDEIAS EM AÇÃO

### Melhorando a prática

**Foco do esquema**

As crianças de 3 anos podem aceitar mais facilmente a existência do Papai Noel, dado o seu conhecimento muito limitado das coisas práticas do dia a dia, mas quando elas chegam aos 6 ou 7 anos, estarão fazendo perguntas como "Como ele consegue passar pela chaminé se nós não temos uma?" e "Como ele consegue chegar a todas as crianças do mundo em uma noite?". Isso indica que o processo de equilibração está ocorrendo e mais cedo ou mais tarde a criança se dará conta de que o conceito de Papai Noel é um mito e não parte da realidade, conforme sua existência não coincide com outros conhecimentos que elas têm sobre o mundo.

**Pare e reflita**

Focando nas questões específicas que as crianças perguntam, podemos descobrir quais ideias elas podem estar envolvidas no momento, para levá-las a um novo estado de equilibração.

### Melhorando a prática

**Estudo da ZDP: atividade sugerida**

Algumas aprendizagens podem implicar no estudo da ZDP com professores e pares. Você pode considerar isso através da confecção/conversa/observação de qualquer atividade que envolva a demonstração de um adulto seguida de um trabalho em grupo. Por exemplo, mostre para crianças de 6 anos ou mais como fazer um modelo lego simples ou algum trabalho artístico simples como uma flor de papel (que poderia estar relacionada com alguma data festiva). Demonstre como executar a tarefa e então compare como as crianças a executam trabalhando sozinhas, trabalhando com um colega que tenha habilidade similar ou com um colega que seja um pouco mais habilidoso. Você pode focar particularmente em como as crianças conversam sobre a tarefa e o que elas parecem ganhar (ou ocasionalmente perder) durante essas discussões.

---

desenvolvimento psicológico, e sugeriu que a brincadeira nem sempre tem que originar um resultado óbvio ou até mesmo positivo para contribuir de maneira útil com a competência social atual ou futura da criança, sendo ao mesmo tempo para o seu próprio benefício e para o benefício da sociedade em que ele/ela vive.

## IDEIAS EM AÇÃO

**Observação de área focal**

Uma observação feita através do foco em uma área, registrando tudo que ocorre dentro dessa área por uma quantidade de tempo determinada.

### Melhorando a prática

**Observação de uma ideia focal: atividade sugerida**

Por que não fazer uma observação de área focal por 10-15 minutos e então ver quantas das teorias abordadas anteriormente poderiam ser aplicadas ao comportamento que você registrou?

# CAPITALIZAR COM A BRINCADEIRA: TIRANDO PROVEITO DELA PARA A APRENDIZAGEM

AVRIL BROCK

## INTRODUÇÃO

Esta seção sobre brincadeira educacional promove a brincadeira para a aprendizagem. As crianças são ao mesmo tempo pré-programadas e motivadas a brincar – é bastante simples, como Susan Isaacs declarou na década de 1920, em seu trabalho "trabalho de suas vidas". Sob uma perspectiva educacional, a disposição das crianças para brincar, sua motivação inata e seu forte propósito para brincar deveriam ser aproveitados para promover a aprendizagem e preencher o potencial educativo. A brincadeira é importante para a aprendizagem, os educadores a "ordenham", a sequestram das crianças; usam a brincadeira como um veículo para desenvolver a *cognição* e todos os aspectos do *currículo*; e por que não, se ela é ao mesmo tempo eficiente e agradável? As crianças brincam naturalmente através de um processo de desenvolvimento, para descobrir o seu ambiente, para aprender sobre o que acontece e porque as coisas acontecem e, prioritariamente, para se divertir.

> **Cognição**
> O processamento de informação, como um indivíduo compreende o mundo.
>
> **Currículo**
> Um corpo de conhecimento/habilidades a ser transmitidas ao aprendiz; o conteúdo de um curso ensinado em uma escola; um programa de apendizagem

## A importância da brincadeira

Por essa razão os educadores de crianças pequenas acreditam que a brincadeira é a ferramenta mais valiosa para a aprendizagem. A *motivação intrínseca* é valiosa porque ela resulta na *aprendizagem iniciada pela criança*. Os educadores precisam proporcionar ambientes divertidos e estimulantes que promovam atividades práticas e o uso de recursos interessantes e, dessa forma, permitir que as crianças iniciem as suas próprias aprendizagens (os capítulos ao longo desse livro fornecerão muitos exemplos significativos).

> **Motivação intrínseca**
> Estímulo para a aprendizagem inerente nas crianças independente de fatores externos, como classe social.
>
> **Aprendizagem iniciada pela criança**
> Permitir que as crianças tenham oportunidade de desenvolver seu conhecimento e suas habilidades através da brincadeira sem a orientação de um adulto.

Por volta do início do século dezenove, a ideia da infância não sendo apenas uma preparação para a vida adulta, mas existindo no seu próprio direito como sendo um período especial da vida estava obtendo aceitação. Filósofos, psicólogos e profissionais da educação infantil foram os pioneiros das teorias com respeito à importância da brincadeira para a aprendizagem e para a educação. Aqui está uma breve introdução a alguma dessas teorias:

- As ideias de Pestalozzi (1746-1827) influenciaram Robert Owen quando ele estabeleceu a primeira escola infantil na Escócia em 1816, promovendo ambientes para uma aprendizagem adequada para as crianças pequenas, que incluía a brincadeira em ambientes externos.
- Wilderspin (1792-1866) promoveu a alfabetização, a linguagem e a competência numérica através da aprendizagem e da disponibilidade de materiais e de experiências práticas e ativas.
- Froebel (1782-1852) sugeriu a importância da brincadeira educativa para o

## IDEIAS EM AÇÃO

### Valorizando a brincadeira (entrevista da autora)

O que existe de tão errado em brincar nessa idade? Acredito que é de onde vem a raiz de toda a aprendizagem, a exploração, a experimentação, é assim que penso que as crianças aprendem melhor, e nosso trabalho é direcionar e canalizar a brincadeira. Nosso planejamento irá proporcionar suporte para desenvolver as coisas que as crianças estão interessadas, enquanto cumprimos com as exigências dos objetivos de aprendizagem iniciais. Estou falando de não só sermos práticos, mas também criativos nas atividades que fazemos com as crianças, tentando estimulá-las de todas as maneiras sensoriais possíveis.

As pessoas nem sempre enxergam o valor e não se dão conta do que a brincadeira engloba. Elas acham que aparecemos aqui, abrimos a escola e é isso; as crianças chegam e você só brinca com elas, como se não houvesse horas de preparação, planejamento, de buscar e preparar recursos. Sim, nem mesmo minha namorada se dá conta disso.

Mike, professor da educação infantil

> **Education Action Zone**
> Escolas que recebem assistência especial do Departamento de Educação e Empregos para conduzir projetos desenvolvidos para aumentar o nível de desempenho dos alunos.
>
> **Inglês como segunda língua (ISL)**
> Quando o inglês não é a primeira língua de uma criança.

### Melhorando a prática

Muitos educadores da educação infantil acham difícil entender por que certas pessoas, incluindo alguns educadores de crianças mais velhas, depreciam a brincadeira quando ela é na verdade uma poderosa força motivadora que produz resultados tão ricos. O professor na citação acima foi entrevistado durante uma pesquisa para uma tese de doutorado. Ele trabalhava na educação infantil dentro de uma escola de cidade do interior em uma *Education Action Zone*, que tinha uma mistura de crianças bem variada, incluindo uma porcentagem aprendendo o *inglês como segunda língua*. Ele trabalhava como educador em um grupo de educação infantil que havia sido integrado a pouco tempo na escola. O grupo estava desenvolvendo os elos e o currículo para o Foundation Stage que havia sido recém introduzido. Esse professor acreditava fortemente no poder e na importância da brincadeira, promovendo o currículo através de experiências de brincadeira com qualidade. Ele também estava bastante ciente do *status* da brincadeira e de que a percepção pública por parte dos pais, de outros educadores e de pessoas que fazem políticas de ensino nem sempre compreendia ou estava a favor da brincadeira sendo promovida nos estabelecimentos de ensino.

Portanto, é importante estar informado e ser articulado sobre a importância da brincadeira nos contextos educacionais. Os educadores devem ser bem formados e estar preparados para justificar a sua proposta para um currículo e uma pedagogia baseados na brincadeira para uma variedade de públicos.

### Pare e reflita

Precisamos justificar a brincadeira? Você se sente capaz de articular isso para uma audiência externa? Ler este livro poderá ajudá-lo no processo de ser responsável pela brincadeira!

---

desenvolvimento das crianças pequenas para que elas absorvam o conhecimento e para desenvolver a imaginação e a linguagem. Ele desenvolveu uma *abordagem centrada na criança* e enfatizou a aprendizagem ativa.

# BRINCAR: APRENDIZAGEM PARA A VIDA

- Steiner (1861-1925) estava preocupado com a individualidade das crianças, do seu completo desenvolvimento através da experiência de um currículo criativo e equilibrado. Ele propôs que o papel do adulto, o ambiente e a provisão de recursos naturais como materiais para brincadeiras eram importantes.
- Montessori (1870-1952) defendia o valor da brincadeira na aprendizagem das crianças e proporcionou experiências de aprendizagem da vida real em um ambiente estruturado e planejado, que desenvolvia a vida interior das crianças através das experiências sensoriais e científicas.
- Isaacs (1885-1948) promoveu a brincadeira e a exploração através do envolvimento ativo, encorajando o pensamento claro e um comportamento independente. Ela estudou psicologia infantil cientificamente, através da observação sistemática das crianças, examinando a influência da linguagem sobre o pensamento e sobre as emoções.
- McMillan (1860-1931) primeiramente forneceu ambientes para apoiar a saúde das crianças, mas ela também acreditava na importância das experiências diretas e na aprendizagem ativa, particularmente que a brincadeira era importante para o desenvolvimento da imaginação, dos sentimentos e das emoções.

> **Abordagem centrada na criança**
> Educação que adapta o estilo de ensino e de aprendizagem de acordo com o interesse específico da criança, por exemplo, permitindo que a criança que tem um interesse em trens possa ler a respeito deles, escrever uma história sobre trens, etc.

- Vygotsky (1896--1934) acreditava que a qualidade das relações sociais e culturais é crucial; que os adultos e pares apoiavam a aprendizagem das crianças e que a brincadeira criava uma zona de desenvolvimento proximal (potencial), que permitia que elas trabalhassem em um nível mais elevado.
- Bruner (1915-presente) vê as crianças como sendo aprendizes ativos, que necessitam de experiências diretas para ajudá-las a desenvolver o pensamento e a aprendizagem. Assim como Vygostky, ele acredita que os adultos são importantes para criar *andaimes conceituais* para auxiliar na aprendizagem das crianças.

> **Andaimes conceituais**
> Assistência fornecida por um adulto ou um par mais experiente, em contexto, para auxiliar na aprendizagem da criança.

- Piaget (1896-1980) estava preocupado com os pensamentos e as ideias que as crianças têm, examinando como elas aprendem através de estágios, incluindo como elas brincam e como o *aprendizado através das descobertas* é importante para o desenvolvimento e que a brincadeira imaginária precedia os jogos com regras. Adaptado de Beardsley e Harnett (1998); Curtis e O'Hagan (2003); Broadhead (2004); Bruce (2004).

> **Aprendizado através das descobertas**
> Aprendizado ou instrução baseado na investigação.

Esta é uma lista bastante extensa de figuras renomadas, que proporcionaram evidências de suas crenças, demonstrando amplo conhecimento sobre a importância da brincadeira para a aprendizagem e para a educação. Os educadores precisam não apenas considerar as teorias mencionadas anteriormente como também precisam estar aptos a explicar a sua proposta de experiências de brincadeira para uma audiência mais ampla. Eles precisam ter capacidade de articular esse conhecimento de modo que os pais, as pessoas que fazem políticas de ensino e o público em geral entendam e aceitem que um currículo e uma pedagogia baseados na brincadeira é uma parte essencial na educação das crianças. Os educadores de ambos, da educação infantil e do ensino fundamental,

## IDEIAS EM AÇÃO

### Extraindo significados do mundo através da brincadeira (observação da autora)

Visitei Mina, com 14 meses, e sua mãe para entrevistá-las sobre o desenvolvimento precoce da linguagem de Mina. Mina foi extremamente tímida comigo pelos primeiros 30 minutos e manteve distância. Entretanto, ela tinha me visto colocar meu pequeno gravador digital na mesa de centro e assim que criou coragem, ela veio sentar-se junto a mim, pegando o gravador imediatamente. Ele cabia perfeitamente em sua mão e em alguns segundos ela havia descoberto como ligar, desligar e escutar as gravações. Sua próxima tarefa foi "tirar fotos" com a minha máquina digital. Esse era um objeto muito maior, mas novamente ela não teve problema algum para manipulá-la, segurando-a corretamente para tirar fotos, enquanto modelava poses e sorrisos apropriados para a situação. Então, ela fez uma manobra na direção da minha bolsa e selecionou sistematicamente os itens, um por um. Primeiro ela tirou da bolsa a carteira, seguida do meu porta cartões, batons, perfume, canetas, cartões de memória, celular e óculos. Ela usou cada item apropriadamente, exceto os cartões de memória! A bolsa foi parar na sua maleta de plástico, que ela usava como bolsa, copiando exatamente o que sua mãe fazia com a própria bolsa. Ela rabiscou no meu bloco de anotações com cada uma das canetas. Ela experimentou meus óculos, depois os colocou na parte de cima da cabeça e depois na parte de trás. Ela fez caretas e cheirava o ar enquanto fingia passar o batom e o perfume. Como ela poderia saber que o pequeno frasco tinha uma tampa que podia ser removida? "Ah, que bonita", afirmava sua mãe, cada vez que Mina mostrava cada nova aquisição.

### Pare e reflita

Em suas observações das crianças, que contextos elas usam mais prontamente como base para suas brincadeiras? Com que frequência elas brincam com comportamentos adultos "modelados" previamente?

**Figura 1.2** Aprendizado através das descobertas.

(continua)

## IDEIAS EM AÇÃO

### Comentário

Minha bolsa naquele momento foi muito mais interessante que os diversos brinquedos que estavam no chão. Então, será que Mina estava brincando, experimentando ou trabalhando? Acho que ela estava fazendo todas as três atividades. Com 14 meses, ela já havia aprendido o propósito de cada item da bolsa através da observação, da imitação e da exploração. Ela estava aprendendo enquanto manuseava os objetos, usando todos seus sentidos para usá-los e examiná-los. Ela quase não falava durante essas atividades, mas era possível perceber que havia várias evidências que indicavam seus processos de pensamento. Sua mãe comentou que ela e o pai de Mina frequentemente sentiam que podiam observar sua filha refletindo sobre as coisas com as quais brincava. Conforme Hutchin (1996) observou, as crianças refletem sobre várias experiências que elas têm em cada aspecto de suas vidas cotidianas. Mina vem aprendendo através da observação, da escuta e da reflexão e já teve diversas oportunidades para imitar, imaginar e repetir ações através das suas atividades de brincadeira.

precisam não somente compreender o valor da brincadeira e consequentemente colocá-la em prática com as crianças, mas também estarem aptos a explicar e celebrar a aprendizagem com base na brincadeira com os outros. Os educadores precisam fornecer ambientes para uma aprendizagem rica, que promovam todos os tipos de brincadeira – a espontânea, a estruturada, a imaginativa e a criativa – e, dessa forma, capacitar as crianças para preencher seu potencial de aprendizagem. Mina está aprendendo através da brincadeira e os educadores da educação infantil se tornaram hábeis para lucrar com a inclinação para aprender das crianças pequenas, com o apetite delas por novas experiências e seu desejo para "brincar" antes de qualquer outra coisa. O que então define uma experiência de "brincadeira" como sendo diferente de uma experiência de "trabalho" na escola e em outros ambientes educacionais? As experiências de "brincadeira" são apenas aquelas escolhidas livremente pelas próprias crianças? A diversão e o prazer são elementos-chave para definir o que é brincadeira? Quando um adulto em um estabelecimento no Foundation Stage instrui as crianças a pintar um desenho, criar um objeto usando blocos ou para montar um quebra-cabeça, isso é brincadeira ou traba-

lho? Quando uma criança escolhe plantar sementes no jardim, fazer um bolo ou escutar uma história, isso é trabalho ou brincadeira? Todas as crianças têm o direito de descansar, de brincar e de se envolver com uma ampla variedade de atividades (Artigo 31, *Direitos da Criança das Nações Unidas*), da brincadeira livre à aprendizagem estruturada, e isso tem valor próprio como parte do desenvolvimento cognitivo e criativo da criança. A brincadeira é divertida, gratificante, prazerosa e completa em si.

> **Foundation Stage**
> Anterior a setembro de 2008, esta era a primeira parte de um currículo nacional, direcionado às crianças com idade entre 3 e 5 anos.
>
> **Direitos das Crianças das Nações Unidas**
> Um acordo internacional que fornece um conjunto abrangente de direitos para todas as crianças.

## Um currículo baseado na brincadeira

Dessa maneira, se pode observar que o brincar para aprender ocorre naturalmente.

O papel do educador é proporcionar uma variedade de oportunidades nas quais as crianças são motivadas a se envolver individualmente e colaborativamente. Essas atividades precisam ser planejadas para que se obtenha uma aprendizagem potencial e ideal. O educador precisa estar apto a analisar essas oportunidades de aprendizagem, a tomar decisões sobre quando e como estar envolvido e seguir em frente com a brincadeira, sempre observando e analisando as realizações e os benefícios para a aprendizagem. Isso não impede a diversão e o prazer, que deveriam ser componentes essenciais para a aprendizagem através da brincadeira. As necessidades individuais das crianças devem ser satisfeitas para uma aprendizagem e um desenvolvimento bem-sucedidos. As atividades e experiências fornecidas pelos educadores precisam ser estruturadas

---

## IDEIAS EM AÇÃO

### Brincadeira social livre

Zack e seu irmão mais velho estavam brincando no jardim de casa. Eles arremessavam, pegavam, chutavam e batiam nas bolas, jogando golfe, futebol e basquete; subiam escadas e em árvores fingindo ser bombeiros, usavam ferramentas de jardim no solo e na caixa de areia, dirigiram um trator, um carro e um triciclo por volta do jardim; e por fim, eram mecânicos usando macacões e uma variedade de ferramentas e instrumentos, fizeram brincadeiras em times e corridas com os adultos. Em um período de três horas não houve nenhuma reclamação, houve muita brincadeira colaborativa, pensamento imaginativo, linguagem exploratória e socialização com os adultos. Zack (4 anos) estava brincando no meu jardim. Entre várias atividades autoiniciadas, ele regou as flores e as minhocas cuidadosamente com uma pistola d'água, observou os pardais comendo sementes em um alimentador para pássaros e viu os remadores nadando na lagoa. Ele observou, fez perguntas e conversou sobre o que estava acontecendo (veja a Figura 1.3).

**Objetivos de aprendizagem dos primeiros anos**

As seis áreas de desenvolvimento e aprendizagem que definem o que se espera que as crianças aprendam durante o Foundation Stage nos primeiros anos.

### Melhorando a prática

Esses dois cenários oferecem *insights* para as experiências das crianças em ambientes ao ar livre. Os adultos não iniciaram nenhuma dessas atividades, mas capitalizaram sobre elas ou pelo menos eu o fiz (não existe "estar de folga" para os educadores das primeiras séries!). Aproveitei para criar uma apresentação sobre o desenvolvimento físico e a brincadeira ao ar livre para a minha palestra daquela semana. Analisei as atividades dos meninos para a aprendizagem e desenvolvimento para as explicações aos alunos. Zack e Kurt experienciaram a maioria dos objetivos de aprendizagem dos primeiros anos do currículo para o desenvolvimento físico. No segundo cenário, Zack não apenas experienciou os *objetivos de aprendizagem dos primeiros* anos para o "conhecimento e a compreensão do mundo" no Foundation Stage nos primeiros anos, mas também cumpriu com aspectos do desenvolvimento pessoal, social e emocional e de comunicação, linguagem e alfabetização.

### Pare e reflita

Obtenha o documento do Early Years Foundation Stage, se você não possui uma cópia, entre no site do Department of Children and Family Service. Leia e reflita sobre os objetivos de aprendizagem para o desenvolvimento físico nos primeiros anos de vida.

> **Desenvolvimento apropriado**
> Prática baseada no que é conhecido a respeito de como as crianças se desenvolvem, levando em consideração a idade, a situação social e o bem-estar emocional.

através de um ciclo de planejamento, organização, execução e avaliação. Como Riley (2003) declara, uma compreensão rigorosa e abrangente de um currículo holístico é necessária não apenas na educação infantil, mas também nos anos iniciais do ensino fundamental, com experiências de aprendizagem de *desenvolvimento apropriado* sendo oferecidas em todas as áreas do currículo.

Moyles e colaboradores (2002) no Study of Pedagogical Effectiveness in Early Learning (SPEEL) determinam que um ensino e uma aprendizagem de qualidade são caracterizados pela habilidade do profissional para aplicar o conhecimento no aprendizado das crianças pequenas para promover avanços e realizações, e para identificar e medir a efetividade da proposta. Uma professora de educação infantil me explicou sobre o sistema que ela e a coordenadora da educação infantil tinham organizado para as crianças (ver "Ideias em ação").

## Teorias instrumentais de brincadeira

Tem sido validado por muitos pesquisadores contemporâneos na área da educação infantil que a brincadeira é essencial para a aprendizagem, incluindo Hutt e colaboradores, (1989); Moyles (1989); Anning (1991); Bruce (1991); Hall e Abbott (1991); Wood e Attfield (1996); Bennett e colaboradores (1997); Sayeed e Guerin (2000); Drake (2001); MacIntyre (2001); Riley (2003) e Broadhead (2005). O primeiro problema a ser encontrado é o da definição: como "brincadeira" pode cobrir uma variedade de comportamentos relacionados a várias atividades (Wood e Attfield,

1996, 2005). A brincadeira é uma "palavra genérica" (Bruce, 1991) e uma "categoria gigantesca" (Hutt et al., 1989) que engloba uma multiplicidade de atividades, muitas das quais são úteis para a aprendizagem. Ao longo dos dois últimos séculos tem havido uma variedade de teorias e todas elas proclamam a importância da brincadeira sob diferentes perspectivas; como Bruce (2004, p. 129) menciona, "diferentes teorias oferecem suporte de maneiras diferentes". A complexidade dessa atividade "simples" chamada de brincadeira pode ser vista no Quadro 1.1.

Entretanto, existem críticas quanto a fornecer experiências de brincadeira como uma maneira para aprender e sobre a qualidade da proposta atual que pode ser oferecida nos estabelecimentos de ensino, como demonstrado no Quadro 1.2.

Existem evidências substanciais de muitos pesquisadores de que as crianças podem demonstrar níveis mais elevados de comunicação verbal, de pensamento criativo, de imaginação e de resolução de problemas em situação de brincadeira (Wood e Attfield, 1996, 2005; Anning et al., 2004). A aprendizagem baseada na brincadeira é altamente motivadora e possibilita que as crianças pequenas autodirecionem seu aprendizado, encorajando o envolvimento e a concentração (Riley, 2003). Moyles (1989) desenvolve o modelo de crescimento de Norman (1978) para mostrar que a brincadeira forma as experiências pessoais e o conhecimento para criar novos conceitos e novas experiências:

- aquisição – adquirir novos conhecimentos, fatos, informações e habilidades;
- reestruturação – reorganizar o conhecimento existente para acomodar os padrões, as estruturas e os princípios novos;
- sintonização – a reestruturação guia a aquisição de novos conhecimentos.

A brincadeira enfatiza a reestruturação, o enriquecimento e as descobertas – formando as experiências pessoais e os co-

**Figura 1.3**
Brincando no jardim.

nhecimentos para criar novos conceitos e experiências. Isso é o que afirma a crença de Froebel (1782-1852) de que a brincadeira é o modo como as crianças integram sua aprendizagem, ganham compreensão, aplicam esse entendimento e começam a trabalhar de maneira mais abstrata. Todas essas teorias oferecem *insight* sobre como a brincadeira possibilita que a criança desenvolva ideias, pensamentos, sentimentos, relacionamentos, conhecimento e compreensão do mundo ao redor delas.

Em 1967, o Relatório Plowden endossou fortemente a brincadeira. Ele declarava que a brincadeira era importante para o desenvolvimento das crianças e que uma brincadeira diversificada e satisfatória é um meio de aprendizagem.

> Os adultos que criticam os professores por permitir que as crianças brinquem não estão cientes de que a brincadeira é o principal modo de aprendizagem durante a primeira infância. É o meio através do qual as crianças harmonizam sua vida interior com a realidade externa. Brincando, as crianças gradualmente desenvolvem conceitos de relações causais, a capacidade de discriminar, de fazer julgamentos, analisar e resumir, imaginar e formular. As crianças ficam concentradas em sua brincadeira e a satisfação de terminá-la com uma conclusão satisfatória solidifica hábitos de concentração que podem ser transferidos para outros aprendizados.
> (CACE, 1967; em Pollard, 2002, p. 143)

Entretanto, tem havido críticas contínuas sobre a ideologia de Plowden no que ela permitia muita liberdade com muito pouca instrução, que na verdade resultava em cada vez menos brincadeira ocorrendo nas turmas de educação infantil no fim dos anos 1980 e 1990. Desde essa época, o debate foi para um lado e outro entre as duas polaridades da brincadeira livre e da instrução formal. O centro do debate parece ser a educação infantil, que deveria concentrar os esforços para que as crianças pequenas se tornassem confiantes, membros capazes da sociedade, ou para que elas se tornassem instruídas no que diz respeito

# IDEIAS EM AÇÃO

## Organizando e usando a brincadeira como um recurso de aprendizagem (entrevistas da autora)

Há alguns anos atrás nossas crianças estavam entrada na escola sem nenhuma experiência anterior na pré-escola e tinham sido mandadas diretamente para a creche e se esperava que trabalhassem de acordo com o estágio do currículo, quando tudo que queriam fazer era brincar. Elas não estavam prontas para ficarem sentadas e trabalhar ou para ficarem paradas por vinte minutos escutando uma história. Tudo que elas queriam fazer era explorar e brincar com argila pela primeira vez, brincar com água e brincar na areia.

Então agora, quando elas ingressam, existem muitas atividades à disposição para elas – a areia a água e a casinha de brinquedo estão sempre prontas, alternamos a mesa de pintura, a pintura no chão e a pintura com os dedos. Elas escolhem o que querem fazer por 20 minutos e então descobrimos que elas se aproximam, sentam no tapete e estão muito mais dispostas e prontas para escutar uma história.

Quando elas estão brincando e falando umas com as outras, acredito que a linguagem delas se desenvolve muito melhor do que quando estão sentadas e escutando uma história. Talvez você veja uma menina de Gujarat falando com outra de Punjab (Gujarat e Punjab são regiões próximas da fronteira da Índia com o Paquistão), e elas têm que falar em inglês porque não possuem a mesma língua materna.

Peta, enfermeira em escola de educação infantil

### Melhorando a prática

Essa professora articulou a sua apreciação e aumentou a compreensão da aprendizagem das crianças através da brincadeira. Das crianças daquela unidade, 98% falavam inglês como segunda língua e os professores estavam fazendo mudanças para se adequar às necessidades diferenciadas das crianças. Construindo sobre o conhecimento das experiências anteriores das crianças e suas necessidades individuais, eles decidiram permitir que as crianças brincassem livremente quando entrassem na sala de aula pela manhã. O grupo de professores que avaliava a prática das crianças através de observações contínuas e monitorava a aprendizagem, determinou que a proposta de brincadeira livre era eficiente em suprir as necessidades das crianças. Eles descobriram que a brincadeira das crianças era focada, que eles se movimentavam e selecionavam entre uma variedade de experiências, conseguiam se concentrar por períodos prolongados, envolvidos com brincadeiras cooperativas, usando ao mesmo tempo o inglês e suas línguas maternas. Os professores davam suporte às crianças e proporcionavam experiências que permitiam que elas cumprissem com os objetivos da aprendizagem nessa fase. Os educadores precisam se preocupar em demonstrar que a sua provisão promove uma aprendizagem eficiente. Eles deveriam se empenhar com uma análise contínua do aprendizado das crianças: precisam ser *profissionais reflexivos*, examinando ambos – o currículo e a *pedagogia* – que ocorre na sua prática.

> **Profissionais reflexivos**
> Profissionais que avaliam ativamente a sua competência profissional e procuram maneiras de melhorar seu conhecimento e suas habilidades.
>
> **Pedagogia**
> Arte, ciência ou profissão de ensinar.

### Pare e reflita

Com que frequência você se afasta e analisa objetivamente a qualidade da proposta e o impacto que ela tem na aprendizagem? Quais restrições você sente que inibem a "brincadeira livre"?

aos conteúdos das matérias? Essas duas polarizações não são de forma alguma reciprocamente restritas e os educadores, incluindo os professores da educação infantil e outros trabalhando em estabelecimentos de cuidado e ensino, precisam tomar decisões informadas sobre as propostas para as crianças na primeira infância. Muitos professores descobriram que é difícil justificar a aprendizagem através da brinca-

**QUADRO 1.1**
Teorias instrumentais da brincadeira

| Panorama da brincadeira | Fonte | Data |
|---|---|---|
| Ambientes de aprendizagem adequados – brincadeira ao ar livre | Pestalozzi | 1805 |
| A brincadeira educativa; abordagem centrada na criança | Froebel | 1837 |
| A brincadeira para desenvolver a vida interior; aprendizagem multissensorial | Montessori | 1900 |
| A brincadeira como ensaio para a vida adulta | Groos | 1920 |
| A brincadeira como expressão dos conflitos internos | Freud | 1920 |
| A brincadeira como trabalho das crianças | Isaacs | 1958 |
| A brincadeira como meio de aprendizagem | Piaget Bruner Vygotsky | 1962 1974 1978 |
| A brincadeira prática; simbólica; com regras | Piaget | 1962 |
| A brincadeira no currículo espiral; aprendizagem através das experiências diretas – em primeira mão | Bruner | 1966 |
| Disposição das brincadeiras | Katz | 1967 |
| A brincadeira concilia a vida interna das crianças com a realidade externa | Plowden | 1967 |
| A brincadeira é emocional e um meio para controlar os medos | Paley | 1978 |
| A brincadeira como uma ferramenta cultural; aprendizagem sociocultural na ZDP; apoiada por adultos | Vygotsky | 1978 |
| A brincadeira lúdica (exploratória) e epistêmica (criativa) | Hutt et al. | 1989 |
| A brincadeira como uma espiral de aprendizado | Moyles | 1989 |
| A brincadeira e os esquemas | Athey; Nutbrown | 1989 |
| A brincadeira sociodramática importante para as habilidades cognitivas, criativas e socioemocionais | Smilansky | 1989 |
| A brincadeira como processo sem produto – fluxo livre | Bruce | 1989 |
| Níveis de envolvimento | Laevers | 1996 |
| Ensino através da brincadeira | Bennett et al Wood e Attfield | 1997 1996, 2005 |
| A brincadeira como diversão | Parker-Rees | 2001 |
| A brincadeira em um *continuum* social | Broadhead | 2004 |
| A brincadeira para promover a autorregulaçao e a metacognição | Wood e Attfield Whitebread | 2005 2005 |

**QUADRO 1.2**
Teorias críticas da brincadeira

| Panorama da brincadeira | Fonte | Data |
|---|---|---|
| A brincadeira somente como meio para relaxar e se exercitar | Spencer | 1878 |
| As crianças pensam que trabalhar é sentar em silêncio e produzir algo | Tizard et al. | 1984 |
| A brincadeira é altamente idealizada | Meadows e Cashdan | 1988 |
| A brincadeira não tem que ser trabalhada, é considerada menos importante que atividades que têm resultados mensuráveis | Cleave e Brown | 1989 |
| As atividades da brincadeira podem ter baixo nível de desafio intelectual | Hall e Abbott | 1991 |
| A brincadeira tende ser vista como trivial por uma sociedade dominada por homens que enfatiza a força do pensamento racional | Anning | 1994 |
| A brincadeira é vista como inimiga da educação | First | 1994 |
| Diferença entre relatório e realidade nas propostas baseadas na brincadeira | Bennett et al. | 1997 |

deira porque eles se sentem pressionados a agir de acordo com uma transferência de conhecimento mais formal. Essa pressão ocorre através da inspeção, dos coordenadores, outros colegas de ensino e dos pais. Os educadores necessitam de uma base de conhecimento e compreensão das teorias psicológicas, socioculturais e ecológicas e a relevância dessas teorias para ir ao encontro das necessidades das crianças, assim como do conhecimento de como os educadores ensinam e de como as crianças aprendem. Na década de 1990, a mudança na direção do currículo tradicional baseado nos conteúdos originou a maioria dos cursos de formação para professores que focavam principalmente em como transmitir o conhecimento dessas matérias. As questões sobre essas diferentes perspectivas sobre a base do conhecimento, currículo e pedagogia serão exploradas nos capítulos seguintes.

Apesar da constante validação da brincadeira e de um acordo muito difundido de que a educação infantil deveria ser baseada na brincadeira por parte dos teó-

ricos contemporâneos da primeira infância – Rumbold (DfES, 1990); Bennett e colaboradores (1997); a Câmara dos Comuns (2000); Qualificações e Autoridade Curricular (QCA, 2000); Moyles e colaboradores (2002) – o seu lugar no currículo não estava seguro e fixado até recentemente. Seu *status* e valor continuaram a ser questionados quanto ao nível de orientação por parte do governo até sua validação (QCA, 2000). Infelizmente ainda existe uma falta de ratificação por parte dos pais e até mesmo dos professores e coordenadores, no que diz respeito ao lugar da brincadeira na escola.

O estudo Pesquisas de Pedagogia Efetiva nos Primeiros Anos (Siraj-Blatchford et al., 2002) demonstra que alguns profissionais têm um conceito estrito sobre a brincadeira – que ela era apenas relevante para algumas áreas do currículo. Siraj-Blatchford e colaboradores propõem que esses profissionais parecem acreditar que o envolvimento da imaginação era um componente necessário antes que a brincadeira pudesse ser considerada brincadeira. Da mesma forma, quando Siraj-Blatchford e Sylva (2005) avaliaram a implementação da fase de fundação para o Congresso do Governo do País de Gales, eles descobriram que alguns profissionais não estavam confiantes em relação ao que a pedagogia baseada na brincadeira englobava e fracassavam em compreender o que significava as crianças estarem envolvidas ativamente na sua própria aprendizagem. Havia uma percepção geral de que a brincadeira era aceita como parte do que as crianças fazem ao ar livre, mas não em um ambiente fechado.

Os debates sobre o valor educacional da brincadeira derivam dessa falta de clareza sobre o que é e o que não é brincadeira (Riley, 2003). Consequentemente, isso reitera a importância dos educadores obterem uma compreensão total do que constitui a brincadeira em um ambiente educacional e como prover ambientes ricos de aprendizagem. Isso é importante tanto para a educação infantil quanto para o ensino fundamental.

## CONCLUSÃO

Os educadores proporcionam tempo "de qualidade" suficiente para que as crianças aprendam através da brincadeira? Existe um entendimento verdadeiro por parte dos educadores para fornecer e para justificar por que o tempo empregado com as experiências de brincadeira precisa ocorrer em ambientes ricos para a aprendizagem tanto nos estabelecimentos para os primeiros anos quanto nas escolas? Siraj-Blatchford e colaboradores propôs que as experiências com brincadeiras mais ricas ocorrem na educação infantil, indicando que talvez as escolas precisem examinar a sua prática, visitando essas áreas de excelência para ajudar a sua provisão a se tornar mais rica e para satisfazer as necessidades de desenvolvimento das crianças. O novo Early Years Foundation Stage promove um currículo e uma pedagogia que são baseados na brincadeira desde o nascimento até os 5 anos. O Primary Review, um projeto de pesquisa de larga

escala, e embora não inclua a palavra "brincadeira" em nenhum de seus 10 temas centrais, ao menos inclui a compilação de um corpo de dados de *voz dos alunos*, que sem dúvida fará referência à aprendizagem baseada na brincadeira em alguns pontos. Muitas autoridades locais de educação estão não apenas encorajando que essa pedagogia baseada na brincadeira continue até o primeiro ano do ensino fundamental, mas também estão ativamente se certificando de que ela esteja sendo colocada em prática. Essa é uma época emocionante para os defensores da aprendizagem pela brincadeira; talvez os pioneiros da brincadeira logo poderão respirar aliviados e suspirar "finalmente"!

> **Voz dos alunos**
> Pesquisa empreendida para coletar dados de entrevistas com alunos que se comprometeram a dar opiniões honestas sobre suas experiências na educação e possivelmente a fazer sugestões para mudanças positivas.

## PLAYWORK

FRASER BROWN

## INTRODUÇÃO

> Uma coisa que a observação das crianças torna claro... é como as crianças podem brincar em qualquer parte e com qualquer coisa.
>
> (Ward, 1978, p.86)

Uma criança pode estar sentada na sala de aula ou indo de casa para a escola ou esperando na fila do caixa de um supermercado. O tipo de ambiente não importa muito. Se alguma coisa estimula o seu desejo de brincar, nada irá impedi-la. A maioria dos adultos não consegue perceber isso. Eles também não entendem os enormes benefícios em relação ao desenvolvimento que provem da brincadeira informal. Por outro lado, os playworkers[2] encaram a brincadeira como sendo intrinsecamente importante. Por essa razão, eles sempre dizem que a brincadeira é importante por si só. Entretanto, sugerir que é a soma total do ponto de vista do playworker seria tornar o assunto trivial, assim como a profissão. O ponto de vista mais comumente expressado na literatura do playwork é que a brincadeira tem valor não somente em termos de desenvolvimento da criança individual, mas também que ela contribui para a evolução das espécies (Hughes, 2001). Como isso funciona?

## Princípios do Playwork

Os princípios do playwork descritos recentemente definem a brincadeira nos seguintes termos:

1. Todas as crianças e jovens necessitam brincar. O impulso para brincar é ineren-

---

### IDEIAS EM AÇÃO

**Brincadeira para uma aprendizagem rica**

A pesquisa de Brock (1999) demonstra como as crianças de 5 a 8 anos obtiveram conhecimento do currículo através de experiências práticas em uma "Floresta Encantada". Esse era um ambiente holístico e dramático, que possibilitava que as crianças brincassem, explorassem, resolvessem problemas colaborativamente em um ambiente imaginativo, através de histórias, representação de personagens, produção e encenação de peças de teatro. A principal área do currículo promovida na floresta era a ciência, mas as crianças obtinham conhecimentos abundantes e habilidades no campo da alfabetização, da tecnologia, da geografia e das artes. As crianças não tinham apenas experiências significativas, através das quais elas obtinham conhecimento de conceitos difíceis, elas também passavam momentos estimulantes e agradáveis. As crianças tinham tempo para refletir e articular o seu conhecimento e a sua compreensão com adultos e, mesmo quando entrevistados muitos anos depois, elas conseguiam lembrar desses conceitos.

**Melhorando a prática**

Broadhead (2006a) defende que, quando as crianças brincam, elas precisam de tempo:

- para permitir reciprocidade e para construir quantidade de movimento;
- para os objetivos partilhados serem construídos e para os temas das brincadeiras serem desenvolvidos;
- para se tornarem amigos;
- para os problemas serem identificados e resolvidos social e cognitivamente.

Nossa sociedade atual geralmente tem tão pouco tempo que estamos sempre apressando as crianças a desempenhar alguma atividade, seja nos ambientes educacionais ou em casa. Dessa maneira, ensinamos as crianças que a conclusão é mais importante que a qualidade, que o cumprimento é mais importante que pensar, e que a realização é mais importante que uma compreensão profunda. Portanto, é crucial que levemos a sério o conselho de Broadhead (2006) e proporcionemos tempo para que as crianças se desenvolvam holisticamente e com valor.

**Pare e reflita**

Você concorda com esse ponto de vista? Você é capaz de pensar em evidências na prática que apoiam o seu ponto de vista?

te. A brincadeira é uma necessidade biológica, psicológica e social. A brincadeira é fundamental para o desenvolvimento saudável e para o bem-estar dos indivíduos e das comunidades.

2. A brincadeira é um processo escolhido livremente, direcionado pessoalmente e motivado intrinsecamente. Ou seja, as crianças e os jovens determinam e controlam o conteúdo e o propósito das suas brincadeiras seguindo seus próprios instintos, ideias e interesses, do seu próprio jeito e por razões pessoais. (PPSG, 2005)

Essa é uma crença que reflete muitas declarações feitas anteriormente por organizações de playwork respeitadas. Por exemplo, o National Occupation Standards for Playwork declara:

> A brincadeira das crianças é escolhida livremente, é um comportamento direcionado pessoalmente, motivado de dentro para fora; através da brincadeira, a criança explora o mundo e sua relação com ele, elaborando em todos esses momentos uma extensão flexível de respostas para os desafios que encontra; brincando, a criança aprende e se desenvolve como indivíduo.
>
> (SPRITO, 1992)

E, finalmente, o Joint National Committee on Training for Playwork diz:

> A brincadeira é um estímulo inerente e essencial para o desenvolvimento humano. Ela é manifestada como um comportamento que é escolhido livremente, direcionado pessoalmente e motivado intrinsecamente. O valor da brincadeira deriva do próprio processo de brincadeira e não de nenhum objetivo extrínseco, recompensa ou produto final. Frequentemente a brincadeira é espontânea e imprevisível. Através da brincadeira as crianças experimentam o mundo e sua relação com ele.
>
> (JNCTP, 2002)

Obviamente, como Sutton-Smith (1997) apontou, definições como essas não podem ser absolutamente precisas, já que claramente não são aplicáveis para todas os exemplos de brincadeira. Na verdade, ele as representa como uma idealização da brincadeira. Apesar disso, o mantra "escolhido livremente, direcionado pessoalmente e motivado intrinsecamente" é agora bastante difundido entre os playworkers, provavelmente em resposta ao tipo de trabalho que eles reconhecem como o mais eficiente. Diariamente os playworkers veem os benefícios positivos recebidos pelas crianças que têm mais liberdade de escolha; possibilitando que elas controlem seus ambientes e aumentem a autoestima delas. Como já foi mencionado anteriormente, isso não apenas beneficia o indivíduo, mas também beneficia a sobrevivência das espécies humanas. Ironicamente, Sutton-Smith é o mais mencionado para apoiar essa opinião, porque foi ele quem ofereceu um argumento assim tão convincente em relação à ligação entre a brincadeira e a sobrevivência das espécies.

Sutton-Smith (2008) identifica a ligação íntima entre as emoções primárias de Damásio (1994) – choque, medo, raiva, tristeza, felicidade e aversão – e várias formas de brincadeira: implicância, risco, competição, festas, experiências de corrente e profanação. Ele leva esse estágio mais adiante para sugerir que, através de um processo dialético de ação e réplica, aprendemos as habilidades para sobreviver que permitem que o indivíduo lide com os desafios cotidianos da vida. Por exemplo, a implicância envolve o assédio, que quando combinado com a resiliência pode parecer nos preparar para os procedimentos de uma iniciação social para fases posteriores da vida. Os riscos envolvem perigos sendo confrontados com coragem, que nos preparam para as escolhas que tomamos em relação ao nosso destino físico e econômico, e assim por diante. Ele também sugere que a brincadeira pode ser vista como um mecanismo evolucionário; o meio pelo qual os seres humanos se adaptaram a um mundo em constante mudança. Nascemos com o potencial de sermos adaptáveis. Através da brincadeira desenvolvemos e refinamos essa habilidade. Agora, sabemos que as atividades de brincadeira estimulam o cérebro de tal maneira que suas células retêm a "plasticidade". Se não brincarmos, as células do nosso cérebro ficam rígidas, e nossa flexibilidade de pensamento é reduzida. No limite, podemos não conseguir lidar com as mudanças, o que poderia ser terrível tanto para o indivíduo quanto para o futuro da nossa espécie. Consequentemente, Sutton-Smith está fazendo uma considerável reivindicação, a de que a brincadeira está no centro do processo evolutivo.

Uma corrente da teoria de playwork que segue esta linha de pensamento está baseada na teoria da recapitulação de Haeckel (1901), e seu desenvolvimento subsequente primeiro por Hall (1904), e então por Reaney. Essa é a ideia de que cada estágio no desenvolvimento de uma criança corresponde a formas adultas sucessivas da história evolutiva e que isso é representado no comportamento de brincadeira atual e futuro. Reaney (1916) sugeriu que esse resumo da vida se revela como períodos de brincadeira que correspondem aos vários estágios evolutivos da história humana (animal, selvagem, nômade, pastoral e tribal). Na verdade, sua análise faz um pouco de escárnio de suas próprias ideias. Por exemplo, ele iguala os estágios pastoral e tribal com brincar de boneca, jardinagem e jogos de equipe jogados por crianças entre 12 e 17 anos (Schwartzman, 1978, p. 47). A maioria das crianças se ocupa com esse tipo de atividade quando são bem mais novas. Apesar disso, a ideia tem sido firmemente aceita pelo líder teórico de playwork Bob Hughes (2001), que sugere que as crianças têm um impulso biológico fundamental e que existem ligações claras entre certas formas de brincadeira e os padrões de comportamento dos nossos ancestrais humanos. A interpretação de Hughes, que está enraizada na sua própria experiência de trabalhar com crianças, faz mais sentido que a análise anterior de Reaney. Ele traduz os estágios para um contexto contemporâneo:

- Animal – as crianças interagindo com elementos.
- Selvagem – interação cruel com outras espécies.
- Nômade – classificando para o mapeamento mental.
- Pastoral – domínio da brincadeira, como, por exemplo, a jardinagem.
- Tribal – ser membro de gangues ou tribos.

Anteriormente, Pam Jarvis afirmou que a ideia original da brincadeira de recapitulação de Hall foi amplamente desacreditada. Em termos da sua interpretação da teoria evolucionista, obviamente isso é uma verdade. Entretanto, a ideia geral da brincadeira de recapitular não deveria ser descartada somente porque a sua interpretação estava incorreta. Pode haver pouca dúvida de que as crianças dos dias de hoje nascem com uma constituição genética que acomoda um período passado. A evolução biológica certamente não manteve o ritmo da evolução social. No movimento impetuoso da história humana, foi somente no último milênio que começamos a viver uma existência ao ar livre. Entretanto, ao longo da história, parece certo que os bebês humanos vêm ao mundo equipados geneticamente para uma vida ao ar livre. Esse ainda é o caso. Podemos apenas imaginar os efeitos do desacordo entre as expectativas biológicas e da realidade social. Tanto Sebba (1991) como Wilson (2002) sugeriram que as crianças que estão confinadas a ambientes internos provavelmente vão crescer desligadas psicológica e fisicamente do seu ambiente. Elas têm então a tendência a desenvolver uma abordagem negativa e crítica do mundo, em vez de uma abordagem positiva e favorável.

Hall (1904) sugeriu que não seria produtivo direcionar uma criança para um estágio mais adiante do seu estágio natural de desenvolvimento, e Hughes (2003) encarou essa ideia como uma advertência preventiva quanto aos perigos de certas formas de privação das brincadeiras. Ele afirma que as crianças nascem com uma expectativa genética do tipo de brincadeira que deveriam experimentar. Se isso não acontece, como consequência elas podem ficar muito doentes. Se as crianças são privadas de oportunidades de fazer fogueiras, esmagar insetos, brincar com jogos de perseguição, e assim por diante, corremos o risco de que elas tornem-se adultos que ainda sentem a necessidade de representar essas formas de comportamento (mas de maneira distorcida para um adulto). Consequentemente, para Hughes, um dos papéis mais importantes do playwork é proporcionar ambientes recreativos que permitam que as crianças experimentem fundamentalmente a brincadeira recapitulativa.

Uma segunda corrente de pensamento que deriva da psicologia evolutiva é a minha própria teoria da flexibilidade composta (Brown, 2003a). Essa é a ideia de que a relação de desenvolvimento mais produtiva é aquela entre a criança e um ambiente de brincadeira flexível e de que os adultos têm a responsabilidade de criar e manter oportunidades para que essa relação funcione eficientemente. Em um mundo ideal, a criança poderia experimentar e exercitar seu controle do ambiente. Isso produziria sentimentos positivos, que por sua vez encorajariam o desenvolvimento da autoaceitação e da autoconfiança. Com o desenvolvimento da autoconfiança, a criança inevitavelmente se torna mais apta para resolver problemas; e, dessa maneira, consegue fazer um melhor uso do ambiente. É essa inter-relação entre a flexibilidade no ambiente e o desenvolvimento da flexibilidade na criança que referi com o termo "flexibilidade composta".

A relevância dessa teoria para o playwork reside na ideia de que o mundo no qual as crianças do Reino Unido estão crescendo é um lugar inflexível. O papel do playwork é criar ambientes que proporcionem o tipo de flexibilidade que está diminuindo rapidamente. Como sociedade, o Reino Unido está cada vez mais suspeito das crianças (talvez porque nós as vejamos em nossas comunidades cada vez menos); o aumento do tráfico significa que as crianças não podem brincar mais nas ruas; o medo dos pais faz com que as crianças sejam levadas para a escola e trazidas para casa de carro, que por sua vez faz com que elas não possam brincar com seus amigos imediatamente antes ou depois da escola; temos um currículo que diz exatamente o que as crianças deveriam aprender durante toda a sua vida escolar; utilizamos Anti-social Behaviour Orders para controlar seus excessos; e assim por diante. Como foi mencionado

**Figura 1.4**
Brincando na rua.
Fonte: Arquivo Homer Sykes/Alamy

anteriormente, no início de 2007 o relatório da UNICEF, *Um panorama do bem-estar das crianças nos países ricos*, colocou o Reino Unido em último lugar de todas as nações ocidentais no que diz respeito à qualidade de vida de suas crianças. Nessa mesma época, uma segunda criança levou um tiro em Londres. A resposta imediata do governo não foi questionar a maneira pela qual a sociedade do Reino Unido trata as crianças, mas sugerir uma nova lei que possibilita mandar para a cadeia mais jovens com 15 anos.

É uma suposição razoável que a brincadeira tem benefícios significativos; caso contrário, por que os seres humanos gastariam tanto tempo e energia com essa atividade? Se não houvesse nada para se ganhar, a atividade teria sido selecionada para fora do curso da evolução. Então, por que uma atividade tão arriscada persiste? A explicação mais provável para isso se encontra no processo criativo que Brunner (1976) chama flexibilidade combinatória. A flexibilidade combinatória é um processo que não somente habilita a aquisição de informação sobre o mundo, mas também encoraja o desenvolvimento da flexibilidade e da criatividade na resolução de problemas. Ela está baseada na ideia de que a maioria dos artefatos no ambiente de brincadeira de uma criança possui um potencial flexível. Por exemplo, uma criança que está brincando com uma boneca, uma bola e uma caixa tem o potencial para brincar com diferentes jogos e se envolver em uma ampla variedade de atividades criativas. Cada artefato tem a sua própria flexibilidade inerente, enquanto que em combinação eles têm um potencial de flexibilidade ainda maior. Dessa maneira, a natureza investigativa e experimental da brincadeira leva inevitavelmente ao desenvolvimento das habilidades para a resolução de problemas. O papel do playworker é de-

**Figura 1.5**
Proibido jogos com bola.
Fonte: Sarah Winter Flood/Alamy

senvolver ambientes que ofereçam à criança oportunidades para, nas palavras de Brian Sutton-Smith (1992), "controlar seu próprio microcosmo do mundo".

O playwork está enraizado no entendimento que a criança aprende e se desenvolve através das suas brincadeiras. Existem muitos exemplos na sociedade moderna onde esse processo é interrompido ou prejudicado. O playwork envolve identificar e remover as barreiras ao processo de brincadeira, enriquecendo o ambiente de brincadeira da criança. Playwork é um termo genérico para uma profissão que inclui as ocupações em que o modo de brincadeira é usado como um mecanismo principal para restabelecer aspectos de desequilíbrio do desenvolvimento (Brown e Webb, 2002). Isso pode ser algo tão direto como proporcionar um clube depois da escola para as crianças que não teriam nenhum outro lugar para brincar. Por outro lado, poderia ser algo tão complexo como criar um ambiente para auxiliar na recuperação de crianças que sofreram a privação severa de brincadeira. Assim, o playwork acontece em muitos estabelecimentos diferentes. Os exemplos a seguir mostram a amplitude desse trabalho, e também fornece oportunidade para explorar exatamente o que a brincadeira significa para o playworker.

## Brincadeira: uma teoria de partes soltas

As crianças no playground da aventura descreveram nas "Ideias em Ação" que estavam livres para reciclar materiais de qualquer maneira que elas achassem apropriado. Dessa forma, elas não apenas estavam no controle do ambiente (uma experiência incomum para as crianças), mas elas também podiam explorar seu potencial. Essa situação reflete uma das ideias mais básicas que apoiam o trabalho de um playground de aventura, a saber, a "teoria das partes soltas" de Nicholson. Ele a explica da seguinte maneira: "Em qualquer ambiente, ambos os graus de inventividade e de criatividade, e a

possibilidade de descoberta são diretamente proporcionais ao número e tipo de variáveis nele" (Nicholson, 1971, p.30).

Não é surpreendente que, durante um longo período de tempo, essas crianças se tornaram cada vez mais inventivas e criativas. Apesar disso, elas continuavam a abandonar seu trabalho uma vez ele estivesse completo. Sylva e colaboradores (1976) sugeriram uma explicação para isso. Quando estão brincando, as crianças tendem a não se preocupar em alcançar objetivos estabelecidos. Na brincadeira, elas sugerem que os meios geralmente são mais importantes que os fins – o processo é frequentemente mais importante que o produto.

No playground da aventura, o processo da construção era claramente muito mais importante para as crianças do que o produto final, as cabanas em si.

## Necessidades essenciais da brincadeira

É um princípio básico do playwork que todas as crianças têm necessidades similares de brincadeira (Hughes, 2001). O conteúdo da brincadeira deve variar de acordo com a cultura da criança, mas a natureza fundamental da brincadeira permanece a mesma para todas as culturas. As crianças de todas as partes necessitam socializar, correr por aí, investigar o seu ambiente, criar novos mundos e assim por diante. Isso é uma verdade para todas as crianças, incluindo aquelas com algum tipo de incapacidade, então não deveríamos nos permitir ser indevidamente distraídos pela incapacidade particular de uma criança. Dessa forma, no exemplo fornecido na seção "Ideias em Ação", era importante ver Liliana como uma menininha com potencial para aprender e se desenvolver através da brincadeira, e não como uma criança com problemas visuais. Tendo superado esse obstáculo inicial, a partir daí foi possível começar do zero. Aquela estrutura de mente não preconceituosa e de não julgamento que Fisher (2008)

## IDEIAS EM AÇÃO

### Lições do *playground* de aventura (observação do autor)

Muitos anos atrás, trabalhei em um playground de aventura. Era um tipo de lugar onde as crianças usavam materiais e sucata para criar seu próprio ambiente de brincadeira. Para começar, embora esse tipo de lugar fosse muito interessante para as crianças, eles normalmente tinham defeitos fundamentais. Um prego de dez centímetros era usado onde um de quatro seria ideal, e, por consequência, a madeira quebrava. As traves não estavam suficientemente enterradas no chão e por isso caíam. As coberturas das "cabanas" não estavam protegidas, portanto todo mundo ficaria molhado se chovesse e assim por diante. As crianças não pareciam se incomodar com nenhuma dessas coisas. Na verdade, quando o que quer que estivessem construindo ficava pronto, passavam para uma outra atividade.

### Comentário

Na minha opinião (equivocada), eu tinha a responsabilidade de ajudar as crianças a melhorar suas habilidade de construção. Eu não possuía nenhum talento especial em técnicas de construção, então só podia oferecer conselhos básicos. Alunos do curso de engenharia da faculdade local passaram um dia no playground, mas eles queriam fazer tudo de maneira planejada, o que significava que as crianças ficavam entediadas. Alguns pais que trabalhavam com construção também tinham bastante conhecimento, mas não tinham paciência para se envolver completamente na brincadeira com as crianças.

Com o passar do tempo, me dei conta que as crianças não estavam realmente chateadas com seus fracassos. Enquanto houvesse material suficiente para que tentassem de novo, isso era tudo o que faziam. Frequentemente elas destruíam suas próprias criações para que os materiais pudessem ser reutilizados em novos projetos. Com o passar dos anos as crianças se tornaram bastante habilidosas nessas atividades. Elas construíam cabanas, estruturas para escalar, balanços de corda, gangorras e coisas do gênero. Entretanto, percebi que o padrão de envolvimento permaneceu o mesmo dos primeiros dias. Em outras palavras, as crianças estavam muito entusiasmadas com as atividades de construção, mas relativamente desinteressadas no resultado final. Com uma certa frequência, a construção seria "cedida" para um grupo de crianças menores, enquanto as crianças que a haviam feito mudavam de atividade para construir algo novo.

---

chama de "capacidade negativa" é uma parte essencial da constituição do playworker. Nessa estrutura de mente torna-se natural para o playworker interpretar as sugestões de brincadeira da criança com precisão. Else e Sturrock (1998) enfatizam a importância de uma interpretação apropriada das sugestões de brincadeira. Na verdade, eles sugerem que uma má interpretação contínua das sugestões de brincadeira pode levar a neuroses infantis. Nesse caso em particular, era importante compreender os pequenos sons feitos por Liliana e seu bater de palmas e interpretar essas sugestões de modo eficiente

como um convite para repetir a música (veja "Ideias em Ação").

O que havia naquela canção que fez com que houvesse uma conexão imediata entre mim e Liliana? Trevarthen (1996) sugere que o ritmo é um dos blocos de construção fundamental para o desenvolvimento. Tendo passado nove meses confortáveis no ventre materno, prestando atenção aos ritmos da mãe, os bebês vêm ao mundo com uma forte noção de ritmo, que eles podem usar para interpretar os relacionamentos sociais. Por exemplo, eles conseguem reconhecer os padrões de voz da mãe como

## IDEIAS EM AÇÃO

### Liliana, uma situação desafiadora (observação do autor)

No verão de 2005, eu estava treinando um grupo de playworkers romenos que estavam trabalhando em um hospital pediátrico com um grupo de crianças abandonadas. No meu último dia, encontrei uma menina de 4 anos muito agitada que tinha sido deixada em uma ala totalmente sozinha. Ela estava de pé, apoiada nas grades do berço, balançando para frente e para trás, fazendo sons estranhos. De vez em quando ela caminhava rapidamente pelo berço antes de retomar o movimento de se balançar. Seus médicos tinham dito que ela era "cega e mentalmente retardada". Fiquei desconfortável com esse diagnóstico, porque ela estava claramente ciente da minha presença e parecia reagir aos meus movimentos (embora de maneira não muito positiva). Obviamente havia algo de errado com sua visão, mas uma rápida experiência movimentando as luzes revelou que ela tinha algum grau de visão residual – no mínimo, ela era capaz de enxergar sombras. Uma complicação adicional era o seu medo de vozes masculinas. Isso se confirmou quando chamei o seu nome, "Liliana". Imediatamente ela se refugiou no fundo do berço.

Os playworkers se perguntavam como poderiam interagir com ela. Como eles poderiam ultrapassar o obstáculo de sua pouca visão?

### Pare e reflita

Comecei a cantar suavemente para Liliana: "Brilha, brilha estrelinha". Ela se acalmou imediatamente, mexendo a cabeça para localizar de onde vinha o som. No final da canção ela emitiu um som do fundo de sua garganta, que interpretei como um pedido para que eu cantasse novamente. Fiz isso três vezes e cada vez ela chegava mais perto do som.

Então comecei a bater palmas suavemente no ritmo da canção. Quando eu parava, ela segurava nas minhas mãos e as juntava, outro sinal para que eu cantasse. Eu repeti a canção outras três vezes, e em cada uma delas ela fez a mesma ação de aproximar as minhas mãos. Na última vez, ela não apenas tocou minhas mãos, mas também fez com que eu as batesse no ritmo da canção. Por fim ela conseguiu bater palmas no ritmo da canção e me acompanhou enquanto eu cantava.

Essa sequência completa levou não mais que cinco minutos. Nesse curto espaço de tempo, pude mostrar para os playworkers romenos como começar um relacionamento com Liliana usando o ritmo e a música.

Mais tarde, neste mesmo dia, voltei até a sua ala para encontrá-la novamente se balançando e fazendo sons estranhos. Chamei seu nome "Liliana", ela veio para frente do berço e apalpou minhas mãos. Fazendo com que eu batesse palmas com as suas mãos, ela começou a bater nossas mãos juntas em um ritmo que pude reconhecer – "Brilha, brilha estrelinha". Esse foi um momento verdadeiramente mágico.

---

o mesmo ritmo que eles escutavam dentro do ventre. Por essa razão, não é surpreendente que exista esse laço forte entre mãe e bebê. Entretanto, essa conexão não está limitada apenas à mãe; os bebês conseguem identificar sons fora do ventre. Sons rítmicos escutados regularmente têm a probabilidade de estarem fixados firmemente na memória do bebê no nascimento. Dessa forma, eles estão prontos para se relacionar com o pai, os irmãos, os avós e outros, desde que o ritmo dessas pessoas seja escutado não muito depois do nascimento. Esse é um assunto abordado recentemente por Davy (2008), que sugere que "os bebês são 'pré-projetados' para perceber padrões rítmicos que proporcionam uma estrutura para organizar as experiências nos eventos interativos humanos". No caso de Liliana, por usar o simples artifício de uma canção rítmica para ajudá-la a se sentir mais segura, consegui rapidamente estabelecer um relacionamento com ela. O fato de ter podido voltar mais tarde naquele dia e continuar a atividade de brincadeira de onde tínhamos parado demonstra a força da conexão da brincadeira. Em outras oportunidades falei sobre a força peculiar dos relacionamentos travados durante a brincadeira (Brown, 2008). Para a maioria das crianças, brincar é a única experiência que elas têm de estar no controle de seu próprio mundo, em todas as outras ocasiões os adultos estão no comando. Portanto, quando se trabalha com crianças em um estabelecimento de playwork, é crucial que o adulto resista à tentação de assumir o controle. Senão ela deixa de ser uma experiência de brincadeira de alta qualidade para a criança. Crianças descobrindo a si próprias estando em uma relação bastante igual com um adulto é algo raro e poderoso. O fato de eu conseguir interpretar e responder às sugestões de brincadeira de Liliana levou uma forte mensagem para a criança: esta pessoa é alguém que me respeita, alguém em quem posso confiar.

## Brincadeira: a busca por ideias independentes

Assim é como o playworker interpretaria os eventos na Cidade de Papelão (ver Ideias em ação): a ideia de que as crianças deveriam ter liberdade para escolher o que querem fazer em um ambiente de brincadeira é um princípio fundamental de playwork, enraizado na definição que vê a brincadeira como sendo: "escolhida livremente, direcionada pessoalmente e motivada intrinsecamente" (PPSG, 2005). Por proporcionar um ambiente rico com todos os tipos de materiais soltos, os playworkers estão oferecendo às crianças não apenas um "ambiente com partes soltas" (Nicholson, 1971), mas também refletindo a observação de Portchmouth: "ajuda se alguém, não importa em que medida, coloca no nosso caminho uma maneira de fazer uso do que encontramos" (1969, p. 7). O debate entre as crianças so-

bre como usar os materiais mostra a ideia de Pepler (1982) de que a brincadeira das crianças é parecida, em natureza, com a resolução de problemas dos adultos. As crianças começam explorando as soluções mais óbvias para o seu "problema", mas quando acham as soluções insatisfatórias passam para uma nova escolha ou uma mais imaginativa. O fato é que a mais nova das duas crianças que têm a ideia ("vamos brincar de ser mendigos de rua") demonstra como a brincadeira pode fazer com que as crianças se envolvam na sua "zona de desenvolvimento proximal". Vygostsky (1976) sugere que as crianças podem ser auxiliadas a explorar sua ZDP com a ajuda de um adulto ou companheiro de brincadeira mais capaz. Na brincadeira, mesmo uma criança mais jovem pode ser mais capaz como resultado das suas experiências de vida. Vygotsky (1978, p. 102) afirma, "a brincadeira contém todas as tendências de desenvolvimento de forma condensada e é em si uma fonte principal de desenvolvimento". As experiências anteriores de compras de uma criança com a mãe afetam as escolhas subsequentes de atividade e mostram o impacto do contexto na brincadeira (Sutton-Smith).

Tinbergen (1975) descreve certas formas independentes de brincadeira como aparentemente sendo executadas desajeitadamente, organizadas caoticamente e executadas sem muita preocupação. Para um observador casual, o comportamento dessas crianças pode muito bem parecer se encaixar nessa descrição. Entretanto, esse é o paradoxo da brincadeira (Bateson, 1955) – a brincadeira raramente é o que parece – na brincadeira, as ações frequentemente têm significados diferentes. Quando as crianças decidem fazer uma janela, a reação do playworker é crucial. O fato de que elas se sentem aptas para pedir ao playworker uma faca afiada é um bom indicativo de uma relação de confiança entre as crianças e seu playworker. A resposta positiva do playworker indica uma atenção em relação às habilidades especiais e experiências das crianças em particular. Uma avaliação informal do risco foi feita, levando em considera-

## IDEIAS EM AÇÃO

### Cidade de Papelão (observação original de Janice Smith, playworker)

As crianças chegam no estabelecimento de playwork e, como de costume, são convidadas a escolher do que gostariam de brincar. No depósito existem caixas de papelão de tamanhos variados e todos os tipos de materiais soltos, como madeira, cobertores e fantasias. A maioria das crianças ignora esses materiais e escolhe equipamentos que já utilizaram em outras oportunidades. Duas das crianças viram os materiais e perguntaram ao playworker se podiam brincar com esses materiais. Com os materiais, elas começaram um debate sobre o que fariam com as caixas de papelão. Falaram sobre sugestões comuns como fazer um barco, ou criar um teatrinho com bonecos. A criança mais jovem das duas fala: "Já sei, vamos brincar de ser mendigos de rua". Ela explica para a outra criança que ela foi ao centro da cidade fazer compras com sua mãe e viu dois mendigos morando em uma caixa de papelão.

As duas crianças se sentaram dispondo as caixas de papelão de forma diferente. Uma delas disse, "Vamos fazer uma janela, assim os mendigos podem olhar para fora". Elas começaram a fazer uma janela, mas descobriram que era muito difícil cortar o papelão com as tesouras que tinham. Elas pediram ao playworker se poderiam usar uma faca afiada para cortar as janelas. O playworker pergunta se elas já tinham usado um canivete antes e, se já tivessem, em qual situação. A criança mais velha explicou que frequentemente ajuda seu avô no seu galpão e que tinha permissão de usar facas. O playworker sugere que elas desenhem a janela e então usem a faca. Enquanto faziam a janela, o playworker observava de uma distância discreta enquanto a criança mais velha usava o canivete para cortar a janela.

Nesse momento, outras crianças que estavam em volta assistindo pediram para brincar com elas. As duas crianças conversaram e concordaram que os recém-chegados poderiam juntar-se a elas, mas não poderiam dividir suas caixas, porque vão ser mendigos que estão indo dormir. Em grupo, as crianças se sentam para fazer mais "moradias" e introduzem alguns materiais que elas encontraram para colocar sobre as caixas para mantê-las aquecidas. Uma vez que os abrigos ficaram prontos, as crianças vestiram algumas roupas porque achavam que assim elas pareceriam pobres. Então deitaram em suas caixas e se cobriram com os cobertores. Quando outras crianças se aproximavam, elas pediam dinheiro, o que as outras crianças acharam muito engraçado.

---

ção uma série de fatores, incluindo a experiência e a habilidade da criança. A maneira como o playworker lidou com o processo das crianças cortarem suas janelas é um bom exemplo do conceito dos "andaimes" de Bruner (1976), em que o adulto fornece estrutura organizacional para auxiliar o processo de aprendizagem da criança. Também ilustra a necessidade de que os playworkers desenvolvam boa visão periférica, como recomendado por Hughes (1996). As crianças que estão de pé observando a atividade estão claramente interessadas em participar da brincadeira. A brincadeira então amplia o seu alcance, e é possível identificar elementos de brincadeira cooperativa. São todas formas de brincadeira social, como foi identificado por Parten (1933). As crianças se vestem para parecer pessoas pobres e sem teto, o que mostra a qualidade de suas observações e a complexidade de aspiração da sua representação (Freud, 1974). Também mostra a importância da brincadeira de faz de conta (Singer e Singer, 1990). A observação completa ilustra a abordagem do playwork, que busca encorajar o desenvolvimento da autoestima, fazendo com que as crianças estejam aptas a executar suas próprias ideias.

## CONCLUSÃO

Afirmamos, na introdução deste capítulo, que "este livro surgiu da nossa compreensão de que, quando conversávamos na condição de colegas, estávamos comunicando valores parecidos e buscávamos resultados equivalentes". Estamos todos de acordo que a brincadeira é crucialmente importante para o desenvolvimento, a aprendizagem e o bem-estar das crianças. Tal semelhança e concordância são demonstradas em nossas respostas para as perguntas do capítulo:

- A brincadeira deveria atender às necessidades da criança, no lugar das necessidades e expectativas dos adultos?

  Todos nós articulamos nossas crenças de que a brincadeira deveria atender às necessidades das crianças em vez de atender às expectativas dos adultos. Jarvis e Brock dão mais ênfase às necessidades da criança utilizar a brincadeira como uma aprendizagem preparatória para a sociedade adulta; Jarvis em termos de sociabilidade e Brock em termos de habilidades intelectuais; na verdade, a opinião de Brown sobre a brincadeira é mais propriamente orgânica. Entretanto, todos os autores concordam claramente que as crianças deveriam ter liberdade para escolher suas atividades de brincadeira em vez de serem continuamente repreendidas e direcionadas por adultos para desenvolver as atividades limitadas pelo currículo.

- Quais oportunidades verdadeiras são oferecidas às crianças nas suas experiências de brincadeira no dia a dia?

  Continuando do ponto anterior, todos os três autores concordam que não importa se a brincadeira é experimentada como uma atividade individual ou social, ela sempre deveria conter oportunidades verdadeiras para as crianças que estão envolvidas. Jarvis pergunta: "Como poderiam os seres humanos aprender a lidar independentemente com situações sociais difíceis se elas não experimentassem oportunidades suficientes de brincadeira livre independente na sua vida cotidiana durante o desenvolvimento inicial?". Brock propõe: "Os educadores precisam proporcionar ambientes de brincadeira estimulantes que promovam atividades práticas e uso de recursos interessantes e, assim, possibilitar que as crianças iniciem suas próprias experiências de aprendizagem"; enquanto Brock resume o ponto de vista geral dos três autores: "Se não brincarmos, as células do nosso cérebro ficam rígidas, e nossa flexibilidade de pensamento é reduzida. Nas últimas consequências desse processo, podemos não conseguir lidar com as mudanças, o que poderia ser terrível tanto para o indivíduo quanto para o futuro da nossa espécie".

- A brincadeira trata de experimentar e fazer ou de alcançar um fim específico?

  Todos os três autores veem enfaticamente a brincadeira como um ato de experimentar e fazer. Jarvis cita "Nathan" como exemplo, que aprende uma dura lição através da brincadeira livre, assumindo a responsabilidade pelas consequências de um acidente por descuido; Brown dá o exemplo de um adulto ajudando uma criança com uma capacidade sensorial reduzida a acessar o "experimentar e fazer" através da descrição do seu trabalho com "Liliana"; enquanto Brock resume experiências mais cotidianas das crianças britânicas de "experimentar e fazer" em diferentes estágios de desenvolvimento, como a "fascinação" de Mina com o conteúdo de uma bolsa de adulto e a "tarde ocupada" de Zack e Kurt em seu jardim. Esses são três exemplos de usos bem diferentes, mas todos têm clara ênfase na necessidade das crianças de "experimentar e fazer", em vez de serem agrupadas por adultos em um caminho conceitual estreito na direção de um fim predeterminado.

- O quanto a brincadeira das crianças deveria ser flexível no que diz respeito a oferecer liberdade de movimento e expressão?

Todos os três autores responderiam enfaticamente a essa questão: "muito flexível, com o máximo de liberdade de movimento possível". Brown questiona um regime nacional que impõe um currículo monolítico para ditar exatamente o que as crianças devem aprender; Brock questiona por que forçar as crianças de 4,6 anos a acompanhar um currículo assim; enquanto Jarvis usa "Aimee" como exemplo, uma criança que tem cada hora do dia impiedosamente agendada e direcionada por adultos, pedindo que o leitor considere o impacto que essa agenda imposta terá sobre o adulto que ela virá a ser no futuro.

Enquanto existem algumas diferenças claras de ênfase e de uso da teoria apoiada pelos três autores desse capítulo (por exemplo, as diferentes abordagens de Jarvis e Brown para a teoria da recapitulação), existe claramente uma grande área de concordância na ênfase da necessidade vital das crianças experimentarem uma quantidade de tempo adequada de brincadeira livre para que os processos de desenvolvimento se desenrolem de maneira saudável. E também quanto ao interesse, porque a cultura do cuidado de crianças e a prática de educação que se desenvolveu nos últimos 25 anos na cultura pós-industrial na Europa Ocidental e nos Estados Unidos não permitiam tempo, independência e liberdade suficiente para que as crianças explorassem e desenvolvessem seu potencial humano por inteiro através da brincadeira livre independente.

Os demais capítulos deste livro focarão os aspectos específicos deste debate e farão você compreender as reflexões e as pesquisas baseadas na prática para chegar as suas próprias conclusões. À medida que você avançar na leitura dos capítulos, você começará a construir a sua própria opinião sobre a importância da brincadeira para um desenvolvimento saudável e que, consequentemente, sustente a sua transformação para continuar com o desenvolvimento da prática, assim como fez a primeira geração de profissionais de educação e pessoas envolvidas com o cuidado das crianças no século XXI.

## NOTAS

1. Estabelecimentos de playwork incluem escolas, clubes para jovens, playgrounds de aventura, salões em igrejas, centros comunitários e de lazer e ônibus ou veículos transformados em estações de brincadeira.

2. Playworkers são profissionais que planejam, organizam e supervisionam oportunidades de brincadeira para crianças e jovens. Eles podem estar dentro ou fora de estabelecimentos escolares.

# 2

# Nós não brincamos assim aqui
## Perspectivas sociais, culturais e de gênero sobre a brincadeira

**Yinka Olusoga**

Muitas de nossas crianças vêm para a escola incapazes de brincar. Nós temos crianças de origem realmente humilde e crianças que chegam sem qualquer uso do inglês, que acabaram de chegar ao país. Elas simplesmente não brincam ou suas brincadeiras tendem a ser destruidoras e inapropriadas. Nós precisamos gastar bastante tempo ensinando-as a brincar apropriadamente. Você precisa dizer a elas, "nós não brincamos assim aqui" e você precisa mostrar a elas como usar o equipamento e o espaço de brincadeiras com segurança. Algumas crianças entendem isso rapidamente, mas outras exigem bastante conversa.

Karen, professora
de creche

## INTRODUÇÃO

No capítulo anterior, vimos que todos os autores argumentam que a necessidade de brincar é universal: todas as crianças pequenas têm uma necessidade biológica de brincar, e através da brincadeira elas se desenvolvem cognitiva, física e socialmente. Eles também estabeleceram que essa visão é apoiada por uma variedade de pesquisas nas áreas da psicologia do desenvolvimento, da educação e do playwork, e tem ganhado amplo reconhecimento internacional através da aprovação de organizações como as Nações Unidas.

Este capítulo argumentará que apesar da necessidade de brincar ser universal, as formas que a brincadeira assume e o significado que lhe é conferido não o são. O modo como as crianças brincam, com o que e com quem elas brincam varia de acordo com o seu contexto social, cultural e histórico. Aquilo o que é reconhecido como brincadeira em uma sociedade ou comunidade pode não ser reconhecido em outra. Na verdade, o modo como a brincadeira é percebida em qualquer comunidade se dá em função do modelo de infância daquela comunidade e do modo como ele se desenvolveu socialmente para enfrentar os desafios e oportunidades do seu ambiente físico e econômico. Como veremos, as implicações deste argumento são significativas tanto em termos de como o acesso das crianças à brincadeira é protegido, quanto em termos de como o papel dos adultos em facilitar a brincadeira é gerenciado.

O ponto de partida desse capítulo será a teoria sociocultural. Examinaremos em particular o trabalho de Lev Vygotsky e de Barbara Rogoff, ambos em tais trabalhos argumentam que o desenvolvimento infantil e a brincadeira são fundamentalmente processos sociais. Iremos então considerar o papel da brincadeira em desenvolver e manter a identidade social e cultural das crianças pequenas. O foco irá então se voltar aos contextos institucionais dentro dos quais as crianças pequenas brincam – particularmente os contextos educacionais e de saúde, onde as crianças experimentam a brincadeira fora da família. Estabeleceremos que os ambientes educacionais e de saúde não são lugares social e culturalmente neutros e consideraremos as implicações disso para os profissionais ao se dedicarem às necessidades de todas as crianças em sociedades cada vez mais diversas.

Esse capítulo foca no debate de quatro questões-chave:

1. Qual é o papel dos contextos social e cultural em moldar a brincadeira das crianças?
2. Como a brincadeira pode apoiar ou atrasar o desenvolvimento social, cultural e de identidade de gênero nas crianças?
3. Como as pautas de brincadeiras adultas e infantis são perseguidas dentro dos ambientes educacionais e de saúde?
4. Como, e até que ponto, os profissionais da educação e da saúde deveriam acomodar diferentes modelos de brincadeiras?

## PERSPECTIVAS SOCIOCULTURAIS SOBRE A APRENDIZAGEM E A BRINCADEIRA

Desde a década de 1970, as teorias e perspectivas socioculturais têm se tornado cada vez mais importantes no estudo do desenvolvimento infantil e da educação. As abordagens iniciais da psicologia do desenvolvimento e da psicologia cognitiva, como aquelas usadas por Jean Piaget, procuravam estabelecer regularidades, estágios e "leis" biológicas universais para explicar, analisar e categorizar o modo como todas as crianças se desenvolvem e aprendem. A abordagem se espelhou na ciência tradicional, na qual os sujeitos de pesquisa eram estudados fora dos seus contextos usuais sob condições experimentais em laboratórios, engajados em tarefas cognitivas desenhadas especificamente para isso. Ao invés disso, a abordagem sociocultural considera a profunda influência de contextos culturais diferentes e dos processos sociais sobre o desenvolvimento e a aprendizagem. Consequentemente, no caso do desenvolvimento e da aprendizagem infantil, o estudo dos sujeitos de uma pesquisa se move do laboratório para os ambientes familiares da criança (que são a sua casa, o parque, a sala de aula) e da administração de tarefas cognitivas fabricadas e descontextualizadas para a observação e a análise das experiências e atividades reais das crianças. Ao fazer isso, a abordagem sociocultural abre novos caminhos para a compreensão do significado das diferenças, assim como das semelhanças entre as experiências e padrões de desenvolvimento das crianças de diversas culturas e em tempos diferentes. Tal abordagem também oferece oportunidades para pesquisadores e profissionais verem suas próprias práticas culturais locais e contemporâneas a respeito da educação de crianças sob uma nova e reveladora luz. Como Fleer e colaboradores (2004, p. 175, recorrendo a Vygotsky) explicam: "A pesquisa estruturada a partir de uma perspectiva sociocultural é menos sobre revelar 'a criança eterna' e mais sobre descobrir 'a criança histórica'".

O paradigma "sociocultural" envolve uma variedade de perspectivas e teorias, as quais são referidas através de vários termos como *socioculturalismo* e *teoria histórico--cultural*. Historicamente, o seu teórico mais importante é Lev Vygotsky, um psicólogo russo cujo trabalho pioneiro na União Soviética nas décadas de 1920 e 1930 apenas obteve atenção internacional na década de 1970, quando seus trabalhos foram traduzidos do russo original. Acusado pelas au-

> **Sociocultu-ralismo**
>
> Descreve o papel da comunidade e da cultura em apoiar o desenvolvimento psicológico do ser humano. A teoria sugere que o desenvolvimento psicológico está enraizado nas ideias coletivas e convenções de uma cultura específica.
>
> **Teoria histórico--cultural**
>
> Descreve o papel da "mente coletiva" (ou "cognição compartilhada") que existe na cultura de uma comunidade em apoiar o futuro daquela sociedade.

toridades soviéticas pelo desenvolvimento da educação pública para satisfazer as necessidades de crianças até então marginalizadas, ele desenvolveu um conjunto de teorias que focam o desenvolvimento humano, o processo e a promoção da aprendizagem. É central em todo o seu trabalho uma compreensão do desenvolvimento humano como uma jornada realizada através de processos sociais e culturais (Daniels, 2001; Wood e Attfield, 2005). Ele argumenta que é através da interação e das atividades com as pessoas, com os materiais, ferramentas e símbolos do seu ambiente social e cultural que a criança aprende e se desenvolve; os processos biológicos por si só não são capazes de alcançar isso.

Essa visão do papel crítico da interação social e cultural é apoiada quando consideramos casos em que foi negado às crianças o acesso a redes humanas sociais e culturais durante o seu desenvolvimento inicial – as assim chamadas "crianças selvagens". Isso inclui crianças severamente negligenciadas e, em exemplos extremos, crianças que cresceram totalmente isoladas do contato humano. Para as crianças que ficaram isoladas do contato humano depois dos 5 ou 6 anos, o desenvolvimento físico parece progredir em grande parte como seria esperado, apesar de que o estresse da dieta inadequada atrapalhar o crescimento. O seu desenvolvimento linguístico e cognitivo parece estagnar e algumas vezes regredir, mas uma vez

que elas retornam à sociedade humana, elas parecem ser capazes de recuperar e desenvolver suas habilidades linguísticas e sociais com níveis variados de sucesso. Entretanto, no caso das crianças selvagens que foram isoladas do contato humano desde seus primeiros anos, todo o desenvolvimento parece afetado. Em particular o desenvolvimento linguístico e cognitivo ficou severamente restrito. A falta de interação social e linguística durante as fases-chave do desenvolvimento cerebral durante a primeira infância deixou cicatrizes permanentes. Apesar das intervenções dos responsáveis e de psicólogos, essas crianças foram incapazes de recuperar esse terreno perdido e nunca desenvolveram a competência linguística e social das crianças criadas dentro de comunidades sociais e culturais comuns (Candland, 1993; Newton, 2002).

## TEORIAS SOCIAIS DE APRENDIZAGEM, DESENVOLVIMENTO E BRINCADEIRA

### A zona de desenvolvimento proximal (ZDP)

O conceito influente de Vygotsky (1978) da zona de desenvolvimento proximal foi introduzido no Capítulo 1. Ele definiu a ZDP como: "a distância entre o nível de desenvolvimento atual como determinado pela solução de problemas independente e o nível de desenvolvimento potencial como determinado através da solução de problemas com o auxílio de um adulto ou em colaboração com pares mais capazes" (Vygotsky, 1978, p. 86). A ZDP pode ser diagramaticamente representada como mostrada na Figura 2.1.

Vygotsky considerava a ZDP como um espaço fundamentalmente importante dentro do qual a aprendizagem e o desenvolvimento realmente acontecem. Dentro da ZDP, através de um processo de interação com outros membros mais experientes da comunidade, existe o potencial para que a

---

**Nível de desenvolvimento potencial**
O que a criança pode fazer com auxílio de um adulto ou em colaboração com pares mais capazes.
Ou seja, ferramentas psicológicas e processos mentais que no momento
estão além do uso independente da criança.

---

**Zona de desenvolvimento proximal**
"aquelas funções que ainda não foram
maturadas, mas que estão
em processo de maturação,
funções que maturarão amanhã,
mas estão presentemente em estado
embrionário"
(Vygotsky, 1978, p. 86)

---

**Nível de desenvolvimento atual**
O que a criança pode fazer independentemente.
Ou seja, ferramentas psicológicas e processos mentais que já amadureceram.

---

**Figura 2.1**
A zona de desenvolvimento proximal de Vygotsky.

compreensão existente da criança e o uso de conceitos-chave, habilidades e conhecimento sejam transformados para níveis mais altos (Daniels, 2001; Rogoff, 2003; Wood e Attfield, 2005). As características-chave da ZDP são:

- Envolvimento ativo na atividade coletiva, levando a
- interação social entre participantes de variados estágios de experiência, conhecimento e compreensão, exigindo
- o uso, interpretação e manipulação (levando por fim à internalização) da língua (verbal e não verbal, envolvendo o uso de sinais e símbolos).

Além disso, a ZDP também oferece ao profissional a oportunidade para:

- Explorar os interesses intrínsecos e a motivação do aprendiz.
- Estabelecer um processo de duas vias, no qual o aprendiz e o profissional contribuem ambos para o processo de criação

Lev Vygotsky

e solução de problemas (Wood e Attfield, 2005, p.102).

## A ZDP e a brincadeira

Vygotsky viu a brincadeira como uma atividade crucial para o desenvolvimento e a aprendizagem. A brincadeira combina oportunidades para a atividade conjunta, para a interação social, para o uso da língua e outros símbolos, para a exploração do poder dos interesses da própria criança e para se engajar em criação e resolução de problemas: todos os ingredientes da ZDP. Na brincadeira, a criança está motivada, resiliente e capaz de correr riscos. Vygotsky argumentou que enquanto envolvidas em brincadeiras, as crianças foram capazes de trabalhar efetivamente no limite da sua ZDP, em que a aprendizagem acontece. Ele escreveu: "na brincadeira uma criança está sempre acima da sua média de idade, acima do seu comportamento diário; na brincadeira, é como se ela fosse maior do que realmente é" (Vygotsky, 1967, p. 552; citado em Rogoff, 2003, p. 298).

O uso de signos e símbolos é uma característica particularmente crucial da brincadeira. Na brincadeira as crianças aprendem que um objeto pode representar outro. Um pedaço de tecido azul balançando pode ser um rio, uma caixa pode se tornar um barco e um graveto pode ser um crocodilo. De modo a utilizar esses signos, aqueles envolvidos na brincadeira têm que comunicar e interpretar ideias e desenvolver significados compartilhados através do uso da linguagem. Vygotsky identificou a linguagem, e outros sistemas de símbolos, tal como o desenho, a escrita, o mapeamento e assim por diante, como *ferramentas psicológicas* que capacitam o aprendiz a desenvolver e dominar processos mentais – ou seja, novas maneiras de pensar (Daniels, 2001, p. 15). A forma e o uso exatos das ferramentas psicológicas variam de acordo com o contexto sociocultural da criança. Na ZDP o envolvimento do aprendiz com ferramentas psicológicas e processos mentais da mais alta ordem é mediado pelo adulto ou pelo

> **Ferramentas psicológicas**
> Descrevem os modos em que os seres humanos apoiam a construção de conhecimento, por exemplo, contar histórias, escrever, possivelmente utilizar a internet!
>
> **Mediação**
> Permitir um processo de negociação no qual os indivíduos que interagem se contatam de modo a desenvolver a compreensão.
>
> **Internalização**
> Fazer algo que é inicialmente externo ao *self*; tornar-se parte da mente de alguém – por exemplo, ao aprender uma língua.

par mais experiente. Uma parte importante da *mediação* envolve o adulto ou par experiente fazendo uso de ferramentas psicológicas e processos mentais externos e explícitos ao aprendiz. Essa mediação capacita o aprendiz a desenvolver, praticar e refinar o seu uso das ferramentas psicológicas e o seu domínio de novos modos de pensar através de um processo de *internalização*. A mediação é um conceito significativo, pois ela reconhece o papel ativo da criança e do outro mais experiente dentro da ZDP. Na mediação, a aprendizagem não é algo que apenas acontece com a criança, mas é um processo que a criança negocia ativamente, com o apoio de alguém que já tem maior domínio das ferramentas psicológicas e dos processos mentais em questão.

## A ZDP e o profissional

A ZDP tem sido um conceito influente, particularmente na educação infantil e no ensino fundamental. O fato de que Vygotsky reconheceu o *status* da brincadeira no desenvolvimento e na aprendizagem dentro da ZDP confirmou a prática de muitos profissionais na educação e no cuidado das crianças pequenas. Dentro da ZDP há um papel específico e hábil para o adulto em ajudar a criança a se mover de um nível de funcionamento para o outro. Vygotsky falou do adulto "instruindo" a criança dentro da ZDP. Ele argumentou que a instrução é "útil apenas quando ele se move adiante do desenvolvimento" e "acorda uma série inteira de funções que estão em um estágio de maturação dentro da zona de desenvolvimento proximal" (Vygotsky, 1978, p. 212). Isso é significativo já que aqui Vygotsky está argumentando que a aprendizagem precede o desenvolvimento. Para os profissionais isso significa que parte da habilidade de se trabalhar dentro da ZDP é armar o apoio adulto e a intervenção no nível correto – quer dizer, conectando, mas também construindo sobre os processos mentais que a criança já domina. Pouco movimento não estimulará a aprendizagem e, consequentemente, não estimulará desenvolvimento. O uso do termo "instrução" provocou alguns debates e alguns argumentaram que é uma tradução incorreta da palavra russa *obuchenie*. Esses argumentam que outros termos como "ensino" e "ensino-aprendizagem" são mais apropriados, já que Vygotsky estava se referindo a "todas as ações do professor para

---

## IDEIAS EM AÇÃO

### O papel do adulto ou par mais experiente na internalização (observações do autor)

Sadie, de 3,6 anos, e sua mãe estão visitando uma amiga adulta, Anya. À tarde, Anya e Sadie decidem fazer um bolo de sobremesa. A medida em que elas começam, Anya começa a narrar todas as suas ações para Sadie. Ela dá o nome aos utensílios que precisam ser coletados, dizendo para que cada item será utilizado. Ela prepara a receita e fala durante o processo, listando os ingredientes e enfatizando o conceito e a ordenação (fazer as coisas na ordem correta). A medida em que elas começam a medir os ingredientes e começam o processo de misturar, espalhar e cortar, ela modela as habilidades físicas junto com o uso correto da terminologia. Entretanto, o papel de Sadie é ativo. Nas partes do processo em que ela já possui conhecimento e/ou habilidades, ela os identifica e os usa – por exemplo, ela mesma pode identificar e coletar alguns dos utensílios e ingredientes, e já é proficiente em servir líquidos com cuidado. Ela também experimenta as novas palavras que Anya introduz e discute os novos conceitos e as novas habilidades com os quais ela está se envolvendo, usando os mesmos para narrar suas próprias ações para si mesma e para os outros. Quando sua mãe se junta a elas, por exemplo, Sadie é ardorosa em apontar que está sendo cuidadosa para usar a ponta dos dedos para espalhar a manteiga na farinha para que ela não derreta.

Mais tarde, na mesma noite, enquanto estava envolvida sozinha na brincadeira em seu pequeno mundo, Sadie revê a atividade culinária ao fazer com que seus cavalos de brinquedo finjam fazer um bolo, ao mesmo tempo em que ela revisa a linguagem e as habilidades da tarefa culinária.

### Comentário

Durante essa atividade conjunta envolvendo o processo de fazer um bolo, as explicações contínuas fornecidas por Anya e Sadie descrevem e direcionam o que ambas estão fazendo. Isso serve para external as ferramentas psicológicas e os processos mentais que elas estão utilizando na sua abordagem da tarefa. Ao fazê-los explicitamente, Sadie é capaz de experimentar com eles. Esse é o primeiro passo no caminho de internalizá-los para uso futuro como ferramentas para seu próprio uso. O fato de que Sadie pode citar o vocabulário e descrever as habilidades envolvidas na atividade culinária mais tarde naquele dia, durante a sua brincadeira independente, mostra que o processo de internalização começou.

incentivar o desenvolvimento cognitivo e o crescimento" (Daniels, 2001, p. 10).

## O que acontece na ZDP? Modelos para definição e redefinição da "instrução"

Tendo estabelecido o conceito da ZDP, Vygotsky foi menos claro em suas definições e descrições dos tipos específicos de ações que um adulto (ou par mais experiente) deveria tomar de modo a promover a aprendizagem e, consequentemente, o desenvolvimento. Como vimos anteriormente, o seu termo "instrução" não consegue transmitir a complexidade e a variedade das estratégias potenciais para se trabalhar com uma criança dentro da ZDP. Para alguns, em um contexto ocidental, a "instrução" poderia parecer implicar em um papel formal e didático para o adulto, que transformaria uma atividade informal baseada na brincadeira em uma "lição" com o adulto firmemente em controle. Consequentemente, muitos outros pesquisadores voltaram a sua atenção para teorizar e modelar os processos que ocorrem dentro da ZDP.

O contexto talvez mais fortemente relacionado à ZDP é o uso de "andaimes". Na verdade, muitos profissionais e estudantes presumem que o termo foi cunhado pelo próprio Vygotsky, quando, na verdade o termo vem do trabalho de Jerome Bruner (Bruner et al., 1976). Bruner estava interessado particularmente na afirmação de Vygotsky de que a aprendizagem leva ao desenvolvimento. Isso parecia indicar que na ZDP o aprendiz está fazendo uso de ferramentas psicológicas e se envolvendo em processos mentais superiores antes que ele/ela tenha ganhado domínio (quer dizer, controle consciente) sobre eles. Bruner descreveu a analogia do andaime da seguinte forma:

o adulto ou o par auxiliar serve como uma forma compensatória de consciência até o momento em que o aprendiz é capaz de dominar a sua própria ação

através da sua própria consciência e de seu controle. Quando a criança alcança esse controle consciente sobre uma nova função ou sistema conceitual, é só então que ela pode usá-lo como uma ferramenta. Até esse momento o tutor na verdade desempenha a função crítica de fornecer "andaimes" para o aprendiz para que seja possível para a criança, nas palavras de Vygotsky, internalizar o conhecimento exterior e convertê-lo em uma ferramenta para o controle consciente.

(Bruner et al., 1976, p. 24; citado em Wood e Attfield, 2005, p. 94)

O uso de andaimes definido deste modo requer que o adulto (ou par mais experiente) modele, mas não domine o processo de aprendizagem. A meta não é levar o aprendiz para cima do andaime, mas apoiá-lo enquanto negociam um caminho ao longo da atividade. Entretanto, o modo como diferentes profissionais praticam o uso de andaimes depende de sua interpretação disso enquanto conceito.

Pesquisas recentes no contexto das primeira infância têm novamente focado a atenção nos conceitos e práticas envolvidos quando adultos medem e fornecem andaimes para a aprendizagem e o desenvolvimento das crianças. Duas ideias-chave nessa área (que também são extremamente relevantes ao se pensar sobre como os adultos facilitam e utilizam a brincadeira para a aprendizagem e o desenvolvimento) são:

- Coconstrução.
- Pensamento compartilhado amparado.

### Coconstrução

No coração do conceito de coconstrução está uma visão Vygotskiana de que a mente humana é criada e moldada através da atividade conjunta com outras pessoas. Neste modelo, os processos mentais que subjazem o conhecimento individual, as habilidades e as compreensões são coconstruidos através das interações de mediação que a criança tem com o conhecimento, as habilidades e as compreensões que estão distribuídas entre os adultos e os pares mais experientes com quem elas se envolvem em atividades conjuntas.

Jordan, discutindo os resultados de uma pesquisa de estudo de caso baseada em interações adulto-criança em ambientes de educação infantil baseados na brincadeira, faz uma distinção chave entre a aprendizagem por andaimes *para* a criança e a coconstrução da aprendizagem *com* as crianças (Jordan, 2004, p. 40). Veja a Quadro 2.1.

> **Intersubjetividade**
>
> Significados compartilhados entre pessoas; elas "leem" símbolos da mesma forma.

Um conceito útil para a análise dessas duas listas de atributos é a *intersubjetividade*. Nas tentativas práticas iniciais sobre o uso de andaimes, nós vimos uma interpretação do conceito que mantinha o adulto firmemente responsável pelo foco e a condução da atividade e dos tipos de interação adulto-criança. Como Wood e Attfield (2005, p. 94) argumentam: "o uso de andaimes tem sido interpretado de modo a implicar uma relação um para um, na qual o professor, perito, ou par mais conhecedor se mantém em controle sobre o que deve ser aprendido, e sobre como o ensino será conduzido – essencialmente, um modelo de *transmissão*".

Em uma atividade baseada no modelo de coconstrução, o foco se move da transmissão de conhecimento e habilidades do adulto ou par mais experiente para se alcançar um resultado ou meta que ambos identificaram. Ao invés disso, o foco se move para os interesses e as motivações do aprendiz. O papel do adulto ou do outro mais experiente é es-

---

**QUADRO 2.1**

A aprendizagem por andaimes para as crianças
*versus* coconstrução do aprendizado "com" as crianças

| Andaime | Coconstrução |
|---|---|
| Interações que incluem: | Interações que incluem: |
| ● Técnicas de questionamento, com resultados específicos de conhecimento na mente do professor. | ● Coconstruir significados, incluindo escutar as crianças para descobrir o que elas pensam. |
| ● Fornecer retorno sobre as habilidades cognitivas, observando as pequenas conquistas das crianças e expressando isso para elas. | ● Técnicas de questionamento sem resultado de conhecimento específico na cabeça do professor, consciência dos interesses das crianças, não as interrompendo, permitindo o silêncio, seguindo suas dicas. |
| ● Demonstrar e modelar habilidades. | ● Fazer relações de pensamento ao longo do tempo e das atividades através da revisitação das ideias e dos interesses das crianças, fazendo relações entre muitas fontes de ideias, conhecendo muito bem as crianças. |
| ● Apoiar a solução de problemas e a experimentação das crianças, com um resultado ou tarefa predeterminado na cabeça do professor. | ● Desenvolver intersubjetividade completa e de duas vias com as crianças, através do compartilhamento de suas próprias ideias com as crianças para expandir seus interesses atuais, frequentemente como projetos complexos, entrando na brincadeira imaginativa da criança, valorizando e dando voz às atividades das crianças, e, respeitosamente, confirmar se a criança realmente quer a assistência que lhe é oferecida. |
| ● Dizer às crianças fatos de conhecimento específico, no contexto de seus interesses, desenvolvendo intersubjetividade limitada com as crianças. | |

Fonte: Adaptado de Jordan, 2004, p. 40-41.

BRINCAR: APRENDIZAGEM PARA A VIDA **69**

## IDEIAS EM AÇÃO

### Estudo de caso: interpretações de um profissional sobre a prática do uso de andaimes

Eu diria que o bom ensino pode ser visto no equilíbrio entre ouvir a voz do adulto, aquela da criança ou das crianças. Em uma semana, tive a ajuda de uma professora substituta que parecia nunca parar de falar durante uma sessão e quando você a escutava, era apenas uma sequência de perguntas constantes, quase ao acaso. Eu assisti enquanto ela juntava um grupo de cinco crianças em torno de uma mesa de brincar com massinha de modelar no início de uma aula. Eles estavam todos ocupados explorando a sensação da massinha, sem fazer nada com ela, apenas conversando sobre o que tinham feito antes da escola. Segundos depois de se juntar a elas, ela lhes disse que deveriam fazer uma casa usando a massinha e começou a fazer uma ela mesma para mostrar a elas como fazer. Ela então começou a fazer perguntas: "de que cor é isso?", "qual o formato daquelas?", "quantas falta para termos três?" Uma depois da outra, com virtualmente nenhum intervalo entre elas, ela fez perguntas fechadas que ela (e a maioria das crianças) já conhecia a resposta. As crianças abandonaram sua própria conversa e tentaram lidar com o que cada vez mais parecia um interrogatório! Dentro de alguns minutos alguns do grupo começaram a se distrair, por fim sobrando duas meninas, sentadas lá parecendo um tanto assustadas enquanto as perguntas continuaram vindo no mesmo ritmo, com apenas duas das crianças para respondê-las. Ela tentou atrair outras crianças para participar da atividade, mas elas começaram a dar amplo descaso para a mesa das massinhas. Uma das crianças que tinha abandonado a atividade veio e me disse, "minha cabeça dói, professora." A minha também, pensei!

### Melhorando a prática

No início da semana seguinte eu refleti sobre o que tinha acontecido e comparei o barulho e a sensação da sala de aula na semana passada ao barulho comum da sala de aula quando a professora assistente, Kathleen, está comigo. Eu me dei conta de que com a Kathleen eu nunca ouço esse tipo de interação. Eu a assisti fazendo a mesma atividade – brincar na mesa das massinhas de modelar – e vi que ela estava sempre engajada em conversas originais com as crianças. Ela escutava antes de participar. A conversa surgia e seguia a medida em que ideias e relações apareciam. A sua voz não dominava a sala de aula, ela não apenas fazia perguntas, mas também as respondia, compartilhando suas próprias ideias e experiências, e as perguntas estavam relacionadas ao que elas realmente estavam conversando, ao invés de serem trazidas de lugar algum. As crianças continuavam conversando com ela, ativamente envolvidas em uma atividade por um longo tempo – algumas voltavam à mesma conversa horas ou mesmo vários dias depois.

Algumas pessoas (e eu diria que a professora substituta é uma delas) pensam que ensinar e mesmo brincar significa assumir controle total sobre uma atividade, e forçar as crianças ao longo de um caminho de sua escolha – o adulto é a pessoa que cria a atividade e a criança é levada quase que passivamente através dela. Ao contrário, eu penso que ensinar deveria envolver escutar, parar e compartilhar – ambos os lados precisam ser ativos e criativos.

Yasmin, professora de educação infantil

### Pare e reflita

Esta professora está descrevendo duas abordagens diferentes ao uso de andaimes ao dar dois exemplos diferentes de prática. No primeiro, o adulto assume a organização da atividade de brincadeira, mudando o seu foco e o padrão de interação – sem que isso tenha sido pedido! As crianças rapidamente perdem o interesse e a moti-

(continua)

## IDEIAS EM AÇÃO

vação. Na segunda abordagem, a prática começa escutando e então relacionando sua intervenção ao foco e ao padrão de interação da atividade na qual as crianças já estão engajadas. Aqui as crianças mantêm o interesse e a motivação.

- Onde se encontra o controle em cada uma dessas abordagens?
- Como a posição de controle pode afetar o envolvimento das crianças na ZDP?

tabelecer, coletivamente, a solução de problemas e a intersubjetividade conjunta – um estado no qual ambas as partes trabalham para identificar e estabelecer significados compartilhados e, a partir daí, trabalhar em direção a um resultado ou uma meta. Berk e Winsler (1995, p. 27-28; citado em Jordan, 2004, p. 33) argumentam que: "a intersubjetividade cria um campo comum para a comunicação a medida em que cada parceiro se ajusta à perspectiva do outro... lutando constantemente por uma visão compartilhada da situação".

A intersubjetividade, sendo assim, aumenta o *status* e o papel do aprendiz, permitindo que ele se torne um coconstrutor motivado de sua própria aprendizagem e desenvolvimento. Na coconstrução, o aprendiz pode ser proativo em identificar e procurar fontes de apoio (Wood e Attfield, 2005, p.104). A intersubjetividade também afeta o papel do adulto ou par mais experiente, exigindo uma abordagem colaborativa, de escuta e aberta ao aprendiz e à atividade. Com essa mudança sob controle, a coconstrução oferece ao aprendiz uma oportunidade de ser, nas palavras de Jordan (2004, p. 33), "um jogador poderoso em sua própria aprendizagem". Ela prossegue e afirma:

A coconstrução, sendo assim, dá ênfase aos professores e às crianças juntos estudando os significados ao invés de adquirir fatos. Estudar significados exige que os professores e as crianças entendam o mundo, interpretando e compreendendo atividades e observações enquanto interagem uns com os outros.

A brincadeira oferece um espaço ideal para o estudo do significado. Na brincadeira, os papéis e as regras do mundo podem ser experimentados e explorados pela criança em um ambiente seguro, livre das consequências possíveis no mundo real. A língua e outras ferramentas psicológicas podem ser praticadas e manipuladas. A coconstrução oferece aos profissionais da educação e da saúde um modelo valioso de como operar dentro do espaço da brincadeira. A luta para se atingir a intersubjetividade e para chegar a compreensões conjuntas de significados requer uma abordagem mais sutil e menos intrusiva do que é algumas vezes alcançado apenas pelo uso de andaimes.

### Pensamento compartilhado apoiado

O conceito do pensamento compartilhado apoiado surge de pesquisas como Effective Provision for Preschool Education [EPPE] (Sylva et al., 1997-2002) e Researching Effective Pedagogy in the Early Years [REPEY] (Siraj-Blatchford et al., 2002). Esses projetos examinaram resultados educacionais amplos e específicos da prática em um estudo longitudinal, de larga escala, patrocinado pelo governo, na Inglaterra. Uma descoberta-chave da pesquisa se refere aos tipos de interações e intervenções na brincadeira que ocorrem entre adultos e crianças em ambientes de sucesso e qualidade na educação infantil.

A pesquisa descobriu que a aprendizagem e o desenvolvimento são mais efetivamente promovidos quando as crianças e os adultos se envolvem em um *pensamento com-*

> **Pensamento compartilhado apoiado**
>
> Introduzida por Iram Siraj-Blatchford, essa expressão descreve a habilidade de um adulto intuir os interesses e o nível de compreensão de uma criança e subsequentemente interagir com sucesso com ela para desenvolver um conceito ou uma habilidade.

*partilhado apoiado* (Siraj-Blatchford et al., 2002). Isso é definido na pesquisa como:

> Um episódio no qual dois ou mais indivíduos "trabalham juntos" de um modo intelectual para solucionar um problema, esclarecer um conceito, avaliar atividades, estender uma narrativa, etc. Ambas as partes devem contribuir ao pensamento e ele deve se desenvolver e ampliar.
>
> (Siraj-Blatchford et al., 2002, p.8)

No pensamento compartilhado apoiado, a natureza, a qualidade e a frequência das "interações verbais adulto-criança" são cruciais para a aprendizagem das crianças e é bastante diferente daquilo envolvido no "ensino direto", como descrito no Quadro 2.2.

O que chama a atenção sobre as duas descrições é a posição do controle dentro dos dois tipos de interação adulto-criança. No ensino direto, o adulto é controlador, organizador e dominador. O adulto seleciona a tarefa, organiza os recursos e os participantes, controla a corrente de informações e decide quando a tarefa começa e termina. Apesar da criança poder se engajar ativamente na tarefa, ela não tem posse ou controle sobre ela, e sua participação é forçada sobre um caminho restrito. Em contraste, durante o pensamento compartilhado apoiado o controle é compartilhado e passado de um participante ao outro em vários estágios durante o curso de envolvimento com a tarefa. A tarefa em si pode mudar e se desenvolver em resposta a ideias vindas de ambos os envolvidos. Olhando novamente para essas duas descrições fica claro que o pensamento compartilhado apoiado é um modelo mais adequado para os adultos utilizarem quando se engajarem e intervirem na brincadeira das crianças, e lembra muito a descrição de coconstrução que discutimos previamente.

## Teorias histórico-culturais de aprendizagem, desenvolvimento e brincadeira

### O desenvolvimento humano enquanto processo histórico-cultural

Conforme foi afirmado na introdução deste capítulo, uma vertente do socioculturalismo é chamada de perspectiva histórico-cultural.

---

**QUADRO 2.2**
Natureza, qualidade e frequência das interações adulto-criança no pensamento compartilhado apoiado e no ensino direto

| Pensamento compartilhado apoiado | Ensino direto |
| --- | --- |
| Interações que incluem: | Interações que incluem: |
| ■ Uso de andaimes<br>■ Expansão<br>■ Discussão<br>■ Modelagem<br>■ Brincadeira | ■ Questionamento<br>■ Modelagem<br>■ Instrução<br>■ Gerenciamento de tarefas<br>■ Leitura para a criança<br>■ Organização<br>■ Distribuição de tarefas |

Fonte: Adaptado de Sylva e colaboradores, 2007, p.57.

Essa perspectiva enfatiza a natureza cultural do desenvolvimento humano (Wenger, 1998; Rogoff, 2003). Os pesquisadores trabalhando com essa perspectiva têm mais uma vez criticado as abordagens psicológicas tradicionais do desenvolvimento que procuram descobrir "estágios" definidos do desenvolvimento infantil que possam ser aplicados universalmente a todas as crianças, vivendo em todas as culturas. Especialmente (como os escritores que Rogoff apontou) quando os teóricos que escreveram essas abordagens tenderam a basear suas teorias em dados coletados usando sujeitos de pesquisa de origem ocidental, e frequentemente, de classe média (Rogoff, 2003, p.84). De uma visão histórico-cultural, esse modelo, retirado das ciências físicas, é inapropriado e inadequado para explicar as complexidades das experiências e do funcionamento humano através da variedade de comunidades nas quais as crianças crescem e se desenvolvem. Rogoff também argumentou que isso dá mais força ao debate contínuo e essencialmente redundante da natureza/cultura sobre como o desenvolvimento humano acontece.

Da perspectiva histórico-cultural, o debate natureza/cultura apresenta uma *dicotomia e/ou binarismo* equivocado. Ela coloca a biologia contra a cultura como forças que competem nas potenciais explicações de aspectos do comportamento humano. Semelhanças de comportamento em diferentes culturas são frequentemente relacionadas com a biologia e as diferenças com a cultura. Rogoff argumenta que essa separação da biologia e da cultura é artificial, e que ao invés disso, deveríamos ver humanos como "biologicamente culturais", com a natureza e a criação operando como influências inseparáveis no desenvolvimento humano (2003, p. 63-65). Ela escreve:

> Nós somos preparados tanto pela nossa herança biológica quanto pela cultural a usar a linguagem e outras ferramentas culturais para aprender uns com os outros... Os seres humanos envolvem restrições e possibilidades que vêm de uma longa história de práticas humanas. Ao mesmo tempo, cada geração continua a revisar e adaptar a sua herança biológica e cultural em face às circunstâncias atuais.

A teoria histórico-cultural argumenta que as crianças se desenvolvem em *comunidades de prática* (Lave e Wenger, 1991) nas quais elas são participantes ativas. Elas aprendem a reconhecer, utilizar e manipular os signos e símbolos das suas comunidades para reproduzi-las e, algumas vezes, transformá-las (Wenger, 1998). Através da participação e da interação elas se enredam com o "caráter socialmente negociável do significado" (Lave e Wenger, 1991, p. 50). Alcançar o domínio de uma nova habilidade, símbolo ou processo – ou seja, aprendizagem – resulta em uma *transformação da prática*, já que podemos agora utilizar essas ferramentas na sua participação cultural futura (Rogoff, 1998; citado em Jordan, 2004, p. 37). Seus modos de se comportar e pensar são modificados pelo próprio ato de aprender.

Em sua influente pesquisa, Barbara Rogoff examina a

---

**Dicotomia**
Divisão em duas partes mutuamente exclusivas, opostas, ou contraditórias.

---

**Comunidades de prática**
Descreve como podem existir diferenças entre grupos sociais diversos no modo como eles podem ter diferentes maneiras de realizar tarefas diárias, por exemplo, educar as crianças ou preparar o alimento.

**Transformação da prática**
Descreve o modo como as coisas podem mudar em uma sociedade quando novas descobertas são feitas; por exemplo, a invenção do micro-ondas criou uma diferença no modo como o alimento é preparado nas casas ocidentais; tais mudanças podem se permear na cultura e criar efeitos mais amplos, tais como a diminuição da "produção caseira de alimentos".

brincadeira enquanto elemento-chave na transformação da prática. Ela identifica a brincadeira como um importante meio dentro do qual a exploração e o domínio dos signos e símbolos culturais podem acontecer enquanto as crianças participam em suas comunidades de prática. Ela concorda com Vygotsky sobre o significado dos processos sociais, mas pesquisou mais a fundo o impacto da diversidade cultural sobre os processos e resultados específicos do desenvolvimento das crianças. Além disso, ela mantém que uma abordagem histórico-cultural para se entender a aprendizagem e o desenvolvimento das crianças provará ser mais iluminadora do que as abordagens psicológicas cognitivas tradicionais já que ela permite uma compreensão das diferenças, assim como as semelhanças a serem desenvolvidas (Rogoff, 2003). Compreender os aspectos não familiares de outras comunidades e suas práticas (incluindo as práticas de brincadeiras) também tem o benefício adicional do que tem sido descrito como "tornar o familiar estranho", isto é, as suposições, crenças e tradições que baseiam a nossa própria cultura e seus processos podem ser notados pela primeira vez, contrariando o estado normal das coisas onde a familiaridade leva à invisibilidade. Como o sociólogo francês, Bourdieu, escreveu sobre o estudo de outras culturas: "esse desvio através de uma cultura exótica é indispensável para quebrar a relação de familiaridade enganadora que nos cega para as nossas próprias tradições" (2001, p. 3; citado em Webb et al., 2002, p. 72).

O trabalho de Rogoff envolve, em primeiro lugar, a relação entre o individuo e a cultura/comunidade que o indivíduo experimenta através de atividades como a brincadeira e, em segundo, como nós compreendemos, definimos e problematizamos o conceito de "cultura". Há dois modelos que exploram a primeira dessas questões (isto é, a relação entre o indivíduo criança e a sua comunidade) e que têm sido essenciais para desenvolver o pensamento de Rogoff. Elas são:

**1.** O modelo psicocultural de Whiting e Whiting (1975).
**2.** O modelo bioecológico de Bronfenbrenner (1979).

O modelo psicocultural de Whiting e Whiting coloca a criança dentro de uma rede de fatores sociais e culturais. Essa rede inclui tanto as relações sociais e culturais imediatas nas quais a criança interage quanto os processos culturais mais afastados nos quais a criança e as pessoas em torno dela participam (Rogoff, 2003, p. 43).

A cadeia começa com o ambiente físico e natural e então se move em direção aos fatores históricos como as migrações, as invenções, e empréstimos de outros grupos. Isso é seguido pelos sistemas de manutenção do grupo, o que inclui os padrões de subsistência, os meios de produção, os padrões de colonização e os sistemas sociais para organizar aspectos tais quais a defesa, a lei, o controle e a divisão do trabalho. A cadeia então alcança a criança individualmente e fatores como necessidades inatas, ímpetos e capacidades assim como os comportamentos aprendidos, incluindo habilidades, conhecimentos, valores e conflitos. Esses comportamentos aprendidos então admitem ao adulto participar no que são chamados de "sistemas projetivos-expressivos" do grupo, quer dizer, aspectos como a religião, as crenças, os rituais, as artes e os passatempos recreativos.

Rogoff argumenta que uma grande dificuldade com o modelo é que ele supõe que fatores prévios da cadeia afetam diretamente aqueles que vêm depois, isto é, os fatores anteriores têm um efeito dominante no desenvolvimento dos fatores futuros. Neste modelo, os comportamentos da criança (e finalmente do adulto) estão amplamente determinados por fatores sociais que são, por sua vez, determinados pelos fatores históricos e geográficos. Os processos culturais e os processos individuais são mostrados como entidades separadas com os primeiros causando os últimos. Como resultado, neste modelo, a criança individualmente ou o adulto tem pouco po-

## IDEIAS EM AÇÃO

### Estudo de caso: membros de uma comunidades de prática

Cada um de nós pertence a várias comunidades de prática, e durante qualquer dia podemos nos mover entre várias delas a medida em que completamos as nossas atividades usuais. Por exemplo, eu posso tomar café da manhã com a minha família, dirigir meu carro até o trabalho, cumprir minha função como professora universitária o dia inteiro e então passar a noite com meus amigos escutando música ao vivo. Ao fazer isso, eu terei me engajado em várias e diferentes comunidades de prática.

Além disso, na medida em que passamos pela vida nós entramos em novas comunidades de prática e deixamos outras para trás. A Figura 2.2 representa um rápido mapa de meu próprio envolvimento em comunidades de prática. Minha associação com cada uma delas me introduziu a vocabulários específicos, habilidades, conhecimentos, atitudes e perspectivas e, consequentemente, moldaram o modo como eu vejo o mundo. A minha comunidade de prática mais recente é aquela da maternidade (ocidental) e meu envolvimento nela resultou em constantes transformações das práticas. Nas 14 semanas após o nascimento de minha filha, aprendi novas habilidades, meu uso da língua mudou a medida em que novas palavras foram introduzidas (e algumas palavras velhas, bastante rudes foram descartadas) e a minha compreensão dos bebês e da maternidade mudou de algo baseado apenas na teoria para algo baseado na experiência exaustiva, mas recompensadora!

### Pare e reflita

Tente mapear o seu próprio envolvimento em comunidades de prática. Durante o decorrer do dia, identifique aquelas com quem você se envolve. Você consegue pensar em alguma comunidade de prática da qual você ainda não é membro, mas pensa que pode vir a ser no futuro?

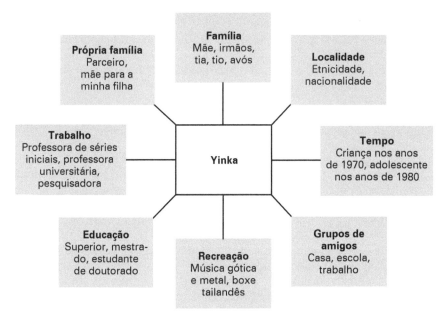

**Figura 2.2**
Mapeando a associação pessoal às comunidades de prática.

## IDEIAS EM AÇÃO

### Estudo de caso: experimentando uma comunidade de prática não familiar

Esse capítulo foca em diferentes culturas em diversas partes do mundo, mas nós podemos também considerar como a cultura muda com o tempo. Um bom exemplo disso pode ser visto no programa "realidade" de televisão chamado *The 1900 House*, filmado em 1999. Uma família moderna concordou em viver por três meses como uma família teria feito em 1900, e a ser regularmente filmada durante esse período. A família logo descobriu que a "comunidade de prática" em que tinham entrado era muito diferente da que eles tinham abandonado. Simplesmente vestir-se pela manhã era uma tarefa difícil, especialmente para as mulheres, com intricadas camadas de roupas de baixo incluindo um corpete com fitas. A família fez um pacto com os produtores de não comprar produtos que não estavam disponíveis em 1900, mas depois de algumas semanas a mãe e a filha mais velha quebraram essa promessa ao comprar xampu e condicionador modernos, porque elas descobriram que seus cabelos ficavam completamente intratáveis quando lavados com o fraco sabão que as mulheres daquele tempo usavam (McCrum e Sturgis, 1999).

Após o programa ir ao ar, os produtores receberam várias cartas do público, algumas de pessoas nos seus 80 ou 90 anos apontando que a família tinha tido tantos problemas com vários aspectos da vida nos anos 1900 porque estavam simplesmente fazendo as coisas "erroneamente". Por exemplo, as mulheres vitorianas lavavam seus cabelos com menos frequência que as mulheres modernas, e os escovavam vigorosamente de manhã e à noite, o que espalhava os óleos naturais pelo cabelo. Além disso, o cabelo das mulheres vitorianas eram normalmente longos, presos à noite e arrumados em vários estilos durante o dia; eram raramente deixados soltos em torno do rosto, então não tinham muita chance de se roçar e enredar. Assim como uma genuína família dos anos de 1900 teria ficado confusa com um forno de micro-ondas, aquecimento central ou com um computador portátil, a família de 1999 colocada em uma "casa 1900" foi incapaz de utilizar a aprendizagem culturalmente transmitida para gerenciar as suas vidas na situação na qual foram colocados; a família estava fora de sua "comunidade de prática". Isso até se estendeu a algo tão enganadoramente simples como os cuidados pessoais, o que progrediu a uma situação que causou uma quantidade surpreendente de angústia.

### Melhorando a prática

*Crianças vitorianas*

As crianças amam fazer de conta, e elas amam ouvir histórias. Veja se você pode utilizar os recursos de sua própria comunidade (os pais são normalmente o melhor primeiro contato) para ver se você pode trazer adultos para contar às crianças histórias sobre suas vidas em outras culturas, ou em tempos passados, e se possível, trazer recursos para "mostrar e contar". Quando Pam Jarvis (um dos editores desse livro) tirou as fotografias (Figuras 2.3 e 2.4) dos seus avós como auxílio visual para mostrar aos colegas de

**Figura 2.3**
Meninos vitorianos.

(continua)

> **IDEIAS EM AÇÃO**
>
> seus gêmeos, complementando algumas histórias sobre a infância vitoriana que ela tinha ouvido de sua avó, as crianças escutaram avidamente. Elas ficaram absolutamente fascinadas com as fotografias, particularmente a foto de seu avô, que tinha uma semelhança facial clara com a do seu próprio filho. Ela lembra alguém da turma dizendo "ele é de verdade, ele é um vitoriano de verdade, ele está todo vestido em roupas vitorianas em uma foto velha, mas ele deve ser real porque parece com o Andrew".
>
> Se você puder criar algumas experiências como essa para as crianças com quem você trabalha, somaria à experiência se você pudesse produzir alguns recursos relacionados que as crianças pudessem usar no seu faz de conta posterior (por exemplo, poderiam ser roupas de estilo vitoriano em uma caixa para eles vestirem). Apesar de elas não são capazes de entrar completamente em outra "comunidade de prática" deste modo, elas podem, pelo menos, se tornar mais capazes de refletir e ficar mais abertas à ideia de que suas próprias práticas sociais não são o único modo de se fazer as coisas, e de que existem sociedades muito diferentes, tanto no tempo quanto na geografia.
>
>
>
> **Figura 2.4**
> Meninas vitorianas.

der ou *agência* e é dominada pelo contexto cultural.

O sistema biecológico de Bronfenbrenner apresenta dificuldades semelhantes para Rogoff. A criança está localizada dentro de um modelo concêntrico que se parece a um conjunto de bonecas russas. No centro está a criança, imediatamente cercada pelos microssistemas do lar, da escola, da vizinhança e do ambiente religioso com os quais a criança interage pessoalmente. Ao redor disso estão os mesossistemas aonde os diferentes aspectos dos microssistemas interagem (isto é, o lar interage com a escola a medida em que os pais interagem com os professores). A seguir aparecem os exossistemas, que incluem ambientes nos quais a criança não está diretamente envolvida, mas que influenciam as experiências da criança (por exemplo, o local de trabalho dos pais, o governo local e a mídia de massa). Aqui, decisões são tomadas sobre fatores como organizações de licença maternidade, provisão de instalações de saúde infantil ou serviços de saúde pública, que por fim terão impacto sobre as experiências da criança. Os macrossistemas formam o nível final, mais exterior do modelo. Eles são as crenças dominantes e ideologias que fornecem um conjunto básico de suposições que moldam as várias instituições sociais da cultura (por exemplo, nas últimas duas décadas as crenças e a ideologia política que focaram na atividade econômica e na inclusão social no Reino Unido moldaram as instituições das escolas e da saúde infantil para fornecer cuidados do tipo "serviço completo" de modo a possibilitar o trabalho dos pais).

> **Agência**
> A capacidade, condição ou estado de agir ou exercer poder (Merriam Webster)

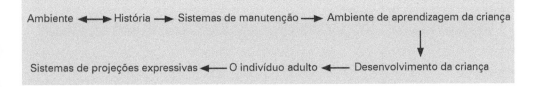

**Figura 2.5**
O modelo psicocultural de Whiting e Whiting.
Fonte: Adaptado de Rogoff, 2003, p. 43.

Bronfenbrenner argumenta que dentro desse modelo existe uma acomodação mútua entre a criança em crescimento e as propriedades em mudança dos ambientes nos quais a criança está localizada – cada uma exerce um efeito modificador no outro. Entretanto, Rogoff argumenta que o modelo ainda é hierárquico, com os contextos mais amplos e externos restringindo os menores e mais internos. O modelo é, entretanto, útil para estabelecer uma visão de que para se compreender as experiências e o desenvolvimento das crianças é necessário se considerar os ambientes e contextos com os quais a criança tem contato direto, assim como aqueles que fornecem interação direta (Rogoff, 2003, p. 44-48).

Então, se vamos rejeitar a ideia dos contextos culturais determinando o desenvolvimento e as experiências dos indivíduos, qual é a alternativa? Rogoff (2003) propõe que na teoria histórico-cultural nós não deveríamos ver a cultura como um conjunto de processos separado, externos que influenciam o indivíduo. Ao invés disso, ela argumenta que: "as pessoas contribuem para a criação de processos culturais e processos culturais contribuem com a criação das pessoas" (p.51).

As consequências desse ponto de vista são, primeiro, que a cultura pode ser compreendida como dinâmica já que ela é não só produzida, mas também modificada pelas ações dos indivíduos; e, segundo, que indivíduos (incluindo as crianças) têm agência, eles podem escolher como se comportar, se conformar ou se rebelar contra os processos culturais dominantes. Rogoff (2003, p. 11) afirma: "humanos se desenvolvem através de sua mutável participação nas atividades socioculturais de suas comunidades, que também mudam".

Terceiro, conduzir pesquisas sobre o desenvolvimento e a aprendizagem dessa perspectiva histórico-cultural requer reconhecimento da natureza cultural das atividades diárias, das ferramentas, tradições, estruturas e instituições e das maneiras como as pessoas as usam e transformam. Isso também significa que as práticas e processos do ocidente não podem ser vistos como "normas" culturais neutras a partir das quais se pode julgar outras comunidades.

Rogoff (2003, p. 11-12) lista os seguintes princípios-chave para guiar a compreensão de sua concepção sobre a abordagem histórico-cultural. Estes princípios, como veremos a seguir, têm relevância em particular para qualquer pessoa trabalhando com crianças de origens socioculturais diversas:

- A cultura não é apenas o que as outras pessoas fazem.
- A compreensão de sua própria herança cultural, assim como de outras comunidades culturais, requer aceitar a perspectiva de pessoas com origens contrastantes.
- As práticas culturais se ajustam e estão conectadas.
- As comunidades culturais mudam, assim como os indivíduos.
- Provavelmente não há um "jeito melhor" de se fazer as coisas.

Então como o desenvolvimento é facilitado dentro da abordagem histórico-

## IDEIAS EM AÇÃO

### Experiências culturais refletidas nas atividades de brincadeira (observação do autor)

Uma vez, quando eu tinha 4 anos, meu melhor amigo Harley e eu fomos pegos subindo em árvores no condomínio da casa de Harley na Nigéria por uma das empregadas. Nós fomos arrastados para dentro para ver nossos pais e nos disseram que subir em árvores era perigoso por causa das cobras que poderiam estar nelas. Logo depois disso, nós estávamos na minha casa quando houve uma grande comoção quando alguém viu uma cobra na grama. Harley e eu fomos levados para sentar dentro de casa e assistir através da janela enquanto meu pai e alguns homens da vizinhança, armados com longas facas, paus e redes, pegaram a cobra e a mataram, cortando-a em pedaços e queimando-a. Nós então nos tornamos fascinados pela ideia de nos tornarmos caçadores de cobras. Nós juntávamos tampas de panelas, paus e cobertores e nos espreitávamos pela sala fingindo caçar e matar cobras como meu pai tinha feito, sussurrando instruções um ao outro e fazendo sinais com a mão enquanto nos aproximávamos de nossa falsa presa.

### Comentário

Quando eu compartilho essa memória com amigos na Inglaterra eles frequentemente expressam espanto ao saber que dois meninos de 4 anos tinham permissão, e na verdade eram encorajados, a assistir um grupo de pessoas matarem um animal de maneira tão vívida. Entretanto, da perspectiva nigeriana, ensinar às crianças os perigos das cobras era uma parte importante de ser um bom pai. Aprender como proteger a sua família de cobras venenosas era uma habilidade fundamental na vida de garotos como Harley, em particular, e era esperado que aprendessem tal atividade. A história também demonstra outros aspectos culturais como a divisão do trabalho por gênero, coesão comunitária e divisões de classe social, mas ninguém nunca comentou sobre elas; geralmente foco é sempre se eu enquanto criança pequena deveria ter sido exposto à violência e à morte.

---

-cultural? Lave e Wenger (1991, p. 95) propuseram que as crianças aprendem e se desenvolvem através da participação em suas comunidades; ao aprender elas estão "tanto absorvendo quando sendo absorvidas na 'cultura da prática'". Rogoff (2003) desenvolveu isso em um conceito de *participação guiada* em uma comunidade de prática. Na participação guiada, as crianças aprendem ao participar das atividades da sua comunidade e sendo guiadas por seus valores. Essa orientação pode ser experimentada de maneiras que podem ser vistas como positivas ou negativas (dependendo do ponto de vista pessoal e cultural do observador). Por exemplo, isso pode incluir ser elogiado ou ser desencorajado, ou aprender como cooperar e comprometer-se com os outros ou a usar a violência para dominar uma interação (Rogoff, 2003, p. 283-284). A orientação pode ser intencional, por exemplo, um adulto se dispondo a ensinar a uma criança uma nova habilidade ou conceito, ou não intencional, por exemplo quando uma criança observa uma outra pessoa participando em uma atividade e é, mais tarde, capaz de imitá-la. A participação guiada também pode envolver ten-

> **Participação guiada**
> Descreve como as crianças são levadas a participar na comunidade em que nasceram ao serem apoiadas pelos adultos a se engajar em atividades diárias/mundanas, muitas das quais vão variar de cultura para cultura.

tar excluir as crianças de algumas práticas e formas de aprendizagem que são consideradas inapropriadas para crianças pela sua comunidade (por exemplo, excluir as crianças de certas práticas religiosas ou impor restrições de sexo e violência na programação de televisão).

A participação guiada envolve interações entre a criança e os adultos ou outras crianças. Essas interações envolvem ambas as partes na intenção de:

- Preencher suas diferentes perspectivas para chegar a um significado compartilhado.
- Estruturar a participação um do outro nas atividades compartilhadas.

Preencher perspectivas diferentes envolve a participação utilizando a comunicação verbal e não verbal para chegar a um significado compartilhado (alcançar o estado de intersubjetividade que discutimos previamente). Estruturar a participação mútua um do outro é alcançado através de adultos (ou crianças mais experientes) permitirem ou negarem o acesso a certas atividades, organizar recursos ou recorrer a tradições narrativas em suas interações com as crianças, e através das crianças procurando envolvimento ou proximidade a atividades que elas considerem atraentes, e através delas praticar e brincar com rotinas e regras na brincadeira e em outras atividades.

Rogoff identifica esses processos de participação guiada como sendo universais, apesar de que as formas precisas que eles possam vir a ter serão variáveis de comunidade para comunidade. Por exemplo, ela escreve:

A brincadeira das crianças se desenvolve com base naquilo que elas observam, mas o que elas tem a oportunidade de observar difere muito dependendo de elas estarem incluídas na total amplitude das atividades de sua comunidade ou segregadas de muitos ambientes que são restritos aos adultos. (2003, p. 299)

Em algumas comunidades, a morte e o assassinato de animais não são experimentados ou observados pelas crianças. Em outras, elas são uma importante parte da "educação" de uma criança desde a mais tenra idade, e adultos negarem às crianças o acesso a essa experiência seria visto como negligência.

O conceito das crianças se engajarem em processos culturais dentro de "comunidades de prática" inevitavelmente leva a questões a respeito do que se quer dizer por "cultura" e por "comunidade". A política de reconhecimento e rotulação das pessoas pela associação a grupos culturais discriminatória tem sido criticada por ser inadequada e visível por teóricos de diferentes disciplinas (Appiah, 1994; Taylor, 1994). Rogoff concorda e argumenta que a cultura não é um "endereço social estático carregado pelos indivíduos" (2003, p. 63). Ao invés de designar as pessoas a categorias culturais separadas que focam em um aspecto da identidade da pessoa, ela argumenta que nós deveríamos, ao invés disso, focar no envolvimento e na participação individual da pessoa em comunidades culturais. Essa abordagem serve melhor às experiências pessoais ao considerar que comunidades podem ser construídas ao redor de aspectos culturais da vida, além da etnia, e que muitas pessoas fazem parte de mais de uma comunidade.

## A brincadeira como espaço para a participação guiada

O que constitui a brincadeira, quem está envolvido na brincadeira, onde ela ocorre e quais artefatos, materiais e processos as crianças podem acessar durante a brincadeira – os detalhes de nenhuma dessas características são universais para todas as comunidades. A pesquisa de Rogoff é particularmente útil em apontar que as visões ocidentais da brincadeira, seu modelo de infância e a sua imagem da criança, são construídas culturalmente e refletem contextos sociais, históricos e ideológicos específicos. Vamos utilizar três aspectos diferentes da brincadeira para ilustrar esse ponto:

1. Onde as crianças brincam?
2. Com o que elas brincam?
3. Com quem elas brincam?

No ocidente a maioria das crianças, como Holly (veja "Ideias em ação"), tende a passar grande parte do dia longe de casa em ambientes e instituições de educação e saúde para as crianças. Elas então não veem os seus pais durante o dia ou presenciam as atividades de trabalho deles, seja em casa ou no local de trabalho. Nas instituições para as crianças, elas brincam com os recursos – no caso, brinquedos – designados para o uso de crianças, geralmente manufaturados respondendo as requisições de segurança enfatizadas pela lei. Elas brincam com grupos fixos de outras crianças de sua própria idade e com adultos empregados para se engajarem em atividades com elas, frequentemente em contato um a um ou em pequenos grupos. Elas são introduzidas a canções e histórias designadas para crianças. Uma vez em casa, muitas crianças irão brincar com os seus pais assim como com irmãos, mais uma vez usando recursos para a brincadeira direcionados para crianças e, frequentemente, em contato um a um.

Rogoff contrasta isso com exemplos de outras culturas. Por exemplo, em muitas culturas em lugares como a África, América Central, América do Sul e Oceania, as crianças de classes trabalhadoras e rurais não frequentam ambientes dirigidos para crianças, mas passam os seus dias com as suas famílias e comunidades dentro e em torno de sua casa. Elas presenciam suas famílias conduzindo as atividades de trabalho dentro de uma economia amplamente agrícola e frequentemente se espera que participem dessas atividades. Elas não têm acesso a grandes quantidades de jogos ou brinquedos específicos para crianças. Ao invés disso, elas frequentemente têm acesso aos objetos diários que os adultos em suas famílias e comunidades utilizam em seu trabalho. Além disso, alguns desses objetos são potencialmente perigosos, como os facões para cortar cana utilizados pelas crianças com menos de 1 ano no Congo e facas e fogo manuseados por crianças de idade similar na Nova Guiné (Sorenson, 1979 e Wilkie, 1989; citados em Rogoff, 2003, p.5). Enquanto os adultos nessas comunidades estão engajados em atividades de trabalho pela maior parte do dia, os principais responsáveis e parceiros de brincadeiras dos bebês e das crianças pequenas são outras crianças, que com frequência assumem essa responsabilidade nas idades de 5-7 anos. Elas combinam o cuidado das crianças, a brincadeira e as contribuições com as tarefas domésticas da família e fornecem modelos para os menores ao fazê-lo. Recém-nascidos e crianças pequenas então passam o dia com crianças e adultos de idades variadas, com frequência participando de suas atividades de trabalho e sendo apresentadas a canções de trabalho, histórias e conversas dos idosos. Os pais não assumirão o papel de parceiros de brincadeiras diretamente, mas frequentemente instruirão as crianças mais experientes a assumir este papel, com alguma supervisão (Rogoff, 2003, p. 122).

A comparação das duas descrições serve para mostrar certas crenças dos modelos ocidentais de infância e de criança, e o papel da brincadeira na vida dela. Na Grã-Bretanha contemporânea, por exemplo, a infância é vista como uma fase diferente e crescentemente afastada da sociedade. Entretanto, isso não é universal – geografica ou historicamente. Por exemplo, antes da Revolução Industrial as crianças na Grã-Bretanha viviam na companhia de adultos e outras crianças de várias idades dentro e em torno de seus lares. Foi apenas com a educação obrigatória, no final do século XIX que as crianças começaram a passar o seu dia em companhia de outras crianças, e a partir do século XX elas foram organizadas em grupos cada vez mais específicos, definidos pela idade.

## IDEIAS EM AÇÃO

### O papel dos adultos na brincadeira das crianças (reflexão dos pais)

Holly tem ido para a creche desde que tinha 1 ano e está acostumada a ficar com os amigos o dia todo, cercada de brinquedos e tendo muita atenção adulta – um dos motivos que escolhemos essa creche é porque ela possui uma boa média de funcionários por criança. Depois da creche, em casa, imediatamente após a janta, ela quer brincar comigo ou com o pai o tempo todo, e isso faz com que seja muito difícil cumprir as tarefas. Eu não consigo fazer o nosso jantar até que o seu pai chegue em casa, porque ela quer que eu brinque de bonecas ou outra coisa com ela. Ela é muito boa e sempre sabe do que quer brincar, mas isso pode ser muito cansativo. Então, uma vez que seu pai está em casa, ela brinca de brincadeiras duras e brutas com ele e eu me afasto. Então eu faço o jantar enquanto ele dá banho nela. Nos fins de semana eu a levo para a fazenda urbana. Eles têm um zoológico grande onde as crianças podem brincar com os animais e um parquinho de aventura de modo que ela pode brincar com segurança e me dar um descanso.

Nós algumas vezes achamos as férias difíceis. Holly sente muita falta da creche e de todos os seus amigos, então eu frequentemente a coloco na creche por um ou dois dias durante as férias. Ela gosta disso e eu posso seguir cumprindo com as minhas tarefas.

Helen, mãe da Holly

### Pare e reflita

- O que você nota sobre a brincadeira de Holly? Mais especificamente, quem está envolvido nas brincadeiras com ela?
- Quais aspectos da vida familiar estão excluídos das experiências de Holly?

---

Esse tipo de experiência reflete uma imagem em particular da criança. Rogoff escreve:

> Uma alternativa para as crianças observarem e participarem nas atividades de sua comunidade é para os adultos introduzi-las a habilidades maduras em ambientes especializados e com o foco nas crianças que são criadas para instruir as crianças fora das atividades da comunidade adulta. Uma questão principal para essa escola, que é normalmente organizada para manter as crianças longe dos ambientes adultos e para "prepará-las" para entrar nos papéis maduros é dar-lhes exercícios não produtivos e especializados... Essas atividades especializadas com o foco nas crianças incluem brincar tendo adultos como parceiros ou organizadores da brincadeira das crianças, li-ções dadas em casa em preparação para o futuro, engajamento nas atividades da escola ou de trabalho, e adultos servindo como pares em conversas focadas nas crianças. (2003, p. 140-1)

Pesquisas conduzidas por Halldén (1991), examinando a visão dos pais sobre as crianças pequenas e o papel dos adultos em seu desenvolvimento e aprendizagem, propõem duas maneiras de se ver a criança que são relevantes para essa discussão:

1. A criança como projeto.
2. A criança como ser.

Na imagem da "criança como projeto", a criança é vista em termos de seu potencial futuro e como alguém a ser moldado e formado pelos pais, pela família e pelas instituições educacionais. As metas e atividades são decididas para as crianças pelos adultos, os resultados são predeterminados e desenvolvidos a partir de uma perspectiva hierárquica que está constantemente preparando a criança para futuras idades e papéis. A imagem da "criança como ser" sugere que a criança pequena se desenvolve autonomamente enquanto indivíduo e tem sua própria força propulsora para aprender e crescer. A "criança como ser" precisa dos adultos como apoiadores, não como instrutores, e é capaz de identificar suas próprias metas e atividades, que são relevantes às suas necessidades e a seus interesses atuais. A imagem da "criança como ser" dá significativamente mais poder e representatividade para a criança do que a imagem da "criança como projeto". Ela também é mais consistente com os conceitos de coconstrução e intersubjetividade discutidos previamente neste capítulo.

## Implicações das perspectivas culturais sobre a brincadeira para aqueles que trabalham com crianças

Consideraremos algumas questões importantes para os profissionais de saúde e educação ao se tomar uma perspectiva sociocultural/histórico-cultural. São elas:

- Cultura, identidade e brincadeira.
- Gênero, identidade e brincadeira.
- O papel dos profissionais em organizar a brincadeira

### CULTURA, IDENTIDADE E BRINCADEIRA

Rogoff (2003) argumenta que a apreciação das perspectivas culturais do desenvolvimento das crianças e das experiências de brincadeira é cada vez mais importante na medida em que as sociedades se tornam mais culturalmente diversas. Instituições educacionais e de saúde não são espaços culturalmente neutros. Elas são em si comunidades de prática, com valores, comportamentos e atitudes que estão presentes e são esperadas por aqueles que trabalham nestes lugares. Além disso, tanto Bordieu (1977) quanto Apple (2004) argumentaram que essas instituições refletem e ativamente promovem valores, comportamentos e atitudes específicos das classes políticas e culturais dominantes dentro de qualquer sociedade; na verdade, essa é uma de suas principais funções. Por exemplo, no caso das instituições de saúde e educacionais inglesas que consideraremos pelo restante deste capítulo, o currículo e as práticas diárias se baseiam em valores, disposições e atitudes que são mais familiares para as crianças da maioria social, cultural e étnica, ou seja, das classes médias, dominantes e brancas. Elas refletem o que Bordieu chamou de um certo *habitus*, isto é, a herança social expressada nos hábitos, disposições e "atos impensados" que conferem ao indivíduo: "disposição para agir de um jeito, para entender as experiências de uma certa maneira, para pensar de uma certa forma" (Grenfell e James, 1998, p. 15).

> **Habitus**
> Um conjunto de pensamentos, valores, gostos e comportamentos que foram culturalmente adquiridos na infância e que o indivíduo frequentemente presume serem "normais" e/ou "o que todo mundo faz".

Assim como as suposições, a linguagem, as gírias e os artefatos usados nesses ambientes são mais familiares para as crianças de classes médias brancas do que para crianças de outros grupos sociais, culturais ou de minorias étnicas. As crianças das classes dominantes acharão que o seu *habitus* se enquadra facilmente na escola. As crianças das classes dominadas, em contraste, podem achar que seu *habitus* está ausente ou ridicularizado e/ou "endemoniado" pelo da escola. Podemos ver na descrição da professora um retrato gráfico deste processo em andamento. Algumas crianças são vistas como sabendo como "brincar apropriada-

## IDEIAS EM AÇÃO

**Considerando a diversidade cultural na sala de aula (observação de um profissional)**

Asha havia ingressado na creche 12 semanas atrás. Sua família era do norte da África e ela não falava Inglês. Asha ia para a creche todos os dias, mas não se juntava realmente a outras crianças. Ela sempre sentava no "cantinho da música" ou ia para a areia, onde ficava enchendo e esvaziando baldes. Ela não falava com as outras crianças e não fazia qualquer tentativa de se comunicar com elas. Neste momento, recebi uma verba de 200 dólares para gastar em material escolar, e pela primeira vez o dinheiro veio sem especificações – normalmente eu sou avisada para gastar o dinheiro em algo específico, como livros ou material de matemática. Depois de discutir com a minha auxiliar, nós decidimos gastá-lo em fantasias, em particular fantasias que refletissem diferentes etnias. Olhamos o catálogo e compramos quatro roupas – "menina asiática", "menino asiático", "menina africana" e "menino africano". A fantasia de menina asiática era uma túnica comprida bordada em vermelho e um longo véu combinando. Eu não falei para as crianças que estávamos comprando coisas novas, eu apenas as coloquei no canto da sala e esperei para ver o que aconteceria.

Asha entrou pela porta no início da manhã e imediatamente notou a fantasia de "menina asiática". Assim que a chamada estava terminada ela foi direto para a fantasia, colocou-a e a única maneira que posso descrever é que ela "se tornou" sua mãe. O modo como ela caminhava, o modo como ela se portava, tudo estava transformado. Ela então foi para o canto da sala onde outras duas crianças estavam brincando. Ela instantaneamente assumiu o papel de mãe e as outras duas crianças viraram os filhos. Na sua brincadeira ela falou, e falou, e mesmo que ela não estivesse falando inglês, todos pareciam saber que papel ela estava representando e brincaram com ela. Foi como assisti-la florescer. Finalmente ela era capaz de interagir com outras crianças. Na medida em que decorria a semana, ela brincou assim todos os dias, fazendo contato com mais crianças. Ao final de um mês, ainda vestindo a fantasia, Asha estava brincando com as crianças em outras áreas da sala e seu inglês estava realmente começando a se desenvolver.

**Reflexão do profissional**

No início eu me senti realmente feliz que a fantasia parecia ter feito tamanha diferença para Asha, mas por fim eu me senti culpada por ela ter esperado tanto tempo para eu providenciar um recurso de brincadeiras que a ajudasse a brincar e interagir com outras crianças. Isso me fez pensar sobre a enorme responsabilidade que eu tenho como professora de ajudar todas as crianças a terem acesso a oportunidades para brincar e se sentirem representadas e queridas na sala de aula.

Musrat, professora de creche

---

mente" enquanto a brincadeira de outras é rejeitada e vista como imprópria. A identidade das crianças enquanto "bons" jogadores/aprendizes e "maus" jogadores/aprendizes é explicitada muito cedo no seu envolvimento com o ambiente.

Brooker (2005), ao discutir sua pesquisa sobre a diversidade cultural e a ideologia na primeira infância, argumenta que parte do processo de educação escolar é transformar a "criança" em "aluno". Entretanto, ela descobriu que o processo era mais difícil para as crianças de minorias étnicas dentro de sua amostra de pesquisa. Elas começaram na escola com uma compreensão cultural diferente do papel da criança e do professor na escola. Elas também tinham experiências diferentes de brincadeiras e do envolvimento das crianças no trabalho e na vida diária de suas famílias. Para elas a transformação de criança em aluno envolvia aprender um conjunto complexo de comportamentos, discursos e expectativas, e até certo ponto, deixando seu próprio modo cultural de ser, e consequentemente parte de sua identidade, na porta da escola. Além disso, Brooker argumenta que o modo como esse processo ocorre pode ter efeitos duradouros no desenvolvimento real da criança e na sua autoimagem enquanto aprendiz (2005, p. 116). A pesquisa de Levinson (2005) com crianças de origens diferentes vivendo na Inglaterra estabelece que para algumas crianças essa rejeição da sua cultura do brincar na escola pode servir para desvalorizar sua identidade cultural e isolá-las de seus pares. Isso reflete Bordieu, quando considera que a escola é um contexto cultural específico (ou, nos termos de Rogoff, "uma comunidade de prática") e que as experiências diferentes dos lares das crianças irão variar no quão similares ou diferentes elas são do contexto escolar: a escola em si é uma comunidade de prática. A experiência da criança que encontra as suas experiências e culturas representadas e valorizadas na escola é refletida na afirmação de Wenger de que: "Quando estamos com uma comunidade de prática na qual somos um membro, estamos em território familiar. Podemos nos cuidar com competência. Experimentamos a competência e somos reconhecidos como competentes" (Wenger, 1993, p. 152; citado em Cowie e Carr, 2004, p. 99).

## GÊNERO, IDENTIDADE E BRINCADEIRA

Rogoff (2003) argumenta que as crianças pequenas estão desenvolvendo ativamente suas compreensões de gêneros e dos papéis de gêneros. Ao fazer isso, elas exploram os conceitos de "menino" e "menina" – fre-

quentemente examinando os extremos de cada papel dentro da sua comunidade – e isso se reflete na brincadeira. O trabalho de Holland (2003) sobre brincadeiras de guerra, armas e super-heróis nos primeiros anos traz ao foco algumas questões-chave sobre o gênero e a brincadeira dentro dos ambientes de saúde e educação. Esses ambientes são espaços de gênero, refletindo o fato de que as forças de trabalho que tratam dos primeiros anos e da infância são predominantemente femininas. Esse ambiente inerentemente feminino é potencial (e inconscientemente) refletido nos valores, nas atitudes e nos comportamentos que são encorajados e naqueles que são rejeitados quando as crianças se envolvem em brincadeiras. Enquanto abordagens educacionais históricas na Inglaterra apresentaram diferentes currículos e expectativas baseadas em gênero (por exemplo, o Elementary Code de 1900 que tinha os meninos estudando desenho, enquanto as meninas faziam bordados), nas décadas mais recentes a prática tem sido desencorajar abordagens de gênero ao currículo. O envolvimento das crianças, e em particular dos meninos, em brincadeiras violentas ou pseudoviolentas tem geralmente sido compreendido como não saudável e inapropriado nestes ambientes. Políticas de tolerância zero – de parar com a brincadeira assim que ela começa – têm se tornado amplamente utilizadas como um modo de conter e tentar erradicar tais brincadeiras dentro de ambientes institucionais (Holand, 2003). Holland argumenta que essas políticas são problemáticas por um número de razões.

Primeiro, elas são baseadas na ideia de que a brincadeira de guerra, armas e super-heróis leva ao desenvolvimento de atitudes e comportamentos violentos fora da área da brincadeira. Uma relação tão causal (oposta a uma associativa) não é, entretanto, comprovada pelas pesquisas (Holland, 2003). Essas políticas também não diferenciam entre violência real e violência de faz de conta, tratando as duas como iguais (conforme

## IDEIAS EM AÇÃO

### Reajustando o foco da brincadeira infantil de guerra, armas e super-heróis (observação de um aluno)

Uma aluna de pós-graduação, relembrando sua recente experiência escolar, afirmou:

> Nós tínhamos um navio pirata na nossa área de brincadeira de faz de conta, e as crianças (algumas) continuavam tentando fazer espadas para usar naquela área. Eu os desencorajei a fazer isso porque eles as usavam para lutar todas as vezes. Eu tentei convencê-los a fazer mapas do tesouro e telescópios ao invés disso – deste modo eles ainda utilizariam suas habilidades criativas, mas de um modo positivo.

Quando questionada sobre o que ela achava que estava levando estas crianças a querer participar nas brincadeiras de lutas inicialmente, ela respondeu, " a tv, o cinema e os jogos de computador. As crianças querem imitar os super-heróis e fazer armas. Se as crianças não fossem expostas a estas ideias na mídia, elas não as estariam imitando em suas brincadeiras". Ela também descreveu como, uma vez que ela tinha alterado o tema da brincadeira, alguns dos meninos perderam o interesse na área do navio pirata de faz de conta, mas mais meninas começaram a participar.

### Pare e reflita

- O quanto essa afirmação sobre a influência da mídia é verdadeira?
- Se a brincadeira de luta fosse a consequência direta da televisão, dos filmes e dos jogos de computador, então ela seria um fenômeno relativamente moderno. Ela é?
- Porque a ação da professora em treinamento ao mudar o tema da brincadeira teve reflexos diferentes nos meninos e meninas do grupo?

---

vivenciado pelo menino de 9 anos que eu vi implorando para uma supervisora do horário de almoço, "mas senhora, isso é apenas brincadeira!"). Além disso, a prática de tais políticas geralmente envolve a intervenção dos profissionais e a interrupção de tal brincadeira assim que são notadas. A brincadeira não é observada por nenhum período de tempo que permita avaliar o espírito da brincadeira ou os motivos dos participantes. Ela é meramente interrompida. Entretanto, apesar da brincadeira ser interrompida, a motivação intrínseca das crianças engajadas nas brincadeiras de guerra, armas e super-heróis continua a existir. Na verdade, essas motivações são tão poderosas que as crianças tendem a continuar a subverter a brincadeira e seus recursos de brincadeira de modo a continuar explorando esses temas (por exemplo, criando suas próprias armas a partir de sucatas, saindo de perto dos adultos para brincar em espaços menos vigiados, e assim por diante). Mais uma vez, a falta de observação dessa brincadeira por parte dos adultos significa que os motivos que levam as crianças a conceitos complexos (como a morte, lealdade, responsabilidade e resiliência) podem estar tentando ganhar domínio sobre o engajamento nesse tipo de brincadeiras.

Além disso, os tipos de brincadeira que os profissionais frequentemente tentam substituir pela brincadeira de guerra, armas e super-heróis com frequência refletem essa falta de compreensão de por que as crianças estão se engajando nelas em primeiro lugar. Brincadeiras físicas (correr e "gastar energia") ou brincadeiras barulhentas são vistas por alguns profissionais como substituições adequadas para as brincadeiras de guerra, armas e super-heróis, refletindo uma visão de que as crianças se engajam nelas por níveis altos de excesso de energia ao invés de um meio de se engajarem em desenvolvimento cognitivo e social. Em outros casos, o foco da brincadeira de guerra, de armas e de super-heróis é reajustado pelos profissionais em direção àquilo que eles consideram ser tópicos e interações mais adequados (como na observação anterior de um professor em formação). O sucesso disso é, com frequência, bastante limitado ao ignorar os temas ou as narrativas da brincadeira que subjazem a brincadeira preexistente. Algumas crianças são capazes e dispostas a fazer a troca de coconstruir sua brincadeira com os pares a tê-la estritamente controlada e amparada por um adulto, enquanto outras perderão o interesse na nova brincadeira e se separarão. Na prática, políticas de tolerância zero afetam desproporcionalmente os meninos, já que eles têm maior probabilidade de se engajarem em brincadeiras de guerra, armas e super-heróis (ou parecerem estar engajados nelas) do que as meninas. Ao interromper tal brincadeira, inquestionavelmente, os profissionais estão negando uma forma-chave de expressão.

# O papel do profissional em organizar a brincadeira

Um dos deveres-chave dos profissionais em educação e saúde é organizar a brincadeira no seu ambiente e reconciliar a aprendizagem das crianças e suas necessidades de desenvolvimento com preocupações sociais mais amplas. O seu dever não é apenas com as crianças sob seus cuidados, mas com as expectativas dos pais, colegas, empregadores e da sociedade como um todo. Responder a esta obrigação frequentemente requer que eles equilibrem pressões conflitantes e façam julgamentos profissionais quando confrontados com situações complexas envolvendo a saúde e a segurança, assim como dilemas de proteção infantil. "Ideias em ação" fornece duas observações que ilustram essas questões.

## Saúde, segurança e a brincadeira

Uma das razões práticas frequentemente dadas para interromper a brincadeira de guerra, armas e super-heróis é a saúde e a segurança. Tal brincadeira é vista como potencialmente (ou até mesmo inevitavelmente) perigosa e provável de intensificar e se tornar "fora de controle" a menos que interrompida quase antes de começar. Essa atitude tem crescido em anos recentes para incluir outros tipos de brincadeiras físicas, barulhentas ou tumultuosas, refletindo uma cultura crescentemente litigiosa, orientada pela culpa.

## Proteção infantil e brincadeira

Algumas crianças que se engajam em brincadeiras aparentemente inapropriadas podem estar fazendo isso como um resultado direto de experiências traumáticas nas suas vidas familiares que eles estão tentando revisitar e compreender durante a brincadeira. A política de tolerância zero cria um perigo de que os profissionais se tornarem habituados a interromper a brincadeira sem considerar e tratar os motivos que estão por trás dela. Para crianças traumatizadas, há um risco de que simplesmente interromper a brincadeira sem ver e ouvir os temas que elas exploram as deixarão ainda mais isoladas, sem uma "voz" para expressar suas preocupações.

BRINCAR: APRENDIZAGEM PARA A VIDA **87**

---

## IDEIAS EM AÇÃO

### O gênero e as percepções do profissional sobre a brincadeira (observação de um aluno)

Eu acho que os professores tendem a notar aquilo que eles consideram brincadeira "agressiva" mais nos meninos do que nas meninas. Em uma escola, a professora estava constantemente xingando os meninos por brincarem de luta. Eles utilizavam alguns blocos de madeira como armas e fingiam atirar uns nos outros. Eles estavam rindo todo o tempo e nunca realmente tocaram uns nos outros, mas ela tinha uma política de "não às armas", e sempre que notava, interrompia esse tipo de brincadeira. Por outro lado, algumas das meninas desenvolveram um jogo enquanto brincavam de Bela Adormecida no qual elas eram todas fadas com varinhas de condão. Uma menina, Natalie, sempre gostava de estar no controle, e ela usava a sua varinha quase que como uma arma, ameaçando transformar as outras meninas em criaturas horríveis a não ser que elas fizessem o que ela queria. Algumas vezes outra menina respondia usando a sua varinha para fazer algo ruim em troca. Isso então se repetiria com varinhas apontando por todo o lado. Assim como a brincadeira com armas, era tudo faz de conta e não houve qualquer contato, mas eu senti que algumas vezes havia agressão real por traz disso à medida que cada uma tentava dominar a brincadeira. Entretanto, a professora nunca interrompeu essa brincadeira e disse que as meninas estavam sendo criativas e desenvolvendo habilidades linguísticas quando envolvidas nesse tipo de brincadeira fantasiosa. Para mim, pareceram dois pesos e duas medidas.

Lynn, professora em formação

### Melhorando a prática

Esta observação reforça o argumento de que a observação detalhada e focada é uma ferramenta-chave na compreensão e no desenvolvimento das brincadeiras das crianças. Entre o que os olhos podem "ver" e o que o cérebro "percebe" há o filtro de experiências pessoais, atitudes, valores e expectativas, que podem prejudicar ou privilegiar certos grupos de crianças não intencionalmente. A observação e uma abordagem prática reflexiva são ferramentas profissionais chave que podem abrir os profissionais ajudando-os a notar o que as crianças estão na verdade fazendo e como eles mesmos filtram e colorem o que eles notam ou não na brincadeira das crianças.

---

## IDEIAS EM AÇÃO

### O crescimento da cultura de saúde e segurança em ambientes para crianças (observação do autor)

Uma creche que eu visitei tinha tomado extremo cuidado para promover saúde e segurança. Na sala de aula várias colunas largas circulares de metal seguravam o teto. Elas tinham sido cuidadosamente envoltas em uma grossa proteção desde o chão até aproximadamente um metro de altura. Além disso, proteções também haviam sido colocadas nos cantos das paredes e nos móveis grandes. Ao falar com os profissionais, descobri que nenhum direcionamento para se fazer isso tinha vindo

(continua)

## IDEIAS EM AÇÃO

das autoridades locais de saúde e segurança, e nenhum machucado tinha sido reportado envolvendo as colunas, paredes ou mobília interna; mesmo assim a decisão havia sido tomada pela direção para efetivamente envolver o ambiente em "papel-bolha". Entretanto, os profissionais notaram que vários dos garotos estavam agora propositadamente se jogando contra as colunas protegidas, os cantos e os móveis e estavam gostando da sensação de se desviarem destes obstáculos; na verdade, às vezes eles estavam subindo em cadeiras para se jogarem e alcançarem velocidade e impacto máximos! Este novo jogo poderia resultar em um machucado mais do que se as colunas tivessem permanecido descobertas.

### Pare e reflita

- Que modelos de infância e da obrigação com o cuidado dos profissionais este incidente reflete?
- As crianças deveriam ser compreensivelmente protegidas de qualquer possibilidade de chance de se machucarem? Isto é de fato possível (especialmente dado o modo como essas precauções tiveram efeito contrário)?
- A responsabilidade *in loco parentis* dos profissionais (que deveria acompanhar o nível de cuidado e atenção razoáveis dados pelos pais) se estende a cobrir salas inteiras com papel-bolha?
- Quais são os potenciais pontos negativos de se isolar as crianças do contato genuíno com o ambiente real?

## IDEIAS EM AÇÃO

### Estudo de caso: a proteção infantil e a organização de brincadeiras difíceis ou "impróprias"

Júlia ainda era muito nova na creche e estava no canto da sala explorando o equipamento, mas geralmente não interagia com as outras crianças ao seu redor. Após algum tempo, ela pegou uma boneca, enrolou-a em um cobertor e segurou-a contra o peito. Então, com a outra mão Júlia pegou um dos telefones e começou a discar freneticamente. Neste momento, afastei-me da área para ajudar outras crianças trabalhando em uma construção. Após alguns momentos eu tomei consciência de que Júlia estava gritando e quando eu a olhei ainda "estava ao telefone", mas estava gritando para a polícia vir prender o seu marido antes que ele machucasse alguém; a essas alturas o seu repertório incluía uma quantidade expressiva de palavrões. Outras crianças ao seu redor haviam parado o que estavam fazendo e estavam olhando para ela. Eu fui até a Júlia e interrompi sua brincadeira, chamando-a para vir e fazer uma pintura comigo. Eu estava preocupada não apenas com o fato de as outras crianças ouvirem a linguagem que ela estava usando e a repetir, mas também com o estado emocional alterado em que Júlia parecia estar. Júlia veio e pintou comigo e, então, foi pintar sozinha no cavalete. Durante o intervalo, enquanto eu estava discutindo o incidente com a minha auxiliar de creche, uma professora assistente que morava perto de Júlia entrou e nos contou que na noite anterior a polícia havia sido chamada até a casa de Júlia e seu pai havia sido preso. Mais tarde a mãe de Júlia contou aos

(continua)

## IDEIAS EM AÇÃO

vizinhos que ela chamou a polícia porque ele havia se tornado violento com ela e tinha lhe batido, enquanto ela estava segurando seu filho ainda bebê de colo.

### Pare e reflita

O dilema apresentado por este incidente foi que a minha responsabilidade como professora significava que eu teria que interromper a brincadeira da Júlia pelo bem das outras crianças e de seus pais, já que ela estava usando uma linguagem totalmente inaceitável e que outros pais não gostariam de ver seus filhos expostos. Entretanto, ao interromper sua brincadeira, eu estava removendo o sintoma sem cuidar da causa. Eu sei que para crianças que sofreram trauma e abuso são frequentemente oferecidas terapia através da brincadeira para trabalharem as memórias e experiências difíceis, e assim eu estava negando esta oportunidade a Júlia para não incomodar as outras crianças ou ofender seus pais. Ao dizer a ela para não utilizar determinada linguagem naquele ambiente, eu estava prevenindo que ela processasse autenticamente a sua experiência em um ambiente seguro, longe das pressões do lar. Eu senti que nada no meu treinamento ou experiência poderia me auxiliar para saber como proceder naquele momento.

Elisabeth, professora da creche

- Como poderia um profissional fornecer oportunidades significativas para Júlia explorar suas experiências sem tornar as coisas mais desconfortáveis para ela?
- Isso é algo que o profissional deveria ao menos tentar?
- Júlia deveria ser encaminhada para a ajuda de um especialista em dramaterapia (veja o Capítulo 10)?
- Quais são os dilemas que surgem ao se suprir as necessidades de Júlia enquanto se protege as necessidades das outras crianças no ambiente?

# Resumo e revisão

Este capítulo explorou aspectos sociais e culturais da brincadeira e da prática de adultos em organizar as experiências de brincadeira das crianças e agora retorna a quatro questões originais propostas na introdução.

- Qual é o papel dos contextos social e cultural em moldar a brincadeira das crianças?

O argumento para a importância universal da interação social para a aprendizagem e o desenvolvimento das crianças foi estabelecido por um número de teóricos socioculturais, por estudos e pesquisa. Entretanto, também foi estabelecido que essa interação acontece dentro das comunidades culturais específicas das crianças enquanto elas aprendem através da participação guiada nas práticas culturais que as cercam. O papel dos adultos dentro de interações sociais/participação guiada é aberto à interpretação cultural e individual. As ações (e inações) dos profissionais refletirão suas próprias interpretações de práticas culturais (e profissões também são comunidades de prática) e compreensões da teoria.

- Como a brincadeira pode apoiar ou atrasar o desenvolvimento social, cultural e de identidade de gênero nas crianças?

*(continua)*

# Resumo e revisão

A brincadeira é um lugar para a participação guiada. Em algumas culturas as crianças experimentam a brincadeira como uma característica central de um conjunto de interações focadas na criança com seus pais e outros adultos em casa e em ambientes de saúde/educacionais. Em outras culturas a brincadeira é mais periférica e acontece junto com o envolvimento da criança nas tarefas diárias e de trabalho de suas famílias e comunidades. Enquanto ela ainda é uma característica significativa das experiências dessas crianças, as interações na brincadeira são diferentes, mais frequentemente envolvendo outras crianças ao invés de adultos, com a criança participando das atividades dos outros ao invés de participar em atividades descontextualizadas focadas na criança dentro de ambientes especializados para as crianças.

A brincadeira dentro da comunidade de prática é fundamental para estabelecer e explorar aspectos da identidade pessoal incluindo as identidades de gênero e culturais. Entretanto, ambientes de saúde e educacionais também constituem comunidades de prática e promovem (intencionalmente não, explicitamente e implicitamente) um conjunto específico de práticas culturais. As experiências das brincadeiras dentro desses ambientes têm o potencial tanto de apoiar e valorizar as identidades que as crianças trazem com elas, quanto de marginalizar e rejeitar aquelas identidades. Ambos têm consequências duradouras para a criança e para a sua autoimagem em desenvolvimento tanto como pessoa e quanto como aprendiz.

■ Como as pautas de brincadeiras adultas e infantis são perseguidas dentro dos ambientes educacionais e de saúde?

O relacionamento adulto-criança dentro de ambientes de saúde e educacionais não é uma relação justa. Os adultos inerentemente possuem mais poder seja qual for o modo como decidam exercê-lo. Os adultos podem controlar o uso do tempo e do espaço, os recursos fornecidos, a linguagem e discursos disponíveis para a expressão dos pensamentos, ideias e sentimentos. Os modelos adultos, entretanto, também são fortemente influenciados por pressões externas dos pais, outros profissionais, documentos oficiais e a sociedade como um todo. Treinamento, experiência e interpretação individual da teoria e *conhecimento prático* também são ferramentas poderosas. Como resultado, diferentes profissionais desenvolvem e seguem suas próprias agendas quanto à brincadeira de modos diferentes. Práticas como a co-construção e o uso de andaimes oferecem modelos que exploram como o poder e o controle podem ser compartilhados entre adultos e crianças na brincadeira.

Entretanto, a consideração de aspectos controversos da brincadeira infantil, como a brincadeira de guerra, de armas e de super-heróis, ilustra como, apesar da distribuição desigual de poder, as crianças podem ainda seguir as suas próprias regras para a brincadeira. Além disso, o fato de que as crianças consistentemente perseguem tais brincadeiras mesmo quando adultos vão a longas distâncias para preveni-las disso, também apresenta questões desafiadoras para os profissionais. Isto é especialmente significativo quando o poder e o controle dos adultos sobre as regras das brincadeiras podem afetar

> ## Conhecimento prático
>
> Um aspecto da cultura profissional, semelhantemente ao *habitus*, o "conhecimento prático" é um conjunto de pensamentos, valores e comportamentos, mas nesta instância ela é compartilhada entre membros de uma profissão (por exemplo, professores, médicos) e é adquirido através de treino e de uma frequente associação entre profissionais.

*(continua)*

## Resumo e revisão

desproporcionalmente grupos específicos e, com frequência, grupos de crianças já com algum tipo de desvantagem.

- Como, e até que ponto, os profissionais da educação e da saúde deveriam acomodar diferentes modelos de brincadeiras?

Esta é uma questão-chave, e a resposta para tal depende por fim da filosofia e da abordagem pessoal do profissional, do ambiente, da atitude, da experiência e da diversidade na sociedade em questão. A perspectiva sociocultural apoiaria uma visão na qual a participação como membro completo da sociedade apoia o desenvolvimento de uma identidade social, cultural e de gênero completa. Isso pode ser desafiador para profissionais lidando com brincadeiras potencialmente "difíceis" que envolvam questões como violência ou comportamentos de gênero que vão contra as aspirações da sociedade para as crianças e a infância.

Entretanto, na sociedade moderna culturalmente diversa que existe na Grã-Bretanha, acomodar a diversidade se estabelece como parte do dever fundamental dos profissionais de promover igualdade e oportunidade. Isso significa que cada profissional precisa estar atento às diferenças e semelhanças sociais, culturais e de gênero que cada criança traz para o ambiente e ao fato de que ambos são aspectos da identidade essencial e em desenvolvimento da criança. Uma abordagem inclusiva requer que os profissionais lutem para se tornar conscientes de seus próprios preconceitos culturais e suposições de modo a acessar e lidar com a sua influência na sua prática individual.

### Transformando o pensamento e a prática: é com você!

Teóricos histórico-culturais argumentam que um bom caminho a seguir para o profissional pode ser considerar uma abordagem reflexiva e multicultural que abrirá novas maneiras de se olhar para modos de ser familiares e "alienígenas". Esta prática pode nos ajudar a notar que nós estamos todos envolvidos por práticas culturais, enquanto nós aprendemos como rever as nossas práticas de pontos de vista trazidos de outras culturas. A pesquisa sobre como outra cultura aborda práticas profissionais específicas, como avaliar e documentar a aprendizagem, ou o que eles consideram ser mercadorias apropriadas para o desenvolvimento é muito importante e levantará questões sobre suposições pessoais e societais.

### Questões para consideração

O potencial para questionamentos é um aspecto-chave da abordagem multicultural, mas é fácil se tornar sobrecarregado por elas. Pode ser útil decidir por um assunto específico em que focar, como o gênero e a brincadeira, a identidade cultural e a brincadeira ou a brincadeira complicada/perigosa. Você pode então procurar estabelecer e articular:

- A sua própria abordagem atual do tópico.
- As teorias, experiências e suposições que subjazem esta abordagem.
- Modos alternativos de abordar a questão, que foram seguidos por outras culturas.
- As teorias, experiências e suposições que subjazem essas abordagens alternativas.

- Como essas perspectivas podem levantar novas questões sobre a abordagem atual e as teorias, experiências e suposições.

## Ideias para pesquisa

O vídeo é uma ferramenta eficiente para o desenvolvimento da prática reflexiva. O vídeo pode permitir aos profissionais capturarem pequenos momentos, significativos que muitas vezes são esquecidos na prática. Você poderia pedir permissão para gravar em vídeo no qual crianças estão brincando em uma ambiente familiar. Depois reveja o vídeo, de preferência com um profissional. O que você nota sobre a sua prática, incluindo suas atitudes e preferências? O que você nota sobre a brincadeira e o interesse das crianças? O que acontece quando ao invés de intervir na brincadeira, você se afasta e a deixa continuar sob o controle das crianças?

## Leituras adicionais

Anning, A,, Cullen, J. e Fleer, M. (Eds) (2004) *Early Childhood Education: Society and Culture.* Londres: Sage.

Daniels, H. (2001) *Vigotsky e Pedagogia.* Londres: Routledge Falmer.

Rogoff, B. (2003) *A Natureza Cultural do Desenvolvimento Humano.* Nova York: Oxford University Press.

# parte II

## AS CRIANÇAS BRINCANDO
Uma jornada ao longo
dos anos (0 – 11)

# 3

# O currículo e a pedagogia da brincadeira
Uma profusão de perspectivas

**Avril Brock**

Estou feliz com os objetivos de aprendizagem iniciais e fico satisfeita que o currículo reconheça a importância da brincadeira e que você possa aprender através dela. Tenho mais confiança no que ensino e de que esteja fornecendo uma aprendizagem adequada para as crianças. Sinto-me mais confortável estruturando a aprendizagem delas através da brincadeira. Desejaria somente que outros também adotassem esta pedagogia baseada na brincadeira.

Liane, professora de pré-escola

## INTRODUÇÃO

Atualmente, a pedagogia está caracterizada por debates contínuos sobre a melhor maneira de educar as crianças e por discussões sobre o tipo de prática que mais contribui para o desenvolvimento delas e sua aprendizagem. Esses são fenômenos complexos e nenhuma teoria é suficiente para explicá-los. Historicamente, muitos educadores têm adotado suas próprias teorias e práticas. Este capítulo explora conceitos de *pedagogia* e apresenta discussões sobre definições de currículo, como aprendizagem, provenientes de diferentes percepções. Embora exista um forte foco no sistema de educação inglês e no seu currículo novo para crianças com idades entre 0 e 6 anos, como o Early Years Foundation Stage, e também serão apresentadas, como as abordagens das escolas de Montessori, de High/Scope, de Reggio Emilia, de Steiner/Waldorf e da Floresta Dinamarquesa. A centralidade da brincadeira dentro da educação é fundamental para essas discussões, e é um veículo fundamental para oferecer os conteúdos do currículo para as crianças. Ao final deste capítulo, você responderá essas perguntas:

> **Pedagogia**
> Princípios, teorias e práticas relativas ao ensinar e ao aprender.

- O que se entende por pedagogia e o que preciso saber para aplicá-la?
- Como os modelos internacionais influenciam a minha prática?
- O que se entende por currículo e qual o papel da brincadeira dentro dele?

## O QUE É PEDAGOGIA?

Pedagogia é um conceito complexo e existem diversas definições contemporâneas. A pedagogia inclui prática e princípios, teorias, percepções e desafios que informam e moldam o ensino e a aprendizagem. De acordo com Jackson e Tasker (2004) a pedagogia é a base de conhecimento distintiva de educação. Considera-se que a pedagogia é a provisão total de ensino que inclui métodos, atividades, materiais e todas as questões práticas tencionadas para alcançar a aprendizagem; enquanto, simultaneamente, leva em consideração o desenvolvimento do aprendiz (Pollard, 2002). Esses processos educacionais interativos entre professor aluno e ambiente da aprendizagem precisam estar entrelaçados com o cuidado e com os valores pessoais, culturais e comunitários (Siraj-Blatchford, 2004).

Como a referido anteriormente, não existe uma única pedagogia "eficiente". Os educadores necessitam empregar uma gama de habilidades pedagógicas e conhecimentos, o que Turner-Bisset (2001) denomina de "repertório pedagógico". Shulman (1987) destacou diversas categorias de ensino para professores proporcionarem uma estrutura pedagógica apropriada para os educadores. Siraj-Blatchford e colaboradores (2002) desenvolveu essas categorias para incluir os quatro pontos:

1. Conhecimento de conteúdo pedagógico – conhecimento de "assunto" e consciência do nível de aprendizagem da criança.
2. Interações pedagógicas – interações sociais, face a face, ou cognitivas.
3. Estrutura pedagógica – provisão e organização de materiais, espaço, rotinas.
4. Estratégias pedagógicas – práticas que apoiam a aprendizagem: interações sociais, avaliações, organização dos recursos ou administração.

Possivelmente a estrutura de Siraj-Blatchford e colaboradores necessite de

> **Participantes**
> Aqueles que têm um interesse na educação das crianças, como, por exemplo, pais, professores, governadores, aqueles que fazem políticas de ensino e as próprias crianças.

uma categoria adicional de relações pedagógicas que leve em consideração o conhecimento e a experiência de articular e comunicar com os diversos *participantes*. Isso inclui as crianças, famílias, comunidade local, educadores, público em geral e pessoas responsáveis pelas políticas de ensino. Isso não somente implica informar, mas também em *escutar*. Comunicar-se com essa amplitude de participantes significa ser capaz de comunicar de diversas maneiras, ser capaz de coconstruir interpretações do currículo e da pedagogia e desenvolver conhecimento sociocultural de diferentes comunidades e parcerias. Isso requer comprometimento e esforço contínuo – novamente, é um outro processo complexo nesse campo da educação.

Em 2000 e 2001, o Governo Trabalhista financiou dois projetos desenvolvidos para explorar uma pedagogia eficaz para a educação infantil. Essas comissões do DfEE eram: Researching Effective Pedagogy in the Early Years (REPEY) (Siraj-Blatchford et al., 2002) e Study of Pedagogical Effectiveness in Early Learning (SPEEL) (Moyles et al., 2002). O projeto de Moyles era um breve resumo para investigar as percepções dos profissionais e compreender uma pedagogia eficaz, para produzir uma estrutura que pudesse ser usada juntamente com o currículo. As descrições dos participantes dos termos principais eram identificadas, assim como os componentes de uma pedagogia eficaz abrangendo 129 declarações nas três áreas de foco: a prática, os princípios e as dimensões profissionais (Moyles et al., 2002). As descobertas dessa pesquisa enfatizam que a pedagogia da educação infantil é um fenômeno extremamente complexo, e que as habilidades de um professor são adquiridas através de uma combinação complexa de formação, experiência e compreensão pessoal. Parece que a pesquisa aumentou a consciência do profissional quanto à complexidade da pedagogia e os pesquisadores declararam que a articulação e reflexão dos entrevistados sobre a prática são fundamentais para melhorar a prática. Questões sobre o entendimento dos coordenadores/administradores, sobre o próprio papel dos profissionais, sobre a importância da brincadeira, sobre o comparecimento das crianças nos estabelecimentos e sobre o envolvimento dos pais também são considerados aspectos que contribuem para uma pedagogia eficaz.

As descobertas do projeto demonstraram que a prática pré-escolar mais eficaz "alcança um equilíbrio entre as oportunidades fornecidas para as crianças se beneficiarem com o trabalho em grupo iniciado pelo professor e na proposta de atividades de brincadeira escolhidas livremente, mas, potencialmente, instrutivas" (Siraj-Blatchford e Sylva, 2004, p. 716). A análise da pesquisa mostra a importância da interação adulto-criança, e as descobertas indicam que os estabelecimentos mais eficientes têm um corpo docente qualificado, capaz de combinar o currículo e a pedagogia para as crianças promoverem os desafios cognitivos e o "pensamento compartilhado amparado". Isso exige o apoio à fala das crianças à reflexão sobre as atividades, ponderando sobre suas ideias e se engajando na solução de problemas de forma intelectual. Siraj-Blatchford e Sylva (2004, p. 724) sugerem que "quanto maior a quantidade de práticas pedagógicas de qualidade, melhor o efeito no processo cognitivo das crianças".

O uso dos andaimes conceituais é um tipo de pedagogia que encoraja o "pensamento compartilhado amparado" através de interações adulto/professor apropriadas. O adulto necessita considerar a "zona de desenvolvimento proximal" de cada criança (Vygotsky, 1978), apoiando e promovendo compreensões dentro de um contexto social. Ambos, adultos e crianças envolvidos, contribuem para o processo de aprendizagem, com o adulto monitorando as interações e através dos processos discursivos. O adulto identifica a compreensão atual da criança, apoia e gradualmente se afasta para permitir um desempenho confiante e independente.

Educadores necessitam mais do que o conhecimento baseado nas matérias; eles precisam ter uma boa compreensão de como conceitos, conhecimento, habilidades, processos e atitudes se encaixam na aprendizagem e no ensino. Eles também precisam ser bons "criadores de andaimes", no sentido de serem mentalmente flexíveis e capazes de considerar como a sua prática pode ser vista do lado do aprendiz desta relação. O conhecimento, necessita estar adequado às referências de construção da criança através de experiências significativas. De acordo com Sylva e Siraj-Blatchford (2004) (crianças com idade entre 4 e 6 anos) precisam de uma pedagogia equilibrada, compreendendo experiências que são: iniciadas pelas crianças, iniciadas pelas crianças com o envolvimento do professor e direcionadas pelo professor. Ensinar crianças continua sendo uma atividade complexa e exigente, necessitando que os educadores tenham habilidades particulares que vão além da transmissão direta de conhecimento. As instituições educacionais mais eficientes planejam um currículo que é ensinado informalmente de maneira apropriada à aprendizagem, às experiências e aos interesses anteriores das crianças. Agora que educação infantil se aplica às crianças do nascimento até os 6 anos, os profissionais dessa área necessitarão ampliar seus conhecimentos por toda a dimensão do cuidado e da educação nos primeiros anos, facilitando a aprendizagem baseada na brincadeira individualizada para as crianças nos seus primeiros seis anos de vida. Um limite de idade tão amplo como esse, abrange sob o mesmo guarda-chuva um "estágio-chave" específico (mas singular) "apresenta uma tarefa de diferenciação desafiadora para os profissionais contemporâneos dos primeiros anos".

As perspectivas socioculturais enfatizam que a aprendizagem da cultura também envolve a participação. Deve-se permitir que as crianças sejam ativas na construção da sua aprendizagem, e dando a elas a oportunidade de coconstruir sua própria compreensão e de refletir essas coconstruções com outras pessoas. A abordagem de Reggio-Emilia permite que a criança tenha uma participação igual com o educador por estar envolvida e no controle do seu próprio aprendizado. A ênfase é no educador sendo um coconstrutor de conhecimento com as crianças. Entretanto, é importante examinar a diversidade cultural – como os adultos e as crianças interagem – para assegurar igualdade para as crianças individuais, que terão valores culturais únicos de acordo com suas experiências nas suas famílias e comunidades pessoais. Os educadores precisam se comprometer com a pedagogia da infância e refletir sobre quais são os métodos mais apropriados de alcançar esta igualdade para as crianças. A próxima seção examina a variedade de perspectivas internacionais de currículo e pedagogia. Interagir com essas perspectivas ampliará o seu conhecimento e entendimento do como/por que modelos diferentes buscam promover experiências de alta qualidade para as crianças.

## PERSPECTIVAS INTERNACIONAIS

Existe uma variedade de modelos curriculares em todo o mundo que influenciaram a prática educacional e as abordagens internacionais de ensino e aprendizagem. As origens desses modelos curriculares tratados nesse capítulo vêm de diversos lugares como a Nova Zelândia, Estados Unidos, Itália, Dinamarca, Áustria e Reino Unido. Gammage (2006) considera que as histórias de "casos" como High/Scope, HeadStart e Reggio Emilia se tornaram "ícones", afetando as políticas de educação, propostas e crenças internacionais. Os modelos de currículo que tiveram impacto específico nos estabelecimentos da Inglaterra são o High/Scope,

Montessori, Reggio Emilia e as Escolas da Floresta Dinamarquesa.

## Montessori

Maria Montessori se formou em medicina em 1896 e suas observações clínicas a levaram a analisar como as crianças aprendem. Ela acreditava que as crianças poderiam direcionar o seu próprio aprendizado e eram estimuladas pelo seu ambiente imediato. Em 1906, ela aceitou o desafio de trabalhar com um grupo de 60 crianças de pais que trabalhavam em Roma. Lá ela fundou a primeira *Casa dei Bambini* ou "Casa das Crianças" e desenvolveu o que mais tarde se tornou o método Montessori de educação. Esse método era baseado nas suas observações científicas dessa habilidade das crianças quase sem esforço para absorver conhecimento dos arredores e do seu interesse incansável em manipular materiais. Sua ideia era primeiro treinar os sentidos através de experiências multissensoriais e então desenvolver o intelecto da criança. Ela acreditava que as crianças tinham características inatas que são motivadas naturalmente para aprender e que os educadores deveriam se adaptar a cada padrão natural de aprendizagem da criança.

Montessori desenvolveu uma variedade de recursos materiais, exercícios e métodos baseados no que ela observou como realizações naturais das crianças, sem o auxílio de adultos. Seus educadores desempenhavam o papel de facilitadores, proporcionando um ambiente especialmente preparado com os materiais, promovendo a independência, a concentração e habilidades para a resolução de problemas. Uma ênfase particular da Associação Montessori é o treinamento estruturado para seus professores. Todos os professores devem primeiro completar um curso Montessori validado pela associação. Entretanto, às vezes os métodos montessorianos são considerados estar em desacordo com "noções de liberdade, criatividade, brincadeira, fantasia e autoexpressão" (Wood e

## IDEIAS EM AÇÃO

Um grupo de crianças de 4 e 5 anos estão sentadas no tapete, de frente para a professora. Ela está mostrando fotografias de bebês (das crianças presentes) e pergunta, "Quem é esse/essa?". As crianças dão palpites e as fotografias são penduradas em um quadro coletivo. Então, depois de sentarem quietas por 20 minutos, as crianças voltam para suas mesas, encontram seus nomes e copiam a frase do quadro para o caderno de informações que estão fazendo. Elas tiveram pouca oportunidade para conversar, fazer perguntas ou explorar e nem sequer manusearam as fotografias. Talvez essa professora estava sob pressão para empurrar as crianças para um trabalho formal, consciente do fato de que logo elas iriam para o segundo ano e para os trabalhos do currículo. A lição era direcionada pela professora. Ela perguntava principalmente questões fechadas e, talvez por causa da necessidade de "ir rapidamente", ela nem sempre respondia às perguntas das crianças.

Colleen, professora da educação infantil

> **Inteligência emocional**
> Nível de consciência das próprias emoções e das emoções dos outros, usando esse conhecimento para informar os próprios padrões de comportamento e de interação.

### Comentário

Essa professora de primeiro ano expressa suas preocupações a respeito de algumas práticas daqueles que não parecem ter um entendimento de uma pedagogia que apressa as crianças, na medida em que isso pode afetar a atitude delas para aprender na escola, assim como a sua *inteligência emocional*. Sua visão de uma pedagogia apropriada é de uma que adequasse o currículo para as necessidades individuais das crianças, e não a criança ao currículo "esperado". A professora citada no exemplo não conseguiu iniciar nenhum "pensamento compartilhado amparado" com as crianças, mas somente falou "para" eles.

### Pare e reflita

- Como você poderia melhorar a prática mostrada na situação acima?

### Melhorando a prática

Trabalhe com colegas para desenvolver o pensamento compartilhado amparado das crianças em uma atividade semelhante. Compare a atividade acima com aquela usada no quadro das ideias em ação no Capítulo 2, experimentando uma comunidade de prática não familiar.

**Figura 3.1**
Uma escola montessoriana.
Fonte: Janine Wiedel Photolibrary/Alamy

## IDEIAS EM AÇÃO

### A abordagem Montessoriana (observação de uma profissional)

Montessori via as crianças como indivíduos e a abordagem é baseada na observação do indivíduo. A abordagem montessoriana não conta com a linguagem para transmitir ideias, em vez disso vou mostrar e então você repete e trabalha através disso. Sinto fortemente que as crianças necessitam de liberdade para explorar e brincar por mais tempo do que permitimos que elas brinquem no sistema estadual. Em nossa abordagem, você se forma para trabalhar com crianças de 3 a 6 anos, antes de lecionar no ensino fundamental, para obter um bom entendimento do desenvolvimento das crianças. As crianças não se encaixam em grupos de faixa etária ou grupos por habilidade de uma idade em particular. A abordagem montessoriana favorece um grupo misto com crianças de 3 a 6 anos. Não existem níveis diferentes de habilidade, o que não significa que a criança mais capaz é a de 6 anos e a menos capaz de três necessariamente, mas então elas aprendem uma com as outras por ter níveis diferentes de habilidade.

Tanya, professora e coordenadora de escola montessoriana

### Pare e reflita

De que maneiras a sua própria filosofia reflete a filosofia de Tanya? Isso significa que você concorda com a abordagem montessoriana?

---

Attfield, 1996, p. 17). A citação acima da observação nas "Ideias em Ação" de uma professora coordenadora demonstra o que ela acredita ser importante.

## High/Scope

O currículo do High/Scope é uma abordagem à educação que é amplamente usada nos Estados Unidos, mas que também foi desenvolvida em outros 15 países incluindo o Reino Unido. O programa do Alto/Escopo foi especificamente desenvolvido na década de 1960 por Weikart para melhorar o desempenho intelectual das crianças em situação de risco. É um currículo cognitivamente orientado, baseado vagamente na teoria piagetiana com uma pedagogia construída sobre uma sequência de atividades "planeje-faça-revise". As crianças planejam o que eles pretendem fazer, colocam o plano em execução e então refletem a respeito do que elas realizaram. Isso requer que elas tenham interações pessoais diretas com uma reflexão sobre o seu aprendizado para aumentar a compreensão do mundo ao seu redor. As crianças aprendem melhor quando elas têm tempo de experimentar e explorar o mundo por si próprias e esse currículo é caracterizado por experiências de aprendizagem principais e de alta qualidade e por promover interações verbais com as crianças. As crianças são encorajadas a tomar decisões autônomas, independentes baseadas nessas experiências ativas, para desenvolver a confiança e a reflexão na aprendizagem pessoal (MacNaughton, 2003; www.highscope. org.uk). A pedagogia "planeje-faça-revise" do Alto/Escopo pode ser especialmente eficiente em promover ambas prioridades, as cognitivas e as socioafetivas, conforme o ensino e a aprendizagem enfatizam a interação, o raciocínio, a reflexão e a responsabilidade pela autoaprendizagem (Anning e Edwards, 1999). Um estudo longitudinal dos efeitos do Higho/Scope demonstrou que as crianças que experimentaram o programa tinham maior probabilidade de

## IDEIAS EM AÇÃO

### Reflexões sobre o High/Scope
### (observação de uma profissional)

Tivemos relatórios excelentes. Na verdade, os inspetores disseram que eles não sabem porque mais pessoas não utilizam o currículo do High/Scope. Nós gostamos dele porque é um currículo para pessoas que pensam. Trata-se de fazer as coisas de maneira divertida para as crianças e durante todo o tempo eles estão aprendendo bastante. As crianças estão envolvidas com os adultos de uma maneira muito diferente do tipo de perspectiva professor/criança, nós somos amigos. Muito frequentemente chamamos de "ensino às avessas", porque damos poder às crianças para que elas decidam o que estão fazendo, com quem e como. Nós as autorizamos a resolver seus próprios conflitos e serem solidários com as outras crianças quando elas se machucam. Tudo gira em torno das habilidades para a vida, planejamento e pensamento. O que vou fazer nesta manhã? Ah sim, vou para a caixa de areia e vou fazer cinco castelos de areia com Sam, então vamos fazer algumas bandeiras para colocar no topo dos castelos e tudo se resume a planejar o meu dia.

Jennie, administradora de uma creche

**Brincadeira heurística**
Um tipo de brincadeira que oferece oportunidades às crianças de explorar objetos de maneira multissensorial.

**Cestas de tesouro**
Uma coleção de artigos do dia a dia que pode ser usada para estimular os sentidos de uma criança ou de um bebê (veja o Capítulo 4).

**Multissensorial**
Relativo ou envolvendo diversos sentidos fisiológicos, por exemplo, a visão, os sons, etc.

### Comentário

Essa administradora ofereceu o conhecimento que fundamenta o currículo do High/Scope que começava com crianças de dois anos de idade, iniciando as perguntas "planeje-faça-revise", como por exemplo, "O que você vai fazer? Onde você vai brincar?". Ela mencionou isso como sendo uma maneira excelente de permitir que as crianças gerenciem a sua própria carga de trabalho. O seu estabelecimento utilizava o currículo do High/Scope combinado com o currículo do Foundation Stape. Recentemente ela tinha decidido incorporar também um planejamento em torno das estórias infantis principais. Além disso, os profissionais do estabelecimento também estavam promovendo a *brincadeira heurística* com as crianças menores através do uso de *cestas de tesouros*, desenvolvendo a aprendizagem física e criativa. As crianças eram encorajadas a explorar o lado natural dos materiais através de atividades de qualidade *multissensoriais* e descobriram que a duração da atenção das crianças era "aumentada em uma quantidade muito considerável". Dessa maneira, seus funcionários tinham que desenvolver o seu conhecimento profissional com abordagens de currículos diferentes, mas complementares para fornecer um currículo integrado e significativo para as crianças que estavam sob seus cuidados.

### Pare e reflita

Vá para o Capítulo 4 e descubra mais sobre as cestas de tesouros. O que você incluiria em uma cesta de tesouro que apoiaria a experiência multissensorial promovida nessa abordagem?

### Melhorando a prática

Você utiliza oportunidades do tipo "planeje-faça-revise" no seu estabelecimento? Se a resposta for não, então que ação você pode adotar para envolver as crianças nessa atividade metacognitiva? Se a resposta for sim, como isso pode ser mais intensificado e desenvolvido?

ter êxito acadêmico e vocacional, de ter mais autoestima quando adultos e menor probabilidade de se envolver com drogas, crime, desemprego e gravidez na adolescência (Sylva, 1994; Anning e Edwards, 1999). O High/Scope estabeleceu que uma educação de alta qualidade na primeira infância pode produzir benefícios cognitivos e sociais duradouros para as crianças até os últimos anos escolares (MacNaughton e Williams, 2004).

## Reggio Emilia

Loris Malaguzzi construiu a abordagem Reggio Emilia imediatamente após a Segunda Guerra Mundial na cidade de Reggio Emilia. Ele acreditava que as crianças tinham direitos em vez de necessidades e podiam pensar e agir por si próprias (Malaguzzi, 1995). O modelo de Reggio Emilia promove uma versão complexa e mutável da criança como um aprendiz competente que possui o di-

reito e a habilidade para construir e dirigir sua própria aprendizagem. Ele está baseado na teoria vygotskiana – as crianças aprendendo através da interação, com modelo e apoio dos outros. A forma, o tom, o foco e o conteúdo do currículo gira em torno das experiências do dia a dia e dos interesses das crianças e dos adultos, aprofundando a investigação das crianças e a construção de teorias (MacNaughton e Williams, 2004). Malaguzzi *reconceituou* a educação infantil, acreditando que as crianças possuem um potencial rico, são fortes, vigorosas e confiantes. Ele acreditava que as crianças possuem "cem linguagens" palas quais elas se expressam, através de palavras, movi-

> **Reconceituar**
>
> Recompor um conceito e subsequentemente tentar comunicar isso eficientemente, normalmente feito dentro do ensino e da aprendizagem para estender/melhorar o entendimento do aluno do material a ser aprendido.

---

## IDEIAS EM AÇÃO

### Reggio Emilia em ação
### (observação de um profissional)

Agora temos crianças de 2 e 3 anos que pintam por uma hora e meia porque é permitido que elas pintem o auqnto quiserem. Antigamente, se você sugerisse que elas pintassem espaguete e carros, elas se movimentariam de um lado para outro como borboletas e ficariam entediadas em menos de 10 minutos. É algo que as pessoas vem até a escola para ver. Em parte, isso circula por causa da exposição da Reggio Emilia, mas começamos antes disso. É um trabalho árduo, mas os benefícios são enormes para as crianças. Os profissionais diriam que as crianças dessa faixa etária não conseguem manter a atenção por longos espaços de tempo, mas eles estão enganados. Estamos estendendo atividades para trabalhar com as crianças em atividades de qualidade. Por exemplo, por uma tarde inteira podemos focar na água ou na areia para fornecer desenvolvimento físico para as crianças de maneira multissensorial e a sala inteira estará cheia de atividades diferentes envolvendo a água. Descobrimos que a duração da atenção das crianças é aumentada em uma quantidade muito significativa.

Amarjit, administradora de uma creche particular

### Pare e reflita

Revise a maneira como sua escola constrói a atividade a partir de experiências reais para as crianças. De que forma você poderia tornar essas experiências mais ricas e mais autênticas?]

mentos, pintura, construção e brincadeira, para nomear alguns exemplos (Edwards, 2002), e que as crianças crescem em competência comunicativa e cognitivamente através dessas linguagens. Entretanto, ele também acreditava que as crianças perdem parte da sua capacidade total quando elas têm de funcionar de acordo com um sistema escolar formal e conformista, quando suas linguagens são perdidas nos sistemas educacionais (Riley, 2003). A filosofia da abordagem Reggio Emilia tem a criatividade no centro da aprendizagem das crianças, trabalhando com artistas para promover experiências artísticas em estúdios e outros ambientes propícios à aprendizagem criativa. A documentação de Reggio Emilia é mais que um registro do trabalho com as crianças. É parte de um processo de aprendizagem no qual os educadores são meticulosos para registrar as interações adulto/criança. "Muitas das paredes dos centros têm painéis com documentos pendurados traçando o desenvolvimento de vários projetos empreendidos por grupos diferentes de crianças" (Abbot e Nutbrown, 2001, p. 3). Os educadores exploram o seu próprio pensamento e estilos de ensino, assim como refletem sobre a aprendizagem e as realizações das crianças. Os educadores de Reggio Emilia veem a si mesmos como um ponto de provocação e de referência, uma maneira de travar um diálogo começando de uma visão forte e rica da criança (Edwards, 2002). Uma crítica do currículo Reggio Emilia tem sido que na ausência de um currículo escrito, existe a necessidade de uma responsabilidade com a sociedade em geral. Entretanto, defensores da abordagem Reggio Emilia argumentam que existe um registro muito detalhado do processo do currículo, que abre a sua prática à crítica e ao escrutínio.

## A educação Steiner/Waldorf

Rudolf Steiner (1861-1925) fundou a pedagogia Waldorf e abriu a sua primeira escola pouco depois da Primeira Guerra Mundial, em Stuttgart, em 1919. Steiner era um cientista e filósofo que integrava essas duas formas de entendimento e experiência nas suas escolas. Seu desejo era formar pessoas que fossem inteligentes, benevolentes e conscientes socialmente. Sua teoria de desenvolvimento afirmava que a aprendizagem ocorria em três ciclos de estágios de sete anos cada, com necessidades distintas de aprendizagem em uma espiral ascendente de conhecimento. O modelo de Steiner enfatizava a importância da brincadeira não estruturada e que o ensino formal não deveria começar até que a criança atingisse os 7 anos. Os educadores tem o papel de modelo. As crianças aprendem através da imitação, e a brincadeira imaginária é o trabalho mais importante, através da qual elas crescem física, intelectual e emocionalmente. O foco educacional está na exploração física, na construção, na brincadeira criativa e na linguagem oral (nunca escrita), nas histórias e nas canções (Miller et al., 2002). O currículo promove uma forte ênfase nas artes. As crianças são encorajadas a se envolverem com atividades práticas, desenvolvendo o seu poder de concentração e motivação. Existem poucas escolas com a abordagem Steiner na Inglaterra e aquelas que ofereciam educação para os primeiros anos no fim da década de 1990 sofreram com as Inspeções Ofsted, porque sua ideologia era fortemente contra promover a linguagem escrita com as crianças pequenas, o que fazia com que as crianças não atingissem e não podiam atingir o *resultado de aprendizagem desejável* para linguagem e alfabetização.

> **Resultados de aprendizagem desejáveis:**
> Currículo organizado por critérios específicos para crianças em idade pré-escolar na Inglaterra entre 1996 e 1999.

## As Escolas na Floresta Dinamarquesa

As "Escolas na Floresta" foram inspiradas pelas ideias de Froebel, originadas na Sué-

## IDEIAS EM AÇÃO

### A abordagem Steiner/Waldorf (observação de uma profissional)

Conforme as crianças chegam na escola, ajudamos no preparo para as atividades da manhã. Elas podem escolher uma das atividades nas mesas, ou começar o seu trabalho mais importante: brincar! A brincadeira criativa é um momento para as crianças se envolverem livremente com brincadeiras imaginativas sem a supervisão de um adulto. Isso é extremamente importante para o seu desenvolvimento pessoal. A brincadeira imaginativa fortalece a independência, perseverança e habilidades sociais delas, enquanto é claro, a expressão criativa também é intensificada. Proporcionamos que os brinquedos, sejam materiais naturais, o que significa que elas terão de ser criativas e usar a imaginação. A atividade da manhã é liderada por um adulto que trabalha com a capacidade para a aprendizagem da criança através da imitação. Segunda-feira é dia de cozinhar, quando temos tempo de ver o fermento crescer a massa do pão, ou ralar, cortar, espremer e misturar! Fazemos receitas para comer na hora do lanche durante o resto da semana, fazemos bolos de aniversário ou festivais de comida. Terça-feira é dia de fazer, quando fazemos uma variedade de trabalhos artísticos, ou continuamos com um projeto de construção mais longo. Quarta-feira é o dia da pintura, exploramos cores diferentes, texturas e técnicas de pintura. Aqui, a ênfase é na exploração da cor em vez da forma. Quinta-feira é o dia da costura, quando introduzimos as crianças à coordenação oculomanual inicial e habilidades que exigem a motricidade fina, como colocar contas em um fio. Na medida em que a criança cresce, gradualmente aumentamos sua aprendizagem com outras técnicas de costura. Sexta-feira é o dia de consertar, quando cuidamos dos nossos equipamentos e ajudamos a mantê-los em bom estado, promovendo o cuidado e o respeito pelo mundo.

Renata, professora de educação infantil

### Pare e reflita

Revise a proposta na sua escala. Avalie criticamente sob a perspectiva da abordagem educacional de Steiner/Waldorf.

---

cia da década de 1950, quando um soldado aposentado começou a ensinar às crianças a respeito dos ambientes naturais através de canções, histórias e experiências práticas e diretas. A ideia das Escolas na Floresta, que estava se espalhando por outros países foi adotada na Dinamarca, onde ela se tornou uma parte importante do programa educacional dinamarquês. As Escolas na Floresta utilizam ambiente externo como parte do aprendizado das habilidades práticas e sociais com uma abordagem independente às questões de segurança. O programa possibilita que as crianças melhorem a autoconfiança, a independência e descubram suas habilidades sem medo de fracassar ou de receberem críticas; através do estabelecimento de tarefas administráveis e da prática de fazer elogios, elas adquirem uma boa

fundamentação para a aprendizagem futura (www.foresteducation.org). O modelo da Escola na Floresta proporciona experiências, as quais as crianças podem explorar, serem desafiadas e correr riscos, além de se beneficiarem com uma boa saúde e com o desenvolvimento físico, assim como também beneficia o desenvolvimento pessoal, social, emocional e o bem estar. Desde que o conceito da Escola na Floresta foi trazido para a Inglaterra, por funcionários do Bridgewater College, em 1993, 50 projetos de Escolas na Floresta foram estabelecidos por toda a Grã-Bretanha. A pesquisa de Maynard (2007, p. 320) sugere que

enquanto a importância da autoestima e dos estilos de aprendizagem podem ser excessivamente enfatizados e, em alguns

## IDEIAS EM AÇÃO

### Trabalhando no programa de uma Escola na Floresta Dinamarquesa (observação de uma profissional)

Nos envolvemos no programa das Escolas na Floresta, porque tínhamos conhecimento da ênfase nacional nas brincadeiras ao ar livre e então as incluímos no plano de desenvolvimento da nossa escola. Nos últimos cinco anos, havíamos criado uma área ao ar livre, plantando cem árvores e arbustos. Doze professores da nossa equipe estão nos programas da Escola na Floresta. Uma delas e uma professora de jardim daqui estiveram em treinamento em um centro aquático no País de Gales por uma semana. Foi uma experiência intensa.

Jéssica, coordenadora da escola de educação infantil

### Melhorando a prática

As autoridades locais queriam que a sua escola disseminasse os objetivos e as propostas do programa da Escola na Floresta e com isso, ajudassem a promover a ênfase nacional da brincadeira ao ar livre. Elas testaram o programa-piloto e, desde então, tem sido altamente respeitado e também, além disso, a escola receber fundos e autorização para conduzir um programa para professores de pré-escola. A escola tem uma mistura de famílias provenientes de diferentes grupos étnicos. Ela promove o currículo e políticas *socioculturais* e está interessada em envolver os participantes em todos os estágios do desenvolvimento do programa da Floresta. Foi pedido aos pais para responderem um questionário dando a sua opinião e a opinião de seus filhos sobre a escola, os resultados foram extremamente positivos.

> **Sociocultural**
> Relação ou combinação de fatores sociais e culturais

### Pare e reflita

De que maneira um programa como esse e outros que você conheceu até agora nesse capítulo poderia cumprir com as necessidades de aprendizagem e níveis de desenvolvimento dentro da sua proposta educacional?]

---

casos, as oportunidades para educação ambiental são pouco enfatizadas, as Escolas na Floresta resolve bem ambas situações com uma visão tradicional de uma "boa" educação para a primeira infância e com uma estrutura de currículo mais recente na Inglaterra e no País de Gales.

A importância da brincadeira ao ar livre para um ótimo desenvolvimento das crianças pequenas era fortemente valorizada nas escolas de educação infantil das irmãs MacMillan no início da década de 1900. A diminuição da brincadeira ao ar livre nos estabelecimentos escolares tem sido pesquisada por Bilton (2002). Outras preocupações contemporâneas a respeito da qualidade e do tempo das experiências de brincadeira ao ar livre das crianças são enfatizadas pela Sociedade Nacional das Crianças (2007) na Investigação da Boa Infância veja também Alexander e Hargreaves (2007).

## Te Whäriki

O *Te Whäriki* é o currículo nacional para a primeira infância na Nova Zelândia, desenvolvido por May e Carr em 1996. O *Te Whäriki* na língua maori pode ser traduzido por "um tapete de tecido onde todos podem sentar e aprender". O objetivo era regular os diversos programas de educação e proporcionar o espaço para a diversidade cultural. Dessa forma, os educadores tiveram uma maior liberdade para adaptar o currículo aos estabelecimentos locais. Também foi considerado importante que o estabelecimento pudesse dar conta de interesses, aspirações e habilidades das crianças que frequentavam o local. Portanto, currículo proporciona uma perspectiva sociocultural de aprendizagem que reconhece e respeita a rica diversidade cultural da Nova Zelândia. A base fundamental do currículo do *Te Whäriki* é a autorização para as crianças crescerem como aprendizes e comunicadores competentes e confiantes (Carr, 1999). É um modelo que promove "o contexto da vida da criança como um fator essencial para determinar o bem-estar, o sentimento de pertencer, a comunicação, o desejo de explorar e a contribuição com a sociedade" (Nicholls, 2004). Os princípios do currículo estão conectados a partir de cinco ideias:

1. Bem-estar – a saúde e o bem-estar da criança são promovidos; sua segurança é de suprema importância.
2. Pertencer – é proporcionado às crianças um ambiente no qual a relação com suas famílias e com a sociedade é ratificada e os limites para um comportamento aceitável são estabelecidos.
3. Contribuição – as crianças são afirmadas como indivíduos e sabem que podem aprender independente da idade, gênero ou experiência pessoal, sozinhas ou juntamente com outras crianças.
4. Comunicação – as crianças desenvolvem maneiras verbais e não verbais de se comunicar; aprendem histórias da sua própria e de outras culturas e podem se expressar de diversas formas.
5. Exploração – ambas brincadeiras, a direcionada e a espontânea, possuem valor como brincadeiras significativas; as crianças se tornam confiantes com seus corpos; elas desenvolvem estratégias para aprender a respeito do mundo ao redor delas (Carr, 1999).

O modelo Te Whäriki pode ser considerado como semelhante ao Early Years Foun

dation Stage (DPES, 2007b). Além disso, a abordagem de narrativa da aprendizagem de Carr (2001) está sendo adotada pelas autoridades locais nos estabelecimentos de educação infantil. Essa abordagem impele os profissionais a descrever o que as crianças estão fazendo; documentar e discutir essas atividades, tomar decisões a respeito de apoiar o aprendizado de cada criança através da avaliação das experiências delas.

## Uma profusão de abordagens

Muitos desses modelos internacionais têm sido exportados para o estrangeiro, por vezes na íntegra, por exemplo, as tradicionais escolas Montessorianas e as Escolas Steiner/Waldorf; e às vezes, características diferentes e conteúdos dessas estruturas são combinados ou adaptados a estabelecimentos individuais (Wood e Attfield, 1996, 2005, p. 123).

> Tem havido muito descontentamento com as diretrizes de ensino "um só modelo serve para todos", com um crescente interesse nas "versões personalizadas" de currículo e pedagogia que estão mais afinadas com as crianças, com as comunidades locais e com a base de conhecimento profissional dentro da educação para a primeira infância.

Os educadores necessitam não apenas ter uma boa compreensão do que, como e porque esses modelos estão sendo adaptados, mas também precisam conseguir articular isso e ser criticamente reflexivos e conscientes dos seus próprios valores pessoais. Todos esses modelos oferecem perspectivas em relação aos aspectos de ambos, currículo e pedagogia. Os modelos priorizam o currículo e a justificativa depende da abordagem. O ponto de partida para o modelo Reggio Emilia era dar equidade às crianças ao planejar o currículo; Montessori planejou um currículo que primeiro desenvolvia a aprendizagem sensorial e depois a intelectual, e assim por diante.

Existem críticas a respeito dos elementos dos modelos de currículo (como os mencionados anteriormente) adotados por diferentes sistemas de educação, porque quando as ideologias ou práticas são retiradas do seu ambiente cultural, o contexto e o significado podem ser perdidos. Os protagonistas e apoiadores necessitam examinar quais teorias têm importância e relevância para as crianças em seu contexto específico e desenvolver uma compreensão profunda das filosofias e pedagogias que sustentam cada abordagem. Consequentemente, é importante que os educadores relacionem a teoria com a prática e, ao fazerem isso, permaneçam críticos das suas práticas de ensino. A próxima seção explica os conceitos envolvidos no currículo, mais uma área complexa da educação.

## O que é currículo?

O "currículo" pode ser definido de muitas maneiras diferentes. Nesse capítulo, as abordagens exploradas demonstram que currículo pode significar qualquer tipo de experiência de aprendizagem organizada. Adicionalmente, a definição e a interpretação podem até mesmo ser diferentes entre os educadores. Em um grupo de 10 educadores podem haver dez interpretações diferentes, desde que se trate de um termo que englobe uma variedade de significados. Ele pode consistir de dimensões tais como: o currículo educacional, o currículo total, o *currículo oculto*, o currículo planejado e o *currículo recebido, o currículo formal e informal* (Kelly, 2004). Você é capaz de determinar os aspectos desses currículos?

O que os professores pensam estar fornecendo não é necessariamente o que as crianças percebem que estão recebendo. Provavelmente, esta professora tinha planejado uma atividade que promova aspectos do desenvolvimento físico e do controle motor amplo, como participação nos jogos de competição e trabalho em grupo, alternando e dividindo, de forma justa – um dos objetivos de aprendizagem na educação infantil. Todd estava se divertindo com a música e com a dança, ele achou que estava aprendendo sobre se expressar livremente através dos movimentos. O currículo oculto está relacionado com o comportamento, e as crianças têm de aprender rapidamente o que se espera delas e como se comportar nos estabelecimentos educacionais. As crianças estão no centro dos processos educacionais e os educadores necessitam estar completamente conscientes de todos os aspectos de sua provisão. Cohen e colaboradores (2004) propõem que uma estratégia completa de currículo trata do seguinte:

- contexto em relação à sociedade;
- propósito, prioridades e princípios;
- amplitude, equilíbrio e continuidade;
- progressão, diferenciação e relevância;
- temas entre currículos transversais, dimensões e habilidades;
- lógica, sequência, organização e recursos;
- indicação de ensino e de aprendizagem;
- indicação de determinação, avaliação e registro.

---

**Currículo oculto**

As áreas do currículo que não são ensinadas diretamente, mas que são aprendidas, como os códigos de comportamento e as regras sociais baseados nos costumes, ou todas as lições que são ensinadas indiretamente na escola, mas não necessariamente através de lições formais; como, por exemplo, regras sobre a observância do tempo, regras quanto ao uso de uniformes ou às roupas que são apropriadas, etc.

---

**Currículo recebido**

O que as crianças realmente aprendem, o que é aprendido em sala de aula, o que elas lembram.

---

**Currículo formal e informal**

Formal é o currículo planejado pela escola, inclui os objetivos, o conteúdo, os recursos etc. Informal é um outro termo do currículo oculto.

O termo "currículo" tem recebido muitas interpretações e definições e pode englobar uma variedade de significados, que podem ser diferentes de educador para educador. Os modelos de currículo são construídos socialmente, constituídos por educadores e responsáveis pelas políticas de ensino que têm prescrito ideias e filosofias sobre como educar melhor as crianças em uma época particular da vida. Conforme Bruner indica, o conhecimento a respeito do ensino, dos aprendizes e do próprio conhecimento necessitam estar integrados no momento da aplicação do currículo, porque é onde a criança e o conteúdo convergem. Ao planejar um currículo para crianças pequenas, do nascimento até os 6 anos de idade, é necessário que se elve em consideração a sua natureza complexa e todas as experiências de uma criança (Kelly, 2004, p. 8).

O currículo e a pedagogia não são, de forma alguma, conceitos simples, e os bons educadores irão, apoiados nesse conhecimento construir teorias, valores e crenças. Os educadores usam o seu conhecimento profissional para mediar as políticas de ensino e tomar decisões sobre o plano de currículo e as abordagens pedagógicas (Wood e Attfield, 2005). É importante que os educadores examinem as crenças e os entendimentos sobre o currículo e a pedagogia que eles fornecem, independente do currículo. Somente porque os educadores concordam com um modelo particular, isso não significa que eles estejam interpretando-o corretamente. Pensar criticamente sobre o currículo e a pedagogia pode promover análise e discussão, apoiando uma busca de novos entendimentos e autoconsciência, permitindo um comprometimento legítimo com as diferentes perspectivas (Kilderry, 2004).

É o modelo de currículo de desenvolvimento, apoiado pelo conhecimento sobre as perspectivas psicológicas a respeito do desenvolvimento e da aprendizagem das crianças que tem sido mais favorecido pelas propostas dos educadores da educação infantil no Reino Unido (Alexander, 1995).

---

## IDEIAS EM AÇÃO

### Qual currículo?

Todd amava as aulas na educação infantil, mas um dia ele estava cabisbaixo no carro na volta para casa e disse quase sussurrando, "Eu estava dançando, eu gosto de dançar e a Sra. Kay me disse para parar e ficar sentado". Sua avó respondeu, "Bem, talvez só estava na hora de parar de dançar". Todd disse, "Não, foi a música que parou e daí tivemos que parar. E quando ela disse parem eu gritei NÃO (ele falou em voz baixa), fiz como Johnnie Smith e pensei que teria que sentar na 'cadeira de REFLEXÃO'". Ele obviamente estava se divertindo dançando e queria continuar, ele realmente não entendia a brincadeira de virar estátua cada vez que a música parasse. A avó confortou Todd com: "Às vezes as crianças ficam entusiasmadas e gritam. A Sra. Kay não vai ficar chateada com isso". Na manhã seguinte Todd acordou preocupado com ter que se sentar na cadeira de reflexão. Aos 4 anos ele já sabia que esse era o castigo para as crianças que não se comportavam. Todd queria estar de acordo, não queria se meter em encrenca ou ficar de castigo sentado na cadeira, isso era motivo de preocupação para ele.

Jean, avó e professora aposentada

### Pare e reflita

Tente imaginar como você se sentiria se lhe pedissem para parar de fazer algo que goste sem que lhe dessem uma explicação. É possível que nossas instruções ou expectativas em relação às crianças pequenas sejam mal-interpretadas? Quando trabalhar com crianças pequenas, tente ter empatia com elas na hora de identificar as situações de aprendizagem no seu estabelecimento.

> **Holístico**
> Educar a pessoa por inteiro, isto é, não apenas o intelecto, mas também as emoções, a mente e o corpo.

A aplicação desse currículo tem uma abordagem *centrada na criança* e se preocupa em ir ao encontro das necessidades individuais das crianças através de uma abordagem *holística*. Ele está baseado no conhecimento e na prática de como as crianças se desenvolvem, pensam e aprendem, e tem sido construído sobre os princípios e a prática adquirida no campo da psicologia do desenvolvimento. Existem muitas interpretações diferentes desse conceito complexo e controverso de "centrado na criança", por exemplo, se é centrar na criança deixar que elas direcionem o seu próprio aprendizado ou permitir que elas escolham o que querem fazer seguindo seus interesses através da brincadeira ou por suprir as necessidades individuais de cada uma ou pela proposta, por parte dos adultos, de experiências "apropriadas ao desenvolvimento".

Entretanto, existem cada vez mais críticas para o currículo baseado em *Prática Apropriada ao Desenvolvimento* (PAD) e se, efetivamente, os princípios que servem de suporte para a PAD correspondem às necessidades das crianças. Muitos acadêmicos, pesquisadores e profissionais acreditam que a PAD carece de uma perspectiva sociocultural, não apenas porque ela direciona todas as crianças através dos mesmos estágios de desenvolvimento e também porque ela não leva necessariamente em consideração as experiências culturais, familiares e a herança comunitária. Existem opiniões que afirmam que a PAD pode levar os educadores a formar uma visão perconceituosa das crianças, caso elas alcancem os objetivos de acordo com as normas instituídas. A nova proposta curricular tenta evitar isso no seu conceito central de "criança única", mas a decisão para estender um perfil atualizado para as crianças desde o nascimento cria uma preocupação entre os profissionais, uma vez que as diretrizes são "vivas" e podem forçar uma situação na qual um programa baseado em resultados é aplicado às crianças desde os primeiros dias de vida.

> **Prática apropriada ao desenvolvimento**
> Prática baseada no que é conhecido sobre como as crianças se desenvolvem, levando em consideração a idade, situação social e bem-estar emocional.

Você pode ver que existe mais de um conceito de "currículo" e consequentemente, existem diferentes perspectivas sobre o que é apropriado para a educação das crianças. Isso pode variar se alguém toma a perspectiva de um educador, de um dos pais ou de um responsável pelas políticas de educação; se você está olhando para um currículo para a educação infantil ou para os alunos do ensino fundamental e médio; ou até mesmo no país que você reside – seja esse país dentro do Reino Unido, outro país da Europa ou uma nação da Ásia ou África. Como foi demonstrado, essas questões permanecem definitivamente como um debate contínuo sobre a forma e o conteúdo do currículo. A próxima seção examina os debates que estão acontecendo na Inglaterra sobre o "currículo".

## O CONTEXTO INGLÊS

### Uma perspectiva história – o Relatório Plowden

Uma breve revisão da história de 1967 ajudará você a compreender como a educação na Inglaterra chegou no ponto em que está atualmente, vai mostrar a direção que está tomando e fornecer uma explicação de porque essa é a direção. Embora 40 anos tenham se passado desde o Relatório Plowden, ele continua a ser mencionado nos debates educacionais até hoje. Esse Relatório é entendido como tendo tido um impacto na educação infantil e no ensino fundamental levando ao Ato de Reforma Educacional em 1987. Alexander (2007, p. 194) relata que o Relatório Plowden incitou mudanças que substituíram o princípio de não intervenção regional que era aplicado na educação na

Inglaterra da década de 1960, com "um dos sistemas de educação mais centralizados do mundo desenvolvido e desde 1997, um dos mais rigidamente policiados".

Foi Plowden (1967) quem cunhou a frase "no centro do processo educacional está a criança". Isso originou a afirmação da abordagem centrada na criança. O relatório promovia a brincadeira como uma atividade central em todas as creches e declarava que ela deveria ser promovida nas pré-escolas, conforme ela "é vital para o aprendizado das crianças e, portanto, vital na escola" (Plowden, 1967, p. 193). A afirmação da brincadeira e o trabalho de Piaget tiveram implicações importantes para os professores e para o Relatório Plowden, que se apoiava fortemente na teoria piagetiana, nas quais as crianças eram aprendizes ativos. Embora Piaget não fosse um educador, suas observações sobre o desenvolvimento nos estágios infantis foram aceitas. De acordo com Jones e colaboradores (2006. p. 44) "foi indubitavelmente as teorias de desenvolvimento da criança de Piaget que deram à brincadeira, particularmente nos primeiros anos, a sua autoridade distintiva como base para o processo de aprendizagem".

Apesar de o Relatório Plowden promover a integração do currículo usando o ambiente e a aprendizagem através das descobertas e do ensino alternado dos assuntos; ele também criticou os tópicos que não tratavam do conhecimento de assuntos ou que fossem artificiais ou fragmentados. Plowden teve uma boa recepção entre os profissionais da educação infantil defendendo a ideia de "centrado na criança", da aprendizagem através da brincadeira, das experiências diretas e do trabalho colaborativo em grupos. Entretanto, também foi criticado pelo reforço das teorias piagetianas da psicologia do desenvolvimento e da promoção da aprendizagem através de estágios que vinham apoiando a educação infantil e o ensino fundamental na Inglaterra. Na opinião de Fleer (2003), essa prática pedagógica de "centrado na criança" é uma visão ocidental da infância baseada na herança histórica de ideologias e crenças cristalizadas. "Centrado na criança"

se tornou uma expressão emotiva através do tratamento da mídia no início da década de 1990 que deixava implícito que essas teorias educacionais eram inadequadas e sem foco. Alguns políticos e a mídia sugeriram que a educação das crianças pequenas estava nas mãos de "teóricos confusos" e "progressistas pós-Plowden" (Blenkin e Kelly, 1994, p. 25).

Entretanto, era raro que os professores fornecessem na escola uma abordagem puramente "não intervencionista" ou fossem "radicalmente progressistas". Na opinião de Anning (1998) "centrado na criança" frequentemente teve uma interpretação idealizada; que muitos professores de crianças pequenas, na verdade ensinavam uma combinação de trabalho de diferentes currículos e de assuntos separados. Muitos pesquisadores descobriram que a categoria ideológica de Alexander (1995) de "romantismo liberal" estava na verdade a polos de distância da prática de muitos professores, e que o ensino de habilidades básicas ocupava a maior parte do seu tempo (Bennett et al., 1984; Tizard et al., 1988; Anning, 1991). Indícios vindos de Tizard e colaboradores, (1988) e Bennett e Kell (1989) mostram que as crianças eram preparadas para as atividades de alfabetização e habilidade numérica e que as atividades baseadas na brincadeira e na aprendizagem prática eram deixadas de lado, por serem considerados de *status* baixos. De fato, o âmbito no qual a brincadeira tinha se tornado bem-estabelecida era duvidoso (Broadhead, 2006b).

## O Currículo Nacional

A Reforma Educacional inglesa de 1988 foi a maior força motivadora das mudanças radicais para a educação. O governo inglês introduziu um "programa modernizador radical", que buscava impor um modelo de "comando e controle" de mudanças, além de inserir noções de "performas" no ensino e na aprendizagem (Ball, 1999; citado em Wood, 2004). Robson e Smedley (1999) propuseram que a abordagem "centrada na criança" havia sido interpretada como uma desculpa idealizada para os professores deixarem as crianças fazer o que quisessem. Os professores da educação infantil e dos anos iniciais do ensino fundamental determinavam uma boa parte do próprio currículo. Muitos ensinavam conhecimentos através de abordagens baseadas no conteúdo ou temáticas, que integrariam diversos assuntos. Os responsáveis pelas políticas de ensino acreditavam que a aprendizagem ativa baseada nas descobertas era uma abordagem ineficiente para a aprendizagem das crianças e para a aquisição de conhecimento (Kelly, 2004). Essa preocupação fazia parte da análise racional para um currículo mais direcionado ao conteúdo e o Currículo Nacional (CN) foi colocado em vigor para oferecer a mesma educação para todas as crianças na Inglaterra independente de onde elas morassem. Ele foi organizado em quatro estágios relacionados com idades-chave e tinha objetivos para serem alcançados através de uma determinada descrição de níveis. Pretendia-se que o currículo fosse amplo, equilibrado, coerente e contínuo, oferecendo conhecimento através dos principais assuntos-base (veja a Quadro 3.1). Enquanto o conteúdo era prescrito para cada um dos assuntos, a intenção era deixar os professores determinar a pedagogia, ou seja, como passar o conteúdo. Gradualmente, a estrutura baseada no assunto substituiu a *abordagem da integração dos tópicos*. Na opinião de Brundett (2006, p. 99) o CN, que no "seu início pretendia ser um guia geral para o conhecimento e habilidades requerido por alunos em estágios diferentes de suas carreiras escolares, se tornou rapida-

> **Currículo Nacional**
>
> O Currículo Nacional introduzido em 1988 nas escolas e estabelece o currículo compulsório através dos conteúdos e faixa etária das crianças.
>
> **Abordagem da integração dos tópicos**
>
> Interligar vários assuntos dentro de um currículo em um tópico para fazer um significado "humano" coeso para o aprendiz.

> **Racionalização técnica**
>
> Reduzir o ensino e a aprendizagem a habilidades e práticas específicas, para que se torne um processo técnico no qual os professores possam ser instruídos a usar.
>
> **Ensino didático**
>
> Direcionado pelo professor, instrução direta, onde as crianças são aprendizes passivos/simplesmente absorvem as informações.

mente um conjunto complexo de ordens oficiais cobre o conteúdo do currículo". O Currículo Nacional tem sido percebido como um currículo de "*racionalização técnica*", com a finalidade de formar mão de obra educada e inteligente (Wrigley, 2003). Na opinião de Kelly (2004), não existe nenhuma crítica teórica ou intelectual para o currículo baseado no conteúdo. Infelizmente, ao mesmo tempo que os professores afirmavam a importância da brincadeira, eles, com frequência, recorriam mais ao *ensino didático* na hora de passar os conteúdos.

## Estratégia para Alfabetização e Numeracia

No final da década de 1990, o governo inglês introduziu nas escolas do ensino fundamental dois programas que visavam estruturar o ensino e a aprendizagem das habilidades numéricas e da alfabetização. A educação do governo trabalhista, e o compromisso com a educação eram o pano de fundo para essas iniciativas, "que visavam aumentar as realizações e enfatizar a importância crucial do conhecimento, das habilidades, atitudes e inclinações que as crianças têm quando elas vêm para a escola públi-

> **National literacy and numeracy strategies**
>
> Órgão que prescreve e estrutura o ensino e a aprendizagem das atividades disciplinares

## IDEIAS EM AÇÃO

### Quando vamos brincar? (observação de uma profissional)

A transição da educação infantil para o ensino fundamental é enorme. As crianças deixam um ambiente no qual as atividades podem ser divertidas e animadas e no qual elas podem escolher o que, quando e por quanto tempo querem fazer por um local no qual tudo é formal. Elas agora têm lugares fixos e, muitas vezes, são desencorajadas a andar pela sala de aula. Existem poucas atividades envolvendo brincadeiras, e as crianças são encorajadas a "se sentar e escutar". A cada ano escolar, escuto a mesma pergunta que é de partir o coração: "Quando vamos brincar?". A pressão por alcançar objetivos e resultados desencoraja muitos professores de incorporarem a brincadeira nas aulas. Algumas crianças alcançaram uma maturidade que, enquanto elas não estão felizes com a situação, são capazes de colaborar, mas muitas na sala de aula ainda não alcançaram esse nível. Algumas não agem bem e respondem com hostilidade e confusão – elas podem estar evitando o trabalho. Entretanto, a questão é maior que o método de ensino possa estar inadequado ao nível de desenvolvimento das crianças. Muito frequentemente escuto os adultos comentarem: "Ele/ela está pronto/a para começar uma nova fase". Isso acontece com frequência perto do fim do ano escolar e reflete o desejo e a necessidade da criança de brincar. Algumas dessas crianças serão rotuladas como tendo necessidades educacionais especiais, pois precisam de uma ajuda extra para completar o conjunto de tarefas formais, mas isso acontece porque o estilo de ensino é incompatível com o seu estágio de desenvolvimento.

Selena, professora de educação infantil

### Pare e reflita

Reflita criticamente a respeito das transições e experiências de aprendizagem que os seus alunos passam diária, semanal, mensal ou anualmente. O quanto de atenção você presta nas necessidades de aprendizagem das crianças e de que maneiras você promove a brincadeira?

### Transformando a prática

Avalie criticamente a proposta da sua escola, relacionando-a com o nível de aprendizagem das crianças. Identifique as áreas nas quais a sua prática e a de seus colegas poderiam ser melhoradas para enriquecer as experiências de aprendizagem para cada criança sob seu cuidado.

ca" (Taggert, 2004, p. 619). Nessa época, a Inglaterra estava próxima ao fundo nas tabelas de realizações e capacidade aritmética nos estudos/ligas internacionais. O objetivo das estratégias era promover consistência, paridade e igualdade para todas as crianças através da melhora da qualidade de ensino e de aprendizagem, proporcionando um forte foco no treinamento e nos recursos, para aumentar as realizações. Deveriam ter sido produzidos diversos formatos para passar os conteúdos, mas, na verdade, o poder de decisão dos educadores foram restringidos e as estratégias se tornaram parte da rotina diá-

ria de qualquer criança foi imposta uma única fórmula pedagógica para as escolas do ensino fundamental, as salas de aula, os professores e as crianças na Inglaterra (Anning et al., 2004). Na opinião de Dadd (2001), isso teve um poderoso impacto sobre o ensino em todas as escolas de educação infantil na Inglaterra, o mudou, radicalmente, as práticas pedagógicas de muitos educadores e as experiências de aprendizagem das crianças. As aulas de inglês e matemática tinham tomado conta de quase metade do dia escolar, e havia uma preocupação de que os assuntos de escola estavam recebendo pou-

**QUADRO 3.1**

Modelos de Currículo na Inglaterra ao longo dos últimos 25 anos

| | Currículo na década de 1980 | Currículo Nacional (1988) | Currículo do Foundation Stage (2000) | Primary National Strategy (2003) | Birth to Three Matters (2003) | Early Years Foundatios Stage (2008) |
|---|---|---|---|---|---|---|
| CONTEÚDOS | Estética e criatividade<br>Humanas e sociais<br>Linguística e alfabetização<br>Matemática<br>Moral<br>Físicas<br>Científica<br>Espiritual<br>Tecnológica | Matérias principais:<br>■ Inglês<br>■ Matemática<br>■ Ciências<br>Matérias fundamentais:<br>■ Artes<br>■ Geografia<br>■ Introdução à tecnologia<br>■ História<br>■ Tecnologias da informação<br>■ Música<br>■ Educação física<br><br>Educação religiosa | Educação pessoal, social e emocional<br><br>Comunicação, linguagem e alfabetização<br><br>Desenvolvimento matemático<br><br>Conhecimento e entendimento do mundo<br><br>Desenvolvimento físico<br><br>Desenvolvimento criativo | A estratégia nacional do ensino fundamental deveria aumentar os padrões em todo o currículo. Ela incorporava todos os demais currículos e deu início à visão para o futuro da educação no ensino fundamental através de um currículo rico, variado e divertido. | Uma Criança Forte: eu e eu mesmo; ser reconhecido e afirmado; desenvolver a autoconfiança; um sentimento de pertencimento.<br>Um Comunicador Habilidoso: estando junto; encontrando uma voz; escutando e responder; extrair significados.<br>Um Aprendiz Competente: estabelecer relações; usar a imaginação e a criatividade; representar.<br>Uma Criança Saudável: bem-estar emocional; crescendo e se desenvolvendo; manter-se seguro; escolhas saudáveis. | Objetivos iniciais de aprendizagem: Educação pessoal, social e emocional; Comunicação, linguagem e alfabetização; Resolução de problemas, raciocínio e habilidades aritméticas Conhecimento e compreensão do mundo; Desenvolvimento físico; Desenvolvimento criativo.<br><br>**Temas:**<br>Uma criança singular; Fortalecendo os relacionamentos; Capacitando os ambientes; Aprendizagem holística e desenvolvimentos. |

*(Continua)*

BRINCAR: APRENDIZAGEM PARA A VIDA **113**

**QUADRO 3.1**
Modelos de Currículo na Inglaterra ao longo dos últimos 25 anos (*continuação*)

INTENÇÕES

| Currículo na década de 1980 | Currículo Nacional (1988) | Currículo do Foundation Stage (2000) | Primary National Strategy (2003) | Birth to Three Matters (2003) | Early Years Foundatios Stage (2008) |
|---|---|---|---|---|---|
| Essas nove áreas definidas e endossadas pelo Relatório Rumbold (1989) foram amplamente adotadas para informar o planejamento de currículo na educação infantil. Havia um potencial encoberto nessas áreas para dar continuidade e para fornecer uma qualidade de aprendizagem ampla e balanceada através da brincadeira. Era um currículo "liberal" centrado na criança, promovendo uma abordagem baseada em temas. | Introduzido em 1988 depois do ARE; revisado por Dearing em 1995. Foi proposto para fornecer um currículo amplo, balanceado, coerente e contínuo através de declarações de resultados de níveis. Essa estrutura baseada no conteúdo substituiu a abordagem de integração de temas. Tinha princípios específicos de pedagogia para promover o trabalho independente, o trabalho colaborativo/grupo e o ensino interativo para toda a turma. A intenção era deixar os professores decidirem como passar o conteúdo. | Desenvolvidos a partir dos resultados de aprendizagem desejáveis, foram reescritos a partir das respostas dos educadores da educação infantil em um documento de rascunho. Ele declarava firmemente que a pedagogia era baseada na brincadeira e reconhecida pelos pais, e órgãos educacionais. Havia seis áreas de aprendizagem baseadas em um programa de passos que visava a realização dos objetivos iniciais até o fim do último ano da educação infantil. O perfil do Currículo de Fundação deveria avaliar a realização desses objetivos. | As escolas devem desenvolver seu caráter indistinto, reforçar os pontos fortes já existentes, tomar posse do currículo e desenvolver excelência para ensinar com o prazer de aprender através de abordagens criativas. Testes, alvos e planos para ajudar cada criança a desenvolver seu potencial e medir o desempenho da escola. Uma visão para 2020 seria através da personalização da educação das crianças. | Fornece informações sobre o desenvolvimento da criança, a prática eficiente, a brincadeira e a aprendizagem, planejamento e recursos para corresponder a diversas necessidades. A estrutura reflete a diversidade de provisão e promove oportunidades iguais e relações com os pais. Reconhece a contribuição feita ao desenvolvimento de crianças muito pequenas pelos adultos que tomam conta delas. | Reúne a estrutura dos modelos dos demais currículos em uma única estrutura para as crianças desde o nascimento até o final da educação infantil. É baseado em um conjunto de princípios e os profissionais devem se certificar que as necessidades individuais particulares de todas as crianças são atendidas. |

ca atenção, negando a visão ampla e balanceada do CN. O currículo estruturado era percebido como uma forma de as escolas alcançarem boas médias. Wood (2004, p. 361) defende que as estratégias eram direcionadas por diretrizes e confeccionadas para desafiar as ideologias progressistas, e "mudar, radicalmente, o currículo e a pedagogia", "elevando os padrões". Ela descreve como "alavancas para diretrizes de alta pressão" que tentavam oferecer "soluções instantâneas".

## Currículo do Foundation Stage

Em setembro de 2000, a introdução do currículo foi descrito como um "marco significativo para a educação pública da Inglaterra", que "dá a esse estágio muito importante da educação uma identidade distinta" (QCA/DfES, 2000). O planejamento de um currículo detalhado dava exemplos práticos e ilustrativos do que deveria ser esperado das crianças de 3 anos até o final da educação infantil. O currículo estava organizado em seis áreas de aprendizagem alcançadas através de degraus de desenvolvimento (veja o Quadro 3.1). Este documento claramente declarava que:

> a qualidade dos aspectos de ensino é informada pelo conhecimento dos profissionais, pela compreensão do que é ensinado e do quão cedo as crianças aprendem; ensinar é um processo complexo e existem maneiras apropriadas diferentes para ensinar crianças pequenas. (QCA, 2000, p. 6)

Esse currículo promovia o ensino e a aprendizagem através de uma pedagogia baseada na brincadeira e era visto como uma reivindicação dos princípios e das práticas importantes (Anning et al., 2004; Edging-

---

### IDEIAS EM AÇÃO

#### Questões de transição
#### (entrevista de uma profissional)

Existe tanta diferença entre o que acontece na educação infantil e na 1ª série existe uma ênfase na brincadeira, mas elas tem que começar a aprender a ler e a contar e não é uma porta mágica de mão dupla, elas não podem entrar e sair no outro lado. A mudança é tão grande, a ponto das crianças precisarem mais do que seis semanas de férias para fazer a transição. No momento o que acontece é que parece que existe uma parede entre nós. Estamos protegendo o que acreditamos que deveria acontecer às crianças e do outro lado, eles estão protegendo o que deveria acontecer de acordo com o Currículo Nacional.

Marie, coordenadora de uma
escola de séries iniciais

#### Pare e reflita

- Como o conhecimento sobre crianças individuais pode ser passado adiante eficientemente para outros educadores no seu estabelecimento? De que forma os sistemas apóiam o propósito pretendido com essa atividade?

#### Transformando a prática

- Pense sobre os perfis de aprendizagem das crianças: observações escritas, fotografias de experiências de brincadeira, amostras de trabalho, documentação sobre jornadas de aprendizagem das crianças, e daí por diante, e como essas atividades podem ser transmitidas mais eficientemente para os pais ou para o próximo estabelecimento ou turma.

ton, 2004). Entretanto, a pedagogia para a educação infantil é um fenômeno complexo. Enquanto a estrutura do currículo declarava o que um profissional deveria fazer, a maiorias das declarações se referiam ao currículo e muitas eram na verdade pedagogicamente ambíguas (Moyles et al., 2002). Por essa razão, as exigências eram excessivamente otimistas para alguns educadores, conforme havia expectativas de que eles tivessem um alto nível de conhecimento pedagógico e do conteúdo (Siraj-Blatchford et al., 2002). Isso porque ensinar requeria que os educadores trabalhassem de maneiras distintas e, se eles não tivessem sido treinados apropriadamente, ele poderia ser um "território desconhecido e desafiador" (Edgington, 2004, p. 81).

O currículo foi amplamente bem-vindo porque ele enfatizava o papel e o valor da brincadeira para apoiar a aprendizagem em casa e nos estabelecimentos educacionais (Lewis, 2002). Entretanto, também houveram críticas das diretrizes fragmentadas do governo, que dividiu a educação infantil em três fases distintas e que foi composto mais tarde, quando as diretrizes do *Birth to Three Matters* (DfES, 2002) foram introduzidas, em 2003. Moss (2006) pronuncia muitas preocupações, mas particularmente, a respeito do total de 68 objetivos em seis áreas de aprendizagem em um manual técnico, a partir do qual educadores tinham de ensinar e avaliar resultados prescritos. Na sua opinião, a linguagem do documento era de educação formal e preocupada com o que as crianças podem e irão alcançar, o que era muito diferente do que os educadores tinham experimentado anteriormente.

Na visão de Moss e Petrie (2002, p. 95), a declaração missão "investindo no nosso futuro" na frente do documento sugeria a falta de distinção entre cuidado e educação, que não focava nas necessidades infantis e familiares. Essa especificidade sugere uma falta de confiança que os profissionais saibam o que fazer, significando que eles têm treinamento limitado para um currículo que permite autonomia e tomada de decisões (Moss e Petrie, 2002).

As conferências ministradas pelas autoridades durante os anos iniciais da implementação do currículo relataram diversas preocupações levantadas por educadores que aplicavam esse currículo para turmas de educação infantil. Parcerias entre o as escolas de ensino fundamental, Creches e Associações de Professores também tinham ansiedades (Aubrey, 2004). Em 2002, uma pesquisa telefônica com 1551 coordenadores e professores de educação infantil para investigar perspectivas e desafios na implementação do currículo (Nelson Sofres et al., 2002; citado em Aubrey, 2004). O estudo trazia à tona o conhecimento, as perspectivas, as experiências, as atitudes e opiniões dos entrevistados sobre as práticas e propostas e descobriram que a maioria dos coordenadores e professores da educação infantil tinha uma opinião positiva do novo currículo e do progresso obtido com a sua implementação (Aubrey, 2004). A pesquisa enfatizava que os entrevistados salientassem a importância da qualificação e treinamento dos funcionários, além de abordarem uma ampla variedade de estratégias de ensino, baseadas nas diversas necessidades das crianças. Uma pesquisa realizada por Tymms e Merrell (2007) demonstra que o "melhor" professor de uma escola deveria ser colocado para lecionar na pré-escola, pois essa é a idade em que o ensino tem o maior impacto na aprendizagem das crianças.

Outros estudos nessa época feitos por Keating e colaboradores (2002), Lewis (2002) e Garrick e Chilvers (2003) descobriram que os professores deram boas vindas ao currículo. Os professores no estudo de Keating e colaboradores (2002) estavam aliviados porque agora havia um período, separado e valioso na educação das crianças, que reconhecia a importância e o valor da brincadeira. Eles sentiam que podiam retornar abertamente para o que eles acreditavam ser uma prática correta para os primeiros anos, sentiam que essa prática havia sido enfraquecida por guias curriculares anteriores. Alguns professores da amostra continuaram a expressar preocupações, por ter tanto conteúdo no currículo e porque ainda

## IDEIAS EM AÇÃO

Alguém realmente me telefonou, fazendo uma pesquisa e querendo saber tudo sobre os objetivos da aprendizagem. Ficamos aproximadamente meia hora no telefone. Basicamente, tratava-se de descobrir o quanto o professor achava que os objetivos eram adequados. Pensei que aquela situação era interessante, ao menos eles querem saber como nós pensamos. Normalmente você acha que os professores pensam isso, você acha, bem espere aí, ninguém nunca me perguntou a respeito disso, mas parece que é realmente o que eles estão perguntando.

Uzma, professora de educação infantil

### Melhorando a prática

Utilize alguns dos recursos pela internet listados no fim deste capítulo para investigar as pesquisas atuais e iniciativas de desenvolvimento no seu sistema de educação.

---

havia tantas limitações, mas a conclusão da pesquisa considerou que a introdução do currículo foi "o primeiro passo no que indubitavelmente será uma longa jornada" (Keating et al., 2002, p. 201). Ainda existem críticas por causa da maneira como o currículo determina as habilidades e o conhecimento a serem aprendidos e também faz suposições de que a aprendizagem das crianças ocorre de modo sequencial direto, que pode ser avaliado e documentado em níveis pre-determinados (Miller et al., 2002, 2005). Essas questões ainda podem ser áreas de preocupação com as séries iniciais do ensino fundamental.

## Primary National Strategy

O Primary National Strategy foi lançado pelo governo inglês em 2003 e renovado em 2006. Ele vinculava o Foundation Stage a essa estratégia para fornecer estímulo para ambos, as crianças e os profissionais (Burgess e Miller, 2004). A ideia era elevar os padrões de ensino e aprendizagem incluindo características de outros programas voltados para as crianças de 3 a 11 anos. O Primary National Strategy Do Ensino Fundamental encoraja as escolas a usar a liber-

dade que elas já possuem para satisfazer seus alunos e estar de acordo com o contexto com o qual elas trabalham. O objetivo é que as escolas combinem "excelência no ensino com diversão na aprendizagem" (DfES, 2007). O documento foca no caráter distinto da escola: ótimo ensino; desenvolver os pontos positivos já presentes; tomar posse do currículo; ensino criativo e inovador e liderança; usar testes, objetivos e tabelas para que cada criança possa desenvolver seu potencial e para que o desempenho na escola possa ser avaliado. O relatório feito pelo "Grupo de Revisão 2020" (DfES, 2006) defende a personalização do ensino e da aprendizagem para assumir uma abordagem altamente estruturada e responsiva para a aprendizagem de cada criança e cada jovem. A meta é o progresso de todos os alunos, através do fortalecimento da relação ensino-aprendizagem, envolvendo os alunos como parceiros na aprendizagem.

O Primary National Strategy desenvolve ainda mais essas estratégias para "refletir um desenvolvimento significativo no ensino e na aprendizagem da alfabetização e da matemática" (DfES, 2007). Na opinião de Burgess (2004), o desenvolvimento de um currículo integrado e completo é um problema complexo que exige inovação e visão da parte dos professores. Os professores precisam de espaço e de tempo para ensinar um currículo balanceado, amplo e criativo, objetivo inicial do Currículo Nacional introduzido em 1988. De acordo com Burgess (2004), os professores devem tratar das questões que surgem a partir das estratégias de alfabetização e de habilidade numérica. Além disso, o ensino melhorou muito desde a introdução das estratégias, porém, existe menos concordância em relação à melhora da aprendizagem dos alunos. Essas preocupações foram apontadas por indícios em uma pesquisa realizada por Timms e Merrel (2007) por solicitação dos órgãos de regulamentação sobre os padrões de leitura nas escolas de ensino fundamental inglesas (Alexander e Hargreaves, 2007).

## Transição para os anos iniciais

Os educadores dos anos iniciais às vezes têm dificuldade para convencer seus colegas a respeito de suas abordagens pedagógicas no ensino dos primeiros anos. No início da vida escolar existem pressões para cumprir com as exigências do Currículo Nacional, pelos objetivos estabelecidos pelas autoridades locais, os testes de avaliação e as estratégias para alfabetização e habilidade numérica. A pesquisa de Keating e colaboradores (2002) determina que anterior à introdução do Foundation Stage, que reconheceu a importância da brincadeira, muitos professores se sentiam incapazes de justificar a aprendizagem através da brincadeira por causa do currículo ser direcionado pelo conteúdo. Muitas autoridades educacionais estão agora tentando resolver essa questão, examinando e refletindo sobre satisfazer as necessidades das crianças de 5 e 6 anos, através da implementação de uma pedagogia mais baseada na brincadeira; e, consequentemente, fazendo a transição de maneira mais fácil. Entretanto, enquanto isso é bem-vindo, poderia ser discutido que os educadores enfrentam uma pressão maior para garantir que a brincadeira seja genérica nas suas práticas. Muitos professores podem não ter recebido treinamento adequado em uma pedagogia orientada pela brincadeira e podem não estar equipado para apoiar a aprendizagem das crianças de modo a estimular a autoconfiança e a independência (Dowling, 2000).

## Early Years Foundation Stage (EYFS)

Em setembro de 2008 o EYFS se tornou o novo estágio para a educação e o cuidado na primeira infância, estrutura a partir dos demais programas educacionais ingleses (DfES, 2007). O desenvolvimento das crianças é apresentado através de seis fases sobrepostas, reconhecendo que podem haver grandes diferenças entre o desenvolvimento das crianças (DfES, 2007). A ênfase está em compreender cada criança e sua família como singular, com necessidades e preocupações diferentes. O EYFS está construído em torno de alguns temas principais, tais como: Uma criança singular; Fortalecendo as relações; Capacitando os ambientes; Aprendizagem holística e desenvolvimento. Cada um desses temas está relacionado com um princípio fundamental, que é apoiado pelos compromissos. Os objetivos de aprendizagem iniciais estabelecem expectativas para a maioria das crianças alcançarem e fornecem a base para o planejamento ao longo da educação infantil. "Todas as áreas devem ser ensinadas através de brincadeira planejadas e com propósito, com equilíbrio entre as atividades direcionadas por adultos ou iniciadas pelas crianças" (QCA, 2007). A brincadeira é apresentada como evolucionária: entre os 16 e 24 meses de vida, brincar com outras crianças, a brincadeira de faz de conta e brincar com brinquedos é importante para a aprendizagem; entre os 22 e 36 meses as brincadeiras ativas fisicamente com outras crianças são enfatizadas e de 30 a 50 meses as crianças deveriam ter mais interesse nas brincadeiras em grupo, como as

## IDEIAS EM AÇÃO

### Estudo de caso: As experiências de Katie a partir da perspectiva de uma professora estagiária

Katie era uma criança nervosa quando ingressou na escola. Embora ela apreciasse os momentos de brincadeira e corresse junto com as outras crianças, ela era tímida e cautelosa em aula, mas também era capaz de interromper inúmeras vezes os colegas que sentavam perto dela. Como parte das minhas atribuições eu ajudava Katie e outras três crianças durante as atividades, todas elas precisavam de apoio e reafirmação para completar as tarefas estabelecidas pela professora. Às vezes as tarefas eram trabalhosas e eu precisava adaptá-las para satisfazer as necessidades individuais das crianças, frequentemente transformando-as em brincadeiras. Durante a atividade de alfabetização focava na história do "Pato Fazendeiro" e todos os alunos tinham que colaborar fazendo um livro. A ênfase era mais na discussão do que na escrita, e o objetivo era conseguir um trabalho de equipe e cooperação. Estava preocupada que Katie não fosse conseguir participar das discussões em grupo e decidi que precisava de uma atividade mais focada na brincadeira. Então, criei uma fazendinha com miniaturas de animais para o grupo dela. Em uma situação ideal, preferiria que as crianças tivessem criado a fazendinha, mas infelizmente a pressão de "encaixar tudo" significa que as escolas raramente envolvem as crianças na criação de áreas de brincadeira. As crianças estavam bastante animadas e imediatamente contribuíram com ideias para criar uma história. Estava pronta para participar se houvesse necessidade, usando um fantoche chamado "Pat", mas as crianças estavam brincando direitinho, todas falando uma por vez e contribuindo para contar a história, então não interrompi. Elas manipulavam os animais miniaturas e outras partes da fazendinha, estavam envolvidas ativamente e incorporavam suas ideias com as dos colegas para criar a sua própria versão do "Pato Fazendeiro". As crianças realmente apreciaram essa atividade e "publicaram" com êxito três livros.

Tessa, professora estagiária

### Comentário

Embora sempre tenha sentido que a brincadeira é uma característica importante no processo de aprendizagem, não tinha verdadeiramente reconhecido o quanto são poucas as oportunidades que existem para as crianças de 5 e 6 anos de idade brincarem no Primeiro Ano. Com a pressão do conteúdo escolar e a publicação dos resultados dos testes, as escolas concentram-se nas realizações acadêmicas de seus alunos, frequentemente, às custas do desenvolvimento pessoal, social e emocional. Acredito ser imperativo que as oportunidades de brincadeira sejam introduzidas como um meio para a aprendizagem na escola.

Siobhan, professora de pré-escola

### Pare e reflita

Como são as expectativas formais no seu estabelecimento? Como elas se adaptam à declaração de missão do seu estabelecimento ou com a sua filosofia pessoal?

---

de faz de conta, de construção e jogos com outras crianças.

As tensões em relação aos documentos dos programas de educação continuam. Moss (2006) constata que os programas são extremamente prescritivos, com "mais de 1500 conselhos específicos". Ele considera o Early Years Foundation Stage como um manual técnico com "nenhum espaço para ser democrático" (Moss, 2006, p. 5) e acredita que a Inglaterra começou um processo de mudança educacional, de um "discurso de cuidado das crianças" para um "discurso pedagógico"; "o primeiro representando uma abordagem fragmentada para os serviços prestados às crianças e o último, um tipo de abordagem holística e integrada". O DfES, órgão de regulamentação da educação, exigiu uma consulta *online* do novo EYFS e os participantes tinham oportunidades de fazer sugestões. Entretanto, enquanto muitos profissionais pareciam estar satisfeitos com os documentos, o debate entre pesquisadores e acadêmicos parecia ser menos positivo. Todos os profissionais precisam ser instruídos e estar confiantes em relação à proposta de pedagogia baseada na brincadeira, para que eles não caiam na armadilha de se tornarem técnicos, como foi sugerido anteriormente por Moss (2006). Essa é a razão pela qual uma compreensão profunda seja importante, não apenas de conhecimento dos princípios, do desenvolvimento e dos objetivos de aprendizagem iniciais, mas também a respeito de toda a amplitude e profundidade da brincadeira.

## A Revisão do Ensino Fundamental

O programa de revisão do ensino fundamental foi lançado em outubro de 2006 para responder às questões sobre o impacto de duas décadas de reforma educacional, analisando as práticas contemporâneas e criando um panorama para o futuro. É uma revisão independente que publicou uma série de 32 relatórios interinos retirados de um "levantamento abrangente de uma pesquisa publicada" e de um conjunto de indícios "coletados por 70 consultores de pesquisa em 22 universidades" (Alexander, 2008, p. 1). Em seu discurso principal para uma conferência do Conselho de Ensino Geral na Inglaterra, Alexander (2008, p. 1), diretor do programa, reflete sobre "as questões maiores": "bem-estar, equidade, felicidade, infância, intervenção, aprendizagem e empoderamento" provenientes do programa.

Os relatórios (Alexander et al., 2007) revelam as preocupações dos professores, pais, crianças e comunidades e descobrem que "as crianças de hoje estão sob pressão intensa e talvez excessiva pelas exigências feitas através das orientações das suas escolas e dos valores comercialmente direcionados pela ampla sociedade" e que o "currículo é prescrito de maneira excessivamente rígida e por causa das pressões dos testes, ele é muito limitado"; e que "a carreira educacional das crianças do ensino fundamental está sendo distorcida pela dominação dos exames nacionais" (Alexander e Hargreaves, 2007, p. 1).

Além disso, enquanto as realizações dos alunos no campo da matemática revelaram padrões moderadamente mais altos, uma pesquisa feita por Tymms e Merrel (2007) mostra que os padrões de leitura não tiveram melhora desde a década de 1950. Mudanças positivas na educação determinadas pelo programa incluem uma educação personalizada, um projeto de trabalho e o simples ato de escutar as crianças.

O programa desafia a visão de que uma idade precoce para começar a escola que seja benéfica para as realizações posteriores, declarando que ela na verdade possa ser estressante para as crianças pequenas (Alexander e Hargreaves, 2007). O relatório compara a situação atual do currículo e a avaliação das escolas fundamentais inglesas com outros 22 países, incluindo a França, Nova Zelândia e Japão. Ele determina que nenhum outro país parece estar tão preocupado com padrões, tabelas de associações e provas, que ocorrem mais frequentemente e com idade muito mais precoce na Inglaterra.

## Reflexão crítica sobre o currículo e a pedagogia

O currículo necessita ser continuamente inspecionado nas práticas as planejadas e não planejadas, com o intuito de promover equidade para todas as crianças. Se tais exames minuciosos falham, é provável que se torne difícil generalizar quando e quais crianças individualmente podem ser beneficiadas ou prejudicadas. Conforme Kilderry (2004) declara, a *pedagogia crítica* promove a análise e debate, apoiando a busca de novos entendimentos e autoconsciência, permitindo um compromisso legítimo com diferentes perspectivas. Esse é particularmente o caso com referência à brincadeira. Você precisa ser instruído e articulado para justificar um currículo e uma pedagogia que promova a brincadeira, não somente para justificar para os pais e outras pessoas interessadas que é uma abordagem ótima para a aprendizagem, mas também para desenvolver continuamente a sua compreensão do valor da brincadeira. Os educadores precisam se envolver com o currículo e com a pedagogia, além de refletir sobre a sua prática, participando de atividades que o estimulem progresso no desenvolvimento profissional, como Joanne, no texto abaixo.

> **Pedagogia crítica**
>
> Uma abordagem que tenta ajudar os professores ou alunos a questionar e desafiar as ideologias e práticas que existem na educação.

## Uma pedagogia da brincadeira

O valor da brincadeira como uma ferramenta de aprendizagem tem desafiado os professores que tentaram relacionar suas crenças sobre a importância da brincadeira com as exigências do currículo (Keating et al., 2002). Não temos certeza quanto se os profissionais e responsáveis pelas políticas de ensino reconhecem e incluem atividades de brincadeira que capitalizem sobre a complexidade do potencial de aprendizagem das crianças (Broadhead, 2006). Broadhead (2004) argumenta que a brincadeira é mais que o trabalho das crianças, a brincadeira é a autoatualização delas, uma exploração holística de quem e o que são, o que sabem e quem e o que eles podem se tornar. A pesquisa de Broadhead (2004, 2006) ilustra o complexo processo de aprendizagem que as crianças são capazes

---

### IDEIAS EM AÇÃO

Sou veementemente a favor que toda a minha equipe esteja envolvida no desenvolvimento profissional. Eu ajudo o quanto for preciso para permitir que eles sigam seus próprios interesses, para que as crianças recebam o melhor. Eu conheci pessoas que estavam felizes por fazer as mesmas coisas ano após ano e não acho que isso seja bom para as crianças. Se as pessoas estão sendo desafiadas e estão evoluindo com novas ideias, então acredito que isso seja apropriado para as crianças. Partilhamos nossa filosofia de como estamos evoluindo com os pais e esperamos que eles também se envolvam.

Joanne, coordenadora de professores de uma pré-escola

**Pare e reflita**

Lembre-se que você nunca vai saber tudo sobre fornecer o melhor currículo e pedagogia para a faixa etária que você trabalha ou irá trabalhar.

Veja a história e *continuum* no Quadro 3.1 e tente identificar a filosofia principal explorada nesse livro até o momento e como ela refletiu nas prioridades governamentais da época. Se você fosse escrever um "currículo" para o ano 2020 o que você incluiria para as crianças de 0 a 6 anos?

de se envolver através da brincadeira. Seu estudo resultou no desenvolvimento de uma ferramenta de observação-interpretação – o *Continuum* da Brincadeira Social – uma ferramenta que pode apoiar as dimensões formativas de observações e também detalhar a progressão na aprendizagem das crianças. O *continuum* informa as conversas e diálogos que ocorrem entre um adulto e uma criança e também apóia as reflexões dos profissionais a respeito das observações que acontecem. Através do uso de domínios como a zona de desenvolvimento proximal é possível aos educadores examinar o uso da linguagem, a cognição e os níveis de cooperação das crianças. Portanto, um fator fundamental é a qualidade do próprio conhecimento, pensamento e tomada de decisões dos educadores (Bennett et al., 1997; Broadhead, 2001, 2004, 2006). É importante que os educadores sejam flexíveis para tomar as suas próprias decisões profissionais. Muitos pesquisadores e educadores pensam que seguir o currículo e as estratégias desencorajaram a flexibilidade. É importante que eles examinem a sua própria participação, a sua parte na *coconstrução,* assim como as contribuições das crianças e o nível de desafio sendo promovido.

> **Coconstrução**
>
> Quando mais de um indivíduo está envolvido ativamente no processo de aprendizagem.

Wood e Attfield (2005, p. 102) defendem que as crianças podem aprender e realizar atividades no grupo todo, em pequenos grupos e em situações individuais através da "criação de zonas de compartilhamento" pelos profissionais: "(que) envolve tomar decisões informadas sobre a estrutura e conteúdo do currículo e dentro dos limites os profissionais usam um amplo conjunto de técnicas e estratégias pedagógicas, apoiadas através do ensino, das brincadeiras, da observação e da avaliação" (Wood e Attfield, 2005, p. 138). A seção final explora como as experiências de brincadeira podem ser aproveitadas para aprofundar o pensamento e a compreensão das crianças através da promoção da *autorregulação* e *metacognição.*

## A autorregulação e metacognição na brincadeira

As atividades de brincadeira podem ajudar as crianças a desenvolver e refinar os *caminhos neurais* do cérebro, através da promoção das estratégias de cognição quando elas memorizam, organizam e internalizam sua aprendizagem, conforme elas se envolvem em brincadeiras com resolução de problemas (Meadows, 2005). Podem-se ensinar fatos e imagens para as crianças, mas nem sempre elas lembram delas ou as compreendem. É mais provável que elas entendam se estiverem embutidas

> **Autorregulação**
>
> Envolve que a criança individual deliberadamente preste atenção, pense e reflita sobre as suas ações.
>
> **Metacognição**
>
> A consciência dos processos cognitivos de um indivíduo e o uso eficiente dessa autoconsciência para autorregular o pensamento e a compreensão.

em atividades significativas, onde podem ser praticadas, aplicadas e transferidas para outros contextos (Meadows, 1993, 2005; Wood, 1998; Wood e Attfield, 2005). Dessa maneira, "experiências de brincadeira formativas de valor podem ter

> **Caminhos neurais**
>
> A conexão entre uma parte do sistema nervoso e outra.

efeitos duradouros nos caminhos pelos quais o cérebro se desenvolve e no alcance e eficiência das redes neurais" (Wood e Attfield, 2005, p. 68).

Whitebread (2007) defende que é importante investigar completamente o que a brincadeira é capaz de fazer. Ele está interessado no desenvolvimento da metacogni-

> **Autoeficácia**
> Confiança para se comportar de determinada maneira, a crença de um indivíduo de que possui a habilidade para realizar uma atividade.

ção das crianças, na sua autorregulação cognitiva e controle. Guha (1987) revisou exemplos de pesquisas psicológicas e sugeriu que tais literaturas indicam que estar no controle é crucial para uma aprendizagem eficiente. Essa "*autoeficácia*" tem um componente cognitivo, mas tem também um componente *afetivo*. Os experimentos de brincadeira de Brunner (1962) com crianças de 3 a 5 anos sugerem que as crianças "instruídas" tinham ideias limitadas, fracassavam nas tarefas e desistiam facilmente, enquanto as crianças que dirigiam suas próprias brincadeiras eram mais inventivas, bem-sucedidas e persistentes. Conforme Parker-Rees (2000) argumenta, a diversão é fundamental para a aprendizagem e o pensamento humano. O Projeto C.Ind.Le de Whitebread (2005) demonstra como a brincadeira, a criatividade e a resolução de problemas podem estar ligados ao comportamento metacognitivo, através da repetição do experimento original de Brunner com grupos ensinados e grupos de brincadeiras usando tarefas de resolução de problemas fechadas e abertas.

> **Metabrincadeira**
> Pensar, comunicar ou refletir sobre as experiências de brincadeira.

Nas brincadeiras as crianças criam uma zona de desenvolvimento proximal e estabelecem uma ponte entre os eventos do mundo real e o mundo simbólico de pensamentos e ideias (Vygotsky, 1978). As crianças podem se dedicar às *metabrincadeiras*, da mesma forma como definem e orquestram suas atividades (Wood e Attfield, 2005, p. 69).

Se as crianças estão em situações altamente estruturadas, pode haver pouca oportunidade para observar as crianças em brincadeiras livres autênticas, o que levanta implicações para a avaliação. É difícil observar a aplicação do conhecimento e compreensão das crianças se elas não conseguem demonstrar qualquer aprendizado independente (Chafel, 2003). Wood e Attfield (2005, p. 69) argumentam que "*um modelo de transmissão-aquisição*" não necessariamente "habilita ativamente as crianças de se tornarem aprendizes autoconscientes e autoreguladores".

A pesquisa de Brock (1999) na "Floresta Encantada" demonstra o valor de criar ambientes e experiências onde se permita que as crianças sejam ativas na resolução de problemas, que se exija que negociem

> **Modelo de trasmissão-aquisição**
> Um modelo de educação que afirma que o professor precisa transferir conhecimento para que as crianças adquiram conhecimento.

significados e para então refletir sobre eles com adultos. Isto envolve promover a metacognição das crianças sobre o seu aprendizado e as atividades de resolução de problemas, permitindo que elas desenvolvam o seu conhecimento e tenham consciência dos processos de aprendizagem.

Existe uma teoria de que uma ênfase excessiva na importância da brincadeira na aprendizagem das crianças levou a alguns equívocos. As crianças não são apenas investimentos para o futuro. Elas têm o direito de escolher livremente as oportunidades para brincar e para autodirecionar a exploração, assim como as atividades de brincadeira estruturadas, em vez de serem forçadas a seguir um currículo restrito ou limitado (Gammage, 2006). A pesquisa de Jarvis (2006) promove a necessidade das crianças terem tempo de se envolver com brincadeiras duras e brutas e expressa preocupação que a única chance normal que muitas crianças ocidentais contemporâneas têm de participar de brincadeiras intera-

## IDEIAS EM AÇÃO

O desenvolvimento dessas crianças como aprendizes pró-ativos que tomam decisões era certamente evidente perto do fim do projeto. Agora elas estavam analisando e avaliando os eventos que aconteceram na Floresta. Elas contavam histórias e davam conselhos umas às outras sobre o que fazer a seguir. Isso se situa em contraste direto ao desempenho no início do projeto quando eles estavam perguntando ao professor o que deveriam fazer. Tivemos de aprender a dar um passo para trás para permitir que as crianças formulassem suas próprias hipóteses e estratégias de trabalho. Nem sempre isso era fácil... As crianças demonstravam que elas poderiam passar de um ambiente de aprendizagem contextualizado da Floresta e conseguiam conversar sobre o vocabulário e significados em uma situação descontextualizada. Elas gostavam de se dedicar ao vocabulário e demonstravam sua capacidade e vontade de fornecer definições.

Brock (1999, p.46)

### Melhorando a prática

A pesquisa mostra que precisamos autorizar as crianças para que elas tenham capacidade para tomar decisões, pensem a respeito das coisas de maneira colaborativa e reflitam sobre o próprio aprendizado. Não foi apenas uma experiência de aprendizado valiosa para as crianças, mas também para os professores e alunos envolvidos.

---

tivas livres pode ser dentro do playground da escola. Os indícios da teoria e pesquisa de desenvolvimento de Jarvis indicam que existe uma necessidade urgente de proporcionar oportunidades para as crianças participarem de atividades de brincadeira colaborativa livres em ambientes seguros. Ela acredita que tais oportunidades são cruciais para o desenvolvimento saudável das crianças e para a posterior competência adulta.

A brincadeira permanece uma questão controversa; especialmente, os equívocos sobre a natureza da brincadeira e seu papel nos estabelecimentos de ensino. Esses se desenvolveram através das intervenções políticas, da percepção da mídia, da separação do cuidado e da educação, como sendo um resultado dos diferentes métodos de formação dos professores de creches, pré-escolas e do ensino fundamental. Também existem perspectivas ideológicas com crenças polarizadas, e no fato de que a brincadeira deveria ser escolhida livremente pelas crianças ou estruturada para facilitar a transferência de conhecimento e de habilidades. A pesquisa contemporânea e os debates em andamento demonstram como os educadores devem continuar a desenvolver novos conhecimentos e ser capazes de articular as complexidades do currículo e da pedagogia. Como pode ser demonstrado nesse capítulo, esses não são de forma alguma conceitos simplistas. A educação das crianças é vista como uma interação entre a criança e o ambiente, operando a partir de uma estrutura de referência partilhada entre o educador, a criança e sua família (Moyles et al., 2002, p.3). A infância tem a importância própria, não apenas como um estágio do processo educacional, as crianças contribuem com a sociedade e acrescentam valor por serem crianças. Os profissionais precisam considerar a importância de educar a "criança inteira".

# Resumo e revisão

Existe um debate internacional e uma reflexão sobre as questões levantadas neste capítulo através de uma perspectiva sociocultural e a importância das teorias em fornecer um currículo e uma pedagogia equitativa que satisfaça as necessidades de todas as crianças. Esse capítulo fornece uma compreensão de como as crianças aprendem e porque é importante promover experiências de aprendizagem ideais para que elas aprendam através da brincadeira. No início deste capítulo, três questões fundamentais foram introduzidas:

- O que se entende por pedagogia e o que preciso saber para aplicá-la?

A pedagogia inclui a prática e os princípios, teorias, percepções e desafios que informam e moldam o ensino e a aprendizagem, além de ser um conceito complexo e com variadas definições contemporâneas. Como um profissional que analisa a sua própria pedagogia, você examinará o seu ensino e métodos, atividades, materiais e todas as questões práticas que você fornece para enriquecer as experiências de aprendizagem das crianças sob seus cuidados.

Neste capítulo foi sugerido que não existe uma única pedagogia "eficaz". Ao contrário disso, você deve pensar em termos de um "kit de ferramentas de ensino" (seu próprio conhecimento do conteúdo, do aprendiz, da natureza da interação social e do discurso, estabelecer a organização e o gerenciamento, e como você monitora, estima e avalia o ensino e a aprendizagem) que você retira das suas interações com os participantes no seu estabelecimento.

- Como os modelos internacionais influenciam a minha prática?

Os modelos internacionais nos fornecem perspectivas nas quais podemos nos apoiar para melhorar a nossa própria provisão. Diversos modelos internacionais foram introduzidos (Reggio Emilia, High/Scope; Montessori; Steiner Waldorf, Te Whäriki e as Escolas na Floresta Dinamarquesa) que não apenas ofereceram uma nova perspectiva sobre a aprendizagem das crianças muito pequenas, mas também alguns pontos de partida para o desenvolvimento do seu próprio estabelecimento.

- O que se entende por currículo e qual o papel da brincadeira dentro dele?

Você deveria ter alcançado o seguinte entendimento:

- Existem diversos currículos e modelos pedagógicos que oferecem às crianças experiências de aprendizagem variadas.
- Os adultos que trabalham e brincam com crianças têm um importante papel em tomar decisões a respeito de um currículo e pedagogia apropriados.
- Construir andaimes conceituais para a aprendizagem das crianças é essencial.
- Os resultados são construídos a partir das experiências e o processo é crucial.
- A disposição e a autoestima dos jovens aprendizes são inerentes à aprendizagem.
- Os processos culturais dentro das famílias e comunidades desempenham um papel importante.
- A diversidade de herança e experiências das crianças precisam ser levadas em consideração.

A centralidade da brincadeira dentro da educação é fundamental para esses debates. Wood e Attfield (1996, 2005), Anning e colaboradores (2004), Moyles e colaboradores (2002) e Edgington (2004) defendem que a criança tem o direito de brincar livremente, como também o direito à aprendizagem estruturada e que isso possui valor por si como parte do desenvolvimento cognitivo e criativo da criança. Portanto, é importante continuar a examinar os debates ativos que tem surgido e ainda existem em torno da centralidade da "brincadeira" no currículo para as crianças, não apenas as crianças pequenas, mas também para os bebês e crianças na faixa etária do ensino fundamental. Os próximos quatro capítulos examinarão esses debates, fazendo com que você faça uma viagem cronológica pelas fases desde o nascimento até os 11 anos.

## Transformando o pensamento e a prática: é com você!

Esse capítulo mostra a complexidade dos conceitos de pedagogia e currículo. Ao longo da história moderna, muitas teorias têm sido desenvolvidas com o intuito de definir os "melhores" modelos de pedagogia e currículo. Tendo lido esse capítulo, agora você está ciente de como o sistema de educação inglês se desenvolveu, sua situação agora e a direção que está tomando juntamente com o desenvolvimento dos programas internacionais.

## Questões para consideração

- Quais modelos de currículo refletem as práticas do seu estabelecimento?
- Você é capaz de identificar uma abordagem principal ou você tem uma filosofia mais "eclética"?
- Em quais áreas você poderia transformar a prática e o pensamento de outras pessoas? Leve suas descobertas para um dos tópicos "Pare e reflita" desse capítulo.
- O quanto você está preparado para se envolver nos debates entre educadores? Como você articularia isso para pais, educadores e participantes?

## Ideias para pesquisa

Os profissionais precisam fazer as seguintes perguntas para garantir relevância para as necessidades das crianças e para o contexto de aprendizagem:

- No seu estabelecimento, como você diferencia as necessidades diferentes de aprendizagem? Isso inclui levar em consideração a criança por inteiro (desenvolvimento físico, emocional, de gênero e sociocultural)?

- Existe um elemento das perspectivas internacionais exploradas nesse capítulo que você gostaria de desenvolver no seu estabelecimento? Desenvolva o seu conhecimento na área identificada empreendendo uma pesquisa secundária e então, trabalhando com colegas, adote uma ação de metodologia de pesquisa planejando o que você está tentando modificar, o que você fará para obter essas mudanças, como você as implementará e como avaliará a eficiência delas.

## Leituras adicionais

Alexander, R. e Hargreaves, L. (2007) *Community Soundings: The Primary Review Regional Witness Sessions*. Cambridge: Universidade de Cambridge, Faculdade de Educação.

Broadhead, P. (2004) Early *Years Play and Learning: Developing Social Skills and Cooperation*. Londres: RoutledgeFalmer.

Bruce, T. (2004) *Developing Learning in Early Childhood 0-8 Series*. Londres: Paul Chapman.

Moyles, J. (2006) *The Excellence of Play*. Buckingham: Open University Press.

Siraj-Blatchford, I., Sylva, K., Muttock, S., Gilden, R. e Bell, D. (2002) *Researching Effective Pedagogy in the Early Years*. Londres: Instituto de Educação.

Soler, J. e Miller, L. (2003) The struggle for early childhood curricula: a comparison of the English Foundation Stage Curriculum, *Te Whäriki* and Reggio Emilia. *International Journal of Early Years Education*. Vol. 11, N. 1, 57-67.

Turner-Bisset, R. (2001) Expert Teaching: Knowledge and Pedagogy to lead the Profession. Londres: David Fulton.

Wood, E. e Attfield, J. (2005) Play, Learning and the Early Childhood Curriculum. Londres: Paul Chapman.

## Sites na Internet – Abordagens internacionais

www.highscope.org-High/Scope Educational Research Foundation

http://www.montessori.org.uk/Montessori St Nicholas Charity

www.foresteducation.org/Forest Schools Initiative

www.steinerwaldorf.org.uk Steiner/Waldorf

www.minedu.govt.nz/index. Te Whäriki

www.reggioinspired.com/Reggio Emilia

www.ltscotland.org.uk/earlyyears/resources/publications/ltscotland/reggioemilia

## Sites na Internet – Políticas de Ensino

www.dfes.org.uk – Department for Children, Schools and Families

www.standards.dfes.gov.uk – O site dos padrões nacionais na Inglaterra, incluindo o Primary NAtional Strategy

www.everychildmatters.gov.uk – Every Child Matters

www.ofstead.gov.uk – Ofstead – o órgão oficial para inspeção escolar

www.qca.org.uk – Qualifications and Curriculum Autority

www.standards.dcsf.gov.uk/eyfs/ – Early Years Foundations Stage

www.aaac.org.uk – Assembleia Nacional do País de Gales (2003).

www.learning.wales.gov.uk/foundationphase

# 4

# Nascidos para brincar
## Bebês e crianças pequenas brincando

**Jonathan Doherty, Avril Brock, Jackie Brock e Pam Jarvis**

Eu não sabia que crianças tão pequenas como Karla (2 anos e 4 meses) eram capazes de brincar com tanta imaginação. Ela prepara incontáveis xícaras de chá de faz de conta, mas o principal são as compras. Ela coloca alguma coisa em sua mão e quando você pergunta onde ela está indo, ela responde, "às compras!", com um tom bastante indignado, como se você devesse compreender o que ela está fazendo. Ela pergunta o que você quer. Você diz, "eu quero um pouco de pão" e ela caminha até o outro lado da sala, vira, encara a parede, e então se vira de novo, volta e coloca alguma coisa na sua mão. Ela está representando – usando um objeto para representar alguma outra coisa.

Freya, avó, palestrante e professora

## INTRODUÇÃO

A brincadeira, para as crianças mais jovens, é uma atividade importante na qual elas compreendem o mundo ao seu redor, se expressam e estabelecem relacionamentos com os outros. Quando as crianças estão brincando, elas estão construindo as fundações de toda a sua futura aprendizagem. Entretanto, enquanto há alguma compreensão por parte da maioria dos pais, dos educadores e dos responsáveis pelas políticas de ensino quanto à importância da brincadeira para a aprendizagem e o desenvolvimento de crianças muito pequenas, algumas vezes existe uma falta genuína de entendimento sobre como ela poderia ser apoiada. Este capítulo oferece evidências nacionais e internacionais de neurocientistas eminentes, psicólogos do desenvolvimento e pesquisadores da primeira infância que demonstram a riqueza da brincadeira infantil. São feitas sugestões a respeito de como fornecer experiências enriquecedoras para bebês e crianças pequenas na brincadeira física e social, e porque é essencialmente importante para o desenvolvimento dos primeiros esquemas. Este capítulo também questiona o modo como adultos interagem com os bebês – a adequação dos brinquedos e recursos que são oferecidos, a linguagem que é usada e a atitude que é mostrada.

A criança humana era historicamente vista como uma *tabula rasa* – uma paleta branca que é vulnerável e dependente dos outros, dirigida por necessidades físicas e emocionais. As crianças eram percebidas como aprendizes passivos moldados pelo ambiente; entretanto os resultados das pesquisas neurobiológicas e do desenvolvimento modernas indicam que tais pressupostos são altamente incorretos. As novas tecnologias nos ajudam a observar, gravar e analisar o comportamento dos bebês segundo a segundo e novas evidências emergiram de tais técnicas de pesquisa, em particular da neurociência, que fornecem percepções surpreendentes que gradualmente transformaram a visão ultrapassada da criança vulnerável e incompetente para aquela do bebê e da criança pequena como sendo máquinas de aprender. Crianças com menos de 3 anos são aprendizes ativos, equipados para compreender a grande quantidade de informações que bombardeiam seus sentidos, e, desde o princípio, elas empenham-se para se tornar seres independentes. Elinor Goldschmied (Goldschmied e Jackson, 1994) fez referência às crianças mais jovens como "pessoas com menos de 3 anos", sugerindo que, desde o nascimento, nós somos pessoas por direito em um período único do desenvolvimento, em vez de ocupar um estágio completamente dependente, com o propósito único de aprender o bastante para seguir para um estágio de vida "melhor" no futuro.

Ao reconhecer os primeiros anos como um estágio de vida, os autores objetivam explorar a competência e as habilidades das crianças menores de 3 anos enquanto eles aproveitam as experiências que também têm o efeito emergente de desenvolver suas habilidades físicas, intelectuais, sociais, emocionais e linguísticas. No final deste capítulo você será capaz de responder às seguintes questões:

- Como nós sabemos que bebês são aprendizes fascinantes, "espertos" e ativos?
- Quais são os ambientes e atividades mais positivos, agradáveis e enriquecedores para o desenvolvimento dos bebês e das crianças pequenas?
- Por que os primeiros poucos anos de vida são tão importantes para o desenvolvimento cognitivo, social, emocional, linguístico e físico?

## As crianças menores de 3 anos realmente importam

Esta é uma época incrível para se estar envolvido na educação e com o cuidado de crianças pequenas. Novas descobertas de pesquisas que reconhecem a criança como um indivíduo por direito tiveram impacto significativo na criação de novas legislações, causando um impacto direto nas crianças e nas suas famílias. Não havia política separada para crianças com menos de 3 anos até 2003, quando foi lançado o programa Birth to Three Matters (DfES, 2003), isto é, "um programa que ressalta a importância das crianças, do nascimento aos 3 anos". Então, foi particularmente bem-vindo que o compromisso do governo com os menores de 3 anos fosse exposto como uma garantia de "desenvolver um modelo de melhor prática para dar suporte às crianças, do nascimento e os 3 anos" (DfES, 2001a, parágrafo 2.19). Isso hoje já foi superado por um novo conjunto de diretrizes que criaram um novo conceito da primeira infância na Inglaterra, que combinam pela primeira vez cuidado e a educação para as crianças com menos de 6 anos (EYFS, 2007) que teve início em setembro de 2008. Isso criou um conceito novo e muito diferente para as nossas crianças mais jovens, embasado por uma ampla moldura, que reconhece cada criança como um indivíduo único que tem direito ao prazer, à brincadeira e a experiências de aprendizagem apropriadas individualmente.

Em 1994 o relatório da Carnegie Task Force Report identificou especificamente a "importância crítica dos três primeiros anos como um 'ponto de partida' crucial na jornada educacional de uma criança" (1994, p. 4). As pesquisas informam sobre a incrível capacidade das crianças pequenas (Trevarthen, 1992; Gardner, 1993) e como as experiências nessa curta janela de tempo, conscientes ou não, influenciam consideravelmente o desenvolvimento futuro (Eliot, 1999). A brincadeira é um meio eficiente para a aprendizagem nos primeiros anos, já que estes são os anos nos quais a fundação para o futuro desenvolvimento é construída (Blakemore, 1998). Com os avanços rápidos no conhecimento sobre esse período do desenvolvimento, o impacto do ambiente sobre isso e a qualidade do cuidado e das oportunidades de brincar, é apropriado que questões da educação e do cuidado com as nossas crianças mais jovens sejam adequadamente discutidas nos níveis políticos mais altos.

Durante os últimos 10 anos, as iniciativas do governo têm se disposto a aumentar a qualidade das proportas para as crianças. Estas, subsequentemente, tiveram impacto considerável sobre crianças, famílias e profissionais que trabalham com elas. Iniciada em 1998 na Inglaterra, objetivava aumentar o acesso e a qualidade da educação e cuidado nos primeiros anos. As parcerias de desenvolvimento e cuidado infantil nos primeiros anos foram estabelecidas para implementar isso nas autoridades locais, e fundos infantis foram organizados para integrar os serviços infantis por meio de vários setores. Os Centros de Excelência nos Primeiros Anos e mais de 900 maternais comunitários foram estabelecidos em comunidades menos favorecidas com a garantia do governo de ter um centro infantil em cada comunidade do país. Houve a criação de mais de 1 milhão de estabelecimentos de cuidado infantil no setor privado e o fornecimento de educação maternal gratuita em meio período para crianças de 3 e 4 anos. Os programas Sure Start, agora em todos os quatro países do Reino Unido, têm a meta em comum de coordenar os serviços para as crianças e as famílias e, ao fazer isso, enfrentar a pobreza e a exclusão social.

Durante a última década, um grande aumento nas famílias com dupla renda levou a números crescentes nos ambientes de cuidado infantil e maternais, o que demanda novos conhecimentos e habilidades dos profissionais que trabalham com essa faixa etária (Willan, Parker-Rees e Savage, 2004). Oberhaumer e Colberg-Schrader (1999) comentam que:

Os profissionais nas instituições de primeira infância atuais estão enfrentando talvez um dos desafios mais exigentes na história da profissão... Mudanças profundas e inter-relacionadas nos nossos ambientes sociais, econômicos, políticos e tecnológicos, combinadas com uma mudança fundamental na natureza do trabalho e dos padrões de emprego, estão tendo impacto sobre as vidas das crianças e famílias.

(Citado em Abbott e Hevey, 2001, p. 179)

A publicação do influente Every Child Matters (DES, 2003), um documento abrangente e importante que sustenta a estrutura das questões do nascimento aos 3 anos, propôs uma abordagem coordenada para os serviços, propondo que a educação deveria ser multiagenciada e multidisciplinar. As cinco conclusões do documento são relevantes às crianças de todas as idades (estar saudável; manter-se seguro; aproveitar e realizar; fazer contribuições positivas e bem-estar econômico); entretanto, há uma implicação em especial para as crianças nos primeiros anos através da ênfase do documento na intervenção inicial, integração e aumento do apoio aos pais e às famílias. Na Inglaterra, a o programa Ten Year Strategy (DES, 2004b) enfatizou a necessidade de mão de obra bem qualificada e serviços de alta qualidade para as crianças pequenas e suas famílias. A estratégia aumentou o nível de qualificação exigida daqueles coordenando ambientes de saúde e educação para as crianças com menos de 3 anos, com o objetivo de que até 2015 todos os ambientes de saúde e educação para os primeiros anos fossem coordenados por profissionais especializados na primeira infância. Essas metas foram subsequentemente confirmadas no Children's Plan (DCSF, 2007c). Ao revisar esta e outras iniciativas políticas e um número de abordagens ao trabalho com crianças pequenas neste país e no exterior, como o High-Scope (Hohmann et al., 1979), Reggio Emilia (Edwards et al., 1993) e Te Whäriki (Ministry of Education, 1996), e das consultas com muitos grupos e indivíduos, Abbott e Langston (2005) relatam as seguintes conclusões da pesquisa que culminou no Birth t Three Matters:

- Descobriu-se que os bebês são aprendizes competentes e habilidosos desde o nascimento.
- As interações iniciais com um adulto experiente, sensível e que dá retorno são centrais na saúde e na educação dos primeiros anos.
- Tudo o que sugere um modelo de cima para baixo de aprendizagem inicial deve ser evitado, particularmente a aplicação de um currículo baseado em resultados.
- Atividades iniciadas pelas crianças, baseadas na brincadeira, deveriam estar no centro de um processo que combina a saúde e a educação do nascimento aos 5 anos ou mais, promovendo um crescimento social e emocional saudável.

É com deferência ao trabalho desses autores e em torno desses quatro pontos importantes que estruturamos nossa discussão sobre a brincadeira e as crianças menores de 3 anos neste capítulo.

## A brincadeira e a aprendizagem para os menores de 3 anos

Por todo este livro, como em muitos outros textos, os benefícios da brincadeira para as crianças são justa e ricamente elogiados. Mesmo assim, apenas recentemente suas virtudes têm sido pesquisadas e relatadas para as crianças muito pequenas. Dentre os muitos benefícios, essas pesquisas revelaram uma forte associação com a aprendizagem. A brincadeira permite aos bebês e às crianças pequenas aprenderem sobre si mesmas e o mundo ao seu redor. Elas não separam o momento de brincar do de aprender ou qualquer outro momento. Sua brincadeira é a sua aprendizagem e vice-versa. Bruce escreve sobre a brincadeira como um "mecanismo de aprendizagem" (2005, p. 131), um que preenche um papel de apoio

ao ajudar as crianças com menos de 3 anos a desenvolver-se, descobrir sobre a segurança e fazer escolhas saudáveis como parte da vida e da aprendizagem. Ela as ajuda a se tornarem aprendizes competentes que são capazes de fazer conexões, ser imaginativas, criativas e representarem suas experiências (Bruce, 2005, p. 131). Há um perigo, contudo, de que essa associação com a aprendizagem possa levar a um envolvimento excessivamente protetor dos adultos e a uma interpretação de que a brincadeira deve sempre ser planejada e ter algum propósito. Entretanto, calendários estritamente planejados para crianças pequenas muito provavelmente levarão a experiências restritas que são, na pior das hipóteses, orientadas completamente pelos adultos e para os resultados e conceitualizadas para fornecer oportunidades cada vez mais cedo para a avaliação, na ânsia de medir os conceitos adultos de realização. Claramente, em tal cenário, a criança é invisível e é a atividade que domina.

Manning-Morton e Thorp (2003) sugeriram que uma visão tão mal dirigida pode ter surgido de uma falta de compreensão sobre o desenvolvimento inicial. Eles citam as classificações da brincadeira de Parten (1932) e o modelo da metade do século XX da egocentricidade das crianças pequenas, o que levou à visão de que crianças pequenas eram capazes apenas de brincar sozinhas ou ao lado dos outros e que são incapazes de brincadeiras cooperativas. Onde a brincadeira exploratória de fato ocorre, presumiu-se que as crianças estavam simplesmente explorando objetos e suas propriedades, ao invés de desenvolver qualquer compreensão profunda sobre o mundo. Isso resultou na crença incorreta de que os bebês não brincam e que crianças bem pequenas não sabem brincar "adequadamente". Tal visão inevitavelmente causa problemas e o estabelecimento de níveis inapropriados de expectativa para a criança.

Muitos profissionais reportam que os melhores exemplos da brincadeira com crianças menores de 3 anos são quando há uma atmosfera de informalidade relaxada na qual os adultos seguem os interesses das crianças. Há, é claro, uma moldura geral planejada, mas o envolvimento adulto é amplamente informado pelo conhecimento concreto do desenvolvimento e a disposição de observar e escutar as crianças, interagir quando apropriado, mas permitir o desejo próprio da criança de explorar e guiar a brincadeira, uma interação que é chamada pelo Early Years Foundation Stage como "pensamento compartilhado apoiado". A *aprendizagem na brincadeira* (Garvey, 1977)

---

## IDEIAS EM AÇÃO

### O EYFS em ação

Dawn é a coordenadora de prática com os menores de 3 anos em um centro infantil que recentemente vem testando o currículo do EYFS. Ela explica:

> Trabalhar com os primeiros anos é como estar envolvida em um processo de desenvolvimento profissional contínuo. Sempre há mudanças e você precisa constantemente repensar e examinar o que está fazendo. Estamos informando os pais sobre como os processos de exploração e aprendizagem por meio da brincadeira são importantes – tentando fazê-los ver que não é apenas o produto final que importa. Estamos nos sintonizando com o que é necessário para os menores de 3 anos. Temos todas as áreas de atividade disponíveis a eles que são apropriadas para o seu interesse e nível. Somos capazes de justificar nossa prática, mas estávamos um pouco preocupados com a generosa quantidade de espaço que temos e preocupados que o Ofsted (corpo oficial para inspeção escolar) pensasse que tínhamos demais. Entretanto, ganhamos um "excelente" na nossa inspeção, então nossa provisão parece estar bem justificada. Os pais são os primeiros educadores das crianças – é muito importante conseguir que eles e os primeiros responsáveis nos apoiem, assim como nós precisamos apoiar a eles e as suas crianças. Nós encorajamos os pais a fazerem coisas diferentes. Estamos testando o currículo e gostamos que haja uma proposta e princípios contínuos desde os 0 aos 5 anos. Estaremos experimentando o grupo dos dois anos – eles receberão fundos para sete horas e meia de provisão por semana, trabalhando com os pais e visitando artistas. O programa Pais Envolvidos na Aprendizagem Infantil trata de envolver os pais – eles conhecem as suas crianças muito melhor do que nós, para que estejamos todos sintonizados quanto a aprendizagem infantil. Revisamos a nossa prática constantemente.

### Comentário

A descrição acima pela coordenadora dos menores de 3 anos em um centro infantil demonstra como ela, líder de um grupo de profissionais dos primeiros anos, é capaz de articular sua proposta. Ela precisa fazer isso para uma grande variedade de parceiros – pais, equipe, estudantes e professores visitantes, assim como o diretor do centro e inspetores visitantes do Ofsted. O conhecimento, o profissionalismo e a habilidade de justificar a prática com razões subjacentes são muito importantes nos estabelecimentos de primeiros anos.

### Pare e reflita

Na sua leitura até então dos capítulos deste livro, quais oportunidades profissionais você identificou para si mesmo? Como a introdução do EYFS impacta nas suas futuras necessidades de desenvolvimento profissional?

> **Aprendizagem na brincadeira**
>
> Ter diversão e prazer enquanto se brinca. A experiência é percebida como prazerosa pelo aluno.

acontece quando as crianças selecionam elas mesmas o que elas desejam brincar e como elas desejam brincar. Uma característica importante disso é a comunicação de que o clima está adequado para a brincadeira. Isso pode acontecer entre um adulto e uma criança por meio da troca de sinais, usualmente expressões faciais e gestos (Trevarthen, 1998). Isso não tem a ver com a intervenção adulta intrusiva para levar a criança a alcançar um produto final em particular. Não há sugestão de que quando observamos as crianças brincando seus comportamentos e desenvolvimento acontecem em qualquer tipo de padrão linear ou "fases". Esse ponto específico é colocado por Rouse e Griffin, que nos dizem que "tais fases não são distintas, ou uma sequência invariável de comportamentos na brincadeira, elas se sobrepõem e são parte de um *continuum* de aprendizagem" (1992, p. 154). Está relacionado a esse ponto o fato de que as crianças têm necessidades de aprendizagem individuais de acordo com o seu estágio de desenvolvimento. As necessidades de uma criança de 3 anos são diferentes daquelas de uma com 18 meses. Holland (1997) dá um exemplo claro disso a partir de suas observações em um maternal de turno integral, em que descreve como uma atividade de desenhar folhas com crianças de 3 a 5 anos pode ser experimentada diferentemente por crianças com menos de 2 anos. Enquanto a atividade com o primeiro grupo etário foi desenvolvida para avançar a compreensão das crianças sobre os diferentes formatos das folhas, as crianças mais jovens experimentarão a mesma atividade colocando suas mãos na tinta, derramando a tinta sobre as folhas ou assoprando as folhas da mesa. Cada criança também tem padrões de desenvolvimento individuais dentro de uma ampla faixa de progresso "normal"; em particular, tem-se observado que os meninos em geral devem estar tipicamente em uma trajetória de maturação mais lenta do que as meninas durante todo o período de desenvolvimento dos 0 aos 18 anos.

## A brincadeira heurística

Com o que a brincadeira dos menores de 3 anos "se parece"? Isso toma uma variedade de formas. Olhe o bebê de 3 meses alegremente assistindo aos movimentos do móbile sobre o seu berço; o pai e o bebê de 10 meses brincando de esconder o rosto juntos ou crianças de 2,6 anos cheias de energia imitando umas as outras se balançando no sofá em casa. Uma forma de brincadeira muito evidente com os menores de 3 anos é a brincadeira heurística (Goldschmied, 1987), o termo para o tipo de brincadeira exploratória inicial com objetos como caixas, jarras e diversos tipos de contêineres. Aqui o foco da criança está na descoberta, em descobrir os objetos por meio da manipulação deles, os encher e esvaziar e colocar coisas dentro e para depois tirar. Há muita aprendizagem "natural" acontecendo, muita experimentação e nenhuma resposta "errada" para ser medida. O papel do adulto nessa brincadeira é ser apoiador e facilitador – coletando uma variedade de objetos para estimular a criança, observar a brincadeira e fornecer suporte linguístico e prático quando requerido pela criança.

Elinor Goldschmied foi pioneira nas cestas de tesouros e promoveu a brincadeira heurística em resposta às suas observações de bebês brincando com objetos do mundo real. Ela notou que objetos de uso cotidiano como colheres de madeira, panelas, prendedores de roupa e garrafas fascinavam particularmente as crianças pequenas. Em sua pesquisa ela descobriu que os bebês podiam se concentrar e perseverar em suas brincadeiras com esses objetos naturais. Ela criou cestas de tesouros feitas normalmente de treliças naturais contendo objetos funcionais encontrados facilmente no ambiente doméstico, nenhum deles sendo brinquedos manufaturados. Coletivamente os objetos deveriam promover uma variedade de experiências multissensoriais por meio da oferta de variedade de tamanhos, formas, temperaturas, cores, texturas, cheiros e sabores. Os objetos podem oferecer experiências contrastando conceitos – ocos ou sólidos, doces ou azedos, rígidos ou flexíveis, cheios ou vazios, suaves ou duros, e assim por diante (Hughes, 2006). Goldschmied inicialmente focou bebês de 6 meses que eram capazes de permanecer sentados sem apoio.

Há muitas evidências subjacentes para se promover a criação das cestas de tesouros. Goldschmeid e Jackson (2004)[*] sugerem que os níveis de concentração das crianças pequenas são mais altos quando elas brincam com os objetos em uma cesta de tesouros do que com brinquedos manufaturados. Bebês deveriam ter a permissão de escolher quais objetos os interessam e encorajados a explorá-los de diferentes maneiras – olhando, tocando, sacudindo, batendo, chupando (Goldschmied e Jackson, 2004). Algumas vezes a concentração de um bebê durava por uma hora, dependendo da curiosidade individual. Depois de ler os relatos de Forbes (2004) do uso de cestas de tesouros com crianças pequenas, estava tão fascinada que criei a minha própria cesta de tesouros no dia seguinte. A minha cesta contém uma colher de madeira, cones de pinheiro, uma garrafa de vidro pequena, carretéis de linhas, penas, uma grande colher de metal, um cavalo de madeira, um limão seco, um amassador de batatas de metal, um saca-rolhas, fitas, uma grossa corrente de metal e uma rolha.

Forbes (2004) demonstra o desafio de se oferecer brincadeiras com cestas de tesouros por meio de observações adquiridas de um diário em vídeo da brincadeira das crianças por várias semanas, e uma análise baseada na *Escala de Envolvimento Leuven*. A brincadeira heurística para as crianças em fase de engatinhar oferece uma visão de como coleções de objetos podem facilitar a sua experiência direta com os tesouros do mundo real, por meio da exploração do que

> **Escala de Envolvimento Leuven**
>
> A Escala de Envolvimento para Crianças Pequenas de Ferre Laevers é um sistema de monitoramento com orientação no processo – uma ferramenta para a avaliação da qualidade dos ambientes educacionais que estima o quanto as crianças estão "envolvidas" no seu trabalho – e o seu "bem-estar emocional".

elas podem ou não fazer.

Uma vez que os bebês são capazes de se movimentar, o nível de concentração para explorar objetos em um único lugar pode diminuir, na medida em que começam a se balançar, arrastar e engatinhar ao redor da sala explorando possibilidades mais amplas, como espaços e lugares. A brincadeira heurística também pode ser promovida nesse estágio do desenvolvimento. A autoexploração é a chave para a brincadeira heurística na qual as crianças que engatinham são capazes de se engajar na descoberta sobre categorizações complexas sem qualquer preocupação quanto ao sucesso ou fracasso. Os recursos podem ser organizados em coleções dentro de cestas pequenas, caixas ou sacos de papel feitos de diferentes materiais – cartolina, tecido, vidro inquebrável, metal, madeira e assim por diante. As primeiras experiências de exploração de objetos através da brincadeira multissensorial podem avançar o pensamento infantil. Os bebês são os mais jovens cientistas – testam e exploram tudo, frequentemente colocando todos os objetos em sua boca ou batendo-os no chão. Por meio da brincadeira heurística o profissional pode explorar as habilidades de pensamento e aprendizagem e as necessidades das crianças pequenas (Hughes, 2006).

## O cérebro e o desenvolvimento neuronal

A força motriz de todo o desenvolvimento é o cérebro. Os genes e o ambiente intera-

---

[*] N. de R.T.: Para detalhes, ver: Educação de 0 a 3, publicado pela Artmed Editora.

> **IDEIAS EM AÇÃO**
>
>
>
> Alicia, uma estudante do desenvolvimento infantil, descobriu em sua pesquisa de pequena escala que a maioria das 11 crianças participantes passava mais tempo com a cesta de tesouros que ela havia construído do que com a caixa de brinquedos manufaturados. Os conteúdos da sua cesta de tesouros incluíam itens como pequenos candelabros de metal, penas, lixas de unhas de madeira e correntes. Ela anotou em suas observações que uma corrente fascinava particularmente Harriet, de 6 meses, quando ela passava a corrente de uma mão para a outra e a colocava em sua boca, explorando o objeto de modo multissensorial por bastante tempo.
>
> **Figura 4.1**
> Uma cesta de tesouros e seu conteúdo.

---

**Plasticidade/ neuroplasticidade**
A habilidade do cérebro, que permanece durante toda a vida, de mudar à medida que aprendemos ou experimentamos coisas novas.

**Cerebelo**
A parte do cérebro que coordena a percepção sensorial e o controle motor. Integra os caminhos que fazem os músculos se moverem.

gem em todas as fases do desenvolvimento do cérebro, e enquanto crescentes descobertas científicas têm sido feitas nessa área da biologia, se torna mais evidente que as experiências que nós temos na infância causam impacto no nosso desenvolvimento *neuronal*. Como Blakemore (2001) sugere, são claros durante o desenvolvimento neuronal inicial os muitos exemplos que apoiam a cultura de que o cuidado pode moldar a natureza.

A taxa de crescimento fenomenal do cérebro é única aos humanos; o órgão triplica o seu peso durante o primeiro ano de vida. No nascimento, estruturas cerebrais simples estão posicionadas para corresponder às necessidades do recém-nascido, que são de se alimentar, crescer e se envolver com os pares significativos. Funções de mais alto nível melhoram rapidamente depois do nascimento no que parece ser uma sequência geneticamente programada: as conexões neuronais são feitas rapidamente no *cerebelo*, que controla o movimento; no sistema límbico, que é responsável pelas emoções e pela memória; e no córtex cerebral, que de acordo com as teorias atuais é o centro que controla o comportamento proposital e o pensamento racional (Eliot, 1999). O córtex humano leva bastante tempo para amadurecer. As conexões neuronais continuam nos seres humanos durante toda a vida, mas o período mais intenso de conexões ocorre durante os primeiros três anos de vida. O cérebro adulto possui mais de 100 bilhões de células cerebrais chamadas neurônios, mas é a *conexão* entre tais neurônios, ativada por células chamadas *sinapses*, no que é chamado de *sinaptogênese* (Post, 2000), que ocorre em ritmo tão rápido durante os primeiros anos. Para usar uma analogia computacional, os bebês nascem com

## Sinapses

A junção entre dois neurônios ou células cerebrais por meio das quais a informação é transmitida.

## Sinaptogênese

A formação de sinapses que ocorre durante toda a vida de uma pessoa; é maior durante o desenvolvimento cerebral inicial.

todo o *hardware* (unidades físicas) necessário no lugar, mas muito da conexão (*software*) é criada através da interação com o ambiente durante o período dos 0 aos 3 anos. Os bebês nascem com muito mais neurônios do que precisam, e estes são escrupulosamente selecionados durante os primeiros anos de vida, com a morte daqueles que não alcançaram conexão.

Um bom exemplo ilustrativo de formação de conexões altamente específicas é que bebês podem discernir todos os sons que podem ser produzidos pela voz humana durante os seus primeiros 18 meses. Entretanto, eles começam gradualmente a apenas "ouvir" as diferenças que eles precisam para decifrar os sons dentro da(s) língua(s) ao seu redor. É por isso que é tão difícil para aqueles que aprendem uma nova língua depois da idade de 4 ou 5 anos falar sem sotaque, já que há diferenças de som na língua estrangeira que nós simplesmente não conseguimos "ouvir". As conexões sinápticas alcançam o ápice quando as crianças estão entre 2 e 3 anos, tanto que autores como Gopnik e colaboradores (1999) propõem que o cérebro da criança pequena é muito mais ativo e flexível do que o de um adulto. Rod Parker-Rees (2004) tem uma analogia útil para isso, comparando o processo ao desenvolvimento de redes de caminhos e estradas em uma paisagem – as trilhas mais usadas são desenvolvidas e se tornam ruas e estradas, enquanto rotas menos utilizadas são tomadas pela natureza e desaparecem. Os destinos que não são visitados se tornam isolados e desconectados das outras partes do sistema, e assim se tornam murchos e redundantes.

---

## IDEIAS EM AÇÃO

Temos uma sala completamente dedicada à brincadeira heurística, com muitas cestas, cada uma contendo coleções de objetos diferentes feitos de recursos naturais – cones de pinheiro, esponjas, utensílios de cozinha, garrafas de vidro, formas de madeira. Nós olhamos para aquilo que interessa as crianças. As crianças podem passar uma semana na brincadeira heurística com seu professor, que sabe aquilo que elas estão interessadas em fazer. O professor pode preparar a sala antecipadamente com os objetos pelos quais as crianças têm mostrado preferência naquele momento. Se elas têm um esquema em particular que estão explorando, podemos fornecer os objetos e atividades necessários. Você não precisa dizer a elas que é hora da arrumação, elas simplesmente fazem isso – elas devolvem as coisas às cestas e aos seus lugares como parte da brincadeira, elas estão organizando, aprendendo sobre separação e categorização, mas, para elas, é apenas brincadeira.

Danielle, coordenadora dos 0 aos 3 anos em um centro infantil

### Pare e reflita

Se você fosse criar uma cesta de tesouros para os seus jovens aprendizes, o que você incluiria? Considere cuidadosamente os motivos das escolhas que você faz.

### Melhorando a prática

Considere maneiras nas quais você possa integrar o uso das cestas de tesouros à sua provisão existente. Se você já usa cestas de tesouros, avalie o seu propósito e efetividade.

Essa sequência de desenvolvimento neuronal é determinada pelos nossos genes, mas a qualidade do desenvolvimento é moldada pelo que acontece conosco em nossas interações com o ambiente. Cada experiência para os bebês – por exemplo, começar a caminhar, falar, escutar histórias, brincar e aproveitar o tempo com outros bebês – excita o circuito neuronal cerebral e molda o modo como o cérebro é ligado e conectado. Experiências que provocam ansiedade no início da vida aumentam o nível do hormônio do estresse, o *cortisol*, que pode interagir destrutivamente com a bioquímica do cérebro. Estudos biológicos recentes, tal como o conduzido por Sims e colaboradores (2006) mostraram o forte impacto que os níveis de ansiedade aumentados têm sobre o cérebro humano em desenvolvimento, com o aumento do cortisol no sistema neuronal infantil. Isso tem o potencial contínuo de criar problemas para a regulação emocional, ao sinalizar erroneamente os mecanismos bioquímicos relacionados ao controle emocional na infância.

## A natureza e a cultura através da brincadeira

As crianças pequenas se desenvolvem em um ritmo fenomenal desde o nascimento até os 3 anos. Esse crescimento é interconectado e holístico – os desenvolvimentos físico, social, emocional, cognitivo e linguístico avançam em ritmo individual, determinado por uma combinação da *natureza* (hereditariedade) e *cultura* (experiências am-

> **Cortisol**
> Um dos vários hormônios esteroides produzidos pelo córtex adrenal, é produzido por mamíferos em situações de estresse para aumentar o metabolismo das gorduras e os carboidratos de modo a estimular o animal para correr ou lutar.

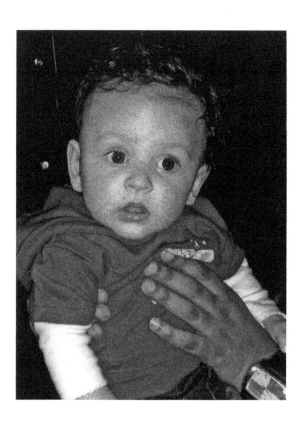

**Figura 4.2**
Mia (4 meses) pensando.

> **Natureza**
> Os aspectos herdados da aparência, personalidade e inteligência de uma criatura.
>
> **Cultura**
> Os aspectos criados pelo ambiente da aparência, personalidade e inteligência de uma criatura. Teóricos têm continuamente debatido as proporções de cada uma dessas qualidades que se devem à "natureza" e quais proporções se devem à "cultura", mas ainda não há um consenso definitivo.

bientais). As experiências provenientes da brincadeira fornecem ganhos em conhecimento, habilidades e disposições, aumentando o crescimento em todas essas áreas. Há uma concordância inequívoca das evidências da psicologia, biologia e recentemente da neurociência de que é a interação da hereditariedade e do ambiente que molda ativamente quem nós somos e quem nós por fim nos tornaremos. Os genes fornecem um projeto para o desenvolvimento por meio de seu papel na produção das células do crescimento e no desenvolvimento do cérebro e do sistema nervoso central.

> **Fiação**
> Os aspectos inatos e fixos da fisiologia do cérebro de uma criatura.

Os genes apoiam a *fiação* das conexões entre as regiões do cérebro, mas as experiências que temos refinam essas conexões e nos permitem adaptar ao nosso ambiente.

Diversos fatores no ambiente de uma criança influenciam o modo como as mensagens nos genes são colocadas em ação (Gottlieb, 1996). Os fatores incluem a família, os amigos, a escola e a comunidade mais ampla. Estudar gêmeos é uma maneira eficiente de desvendar a natureza do cuidado até certo ponto, porque os efeitos dos genes e do ambiente não podem ser separados no indivíduo, mas podem ser realizados de certa forma com o estudo de gêmeos (Doherty, 2008). Parece que há uma divisão quase igual entre os genes e o ambiente em determinar "quem nós somos", mas há muito debate sobre percentagens exatas e alguma sugestão no sentido de que as percentagens podem variar de acordo com diferentes faixas etárias (Petrill et al., 2004). Gêmeos idênticos ou *monozigóticos* (MZ) compartilham 100% dos genes, já que ambos embriões se de-

**Figura 4.3**
Gêmeos brincando juntos.

**Monozigótico**

Gêmeos idênticos que compartilham o mesmo óvulo fertilizado e esperma, e consequentemente o mesmo DNA.

**Dizigótico**

Gêmeos que começam a vida como dois óvulos diferentes fertilizados por dois espermas separados e, portanto, possuem DNA diferente.

senvolvem a partir do mesmo óvulo fertilizado, que se divide em dois indivíduos idênticos, sendo assim todos os gêmeos idênticos são do mesmo sexo. Gêmeos fraternais ou *dizigóticos* (DZ) não são idênticos, já que, neste caso, a mãe liberou dois óvulos em um ciclo de ovulação e ambos foram fertilizados por espermas diferentes. Os indivíduos resultantes podem ser do mesmo sexo ou de sexo diferente; em termos de genética eles são irmãos comuns, mas o fato de terem nascido juntos significa que eles compartilham mais experiências do que irmãos de idades diferentes se eles seguem a trajetória de desenvolvimento típica de crescer juntos na sua família natural.

O que é revelado pelo estudo de gêmeos pode aumentar consideravelmente o nosso conhecimento da relação entre os genes e o ambiente. Os gêmeos idênticos tendem a ter características físicas muito similares que vão além da aparência física básica (Plomin, 2002), por exemplo, a fala e os maneirismos são com frequência similares (citado em Doherty, 2008). Os traços de personalidade, tais como sociabilidade, ligação afetiva ou ansiedade também podem ser compartilhados (McCrae et al., 2000), e as evidências biológicas sugerem cada vez mais que o "ambiente" básico de tais traços é biologicamente determinado, apesar de que o ambiente então interage com esse "material cru". Por exemplo, a criança que tende a ter ansiedade se tornará mais ansiosa se crescer em um ambiente instável e estressante, mas pode se tornar menos ansiosa se crescer em um ambiente familiar calmo e estável.

Independentemente de serem idênticos ou não, os gêmeos têm uma relação ti-picamente mais intensa do que aquela que existe entre irmãos de diferentes idades. Isso prevalece particularmente nos primeiros anos de vida quando eles tendem a estar bastante junto, e tal proximidade aumenta algumas experiências de brincadeiras muito características dos gêmeos, algumas das quais podem ser utilizadas para ilustrar as interações muito competentes e inteligentes de crianças muito pequenas brincando.

## Bebês descobrindo e explorando

Se examinar muitos livros sobre a primeira infância que discutem a aprendizagem, com certeza você vai ler sobre a sabedoria de autores como Piaget e Vygotsky, que propõem que as crianças constroem a sua compreensão do mundo ao seu redor através do envolvimento ativo com o seu ambiente. Mais recentemente, e sobretudo como resultado de descobertas de ciências "novas" como a neurociência, essa mesma sabedoria é aplicada para se compreender como as crianças com menos de 3 anos aprendem. Piaget propôs que o pensamento se desenvolve a partir de origens simples e resulta em competência simbólica, o que leva (entre outras coisas) à aquisição da linguagem. Vygotsky propôs que o pensamento pré-linguístico era um tipo bastante diferente de pensamento (mais parecido com aquele dos animais) e que o advento da habilidade linguística criava o pensamento humano propriamente dito. Os bebês *melhoram* o seu conhecimento, tanto teórico como prático "fazendo", e se eles não têm a chance de fazê-lo, o potencial pode não se desenvolver. Hoje é geralmente aceito que os bebês já estão pensando sobre as suas experiências. A brincadeira se torna o veículo para fazer isso acontecer. A brincadeira heurística fornece muitas oportunidades para resolver problemas e tomar decisões de diversos alcances. A exploração do ambiente frequentemente acontece em um contexto social/emocional e, como discutiremos mais tarde neste capítulo, os comportamentos da brincadeira ajudam as crianças a aprender sobre os con-

## IDEIAS EM AÇÃO

### Bebês gêmeos brincando

Charlotte é professora e mãe de um casal de gêmeos de sexo diferentes e tem uma filha mais velha. Os autores pediram que ela refletisse sobre as lembranças de seus gêmeos brincando quando ainda tinham menos de 2 anos. Aqui estão três das suas memórias.

Quando os gêmeos tinham em torno de 11 meses, nós costumávamos brincar de "apontar" com eles – "Onde está o cachorrinho/papai/mamãe" etc. Ficamos intrigados ao descobrir que, quando perguntávamos onde a sua irmã mais velha, Stephanie, estava, ambos apontariam para ela corretamente, mas quando perguntávamos a John, "Onde está o John?", ele apontara para Jéssica, e quando perguntávamos a Jéssica, "Onde está Jéssica?", ela apontava para John. Aproximadamente seis meses depois, quando eles começaram a falar, John costumava chamar sua irmã mais velha de "Stevvy" e Jéssica de "a menina" (isso não aconteceu com Jéssica, que primeiro chamava seu irmão de "Don"). Ele fez isso até estar próximo do seu segundo aniversário, quando gradualmente começou a deixar o "a menina" e substituir por "Jescar". Frequentemente perguntávamos se ele estava vendo "a menina" como uma parte de sua própria personalidade. Ainda não estou certa do porquê isso acontecia apenas com ele, a menos que isso tivesse relação com uma trajetória (masculina) futura no desenvolvimento social.

Quando os gêmeos tinham em torno de 14 meses eu me lembro de dar a cada um deles um palito de chocolate enquanto estavam sentados lado a lado no seu carrinho de bebê para gêmeos. John comia o seu rapidamente, enquanto Jéssica ficava brincando com o dela. Em um dado momento ele se virou para ela e pronunciou uma série de resmungos. Ela pronunciou uma série mais alta de resmungos, enquanto balançava a cabeça freneticamente, e moveu seu palito de chocolate para a mão que estava mais longe de John, e então estendeu seu braço para fora do carrinho, segurando o chocolate o mais longe dele quanto possível. Eles costumavam resmungar um com o outro de tempo em tempo, mas eu nunca vi exemplo mais claro de um significado muito abstrato sendo passado entre esses dois bebês exceto desta vez – estava bastante claro que ele queria o chocolate dela e ela definitivamente não iria concordar com aquilo!

Aproximadamente um ano depois, os gêmeos estavam balbuciando alegremente (eles foram falantes um pouco mais cedo do que a média, eu acho). Eu era naquela época dona de casa, como eram algumas de minhas vizinhas, e as crianças da rua costumavam brincar juntas nos jardins umas das outras algumas vezes, enquanto pelo menos uma mãe as cuidava. A menininha que morava em frente tinha um pai que era construtor, que nessa época estava desempregado e estava trabalhando no seu jardim naquela manhã, era um dia da semana. Consigo lembrar que nós recém tínhamos voltado trazendo a Stephanie de seu grupo de brincadeiras. Jéssica olhou pela janela e então disse para o John, "Que aquele papai fazendo casa?". John foi e olhou, balançou sua cabeça e fez um barulho como um tut tut, em sinal de reprovação, dizendo "tut, tut, tut, aquele papai em casa", e então ambos começaram a balançar a cabeça e fazer tut tut. Eu pensei naquele momento que filhos únicos têm esse tipo de pensamento, mas não têm um contemporâneo direto com quem compartilhar esses pensamentos – esse aspecto duplo dos gêmeos talvez abra uma "janela" na qual os adultos podem às vezes ter um vislumbre dos pensamentos das crianças pequenas.

(continua)

## IDEIAS EM AÇÃO

### Pare e reflita

Você já teve alguma experiência ou interação com gêmeos? Você notou algum evento ou interação fora do comum? Talvez você possa organizar uma visita a um ambiente local que tenha gêmeos e observar a sua brincadeira.

---

textos da brincadeira social. As disposições frequentemente são padrões expressos de comportamento e tendências a responder de certo modo às situações (Katz, 1988). É, por exemplo, a curiosidade e o desejo de descobrir que afirma a brincadeira exploratória.

Piaget chamou isso de "motivação intrínseca". Enquanto aprendizes, disposição para interagir com outras pessoas e tarefas é indicativa do sucesso em longo prazo (Schweinhart e Weikart, 1993). As disposições estão ligadas ao senso de si e de provável efetivi-

## IDEIAS EM AÇÃO

### A brincadeira de faz de conta nos primeiros anos (observação dos pais)

Rabia (2 anos) gosta muito de fazer de conta que é mamãe – ela coloca as bonecas para dormir, leva-as para passear no carrinho, as veste, as banha e as coloca no vaso sanitário. Ela gosta de fazer de conta que é mamãe e brincar com atividades da vida familiar. E desenho, ela adora desenhar; é muito criativa. Uma coisa que eu não sabia era que crianças tão pequenas de 2 anos podiam fazer isso; ela realmente consegue identificar as coisas em um desenho bidimensional e dizer "sapatos" e fazer marcas sobre os sapatos no desenho. Ela desenha infinitos retratos e desenha muitos círculos em torno de tudo. Ela também brinca com outras crianças; ela fala muito sobre Danny e Ahmed com quem ela brinca; uma fotografia de um bebê é sempre o Sam. Ela pode identificar a si mesma, Danny e Ahmed em fotografias.

Sabila, mãe de Rabia

### Comentário

O cenário acima demonstra como uma criança de 2 anos pode fazer assimilações de representações e de faz de conta. Os profissionais das séries iniciais deveriam escutar aos pais além de conduzir observações cuidadosas da criança e, ao fazer isso, descobrir o que interessa à criança em uma determinada época. Deste modo eles podem apoiar o pensamento e a aprendizagem da criança e descobrir quais esquemas elas estão atualmente explorando.

### Melhorando a prática

Examine as práticas do seu ambiente. Você identifica oportunidades de falar com os pais, tanto para compartilhar as experiências que as crianças exploraram no seu ambiente quanto para descobrir o que as crianças gostam de fazer em casa?

### Pare e reflita

De que maneiras a abordagem apresentada nesta sessão é uma "boa prática"?

dade (Anning e Edwards, 1999). O desafio para os adultos que apoiam a aprendizagem das crianças pequenas é assistir a esse desenvolvimento conectando o *como*, o *que* e o *quem* da aprendizagem e as relações que apoiam a aprendizagem inicial.

Há evidências de que a aprendizagem acontece antes do nascimento e de que as crianças podem reconhecer sons que escutaram no útero; em particular, elas mostram uma preferência clara pela voz da sua mãe (DeCasper e Fifer, 1980). A memória, a percepção e a atenção são todos processos cognitivos cujas bases existem antes do nascimento. As crianças estão preparadas para explorar seu ambiente. Esse acontecimento é uma atividade que envolve o corpo todo, utilizando todos os sentidos (a visão, o olfato, a audição, o gosto e o toque) para descobrir mais sobre objetos e pessoas. A interação ativa com o ambiente permite as crianças receberem informação e organizá-las de modo a formar representações significativas que são usadas para interpretar as experiências (Gopnik et al., 1999). Enquanto brincam, as crianças formam expectativas e teorias sobre o mundo que eles testam imediatamente. A brincadeira fornece muitas oportunidades para elas aliarem as experiências prévias às atuais, aprenderem sobre causa e efeito, relações espaciais, planejar resultados e fazer previsões. Jennie Lindon (2005) acredita que o comportamento das crianças muito pequenas mostram evidências do seu pensamento, planejamento e uso da memória.

## O desenvolvimento do pensamento por esquemas guiado pela brincadeira

O trabalho pioneiro de Piaget que descreve o modo como as crianças processam as informações a partir das suas experiências práticas justifica a maioria das perspectivas construtivistas das crianças enquanto aprendizes (Anning e Edwards, 1999). Esta parte contém uma revisão rápida desta área

da teoria. A noção de Piaget de esquemas é um conceito criticamente importante para nos ajudar a compreender como as crianças mais jovens compreendem o mundo, apesar de precisarmos enfatizar aqui que a relação das idades com os estágios em sua teoria não é completamente correta, nem completamente transferível de uma cultura para a outra. Esquemas se referem à criança como um todo, envolvendo os aspectos físico, mental e emocional do desenvolvimento (Piaget, 1968). Eles são um mecanismo para coordenar o desenvolvimento a que se denominou, mais tarde, de "padrões biologicamente determinados no modo como bebês e crianças pequenas se comportam" (Bruce, 2005, p. 70).

O desenvolvimento sensório-motor é o primeiro estágio piagetiano e acontece entre o nascimento e os 2 anos. *Esquemas reflexivos* no primeiro mês desse desenvolvimento são aquelas respostas não aprendidas e automáticas a estímulos, tais como o agarrar de um bebê quando a palma de sua mão é tocada. As reações circulares primárias então continuam até os 4 meses, quando os padrões de movimento, como direcionar a mão até a boca com alguma correção são produzidos. Entre 4 e 9 meses, as crianças desenvolvem as reações circulares secundárias, quando os movimentos são iniciados de modo a fazer algo acontecer, como quando um bebê segura um chocalho e, ao balançá-lo, descobre que ele faz um certo barulho. Os objetos rapidamente se tornam muito significativos para as crianças pequenas durante essa faixa etária. Por exemplo, os objetos nas cestas de tesouros (Goldschmied e Hughes, 1986) que foram descritos anteriormente neste capítulo encorajam uma variedade de respostas em forma de ações na brincadeira e nas primeiras explorações dos bebês. Dos 9 meses a 1 ano a coordenação das reações circulares secundárias surge, quando as ações anteriores são

> **Esquemas reflexivos**
> O modo como os bebês assimilam estímulos no ambiente.

combinadas de novas maneiras. Finalmente, dos 12 aos 18 meses o período das reações circulares terciárias começa, quando podemos ver muito mais ludicidade aparecendo nas ações da criança, que é agora capaz de ser mais "experimental" do que antes e atender aos efeitos do que está fazendo, ao invés de simplesmente se concentrar em cada tarefa específica separadamente como fazia antes. A partir dos 18 meses, criança é mentalmente capaz de colocar rótulos em objetos e eventos e assim representá-los internamente. Isso invoca o começo do que Piaget chamou de estágio pré-operacional, e é um avanço cognitivo importante na medida em que os modelos internos permitem que as crianças imaginem o que elas podem fazer, e explorar novos cursos de ação sem movimento real (Parker-Rees, 2004). Os símbolos se tornam muito importantes para crianças dessa idade. Tome, como exemplo, uma criança copiando a expressão de tristeza da mãe. Esse ato é mais do que simplesmente a repetição do que é visto, a criança está interpretando e reconstruindo a expressão facial e criando uma imagem interna do que é observado. Este tipo de imitação é frequentemente visto também na brincadeira de faz de conta, por exemplo, ao fingir alimentar ou dar carinho a uma boneca. Objetos do dia a dia são usados para representar outros, como usar uma escova de cabelo para representar um telefone. As imaginações das crianças e suas ações são guiadas pelas propriedades do objeto. Crianças menores de 3 anos precisam da ajuda extra fornecida pelos objetos, enquanto no seu faz de conta crianças de 4 anos podem fingir sem nada nem qualquer objeto. Os símbolos também são culturalmente específicos, como pode ser observado quando as crianças dão um beijo de boa noite aos seus pais ou abanam para a vovó quando ela parte depois de uma visita. Além de ser um ensaio para os papéis futuros, tais atos são também uma iniciação em uma cultura específica (Bruner, 1966).

No Reino Unido, o trabalho de Chris Athey sobre esquemas, que iniciou na década de 1970, é especialmente significativo. Ela enfatiza o modo como os caminhos da (forma) biológica e do (conteúdo) sociocultural se combinam de modo único para cada indivíduo. (A referência aos leitores é aquela do trabalho mais importante de Athey, Extending Thought in Young Children: A Parent-Teacher Partnership, de 1990. Com base no

---

## IDEIAS EM AÇÃO

### Apoiando o desenvolvimento dos esquemas iniciais

Se as crianças estão interessadas em coisas que rodam e rodam, forneceremos diferentes formas e materiais de rodas, carretéis de lã, escorregadores, etc. Acreditamos muito em promover o comportamento positivo – a prevenção é melhor do que a cura. Canalizamos o comportamento das crianças em algo positivo; não deixamos que isso se torne um problema ou que incomode as outras crianças. Por exemplo, tivemos um menino que estava dentro do seu esquema de trajetória e começando a atirar as coisas com a mão. Nós o ajudamos a explorar isso de muitas maneiras, oferecendo desafios de modo que ele não se tornasse desafiador. Demos a ele muitas coisas que pudesse atirar em segurança nas áreas apropriadas – bolas macias, bolas de algodão, bolas de pingue-pongue, etc. Demos à mãe objetos com os quais brincar em casa e ele atravessou os esquemas de trajetória durante várias semanas, mas depois trocou isso por outra coisa. Não tivemos nenhum ataque, porque fornecemos o ambiente correto para ele explorar através da brincadeira.

Chantal, professora da educação infantil

trabalho de Athey sobre o desenvolvimento de esquemas (1990), Nutbrown (1999) conecta a língua e a construção de esquemas nas conversas infantis, propondo que o apoio apropriado do adulto pode levar a uma compreensão mais profunda e aumento no vocabulário. Bruce (1991) fala de esquemas como o que traz ordem para a aparente desordem do comportamento da criança: um ponto importante para os pais e educadores compreenderem é que há padrões que sustentam as ações aparentemente fortuitas das crianças pequenas. Ela também lembra seus leitores que os pioneiros da educação infantil no passado sabiam sobre o conceito de esquemas. Durante os séculos passados, observações de crianças pequenas feitas por Froebel, Montessori e Steiner levaram a ambientes de aprendizagem de qualidade onde a brincadeira para o desenvolvimento de esquemas era central. A brincadeira com blocos promoveu, e ainda promove, oportunidades infinitas de organização, reorganização e criação de novas combinações e novos esquemas. Configurações *dinâmicas* e estáticas, verticais, horizontais, dentro/fora, são permitidas por meio de tal brincadeira. As brincadeiras heurísticas, incluindo o uso de cestas de tesouros (Goldschmied e Jackson, 2004), podem apoiar mais efetivamente o desenvolvimento inicial dos esquemas.

## Mexendo e fazendo: a brincadeira e o movimento

A importância do movimento para as nossas crianças pequenas é claramente capturada em uma frase de Hodgson, que afirma, "Tudo o que nós descobrimos sobre a vida, descobrimos por meio do movimento" (2001, p. 172). Uma visão da brincadeira baseada no movimento como um modo de as crianças gastarem sua energia excessiva é subestimar totalmente o seu potencial para a aprendizagem e estabelecer uma separação falsa entre a brincadeira física que é ativa e a aprendizagem que é sedentária (Parker-Rees, 2004). O desenvolvimento físico influencia

> **Sistemas dinâmicos**
>
> Um sistema que trabalha em interação com outros sistemas dentro do mesmo organismo ou mecanismo, cada sistema regulando o outro. Por exemplo, o corpo humano é um desses organismos, e o motor de um carro é um desses mecanismos.

todos os outros aspectos do desenvolvimento: mobilidade, relações sociais e emocionais, autoconceito sobre a própria aparência – comunicação com os outros, linguagem, fazer amigos, formar um entendimento do *self*. Desde os seus primeiros momentos, os bebês comunicam as suas necessidades e sentimentos e formam as suas primeiras impressões do mundo por meio do movimento. O movimento no útero fornece informações sobre o mundo e permite a exploração daquele ambiente (Hannaford, 1995).

O movimento melhora todos os aspectos do desenvolvimento da criança pequena. Ele contribui para o desenvolvimento físico por meio do fortalecimento do coração, do desenvolvimento do bem-estar dos pulmões e da construção de ossos fortes; intelectualmente, ele também contribui para as conexões neuronais que são feitas em várias regiões do cérebro – nos gânglios basais, no cerebelo e no corpo caloso, uma medida em que o movimento ajuda a colocar as ideias em ação de modo a se atingir uma meta. Desse modo, quando Ali, de 14 meses, vê o ursinho de pelúcia fofinho na sua frente ela estende os braços para agarrá-lo. A sua primeira tentativa ultrapassa a meta e a segunda é muito curta, mas na terceira ela agarra o ursinho de pelúcia com sucesso. A motivação se combina com o seu estágio atual de desenvolvimento perceptivo, cognitivo e físico nas suas respostas a fatores dentro da tarefa, do indivíduo e do ambiente que são essenciais para a aprendizagem pelo movimento (Doherty, 2008). O movimento também é essencial para o desenvolvimento da comunicação. Os bebês copiam as expressões faciais e os movimentos corporais dos adultos, e ao fazer isso aprendem a se conectar com os outros e a construir relacionamentos fortes. O movimento é uma parte importante do desenvolvimento emocional da criança pequena, já que é um modo crucial de se mudar a função cerebral do modo de sobrevivência para o processamento de nível elevado (Promislow, 1999).

Em uma entrevista para o *Early Education*, MacIntyre e McVitty (2004) discutiram três motivos pelos quais é importante que a criança possa se mover bem. Eles propõem, primeiro, que o movimento apoia todos os tipos de aprendizagem. E que isso acontece em ambientes fechados ou abertos, pois a aprendizagem envolve o conhecimento de algo que não era possível antes. A capacidade de mostrar essa nova competência requer habilidades de movimento. Ser capaz de falar é uma habilidade de movimento e é a primeira evidência usada para acessar o desenvolvimento infantil. O movimento é também necessário para atividades posteriores como a leitura (quer dizer, virar as páginas requer o acompanhamento dos olhos, uso da motricidade fina e compreensão além do corpo) e matemática básica (quer dizer, o reconhecimento, recorte e manipulação das formas). Segundo, as crianças querem ser capazes de fazer o que seus pares podem fazer, assim como utilizar independentemente o sanitário e participar de jogos de imaginação. A terceira razão é que se as crianças são competentes em seus movimentos, elas têm maior probabilidade de aproveitar a atividade física e adotarão estilos de vida saudável e se manterão em forma. Apesar de o movimento e a atividade física serem de central importância para a vida das crianças, eles quase não são discutidos. Maude (2001) relata que crianças de 3 anos têm os níveis de atividade mais altos do que qualquer outra idade dentro do período de vida. Elas estão constantemente em movimento, e para satisfazer essa necessidade e desenvolver os grupos musculares maiores dos braços e pernas é necessário exercício diário. Descobriu-se que a atividade física reduz o estresse e a ansiedade (Dishman, 1986) e

aumenta a autoestima (Gruber, 1986), assim como melhora o desempenho acadêmico (Shephard et al., 1984).

Para poder sobreviver, e para uma interação efetiva com o mundo, as crianças precisam ter domínio sobre três categorias de movimento ou movimentos rudimentares (Gallahue e Ozmun, 1982). A primeira é a *estabilidade*, a relação do corpo com a força da gravidade para alcançar a postura ereta. Ser capaz de se balançar é fundamental para muitas habilidades (Magill, 1988), pois é o primeiro dos nossos sentidos a se desenvolver e é vital para a postura, o movimento e a centralização do corpo.

> **Estabilidade**
> A relação do corpo com a força da gravidade para atingir a postura em pé.

Segundo, a criança deve desenvolver habilidades de locomoção já que o movimento no espaço depende disso. As ações de movimento horizontal observadas aqui incluem o arrastar-se (aos 6 meses na média) e engatinhar (aos 9 meses na média), até alcançar a postura ereta e caminhar independentemente (entre os 10 e 15 meses). Ficar em pé é por si só uma pedra fundamental motora significativa, mas há algo único sobre os primeiros passos de um bebê e o progresso para o "caminhar em volta dos móveis" (Davies, 2003, p. 45) – uma maneira carinhosa de descrever a rota das crianças de um lugar para o outro com a ajuda de móveis estrategicamente posicionados que auxiliam a sua locomoção. A terceira categoria é a manipulação, que inclui as habilidades de pegar (aos 4 meses, em média), agarrar (a partir dos 3 meses) e soltar objetos (dos 12 aos 18 meses, em média). Essa também é uma preparação necessária para as habilidades motoras finas e habilidades perceptuais motoras, como fazer marcas, o que tem muita significação quando as crianças iniciam a educação formal.

Os primeiros dois anos envolvem um alto nível de "manejo" adulto enquanto os bebês alternam a atividade entre o sono e o caminhar – levantando, colocando no chão, segurando e virando são apenas experiências de movimento diárias dos bebês. A pesquisadora do movimento Mollie Davies acredita que essa interação com os adultos (pais) é uma maneira de transmitirem algo dos seus próprios padrões de movimento e ações específicas. Ela aponta para o desencontro entre os níveis de habilidade e a variedade dos movimentos adultos e os movimentos pouco sofisticados das crianças, mas argumenta que essa "brincadeira de manejar" é uma parte importante do desenvolvimento dos bebês, dando a eles um "rico vocabulário de movimentos" (2003, p. 34).

O trabalho de Piaget nos informa que a compreensão que as crianças têm de seu mundo é baseada nas experiências sensório-motoras; em outras palavras, as primeiras informações externas que eles precisam receber e processar do mundo externo de modo direto pelos sentidos – o gosto, a visão, a audição, o cheiro e o tato. Mesmo assim ainda há outros dois sentidos que conectam com o movimento e que são frequentemente deixadas de lado, mas que são importantes para o desenvolvimento e a aprendizagem inicial da criança. Primeiro, a *propriocepção* é o sentido que governa nosso conhecimento do corpo e das partes do corpo em relação umas as outras e, segundo, há um senso vestibular, que é o sentido do movimento e a nossa relação com o chão. Isso fornece pontos de referência para onde o corpo está no espaço. O movimento também pode revelar dificuldades associadas com a aprendizagem. Estruturas pobres na propriocepção revelam crianças irrequietas que estão sempre se movimentando como se estivessem tentando "se sentir" melhor; já fundações pobres no senso vestibular resultam em equilíbrio fraco e desgosto pelas atividades de movimento ou uma tendência para o movimento excessivo, como rodopiar sem parar (Gre-

> **Propriocepção**
>
> A habilidade de reconhecer os movimentos que o corpo realiza e identificar onde o corpo está no mundo e o quanto ele se move de maneira ágil.

enland, 2006; citado em Bruce, 2006). Uma análise das competências nos padrões iniciais de movimento, como o equilíbrio, a coordenação, a consciência do corpo e a consciência espacial, pode formar a base de avaliação para indicar dificuldades de aprendizagem específicas como a dislexia (em que pode haver problemas em sequenciar os movimentos), dispraxia (quando há dificuldade em organizar respostas motoras) ou transtorno de déficit de atenção/hiperatividade (TDAH, no qual frequentemente há problemas com a inibição do movimento).

A *brincadeira de atividade física* é a primeira e mais frequente expressão da brincadeira na infância (Bailey, 1999). O significado de *infans ludens*, literalmente, a criança enquanto jogador, se refere à natureza ativa e brincalhona na vida das crianças pequenas. Bruner expressou uma visão similar quando falou da brincadeira e da atividade física constituindo a "cultura da infância" (1983, p. 121). Bjorkvold (1989) adverte que desconsiderar a brincadeira física (e musical) nas vidas das crianças cria uma tensão prejudicial e estressante. A brincadeira e a brincadeira ativa são universais e ultrapassam as diferenças de origem social ou cultural e de inteligência.

> **Brincadeira de atividade física**
>
> Brincadeira que incorpora o vigor físico, como as brincadeiras rítmicas em recém-nascidos, exercícios de brincadeira e brincadeiras duras e brutas.

É bastante comum que adultos trabalhem com crianças pequenas para apoiar suas habilidades cognitivas, sociais e linguísticas, mas que subsequentemente se sentem felizes em mandar as crianças brincarem sob a falsa premissa de que seu desenvolvimento físico cuidará de si mesmo. Quando os adultos não respondem, ou não sabem como responder ao desejo natural das crianças de se mover e brincar, grandes oportunidades para a diversão e a aprendizagem são perdidas. Ao contrário, quando adultos valorizam a brincadeira física e procuram fornecer essa opor-

> **Brincadeira de desenvolvimento dos movimentos**
> O termo do Jabadao National Centre para o movimento, a aprendizagem e a saúde.
>
> **Jabadao**
> Órgão nacional de caridade que trabalha em parceria com os cuidados em educação, saúde, artes e cuidado social ao desenvolver o movimento natural para as crianças pequenas.

tunidade de brincar, abrem um mundo de emocionantes possibilidades, onde o movimento é central ao progresso em todas as áreas do desenvolvimento. A exploração ativa do ambiente pode ser prontamente vista na brincadeira das crianças. Aprender a se mover e se mover para aprender são atividades subjacentes da criança física e a brincadeira fornece o meio perfeito. Veja a última sessão deste capítulo sobre "ambientes" para algumas ideias relacionadas com a provisão de oportunidades excitantes para a brincadeira física para crianças com menos de 3 anos.

A *brincadeira de desenvolvimento dos movimentos (BDM)* é o termo do Centro Nacional Jabadao para Movimento, Aprendizagem e Saúde, que descreve uma abordagem da aprendizagem física nos ambientes de primeiros anos. Essa abordagem procura assegurar que bebês e crianças pequenas estabeleçam as estruturas para o seu futuro ao *brincar* com seus corpos e cérebros até alcançarem a sua melhor forma. O ponto de início da aprendizagem por meio do corpo pelas sensações diretas e sentimentos reconhece que a aprendizagem sensorial é a experiência de aprendizagem principal entre 0 e 3 anos. Isso enfatiza a importância da exploração para melhorar o desenvolvimento neurológico; dito de outra maneira: *ser* um corpo, e não apenas *ter* um corpo. A medida em que as crianças se movem e repetem padrões de movimentos, os movimentos mudam até que o padrão esteja completo. É por meio das experiências de movimento que fundações neurológicas sólidas são construídas no nível certo de funcionamento. O diretor Penny Greenland recomenda (2006, p. 164) um programa de movimento que inclui o seguinte:

- Brincadeira no solo – tanto sobre as costas quanto sobre a barriga para aumentar o tempo em contato com as superfícies do solo.
- Engatinhar de barriga – como a primeira ação autodeterminada de deslocamento.
- Engatinhar – uma combinação de equilíbrio e viagem.

**Figura 4.4**
Fotografia da brincadeira no solo.
Fonte: Fotolivraria Bubbles/Alamy.

BRINCAR: APRENDIZAGEM PARA A VIDA **147**

- Empurrar, puxar, esticar, pendurar e escorregar – como as estruturas para a propriocepção, o sentido que fornece retorno instantâneo sobre as ações corporais.
- Girar, tropeçar, balançar, cair – para construir o sentido vestibular, aquele do equilíbrio e do senso de espaço.

Descobertas das pesquisas do projeto do Centro Jabadao (Greenland, 2006) mostraram que muitos ambientes agora incluem brincadeiras de movimento lideradas pelas crianças ao invés do adulto. A confiança dos profissionais foi ouvida quando muitos usaram a brincadeira de movimento para criar relacionamentos com as crianças; os pais tem se sentido bem em se envolver e ganhos no desenvolvimento físico, emocional, social, linguístico e cognitivo têm sido reatados. Esse envolvimento dos adultos na brincadeira infantil também foi observado por Davies (2003), que identificou a *brincadeira rítmica* inicial acontecendo nas interações compartilhadas entre o adulto e a criança. Nesse tipo de brincadeira os adultos usam vários movimentos como em jogos, por exemplo, em que o adulto está longe da criança, mas, ao se aproximar, pega velocidade e força. O resultado final é uma sequência de prazer enquanto o bebê é levantado no ar. Tal exemplo de *movimento impactante* é frequentemente acompanhado de palavras sem sentido, de brincadeira. Outro tipo de brincadeira a que Davies se refere é a brincadeira de *movimento impulsivo* – o oposto, que inicia com a criança sendo segurada no ar e o movimento gradualmente desaparece enquanto ela é abaixada pelo adulto com menos velocidade e força. As crianças respondem a esse tipo de experiência diretamente com manifestações cinestésicas e aproveitam cada minuto.

> **Brincadeira rítmica**
> Padrões de linguagem ou de movimento que são conduzidos de modo rítmico.
>
> **Movimento impactante**
> Brincadeira de movimento entre o adulto e o bebê na qual o movimento começa longe da criança e, à medida que o adulto se aproxima, o movimento junta velocidade e força, frequentemente culminando na criança sendo levantada pelo adulto.

> **Movimento impulsivo**
> Brincadeira de movimento entre o adulto e o bebê que começa com força e gradualmente perde velocidade e força, como ser levantado no ar e terminar sendo abaixado até os braços do adulto.

## Bebês socializando e formando relacionamentos

Há crescentes evidências da "neurociência, de estudos longitudinais do desenvolvimento e de estudos populacionais que o período da primeira infância é crucial para estabelecer a autoidentidade da criança, a aprendizagem e o ato de alcançar suas metas" (Gammage, 2006, p. 236). Conforme descrito acima, durante os últimos vinte anos presenciamos desenvolvimentos excepcionais no conhecimento sobre como o cérebro se desenvolve e como os genes e o ambiente interagem para afetar a maturação (Shonkoff e Phillips, 2000, p. 182). Os primeiros anos de uma criança pequena são importantes, e as brincadeiras linguísticas e fisicamente ativas são a chave para a comunicação, a socialização, a criação de uma autoidentidade assim como para aprender sobre o mundo ao seu redor. Uma coisa que realmente caracteriza as crianças com menos de 3 anos é a sua necessidade de ter relacionamentos próximos com adultos que lhes são familiares. Elas nascem em um mundo social e são "plugadas" para se engajarem em atividades que desenvolvem rapidamente suas habilidades de compreender e responder aos sentimentos de outras pessoas. Elas precisam de adultos e outras crianças com quem brincar para desenvolver a sua competência social. A habilidade de se engajar em brincadeiras sociais é um mecanismo importante para a aprendizagem inicial (Creasey et al., 1998; citado em Manning-Morton e Thorp, 2003). Tais experiências de brincadeira deveriam ter um final em aberto para permitir a escolha de brincar sozinho ou com outra pessoa, já que um aspecto principal da compreensão dos outros é ampliar a compreensão de si mesmo.

Apesar de as habilidades linguísticas dos bebês serem limitadas, eles podem se comunicar bastante bem com os outros por meio dos sons que produzem, do olhar, dos movimentos e do toque. O uso de objetos tal como um chocalho se torna um modo de se conectar com os adultos ou pares perto deles e pode formar maneiras úteis de se apresentar a um rosto ainda não familiar, auxiliar na construção da autoconfiança, da confiança nos outros e das habilidades sociais. O ritmo do seu desenvolvimento perceptual os equipa para o nosso mundo social desde um estágio inicial. Cercados por um grupo de outros sons, conforme descrito acima, eles são capazes de reconhecer a voz de sua mãe no útero. Logo após o nascimento, o seu sentido da visão em desenvolvimento os permitirá seguir objetos em movimento que estão perto deles, e, muito importante, focar em características do rosto humano quando segurados por um dos pais ou responsáveis. Crianças pequenas estão capacitadas a serem empáticas aos sentimentos dos outros e a comunicar suas emoções aos outros (Trevarthan, 1995). A habilidade de se comprometer com brincadeiras sociais é um mecanismo importante para a aprendizagem inicial (Creasey et al., 1998; citado em Manning-Morton e Thorp, 2003). O rápido desenvolvimento linguístico nos primeiros três anos fornece a eles um modo imediato e poderoso de socializar com aqueles ao seu redor.

A dependência física está relacionada à dependência emocional. Os relacionamentos entre adulto e criança são uma consideração importante na tentativa de fornecer experiências de brincadeira de alta qualidade. Os bebês constroem um "modelo interno de funcionamento" (Bowlby, 1969) para compreender o seu mundo e as pessoas significativas dentro dele. Schore (2001) enfatiza o modo como as primeiras interações face a face auxiliam neste ponto. Elas reduzem a ansiedade e os bebês se sentirão seguros; sua visão do mundo não como um lugar ameaçador, mas lugar de amor e confiança apoiará a sua competência social, o que por sua vez os equipa para se engajar em brincadeiras sociais (Creasey et al., 1998). Os relacionamentos são laços emocionais, e os bebês precisam se sentir protegidos e em segurança. Como apresentado anteriormente, todas as rotinas nas quais os bebês e responsáveis estão envolvidos – alimentação, troca de fraldas, vestir-se – são oportunidades para a brincadeira e atividades de brincadeira acontecerem. A dependência física e emocional das crianças significa que o relacionamento entre o responsável pelo cuidado e a criança é central para qualquer experiência de brincadeira (Manning-Morton e Thorp, 2003). Os bebês se sentem seguros com alguém que lhes dá sinais positivos, responde às suas necessidades e está a par dos interesses da criança. Esse é o momento de construir relacionamentos e criar confiança, compreender e responder às emoções um do outro. É tempo de compartilhar as delícias das conquistas diárias ou acontecimentos e é tempo de o adulto conhecer a criança e vice-versa. A maioria dos ambientes atribui um educador referência para cada criança pequena de modo a oferecer consistência tanto no cuidado quanto na formação de relacionamentos próximos.

> **Teoria do apego**
>
> Uma teoria psicológica e etológica que descreve como uma criança pequena pode se ligar a um indivíduo com quem ela passa períodos prolongados de tempo, p. ex., mãe.

Enquanto apreciamos o quão importante é para adultos se relacionarem com crianças pequenas pelas razões apresentadas, é também importante notar que as crianças se relacionam umas com as outras. O apego inicial influencia os relacionamentos que as crianças têm com outras, crianças.

## IDEIAS EM AÇÃO

Todos os cursos introdutórios sobre desenvolvimento infantil lidam com o conceito de permanência do objeto, que foi extensivamente estudado pelo psicólogo Piaget. Sabemos que ele descobriu que, até os bebês estarem com em torno de 6 meses de idade, eles parecem incapazes de compreender que um objeto que não está em seu campo de visão tem uma existência permanente (p. ex., Piaget e Inhelder, 1969). As reações dos bebês aos testes de Piaget indicaram que uma vez que o objeto fosse retirado do seu campo de visão, ele parava de existir em seus pensamentos. À medida que os bebês se movem além dos 6 meses, eles são capazes de conduzir uma procura simples por um objeto (como levantar um pano e olhar embaixo dele por um objeto que eles viram um adulto colocar ali); mas durante o primeiro ano de vida, eles ainda podem ficar facilmente confusos ao olhar no lugar errado por um objeto que eles viram ser escondido. Pesquisas posteriores indicam que bebês possivelmente têm alguma habilidade inata de seguir a trajetória de um objeto em movimento, parcialmente escondido (veja Bowler et al., 1971), mas a descoberta de que crianças desenvolvem claramente rápido os seus esquemas relacionados à permanência de objetos durante o seu primeiro ano de vida tem sido repetida continuamente durante os últimos 50 anos de pesquisas em psicologia do desenvolvimento. Sendo assim, é interessante que adultos e mesmo crianças mais velhas pareçam instintivamente ajudar o desenvolvimento desta habilidade nas interações com as crianças em um jogo simples que é jogado ao redor do mundo. Em paises falantes do inglês o nome que denomina o jogo é "peek-a-boo" mas há variações regionais. Por exemplo, um dos autores lembra que os membros escoceses de sua família se referiam ao jogo como "peep-bo". Como a maioria dos leitores já sabe, este é um jogo bastante simples em que o adulto esconde o rosto com as mãos, e então os dedos e as mãos são afastas em velocidades variadas de modo que o adulto possa olhar entre elas e dizer "boo", ou "achou!", ao bebê, que com frequência irá sorrir ou gargalhar, e quando for mais velho, poderá imitar e brincar junto, aprendendo sobre as propriedades básicas de um objeto escondido em uma interação social prazerosa.

### Pare e reflita
### O peek-a-boo é uma brincadeira instintiva?

Pense sobre momentos em que você brincou de peek-a-boo com crianças pequenas. Quais foram as suas reações? Quem quis que o jogo terminasse primeiro – você ou elas? Qual foi a sua sessão de peek-a-boo de mais sucesso e o que a fez ter tanto sucesso?

---

A amizade entre os pares é central ao desenvolvimento e a competência social (Doherty, 2008). Deixando de lado limitações físicas, cognitivas e linguísticas, os bebês são genuinamente interessados nos outros ao seu redor. Os bebês começam a formar relacionamentos com os outros desde muito cedo e podem reconhecer seus amigos, até procurar por eles, quando vão para a creche ou na casa de um vizinho onde esperam encontrar outro bebê. As origens da brincadeira de faz de conta social estão presentes no primeiro ano, e as crianças têm as habilidades resultantes de compartilhar experiências significativas com seus pares desde os primeiros dias de vida. No primeiro ano, isso é visto com os gestos, expressões faciais e imitação de ações. Os bebês podem se conectar em brincadeiras simples, baseadas em regras, como o *peek-a-boo inglês*, desde muito cedo se engajando em níveis cada vez mais complexos emocional e cognitivamente enquanto maturam. Isso gradualmente se desenvolve na habilidade de usar representações simbólicas e jogos mais complicados com regras (Piaget, 1968).

## A brincadeira comunicativa dos bebês

A linguagem é crucial para o desenvolvimento das crianças pequenas e não é importante apenas pela comunicação e para construir relacionamentos com os outros, mas também para permitir a eles compreenderem o mundo ao seu redor. Pesquisas na área da psicologia do desenvolvimento mostram que, desde os primeiros dias de vida, é crucial fornecer às crianças oportunidades de se engajarem em interações, ambientes linguísticos ricos e experiências de brincadeira. Os recursos mais importantes para as crianças pequenas aprenderem a se comunicar são aqueles que "cuidam" delas, por exemplo, os pais, outros membros da família, responsáveis pagos ou voluntários, principais empregados – já que relacionamentos positivos desenvolvem a autoestima e confiança em falar e as crianças são capazes de assumir mais riscos e expressar seus sentimentos (Manning-Morton e Thorp, 2003).

A compreensão que as crianças têm da língua pode ser vista no modo como elas aprendem a brincar com ela nos primeiros meses e anos de vida. Essa brincadeira linguística pode definitivamente ser vista no *discurso direto da criança*, que é a adaptação de linguagem simplificada dos adultos quando se comunicam com crianças muito pequenas (Robsen, 2006). Os adultos adotam um modo ajustado de falar com a criança, falando com voz alta com tons vagarosos e medidos, que utiliza repetições simples e perguntas frequentes para engajar a criança mais completamente. Eles também respondem à linguagem corporal dos bebês e as dicas físicas (Selleck, 2001). Os bebês e às crianças são produtores ativos de significados, ansiosos para compreender o mundo a sua volta, sendo, na verdade, levados a interagir através das experiências lúdicas (Wells, 1987).

Muito antes do início da fala, os bebês estão utilizando todos os seus sentidos para brincar e para se comunicar conosco (Forbes, 2004, p. 110). A linguagem não se manifesta apenas através da fala, e os bebês podem e se comunicam de diversas maneiras. A língua falada é na verdade muito complicada, envolvendo a fonética – a articulação dos sons da fala através do controle do ar nos pulmões, pela laringe e até a boca, o movimento e posicionamento dos lábios, língua, dentes e do palato mole e duro. Enquanto os bebês estão ouvindo e adquirindo sons e palavras, eles também estarão aprendendo a se comunicar usando várias habilidades. Através da observação e da escuta sobre o que está acontecendo no seu mundo imediato, eles absorvem padrões de comunicação não verbal, o que inclui linguagem corporal como expressões faciais, contato visual, abaixar a cabeça para ouvir, gestos das mãos e tomada de turnos na fala. Elas copiam as expressões faciais dos adultos e também imitam o que veem e respondem ao tom da voz adulta. Eles esperam por sua vez, ou, algumas vezes, lideram as interações. "Estas habilidades se desenvolvem à medida que os bebês e as crianças pequenas expressam suas necessidades e sentimentos, interagem com os outros e estabelecem as suas próprias identidades e personalidades" (DfES, 2007b).

A pesquisa de Bruner e colaboradores (1976) mostra como o papel de responsável é importante para o desenvolvimento linguístico da criança através da instigação aos jogos. Trevarthen (1998) vai além e sugere que os bebês instigam os adultos com a lin-

> **Discurso direto da criança**
>
> A adaptação de língua simplificada pelos adultos quando se comunicam com crianças muito pequenas, o que inclui mudanças no tom de voz; alteração do vocabulário; uso de sons; repetições simples e questões frequentes.

## IDEIAS EM AÇÃO

Aos 18 meses, Ewan é a única criança envolvida nas celebrações noturnas, mas ele se engaja com confiança nas interações com os adultos na sala. Sem qualquer vergonha, na verdade ele é o centro das atenções, não apenas porque pode se mover na velocidade da luz para explorar os objetos familiares na casa da sua vovó, mas também porque ele estava requisitando uma interação com os adultos. Ele está no estágio de apontar para tudo ao seu redor – na verdade, ele está pedindo ao adulto que forneça o nome do objeto ou da pessoa para quem ele aponta. Ele aponta para a lâmpada, o vaso de plantas, um dragão, fotos no seu livro sobre um rato se escondendo atrás de objetos e para fotografias nas paredes do seu pai quando criança, aponta para os cães ou para sua avó. Isso tudo acontece no espaço de alguns minutos. Ele parece incansável, não apenas nas suas coisas, mas também em sua procura por novas palavras e compreensões. Os adultos estão lá para satisfazer suas necessidades, e porque ele está tão engajado e gostando tanto desse "caça-palavras", todos o servem de boa vontade.

Duas semanas depois Ewan estava muito feliz na ocasião do nascimento do seu irmão, e com apenas dois dias de idade já estava fascinado por ele. Ele apontava para o seu próprio nariz, olhos, cabeça e barriga e então para os do seu novo irmão, comparando as partes do corpo assim como requisitando o vocabulário correto.

### Melhorando a prática

Reflita sobre como você usa andaimes com sucesso na comunicação e as habilidades linguísticas dos pequenos aprendizes sob seu cuidado. De que maneiras você poderia fazer a sua prática ainda mais efetiva?

### Comentário

É muito importante para os adultos e as outras crianças auxiliar a habilidade comunicativa e linguística das crianças pequenas. Elas começam a "adquirir" a língua e é muito importante fornecer a elas um ambiente linguístico rico. O quadro descrevendo a brincadeira dos gêmeos descreve um jogo pré-linguistico de apontar que os adultos utilizam para brincar com os bebês. Quando as crianças pequenas começam a falar elas rapidamente se tornam capazes de transmitir uma ampla riqueza de significados, com muito poucas palavras.

---

guagem e estes os imitam, que o bebê está no controle das conversas e da brincadeira sem que estejamos consciente disso. Eles são pré-programados para aprender através de todos os meios que tenham disponíveis. A conversa é na verdade um ato complexo de comunicação, mas os bebês se envolverão na tomada de turnos em uma conversa desde muito cedo. Brincar de jogos como peek-a-boo, no qual o adulto e a criança tomam turnos, é importante para a aprendizagem sobre estratégias de conversação (Forbes, 2004). Os adultos auxiliam a linguagem dos bebês ao interpretar o que eles querem dizer ou precisam. Durante os primeiros anos, os pais e responsáveis brincam de jogos com os bebês repetindo os sons que eles fazem, e ajudam a modelá-los. Eles modelam a linguagem que é apropriada, fornecendo palavras e ampliando as contribuições do bebê, repetindo-as em sentenças completas. Os bebês e as crianças pequenas escutam avidamente – coletando sons e testando-os por si próprios (Brock e Rankin, 2008).

Tudo o que os profissionais fazem com os bebês e com as crianças em fase de engatinhar deveria envolver uma conversação e interações não verbais, seja na hora do lan-

## IDEIAS EM AÇÃO

### Momento de reflexão

Releia o cenário no início deste capítulo sobre Karla brincando e o último sobre Rabia e seus amigos. Considerando a sua leitura, você pode identificar por que elas são crianças "espertas"?

### Sugestão de atividade

Conduza algumas observações de crianças com menos de 3 anos falando e se comunicando em seu ambiente, tanto com crianças e adultos, e então analise cuidadosamente a língua ou comunicações que elas produzem. Você pode ver como elas também são "espertas" do mesmo jeito que Karla e Rabia são, e como nós podemos facilmente não notar essa "esperteza" se, por estarmos ocupados, não prestamos atenção no que as crianças estão tentando nos dizer ou comunicar?

### Melhorando a prática

Considerando as suas reflexões, pense nas práticas em seu ambiente. Quais oportunidades e sistemas existem para uma análise cuidadosa da língua ou da comunicação das crianças? Como isso poderia ser melhorado?

---

che, na hora da soneca, saindo para passear ou ir ao supermercado. Todas as atividades fornecem oportunidades ricas para o vocabulário ser modelado, para a diversão e o humor acontecerem, para jogos interativos e imaginativos serem jogados. Músicas e rimas, acompanhadas de brincadeiras duras e brutas, linguagem corporal, cócegas, todos enviam sinais fortes de que interações verbais são divertidas. Os bebês logo começam a se engajar em brincadeiras vocais – cantando sons, fazendo o barulho de engrenagens e telefone antes de serem capazes de manipular palavras explicitamente (Crystal, 1998; Robsen, 2006). Garvey (1977, p. 69; em Robsen, 2006, p. 114) sugere "três categorias de brincadeiras espontâneas de linguagem – rimas e brincadeiras com palavras; fantasia e brincadeira sem sentido; brincadeira com atos e convenções do discurso". Crianças muito pequenas começam a brincar com jogos e a cooperar nas brincadeiras com jogos a partir dos 18 meses. A pesquisa de Dunn (2004) mostra como a amizade com outras crianças pequenas é vista através da reciprocidade, do

> **Bookstart**
> Primeiro programa nacional do mundo a fornecer livros para bebês, o programa entrega gratuitamente pacotes de livros para bebês e crianças no Reino Unido gratuitamente.

reconhecimento e da afeição e que isso ocorre com crianças muito pequenas.

Os bebês também adoram livros, e é importante que elas tenham acesso a eles desde muito cedo. Ler para os bebês e envolvê-los em ouvir histórias e rimas é uma das maneiras mais eficientes de se melhorar o desenvolvimento linguístico. Apesar do bebê não ser capaz de entender as palavras ou articular respostas formuladas, ele claramente gosta da experiência. Ele olha para as figuras e aprende a folhar as páginas. Algumas vezes, olhar o livro junto a um bebê pode estimular uma resposta – risadas ou sons de espanto ou uma tentativa de apontar para as fotografias na página (Brock e Rankin, 2008).

## AMBIENTES PARA A BRINCADEIRA DOS BEBÊS E DAS CRIANÇAS PEQUENAS

### Brincadeira em ambientes internos

Os ambientes refletem o que nós valorizamos para as crianças. Goldschmied e Jackson (1994) sugerem a ideia de "ilhas de intimidade" como um lugar permanente, feito de cobertores e almofadas onde os principais responsáveis podem dar atenção individual a um indivíduo ou grupo de crianças. Essas áreas promovem o desenvolvimento físico através da organização de recursos em diferentes níveis para permitir a brincadeira, sentado ou em pé, tanto em ambientes internos quanto externos, assim como tempo para praticar as habilidades. Eles também promovem experiências de brincadeira sem fim específico para permitir a exploração, sendo atrativos para ambos os sexos e acessível para crianças com deficiências. Isso permite a autonomia e a escolha, desenvolvendo o autoconceito da criança, o que afeta os seus relacionamentos com os outros e suas atitudes quanto a novas situações. Uma base segura fornece tanto a proteção quanto a segurança com o desejo e à necessidade da criança de explorar. Isso regula a confiança interna e sentimentos de segurança com o desejo de ser uma criança extrovertida e independente (Liebermann, 1995).

### Brincadeira em ambientes externos

A brincadeira em ambientes externos oferece oportunidades para a brincadeira física e permite a criança pequena o tempo e a área para adquirir e refinar suas habilidades físicas em desenvolvimento. Brincar com brinquedos de roda é particularmente útil ao desenvolvimento da estabilidade, locomoção e das habilidades de manipulação citados acima. Se as crianças com menos de 3 anos brincam com crianças mais velhas em tais ambientes externos, elas podem com frequência imitar suas habilidades físicas mais proficientes, e as crianças mais velhas estão frequentemente disponíveis a fornecer instruções úteis "inseridas" nesta área. O acesso a espaços para a brincadeira tanto internos quanto externos é vital. Brincar em ambientes externos não deveria acontecer apenas no verão – o acesso ao espaço externo precisa existir durante todo o ano. Aquilo que é experimentado em ambientes internos também pode ser experimentado em ambientes externos. Os educadores da primeira infância do passado, como Froebel, McMillan e Isaacs, eram fortes defensores do planejamento dos espaços externos. McMillan propôs que o que as crianças dos 1 aos 7 anos precisavam era de espaço amplo, "para se mover, para correr, para descobrir coisas através de um novo movimento, para sentir a própria vida em cada membro" (1930, p. 23). Este ponto foi adotado 71 anos mais tarde por Perry quando ele propôs que "os ambientes externos de brincadeira podem ser o único lugar onde as crianças podem orquestrar independentemente suas próprias negociações com o ambiente físico e social e ganhar a clareza necessária de si mesmos para se orientar mais tarde na vida" (2001, p. 118). Um dos benefícios óbvios da brincadeira é como ela pode apoiar o desenvolvimento físico da criança, como dito acima, mas essa faceta de tal atividade ainda pode se tornar confusa em algumas mentes adultas com fortes habilidades esportivas para a competição.

Veja sugestões de brincadeiras ao ar livre no Capítulo 7. Você também encontrará exemplos de brincadeiras com crianças do ensino fundamental no Capítulo 6.

A Aliança pela Aprendizagem na Pré--Escola (1998) avisou aos professores que transformar continuamente a atividade física em eventos competitivos é um risco para adultos que trabalham com crianças pré-escolares. Eles propõem que avaliações baseadas nas habilidades e na competitividade podem facilmente desvalorizar a autoconfiança de algumas crianças e estragar a diversão na exploração do desenvolvimento físico por si só. A história de Elizabeth também nos dá uma ideia para uma reflexão maior: que tais experiências iniciais podem definir um desgosto de tais atividades que pode durar a vida toda, o que claramente tem o potencial de impactar negativamente os estilos de vida futuros.

---

### IDEIAS EM AÇÃO

#### Os bebês amam histórias

Josh tinha apenas 4 meses e já possuía ricas experiências com histórias. Estávamos almoçando quando eu contei a ele a versão da história "O quanto eu te amo?" Que é uma história tão expressiva. Tanto a linguagem repetitiva e o modo como a história promove o aumento e a queda do tom de voz prenderam a sua atenção. Josh olhava para mim profundamente com grandes olhos escutando a entonação dessas frases. Eu prendi a sua atenção por um longo tempo.

(Brock e Rankin, 2008, p. 26)

#### Histórias na hora de dormir

Todas as noites, quando perguntáramos que história eles queriam, os meninos respondiam "A caça ao urso". Enquanto eu lia, os dois meninos mais novos atuavam. Eles amam a parte do ruído de quando se anda sobre lama ou neve, e se escondem embaixo das cobertas no final quando o urso está perseguindo-os. Apesar de eles terem apenas 2 e 3 anos eles sabem as frases no final que diz, "nós não estamos com medo" e eles me antecipam e gritam antes que eu tenha a chance de ler.

(Brock e Rankin, 2008, p. 72)

#### Pare e reflita

Você consegue lembrar dos seus livros e histórias favoritas de quando era pequeno? Por que não colecionar suas histórias favoritas para contar e ler para os bebês e crianças pequenas, ou fazer as suas próprias! O que a maioria das histórias e músicas simples contém é uma "moldura" (Por exemplo, "O velho McDonald tinha uma fazenda" ou "As rodas do ônibus") que é repetida várias vezes, e um novo "pedaço" de informação é inserido em cada página ou linha. Uma vez que você pegar o jeito, normalmente poderá ver que não é tão difícil criar as suas próprias músicas ou histórias.

---

### IDEIAS EM AÇÃO

#### Um ambiente de brincadeira interno para crianças com menos de 3 anos

A seguinte ideia em ação assume a forma de uma jornada através da provisão para crianças de 0 a 3 anos com Holly, que é a coordenadora para os menores de 3 anos em um centro infantil.

(continua)

BRINCAR: APRENDIZAGEM PARA A VIDA **155**

## IDEIAS EM AÇÃO

O nosso ambiente tem um amplo espaço designado para eles que é dividido em amplas áreas para a brincadeira dura e bruta, área da bagunça, área do lanche, área do movimento, área do faz de conta. Há uma sala multissensorial, com diferentes iluminações e móveis macios. A sala sensorial é ideal para os menores de 3 anos, particularmente se eles estão chateados ou sentem falta da mãe. Eles podem entrar na sala sensorial e relaxar. As crianças podem escolher quando elas querem entrar e nós até permitimos que fiquem sozinhos lá se eles quiserem – se eles pedirem para ficar sozinhos.

A área da bagunça tem uma área de pintura, fornecimento de água e moldes, e areia dentro de uma caixa com lona impermeabilizada. Há uma bancada para materiais naturais, como farinha de milho, argila, massa de modelar, sabão, macarrão, areia seca e molhada. Exploramos um vocabulário diferenciado como – gosmento, sedoso, escorregadio, grudento, chiar e assobiar, e fornecemos pequenos utensílios como peneiras, jarros e escadas. Aqui está Kristy, que passou a maior parte da manhã pintando – agora ela está pintando as mãos de Sasha (sua assistente principal). Harris e Natalie também estão brincando aqui por algum tempo fazendo bolhas com a água na torneira.

Temos faz de conta, brincadeiras com blocos, brinquedos em miniatura (mini fazenda, mini cidade...) e áreas de casinha, todos os móveis na altura das crianças pequenas, frequentemente com espelhos para que elas possam se observar enquanto brincam e o que as outras crianças estão fazendo.

Temos uma sala de brincar para as famílias e um estúdio onde elas podem explorar a criatividade com as crianças pequenas em uma abordagem Reggia. Você pode ver que muita criatividade acontece aqui. Há sacolas com coleções de materiais, fitas, penas, lenços, fitas métricas, lã, cordões e muitas coisas penduradas no teto. Há um triângulo de espelhos, no qual as crianças podem entrar e se ver de diferentes perspectivas, assim como um projetor que pode ampliar figuras e objetos nas paredes e também criar sombras das próprias crianças fazendo diferentes movimentos. As fotos laminadas mostram muitas atividades que nós fizemos com as crianças. Com frequência, recebemos a visita de artistas e trabalham com as crianças e as famílias. Trabalhamos com lycra e seda, apresentamos os tecidos e pedimos para eles imaginarem como seria estar preso dentro do gelo. Eles desenharam com carvão em um grande papel e descreveram como sendo "gelado", "frio", "molhado" e "pingando".

Holly, administradora de uma creche

### Comentário

Forbes (2004) advoga que espaços de brincadeira para bebês e crianças pequenas precisam encorajar o movimento físico e a exploração. Tovey (2007) indica que as evidências de pesquisa apoiam a estreita relação entre o *design*, o uso do espaço e a brincadeira das crianças pequenas. Este centro infantil demonstra a excelente provisão oferecida em todas as áreas do ambiente, promovendo novas experiências artísticas e criativas que desafiam e estimulam os bebês e crianças na fase de engatinhar, os pais e os profissionais que trabalham com elas.

### Melhorando a prática

Olhe novamente as experiências internacionais apresentadas no Capítulo 3 e identifique maneiras possíveis de promover a arte e a criatividade.

Revise a provisão do seu ambiente. Você pratica a variedade de experiências de aprendizagem que são desempenhadas no centro infantil acima? Quais são as restrições que você sofre?

## IDEIAS EM AÇÃO

### Pare e reflita
O problema da atividade física enquanto competição

Eu sempre odiei a atividade física, desde tão cedo quanto posso me lembrar. Eu sou o que a pesquisa fisiológica define como um *endomorfo* (Budislovsy e Adamson, 2006), o que significa que a forma natural do meu corpo é bastante ampla e não atlética; e somado a isso está o fato de que eu herdei um tipo de problema de visão que afeta os meus olhos de modo desigual (um tem que ter o dobro de correção do que é necessário para o outro). Isso não foi descoberto até que eu tivesse 7 anos, quando eu já tinha uma fraca percepção de profundidade que era irrecuperável. [Isso se relaciona às conexões neuronais da criança sobre as quais você leu previamente neste capítulo.] Isso me torna bastante desajeitada e muito fraca em jogos com bola. Eu sempre fui muito bem academicamente, então geralmente tinha autoestima alta no ambiente de sala de aula. Contudo, isso tudo mudava rapidamente durante atividades físicas coletivas na infância, tanto em ambientes internos quanto externos, por que estes eventos pareciam sempre beneficiar quem podia correr mais rápido, escalar ou pular mais alto, ou ser excelente em esportes com bola.

Eu não gosto de atividades físicas até hoje. Não importa o quanto eu diga a mim mesma que yoga, aeróbica ou dançar salsa não implicam uma competição, eu inevitavelmente pareço associar qualquer questão relacionada ao exercício físico com chegar por último na corrida com o ovo na colher no maternal (e muitas outras experiências parecidas mais tarde na infância), ou com ser aquela que errou a bola quando nosso time estava ganhando o jogo no ensino fundamental.

Elisabeth, 42 anos

Como você se sente praticando uma atividade física? Você compartilha das opiniões de Elisabeth ou discorda? Há alguma tensão entre o que os educadores propõem e a realidade da vida no mundo fora do espaço da escola?

> **Endomorfo**
> Uma pessoa pesada com corpo macio e arredondado. (dictionary.com)

---

## IDEIAS EM AÇÃO

### Criando ambientes de brincadeira externos

Warren, um auxiliar de maternal, fala sobre a área externa que ele e seus colegas criaram para o seu centro infantil.

A área externa tem um aproposta que se assemelham aos recursos e às experiências internas, mas também áreas particulares para a escalada, para correr e para conduzir veículos. A área com grama é em declive, então as crianças de 0 a 3 anos podem ganhar experiências de correr para cima e para baixo. A área de concreto tem uma área rebaixada que forma uma poça natural quando está chovendo. Há uma área temática com pneus, trampolim, toras de madeira e até mesmo poças quando chove. As crianças podem sen-

(continua)

BRINCAR: APRENDIZAGEM PARA A VIDA **157**

## IDEIAS EM AÇÃO

tar ou subir em alguns antigos tonéis de leite; colocamos direções neles, e as crianças fingir que estão dirigindo. Há também garagens com portas de aço enrugadas de abaixar onde os veículos de roda são mantidos, com baias de estacionamento do lado de fora. As crianças podem escolher e devolver estes veículos. Hoje, Cameron, que tem 3 anos, estava controlando a rodovia, dirigindo em volta de um grupo de adultos em seu veículo, fazendo barulhos de motor e esperando ser notado de modo sério. Algumas crianças estavam escrevendo em amplos pedaços de cartolina no chão. Os nossos caminhos de concreto têm 20 desenhos e texturas diferentes, olhos de gatos, tocas, bambu, tecelagens e percurso com obstáculos.

### Melhorando a prática

Ambas as descrições acima e a seguinte observação de áreas externas são exemplos de uma proposta adequada para os visitantes do ambiente. Bo-Foon, a coordenadora dos menores de 2 anos neste ambiente, também falou sobre a proposta da área externa:

Nós não acreditamos em confinar nossas crianças de 2 anos a espaços pequenos. Eles precisam de espaço para correr e explorar. Nós tivemos uma criança que estava correndo e bateu contra uma árvore uma vez, porque as suas experiências de consciência espacial e liberdade de expressão tinham sido excessivamente limitadas em casa.

Você se sente confiante de que pode justificar a sua proposta para todos os participantes?

### Comentário

Esse movimento físico inicial é muito importante para o desenvolvimento futuro, não apenas em relação ao bem estar físico, mas ao conhecimento e à compreensão de mundo. Uma aluna que trabalhou em um projeto de ciência em ambiente externo para crianças de escola fundamental recentemente nos contou que lidou com crianças que nunca haviam realmente se molhado na chuva, ou corrido até ficarem sem fôlego. Uma criança disse a ela que estava "morrendo" porque seu fôlego estava parecendo "todo engraçado" e surpreendeu-se ao descobrir que seu fôlego voltou naturalmente quando ele ficou sentado em torno de um minuto.

# *Resumo e revisão*

Este capítulo introduziu a arena complexa e interessante da brincadeira infantil, a importância dos primeiros três anos de vida, e refletiu sobre o modo como a qualidade das primeiras experiências pode fazer diferença para o desenvolvimento futuro. O conhecimento sobre o desenvolvimento das crianças muito pequenas é crucial; é a base de toda a aprendizagem, e a riqueza da pesquisa e da teoria que tem sido referenciada deveria indicar tanto a importância e o que é pertinente. Você agora já sabe sobre o desenvol-

*(continua)*

# Resumo e revisão

vimento do cérebro das crianças pequenas, da importância de recursos apropriados, incluindo algumas organizações úteis de áreas internas e externas para a brincadeira, da natureza crucial da comunicação e dos relacionamentos, e de como o desenvolvimento físico sustenta fundamentalmente uma grande variedade de outros processos do desenvolvimento. Tenho esperança de que os exemplos das ideias em ação tenham qualificado as teorias e fornecido exemplos interessantes de prática, demonstrando como teóricos, escritores, pesquisadores, profissionais, pais e até mesmo irmãos ficam empolgados com as aprendizagens interessantes e esclarecedoras das crianças pequenas.

Agora podemos refletir sobre as perguntas propostas no início do capítulo.

- Como nós sabemos que bebês são aprendizes fascinantes, "espertos" e ativos?

Podemos ver nos exemplos deste capítulo que os bebês são aprendizes interessados e engajados desde o início, aprendendo rapidamente sobre o aspecto de tomada de turnos da conversação, subsequentemente engajando-se em interações pré-linguisticas com seus responsáveis. A pesquisa neurológica moderna nos mostrou as rápidas conexões que são feitas nos seus cérebros físicos, e nós podemos ver isso em ação no seu comportamento através do rápido desenvolvimento dos esquemas, e como eles ganham compreensão através da brincadeira interativa com outras pessoas. Os exemplos de brincadeiras e comunicação entre crianças gêmeas indicam que, além da relação crucial entre a criança e o responsável na primeira infância, também há muito a ser ganho na interação com os pares. As "luzes estão acesas" para os seres humanos desde os primeiros dias de vida, e é crucial que os responsáveis pelo cuidado dessas crianças reconheçam isso e forneçam aos bebês os recursos e ambientes para as suas primeiras atividades de brincadeiras.

- Quais são os ambientes e atividades mais positivos, agradáveis e enriquecedores para o desenvolvimento de bebês e crianças pequenas?

Os exemplos de atividades e ambientes acima devem ter lhe dado algumas ideias que você pode levar para a sua prática. O ritmo rápido das pesquisas neuropsicológicas trará maiores compreensões à medida que você avançar em sua carreira, e como um profissional da área, você deve continuar a par disso e tentar incorporar novas descobertas à sua prática da maneira mais inovadora possível.

- Por que os primeiros anos de vida são tão importantes para o desenvolvimento cognitivo, social, emocional, linguístico e físico?

Há um antigo ditado nos países falantes da língua inglesa de que "as primeiras impressões são as que contam". Aqueles que cuidam dos bebês estão mediando as primeiras impressões desses novos seres humanos sobre o mundo no qual nasceram. Tais primeiras experiências formam as bases sobre as quais todo o desenvolvimento e aprendizagens subsequentes são construídas; neste sentido, os papéis ocupados por aqueles que trabalham com bebês são os mais importantes de todos dentro de toda a área de educação e cuidado. Entretanto, tem sido bastante tradicional na educação e no cuidado infantil presumir que cuidar de bebês é uma tarefa muito pouco exigente e que não necessariamente exige conhecimento profissional, qualificação ou a compreensão de fornecer experiências variadas e de alta qualidade. Esperamos que este capítulo tenha lhe mostrado algo bem diferente, inspirando aqueles que estão recém começando suas carreiras a escolher trabalhar com recém-nascidos e crianças pequenas, e que tenha fornecido confiança e reconhecimento profissional para aqueles de vocês já comprometidos com trabalhar e brincar com bebês.

## Transformando o pensamento e a prática: é com você!

- Crie a sua própria cesta de tesouros e, se possível, observe os bebês e as crianças pequenas brincarem com os itens dentro dela? Comprometa-se com a prática reflexiva, avaliando o uso que as crianças fazem destes itens; então, tente uma diferente variedade de itens e grave suas reflexões.
- Considere outras maneiras de apoiar os bebês na brincadeira heurística. Uma fonte de desenvolvimento prático está no que se chama "brincadeira bagunçada", a promoção de experiências táteis seguras para as crianças pequenas; por exemplo, supervisioná-las em brincadeira de "sentir" com gelatina gelada, espumas, um gel caseiro que pode ser feito misturando farinha de milho com água (acrescente corante de alimentos para modificar o aspecto visual). Há mais exemplos no quadro "Ideias em ação" sobre a brincadeira em ambientes internos, você também pode adicionar e testar as suas próprias ideias.

Lembre-se, a tarefa do estágio sensório-motor é aprender sobre as propriedades dos objetos dentro do mundo e desenvolver as primeiras competências físicas. Há muitas atividades de brincadeiras em potencial que podem tratar dessas necessidades, e assim que você começar a pensar sobre esses conceitos nos mais jovens, você provavelmente achará difícil selecionar entre ideias diferentes ao invés de lutar para gerá-las!

## Ideias para pesquisa

Preparar e avaliar os conteúdos de uma cesta de tesouros (como sugerido acima) entra na arena da pesquisa profissional ativa. Você também pode observar a movimentação dos bebês. Considere como eles exploram o espaço. Observe seus movimentos motores finos e grossos, em particular, concentre-se em como eles se desenvolvem rapidamente durante os primeiros meses e anos de vida. Relacione o que você observa com o que você aprendeu sobre a construção de esquemas nos capítulos deste livro. Observe os bebês brincando sozinhos em suas interações com adultos e outras crianças. Se você puder assistir a gêmeos ou outros "múltiplos" neste tipo de brincadeira, você entenderá que muitas vezes eles "espelham" o comportamento uns dos outros e parecem estar mais ligados com a presença um do outro do que dois bebês sozinhos da mesma idade.

Em termos de atividades de pesquisa profissional, ainda há muito a ser descoberto sobre a significação dos primeiros relacionamentos entre gêmeos, trigêmeos e outros múltiplos para o desenvolvimento, e este seria um tópico interessante para um nível de pesquisa mais aprofundado.

## Leituras adicionais

Brock, A. e Rankin, C. (2008) *Communication, Language and Literacy from Birth to Five*. Londres: Sage.

Bruce, T. (2002) *What to Look for in the Play of Children Birth to Three*. Londres: Hodder & Stoughton.

Doherty, J. (2008) *Right from the Start: An Introduction to Child Development*. Harlow: Pearson Education.

Forbes, R. (2004) *Beginning to Play: Young Children from Birth to Three*. Maidenhead: Open University Press.

Manning-Morton, J. e Thorpe, M. (2003) *Key Times for Play: The First Three Years*. Maidenhead: Open University Press.

Murray, L. e Andrews, L. (2000) *The Social Baby: Understanding Babies' Communication from Birth*. Londres: CP Publishing.

## Sites na internet

www.high-scope.org.uk
www.ncb.org.uk
www.childrensproject.co.uk

# 5

# Brincadeiras nos primeiros anos
## Liberdade para brincar – não apenas permitido, mas também obrigatório!

**Avril Brock**

Quando entrei na casa, Grace perguntou: "Você veio para brincar comigo?". Ela pergunta isso para todo o adulto que visita sua casa. E quando estava na hora de ir embora, ela ficou na frente da porta para que eu não pudesse sair, ela queria que eu continuasse a brincar com ela. Grace mal pode esperar que o seu irmãozinho, que tem 10 meses, cresça o suficiente para poder brincar e se comunicar com ela. A brincadeira é muito importante para ela e ela realmente leva isso a sério.

## INTRODUÇÃO

No Capítulo 4, foi feita uma introdução da importância dos três primeiros anos de vida e do papel crucial das experiências de brincadeira no desenvolvimento das crianças pequenas. Neste capítulo, consideramos as crianças entre 3 e 6 anos na medida em que exploramos a brincadeira na educação infantil. O foco principal é a promoção da brincadeira para fins de aprendizagem, não apenas para atingir os itens do currículo, mas também para valorizar a brincadeira pelo seu próprio mérito. O objetivo deste capítulo é encorajar você a examinar as suas percepções da brincadeira para crianças de 3 a 6 anos. O foco principal está implícito na educação da primeira infância e no cuidado das crianças. É perciso ter em mente as experiências, o conhecimento e os valores que as crianças trazem de casa consigo. Isto significa não ter somente conhecimento da individualidade, cultura, identidade e diversidade das crianças, mas também valorizar as novas experiências que as crianças trazem todos os dias. As crianças não aprendem somente quando estão na escola ou quando estão sendo instruídas diretamente por um adulto; elas possuem uma imensidão experiências de aprendizagem interessantes e valiosas todos os dias.

A próxima premissa é reconhecer que as crianças pequenas são aprendizes confiantes e capazes, e este capítulo solicita que você, como profissional, reflita sobre seus próprios valores, sobre sua prática e sobre os fundamentos do seu conhecimento. Isso é essencial para promover experiências de brincadeira ricas e motivadoras que tanto você quanto as crianças irão apreciar e valorizar. O objetivo é plantar sementes de ideias que se tornarão férteis e produtivas, e como frutos, você desenvolverá brincadeiras com desafios novos e emocionantes. Em vez de apresentar seções baseadas em áreas específicas de aprendizagem, esse capítulo promove uma aprendizagem curricular transversal, valendo-se de exemplos que aconteceram nas escolas. Ele fornece uma análise das principais perspectivas teóricas, nas quais você pode se "prender" para obter uma compreensão crítica deste conceito *simples* que é a brincadeira, para contrabalançar com as suas próprias experiências. Fazendo isso, você estará equipado para fazer parte do debate contemporâneo sobre a complexidade da brincadeira. Muitos profissionais afirmaram que os debates sobre o valor educacional da brincadeira tiveram origem por causa da falta de clareza sobre o que é ou não brincadeira (Riley, 2003). Para entender e defender a brincadeira, é preciso ter entendimento da interconexão, do cuidado e da educação e porque isso tem criado uma contenção sobre os primeiros anos de educação. Ao final deste capítulo, você deverá ser capaz de responder às seguintes perguntas:

- A política e o desenvolvimento das políticas educacionais realmente têm um impacto na proposta da brincadeira e por que isso deveria me interessar?
- Como as teorias psicológicas influenciam a minha prática?

- Quais são as linguagens de brincadeiras das crianças?
- Como posso criar oportunidades de brincadeira de qualidade para todas as crianças da educação infantil?

## Educação e cuidado na primeira infância

A educação e o cuidado na primeira infância possuem um lugar elevado na agenda política. Contudo, mesmo existindo uma concordância internacional de que os investimentos na educação infantil sejam importantes, as diferentes abordagens que os países têm adotado significam que em todo o mundo as experiências de educação e cuidado na primeira infância podem variar enormemente (Gammage, 2006; Neuman, 2005). Algumas crianças frequentam uma creche em turno integral por 6 meses, outras vão a pré-escolas estaduais, enquanto outros não têm acesso a educação ou experiências de cuidado fora do ambiente do lar. Portanto, as crianças podem frequentar escolas diferentes por tempo e idades distintas e experimentar tipos, quantidades e qualidades diferentes de educação. A idade para começar na escola varia entre 4 e 7 anos em diferentes partes do mundo, e as crianças podem estar matriculadas em um estabelecimento escolar desde os 3 ou 4 anos, enquanto outras não iniciam oficialmente os estudos até os 6 ou 7 anos. Algumas crianças nos países de terceiro mundo podem nunca receber uma educação escolar formal, mas podem começar a trabalhar por volta dos 7 anos. Os

---

### IDEIAS EM AÇÃO

**Pare e reflita**

Pesquise um pouco na internet e determine os significados e as propostas desses diferentes estabelecimentos e o que eles proveem para a primeira infância.

títulos dos estabelecimentos agregam uma mistura rica de tradições, valores e compreensões – *école maternelle, scoula dell'infanzia*, jardim de infância, creche, *förskola, crèche collectif* ou centro infantil.

Teóricos, pesquisadores e profissionais no campo da educação infantil frequentemente definem a educação da primeira infância do nascimento até os 6 anos,[*] contudo poucos estabelecimentos para os anos iniciais na Inglaterra aceitariam crianças do início ao fim dessa faixa etária. A maior parte das crianças experimenta no mínimo dois estabelecimentos diferentes durante esse período e possivelmente diferentes práticas educacionais e de cuidado (Saracho e Spodek, 2003). As crianças pequenas podem ter suas experiências de educação infantil tanto em estabelecimento de ensino público quanto em privado ou em uma combinação de:

> Babá contratada, centro infantil, creche; centro de excelência infantil, unidade do Foundation Stage, ambiente familiar, escola independente, maternal, *playgroup*, escola para necessidades especiais, estabelecimento do *SureStart* (que pode estar situado em um dos outros estabelecimentos), creche no ambiente de trabalho de um dos pais.

As definições sobre os estabelecimentos para o cuidado das crianças, sobre as estatísticas e informações desses estabelecimentos, bem como o número e o tipo de propostas de cuidado para crianças registrados na Inglaterra podem ser acessados no website da Ofstead (www.ofstead.gov.uk).

Desde 1997, os pais têm acesso aos relatórios de inspeção da Ofstead, que determina o êxito educacional de um estabelecimento, esse acesso pode influenciar a seleção dos pais. Os pais escolhem a escola de seus filhos por uma série de razões: pensando na felicidade dos filhos, na reputação do provedor da pré-escola, na proximidade de casa e no horário de funcionamento, nos funcionários afetivos e atenciosos, nas boas instalações, amplitude de atividades de brincadeira, nas relações adulto-criança, no ensino de leitura e matemática, na área de brincadeira ao ar livre (Sharp, 1998). A pesquisa de Foot e colaboradores (2002, p. 189) realizada na Escócia sobre a escolha dos pais por uma proposta de ensino ade-

---

### IDEIAS EM AÇÃO

#### Observação

O grupo de brincadeiras da localidade é composto por voluntários que trabalham por amor ou "porque são lelés!". Os frequentadores são mães, pais, avós, bebês, crianças na fase de engatinhar e crianças pequenas, e todos dizem que é o "grupo de brincadeiras mais amigável da área". Uma avó compareceu mesmo quando os netos estavam de férias! Como fica em uma área rural onde muitas pessoas viajam até o trabalho, as famílias podem estar isoladas, então o grupo de brincadeiras desempenha um papel importante na comunidade, oferecendo apoio e aconselhamento, tendo uma forte ligação com o serviço para as primeiras séries das autoridades locais. A coordenadora observou o quanto as crianças sentem que fazem mais parte da comunidade porque a família está envolvida nas atividades, e conhecer as pessoas da comunidade ajuda na transição para a escola.

---

[*] N. de R.T.: No Brasil, o termo primeira infância compreende o período que vai de 0 a 3 anos.

## IDEIAS EM AÇÃO

### Observações das crianças

A caminho de casa, Carys disse: "Eu deixei minha concentração em casa, mamãe". Mais tarde ela disse: "A escola é chata, tem mais trabalho que brincadeira".

"Não tenho tempo de ir para a escola hoje, estou muito ocupado brincando", Rashid declarou honestamente.

Jake estava tão ansioso e feliz por ir para a escola e se juntar ao irmão mais velho, Cameron. No início ele amava a escola, porém seis meses mais tarde ele estava chorando porque não conseguia escrever, era muito difícil para ele escrever direito. Sua mãe disse que ele era muito exigente consigo mesmo e que não gostava de fracassar.

### Melhorando a prática

Alguns pais me proporcionaram os exemplos acima de crianças com 4 anos. Todos incentivam muito e apoiam a educação de seus filhos. Eles sabem que essa é a chave para o sucesso. Porém, primeiro e mais importante, eles querem que seus filhos se sintam felizes e eles expressaram reservas em relação às exigências sendo feitas a essas crianças de 4 anos. Segundo Anning e Edwards (1999) afirmam, é improvável que as crianças se sintam bem com a aprendizagem e com o progresso acadêmico, se elas não estiverem felizes e confortáveis. Na semana em que estava escrevendo a parte acima, ouvi que 60 crianças com menos de 5 anos na Inglaterra tinham sido expulsas da escola!

### Pare e reflita

As conversas das crianças fornecem ao profissional uma janela de acesso aos seus pensamentos e sentimentos. Que mensagens você percebe das observações das crianças relatadas acima? Converse com seus colegas de trabalho ou companheiros de estudo.

---

quada para crianças mostra que eles priorizam a segurança e o cuidado das crianças acima de tudo" e que o tipo de proposta pode se referir a "educação, estabelecimento, conveniência e satisfação dos pais". De modo semelhante, a pesquisa de Dockett e Perry (2005, p. 271) na Austrália indica que "existem algumas questões que parecem ser motivo de preocupação para a maioria dos pais, independente da cultura ou do idioma, como o desejo de seus filhos serem felizes e confiantes na escola". A brincadeira não parece ocupar um lugar excessivamente importante nesses estudos e, no entanto, talvez esteja implícito que é isso que fará as crianças felizes. Então, o que realmente é importante quando falávamos de experiências educacionais na primeira infância?

## EDUCAÇÃO INFANTIL: UM "BOM COMEÇO"

A educação para a primeira infância é uma política vantajosa para as futuras realizações educacionais e para os profissionais, afinal um "bom começo" na educação infantil pode ser uma maneira de compensar qualquer efeito negativo no contexto de desenvolvimento das crianças (Sylva et al., 1994; Sylva et al., 1997-2002; Villalón et al., 2002). Cada vez mais existem evidências "da neurociência, de estudos de desenvolvimento longitudinais e de estudos da população que o período da primeira infância é crucial para estabelecer a autoidentidade, a aprendizagem e as realizações da criança" (Gammage, 2006, p. 236). Isso combinado com o compromisso do Governo do Trabalho para combater o número de crianças pequenas vivendo na pobreza, levando a estudos de comissiões para examinar uma proposta eficiente. Poucas pesquisas longitudinais de grande escala sobre primeira infância tinham acontecido na Europa e o Effectiveness Provision of Preschol Education (EPPE), de 1997 até hoje, financiado pelo DfES foi o primeiro estudo notável no campo. As metas do projeto eram identificar o seguinte:

- Qual o impacto da educação infantil no desenvolvimento intelectual, social e comportamental das crianças?
- Algumas escolas são mais eficientes que outras em promover o desenvolvimento das crianças?
- Quais as características de um estabelecimento eficiente?
- Qual o impacto do lar e do histórico de cuidado no desenvolvimento da criança?
- Os efeitos da educação? (Sammons et al., 2004)

Mais de 3 mil crianças estavam envolvidas de 141 estabelecimentos de ensino diferentes, incluindo grupos de brincadeira, creches administradas por autoridades locais ou por grupos voluntários, creches particulares e centros de educação integrados de seis regiões inglesas. Esses estabelecimentos atendiam aos mais variados públicos desde favorecidos, desfavorecidos, em áreas urbanas, suburbanas e rurais e das mais variadas etnias. Foram recrutadas para o ingresso na escola 300 crianças que nunca haviam sido matriculadas, a intenção era fazer uma amostra de comparação. Os pesquisadores estudaram o progresso e o desenvolvimento das crianças por quatro anos usando uma gama de avaliações padronizadas e perfis comportamentais até os 7 anos (Sylva et al., 2002; Sammons et al., 2004; Sylva et al., 2004). Os dados foram coletados através de observações das experiências das crianças

na escola, interações entre crianças e funcionários, qualidade dos estabelecimentos e entrevistas com os pais para determinar as influências do lar, da saúde, da educação, da ocupação e do nível de envolvimento nas atividades educacionais e de brincadeira dos seus filhos (Siraj-Blatchford et al., 2006). Os pesquisadores coletaram os dados usando uma abordagem de métodos mista, que incluia análises estatísticas detalhadas de efetividade e estudos de caso elaborado (Siraj-Blatchford et al., 2006). O estudo focava nas áreas relacionadas com o currículo, as interações adulto-criança, o envolvimento dos pais, a formação e o conhecimento dos funcionários.

As principais descobertas da pesquisa indicam a importância e os efeitos duradouros de frequentar a escola; que o tipo, a qualidade e a frequência da criança faz diferença, assim como a importância do envolvimento em casa dos pais na aprendizagem das crianças. A pesquisa enfatizou a importância de ter educadores bem-qualificados trabalhando com os primeiros anos e que isso faz uma grande diferença na qualidade dos estabelecimentos e nas realizações das crianças. Essas descobertas se assemelham às evidências do projeto neozelandês, que mostra a contribuição da educação continuada na primeira infância para a competência das crianças com 10 anos, no qual as crianças tiveram uma pontuação média mais alta se eles tivessem tido três anos ou mais de educação na primeira infância (Wylie e Thompson, 2003).

A pesquisa foi o primeiro estudo significativo na Europa a "usar um plano de efetividade educacional com amostragem de crianças em uma amplitude de estabelecimentos diferentes escolares" (Sammons et al., 2004, p. 691). A equipe de pesquisa experimentou duas avaliações através da observação da prática e da proposta na educação infantil, utilizando dois instrumentos de pesquisa como indicadores de qualidade as Escala de Avaliação de Ambiente na Primeira Infância – Revisada (Harms et al., 1998) dos Estados Unidos e a escala (Sylva et al., 2006), desenvolvida especificamente para a pesquisa em um contexto inglês (Sammons et al., 2004).

Desde 1997 o governo encara a educação infantil como alta prioridade, e o objetivo principal é desenvolver a prontidão das crianças para iniciar a escola; e dessa forma, ajudá-las a obter sucesso acadêmico. Como foi mencionado no Capítulo 3, o Foundation Stage foi introduzido em 2000 para as crianças de 3 a 5 anos, visando promover experiências educacionais de alta qualidade na primeira infância através da pedagogia baseada na brincadeira. Em 2008, a estrutura do Early Years Foundation Stage começou a se dirigir também a estabelecimentos para crianças, do nascimento até os 5 anos, além de procurar manter e desenvolver a educação e os princípios de cuidado estabelecidos em outros programas ingleses voltados à excelência em educação. Sobre as origens históricas que influenciaram o programa do Early Year Foundations Stage, será útil apresentarmos algumas das principais teorias.

## INFLUÊNCIAS DAS PERSPECTIVAS TEÓRICAS

Tradicionalmente, para entendermos um pouco mais sobre os assuntos da primeira infância, é preciso conhecer os pioneiros no estudo sobre a educação infantil, tais como Pestalozzi, Froebel, Montessori e as irmãs McMillan. Entretanto, durante o século XXa necessidade de uma base lógica cientifica para a pedagogia centrada na criança aproximou o estudo da psicologia do desenvolvimento, e novas teorias principalmente a partir das teorias de Piaget, Vygotsky, Bruner e Bronfenbrenner, foram surgindo.

### A acomodação piagetiana e o desenvolvimento dos esquemas

Desde o início da década de 1950 existe uma visão, no Reino Unido e nos Estados Unidos, de que Piaget foi o principal teórico no estudo do desenvolvimento intelectual. O estudo dos processos psicológicos de Piaget focava

---

## IDEIAS EM AÇÃO

**Escalas de avaliação**

Usadas para quantificar numericamente níveis de capacidade e/ou de ambientes, frequentemente na forma de "pontuação". Nos processos de avaliação de crianças, isso pode significar a comparação de um nível de capacidade atual com um "nível de capacidade médio".

**Estudo de caso**

A Creche Little Acorns utiliza as escalas de avaliação para avaliar a qualidade do seu ambiente de trabalho. O estabelecimento favorece o currículo as High/Scope e na verdade eles consideram as escalas de avaliação revisadas uma versão mais "amigável" do que as primeiras escalas. Eles têm padrões altos para todos os aspectos de seu estabelecimento e esperam uma pontuação máxima para a qualidade em todas as áreas quando as autoridades locais realizarem uma inspeção. Por outro lado, a Escola Moretion Montessori considerou a aplicação da escala um pouco limitante para o seu estabelecimento e que ela não levava em consideração a filosofia montessoriana adequadamente e, portanto, não compreendia elementos importantes. A escola descobriu que os resultados da aplicação produziam resultados bastante distintos daqueles observados pelo Ofstead.

na aprendizagem individual e sua hierarquia de experiências e conhecimento exercia influência. A criança, na condição de um cientista, pesquisando o mundo concreto e tirando suas próprias conclusões a respeito de suas propriedades via desenvolvimento das estruturas mentais, que Piaget chamou de "esquemas". A teoria piagetiana propõe que o desenvolvimento cognitivo é o resultado da tentativa de uma criança resolver conflitos para acomodar novos conhecimentos, construindo e refinando os esquemas. Dessa maneira, as crianças podem representar internamente conhecimentos cada vez mais sofisticados. Piaget via a criança como um experimentador envolvido com o mundo concreto.

## As zonas de desenvolvimento proximal (ZPD) de Vygotsky

Em contraste, para Vygotsky (1978) a linguagem e as experiências de aprendizagem das crianças se desenvolvem através da interação social nos contextos culturais, em que sua aprendizagem é guiada, modelada e estruturada pelos adultos e pares mais experientes. Vygotsky propõe que a aprendizagem das crianças deveria acontecer na "zona proximal de desenvolvimento", que é a "zona" ou área que está presentemente além do nível de competência independente da criança. Uma criança é apoiada por pessoas instruídas para se movimentar da sua zona atual de desenvolvimento, enfim alcançando a sua futura zona de desenvolvimento. É essencial que os educadores tenham uma compreensão das experiências culturais e de linguagem das crianças para ensinar e para que a aprendizagem seja mais eficiente. Vygotsky vê a linguagem como a ferramenta cultural mais poderosa em posse das crianças pequenas, através da qual elas não apenas se comunicam, mas também pensam e internalizam seu conhecimento e sua compreensão.

## Os "andaimes" brunerianos

Bruner oferece uma síntese de muitos aspectos das teorias de ambos, Piaget e Vygotsky (Harris e Butterworth, 2002). Ele estende as ZDP de Vygotsky em "andaimes", que descrevem o processo de apoiar as crianças para que elas se tornem mais competentes (MacNaughton e Williams, 2004). A teoria de aprendizagem de Bruner (1983) afirma que as crianças pequenas aprendem através de três tipos de conhecimento: *a representação enativa, o conhecimento icônico e o conhecimento simbólico*. Em outras palavras, os educadores necessitam fornecer oportunidades para as crianças ampliarem e aprofundarem o seu *conhecimento comportamental* através de uma variedade de experiências práticas. De maneira semelhante a Vygotsky, ele enfatiza o quanto a cultura molda o conhecimento das próprias crianças e que isso é primariamente transmitido através da linguagem (Harris e Butterworth, 2002). Bruner acredita que as ex-

---

**Representação enativa**

Como a criança armazena as memórias das experiências passadas de acordo com uma resposta motora apropriada, por exemplo, andar de bicicleta – as ações são impressas em nossos músculos.

**Conhecimento icônico**

Como o cérebro usa as imagens sensoriais ou ícones para armazenar o conhecimento.

**Conhecimento simbólico**

Representando o conhecimento através de ideias e conceitos, o conhecimento simbólico fornece compreensão da interconectividade das experiências de vida.

**Conhecimento comportamental**

Conhecimento (físico) enativo que é representado nos sentidos e é desenvolvido "fazendo".

periências de brincadeira fornecem oportunidades para as crianças explorarem seu mundo e se empenharem na aprendizagem através da tentativa e erro.

## A teoria bioecológica de Bronfenbrenner

A teoria bioecológica de Bronfenbrenner (1979, 1989) fornece um modelo de entendimento do desenvolvimento humano em que as crianças se desenvolvem enquanto interagem com o seu ambiente: contexto sociocultural da família, estabelecimento educacional, comunidade e sociedade ampla. As crianças agem simultaneamente dentro desses diferentes grupos, os contextos estão inter-relacionados e todos causam impacto na criança em desenvolvimento (NAEYC, 1997). A maior preocupação de Bronfenbrenner tem sido como os estabelecimentos que cercam a criança operam e como a criança é influenciada por esses sistemas. Bronfenbrenner (1979) via as próprias percepções individuais do ambiente das crianças como mais importantes do que pode estar acontecendo na realidade. A aprendizagem é desenvolvida através do esforço do adulto para interpretar as situações de aprendizagem desde a perspectiva da criança e, consequentemente, modificando sua abordagem de ensino (Fumoto et al., 2004). Desse modo, existe uma co-construção partilhada de conhecimento em vez de uma transferência unilateral de conhecimento pelos adultos.

## As múltiplas inteligências de Howard Gardner

Howard Gardner (1999) acredita que o conceito de inteligência é resultado do conhecimento acumulado a respeito do cérebro e da cultura humana. A inteligência é a capacidade que é colocada em movimento para um construto específico no mundo e retira do potencial e da capacidade biológica e psicológica. O intelecto é a mente humana no seu aspecto cognitivo, que se desenvolve através de uma interação constante e dinâmica entre os fatores genéticos e ambientais. Gardner acredita que o sistema de educação frequentemente limita a maneira como as crianças aprendem. Ele argumenta que as crianças não são todas iguais e, portanto, não podem ter os mesmos tipos de mente. Suas teorias não possuem uma abordagem educacional, mas ele defende que a educação trabalha mais eficientemente se essas diferenças são levadas em consideração em vez de serem ignoradas. Suas inteligências múltiplas são: cinestética, interpessoal, intrapessoal, musical, espacial, lógico-matemática e a linguística. Algumas escolas levam em consideração a inteligência das crianças quando planejam as experiências de ensino e aprendizagem. Planejar para o visual, o auditivo e cinestético (VAC) possibilita que as crianças aprendam e adquiram conhecimento, compreensão e habilidades de maneira multissensorial, estando ativamente envolvidas em usar a visão, a escuta e o fazer para fixar a sua aprendizagem.

## Cem linguagens

As crianças trabalham incansavelmente em suas brincadeiras – isso é o que as motiva a aprender sobre o mundo, empenhando-se em suas brincadeiras, que o contexto e são veículo que possibilita que elas tomem posse da aprendizagem em questão. É preciso promover uma profusão de experiências de brincadeira para prender o interesse das crianças, para promover um envolvimento ativo e encorajar a aprendizagem experimental em ambos domínios, o cognitivo e o da linguagem. As crianças precisam de um ambiente onde possam praticar, explorar, pensar, conversar em voz alta, com oportunidade para falar durante e após as atividades práticas; um lugar onde sejam capazes de cometer erros e sentir que suas tentativas e opiniões sejam levadas a sério

> **IDEIAS EM AÇÃO**
>
> **Pare e reflita**
>
> Converse com um colega de trabalho ou de estudo sobre algum aspecto levantado nesta seção que seja importante para você. Então selecione outro aspecto que você tenha dificuldade para entender ou para determinar a sua relevância.

(Brock e Power, 2006; em Conteh, 2006). A linguagem é a chave para desenvolver a compreensão nos primeiros anos, para permitir que a aprendizagem ocorra, então oportunidades para falar são fundamentais. Entretanto, Malaguzzi entende que as crianças têm no mínimo 100 linguagens através das quais elas se comunicam. As crianças se expressam de tantas maneiras diversas – através de canções, danças, música, arte, representação de papéis sociais, desenhos, manipulando objetos, escalando, imitando, construindo e muitas outras através de todos os tipos de brincadeira.

A pesquisa de Anning e Ring (2005) mostra que meninos preferem experiências de brincadeira com narrativas tridimensionais envolvendo ação, movimento e velocidade; enquanto as meninas ficam entretidas com as histórias sobre a vida familiar com histórico relatados por suas mães.

## As linguagens de brincadeira das crianças

Anning e Rings (2005) nos levam a repensar o quanto as coisas que fazemos com as crianças pequenas reflete nos sistemas de comunicação para o futuro, e que as comunicações com modalidades múltiplas, a fluidez no pensamento e na ação são essenciais. Não devemos limitar nossas expectativas de comunicação, linguagem e objetivos de aprendizagem da alfabetização nos documentos de diretrizes educacionais. Na opinião de Flewitt (2006), tem havido pouco foco no uso da linguagem não verbal por parte das crianças pequenas de modo sistemático para comunicar seus significados e intenções. Ela opina que, embora a pesquisa utilize subescalas tanto verbais como não verbais como valores para avaliação, as medidas não verbais eram consideradas úteis somente fazendo referência às limitações de linguagem das crianças. A perspectiva sociocultural pode oferecer maior amplitude e profundidade para avaliar como as crianças negociam e constroem seus significados de muitas maneiras variadas. As crianças usam gestos, expressões faciais, postura e contato visual nas suas interações comunicativas. Flewitt (2006) recomenda prestar muita atenção às modalidades múltiplas através das quais as crianças podem se expressar, por exemplo: imagens, desenhos e diagramas (Kress,

> **IDEIAS EM AÇÃO**
>
> Jim passava horas em um de seus desenhos com uma idade muito precoce. À medida que crescia, eles se tornavam sempre desenhos mais complicados e altamente detalhados de pequenas pessoas, criaturas e armas em paisagens de campos de batalha, passando cronologicamente de dinossauros para cavaleiros em armaduras e então para cenários de *O Senhor dos Anéis*.

1997), montar modelos (Pahl, 1999), desenhos (Anning e Rings, 2005) e fazer sinais e atividades físicas (Flewitt, 2006).

Pahl (1999) observou e registrou os significados elaborados pelas crianças de uma creche e registrou também suas narrativas de histórias durante a brincadeira de representação de papéis sociais e como elas usaram uma variedade de objetos para a representação de suas narrativas. Ela acompanhou os significados sendo feitos conforme as crianças se movimentavam nas suas brincadeiras pela casa e se posiciona contra dizer às crianças que se organizem, porque elas precisam de espaço para se movimentar espontaneamente e para se mover rapidamente para dentro e para fora dos espaços adultos.

Broadhead (2003, p. 57) afirma que devemos extrair as perspectivas de brincadeira das crianças para obter um maior entendimento do que elas próprias esperam alcançar com as suas atividades de resolução de problemas. Ela questiona se os documentos de orientação e avaliação do Foundation Stage "podem verdadeiramen-

---

## IDEIAS EM AÇÃO

O seguinte exemplo mostra como o entusiasmo de uma professora estagiária inspirou um grupo de crianças em uma creche a assumir o papel de piratas – criando fantasias de piratas, desenhando mapas de tesouro e indo atrás de tesouros. Este diálogo demonstra o pensamento surgindo a partir de uma conversa sobre os desenhos das crianças.

Sean: Esse é o navio pirata e estou fazendo um tubarão atrás da rocha e o tesouro. Esse monstro está perto do tesouro, ele está tentado cavar e pegar o tesouro.

Jonas: Estou fazendo um polvo, 1, 2, 3, 4, 5, 6, 7, 8 pernas de polvo. O polvo está perto do monstro tentando atacar e pegar o tesouro.

Sean: Fiz meu mapa.

Megan: Ficou fantástico, Sean, você pode me falar sobre ele?

Sean: Primeiro você vê o urso, depois um gigante, uma baleia, um tubarão e depois um fantasma e daí você encontra o tesouro.

Megan: Muito bem, você pode me dizer como chegar no seu tesouro?

Sean: Vá até aqui depois da aeronave e do monstro e do polvo e do sol e da lua de chapéu e do fantasma e o tesouro está onde você vê uma cruz roxa.

### Comentário

As crianças estavam ansiosas para criar seus mapas e os meninos particularmente ficaram muito envolvidos, demosntrando um alto nível de concentração. Quando Sean explicava seu mapa ele ficava muito entusiasmado, gesticulando com as mãos, com o corpo e sua voz estava cheia de expressão. Tínhamos tentado promover atividades que favorecessem igualdade de gêneros e diversidade, mas as crianças escolheram estar com colegas do mesmo sexo e Summer nos disse: "Esse é um jogo de meninos". Todos tinham participado com entusiasmo, mas refletimos sobre o "comentário" dessa menininha. No futuro, pensamos estar mais conscientes sobre não fazer para que todos se sintam incluídos e envolvidos.

Megan

### Pare e reflita

Pense sobre uma atividade em que você tenha promovido um interesse igual para ambos os gêneros e depois outra que você poderia ter melhorado. Compartilhe essas atividades com um colega.

te apoiar os educadores para se comprometer com o pensamento e aprendizagem das crianças". O trabalho dela demonstra o quanto é difícil entender claramente os complexos processos sociopsicológicos que estão ocorrendo e que os educadores frequentemente observam a aprendizagem superficial das crianças, ficam distraídos pelas percepções de uma "brincadeira bagunçada" e não se dão conta da profundidade do pensamento em ação. As crianças podem ser criativas de diversas formas; elas podem abordar a brincadeira e a aprendizagem diferentemente, e é importante que os adultos levem isso em consideração. Seria útil ler sobre as pesquisas mais recentes de Gardner (1999) sobre as inteligências múltiplas em que ele define três áreas novas de inteligência: a naturalista, a espiritualista/existencial e a moral; sobre a ginástica cerebral e aprendizagem acelerada com crianças com necessidades educacionais especiais de Hannaford (1995); e sobre promover uma aprendizagem multissensorial, incentivando a aprendizagem de maneira visual, auditiva e cinestética.

## Criatividade: o que é isso?

Muitos pensadores educacionais e profissionais bem conhecidos como Froebel, Montessori, Steiner, Dewey, Piaget e Bruner defenderam vigorosamente a importância da criatividade na educação. O relatório do Comitê Consultivo Nacional sobre a Educação Cultural e Criativa (CCNECC) intitulado *Todos os Nossos Futuros: Criatividade, Cultura e Educação* declara que tendo oportunidade, em maior ou menor grau, todos podem ser criativos. O pensamento atual distingue entre a criatividade com "c" maiúsculo e "c" minúsculo: o "c" maiúsculo acarreta uma ruptura com o entendimento cultural ocidental contemporâneo, como a teoria da relatividade de Einstein; em contraste o "c" minúsculo permite que indivíduos encontrem o seu próprio caminho para viajar, para ser imaginativos e inovadores (Craft, 2000, 2002). Na visão de Duffy (1998), a criatividade significa conectar o que previamente estava desconexo de maneiras novas e significativas para o indivíduo; ou, como de Bono (1973) afirma, romper com os pa-

---

### IDEIAS EM AÇÃO

**Brincadeira bagunçada**

Permite que as crianças explorem a brincadeira envolvendo texturas diferentes e recursos sem serem rotulados como "estar fazendo arte", por exemplo, brincar com argila e pintar com os dedos.

#### Cenário

Tenho um bocado de objetos de decoração espalhados na minha casa, animais selvagens de madeira, cavalos que balançam, criaturas de cerâmica. Dá um trabalhão tirar o pó dessas coisas, mas elas são valiosas para a brincadeira das crianças. Henrik e Kylie normalmente coletavam todos os objetos por todos os cantos da casa e formavam corredores de animais que iam para dentro e para fora dos cômodos. Matt criava uma selva de animais e misturava tudo, Patrick fazia um cenário espacial, Amy criava uma Arca de Noé e Maia brincava e contava contos de fada.

#### Pare e reflita

Observe as crianças quando elas estão entretidas na sua própria brincadeira de resolução de problemas. O que você pode fazer para obter uma compreensão dos processos complexos? Qual a sua opinião sobre a *brincadeira bagunçada*?

drões convencionais para ver as coisas diferentemente. A criatividade é fundamental para uma aprendizagem bem-sucedida, sendo importante ao longo de toda a vida, não apenas nos primeiros anos. Os relatórios do GCEF e do EYFS (QCA/DfES, 2000, 2007a) mostram que a criatividade nas crianças pequenas permite que elas façam conexões entre uma área e outra de aprendizagem e, dessa forma, ampliem a sua compreensão.

Na opinião de Fisher (2004, p. 7; em Fisher e Williams, 2004), o problema com a criatividade é que "o conceito é etéreo e evasivo" e que as pessoas presumem que é um "tipo de coisa" com essência ou natureza, mas existem tantas definições diversas dependendo das pessoas, processos e produtos envolvidos. O que fica claro para Fisher é que as crianças precisam desenvolver ambos os pensamentos, o criativo e o crítico, e que a sociedade necessita de crianças que irão se tornar adultos capazes de pensar e de fazer coisas novas. As crianças que são encorajadas a pensar criativa e independentemente se tornam mais interessadas em descobrir coisas sozinhas e gostam de explorar ideias com outras crianças ou adultos. Dessa maneira, o senso de realização e autoestima dessas crianças se desenvolve. Elas exigem contextos ricos e variados para adquirir, para desenvolver e aplicar uma extensa gama de conceitos, habilidades e comportamentos. As crianças deveriam ter oportunidades por meio do empenho ativo e da resolução de problemas. Entretanto, mesmo depois do investimento em estratégias financiadas pelo governo, como o Excelência e Diversão (DfES, 2003), ainda exista uma visão bastante difundida de que a criatividade não tem muita importância nos programas de ensino na Inglaterra.

## Desenvolvendo a metacognição

Anning e Ring (2005) acreditam que o tipo de brincadeira criativa e imaginativa que já foi uma forte marca das escolas maternais inglesas sofreu tal desgaste que os educadores necessitam reafirmar a centralidade da criatividade no seu pensamento. Williams (2004; em Fisher e Williams, 2004) nos pede para considerar se as intervenções de um adulto são cruciais para expandir a criatividade na brincadeira. Ele defende que estimular intelectualmente as crianças por meio de diálogos um por um; questionários investigativos, fazendo com que elas analisem o que funciona, se empenhando em filosofar e promover a metacognição delas por meio da reflexão sobre o pensamento e aprendizagem. Por meio do compromisso com trocas que fluem livremente, a compreensão das crianças é transformada, novos *insights* se desenvolvem e a metacognição aumenta. As crianças precisam de brincadeiras autoiniciadas e de fluxo livre, como também de brincadeiras com intervenções e desafios propostas pelos adultos. Como profissionais, precisamos entender como obter recursos, criar andaimes e discriminar entre as oportunidades que as crianças precisam para ambos os tipos de brincadeira – a autoiniciada e a conduzida por adultos – e incorporá-las na nossa proposta para os pequenos aprendizes (Anning e Ring, 2005).

Aos 3 anos, as crianças começam a fazer perguntas; é um estágio natural no desenvolvimento da linguagem e elas são muito ativas para constituir significados (Wells, 1986). As crianças são curiosas, querem descobrir e compreender o mundo ao redor delas. É importante continuar a desenvolver a "mente curiosa" das crianças e mantê-las fazendo perguntas. Os adultos que fazem perguntas fechadas normalmente recebem respostas curtas, então o uso de um questionamento aberto e habilidoso é crucial. O que está acontecendo? Como se parece? Como é? As crianças precisam que suas aptidões de pensamento sejam desafiadas com suas brincadeiras, nas atividades diárias em casa e durante visitas. O desenvolvimento da memória também é importante para a aprendizagem das coisas e ele aumenta a capacidade para aprender a respeito de mais coisas. Mantenha um diálogo com as

## IDEIAS EM AÇÃO

### Cenários: visitando artistas

Não pude encontrar imediatamente a escola onde estava visitando uma aluna no seu segundo ano de estágio. A escola ficava no meio de um projeto habitacional com muitas casas, então era fácil se perder. Conforme me aproximava de uma rua estreita, ouvia uns barulhos altos de música, que ficavam cada vez mais altos à medida que eu me aproximava do playground. A escola havia convidado um músico, um africano que tocava tambor, para visitar e trabalhar com todas as crianças. Eles estavam se divertindo muito batucando vários tons e ritmos e demonstrando seu desembaraço por serem os mais novos tocadores de tambor! Os funcionários da escola também participaram e, mesmo que houvesse muito barulho, havia muita concentração, diversão e mostra de música.

Halle, professor assistente em treinamento de professores

No próximo cenário, Maggie Power, contadora de histórias e autora de peças de teatro, insiste que o Dia Mundial do Livro deveria ser obrigatório em todas as escolas. Ela afirma, "Só um pouco de esforço da parte dos adultos pode abrir portas para todas as crianças".

As crianças voltaram do almoço ainda vestindo fantasias e algumas ainda desempenhando seus papéis. Novamente tínhamos homens do espaço, exploradores e personagens de contos de fadas. Uma das histórias que encenamos era um conto indiano sobre um menino, Mahout, e seu elefante. Essa era uma história que eu amo e usei frequentemente por muitos anos. Expliquei às crianças que histórias muito especiais como essa, quando lidas e relidas, vivem dentro das nossas mentes e dos nossos corações...

Eles pareciam impressionados e conseguiam me contar histórias! Construímos a história em torno do dilema do elefante. Ele e seu adestrador tinham recebido um trabalho especial de baixar um mastro dentro de um buraco grande e profundo, para que uma bandeira pudesse ser hasteada e celebrar a abertura de um templo novo. O elefante se recusava a seguir as instruções do menino... mesmo quando foi ameaçado com uma faca! Ele sabia de algo que os outros não sabiam – no fundo do poço havia um gatinho. Ele resistiu a todos os esforços de fazê-lo agir, e tudo acabou bem quando uma criança se aproximou e olhou para dentro do buraco. Havia tantas crianças em diversos papéis, mas dessa vez foi o super-homem que conseguiu voar e ver que o gatinho estava preso. As crianças estavam extasiadas e claramente apreciando a história.

### Pare e reflita

- Você já esteve alguma vez envolvido com a visita de um artista ou observou um trabalhando com crianças? Quais os benefícios que você consegue perceber?
- Explore com colegas como você poderia iniciar uma prática assim na sua escola?

### Comentário

O *Earlyarts* (arte na primeira infância) é um grupo de formação para pessoas que trabalham com crianças menores de 5 anos no norte da Inglaterra. Ele desafia os profissionais a explorar o quanto a prática criativa é positiva e como construí-la na prática diária. O *Smallsize* (Tamanho Pequeno) é um grupo europeu que constrói conhecimento sobre as artes dramáticas para crianças de 0 até 6 anos. Seus objetivos são compartilhar experiências e desenvolver projetos colaborativos. Ambos os grupos, *Earlyarts* e *Smallsize* colaboram em conferências internacionais e partilham programas reunindo a comunidade dos artistas, profissionais da educação e pessoas responsáveis pelas diretrizes educacionais. Na conferência de 2007, uma coordenadora de uma escola maternal comentou que os estabelecimentos frequentemente se concentram em atingir os objetivos e acabam deixando a criatividade de lado. O projeto de parceria entre os artistas da comunidade abriu os olhos dela para reaprender como deixar as crianças conduzirem.

crianças sobre informações gerais durante as conversas e debates. Não subestime as habilidades das crianças.

## Desenvolvendo a aprendizagem independente

As descobertas da pesquisa de Hendy e Whitebread (2000) demonstram que, são as crianças pequenas capazes de pensar e julgar, já a escola parecia dissuadi-las rapidamente da ação independente e faz com que elas corram na direção dos professores, tornando-as dependentes. Na visão de Hendy e Whitebread (2000, p. 251), "quando os professores são altamente responsáveis por guiar grupos grandes de crianças por um conjunto pré-determinado de objetivos e alvos limitados – isto não é útil para desenvolver a aprendizagem, iniciativa e o pensamento independente". Eles propõem que

ajudar a criança a aprender como aprender é a forma mais provável de levar a um maior conhecimento educacional.

## A BRINCADEIRA NA SALA DE AULA

"As crianças não fazem distinção entre 'brincadeira' e 'trabalho' e seus professores também não deveriam fazer" (QCA, 2000, p.11). Essa declaração entra em choque com a pesquisa de Linklater (2006), que mostra que muitas crianças pequenas em contextos escolares são situadas em ambientes onde são altamente guiadas por seus professores, com pouco tempo para brincadeiras livres interativas e profundas e com "pouca expectativa de que qualquer aprendizagem alcançada seria reconhecida e desenvolvida pelo professor ou pelas crianças" (Linklater, 2006, p.75). Da mesma maneira, os dados da pesquisa de Murphy (2004) sugerem que,

---

### IDEIAS EM AÇÃO

O pai, um engenheiro, levava Sasha, 3 anos, em muitas viagens e eles revezavam a vez para fazer perguntas. Ela perguntava: "Por que a maré sobe e desce? Por que as folhas caem no inverno? Por que as estrelas brilham no céu?". Ele respondia a Sasha três ou quatro vezes – isso é o que acontece – e, então, fazia perguntas para ela sobre o assunto nos próximos dias. "Aquela haste de aço no porto é chamada de dique superior, o aço fica enrugado e cada parte se entrelaça com a outra e ela é forjada até o chão no lado do canal. Se os barcos vão e vêm, a água puxa contra o aterro, mas com o aço lá ela não vai sofrer um desgaste". No dia seguinte ele perguntava: "Como se chama aquele trabalho em aço no aterro? O que ele faz?", e complementava suas respostas nem sempre completas. Então ele começava algum outro tópico que surgisse durante suas experiências compartilhadas.

**Pare e reflita**

Sasha tornou-se uma bioquímica. Como essas conversas precoces podem ter influenciado a escolha de sua carreira?

**Melhorando a prática**

Pense a respeito das questões de gênero e a brincadeira. Não enfraqueça o interesse das meninas quanto à ciência e à tecnologia. Encorage as meninas a explorar o campo da construção estimulando-as com algo que tenham vontade de construir. Por exemplo, faça com que criem ambientes como um bairro onde personagens de uma fábrica possam viver e inspirar a sua construção e a necessidade de resolver problemas. Quais sugestões você tem?

apesar de o conteúdo e as metodologias do programa para as séries iniciais do currículo irlandês de 1999 serem explicitamentè centradas na criança, os alunos mais velhos têm oportunidades limitadas para se engajar em atividades que sejam baseadas na brincadeira. A análise de Murphy sobre os padrões de interação e sobre as atividades mostra que elas geralmente permanecem centradas no professor ao invés de nas crianças. Essa preocupação também é evidente nos estabelecimentos escolares na Inglaterra.

No fim do treinamento na universidade e nas atividades de ensino na educação infantil e nos anos iniciais do ensino fundamental, grupos de estudantes na Inglaterra criaram mapas mentais sobre o valor colocado na brincadeira que eles encontraram nos escolas. Pode-se ver que suas observações sobre a brincadeira nas escolas nas suas práticas iniciais exibem a pontuação obtida anteriormente. Frequentemente, professores e crianças não pensam que estão aprendendo nada por meio das atividades de brincadeira que são autoiniciadas pelas próprias crianças. A crença parece ser de que a brincadeira apenas possui valor quando ela ocorre sob a direção do professor. Isso corresponde à pesquisa de Bennett e colaboradores (1997), que afirma que a retórica dos professores sobre a utilização de brincadeiras na sala de aula não se equipara à prática.

## Uso da observação para a prática reflexiva

É importante promover um ambiente que apoie e ofereça às crianças tempo e mate-

---

### IDEIAS EM AÇÃO

**Estudo de caso**

Uma escola de educação infantil possui um dia de Aprendizagem Independente de Desenvolvimento (AID) todas as sextas-feiras para permitir que as crianças sejam aprendizes e pensadores independentes. Previamente, a equipe havia descoberto que as crianças estavam sempre pedindo ajuda e achavam difícil fazer conexões. O dia AID permitia que os professores trabalhassem com as crianças em grupos menores de alunos da pré-escola. A equipe preparou cinco perguntas-chave para a alfabetização, numeração, criatividade, ciência e quadro negro, ficando com essa atividade durante todo o dia enquanto as crianças circulavam entre essas atividades. Todas as atividades de provisão básica estavam disponíveis, e duas delas eram atividades principais que as crianças tinham que visitar para serem avaliadas para o perfil de pré-escola. As crianças desenvolveram uma aprendizagem independente fazendo escolhas a respeito do que queriam fazer. O coordenador principal é o "negociador", que monitora e dirige tudo. As crianças estão sempre muito engajadas com o seu trabalho e suas brincadeiras, e existe muita socialização para ambos, professores e crianças, o que não é possível quando se ensina alfabetização ou atividades com números em um dia normal.

Chloe, coordenadora da pré-escola

**Pare e reflita**

- Tente identificar em suas próprias experiências contextos nos quais o desenvolvimento de uma aprendizagem independente seja promovido. Como o sucesso de tal abordagem pode ser assegurado?
- De que maneiras você pode planejar o quanto promover isso na sua própria prática?

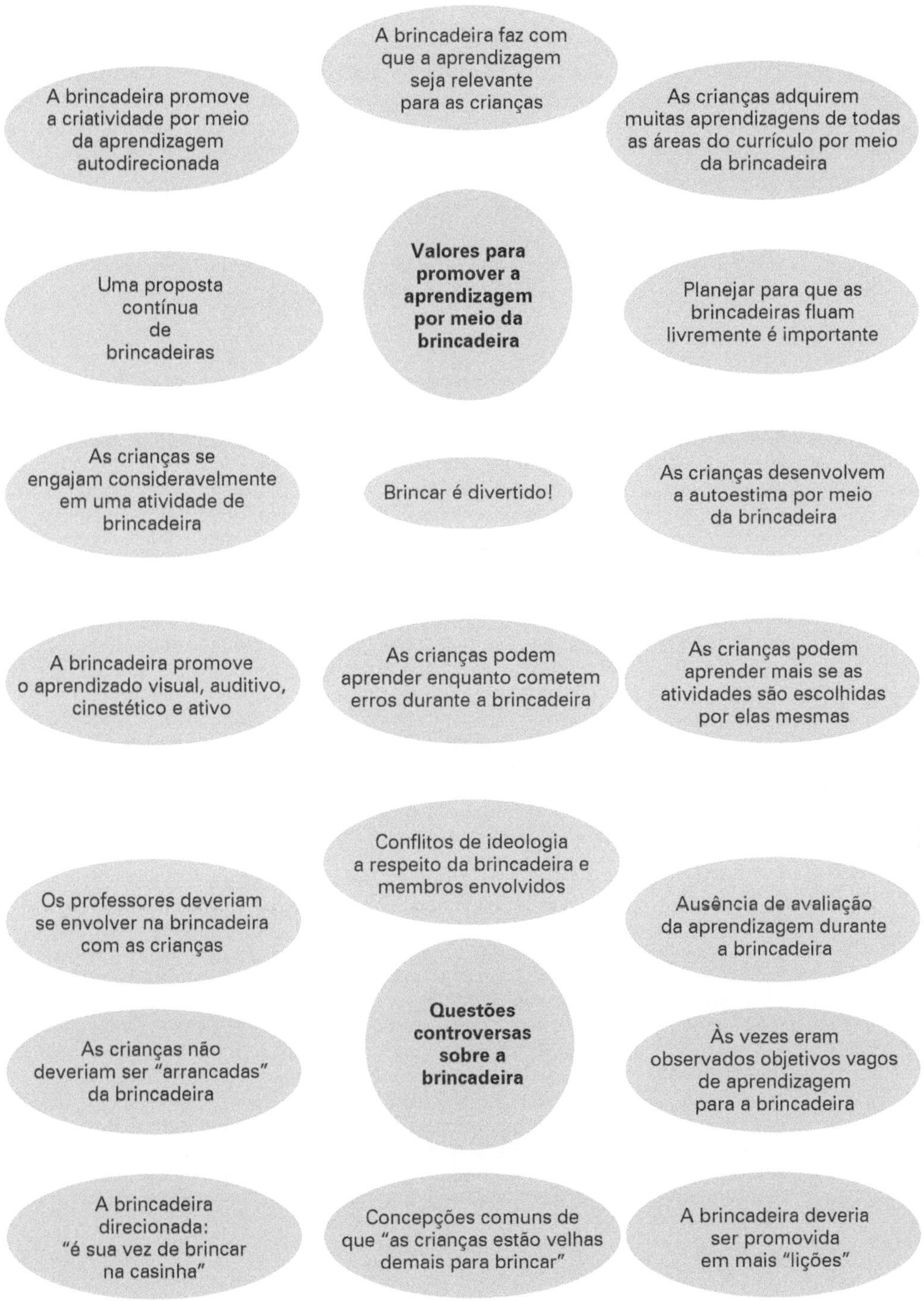

BRINCAR: APRENDIZAGEM PARA A VIDA **175**

A brincadeira faz com que a aprendizagem seja relevante para as crianças

A brincadeira promove a criatividade por meio da aprendizagem autodirecionada

As crianças adquirem muitas aprendizagens de todas as áreas do currículo por meio da brincadeira

Uma proposta contínua de brincadeiras

**Valores para promover a aprendizagem por meio da brincadeira**

Planejar para que as brincadeiras fluam livremente é importante

As crianças se engajam consideravelmente em uma atividade de brincadeira

Brincar é divertido!

As crianças desenvolvem a autoestima por meio da brincadeira

A brincadeira promove o aprendizado visual, auditivo, cinestético e ativo

As crianças podem aprender enquanto cometem erros durante a brincadeira

As crianças podem aprender mais se as atividades são escolhidas por elas mesmas

Conflitos de ideologia a respeito da brincadeira e membros envolvidos

Os professores deveriam se envolver na brincadeira com as crianças

Ausência de avaliação da aprendizagem durante a brincadeira

**Questões controversas sobre a brincadeira**

As crianças não deveriam ser "arrancadas" da brincadeira

Às vezes eram observados objetivos vagos de aprendizagem para a brincadeira

A brincadeira direcionada: "é sua vez de brincar na casinha"

Concepções comuns de que "as crianças estão velhas demais para brincar"

A brincadeira deveria ser promovida em mais "lições"

**Figura 5.1**

Ideias em ação: observações dos alunos.

riais para incentivar brincadeiras sociais, para possibilitar que elas desenvolvam sua "competência social, permitindo que sejam livres, sempre que possível, para que construam sua própria realidade social independentemente da intervenção do professor" (Chafel, 2003). Se as crianças estão em aulas completamente estruturadas, pode haver pouca oportunidade para observá-las em brincadeiras livres e autênticas, o que levanta implicações para a avaliação, já que pode ser difícil observar a aplicação do conhecimento e compreensão delas sem que demonstrem uma aprendizagem independente.

Os educadores das crianças pequenas reconhecem a importância de observar as crianças, acreditando que avaliações contínuas desempenham uma parte crucial do seu papel que informa a sua prática. Quando você realmente observa as crianças brincan-

## IDEIAS EM AÇÃO

Essa professora de creche reflete sobre a proposta de brincadeiras de sua unidade em um diálogo reflexivo gravado em vídeo. As crianças podiam optar livremente na primeira hora todas as manhãs por 20 minutos e ela queria determinar sua efetividade. Você pode ver a sua análise e alegria à medida que ela reconta a capacidade das crianças.

Percebemos que as crianças precisavam de tempo para brincar livremente durante a manhã, por isso preparamos atividades em cada mesa com areia, água e uma casinha de brinquedo. Eu os filmei para ver em que áreas eles escolheriam brincar. Um grupo de meninos barulhentos foi direto para a areia. Eles estavam falando entre si usando sua língua materna, discutindo sobre o que estavam fazendo, brincando cooperativamente e dividindo os materiais. Para a minha surpresa, eles incluíram Sohail nas suas atividades. Ele é uma criança solitária e seu inglês é limitado, o que acaba com sua autoconfiança. Achei que os meninos iriam excluí-lo, mas eles o convidaram para juntar-se a eles em Punjabi. As crianças fizeram escolhas independente e apropriadamente, brincando com propósito e completando uma atividade antes de passar para a próxima. Eles não acharam que a atividade de cortar figuras de catálogos estimulante o suficiente e seguiram em frente depois de apenas dois minutos. Obviamente temos que prestar mais atenção no que eles gostam e nos concentrar nisso. É bom poder ver que nossos objetivos estão funcionando e que as crianças estão desempenhando bem as tarefas e trabalhando durante as brincadeiras.

Anabela, professora de maternal

### Pare e reflita

O cenário é um ótimo exemplo de valor das atividades dirigidas pelas próprias crianças *versus* àquelas dirigidas por adultos. Você consegue identificar uma ocasião quando o seu pensamento tenha sido desafiado e de que maneiras você modificou suas ideias sobre como as crianças estavam reagindo e aprendendo? Como têm sido suas experiências observando as crianças? O que pode ajudar você a melhorar sua habilidade para observar os aprendizes em seu estabelecimento?

### Melhorando a prática

Por que não experimentar uma série de observações que irão ajudá-lo a avaliar a sua prática? Recrute um colega para que você possa "moderar" suas observações e discutir meios para que você possa refinar a sua prática.

do, o que elas fazem tem mais sentido e parece mais "educacional" no sentido mais amplo da palavra. A utilização de um vídeo para observar a aprendizagem das crianças pode fornecer uma observação e avaliação mais profunda do que realmente está acontecendo na brincadeira das crianças (Brock, 2004). Pode "revelar o dinamismo multimodal da interação na sala de aula, dando novos *insights* de como as crianças e adultos coordenam modos diferentes na medida em que negociam e juntamente constroem significados" (Flewitt, 2006, p. 29).

## Criando desafios por meio do teatro e da interpretação de papéis

Lembre-se de que o "c minúsculo" de criatividade possibilita que os indivíduos sejam imaginativos. Ele ajuda se as crianças são colocadas em uma posição de serem confiantes para aceitar desafios e correr riscos. O teatro e a interpretação de papéis oferecem um potencial enorme para fazer com que as crianças vejam as coisas sob outro ponto de vista. O teatro sempre permitiu o pensamento crítico e criativo – você não pode envolver as crianças em dilemas e problemas dos personagens que eles interpretam no teatro sem desenvolver essas habilidades (Hendy e Toon, 2001). As crianças se envolvem por espontaneidade em situações em que tudo é possível. Crianças muito pequenas são capazes de suspender a crença na realidade e entrar em mundos de faz de conta. Crianças operando no modo narrativo se sentem bastante felizes em virar miniaturas ao beber poções, ter asas ou voar em um tapete mágico (Hendy e Toon, 2001, p. 45). Parker-Rees (2000) demonstra o quanto as crianças têm uma disposição alegre e jocosa e podem viver em mundos imaginários, mergulhando nas suas experiências de brincadeira.

Em uma boa brincadeira de interpretação, frequentemente as crianças podem assumir papéis de adultos ou de crianças 3 anos mais velhas que elas próprias (Johnson, 2004; Fisher e Williams, 2004). Heathcote e Bolton (1995) expandiram o conceito de Dorothy Heathcote do "manto da experiência", que permite que as crianças assumam um papel de especialista em suas ações e conhecimento dentro de uma brincadeira de teatro. Ela usa as ideias que as crianças têm a respeito do mundo e aprimora a universalidade da experiência delas, permitindo que estejam no controle e explorem seus pensamentos por meio da interpretação. Os papéis são invertidos e é pedido ajuda às crianças, são pedidos conselhos e apoio. O manto da experiência permite que as crianças vejam uma situação com olhos especiais (Morgan e Saxton, 1987). Tarefas e desafios são escolhidos para as crianças para que elas refinem o seu pensamento. Os adultos podem criar mantos da experiência para que as crianças se tornem peritas em voar, apanhar gigantes ou combater o fogo (Hendy e Toon, 2001, p. 28). Uma professora em treinamento usou a técnica do manto da experiência com crianças de 4 e 5 anos.

## CRIANDO AMBIENTES

Pergunte aos adultos o que recordam sobre brincar quando eram crianças, e uma resposta comum será sobre os esconderijos que criavam – embaixo de mesas, em uma cabana, usando estruturas de madeira como cavaletes. É provável que falem mais sobre as brincadeiras autoinstigadas do que qualquer outra atividade que possam ter tido na escola.

Uma creche Steiner tinha um total de oito cavaletes, os quais eram arranjados diferentemente pelas crianças em áreas com vários cenários, usando materiais independentemente e recursos naturais como parte de sua brincadeira de teatro colaborativa. Uma professora no estudo de Brockhead (2004) comentou o quanto construções amplas e areia tinham a oferecer às brincadeiras com fins mais espontâneos para as crianças. Essas áreas pareciam promover brincadeiras sociais e colaborativas e permitia que as crianças determinassem os próprios temas para suas brincadeiras. Os professores des-

## IDEIAS EM AÇÃO

Depois de uma viagem para o interior, as crianças contaram histórias de terem visto a cabana do lenhador, sinais do lobo e do castelo de Cinderela. Elas contavam que o mundo era um lugar encantado e mágico a ser explorado e apreciado. Decidi relaxar minha autoridade como professora responsável para permitir que as crianças se tornassem solucionadoras independentes de problemas e negociadoras. Entrei no papel do Joãozinho e contei para elas minha história de como havia comprado feijões mágicos no mercado, porém o gigante os havia roubado. Mostrei a elas a carta dele me informando que havia escondido os feijões em uma floresta escura. Elas estavam ansiosas para preencher seu papel de "experts" quando pedi ajuda para recuperar os feijões. As crianças tiveram que negociar como atravessar um rio, construir um obstáculo, seguir pistas, dar conselhos e plantar os feijões mágicos e voltar pelo mesmo rio sem serem apanhadas pelo gigante.

Nina, estagiária em treinamento

### Melhorando a prática

Essa estagiária assumiu a posição de se tornar um adulto dentro de um papel, colocando-se no lugar de *outra* pessoa para se comportar diferentemente. Isso permite que as crianças foquem um personagem, considerem uma visão alternativa, e ajuda as crianças a criar acordos coletivos. Oferecer problemas para as crianças resolverem, dar poder para que elas tomem decisões e trabalhem juntas, tendo que explicar o que vem a seguir ou quais os materiais de que elas precisam é muito importante para desenvolver seu pensamento criativo.

Uma atribuição para os estagiários era planejar, implementar e refletir sobre um programa para promover a brincadeira e a criatividade com as crianças pequenas. Os estagiários saíram em viagem de pesquisa a um pequeno museu local, dentro de um parque que tinha um bosque, jardins, um lago, uma trilha com orientações e uma pequena estufa ambiental administrada voluntariamente por um naturalista local. O museu havia sido a residência de um filantropo local e abrigava muitas de suas coleções de história natural, uma exposição de artefatos arqueológicos egípcios, uma floresta tropical e uma costa vitoriana. Era possível organizar que as crianças manuseassem os artefatos com a equipe do museu. A viagem era para estimular e inspirar os alunos também eram introduzidos a técnicas de dramatização como o trabalho de campo da experiência através da atividade do adulto. Eles tinham que trabalhar individualmente ou em pares, em um estabelecimento de primeiras séries, em uma escola ou clube e assumir um papel, por exemplo, de um antropólogo, apicultor, arqueólogo, arquiteto, historiador, paisagista, curador de um museu, naturalista, ornitólogo, guarda do parque ou escultor. Além de todas essas opções para assumirem o "manto da experiência", muitos alunos escolheram sua própria ocupação:

- a mulher que fazia o boneco de gengibre (do folclore americano);
- um descendente do Barba Negra, o pirata que buscava um tesouro;
- um gigante velho e com problemas de visão;
- um arqueólogo escavando e buscando restos da Antiguidade;
- um ilustrador fazendo desenhos para um livro infantil;
- os três bodes cruzando um rio depois que a ponte foi destruída por um temporal;
- a avó da chapeuzinho vermelho que estava assustada demais para ir até sua cabana.

### Estudo de caso

Marietta, uma experiente professora, se sentiu inspirada quando frequentou um dos cursos de Ros Bayley (autor e consultor para a educação infantil) e decidiu criar uma

(continua)

BRINCAR: APRENDIZAGEM PARA A VIDA **179**

## IDEIAS EM AÇÃO

"provocação" para seus alunos. Em uma manhã de segunda, quando as crianças entraram na sala de aula, viram um grande e estranho objeto pendurado.

| | |
|---|---|
| Chas: | O que é aquilo lá em cima? |
| Shula e Janie: | Um casulo, um casulo. É um casulo. |
| Ravinder: | É falso, porque casulos não têm partes quadradas. |
| Julie: | Sim, mas dentro tem ovos de verdade. |
| Nicki: | Coloca a mão nele se você acha que é de mentira. |
| Gavin: | Coloca a mão se você pensa que é de verdade. |
| Hari: | É um casulo. |
| Sra. M: | De onde ele veio |
| Leanne: | Acho que uma fada veio e fez uma mágica e um ovo apareceu. |
| Leah: | Um mágico deve ter colocado ele ali. |
| Hari: | É de mentira. |
| Piotr: | Um duende colocou ali. Tem um esquilo dentro. |
| Floele: | Tem uma lagarta que vai virar uma borboleta. |
| Paris: | Pode ser de mentira, com várias lagartas falsas dentro. |
| Syd: | É falso. Ele está pendurado no teto com um plástico. |
| Lara: | Tá pendurado. Uma fada usou uma varinha mágica e colocou ali. |

As crianças estão curiosas a respeito do aparecimento do objeto e ele promove muita discussão que podem se engajar sem a ajuda e direção de um adulto. Elas tiram conclusões de acordo com suas experiências em casa e na escola, de filmes, de histórias e de história natural. Algumas das crianças foram inicialmente bastante céticas a respeito da origem do objeto, mas logo entraram na brincadeira de adivinhar e tirar conclusões. Elas se mostraram bem dispostas a suspender a incredulidade (Heathcoate e Bolton, 1995) e a excitação atingiu o ápice quando perceberam uma mudança no objeto na semana seguinte.

| | |
|---|---|
| Kemi: | Tem uma rachadura no casulo. Acho que uma das professoras fez uma abertura. |
| Mira: | O que será que tem dentro? |
| Sammy: | Talvez tenha saído! |
| Alex: | Tem uma aranha igual a do *Senhor dos Anéis*. |
| Levi: | Devia ter muito ar dentro... muito mesmo e daí abriu. |
| Jack: | Acho que alguém assoprou para dentro. Daí ficou maior e abriu sozinho. |
| Cody: | Pode ser mágico. |
| Lori: | Talvez esteja ficando grande demais para sua pele velha e está criando uma nova. |

Duas semanas mais tarde o objeto estranho apareceu pela primeira vez...

| | |
|---|---|
| Lori: | Olha, está acontecendo alguma coisa ali! Tem uma borboleta saindo! |
| Zack: | Tem pernas saindo dali. São pernas roxas. Tem asas com pequenas partes roxas. |
| Mira: | É horrível! É uma aranha. |
| Hari: | Poderia ser a aranha do *Senhor dos Anéis*. |
| Piotr: | É uma tarântula. As pernas são grandes demais. |

O grupo todo sentou em silêncio enquanto a Sra. S subiu em uma escada, se esticou e pegou a criatura de dentro do "casulo". Houve muita discussão sobre a cor e formato de corpo da criatura. Parecia uma formiga. Cody e Mira estavam convencidos

(continua)

## IDEIAS EM AÇÃO

de que eles tinham visto algo parecido em um filme. A criatura ficou quieta toda a tarde. As crianças inspecionavam o recém chegado. Alguns foram para as mesas de desenho e começaram a desenhar, outros pegaram pranchetas, giz de cera para fazer cartazes.

### Melhorando a prática

Algumas ideias para causar "provocações":

- Por que não escrever uma carta dizendo que o Ursinho precisa de ajuda para consertar sua cadeirinha?
- Mande uma mensagem por *e-mail* para o computador da sala convidando as crianças para planejar um piquenique para os bichinhos de estimação.
- Traga um fantoche para o estabelecimento que seja tímido e precise de um amigo.
- Vista um chapéu e seja um personagem que precisa de ajuda com os macacos.
- Vista um avental e seja uma lavadeira que está tendo problemas com a lavagem de roupas.
- Vista um chapéu de chef e peça ajuda para preparar uma festa de aniversário surpresa.
- Vista um chapéu e seja o guarda do parque que precisa de ajuda para manter o parque em boa ordem.
- Descubra um mapa mostrando um tesouro escondido.
- Mostre uma lâmpada mágica que necessite de limpeza.
- Encontre capas mágicas que torne as crianças invisíveis quando queiram ajudar alguém.
- Peça ajuda para encontrar um cachorro perdido (veja em *Into the Enchanted*, Brock, 1999).
- Mostre uma propaganda de um cientista trabalhando em um laboratório.

sa pesquisa decidiram estabelecer uma área de brincadeira sem tema e sem fim previsto em cada uma das salas de aula. Eles forneceram tecidos, caixas vazias, cavaletes, chapéus, almofadas, assentos e baldes. Usando o *continuum* da brincadeira social para estimar a qualidade das brincadeiras que as crianças, eles descobriram que muitas delas eram altamente sociais ou nos domínios da cooperatividade. Uma criança deu o nome de "qualquer lugar que você queira que seja, porque ele pode ser o que você quiser" (Broadhead, 2004, p. 73).

Existe um equilíbrio complexo entre as atividades direcionadas pelos adultos e as direcionadas pelas crianças. Muitas atividades direcionadas pelos adultos (como a provocação) podem ter um valor quanto à criatividade muito alto. As crianças podem ser muito mais imaginativas que os adultos, mas requerem incontáveis oportunidades e experiências para estimular a criatividade e a imaginação. A criação e o uso dos cenários de brincadeiras de representação são valiosos para promover oportunidades de aprendizagem de todas as partes do currículo. Isso também preenche muitos dos objetivos de aprendizagem inicial, o que mais que justifica o tempo empregado. É importante criar surpresas para as crianças com cená-

## Intenções de aprendizagem

**PSD:** Continue interessado, empolgado e motivado a aprender; reaja às experiências significativas, demonstrando uma gama de sentimentos quando for apropriado.

**CLL:** Interaja com os outros, alternando a vez durante uma conversa; fale claramente e audivelmente com confiança e controle e mostre estar ciente do ouvinte; use a fala para organizar, sequenciar e clarear o pensamento, ideias, sentimentos e eventos.

**KWU:** Investigue objetos e materiais usando todos os sentidos de modo apropriado; descubra a respeito e identifique algumas características de seres vivos, objetos e eventos que as crianças observam; faça perguntas a respeito de por que as coisas acontecem e como elas funcionam; observe, descubra e identifique características no lugar em que elas vivem e no mundo natural.

**CD:** Explore as cores, as figuras e as formas em três dimensões; use a imaginação das crianças na criação e no teatro; reaja em uma variedade de modos em relação ao que eles veem, escutam e sentem; expresse e comunique suas ideias, pensamentos e sentimentos usando uma ampla gama de criações e representação.

---

### Provocação (Semana 2)

Encontre um brinquedo de estimação: monstrinho.

Coloque em um grande e colorido casulo.

Pendure o casulo em um canto da sala de aula e espere que as crianças reparem nele.

Deixe que as crianças dirijam. Registre os comentários, mantenha cópias de tudo que as crianças produzirem e tire fotos.

### Extensão (Semana 3)

Abra o casulo aos poucos todos os dias ao longo da semana até que esteja totalmente aberto.

Faça do monstrinho o bichinho de estimação da classe.

### Resultados previsíveis

As crianças devem:

Fazer sugestões quanto à precedência do casulo e sobre o que está encoberto por ele – talvez com base na aparência do casulo.

Conte com o conhecimento delas sobre borboletas para fazer previsões sobre o que acontecerá a seguir.

Escreva cartas para ele, faça cartões ou presentes.

Faça desenhos sobre o que pode ter dentro dele.

Dê um nome a ele.

Use informações de livros para descobrir mais detalhes.

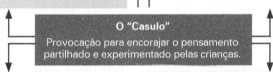

**O "Casulo"**
Provocação para encorajar o pensamento partilhado e experimentado pelas crianças.

### Objetivos de aprendizagem envolvidos por meio de resultados efetivos

**PSD:** Continue a estar interessado, emocionado e motivado a aprender; reaja a experiências significativas, mostrando uma gama de sentimentos, quando for apropriado.

**CLL:** Interaja com as outras pessoas, alternando vezes durante uma conversa; use a fala para organizar, sequenciar e clarear o pensamento, as ideias, os sentimentos e os eventos.

### Resultados efetivos

Quinta-feira – As crianças notaram o "casulo" e questionaram se ele era real. O debate sobre o assunto continuou e as crianças demonstraram habilidades de raciocínio.

Segunda-feira – A Sra. Mason veio em nossa aula e perguntou o que o "casulo" era. Ela provocou uma discussão sobre o que aquilo era e se era real. As ideias das crianças mudavam e eram desenvolvidas à medida que as crianças eram influenciadas umas pelas outras.

Quarta-feira – O "casulo" havia sido levemente aberto. Alguém notou isso durante uma atividade de alfabetização e seguiu um debate sobre quando e como isso poderia ter acontecido.

---

**Figura 5.2**
Folha de planejamento da atividade do casulo.

rios já criados, bem como convidá-las a participar do planejamento e da organização da sua própria área de brincadeira, que poderia ser inspirada em uma história, tópico ou nos próprios interesses das crianças. Os professores frequentemente comentam como, ao passarem tempo preparando a brincadeira de representação, as crianças poderiam ficar excessivamente agitadas e demolir o cenário. Esse é um processo bastante natural e pode necessitar ser decomposto em fatores se as crianças não estiverem acostumadas com ambientes com recursos diferentes. Uma vez que as crianças tenham explorado e lidado com os recursos de representação, começarão a brincar normalmente de modo eficiente e mais calmamente. Entretanto, precisam ter domínio, deveriam estar envolvidas com a negociação e organização da brincadeira de representação e deveriam poder desempenhar diferentes papéis (Bennett et al., 1997). Fornecer áreas para a brincadeira de representação é importante e os adultos podem modelar como brincar, usar a linguagem e lidar com os recursos. Utilize as crianças que são exímias em representação para dar o exemplo às outras crianças. Para manter as áreas de representação interessantes intermitentemente, adicione pequenos detalhes e crie problemas para a brincadeira, Por exemplo, a loja de animais não tem mais comida para coelho; a máquina de lavar louças estragou no café; existem vários carros esperando para serem consertados; uma enchente estragou as flores do jardim.

## "Espaços" para crianças

Dixon e Day (2004, p. 93; em Cooper, 2004) também refletiram sobre memórias ternas de esconderijos e lugares secretos durante suas infâncias e investigaram lugares secretos de crianças de maternal. Esses pesquisadores enfrentaram "espinhos, mordidas de insetos e dores nas costas" na exploração de "caravana de *Willow*, casinha na árvore, cabana de madeira, barco a remo e uma rede coberta com grama com uma entrada

de túnel" das crianças. Os autores encontraram uma diferença distinta de gênero na brincadeira – os meninos gastavam bastante tempo correndo para seus lugares secretos, enquanto as meninas usavam os ambientes para a brincadeira social.

Os meninos falavam sobre "coisas perigosas, como ladrões ou casas pegando fogo", se engajando em uma fantasia compartilhada cooperativa e brincadeiras de super-herói com muita ação, enquanto as meninas frequentemente brincavam de casinha, família e de atividades domésticas. Dixon e Day (2004) advertem a importância de a equipe estimular a brincadeira ao ar livre, a se envolver e adicionar camadas de linguagem de histórias, lugares e épocas.

## Ambientes de brincadeira

Brock e Power (2006; em Conteh, 2006) demonstram como as bandejas grandes e retangulares ou quadradas, tipo organizadoras fornecem ambientes de representação para as crianças explorarem seu conhecimento e compreensão do mundo. Perguntas-chave, inícios de frases e linhas de exploração são oferecidos para auxiliar os adultos a desenvolver o vocabulário e os conceitos das crianças. A repetição e o uso da linguagem dão ao mesmo tempo familiaridade e confiança às crianças. A apresentando problemas e desafios então ajuda as crianças a usar a sua imaginação e habilidades para resolver problemas. Os ambientes de brincadeira estendem os conceitos da bandeja do obreiro, fornecendo paisagens e ambientes que possam se estender à narrativa e à resolução de problemas das crianças.

1. Conte ou leia uma história ou introduza uma ideia.
2. Introduza o ambiente de brincadeira – converse sobre a paisagem e o desenho, faça perguntas e ofereça dicas: O que é isso? O que você acha que é? Onde encontramos isso?
3. Forneça miniaturas.
4. Introduza o novo vocabulário.

## IDEIAS EM AÇÃO

### Ambientes dramáticos

Ambientes dramáticos holísticos tiveram êxito e foram observados nos estabelecimentos em uma escola de educação infantil de West Yorksire incluem uma cabana de contos de fada, um mundo tropical, um aeroporto, um laboratório espacial com um foguete, uma delegacia, um mundo de gelo, cavernas, uma biblioteca, uma agência de viagens, uma clínica veterinária e uma galeria de arte. Uma pré-escola criou a sua própria área de exibição depois de uma visita com os pais ao Parque de Escultura Bretton Hall. Nas semanas seguintes os pais vieram até a pré-escola para trabalhar com as crianças para criar esculturas usando argila, alguns recursos naturais e manufaturados. Os trabalhos de arte foram exibidos e a cerimônia de abertura foi prestigiada pelo prefeito e apareceu nos noticiários locais. As equipes de diversas pré-escolas e escolas foram estimuladas pla obra Into the Enchanted Forest..., de Brock (1999), que demonstrava como um ambiente holístico pode ser criado para a brincadeira livre e imaginativa e para uma aprendizagem em todas as áreas do currículo. Ele praticamente focava no teatro, linguagem e ciência, apoiando o bilinguismo das crianças, a resolução de problemas e a criatividade. As crianças, os alunos, os professores e as palestras fornecem ideias e reflexões sobre a prática e análise das respostas das crianças. Uma criança realmente suspendeu sua incredulidade: "Não sei se é real ou apenas uma boa história". As crianças que trabalharam e brincaram na Floresta se lembravam dessas experiências anos mais tarde, não somente as atividades de teatro, mas também dos conceitos científicos e tecnológicos.

De acordo com Bilton (1998, 2002), a necessidade de experiências ao ar livre é crucial e o currículo todo pode ser avaliado dessa maneira e deveria ser planejado tão detalhadamente quanto às atividades de sala de aula. Ela observa que as crianças podem ser mais livres e independentes e correr mais riscos ao colaborar e explorar de maneira mais eficaz, já que há menos restrições quanto ao espaço, barulho e direção de um adulto.

### Pare e reflita

A maior parte das crianças pequenas prefere estar em ambientes externos aos internos, então como você pode criar experiências de aprendizagem valiosas como aquelas esboçadas acima em ambientes ao ar livre?

### Melhorando a prática

As crianças podem gravitar na direção das bicicletas, porque são frequentemente a primeira atividade ao ar livre. Enquanto o ato físico de andar de bicicleta, de manobrar e dobrar são extremamente valiosas, se essa for a única atividade fornecida em um ambiente ao ar livre, então as experiências das crianças serão limitadas. Aproveite e utilize os brinquedos maiores em atividades de teatro. Faça com que elas pensem sobre o espaço, os ambientes, os recursos; sobre a segurança nas ruas, transporte, prédios e profissões. Encoraje as crianças a socializar, colaborar e resolver problemas por meio da divisão e construção dos próprios espaços para suas atividades de representação:

- garagens;
- casas;
- parques para carros ou bicicletas;
- restaurantes;
- fazendas;
- supermercados;

(continua)

## IDEIAS EM AÇÃO

- navios;
- aeronaves;
- trens;
- mercados;
- lavanderias;
- clínica para bebês;
- repartição pública;
- navio pirata;
- jardim botânico.

A construção de recantos ao ar livre está voltando a estar "na moda" e agora pode ser considerada uma característica principal em muitas escolas Foundation Stage. Você pode até engajar artistas da comunidade para estimular a construção desses espaços com as crianças. Esses recantos são ideais para promover o aprendizado do currículo por inteiro, juntando matérias, assim como a linguagem imaginativa. As crianças podem ser encorajadas a serem criativas nos seus desenhos, visionando um resultado final. As habilidades motoras amplas de alongar, alcançar e segurar promovem a manipulação física. Se você não encontrar cavaletes apropriados, tente canos de jardinagem amarrados com cordas ou utilize balanços ou cercas de playground. Amarre materiais com fios plásticos (materiais baratos) e use pregadores de roupa para pendurar lã, tecidos, edredons, cortinas, lençóis, xales, mantas, etc.

### Construção de um recanto

A construção de recantos oferece mais âmbito e desafio do que apenas fornecer brinquedos veiculares de grande porte. Isso instiga a resolução de problemas: "Como fazemos isso?"; "Como fazemos para que essa peça fique aqui?". É excelente para a resolução de conflitos – as crianças têm que concordar e negociar os espaços – "Você segura aqui e eu faço isso". Shazia passou o dia inteiro no recanto; embora tenha se juntado intermitentemente às outras crianças, ela persistiu em completar a atividade para levar suas bonecas e contar uma história para elas. Ao fazer isso, ela cumpriu muitos passos e objetivos de diversas áreas do currículo.

Carlotta, coordenadora da escola de educação infantil

### Pare e reflita

- Na próxima vez em que você estiver trabalhando ao ar livre reflita sobre o quanto você se envolve com a brincadeira das crianças.
- O que você pode fazer para melhorar a sua prática?

## IDEIAS EM AÇÃO

### Pare e reflita

Que mensagem essa foto lhe dá sobre brincadeira de gênero e proposta?

- Planeje como estimular a construção de um recanto.
- Que desafios você poderia introduzir?

(continua)

## IDEIAS EM AÇÃO

**Estudo de caso: as caixas-conceito**

A ideia das caixas-conceito foi originada pelo desejo de encorajar os alunos a construir recursos para as crianças. No momento do seu início, muitos professores nas escolas estavam descobrindo que eles tinham muito pouco tempo para criar seus próprios recursos para o ensino. Os recursos manufaturados estavam se tornando mais abundantes e os planos de aula estavam prontamente acessíveis em *websites* do tipo QCA (Qualificações e Autoridade de Currículos). Ainda, criar recursos pessoais é importante para determinar como podemos apoiar e criar andaimes para a aprendizagem das crianças. As caixas-conceito foram introduzidas como parte de uma avaliação dos alunos que seguiam um estudo avançado de especialização na educação infantil. O objetivo era possibilitar que os alunos produzissem uma coleção de recursos que contextualizaria um conceito específico para as crianças por meio da promoção de experiências de brincadeira. Os conteúdos da caixa poderiam ser confeccionados e criados pelos alunos ou uma coleção de objetos manufaturados que fossem multissensoriais e estimulantes para as crianças. Os alunos também tinham que escrever análises teóricas acadêmicas para explicar e justificar suas caixas e suas atividades. Ao longo dos anos algumas caixas se tornaram bastante imaginativas, com o exterior tomando a forma de um girassol, um ovo, uma maquete de um vilarejo, o guarda-roupa do ursinho de estimação, uma loja de sapatos, uma fazenda, um teatro, a gaiola de um hamster, um lago ou o lar de um texugo – a lista é interminável. Os alunos selecionaram um conceito; criaram ou organizaram os recursos apropriados; planejaram atividades de aprendizagem e experiências de brincadeira em potencial, às vezes selecionando um grupo específico como alvo, outras vezes promovendo uma gama de atividades que poderiam ser experimentadas em grupos de famílias ou grupos de diferentes idades. Alguns exemplos eram:

- nós mesmos;
- tamanho;
- crescimento;
- informações/mapeamento;
- hábitats;
- estações;
- alimentação saudável;
- pares;
- água;
- minimonstros;
- beira-mar;
- formas.

**Figura 5.3**
Foto de estudo de caso: Conteúdos de uma caixa-conceito para o tema viagens

(continua)

## IDEIAS EM AÇÃO

**Melhorando a prática**
**Criando recursos**

Reservar um tempo para criar recursos para as crianças é algo valoroso e não é puramente por causa do resultado do produto. A real construção dos recursos engaja você em um processo de criatividade, desenvolve o pensamento crítico a respeito do propósito e do potencial da brincadeira das crianças e apoia o planejamento e o atendimento às exigências do currículo. O que é realmente importante sobre criar seus próprios recursos é que isso permite que você pense a respeito de seus grupos de crianças para apoiar suas necessidades individuais ao:

- Contextualizar o pensamento, a aprendizagem e os processos linguísticos.
- Facilitar a diferenciação por meio de atividades práticas e das experiências de brincadeira.
- Promover o inglês como uma língua adicional e apoiando o bilinguismo (veja Brock e Power, 2006; em Conteh, 2006, para mais ideias).
- Oferecer experiências e linguagem relacionada com refugiados e com a herança cultural de pessoas que buscam refúgio.
- Apoiar necessidades educativas especiais e específicas.
- Encorajar a brincadeira específica sem distinção de gênero: as meninas devem brincar com construção e os meninos de teatro.
- Permitir que diferentes gêneros possam representar papéis que pareçam importante para as crianças, mesmo quando são fortemente marcados por gênero na sociedade.
- Desenvolver conceitos particulares, habilidades, disposições e atitudes.
- Consolidar conceitos por meio de atividades variadas e diversas a respeito de um mesmo tema.

**Atividade sugerida**

Por que você não cria a sua própria caixa conceito e faça um teste com um grupo de crianças? O que você deveria considerar quando identifica um tema?

---

**5.** Ofereça desafios regularmente, introduzindo novos recursos ou apresentando um problema.

**6.** Forneça dicas para que as crianças possam contar histórias.

## Refletindo sobre a prática

O conhecimento, a compreensão e a habilidade profissional desempenham um papel importante para fornecer uma pedagogia eficiente. Moyles e colaboradores (2002, p.2) consideram que a pedagogia não é somente uma prática verdadeira de ensino, mas também como sendo capaz de conversar e refletir sobre o ensino. Eles acreditavam que definir "pedagogia" e "efetividade" é vital para alcançar "um diálogo profissional valioso e compreensão entre profissionais". Portanto, os educadores precisam ser habilidosos, instruídos e sensíveis a uma pedagogia e currículo apropriados para as crianças que ensinam. Não somente precisam fazer com que tudo faça sentido para as crianças, como também precisam explicar um ensino e práticas de aprendizagem eficientes. Moyles e Adams (2001) sugerem que os educadores precisam articular as diferenças implícitas na pedagogia da educação dos primeiros anos e outras fases de educação para um grupo de fora nem sempre instruído. Isso

## IDEIAS EM AÇÃO

### Ambientes/recantos de brincadeira

A coordenadora de uma escola de educação infantil e uma palestrante da área de educação comparam anotações e conversam sobre como criam ambientes de brincadeira para promover teatrinhos imaginativos para as crianças.

Uma importante parte da nossa proposta contínua são as bandejas que acontecem semanalmente. O que começou com um tapete de plástico no fundo da bandeja desenvolveu algo impressionante. Temos madeira, serragem e lascas de madeira, mas o melhor são os brinquedos de floresta e da selva. O coordenador de ciências e eu vamos desenvolver uma terra de dinossauros. Vamos construir montes com arame e papel machê e vamos salpicar sementes de capim em um monte de adubo composto para que se torne uma colina.

Penny, professora de educação infantil

Fiz meu ambiente de brincadeira com quatro meninos com idade entre 3 e 6 anos. Em uma base sólida de madeira moldamos uma área de montes com papel machê; criamos um terreno pantanoso árido e atraente; uma floresta com áreas musgosas e com grama; pedaços de terra áridos e irregulares com materiais variados de um centro de jardinagem; um rio com uma correnteza, com pouca profundidade, pedras, conchas, areia e cascalho. Até então brincamos com vários temas, como O Senhor dos Anéis e outras histórias de aventura.

Abigail, avó e ex-professora

### Melhorando a prática

Ideias/temas adicionais para ambientes de brincadeira:

- urbanização industrial
- fazenda de cultivo
- paisagem marítima e litorânea
- ambiente de fantasia
- ambiente de brincadeira com tema espacial

**Figura 5.4**
Brincando com três bodes em um ambiente de brincadeira.

(continua)

## IDEIAS EM AÇÃO

### Comentário

Ambientes de brincadeira como esses fornecem uma paisagem com terrenos diferentes não somente para contextualizar a brincadeira, mas também para encorajar as habilidades de resolução de problemas. Conversar sobre o que está acontecendo permite que as crianças não somente articulem o seu pensamento, mas consolidem e desenvolvam ainda mais as suas ideias. Brincar com outras crianças fornece um fórum para que as ideias sejam compartilhadas na medida em que as crianças cooperam durante a brincadeira. Uma verdadeira parceria pode ser observada quando as crianças aceitam as ideias umas das outras e trabalham juntas na brincadeira, não necessariamente para alcançar um resultado, mas para fazer com que a brincadeira continue se desenvolvendo. Veja a planilha a longo prazo para a provisão de miniaturas do mundo (Figura 5.5).

tem sido tradicionalmente muito difícil por diversas razões – falta de prestígio daqueles que trabalham com crianças; uma profissão na maior parte exercida por mulheres se comparado com a maioria de responsáveis pelas políticas de ensino sendo homens; as exigências do governo para os objetivos e a evidência quantitativa de melhorias.

Nas seguintes reflexões, esses educadores demonstram que são não apenas instruídos e apaixonados pelo seu trabalho, mas que também precisam explicar aos pais e administradores de educação que as crianças estão brincando e defender sua proposta e pedagogia aos responsáveis pelas políticas de educação. Ao longo dos anos, eles pre-

## IDEIAS EM AÇÃO

### Reflexões de profissionais

Precisamos justificar aquilo que fazemos para pessoas que não possuem conhecimento a respeito dos primeiros anos.

Denise, administradora de creche

Quando as crianças vão para casa e dizem que brincaram o dia inteiro os pais precisam entender que elas estão engajadas em brincadeiras direcionadas e participaram de atividades valorosas. Acredito que não explicamos aos pais suficientemente e com exatidão qual o valor dessas atividades realmente. Acho que em parte é nossa culpa e, por outro lado, um malentendido da educação infantil.

Riari, professora do primeiro ano

Acredito que as pessoas realmente têm uma percepção sobre da educação infantil de que tudo é brincadeira. Também tenho a impressão que o governo pensa a mesma coisa.

Steve, professor de pré-escola

Não estou apenas brincando junto com as crianças; na verdade, também estou ensinando algo a elas.

Shagufta, professora de pré-escola

BRINCAR: APRENDIZAGEM PARA A VIDA **189**

**PLANEJAMENTO DE LONGO PRAZO**
**UNIDADE DOS PRIMEIROS ANOS**
**Proposta contínua – Teatro Minimundo**

*Oportunidades de aprendizagem-chave*

* Evoluir a partir de experiências individuais do lar e do mundo externo
* Cooperar e negociar por meio da brincadeira em pequenos grupos
* Ter empatia, respeito e escutar as ideias dos outros
* Ampliar o vocabulário, especialmente a linguagem da narração de histórias
* Promover o uso da não ficção para ampliar o conhecimento
* Investigar materiais, objetos e recursos variados em ambientes diferentes
* Diferenciar e classificar usando critérios diferentes
* Desenvolver habilidade motora fina por meio da manipulação e do desenho
* Usar a imaginação para resolver problemas da vida real por meio da brincadeira

| **Recursos permanentes** (mudados de acordo com o tópico em questão) | **Provisão de recurso** | **Experiências pretendidas** (dimensões entre as diferentes áreas do currículo) | **Perguntas e vocabulário-chave** |
|---|---|---|---|
| Ambientes "bandeja organizadora": <br><br>Selva/Zoológico <br>Fazenda <br>Pátio <br>Embaixo do mar <br>Ártico <br>Terra dos dinossauros <br>Casa de bonecas <br>Playground <br>Monstrinhos <br><br>Caixas com tópico minimundo <br><br>Fotos de cenários em um quadro interativo para encorajar as crianças a falar e a criar histórias <br><br>Fotos de crianças brincando em uma área minimundo <br><br>Oportunidades emergentes para alfabetização | Área pequena <br>Adultos para escutar, partilhar, observar e monitorar <br><br>Modelar o teatro para engajar as crianças, mas também permitir que elas tomem decisões e direcionem a brincadeira <br><br>Adição regular de materiais paupáveis – areia, água, pedras, solo, sementes, cascas de árvore, folhas <br><br>Introduções intermitentes de recursos adicionais (minimundo) <br><br>Introduzir desafios, causar problemas e promover o pensamento criativo <br><br>Livros de ficção e não ficção relacionados com o tópico <br><br>Materiais para anotações: papel, lápis, pranchetas | Usar cada vez mais a imaginação na brincadeira, escutando e reagindo às ideias de adultos e outras crianças <br><br>Planejar e criar a brincadeira e atividades do minimundo; explicando, refletindo e partilhando com o grupo e adultos <br><br>Desenvolver o vocabulário relacionado ao conhecimento e à compreensão do mundo <br><br>Promover a narração de histórias e escrita relacionadas com o tópico e atividades por meio da manipulação dos recursos do minimundo <br><br>Resolver problemas, raciocinar e categorizar por meio das atividades de brincadeira | Apoio adulto frequente para modelar, promover a linguagem e resolver problemas <br><br>**Vocabulário-chave** <br><br>Nomear e rotular objetos e recursos <br>Usar adjetivos de propriedades e aparência – cor, tamanho, forma <br>Promover advérbios de velocidade e posição <br><br>**Perguntas-chave** <br><br>Quem? O quê? Como? Por quê? Quando? Onde? <br>O que está acontecendo com essa criatura? <br>Como podemos construir...? <br>E se houvesse uma enchente? <br>O que vamos fazer agora? <br>Onde está o problema? <br>Quem pode ser o responsável para fazer isso? |

**Figura 5.5**
Planilha de planejamento de longo prazo, brincadeira minimundo.

## IDEIAS EM AÇÃO

**Melhorando a prática**
**Desenvolvimento Profissional Contínuo (DPC)**

Aqui estão alguns exemplos de como se envolver com o DPC:

- Converse com colegas em seu próprio estabelecimento e outros.
- Visite diversos estabelecimentos e conheça várias propostas para obter ideias novas e diferentes.
- Leia revistas educacionais e publicações científicas para adquirir ideias práticas, recursos, práticas e pensamentos novos.
- Leia livros para desenvolver seu conhecimento profissional.
- Assista a palestras educacionais; conheça colegas com pensamento parecido com o seu e adquira ideias atualizadas.
- Inscreva-se em cursos de desenvolvimento profissional em faculdades e universidades para adquirir outras qualificações.
- Viaje para um outro país para observar modelos diferentes de currículo e outras ideologias.

### Pare e reflita

Você consegue pensar em outras maneiras que você possa desenvolver a sua compreensão e habilidade como um profissional dos primeiros anos? Converse com colegas e identifique oportunidades para um DPC relevante para você e para o seu estabelecimento.

---

cisaram justificar a sua prática para uma audiência crítica de inspetores da Ofstead, consultores das autoridades locais, coordenadores e pais. O Desenvolvimento Profissional Contínuo (DPC) é importante para todos os profissionais desenvolver ainda mais o conhecimento e entendimento de uma proposta e pedagogia mais eficaz para as crianças que eles estão educando. O DPC pode ocorrer por meio de atividades variadas e é importante para construir autoestima na efetividade da sua prática.

## Resumo e revisão

Agora você terá uma compreensão de por que o desenvolvimento e a aprendizagem são conceitos tão complexos e que nenhuma teoria é suficiente para explicá-los. No início deste capítulo, nos propusemos a explorar quatro questões-chave:

- A política e as políticas de desenvolvimento nacional têm um impacto na provisão de brincadeira e por que isso deveria me preocupar?

*(continua)*

## Resumo e revisão

As pesquisas contemporâneas durante a última década exigem que os educadores e os responsáveis pelas políticas de ensino reflitam criticamente sobre o *status quo* em relação ao que as teorias afirmam. Eles precisam examinar o que é considerado uma prática adequada nos sistemas de educação e as ideologias tradicionais que podem ter filosofias informadas que sustentam a proposta. O impacto do desenvolvimento das políticas nacionais deveria ser considerado cuidadosamente por todos os profissionais da educação infantil para assegurar que a provisão dê conta não apenas das expectativas acordadas nacionalmente, mas, mais importante ainda, das necessidades de desenvolvimento da criança.

- Como as teorias psicológicas influenciam a minha prática?

Na medida em que novas teorias são examinadas e novos pensamentos são oferecidos, também as demandas são intensificadas e um conhecimento profissional maior é exigido. Portanto, é importante que ocorram um questionamento e debates para estimular o crescimento do conhecimento profissional (NAEYC, 1997).

- Quais são as linguagens de brincadeira das crianças?

Este capítulo ofereceu uma profusão de experiências que podem ser empregadas para engajar o interesse das crianças, para promover um envolvimento ativo e encorajar uma aprendizagem experimental em ambos os domínios, no cognitivo e no da linguagem. As crianças necessitam de ambientes onde elas possam se sentir seguras para usar uma gama extensa de maneiras para se expressar por meio da brincadeira.

- Como posso criar oportunidades de brincadeira de qualidade para as crianças

Este capítulo deveria ter demonstrado porque o nosso conhecimento profissional e compreensão da complexidade da brincadeira em todas as suas facetas é crucial. O contexto da base de conhecimento profissional na educação e cuidados da primeira infância é distinguido pelo debates contínuos a respeito das realizações das crianças pequenas, que foca no que é necessário e eficiente para o seu desenvolvimento e aprendizagem. O campo de conhecimento seguem em frente e os debates acerca dos cuidados das crianças pequenas ainda continuam. Questionamentos e debates entre profissionais da primeira infância são necessários para o crescimento do conhecimento profissional do campo (NAEYC, 1997). Portanto, você precisa ser parte de uma equipe de trabalho instruída, altamente qualificada e articulada, com habilidade para definir e demonstrar seu próprio conhecimento profissional e colocar tudo isso em prática. A habilidade para refletir e avaliar o seu papel profissional com respeito à brincadeira é algo chave para o seu profissionalismo. Enquanto você parou para refletir neste capítulo, você identificou uma pletora de pontos iniciais para oportunidades de brincadeira de qualidade para todas as crianças.

## Transformando o pensamento e a prática: é com você!

Esse capítulo destacou a importância da brincadeira na educação e cuidado na primeira infância e sugerimos que precisa existir uma ênfase renovada sobre o papel na brincadeira na educação infantil e nos primeiros anos não somente como uma ferramenta para atingir os objetivos de aprendizagem, mas também como um fim em si. A brincadeira pode estimular a criatividade, pode inspirar a imaginação das crianças, ajudá-las a aprender como resolver conflitos, melhorar a sua autoconfiança e fortalecer seu sentimento de autoidentidade. Existe uma necessidade para uma maior interação adulto-criança por meio da brincadeira direcionada pelo adulto e também da direcionada pelas próprias crianças. A brincadeira direcionada pelo adulto pode melhorar o escopo de criatividade da criança por meio de perguntas de investigação e respostas, e conversas um a um podem encorajar as crianças a refletir sobre o que elas estão aprendendo, podem desafiar o seu pensamento e ajudar no seu entendimento. A brincadeira direcionada pela criança promove a criatividade por meio do aprendizado autodirecionado e faz com que a aprendizagem seja relevante para a criança. A brincadeira de livre escolha amplia a extensão de atividades das quais a criança participará e pode encorajar a criança a se engajar em uma atividade por uma considerável quantidade de tempo.

## Questões para consideração

Este capítulo apresentou muitas maneiras diferentes para que você possa estimular cenários de brincadeiras para as crianças nos primeiros anos. Considere as seguintes perguntas:

- Você consegue articular com *skateholders* porque é importante que a brincadeira receba um papel central na educação e nas séries iniciais do ensino fundamental?
- Quais são as vantagens da brincadeira direcionada pelo adulto e pela criança? Você faz uma proposta para ambas brincadeiras no seu plano de aulas?
- Quais são as linguagens de brincadeira das crianças?
- Qual das sugestões para encorajar oportunidades de brincadeira mencionadas neste capítulo você pode importar para o seu trabalho e brincadeira com as crianças?

## Leituras adicionais

Brock, A. and Rankin, C. (2008) *Communication, Language and Literacy from Birth to Five*. London: Sage.

Casey, T. (2007) *Environments for Outdoor Play: A Practical Guide to Making Space for Children*. London: Sage.

Conteh, J. (2006) *Promoting Learning for Bilingual Pupils 3-11*. London: Paul Chapman.

Edgington, M. (2004) *The Foundation Stage Teacher in Action*. London: Paul Chapman.

Flewitt, R. (2006) Using video to investigate preschool interaction: educational research assumptions and methodological practices. *Visual Communication*. Vol. 5, No.1, 25-50.

Riley, J. (ed.) (2003) *Learning in the Early Years*. London: Paul Chapman.

Scaarlett, W., Naudeau, S., Salonius-Pasternak and Ponte,1. (2004) *Children's Play*. London: Sage.

Tucker, K. (2005) *Mathematics Through Play in the Early Years: Activities and Ideas*. London: Sage.

# 6

# Nós queremos brincar

## Crianças dos primeiros anos brincando na sala de aula

**Sylvia Dodds**

A melhor época que tivemos foi tempos atrás, quando estávamos no primeiro ano. [É, concorda Kerry.] Eles tinham esses, tipo, pequenos tubos, e nós fizemos uma torre de mais de 5 metros de altura e ela era tão forte que você podia subir nela. Nós todos corremos para ela e, você lembra, eu pulei nela e ela caiu [risadas]. Era muito divertido. Agora que estamos mais velhos nós só temos que trabalhar o tempo todo. Eu preferiria se pudéssemos ter toda a aprendizagem, mas então tivéssemos mais tempo para praticar o que aprendemos de um modo divertido. Eu adoraria se pudéssemos brincar e experimentar mais!

Alex e Kerry, 11 anos,
refletindo sobre suas experiências
de "brincadeira" nos anos iniciais

## INTRODUÇÃO

As crianças de todas as idades, como foi visto nos capítulos deste livro, qualquer seja sua origem, cultura, religião ou gênero, procuram e gostam de oportunidades de brincar imaginativamente, criativamente e independentemente. A brincadeira pode servir a vários propósitos importantes, pode scr direcionada ou não direcionada, e é uma parte essencial do desenvolvimento infantil e da *interação social* – "ah, estamos apenas brincando". Com o aumento da ansiedade dos pais sobre a segurança de nossos filhos brincando fora de casa, em um mundo que pode parecer mais perigoso do que nunca, muitos jovens não têm a liberdade que precisam para simplesmente "sair para brincar" com seus amigos. Na verdade, a primeira de várias pesquisas a serem publicado em 2008 pela Children's Society, a pequisa já descobriu que os pais regularmente negam a seus filhos a mesma liberdade de sair de casa sem supervisão adulta que eles tinham enquanto cresciam.

> **Interação Social**
>
> Uma sequência dinâmica de ações sociais entre indivíduos ou grupos que modificam suas próprias ações em resposta à interação com os outros.

Enquanto isso, na escola, você pode escutar as crianças aflitas, "Eu terminei meu trabalho, agora posso sair para brincar?", isso é intermitentemente focado na recompensa, um "tempo livre" de muito valor ou *tempo de ouro* no qual as crianças buscam a atividade independente ou a aprendizagem de uma seleção predeterminada (por exemplo, as peças de Lego no tapete ou ler um livro no cantinho da leitura). Ocasionalmente a oportunidade de brincar é relegada à tarde da sexta-feira, quando a professora da turma está ausente e uma assistente "cuida" a turma! Os educadores de séries iniciais passaram a acreditar que o espírito da "brincadeira" é apenas um traço aceitável do aluno nos primeiros anos, que as oportunidades de aprendizagem *têm* que ser guiadas por um objetivo curricular definido (objetivos e resultados, brincar pelo "prazer de brincar" não é o bastante) ou como somos frequentemente lembrados, "Há tanto para se cobrir atualmente que não temos tempo para brincar!".

A realidade então para muitas crianças é de que a brincadeira é um elemento não existente em suas vidas diárias na sala de aula. Sendo assim, o desafio, para as escolas e sociedades de hoje e do futuro, é encontrar maneiras para as crianças experimentarem, até mesmo aprenderem a brincar, oferecendo a liberdade para desenvolverem a variedade de habilidades fundamentais para a aprendizagem e a vida adulta. Tendo isso em mente, esse capítulo pretende explorar pontos iniciais para que os educadores possam oferecer oportunidades para a brincadeira que encontrem e aumentem as exigências de um currículo prescrito e apoiem o desenvolvimento de habilidades importantes. Ele irá explorar:

- O clima para a brincadeira – o que pode ser aprendido através da brincadeira na fase inicial? A oportunidade para a aprendizagem baseada na brincadeira foi espremida para fora do currículo na busca pela excelência e realização acadêmica?
- Oportunidades para a brincadeira na sala de aula – como as experiências baseadas na brincadeira podem ser utilizadas para encorajar os aprendizes a tomar *posse* da aprendizagem e desenvolver suas habilidades principais e de pensamento dentro das restrições de um currículo formal?

## O CLIMA PARA A BRINCADEIRA: QUAL A DIFERENÇA ENTRE TRABALHO E BRINCADEIRA?

Na Figura 6.1, Mark, Lucy e Jason espontaneamente atuam em uma cena das *Tartarugas Ninjas* que todos assistiram na televisão naquela manhã. Cada um tem a sua vez de ser o "malvado". Interessantemente, Jason (à direita e o mais jovem) orienta a ferocidade da brincadeira definindo os papéis para cada participante. De modo a se tornar Donatello, Leonardo e o malvado eles usam objetos. O sofá é a "base", e um cutelo de brinquedo e algumas varas de madeira que Jason encontrou no galpão se tornam "armas".

Para as crianças pequenas, frequentemente se afirma que não há distinção entre o trabalho e a brincadeira, e que as crianças aprendem sendo ativas, organizando as suas próprias experiências de aprendizagem, usando a linguagem e interagindo com os outros (Fischer, 1996). Através da brincadeira, as crianças pequenas são motivadas a experimentar o seu mundo, a crescer, se desenvolver e aprender (Drake, 2001). Muitos autores e pesquisadores, incluindo os deste livro, concordariam que, para tentar explicar a diferença entre trabalho e brincadeira, tentar definir a noção de brincadeira ou mesmo categorizar diferentes formas de brincadeira é praticamente impossível. Janet Moyles (2002, p.5) na verdade sugere que:

> Lutar com o conceito de brincadeira pode ser análogo a tentar perseguir bolhas, pois cada vez que parece haver algo a que se segurar, a sua natureza efêmera as dissolve antes de serem compreendidas! Por causa de sua diversidade, ela continua a desafiar tentativas de quantificação... faz mais sentido considerar a brincadeira um processo, que, por si mesmo, irá envolver uma variedade de comportamentos, motivações, oportunidades, práticas, habilidades e compreensões.

Estudos mais profundos da percepção das crianças quanto à brincadeira refletem as respostas variadas sobre o que significa brincar dadas aqui (veja "Ideias em ação" adiante). Karrby (1989), em um estudo de 15 crianças suecas de 5 e 6 anos, descobriu que elas também associavam a brincadeira com atividades envolvendo a *brincadeira de faz de conta*, acordada entre eles, baseada em um tema como um roubo ou uma festa. Pellegrini e Galda (1993), ao revisarem uma variedade de estudos, concluíram que crianças mais velhas (9-11 anos) podem concentrar-se na relação fantasiosa ou imaginativa que é frequentemente estruturada e planejada socialmente, aderindo a regras e utilizando a aprendizagem influenciada pela mídia. O pequeno grupo entrevistado aqui tinha ideias claras sobre o que 'brincar' significava para eles. É interessante que todas as crianças incluíram brincadeiras com jogos em suas próprias definições, e que esses jogos envolviam altos níveis de atividade física. A brincadeira também foi a atividade social encontrada nos estudos – desempenhada com "amigos". O elemento criativo da brincadeira de faz de conta pareceu prevalecer nas crianças mais jovens entrevistadas. O que fica claro é que a brincadeira, até mesmo a diversão na sua cultura, conforme os pré-adolescentes, está relacionada com o esporte, ou atividades fora da sala de aula, e não tem absolutamente nada a ver com a escola (ver Capítulo 11).

> **Brincadeira de faz de conta**
> Em que as crianças representam ou criam situações imaginárias dentro de sua própria brincadeira. Esse tipo de brincadeira surge quando um ambiente desperta ou permite a liberdade para a imaginação e a criatividade.

## A BRINCADEIRA E O APRENDIZ EM DESENVOLVIMENTO

A aprendizagem com propósito precisa estar ligada à aquisição ativa de conhecimento, à solução de problemas práticos, à participação social conjunta e ao envolvimento no processo de aprendizagem.

Muitos educadores de sala de aula argumentam que a quantidade – e que continua aumentando – de informações e habilidades que se espera que as crianças adquiram

**Figura 6.1**
Brincadeira ou trabalho?

## IDEIAS EM AÇÃO

**Pré-
-adolescentes**
Um termo usado para descrever crianças entre as fases de desenvolvimento da infância e da adolescência.

### Estudo de caso: o que os pré-adolescentes dizem sobre a brincadeira?

Um grupo misto de 7 a 11 anos (pré-adolescentes), tanto meninos quanto meninas, tem de responder o que a frase "brincar" significava para eles. Eles foram encorajados a dar exemplos de suas explicações para clarificar suas respostas. Também lhes foi perguntado se brincavam de faz de conta ou jogos de fantasia (a palavra fingir foi usada para garantir a compreensão), e, em caso positivo, pedimos exemplos, e em caso negativo, perguntamos quem brinca.
As respostas seguem:

Brincar significa se divertir! Brincar é fazer jogos [como queimada, banco imobiliário, ratoeira], fingir ser alguém [como o Super Homem ou o Homem Aranha, e você age como eles, fingindo salvar as pessoas de vilões do mal]. Tem a ver com brincar, curtir, e não roubar no jogo que faz com que seja um momento divertido. Quando brinquei, eu fingi ser o Homem Aranha antes. Eu brinquei com o meu amigo Max, nós brincamos do lado de fora da escola perto do muro [que era a nossa base], e nós chamamos outras pessoas para brincar também. Elas eram os vilões e nós tínhamos que capturá-los – eles correram tentando não ser pegos. E nós cantamos a música do Homem Aranha enquanto brincávamos. Foi uma brincadeira divertida, na verdade. **Eu gosto de brincadeiras nas quais, eu finjo ser alguém de um filme ou da televisão o tempo todo – é muito divertido mesmo.**

Mark, 7 anos

Brincar é se divertir! Eu gosto de brincar com meus amigos ou brincar sozinha, eu não me importo. A melhor coisa que eu gosto de brincar são os meus cavalos de brinquedo; eu amo cavalos. Eu finjo que estou andando em um deles e ando em um campo de faz de conta e pulo, e esse tipo de coisas. **Eu gosto de brincar de jogos também – alguns eu invento e outros que são reais** (como banco imobiliário). Você não precisa vencer nenhum deles – é sobre participar e se divertir. Nós não brincamos na escola... bem, apenas lá fora quando é educação física!

Lauren, 8 anos

Significa jogar jogos como esportes [como rúgbi], e jogos que você tem que assumir papéis e existem regras e brincar com meus amigos de "pegar" [uma pessoa e precisa pegar os outros, que depois também precisam pegar]. **Brincar, tipo fingindo que são policiais e bandidos, é para crianças pequenas!**

Charlie, 9 anos

Tipo brincar no pátio [como brincar de polícia e ladrão, aquele jogo no qual você tem dois times, um time corre e o outro time pega]. Você tem que correr de um lado para o outro do pátio sem ser pego, mas esse jogo foi proibido porque muitas pessoas estão se machucando – é um pouquinho violento! Nós também brincamos de "pegar", os do sétimo e oitavo ano jogam vôlei e basquete, também me vem à mente faz de conta [como discussões e outros faz de conta] como fingir brincar [tipo nós fingimos representar situações reais e nossos amigos juntam-se a nós e todos fingimos juntos]. **Nós não brincamos de fantasia – Isso é para primeiro e segundo ano.**

Jéssica, 10 anos

(continua)

## IDEIAS EM AÇÃO

Brincar significa fazer coisas tipo correr, jogar futebol e muitos outros esportes. Você pode brincar na hora do recreio na escola e você pratica esportes como futebol e basquete. Nós também jogamos jogos como queimada ou caçada humana [um precisa pegar os outros, e depois que você é pego, você tem que pegar os outros], capturar a bandeira [você tem dois times e cada um tem uma bandeira, que é um objeto, e ambos os times têm que tentar capturar a bandeira do outro time sem ser tocado na área do oponente. Se você é pego, você vai para a cadeia e alguém tem que te libertar]. **Nós não brincamos mais de faz de conta, é para bebês; esse tipo de jogo é para crianças do primeiro ano!**

Alex, 11 anos

Olhe novamente as expressões em negrito dos pré-adolescentes acima. Você concorda que há uma questão de desenvolvimento no modo como a brincadeira é vista pelos indivíduos aqui na medida em que eles crescem? Por que seria esse o caso?

Talvez use as ideias das crianças sobre a brincadeira como um ponto inicial para ajudá-las a inventar um novo jogo ou uma adaptação de uma atividade que eles gostem.

Considere como você pode planejar a brincadeira no ambiente de aprendizagem, tanto dentro como fora do prédio, que complemente as exigências formais de aprendizagem de um currículo padrão.

### Pare e reflita

Você já perguntou às crianças com quem você trabalha o que elas pensam que é a brincadeira? Você acha que as crianças têm alguma ideia de como a brincadeira pode ajudá-los a aprender mais efetivamente?

As crianças com quem você trabalha têm a oportunidade de experimentar uma variedade de atividades de brincadeira que estendem seu desenvolvimento em várias áreas? Nós, enquanto educadores, promovemos a noção de que a brincadeira só é apropriada para as "crianças pequenas"?

---

exigem oportunidades diretas do professor na abordagem dos assuntos, e é perpetuada por professores que entendem isso como uma abordagem pedagógica e limitam a sua criatividade. Entretanto, uma pesquisa recente liderada pela National Association of Head Teachers que coletou evidências de uma variedade de organizações, acadêmicos e escritores, noticiada no *Independent* (13 de novembro de 2007) sugere que a culpa está com os ministros que presidiram a "morte da diversão e da brincadeira no currículo escolar", sugerindo que os testes curriculares ao final dos semestres e a liga das escolas infantis deveriam ser banidos, já que as crianças têm perdido em aprendizagem, sua educação fica danificada pela aprendizagem repetitiva direcionada aos testes e as crianças têm sido roubadas pelo regime de testes e metas nas escolas. Mais alarmantes são aquelas escolas que acham que estão extraindo "horários de brincadeira sem planejamento", enquanto tentam acompanhar uma cultura educacional mundial que exige padrões mais altos, incluindo metas e melhora no desempenho (www.cmslive.curriculum.edu.au).

Mas a brincadeira é, na verdade, uma das maneiras mais eficientes, poderosas e produtivas de se aprender o que podemos precisar (Whardle, 2007). Precisamos apenas olhar para os primeiros capítulos deste livro (Olusoga, Capítulo 2 e Brock, Capítulos 3 e 5) para ver isso tanto da perspectiva teórica quanto prática.

## REFLETINDO SOBRE O CONHECIMENTO

Para os educadores, a noção de conhecimento é difícil de se definir. Poderia se argumentar que o conhecimento é a consciência ou posse de informações, fatos, ideias, verdades ou princípios aprendidos com o tempo. Scheffler (1999, p. 1; em McCormick e Paechter, 1999) sugere:

> A abrangência do conceito cotidiano de conhecimento é muito ampla, incluindo a familiaridade com as coisas, lugares, pessoas e sujeitos, competência em uma variedade de performances aprendidas, e posse de verdades ostensivas sobre fatos e crenças... ele está proximamente associado com noções de compreensão e controle... de contemplação, absorção e apreciação.

Ao considerarmos o conhecimento, é útil explorar brevemente conceitos de conhecimento e o modo como estes diferem em teorias contrastantes de aprendizagem. Em uma *visão "computacional" da mente*, o conhecimento é transmitido em um processo independente de interações com o ambiente (Bredo, 1999). Nessa "moldura", a construção do conhecimento é, portanto, um processo interno do indivíduo enquanto a mente opera independentemente de influências biológicas, psicológicas ou sociais (Roth, 1999). Isso é mais desenvolvido na abordagem do

---

**Visão computacional da mente**

Uma visão individualizada da mente que envolve a transmissão simples de conhecimento sem a interação com o mundo ao redor, seja biológico, psicológico ou social.

**Construtivismo radical**

Uma visão de aprendizagem em que a significação individual é construída a partir de experiências do indivíduo com a realidade.

---

**Construtivistas**

Pesquisadores que aderem à noção de que o significado é construído individualmente a partir das experiências e percepções próprias, através da interação com o ambiente no qual o indivíduo existe.

---

*construtivismo radical*, que sugere que "a inteligência organiza o mundo ao organizar a si mesma", ou como Goodman (1978, p. 22) em Roth (1999, p. 8) sugeriu, "a compreensão e a criação andam juntas" – o significado é construído da experiência e da realidade. Os educadores que endossam as abordagens educacionais atuais que encorajam a interação, o discurso e a aprendizagem compartilhada, ao invés da atividade isolada e individual, podem considerar essas visões de aquisição de conhecimento como limitadas em sua aplicação. Como Reay e Williams (1999) apontam, isso contradiz o modo como as crianças são avaliadas dentro do altamente estruturado e individualizado sistema de testagem do Currículo Nacional.

Em contraste à visão computacional, os *construtivistas* e *construtivistas sociais* enfatizam o impacto das interações sociais e intelectuais na aquisição do conhecimento. Aprendizes de todas as idades precisam de uma variedade de oportunidades para brincar, trabalhar e aprender; dentro de diferentes grupos, em cooperação com pares, através da interação, do compartilhamento, da exploração, do ques-

## Construtivistas sociais

Pesquisadores que aderem à noção de que o significado é construído socialmente a partir das percepções e experiências conjuntas, através de interações com o ambiente mais amplo e tudo nele.

## Comunidades de aprendizagem

Um grupo de pessoas que compartilham um conjunto de relações, expectativas e oportunidades para garantir a completa participação e um ambiente de aprendizagem positivo.

## Participação periférica legítima

As ações de um novato na comunidade de prática que o levam a participar plenamente daquela comunidade; p. ex., um médico em treinamento entra na comunidade; p. ex., hospital.

## Aprendizagem prática

O período de participação periférica legítima em que os aprendizes estão engajados no processo ativo de adquirir conhecimentos e habilidades de uma comunidade de prática até que eles sejam considerados conhecedores o suficiente para praticar sozinhos (p. ex., um aprendiz de construtor, enfermeira comunitária, dentista, etc.).

tionamento, da discussão, da reflexão, da internalização, da aplicação e assim por diante. Como Olusoga explora no Capítulo 2, Bruner e Vygotsky consideraram a interação social crucial em todos os estágios do desenvolvimento cognitivo, o primeiro enfatizando a importância da linguagem no uso de andaimes no processo de aprendizagem enquanto Vygotsky adicionou o papel principal de um par mais experiente (da mesma idade ou adulto) em levar o aprendiz para a zona de desenvolvimento proximal. Teorias mais recentes, incluindo aquelas de Lave e Wenger (1999), seguem sugerindo a noção de *comunidades de aprendizagem* (onde um par mais experiente apoia e guia o aprendiz para a aquisição de conhecimento), de Participação Periférica Legítima (PPL, onde o apoio de uma "comunidade de aprendizes" facilita o desenvolvimento de níveis apropriados de conhecimento, habilidades e compreensão) e de *aprendizagem prática* (onde o aprendiz observa, participa na aprendizagem, adota e ensaia conhecimentos essenciais para se tornar parte da comunidade). Esse modelo identifica o modo como o aprendiz experimenta a aprendizagem em uma variedade de contextos, que por sua vez vê a troca de papéis e a mudança até que eles, os aprendizes, sejam enfim aceitos como membros da co-

munidade. As comunidades de aprendizagem que refletem tal modelo incluem doutores, costureiros ou até professores, onde quantidades consideráveis de tempo são gastas pelos educadores observando colegas mais experientes, em que a prática dos novatos é guiada pela interação com colegas mais velhos e pela experiência no local de trabalho até que um nível de proficiência seja atingido.

Como podemos ver, a interação social neste tipo de brincadeira pode ter um papel importante no desenvolvimento cognitivo. Não podemos esquecer que este tipo de aprendizagem pode também facilitar um processo de aprendizagem individual, já que descobertas ao acaso são feitas! O desafio para os educadores é abraçar o fornecimento de oportunidades enquanto trabalham com as restrições de uma "camisa de força" curricular.

As crianças se sentem ansiosas para aprender novas informações e famintas pelo domínio de novas tarefas (como aprender a andar de bicicleta ou passar de fase em um jogo eletrônico) e, porque elas odeiam ficar entediadas, as crianças fazem um autodiagnóstico do que sabem, do que podem fazer e do que podem aprender depois. A brincadeira fornece o melhor currículo para o avanço social, físico e cognitivo (Whardle, 2007). Ao usar materiais, interações com os outros e o domínio de tarefas e habilidades para progredir através dos níveis da brincadeira, as crianças desenvolvem um senso de controle do seu ambiente e a sensação de competência e prazer de que podem aprender. Isso poderia ser por causa do modo como a brincadeira fornece um método instintivo de assimilação para as funções cerebrais e as áreas de aprendizagem que não são facilmente atingidas no ensino regular? Pesquisas cerebrais mostram que essa integração é muito importante para o desenvolvimento (Shore, 1997). Whardle (2007) também identifica a brincadeira como um modo efetivo para as crianças acumularem uma vasta quantidade de conhecimentos básicos sobre o mundo ao seu redor – conhecimentos necessários para futuras aprendizagens em línguas, matemática, ciências, estudos sociais, artes e medicina. É importante lembrar que a aprendizagem através da brincadeira não é exclusiva às crianças na educação infantil mas é um veículo importante para a aprendizagem humana durante todo o caminho até a vida adulta.

## REFLETINDO A HISTÓRIA E O TEMPO DE MUDANÇA

Por mais de um século a natureza e o propósito da educação têm sido constantemente revistos, deliberados e revisados. Conforme explorado nos primeiros capítulos deste livro, os profissionais da educação infantil têm discutido ativamente o lugar e a importância da brincadeira nos anos formativos da aprendizagem, filosofias inovadoras e a liberdade curricular têm sido aplaudidas, como na visão do Relatório Plowden para um currículo mais abrangente. Uma das metas importantes para a educação sempre foi o desejo de inspirar as crianças, ao mesmo tempo em que elas são motivadas a aprender.

Temas recorrentes como a aprendizagem individual, a flexibilidade do currículo, um ambiente estimulante, a posse da aprendizagem, as mentes inquisitivas, a habilidade de questionar e argumentar racionalmente, remanescentes das mensagens de mais de um século atrás no Relatório Plowden (1967) continuam hoje a desafiar o pensamento educacional. Entretanto, é a demanda de melhoria nos padrões e garantia da aquisição de habilidades básicas que ganhou mais velocidade (Beardsley e Harnett, 1998). Nas últimas duas décadas, as forças políticas em todo o mundo têm observado um aumento no pensar sobre as mudanças e moldagens do currículo e o desenvolvimento da corrida para se aumentar os padrões educacionais. Com o advento do conselho estatutário (por exemplo, o Currículo Nacional para a Irlanda e o País de Gales (DFEE, 1989; DfES, 2000 ou os Programas Provinciais de Estudo do Canadá), estratégias e molduras para o desenvolvimento da alfabetização e da alfabetização numérica (como The Primary NAtional Strategy: Primary Framework for Literacy and Numeracy, DfES, 2006), e esquemas de trabalho e planos de aula publicados em papel e nos fóruns eletrônicos, o ensino tornou-se baseado em padrões, altamente estruturado e continuamente observado. Metas predeterminadas e nacionais – habilidades, conceitos, corpos de conhecimento, entregues através do ensino de lições altamente estruturadas para toda a turma, como a lição diária de matemática de três períodos no Reino Unido e a hora da alfabetização são, para muitos, considerados os elementos mais importantes de uma aprendizagem e ensino efetivo. Entretanto, pode-se sugerir que as ideologias originais, incluindo o lugar da brincadeira para aprendizes mais velhos, foram perdidas, dando lugar a experiências na primeira infância que são estreitas, frequentemente direcionadas pelo professor como *transmissão de conhecimento*, influenciada pela avaliação formal, e têm pouco impacto no desenvolvimento de habilidades para a vida.

Entretanto, o novo milênio pode trazer mudança. Como foi demonstrado por

## IDEIAS EM AÇÃO

### Eu estou estourando bolhas para sempre!
### (observação do autor de brincadeira não dirigida)

Essa observação foi anotada em um museu local que promove um ambiente aonde as crianças podem 'aprender através da brincadeira' e explorar uma variedade de fenômenos do mundo natural e do construído pelos humanos. Um grupo de nove crianças, com idades entre 3 e 11, e seus acompanhantes adultos estão entre uma variedade de pessoas ativamente engajadas em uma área chamada "parque das crianças". O foco das atividades neste momento é a exploração dos líquidos. O grupo em observação está tentando estourar bolhas. Eles têm uma grande pia cheia de líquido "glicerinado" (que depois se descobriu ser simplesmente água, detergente e glicerina) que magicamente permite que as crianças façam bolhas gigantes apenas com suas mãos.

Todas as crianças tentam a atividade formando círculos com o dedão e o dedo indicador em uma mão. As crianças menores têm sucesso limitado, para começar – ou eles fracassam em realizar a forma necessária com seus dedos para segurar o líquido, ou, quando começam a assoprar, o filme liquido estoura antes de ter tempo de formar uma bolha. Depois de um curto período eles notam que Gareth (10 anos) está tendo muito mais sucesso – a ponto de ele não apenas formar bolhas enormes (algumas vezes excedendo os 40cm de diâmetro!), mas ele também consegue mantê-las voando alto no ar. Ele faz isso assoprando a bolha acima de sua cabeça e se posicionando embaixo dela, assoprando gentilmente, mudando a direção do sopro de ar que sai de sua boca, movendo seu corpo para garantir a melhor posição para fazer isso assim como mantendo seu olho na trajetória da bolha para limitar a chance de ela colidir com outra bolha ou objeto e estourar.

Uma das maiores bolhas está perdida e a essa altura ele já tem até público – todo mundo está olhando para ele! Ele olha em volta, tirando seus olhos da bolha gigante e flutuante por apenas um segundo, e então continua a brincar com a bolha e seus sopros de ar. À medida que ele consegue levantar mais a bolha no ar (neste ponto ela já está flutuando mais de 3m acima de todos), escuta-se "Ooh", "Ahh" e "Uaus" do grupo. Então de repente a bolha não é mais do que um respingo nos que estavam olhando. Todos riem e há uma rápida atividade enquanto todos se direcionam à pia. Então vêm as questões: "como você faz aquilo?", "Você pode me mostrar como assoprar tão alto?", "A minha não fica tão grande – como você faz ficar tão grande?", "Você consegue fazer uma maior ainda?", "Qual foi a maior que você já fez?", "Foi quão alto?". O menino, agora perito, segue dando explicações elaboradas que englobam não apenas o fazer físico da bolha e a sua taxa de expansão potencial, mas também a aerodinâmica e os processos físicos que são necessários para manter a bolha flutuando. E, é claro, o espetáculo continua.

### Pare e reflita

A partir de um posicionamento teórico, como a aquisição de conhecimento está evidente nesta observação? Você vê evidência dos diferentes pontos de vista descritos anteriormente? A noção de uma "comunidade de aprendizagem" está presente, e o quão poderosa ela é para as crianças na observação?

### Melhorando a prática

O seu ambiente fornece oportunidades para a aprendizagem dentro de um ambiente de estilo comunitário? Quais são as vantagens e desvantagens de se trabalhar deste modo?

(continua)

## IDEIAS EM AÇÃO

### Comentário

Neste exemplo, o que começa como uma brincadeira exploratória "livre" rapidamente se transforma em uma brincadeira mais intelectual à medida que Gareth descobre a melhor maneira de formar a bolha, o que precisa ser feito para fazê-la flutuar e como mantê-la lá! (quer dizer, o desenvolvimento de conhecimento.) Durante a experiência ele constantemente testa possibilidades, toma decisões, utiliza conhecimento e aprendizagens prévias e aplica ideias, noções e hipóteses a situação em desenvolvimento. O desenvolvimento cognitivo é evidente à medida que cada nova tentativa resulta em bolhas maiores, maior tempo no ar antes delas estourarem, e assim por diante. Seja o resultado positivo ou negativo, a compreensão e, portanto, a aprendizagem ocorrem. Há também evidências claras de desenvolvimento cognitivo através da interação social do grupo enquanto os novatos (a plateia) pede ao perito (Gareth) que os ensine, o que os ajuda, em troca, a resolver os problemas que eles experimentam. Em conclusão, nós podemos observar evidências claras de que Gareth e os novatos estão em um contexto que apoia a noção da participação dentro de uma comunidade de aprendizagem.

---

Brock no Capítulo 5, a introdução da Excellence and Enjoyment (DfES, 2003c), os objetivos principais para as crianças em Every Child Matters (DfES, 2003b), a Primary Framework for Literacy and Mathematics (DfES, 2006a) e Visão 20/20 (DfES, 2006b) novos guias promovem maior flexibilidade, mais ênfase na aprendizagem personalizada e traz o pensamento educacional atual com descobertas de pesquisas recentes que enfatizam a importância de como se aprende. Naturalmente, o centro dos desenvolvimentos recentes continua a mirar os "básicos" (alfabetização e alfabetização numérica), padrões e a garantia de que cada criança atinja seu potencial completo. Entretanto, ao lado das novas ideias sobre como alguém aprende, há agora maior espaço pra os educadores explorarem caminhos para a aprendizagem, em que a brincadeira e as abordagens temáticas têm mais uma vez se torna-

> **Transmissão de conhecimento**
> Onde a experiência de aprendizagem é inativa e consiste de ensinamentos didáticos, a informação é fornecida ao estudante e se espera que ele lembre.

> **Inteligências múltiplas**
> Teoria desenvolvida em 1983 pelo Dr. Howard Gardner que desafia a noção tradicional de inteligência baseada em testes de QI. Gardner sugere que há uma ampla variedade de diferentes inteligências para descrever o potencial adulto e infantil, e que estas existem em diferentes combinações dentro de cada indivíduo. Sendo assim, um professor deve usar diferentes métodos de ensino ou caminhos para alcançar um aprendiz efetivamente.

do mais amplamente aceitáveis. Para crianças pequenas, vemos educadores oferecendo experiências de aprendizagem mais ativas e, nas salas de aula mais criativas, a exposição a oportunidades de aprendizagem experimental que encontram as necessidades de *inteligências múltiplas*. É hoje bastante aceito que altos padrões possam ser obtidos através de um currículo rico, variado e atraente no qual de ensino fundamental tomam conta de seus currículos e são mais inovadoras em desenvolver seu próprio caráter (Excellence and Enjoyment, DfES, 2003b).

## OPORTUNIDADES PARA A BRINCADEIRA NA SALA DE AULA: QUALQUER HORA, QUALQUER ESPAÇO, QUALQUER LUGAR!

Aprender através da brincadeira é para qualquer um, a qualquer hora, em qualquer lugar! Como visto neste livro, a brincadeira fornece o veículo para a aprendizagem experimental em uma variedade de níveis – intelectual, criativo, físico, emocional, social e cultural. Muito do que é aprendido nos primeiros anos da escola é planejado pelos educadores e, ainda assim, algumas das aprendizagens mais poderosas podem vir de brincadeiras espontâneas, sem supervisão. Isso tem há muito tempo sido aceito e apoiado por perspectivas teóricas, mas mesmo assim frequentemente falha em se manifestar na prática diária das salas de aula dos primeiros anos. Além disso, quando adultos guiam as atividades de aprendizagem continuamente, como Fisher (2002, p.119) explica, algumas vezes "oportunidades de ouro para a aprendizagem são perdidas". Claxton (1997) nos adverte que confiar em experiências que focam questões rápidas, respostas e explicações decoradas ao invés de tempo nega para simplesmente observar à mente a oportunidade de brigar, refletir, considerar e vagar. Remanescente das *perturbações* de Bruner, os momentos naturais na experiência de aprendizagem nos quais momentaneamente nos sentimos confusos, surpresos ou simplesmente precisamos de "tempo para pensar" e organizar nossos pensamentos, Claxton (1997) propõe que a aprendizagem emerge da incerteza e que ambientes de aprendizagem necessitam oferecer o tempo e o espaço para tal incerteza "agir como um canteiro onde as ideias germinam e respostas se formam".

Considere, por exemplo, a atividade planejada no lago local onde a expectativa é aprender sobre o ciclo da vida e o ambiente do lago e sobre conceitos relacionados à segurança na água e afogamento. Também é muito provável que uma criança, dado o tempo e o espaço, irá observar as propriedades da água incluindo afundar, emergir e flutuar e o efeito da água fria no sistema térmico do corpo. Um grupo de alunos mais velho que debatem o esquema de desenvolvimento e melhoria do tráfego na área e o impacto que isso terá nas pessoas e no ambiente está emulando um mundo mais orientado para os adultos. À medida que eles começam a considerar o impacto social – os ganhadores e os perdedores em potencial e o impacto do desenvolvimento humano no ambiente natural e físico, começa também o faz de conta sociodramático, na forma de um debate entre os desenvolvedores e os habitantes locais, que é uma forma de explorar a opinião, os pontos de vista, e as normas e valores culturais. Enquanto os educadores são capazes de levar a aprendizagem a objetivos identificáveis e metas curriculares, qual objetivo nós marcamos como "alcançados" para os indivíduos que se tornam apaixonados e emotivos, ou que demonstram empatia e compaixão? Talvez nós tenhamos nos tornado tão focados em atingir expectativas padronizadas que esquecemos que há áreas de aprendizagem muito mais "leves", o currículo oculto, que são tão importantes no processo de aprendizagem para a vida.

Em contraste, a brincadeira espontânea, sem supervisão como cavar ao redor das raízes de uma árvore, moldando e remodelando o solo escavado, trazendo pedras e removendo dejetos desnecessários não apenas permite à criança explorar as propriedades do solo (e aplicar isso a materiais semelhantes como a areia) mas, dependendo de como a brincadeira se desenvolve, ela pode experimentar técnicas básicas de construção (inserindo gravetos para manter de pé), o modo como materiais precisam ser

---

**Perturbações**

Termo inventado por Jerome Bruner para descrever os momentos na aprendizagem quando se pode sentir perturbado, inquieto ou ansioso, que deveria ser uma parte esperada e aceita da cognição.

preservados dos rios, rodovias e laterais de montanhas (fazendo bancos com os dejetos removidos), o efeito da umidade sobre os materiais (o solo úmido enquanto o buraco se torna mais profundo), a natureza da gravidade (enquanto o solo úmido cai), e modos de criar certos padrões, formas e linhas ao desenhar em sólidos feitos de pequenas partículas. Com o habilidoso uso de andaimes e pensamento compartilhado com um adulto, qualquer que seja o foco da brincadeira para crianças de qualquer idade, há potencial para aprendizagens importantes.

Naturalmente, o educador dos primeiros anos está em uma posição difícil – quanta brincadeira não direcionada eu posso incorporar ao currículo? Eu posso justificar o tempo que gasto permitindo aos meus

### IDEIAS EM AÇÃO

Um grupo grande de crianças (variando entre 7 – 12 anos) e seus professores participaram de um encontro na pista de atletismo, e, devido ao atraso na chegada do ônibus para o retorno até a escola, se encontraram engajados em uma atividade autodirecionada enquanto esperavam pela chegada do ônibus. Primeiro as crianças se separaram em grupos menores, alguns conversando, outros praticando habilidades atléticas e alguns brincando na areia no ponto de chegada da corrida. Depois de um tempo, o grupo se juntou e começou um jogo de "salto do sapo" adaptado. O grupo foi observado enquanto trabalhavam juntos, apoiando os menos atléticos, oferecendo conselhos, ajudando e simplesmente "aproveitando" o tempo! Os participantes estavam totalmente absorvidos pela atividade e protestaram barulhosamente quando foram avisados de que era hora de ir para casa, pois o ônibus já havia chegado.

**Melhorando a prática**

A aprendizagem deveria sempre ter um plano formalizado com resultados esperados ou há momentos quando, enquanto educadores, nós podemos justificar "seguir o ritmo dos alunos"? Como os avanços e iniciativas atuais fornecem espaço para a autonomia dos educadores?

**Figura 6.2**
Na pista de atletismo (brincadeira não direcionada).

alunos a exploração, a observação, tempo para descobrir? Como eu posso cobrir o currículo esperado e fornecer oportunidades para a aprendizagem experimental? Como eu posso responder a cada criança em minha sala de aula quando preciso? Meus alunos estarão seguros enquanto brincarem? As respostas estão na criatividade de cada um, na crença no poder da aprendizagem baseada na brincadeira e na habilidade de engajar flexibilidade com uma variedade de aprendizes. Muitas oportunidades terão que começar em inícios planejados (ao menos para justificar a necessidade insaciável de trabalhos escritos dos gerentes e inspetores curriculares), mas, quando possível, há de existir atividades em todas as lições que permitam aos aprendizes em desenvolvimento ter tempo para refletir e explorar ideias, assumir controle da sua aprendizagem e utilizar o seu conjunto de conhecimentos, habilidades e compreensão não apenas para avançar sobre o currículo prescrito, mas para desenvolver aquelas habilidades que são essenciais para a aprendizagem para a vida. Além disso, um educador não pode estar trabalhando com todos o tempo todo, os minutos gastos com indivíduos ou grupos precisam ser de alta qualidade e com propósito definido. É com isso em mente que as seguintes seções examinam o modo como as oportunidades de brincadeira podem ser usadas para satisfazer os objetivos curriculares e aumentar a aquisição de algumas habilidades universais para uma aprendizagem para a vida (comunicação, trabalho em equipe e criatividade, solução de problemas e questionamentos e, mais importante, a autoavaliação para melhorar a sua própria atuação para aprendizagens futuras).

## A brincadeira para desenvolver habilidades comunicativas

As habilidades comunicativas – ser capaz de se comunicar e trocar informações com clareza e em uma variedade de maneiras – são elementos fundamentais da vida pessoal, social e acadêmica. Em termos mais simples,

a comunicação pode assumir várias formas (por exemplo, verbal e não verbal), acontecer através de uma variedade de meios (como a interação humana, eletrônica, e a mídia) e pode ser uma atividade tanto individual quanto recíproca.

A representação de papéis é um veículo perfeito para que os aprendizes explorem muitos aspectos da comunicação verbal. A representação de papéis é usada aqui para descrever qualquer tipo de brincadeira de faz de conta, imaginação, fantasia ou sociodramática e constitui parte da brincadeira epistêmica (veja Capítulo 11). Isso inclui a imitação de eventos reais ou imaginários, o que permite à criança ou ao grupo de crianças representarem situações e experimentarem eventos, a língua e as emoções. Observe no quadro Ideias em Ação o uso incorreto da palavra "extinguir" – aqui aparece uma oportunidade para o educador esclarecer o significado e avançar a aprendizagem que talvez não tivesse acontecido de outra maneira). A brincadeira pode ser espontânea ou mais planejada. Francis Whardle (2007) sugere que esse tipo de brincadeira permite às crianças de todas as idades:

> Desenvolver o pensamento flexível; aprender a criar além do aqui e do agora; alongar suas imaginações; usar novas palavras e novas combinações em um ambiente livre de riscos; e usar números e palavras para expressar ideias, conceitos, sonhos, e histórias. Em uma sociedade cada vez mais tecnológica, muita prática com todas as formas de abstração – tempo, lugar, quantidade, símbolos, palavras e ideias é essencial.

No ambiente escolar, é papel do educador focar os quatro meios linguísticos – audição, fala, leitura e escrita – e usá-los de modo integral para não apenas adquirir conhecimento de estruturas da língua e de uso, mas também para garantir a compreensão contínua de todo o currículo futuro. Por exemplo, enquanto se lê um poema ou texto de ficção para desenvolver uma resposta ao seu tom ou humor, precisamos ter uma no-

## IDEIAS EM AÇÃO

### Brincadeira imaginativa improvisada no pátio da escola durante o horário do almoço (observação do autor de brincadeira não direcionada)

Um grupo de crianças de idades variadas (três meninas e dois meninos de 7 a 9 anos) foi observado durante um período de brincadeira durante o horário do almoço. Eles haviam demarcado um grande quadrado com grama recém cortada que representava a sua casa. Quando perguntados "o que vocês estão fazendo?", eles responderam emocionados que estavam representando um grupo de adultos amigos passando tempo em casa. A brincadeira foi observada por mais de 15 minutos com a seguinte conversa concluindo a sua brincadeira antes deles decidirem que era hora de parar e brincar de outra coisa.

Menino 2: Eu acho que vou ter que cortar a grama, está ficando um pouco alta.

Menina 1: Bem, eu não sei se tenho tudo para ir nessas férias.

Menino 2: Bem, eu tenho as minhas coisas nessa *mochila* [*mostrando uma mochila imaginária representada por um maço de grama cortada*].

Menino 1: Não! A principal coisa que você precisa é seu passaporte, como eles dizem na TV.

Menino 2: É, minha mãe e meu pai pensaram que tinham perdido o meu e aí encontraram. Bom trabalho, já que estávamos indo para a Flórida. Eles dizem que eu ia ter que ficar em casa se não tivessem encontrado!

Menina 1: Aqui está meu passaporte.

Menino 2: Vamos ver.

Menina 1: Eu não vou mostrar para você [*ela corre para o canto da casa e finge esconder o passaporte no bolso*]. A foto está ruim!

Menino 2: Me ajude a arrumar a casa, sim... o táxi estará aqui em um minuto.

Menino 1: Eu não vou arrumar, minha mãe faz isso, não eu!

Menino 2: Eu estou cansado disso. Olha – lá estão Sam e os outros. Vamos brincar com eles. [os meninos saem.]

Menina 2: [*Se dirigindo à Menina 1 e fingindo olhar o passaporte dela*] Oh, não!

Menina 1: O que foi?

Menina 2: Você não pode ir para o aeroporto!

Menina 1: Por que não?

Menina 2: Bem, veja a data no seu passaporte.

Menina 1: Onde? Não tem nada de errado!

Menina 2 Aqui. Olhe. Olhe a data. Está extinguido!

### Melhorando a prática

Como você poderia fornecer oportunidades para seus aprendizes se engajarem em tal atividade dentro do currículo formal e na sala de aula? Discuta suas ideias com os colegas.

Nos primeiros anos, uma área de representação de papéis fornece o ambiente para tal atividade, mas há também maneiras nas quais tal aprendizagem pode ser acessada por crianças. É possível organizar áreas de representação nas salas de aula de crianças mais velhas (veja "A garagem da vila de Southowram" a seguir neste capítulo), mas também é possível planejar lições dedicadas ao teatro dentro da aula de línguas ou até mesmo trazer oportunidades de outras áreas do currículo para melhorar a aprendizagem. Lembre-se também que com frequência a aprendizagem mais poderosa vem das experiências nas quais as crianças assumem a liderança ao invés de serem guiadas pelo educador e suas pretensões de resultados!

### Pare e reflita

As crianças se envolvem naturalmente na brincadeira imaginativa quando na verdade elas estão representando experiências de um mundo mais adulto. Como esse tipo de brincadeira encoraja a comunicação entre os aprendizes?

ção do ritmo geral da passagem, ao invés de realizar uma análise palavra por palavra. Entretanto, para se compreender ou ser capaz de resolver um problema matemático ou equação algébrica, devemos prestar atenção a cada palavra ou unidade individual para sermos capazes de encontrar as dicas que levam à solução.

Sendo assim, qualquer que seja o currículo, o ensino das disciplinas deveria, ao menos, enfocar as exigências linguísticas de cada disciplina em termos de fala, do modo como a língua é usada, o vocabulário específico da disciplina e as estruturas utilizadas para expressar ideias. Você também irá observar nas sessões a seguir como a comunicação subjaz a aprendizagem tanto no domínio de outras habilidades principais quanto das experiências específicas da disciplina (Veja a Figura 6.3).

## A BRINCADEIRA PARA ENCORAJAR O TRABALHO EM EQUIPE E A CRIATIVIDADE

As escolas assumem um papel importante na socialização das crianças de todas as idades na medida em que os aprendizes se envolvem em brincadeira social, brincando juntas com um propósito combinado. Esse tipo de brincadeira, também descrito como *brincadeira lúdica* (veja o Capítulo 1), é frequentemente visto em parques infantis onde as crianças se engajam em jogos tradicionais ou modificados como parte de um grupo pequeno ou grande, e também em outras áreas das suas vidas dentro e fora da escola. Sluckin (1981) conduziu um estudo observacional substancial de atividades no parque infantil de crianças de 8 a 10 anos, o que o levou a propor que as crianças constroem habilidades específicas numéricas na brincadeira livre em áreas externas, com

> **Brincadeira lúdica**
>
> Atividades de brincadeira que envolvem ou têm como resultado o prazer.

frequência aprendendo muito mais do que se faz imediatamente óbvio.

A brincadeira social permite às crianças explorar, por exemplo, as convenções da interação com os outros, a tomada de turnos, a cooperação, a reciprocidade, o compartilhamento, liderar e ser liderado, o desenvolvimento de ideias e a utilização de normas, valores e morais. A brincadeira social também facilita a criação de redes sociais com os seus pares, crianças em diferentes níveis de experiências de socialização, dentro e fora do grupo imediato de amizades e também em todas as faixas etárias – o "sistema de amigos" frequentemente utilizado em escolas funciona sob essa última premissa, em que alguém mais experiente apoia o indivíduo menos experiente. Adicione a isso um ambiente que contextualiza a aprendizagem e estimula a curiosidade, a motivação e a vontade de aprender e a brincadeira social tem impacto no desenvolvimento de habilidades para a vida enquanto permite que as crianças explorem e refinem a habilidade de sobreviver nos ambientes sociais mais complexos quando adultos.

Preparar as crianças para o mundo do futuro é prepará-las para a vida em um novo milênio que pode ser imprevisível. O ritmo da mudança que cobre o nosso mundo quase certamente significa que daqui a dez anos muitos indivíduos não vão reconhecer a descrição de seus empregos hoje e alguns podem até experimentar a extinção de suas carreiras. Realmente acredita-se que a força de trabalho do século XXI será temporária e que a incerteza de onde os empregos estarão significa que o trabalhador do futuro pode ter até 19 empregos diferentes durante a sua vida e poderá ser treinado mais de três vezes, já que a metade das carreiras daqui a vinte anos pode não existir hoje (City e Guilds, 2004). Sendo assim, precisamos garantir, se nada mais, que nossas crianças aprendam habilidades transferíveis e tenham a capacidade de ser criativas, além de serem alfabetizadas e numericamente alfabetizadas, de modo que elas possam se adaptar e mudar de acordo com o que quer que a vida possa trazer no futuro. Todas as crianças têm a

## IDEIAS EM AÇÃO

### Estudo de caso: The Gift from Winklesea
### Brincadeira direcionada: foco na língua

*The Gift from Winklesea*, romance de Helen Cresswell, foi utilizado como o principal recurso para um trabalho temático planejado com um grupo de crianças de 10 anos, durante um período de sete semanas. A história gira em torno de duas crianças que, depois de uma visita a uma cidade na beira do mar, onde compraram um presente em forma de ovo, tornaram-se os responsáveis por um animal de estimação parecido com o Monstro do Lago Ness, com suas tentativas válidas de mantê-lo longe do perigo.

A cada semana um novo capítulo do livro revelava eventos que seriam tomados como ponto de partida para as lições dentro do currículo. Sendo assim, enquanto existia uma estrutura planejada e o foco da aprendizagem evoluía na medida em que a história se desdobrava, o mesmo aconteceu com as lições específicas das disciplinas. Por exemplo, depois de ler como as crianças haviam comprado o ovo na história, na manhã seguinte, quando as crianças entraram na sala, houve grande emplogação. Durante a noite uma série de pegadas foram deixadas no chão (a criatura tinha obviamente pisado na tinta derramada de um balde encontrado no mesmo momento). As pegadas começavam no ovo, que tinha aparecido milagrosamente na semana anterior (e havia sido deixado perto de um aquecedor, já que as crianças pensaram que o calor ajudaria o ovo a chocar) e agora havia sido quebrado e seu conteúdo desaparecido! Quando as pegadas foram seguidas elas desapareciam através de um azulejo deslocado na parede da sala! O que havia saído do ovo? Tinha que ser um animal, já que deixou marcas que não eram como as nossas! Como ele iria sobreviver? Ele precisava de alguém para cuidar dele? Onde ele estaria agora? O que aconteceria se ele crescesse rápido como naquele filme em que o monstro tem bebês e... Deveríamos avisar o segurança caso ele o visse? Ele precisaria ser capturado? Deveríamos contatar o zoológico local? Precisamos fazer alguns cartazes para avisar a todos que ele está perdido! Podemos ficar com ele?

Essas foram algumas das perguntas que iniciaram um longo debate e atividade subsequente quanto à localização do conteúdo do ovo e o que deveria ser feito a esse respeito. As crianças se separaram em grupos iguais, e foi pedido que discutissem e registrassem o que poderiam fazer para: (a) descobrir o que poderia ser a criatura; e (b) relatar suas descobertas para a comunidade escolar e a comunidade como um todo.

A fantasia, falar, escutar, entrevistar, reportar (incluindo a Internet, TV, jornais, sala de notícias, etc.), cartazes de procurado, a investigação – utilizar a internet para explorar criaturas possíveis através das pegadas – foram algumas das atividades em grupo que foram desenvolvidas, culminando em uma curta transmissão de TV e a apresentação dos grupos que formariam a base de um debate no fim da semana.

Além disso, uma variedade de atividades de aprendizagem baseadas nos ovos foram discutidas no nível da sala de aula, identificadas em colaboração com as crianças e então dirigidas pela preparação das aulas pelo professor. Por exemplo, os padrões nos diferentes tipos de ovos forneceram o ponto de início para a exploração de técnicas de marmorização nas artes; o trabalho de Fabergé foi examinado em história e levou à escrita de relatórios sobre a descoberta de um ovo Fabergé que havia sido perdido; as lições de tecnologia e matemática aconteceram através da criação de caixas de ovos usando apenas materiais limitados incluindo jornais (incorporando tabelas de multiplicação, quantificação, redes, estruturas fortes, etc.) – trabalho para a semana toda!

(continua)

BRINCAR: APRENDIZAGEM PARA A VIDA   **209**

## IDEIAS EM AÇÃO

**LÍNGUA**
**Fala e audição:**
Discussão, debate, recontar histórias, instruções, teatro, resolução de problemas de eventos dos capítulos, previsão, inferência, dedução, comparação e contraste, etc.
**Leitura:** leitura compartilhada do texto, leitura guiada de extratos do texto. Criação de epílogo.
**Escrita:**
Narrativa: jornadas próprias nas férias ou em visita a cidades na beira do mar (Cap. 1)
Escrita criativa: o presente decide – Winkie parte e onde sua jornada o leva (Cap. 9)
Escrita de jornal ou relatório: flash de notícias (Cap. 9) Meu animal de estimação é... ele precisa... (Cap. 3)
Cartaz de propaganda: show do bazar infantil da igreja (Cap. 5)
Composições em sala de aula: Winkie dobra (baseado na Lagarta Faminta? Cap. 5)
Poesia: Com uma libra eu poderia comprar... (Cap. 1)
O ovo choca... (Cap. 3)
O conto de Winkie (Caps. 3-7)
Acrósticos – vários (Caps. 6-9)
Escrita instrucional: mantendo Winkie saudável
Escrita de cartas: ao responsável pelo zoológico (Cap. 4)
Ditos populares baseados em animais: "cada cão tem o seu dia"

**MÚSICA**
Cantigas sobre o mar/ músicas sobre a beira do mar (Cap. 1)
Composições – o ovo choca – tempo, humor, dinâmica (Cap. 3)
Composição da turma (língua) – letra e melodia

**GEOGRAFIA/HISTÓRIA**
Cidades litorâneas – passado e presente (Cap. 1)
Fazendo as malas para as férias (solução de problemas) Fabergé (Cap. 2)
O monstro do Lago Ness e outras criaturas aquáticas (Cap. 4) ou "contos salgados de cachorro do mar"

**TEATRO/ EDUCAÇÃO FÍSICA**
Atuação de elementos da história
Dança – os movimentos de Winkie

**MATEMÁTICA**
**Números:** problemas monetários com a carteira e o cofrinho (Cap. 1)
Na loja de sorvetes/ na banca de refrescos (Cap. 1)
No bazar da igreja – problemas financeiros (Cap. 5)
A jornada de Winkie para casa (Cap. 8)
**Medição:** Calculando a distância e o tempo de jornadas (Cap. 1)
Contêineres e problemas com o balde e a pá (Caps. 1 e 3

**REPRESENTAÇÃO**
Agente de viagens, o carro de sorvetes (Cap. 1), loja de peixes e batatas fritas (Cap. 3), hospital animal, veterinário, loja de animais (Cap. 6)

**ELOS COM A COMUNIDADE**
Visita de instituição de caridade animal ou pessoal da clínica veterinária, visita ao hospital animal
Visita ao zoológico e palestra de um funcionário

**CIÊNCIAS**
**Processos de vida e seres vivos**
Animais e criaturas que vêm de ovos (Cap. 2)
Observando processos na sala de aula (pintos/ girinos)
Explorando o que os animais precisam para se manter vivos/saudáveis (Caps. 3 e 6)
Estudos de anfíbios (Cap. 4)
**Materiais e suas propriedades**
Isoladores e condutores – qual se mantém quente por mais tempo? (Cap. 2)
**Processos científicos**
Testes, questionamentos, predições, variáveis, hipóteses, etc.

**SAÚDE/PSICOLOGIA**
Mantendo Winkie saudável (Caps. 5 e 6)
Nos mantendo saudáveis – compare e contraste
Ativismo animal – debate sobre os prós e contras de ter animais

**TIC**
Desenhando um ovo mágico (Cap. 2)
Coleta de dados de anfíbios (Cap. 4)
Pesquisa – animais domésticos/ selvagens – o que devemos/podemos fazer para mantê-los como animais de estimação? Por quê? Os animais selvagens deveriam ser mantidos como animais de estimação? (Caps. 6 e 7)
Instituições de caridade para animais

**The Gift from Winklesea**
Pontos iniciais para o estudo curricular (mas não esqueça de seguir as ideias das crianças)

**Figura 6.3**
The Gift from Winklesea (mapa de aprendizagem).

## IDEIAS EM AÇÃO

### Melhorando a prática

Observe o "mapa de aprendizagem" mostrado na Figura 6.3. Identifique as ligações entre as diferentes áreas de estudo e como as oportunidades de aprendizagem fornecem experiências embutidas para as crianças. Considere uma área de sua prática e tente criar uma rede similar a essa. (É interessante notar que "mapas mentais" funcionam desta maneira e podem ser utilizados como ferramentas poderosas para esclarecer o pensamento e melhorar também as habilidades de estudo para seus alunos.)

### Pare e reflita

Como essa experiência de aprendizagem se encaixa no ambiente da brincadeira? Quais elementos da comunicação poderiam ser explorados durante uma série de lições a partir de um ponto de início como esse?
Como trabalhar dessa maneira impacta o planejamento que é esperado pelos gerentes e inspetores?

---

capacidade de ser criativas, e, ainda assim, pode-se argumentar que os sistemas educacionais falharam em reconhecer talentos individuais e incentivar essa criatividade. Nós precisamos garantir que vamos valorizar as coisas que nossos aprendizes são bons e oferecer ambientes de aprendizagem que são interativos, abordar a diversidade dos aprendizes e refletir o modo como experimentamos a aprendizagem (visualmente, auditivamente ou cinestesicamente). Os alunos que são criativos estarão assim preparados para um mundo que muda rapidamente, onde eles podem ter que se adaptar a várias carreiras no seu período de vida. Ken Robinson (2006) reitera que empregadores querem pessoas que veem conexões, têm ideias brilhantes, são inovadores, comunicativos e trabalham bem com os outros e que são capazes de resolver problemas, enfatizando:

> Nós precisamos ver nossas capacidades criativas como o presente que elas são e ver as nossas crianças como a esperança que elas são. A nossa tarefa é educar seus seres por inteiro, de modo que elas possam encarar o futuro. Nós podemos nunca ver esse futuro, mas elas irão vê-lo. É nosso trabalho ajudá-las a fazer algo com ele.

## A brincadeira para facilitar a solução de problemas e o questionamento

A resolução de problemas e o questionamento ou a "brincadeira intelectual" (um termo que eu tenho utilizado para significar qualquer atividade de brincadeira que encoraja níveis mais altos de pensamento, como a resolução de problemas e a investigação) requer estratégia, uma abordagem estruturada, assimilação das informações dadas, exploração de possibilidades e pensar criativamente sobre soluções, lógica e hipóteses. Aqui as ideias são exploradas com um propósito identificado e uma variedade de soluções surge, que depois são analisadas em termos de viabilidade e aceitação. O exemplo da Floresta Encantada, assim como investigações nas ciências e na matemática são exemplos desta categoria de brincadeira. Ela se diferencia da representação quan-

# IDEIAS EM AÇÃO

### Estudo de caso: *Na Floresta Encantada* (brincadeira dirigida)

A Floresta encantada foi criada por um grupo de educadores a partir de materiais diários em uma escola no interior da cidade de Bradford, a oeste de Yorkshire, na Inglaterra. Um espaço foi escurecido e adaptado com luzes para criar uma "floresta esverdeada" com folhas gigantes, trepadeiras, vinhas, uma grota com aparência de caverna e todos os tipos de criaturas da floresta, tudo isso melhorado com "fagulhas mágicas e misteriosas". Uma variedade de atividades expôs as crianças à solução de problemas de maneira colaborativa (uma história foi contada e depois dicas indicaram as tarefas que levariam as crianças a procurar por Kaliya, o cão que havia sido roubado por espíritos da floresta), a exploração da aprendizagem científica durante sua jornada (construir pontes, a construção de barcos, o envio de um sinal utilizando um circuito elétrico e a escolha de materiais para proteger a chave mágica), assim como a aquisição linguística, o desenvolvimento e a representação de papéis.

> As crianças passaram um tempo maravilhoso na floresta encantada... as crianças conseguiram se envolver facilmente com a história. Elas rapidamente aprenderam os procedimentos e notaram que precisavam colaborar para realizar as tarefas... elas se tornaram autossuficientes – apoiando e utilizando andaimes na aprendizagem e na compreensão umas das outras. Muitas crianças tiveram a chance de assumir a liderança e demonstrar suas habilidades pessoais. Elas estavam ansiosas para participar... para se organizar e designar papéis de modo a solucionar os problemas. (Brock, 1999, p.10)

### Melhorando a prática

Algumas maneiras nas quais você pode encorajar a criatividade no seu ambiente:

- Encoraje ativamente seus alunos a questionar, fazer conexões, imaginar o que pode ser e a explorar ideias. Promova e recompense a imaginação e a originalidade.
- Faça perguntas abertas como "e se...?" e "como você pode...?" para ajudar seus alunos a verem as coisas de diferentes perspectivas.
- Valorize e parabenize o que as crianças fazem e dizem. Estabeleça uma atmosfera na qual elas se sintam seguras para dizer as coisas, assumir riscos e responder criativamente.
- Crie um ambiente de trabalho divertido e descontraído se você quer encorajar seus alunos a serem aventureiros e a explorarem as suas ideias livremente.
- Crie condições para a reflexão silenciosa e para a concentração se você quer encorajar seus alunos a trabalhar imaginativamente.
- Aproveite ao máximo os eventos inesperados. Quando apropriado, deixe de lado o planejamento de aula e "siga o momento", mas nunca perca o foco dos seus objetivos gerais de aprendizagem.
- Esteja disposto a se afastar e deixar os alunos assumirem a liderança. Entretanto, certifique-se de que você esteja sempre à mão para fornecer auxílio e apoio quando necessário.
- Participe das atividades e modele o pensamento e o comportamento criativo. Mostrar às crianças que você também é um aprendiz pode ajudar a criar um ambiente de aprendizagem aberto e construtivo.
- Dê aos alunos oportunidades para trabalhar com outros membros de sua sala, faixa etária e grupos de idades diferentes.
  http://www.ncaction.org.uk/creatively/ Visite o *site* do Currículo Nacional (http://www.ncaction.org.uk) e veja os novos exemplos de "Criatividade em Ação" que podem ser utilizados com alunos do ensino fundamental.

(continua)

## IDEIAS EM AÇÃO

### Pare e reflita

Há oportunidades para seus alunos se engajarem em experiências de aprendizagem criativa nas quais eles possam desenvolver uma variedade de habilidades acadêmicas e sociais? Você oferece oportunidades para eles explorarem ideias, serem criativos e encontrar momentos quando eles possam tomar suas próprias decisões (sejam elas certas ou erradas) – ou mesmo se arriscar? As crianças precisam ser criativas o tempo todo? Examine seu planejamento e identifique aberturas em que você e as crianças possam assumir uma abordagem mais criativa à aprendizagem.

### Melhorando a prática

"A imaginação é mais importante do que o conhecimento. O conhecimento é limitado. A imaginação engloba o mundo" (Calaprice, 1996, em referência a Einstein, 1929). Como você encoraja seus aprendizes a utilizarem a imaginação? Como você reage à criança que responde a suas questões com o que parecem ser respostas "ridículas" ou "incríveis"? Quais oportunidades existem em seu ambiente para os alunos realmente desenvolverem e utilizarem sua imaginação?

---

## IDEIAS EM AÇÃO

### Estudo de caso: Cercados para Galinhas (foco na matemática)

Na parte principal de uma lição de matemática, crianças de 9 e 10 anos foram requisitadas a resolver um problema para o fazendeiro Brown. As crianças foram colocas em torno de "mesas de discussão" (nós já havíamos reorganizado a mobília da sala de aula) para encorajar uma atmosfera de trabalho positiva e com propósito. Isso também facilitou a brincadeira social, a fala, a colaboração, a resolução de problemas, a exploração e a comunicação de ideias. Recursos (palitos para o cercado, massa de modelar para as galinhas, diferentes tipos de papel, tesouras, cola, etc.) foram fornecidos na tentativa de colocar em prática suas ideias, ao passo que se esperava que as crianças brincassem e trabalhassem juntas. No momento da plenária, nós esperávamos poder dizer ao Fazendeiro Brown exatamente como calcular o número de cercados que precisaria para qualquer número de galinhas!

As atividades começaram a partir de uma proposta experimental, já que as crianças foram orientadas a assumir o papel do Fazendeiro Brown, e discutir e explorar o modo como eles poderiam criar cercados para as galinhas. As crianças foram encorajadas a utilizar qualquer recurso disponível na sala de aula, assim como pequenas imagens de galinhas, palitos para representar os lados do cercado.

Após nossa discussão, a brincadeira realmente começou na medida em que as crianças manusearam seus recursos, discutiram e modificaram suas ideias, reconsideraram seus pensamentos e se engajaram com os desafios da atividade. Grupos diferentes compartilharam suas ideias informalmente com aqueles que estavam próximos – alguns indivíduos consequentemente modificaram seus planos, enquanto outros admitiram a "boa ideia" mas continuaram com sua própria estratégia. Não demorou muito até que as explorações se desenvolveram em uma brincadeira intelectual. Aqui a aprendizagem através de procedimentos foi desenvolvida como operações corretas ou símbolos que foram utilizados (fazendo anotações formais, quadros e assim por diante), então se desenvolveram o resumo e a generalização, culminando em notação algébrica na plenária.

(continua)

BRINCAR: APRENDIZAGEM PARA A VIDA **213**

## IDEIAS EM AÇÃO

| Matemática | Área do currículo: | Tempo: | Faixa etária: | Contexto/ experiências passadas: A lição passada explorou padrões de multiplicação e como criar generalizações simples. |
|---|---|---|---|---|
| **Objetivos de aprendizagem:**<br>i) considerar um problema e explorar diferentes modos de resolvê-lo<br>ii) fazer, justificar e registrar o pensamento e então uma generalização como a solução para um dado problema. | **Avaliação: Níveis 3-4**<br>**Critérios:**<br>As crianças podem fazer uma generalização razoável em resposta a uma investigação.<br>As crianças podem apresentar resultados, utilizando uma variedade de métodos para comunicar as informações.<br>**Evidência:** discussão e registros. | | **Recursos:** de escolha própria, mas podem incluir: animais de brinquedo, massa de modelar, gravetos de madeira, papel liso, com linhas, quadriculado; tesouras. Ofereça o quadro e folhas de trabalho. | **Vocabulário-chave:** padrão, cálculo, método, anotações, o que podemos tentar depois? Como você descobriu isso? Sinal, símbolo, equação. |

| | Professor/ atividade de ensino (incluindo questões-chave) | Aluno/atividade de aprendizagem (incluindo questões-chave) |
|---|---|---|
| **Introdução oral/mental**<br><br><br><br><br><br>**15 minutos** | Compartilhe os objetivos com as crianças e clarifique a compreensão. Recapitule as aprendizagens da lição prévia considerando padrões numéricos – encontrando o padrão e detectando a relação entre os números (generalização)<br>Utilize exemplos para explicar as atividades. Podemos ver a ligação? Como? Explique.<br>Cubra padrões de repetição, p. ex. 1, 2, 4, 1, 2, 4 ou utilizando formas. Peça ideias.<br>Padrões de aumento: 3, 6, 9, 12; 1, 3, 6, 10 (triângulos). Peça ideias.<br>Relacione a exemplos da vida real – caixas de ovos, pacotes de biscoitos, etc. | Revise padrões prévios – adição de cinco, o quadro da multiplicação de dez, números de quadrados e triângulos, etc.<br>As crianças precisam procurar pelo padrão nas diferenças e tentar operações diferentes (detetive).<br>Use quadros brancos para fornecer o produto das descobertas, mas também os números iniciais de certos produtos (diferenciados). |
| **Atividade principal de ensino**<br><br><br><br><br>**15 minutos**<br><br>**Atividades em grupo**<br><br><br><br><br>**35 minutos** | Ver um problema e finalmente resolvê-lo com uma generalização.<br>Introduza o Fazendeiro Giles e seus cercados de galinhas! Pense e compartilhe ideias em pares sobre como começar. O que você vai precisar? Qual é a sua estratégia? Como você saberá se obteve sucesso? Faça um desenho para ilustrar o exemplo. Podemos ver algum padrão? O que podemos notar? Podemos adivinhar o que virá depois? Como podemos conferir?<br>Grupos (autoidentificados) para identificar e agrupar recursos.<br>As crianças trabalham a partir de pontos de partida determinados (diferenciados) para explorar a atividade. O professor deve focar o trabalho com o grupo 1 que será encorajado a testar diferentes tamanhos e organização de cercados. As crianças serão encorajadas a refletir sobre a aprendizagem. Os colegas devem seguir o calendário de observação. | As crianças escutam a informação.<br>Grupos 1 e 2 (na média e acima da média) fazer escolhas sobre como abordar a atividade – trabalhando em pares ou individualmente. Podem escolher o formato e a orientação dos cercados, mas devem justificar suas escolhas. Podem "construir" os cercados e explorar o problema.<br>O professor deve apoiar a exploração e os registros.<br>Grupos 3 e 4 (habilidade abaixo da média) são aconselhados a utilizar cercados retangulares e instruções como exemplo e deverão registrar, predizer e conferir suas descobertas. |
| **Plenária**<br><br><br><br>**15 minutos** | O que descobrimos? Aos grupos que liderarem a discussão: o que eles aprenderam? Como eles fizeram isso? O que os ajudou? Eles poderiam ter abordado o problema de outra forma?<br>Peça ao resto da turma para comentar e avaliar.<br>Mencione que amanhã nós continuaremos com esse trabalho e exploraremos outras possibilidades. | O grupo 1 recebe tempo para pensar antes da plenária.<br>Refletir sobre o que eles aprenderam e como eles fizeram isso, o que os ajudou ou atrapalhou.<br>Receba comentários e *feedback* dos outros membros da turma. |

## Figura 6.4

Solução de problemas e questionamento: Plano de aula para Cercados para Galinhas.

(continua)

### IDEIAS EM AÇÃO

**Pare e reflita**

Olhe o plano de aula para essa experiência de aprendizagem na Figura 6.4. Imagine utilizar esse tipo de abordagem para organizar atividades em seu ambiente de aprendizagem. Olhe mais atentamente para o modo como as crianças demonstraram seu pensamento na Figura 6.5. Como você planejaria e avaliaria tal atividade? Como ela preenche objetivos específicos de um dado currículo? Você pode identificar qual foi o objetivo de aprendizagem desta atividade? Qual o papel do professor nessa abordagem de aprendizagem? Como a sua intervenção habilita o aluno a elevar sua aprendizagem a um nível mais alto ou mesmo a ZDP?

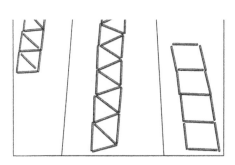 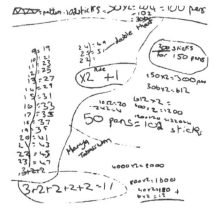

a) Os aprendizes foram capazes de fazer suas próprias escolhas quanto aos materiais que quiseram utilizar para ajudá-los na solução de problemas. As escolhas variaram do uso de papel ou cartolina para recortar ou desenhar (incluindo miniaturas de galinhas), pequenos animais da fazenda de brinquedo emprestados de uma turma de primeiro ano, Lego, etc. No exemplo 6.5(a) nós vemos como eles utilizaram palitos de fósforo e os colaram para registrar suas ideias.

b) As atividades começaram a partir de uma base experimental embutida (como em 6.5a), se desenvolvendo para algumas das crianças em aprendizagem processual através do uso das operações e símbolos corretos ao fazer anotações informais, listas, quadros, resumos e generalizações com notações algébricas, como visto em 6.5(b). Essas ideias foram exploradas mais a fundo nas plenárias de várias lições posteriores.

**Figura 6.5**
As crianças usam métodos autorregulados para registrar o pensamento.

do noções e ideias aceitas são exploradas (ao invés de apenas fantasia ou adaptação de papéis). A resolução de problemas pode ser uma atividade individual ou em grupo, mas a meta final é melhorar as habilidades, o conhecimento ou as compreensões. Ela pode inicialmente ser exploratória, mas com frequência terminará em uma compreensão aumentada de um conceito e um aumento nas habilidades ou na aplicação de conhecimentos, como descrito anteriormente neste capítulo.

As crianças precisam de experiências de resolução de problemas práticas e estimulantes (que as permita fazer conexões entre a compreensão através de procedimentos e conceitos) para serem significativas para a aprendizagem para a vida e o desenvolvimento de *habilidades transferíveis*. Encorajar crianças mais velhas a se engajarem neste tipo de brincadeira é extremamente eficiente e anda lado a lado com muitas das habilidades principais do DfES (2000, e *online*) (Comunicação, aplicação numérica, informática, trabalhar com os outros, melhorar o próprio desempenho, aprendizagem e resolução de problemas) e habilidades de pensamento (processamento de informações, racionalização, questionamento, pensamento criativo e avaliação) (http://www.standards.dfes.gov.uk) promovidas no pensamento educacional atual.

> **Habilidades transferíveis**
>
> Estas envolvem pesquisa de comunicação e habilidades de planejamento interpessoal; organização, gerenciamento e liderança.

A observação próxima, a intervenção organizada, as questões abertas encorajando a articulação do pensamento e as estratégias desafiadoras existentes são estratégias principais de ensino, quando os aprendizes estão envolvidos em atividades de resolução de problemas. Enquanto profissionais, nós precisamos reservar um tempo para analisar onde eles estão. Os alunos precisam se engajar em questionamentos reflexivos durante a brincadeira e a atividade, tratando a matemática como problemática e empolgante, para experimentar por completo uma abordagem de resolução

de problemas. A "plenária" ou conclusão de uma lição é a oportunidade perfeita para as crianças escutarem e discutirem o que foi aprendido, compartilharem suas abordagens de resolução de problemas, questionamento, e tentar provar suas próprias hipóteses. As crianças precisam de ajuda para reconhecer forças intangíveis como a memória, a imaginação e a persistência, mas também a segurança para não desistir cedo demais antes que as ideias certas e brilhantes apareçam (Fisher, 2005).

Quando os aprendizes estão engajados em atividades similares à dos Cercados para Galinhas, a aprendizagem reflete os ciclos de aprendizagem experimental expressados como visto em Kolb (1984). O modelo de Kolb se baseia na ideia de que a aprendizagem está enraizada em uma experiência concreta. A partir dela, um aluno faz observações e reflexões a partir das quais conceitos e generalizações se formam. Estas, por sua vez, guiam a tomada de decisões no processo de aprendizagem, o que permite que os problemas sejam solucionados e, portanto, a nova aprendizagem seja identificada. A Figura 6.6 demonstra o modo como tal modelo de aprendizagem experimental pode ser visto no contexto da sala de aula.

No exemplo dos Cercados para Galinhas, as crianças foram capazes de produzir suas próprias generalizações que interessantemente excederam tanto as expectativas curriculares quanto a do professor da turma. Após a lição as crianças foram perguntadas quanto a sua opinião sobre como elas pensavam que a oportunidade de brincar – e aprender deste modo – as havia ajudado.

Quando consideramos a resolução de problemas na matemática, um currículo que ensina tanto conhecimento quanto habilidades e desenvolve a aprendizagem através da compreensão, isto é, em um contexto situado, é favorável. Todos os aprendizes precisam desenvolver o conhecimento, a compreensão, os conceitos, as noções e as ideias de modo a adquirir as "ferramentas" para começar a tratar de um problema. Então, ao utilizar operações ou símbolos, apresentando a informação em uma variedade de modos formais e informais e reconhecendo padrões e sequências, uma "intuição" se desenvolve enquanto abordagens são adaptadas a novas situações e rotinas. Ao mesmo tempo, o conhecimento pode ser moldado e desenvolvido através da interação com os outros. Nos Cercados para Galinhas, as discussões esclareceram o pensamento e o propósito: o que nós precisávamos fazer? Precisávamos registrar nossos pensamentos? Como faríamos isso? O que era importante lembrar? Nós também concordamos quanto a regras para a atividade – queríamos fazer quanto menos cercados o possível – nós não queríamos o fazendeiro gastando recursos! Nós também tivemos apenas a lição para apresentar nossas ideias, o fazendeiro teria objetivos de tempo a cumprir também!

A brincadeira de resolução de problemas não é apenas limitada à aprendizagem com foco na matemática. A resolução de problemas pode ser evidente em todas as áreas do currículo – desde a manipulação do ambiente ou os objetos nele (ciência) até a criação de invenções totalmente novas modeladas partir de um artefato que eles viram, ouviram, tocaram e assim por diante em seu ambiente ou simplesmente a exploração de ideias (tecnologia). A importância de se estimular o interesse e a curiosidade do aprendiz não pode ser subestimada.

As crianças se engajam na brincadeira de resolução de problemas desde muito jovens, por exemplo, ao fazerem castelos de areia na praia, ao construírem torres com blocos (até que a torre caia!), ao construir com conjuntos como de Lego®, K-nex® e outros aparatos modulares ou simplesmente utilizando objetos do lixo diário (caixas de papelão, rolos de papel higiênico, papel ou pedaços de madeira) ou objetos de utilidade doméstica e assim por diante para criar estruturas ou complexos elaborados. À medida que as crianças avançam, suas oportunidades para tais atividades frequentemente se tornam limitadas a disciplinas específicas (por exemplo, a criação de um carro móvel em tecnologia ou o planejamento de uma casa autossuficiente em termos de energia na ciência), e a chance de utilizar a verdadeira criatividade para resolver problemas diminui na medida em que os produtos duplicam exemplos predeterminados dados pelo professor ou pelos documentos curriculares. Mesmo assim, quando a chance é

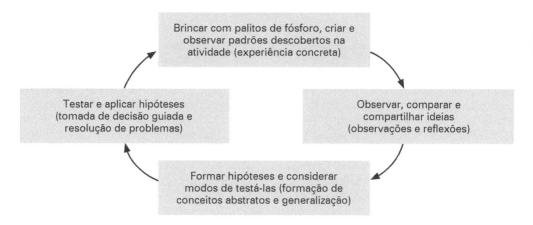

**Figura 6.6**
O modelo experimental de aprendizagem de Kolb, adaptado de Cercados para Galinhas.
Fonte: Wallace, 1999, p. 235.

dada, os alunos procuram a oportunidade de trabalhar duro e por mais tempo para criar abordagens mais aventureiras e imaginativas para a aprendizagem.

A inabilidade dos adultos de resolverem problemas diários foi certamente criticada no Relatório Cockroft (DFES, 1982) duas décadas e meia atrás e ainda é de preocupação central (Thompson, 1999). A importância de se explorar ideias através da aprendizagem prática e inserida não é uma ideia nova (veja, por exemplo, Wallace, 1999) e ao enfocar um ambiente de aprendizagem "focado na criança" nós podemos

**Agentes**
A participação ativa na criação social do significado (dentro de um modelo de aprendizagem construtivista)

encorajar aprendizes *agentes* (Bruner, 1999). Além disso, o processo detalhado nesta sessão do capítulo, como sugere Glaser, pode guiar as atividades futuras de resolução de problemas, mas, mais importante, desenvolver uma "intuição" para responder e se adaptar a novas situações. Esta é certamente uma abordagem principal na vida adulta e um traço vital para a vida.

---

## IDEIAS EM AÇÃO

### *Feedback*: o que as crianças dizem sobre Cercados para Galinhas

Foi divertido... eu gostei porque respondi corretamente àquela questão, e a professora me deixou contar para todo mundo. Eu gostei de brincar com os gravetos porque eles ajudavam a ver o que eu estava fazendo. O papel que a professora deu foi bom, aquele da caixa, porque não tive que fazer eu mesmo. Eu gosto de trabalhar com a M., foi legal.

Foi divertido... Eu gostei... Eu gostei de cravar os gravetos.

Brincar com os gravetos e falar com M. [foi a melhor parte] nós ajudamos um ao outro e a professora foi legal... Ela nos disse que éramos brilhantes! Eu gostei de colar a fotografia – agora podemos usá-la de novo. Eu quero fazer mais. É matemática, mas também é como artes! Eu aprendi como ser um detetive para ver um padrão e uma ge... ge... generalização... ver a diferença... os números entre os números. Eu não sabia que brincar podia fazer isso!

Se você sabe, pode fazer os padrões... no meu padrão você pega o triângulo e adiciona mais gravetos... dois gravetos mais, é... você faz uma gen...er...a...lização... é tipo como uma regra. E isso você pode aprender quando está brincando!

### Melhorando a prática

Identifique uma área de sua prática na qual você pode adotar uma abordagem similar, ou mesmo desenvolver uma atividade original, como aquela usada no Cercado para Galinhas.

Considere o modo como você introduzirá a atividade a seus alunos, quais questões organizacionais precisam de consideração, a natureza dos recursos necessários para facilitar a experiência de aprendizagem, como o seu papel melhorará a aprendizagem e como você saberá quando a aprendizagem for atingida.

Analise as expectativas curriculares apropriadas para identificar o que deveria ser aprendido e o que poderia ou seria aprendido se "liberdade" suficiente fosse oferecida na experiência de aprendizagem.

## IDEIAS EM AÇÃO

### Estudo de caso: conservação – economizando energia em casa (lição de casa)

Como lição de casa, foi pedido a uma turma de crianças de 10 anos que considerassem os modos como uma casa poderia ser feita para utilizar energia com maior eficiência. A professora deu à turma um questionário de perguntas abertas de modo que eles pudessem responder de diversas maneiras diferentes – oral, escrita, através de fotografias ou meio eletrônico. Dois meninos decidiram "construir" suas ideias na forma de um modelo feito com blocos de Lego. Entretanto, eles não pararam apenas nos blocos – eles incluíram algodão para representar o revestimento das paredes e isolamento do telhado, painéis solares de papelão forneceram a fonte de energia para a eletricidade, peças de Lego específicas transparentes representaram as lâmpadas de baixa energia, entre outras muitas características. O topo do telhado era feito de cartolina verde, onde se poderia plantar grama e pinheiros – um telhado vivo e com isolamento!

### Pare e reflita

Quais oportunidades existem para as crianças terem flexibilidade no modo como abordam as atividades? Quais maneiras estão disponíveis para que você dê aos seus alunos "escolhas" encorajar a criatividade e a independência na aprendizagem? Lembre-se, você frequentemente é limitado apenas pela sua imaginação.

## A AUTOAVALIAÇÃO PARA MELHORAR O PRÓPRIO DESEMPENHO EM FUTURAS APRENDIZAGENS

É de grande importância na aprendizagem a necessidade de refletir, avaliar e autorregular o próprio desempenho. A análise de Young (1999) mostra que estamos frente à realidade de uma cultura de aprendizagem que é individualizada, abstrata e escrita, baseada no conhecimento de alto *status* que é avaliado através de testes de alta exigência ao invés de ambientes de aprendizagem colaborativos, baseados no discurso, na prática, e em contextos da vida real. Em todos os exemplos vistos neste capítulo, há uma abordagem colaborativa e reflexiva em que o *feedback*, o elogio e o encorajamento são elementos cruciais para encorajar os grupos, e mais particularmente os indivíduos, a se autoavaliarem. O foco no esforço, assim como no resultado, é importante – conseguir a "resposta certa" era apenas uma parte de se obter sucesso no Cercado para Galinhas, por exemplo. Pela sua própria natureza, atividades de respostas abertas sugerem que há muitas maneiras de se abordar a aprendizagem; portanto, uma variedade de soluções são possíveis e valorizadas. O que nós precisamos fazer enquanto educadores é oferecer oportunidades para os alunos não apenas se engajarem ativamente e criativamente com o currículo prescrito, mas também terem tempo e espaço para refletir sobre a aprendizagem, e na sua capacidade individual de elevar a aprendizagem a um novo nível.

Junto com a simples reflexão sobre a aprendizagem, nós também precisamos que os alunos se tornem pensadores "críticos". Robert Paul (em Fischer, 1996) divide o pensamento crítico em categorias interdependentes de estratégias afetivas (fomentar o pensamento independente); macro-habilidades (os processos envolvidos no pensamento e na organização do pensamento – racionalização,

BRINCAR: APRENDIZAGEM PARA A VIDA **219**

---

## IDEIAS EM AÇÃO

### Estudo de caso: Micróbios de purpurina (exploração direta)

Uma turma de crianças de 11 anos deveria explorar o conceito de germes como parte de uma unidade de estudo sobre micro-organismos dentro do currículo de ciências. Espera-se que elas reconheçam que doenças podem ser transmitidas por organismos muito pequenos, e que essa ideia é baseada em evidências científicas. O apoio formal sugere que os professores introduzam o tópico descobrindo as ideias das crianças sobre o que as deixa doentes. discuta juntamente com as crianças sobre as ideias que tem a respeito das doenças. Peça às crianças que pesquisem sobre cientistas, por exemplo Jenner, Pasteur e outros que desenvolveram a teoria das doenças dos "germes". Explique que "germe" é o termo corriqueiro para os organismos vivos muito pequenos chamados micro-organismos que causam doenças.

Uma educadora criativa decidiu ir um passo além em fornecer uma experiência inovadora e contextualizada sobre germes. Ela pediu que algumas das crianças cobrissem suas mãos com purpurina (normalmente utilizada para decorar cartões no Natal) e então seguiu com uma série de tarefas nas quais a purpurina foi transportada para locais diferentes (assim como os germes!). Então os alunos sem purpurina tinham que seguir as suas atividades de aula normais e observar suas mãos em intervalos de tempo. Foi uma grande surpresa para os alunos ver que eles estavam recolhendo a purpurina deixada pelos seus colegas e também encontrando purpurina em todos os tipos de lugares estranhos! O uso de uma lanterna deu ainda mais evidências sobre como os "micróbios" de purpurina haviam se espalhado! É claro que a erradicação dos micróbios de purpurina foi uma proposição ainda mais difícil. Contextualize a experiência como uma pandemia, e os alunos rapidamente entendem a importância de saber por que alguns germes são letais!

(Você também pode fazer isso dando aos alunos vários tipos diferentes de líquidos e então pedir que eles troquem de parceiro continuamente e derramem um pouco de seu líquido no copo dos outros, seguido de uma análise simples que olhe a composição das misturas resultantes.)

### Melhorando a prática

Olhe mais detalhadamente para uma área de aprendizagem que você estará explorando com seus alunos. Imagine um modo não convencional como você pode apresentar a experiência para os seus alunos. Talvez você possa utilizar uma fonte da Internet para lhes dar ideias ou utilizar um recurso interativo como um quadro eletrônico ou um quadro negro. Lembre-se de prestar atenção a quaisquer questões de saúde e segurança!

### Pare e reflita

Enquanto educador, como você tem respondido quando encontra um objetivo de aprendizagem que é problemático de se trabalhar? Você assume a opção "fácil" ou "segura" da pesquisa simples, giz e fala ou você escolhe uma opção mais criativa, como fez o educador acima? Como tal abordagem é mais significativa e poderosa para a aprendizagem?

---

identificação de propósitos e critérios, avaliação de resultados, julgamento); e micro-habilidades. Algumas das mais importantes entre estas estão ser capaz de fazer as perguntas certas, utilizar o tempo para pensar efetivamente, ser capaz de racionalizar quando requisitado, aplicar a lógica e os significados coerentemente e, talvez o mais importante, compreender os outros e a si mesmo. Através do pensamento crítico nós podemos encorajar as crianças a serem pensadores razoáveis, justos, habilidosos e criativos.

## IDEIAS EM AÇÃO

### Estudo de caso: A garagem do bairro (alunos de 11 anos utilizam o jogo dramático para explorar habilidades de vida)

Como projeto de fim de ano em uma turma do 6º ano, os alunos tiveram a oportunidade de utilizar o aprendizado que adquiriram com o objetivo de forjar relações com a comunidade local. O objetivo do projeto era encorajar o senso de cidadania e desenvolver habilidades principais enquanto os alunos entravam nessa importante fase de transição em suas vidas, além de dar a eles oportunidades de experimentar a vida no "mundo real". Como parte do projeto, a professora da turma organizou para os alunos visitas a estabelecimentos locais, para passarem tempo "nos negócios" e descobrirem sobre diferentes ocupações na comunidade, e então trouxe todas estas em atividades de aprendizagem baseadas na sala de aula sob o tema de uma garagem.

A garagem tinha vários departamentos. A cada semana grupos de crianças faziam a troca entre diferentes papéis e departamentos, e a cada semana concluíam com um encontro de diretoria no qual um representante de cada departamento apresentava o relatório de uma atividade (compilado pelo grupo). Após a sessão de relatórios, o tempo era utilizado para a autorreflexão em níveis individual, de grupo e de turma em que a aprendizagem efetiva aconteceu. Os alunos foram encorajados a refletir crítica e empaticamente. Sob a luz dessa discussão, a diretora, a professora da turma, colocava objetivos para cada departamento na semana seguinte e negociava objetivos individuais de habilidades de aprendizagem – estes tinham que ser completados e apresentados à diretoria para discussão na sexta-feira seguinte. No final do semestre, com base nos dados coletados nas reuniões, os departamentos com mais sucesso seriam identificados (pela turma) e recompensados! Algumas das tarefas semanais incluíam:

Vendas: cálculo de custos de produção e margem de lucro de um novo veículo ou solução de problemas de fornecimento.

Criação: novos periféricos (por exemplo, uma nova base e microfone para telefones celulares para a Madonna ou capas de fone de ouvido para David Beckham!).

Marketing: organização e implementação de campanhas para a companhia ou o time de criação de periféricos.

Contas: vários perfis de consumidores foram introduzidos, e planos de pagamento tiveram que ser calculados com "bons negócios", incluindo garantir uma venda! Também negociar com um cliente atrasado no pagamento – refazer o cálculo de dívida, etc.

Pessoal: lidar com questões específicas e solução de problemas para chegar a um consenso – o empregado que chegou atrasado no mês passado – qual é nosso curso de ação?

### Melhorando a prática

Quando oferecer oportunidades e encorajar a autorreflexão e melhoria, é importante lembrar que a autorreflexão:

- Depende da metacognição, que em si depende do estágio de aprendizagem.
- Pode ser vista como uma maneira de reforçar a aprendizagem.
- Encoraja níveis mais altos de autoconsciência e empatia com os outros.
- Pode ser altamente carregada e emocional – o processo tem que ser gerenciado cuidadosamente à medida que memórias de sentimentos e pensamentos entram em cena.

(continua)

## IDEIAS EM AÇÃO

- Permite que as crianças pensem sobre os estágios da sua jornada ao longo do processo de aprendizagem – e isso requer prática.
- Reitera a importância do *self* e o senso de *self* da criança.
- Requer raciocínio lógico e sequencial – estas habilidades precisam ser ensinadas.
- Pode ser escrita, desenhada e oral, e indivíduos podem ter suas próprias preferências (por exemplo, sorrisos ou caras tristes, dedão para cima ou para baixo, comentários escritos curtos, e assim por diante).
- Precisará ser modelada e auxiliada nos estágios iniciais do desenvolvimento.
- Leva tempo para melhorar.

### Pare e reflita

Quais oportunidades existem para tal abordagem temática da aprendizagem que não apenas entrega objetivos principais de aprendizagem, mas também desenvolve habilidades para a aprendizagem para a vida? Quanto tempo você oferece às crianças para a autorreflexão? Você deveria ou poderia criar mais tempo? Identifique oportunidades no seu calendário de ensino que você pode utilizar para facilitar o desenvolvimento de alunos reflexivos.

## Resumo e revisão

Este capítulo visou a explorar o lugar da brincadeira nas séries iniciais e agora retorna às questões originais propostas na introdução.

- O clima para a brincadeira – o que pode ser aprendido através da brincadeira na fase inicial? A oportunidade para a aprendizagem baseada na brincadeira foi retirada do currículo na busca pela excelência e realização acadêmica?

Os educadores podem e devem oferecer um ambiente baseado na brincadeira, no qual a brincadeira pode ser utilizado como um veículo para facilitar a aprendizagem não apenas de realizações acadêmicas, mas também de desenvolvimento pessoal, social, espiritual, moral e cultural. Este capítulo demonstrou que experiências no currículo, como a investigação nas ciências, a resolução de problemas na matemática, a comunicação e representa-

ção nas línguas, os trabalhos imaginativos e temáticos, são todos exemplos de como "raízes baseadas na brincadeira" já podem existir na educação infantil. As expectativas curriculares formais podem estar "forçando" oportunidades para a brincadeira em alguns ambientes a não existirem, mas educadores criativos ainda podem oferecer pontos de partida que facilitam uma experiência de aprendizagem rica e autêntica que provam ser válida tanto para encontrar quanto para exceder objetivos de excelência e realização acadêmica. A brincadeira não é necessariamente específica às disciplinas e nem única na fase dos anos iniciais. Na verdade, os exemplos fornecidos neste capítulo não apenas demonstraram o modo como as crianças durante os primeiros anos podem se engajar em atividades significativas, mas também a natureza supracurricular da abordagem em si.

*(continua)*

# Resumo e revisão

● Oportunidades para a brincadeira na sala de aula – como as experiências baseadas na brincadeira podem ser utilizadas para encorajar os alunos a tomar *posse* da aprendizagem e desenvolver suas habilidades principais e de pensamento dentro das restrições de um currículo formal?

Este capítulo forneceu uma variedade de exemplos da prática que demonstraram como educadores podem encontrar e ampliar as demandas de um currículo prescrito, assim como apoiar o desenvolvimento de habilidades transferíveis vitais para o aluno para a vida. A habilidade dos alunos assumirem um papel mais ativo por si próprios, desenvolverem a capacidade de serem reflexivos e assumirem propriedade de sua aprendizagem é o foco central dos debates educacionais atuais. Na verdade, onde abordagens integradas à prática são adotadas, os alunos se tornam mais empolgados, engajados e entusiasmados e, mais importante, têm a oportunidade de desenvolverem sua própria imaginação e criatividade. A maior parte deste capítulo ofereceu para você, o educador, pontos de partida para aquecer a sua imaginação e criatividade e oferecer a base para dar poder aos seus alunos. Argumentou-se que as crianças precisam se tornar mais completamente envolvidas no processo de aprendizagem – serem capazes de explorar seus próprios conceitos em um ambiente no qual elas têm a oportunidade de realmente questionar, ou mesmo discordar. Com certeza, matemáticos, cientistas e artistas experientes estão engajados neste tipo de atividade, e nós, portanto, temos o dever de ensinar a nossos filhos como fazê-lo? Isso nos permitiria explorar com as crianças o que auxilia ou prejudica a sua aprendizagem, oferecer propósito na atividade e talvez encontrar de certo modo as necessidades de diferentes estilos de aprendizagem. Precisamos forjar e encorajar as mentes vivamente inquisitivas que observamos nas crianças pequenas durante todo o trajeto na escola e além, de modo que possamos continuar a ver o aprendiz engajado e em desenvolvimento perguntar, 'por quê?'.

Naturalmente, enquanto educadores, nós somos incapazes de ter completa autonomia quanto ao que é ou não ensinado na sala de aula. Cada escola tem objetivos a implementar, obrigatoriamente, um currículo ao qual aderir. Ainda assim, quando um pouco de imaginação é aplicada aos objetivos a serem alcançados, oportunidades e aprendizagem ricas e altamente contextualizadas são possíveis. Além disso, onde a flexibilidade é aplicada ao *modo* em que a aprendizagem é possível, nós pavimentamos o caminho para incorporar experiências de aprendizagem mais divertidas e ativas para as crianças nas nossas escolas.

Enquanto estamos à frente dos portões de um novo milênio, precisamos assumir controle de nossos valores educacionais e sermos responsáveis pela prática em nossos ambientes. Agora, mais do que nunca, temos a chance de colocar a criança novamente no centro da aprendizagem. À medida que as barreiras entre trabalho e brincadeira se tornam mais evidentes ao passo que as crianças progridem para a vida adulta, precisamos promover a noção de que as crianças que são engajadas em atividades orientadas na brincadeira trabalham com empenho, mantêm níveis altos de motivação e concentração e demonstram altos níveis de aprendizagem e realizações. Nós temos a oportunidade de engajar os alunos em aprendizagens emocionantes e desafiadoras que incorporem abordagens baseadas na brincadeira e garantem que as crianças experimentem a alegria e o desejo de aprender dentro e fora da sala de aula. Os educadores precisam renovar a sua intuição e seus próprios talentos criativos, estar comprometidos ao uso inspirado do pensamento compartilhado apoiado e auxiliá-los sem ter medo de saber quando ou como mover os alunos adiante em seu desenvolvimento. Talvez as mudanças mais importantes que fazemos em nossos ambientes não sejam na organização de recursos e mobília, mas em nossas próprias habilidades de escutar e observar nossos alunos em uma variedade de contextos. Afinal de contas, nós estamos limitados apenas pelas nossas *próprias* imaginações!

## Transformando o pensamento e a prática: é com você!

Os educadores em um *ambiente pedagógico* devem considerar as intenções, as ações, a *metacognição* e o conhecimento. Você precisará determinar a natureza e o propósito da aprendizagem, identificar metas educacionais, identificar atividades de avaliação, organizar recursos e facilitar o discurso e a reflexão. O seu ambiente social complexo deveria encorajar o conhecimento que é conjuntamente construído através da atividade e da colaboração e promover a aprendizagem que engloba as necessidades da criança completa. Você precisa assegurar que seus alunos sejam participantes ativos nos processos de aprendizagem no qual eles são agentes reflexivos e capazes de trabalhar colaborativamente. A brincadeira, como visto neste capítulo, pode ser um veículo central e efetivo para a aprendizagem se você está disposto a ser criativo na administração de seu ambiente e imaginativo na entrega de suas intenções de aprendizagem.

> **Ambiente pedagógico**
> A prática que um professor, junto com um grupo específico de aprendizes, cria, atua e experiência.
>
> **Metacognição**
> Reflexão ou análise do seu próprio processo de aprendizagem e pensamento

## Questões para consideração

Pode-se argumentar que o clima educacional atual coloca maior ênfase na absorção de conteúdos curriculares e demonstrações de expectativas nacionais, com ênfase no desenvolvimento de indivíduos aceitáveis alfabetizados e numericamente alfabetizados. Mas isso é o bastante? Como nós encorajamos nossos alunos a serem solucionadores de problemas agentes e ativos ao invés de simples caixas de conhecimento?

O desafio para os educadores é *como* usar o conhecimento prévio, as experiências e os interesses das crianças de modo a engajá-los e motivá-los em um currículo que faz sentido humano, gera motivação e explora cenários de vida real. Vamos encorajar as crianças a brincar! Observe novamente os cenários neste capítulo e você verá como muitos dos exemplos são baseados em experiências da vida real (por exemplo, Eu estou sempre estourando bolhas; A garagem da aldeia) e em crianças liderando a experiência de aprendizagem (veja Cercados para galinhas; The Gift from Winklesea).

Como podemos desenvolver abordagens de avaliação da aprendizagem que nos permitam enfocar o processo, assim como o produto e a habilidade do aprendiz de contribuir para ambientes de aprendizagem mais amplos? Quando consideramos o que nós valorizamos como de importância na experiência de aprendizagem, nós agora precisamos mudar o foco para as necessidades da criança, não apenas ao cumprimento do currículo. Ao invés de avaliar habilidades, fatos e conceitos elementares (pode-se argumentar que esta é a abordagem atual dos Standard Assessment Tests), nós poderíamos avaliar as estratégias, o esquema e até mesmo a metacognição das crianças (Groeno et al., 1999) nas séries iniciais? Deste modo, nós podemos ensinar as crianças a "como pensar"? As crianças não devem apenas ser encorajadas a articular e compartilhar suas ideias dentro de situações de aprendizagem formalizadas, mas deveriam ser levadas a fazer ligações com situações da vida real que refletem o aqui e o agora, e possibilidades no mundo do futuro.

## Ideias para pesquisa

### *Enquanto educador comprometido:*

Revise a sua própria prática! Assuma o conhecimento de quem você é e de que tipo de educador você quer ser. Pense sobre como a vida poderia ser em um "mundo ideal" e quais você considera os seus principais valores e como a sua aula pode ser mais baseada na brincadeira. Enquanto você mesmo é um aprendiz para a vida, quem ou o que influenciou seus valores e normas e como a brincadeira teve um papel integral no seu próprio desenvolvimento?

Como você modela a noção de aprendiz para a vida para seus alunos? Você demonstra a tomada de riscos, a criatividade e a imaginação, e encoraja os alunos a fazer o mesmo?

Até que ponto você é capaz de reconciliar o pensamento que você pode ter desenvolvido ao se engajar com este capítulo com as demandas exercidas sobre você pelos pais, seus colegas e chefes, ou até mesmo forças políticas?

### Enquanto facilitador da aprendizagem

Pense sobre os modos como você encoraja a independência, a aprendizagem autodirecionada ou atividades baseadas na brincadeira no seu ambiente de aprendizagem. No seu ambiente, você reúne os recursos necessários e torna estes prontamente disponíveis para seus alunos como parte de sua própria abordagem organizacional? Você poderia administrar o seu ambiente de aprendizagem de tal modo que ele coloque o aluno em uma posição em que ele tivesse de escolher o que, como e quando eles acessam os recursos de que eles precisam para auxiliar a sua aprendizagem? Em um nível mais alto, onde estão as oportunidades para seus aprendizes direcionarem a sua própria aprendizagem ou se engajarem em experiências orientadas pela brincadeira? Quais são os prós e contras de tal abordagem? O que pode ser realisticamente alcançado?

Até que ponto você está moldando o currículo às necessidades de seus alunos? Analise os seus planos educacionais atuais e tente identificar até onde as experiências que você fornece são orientadas ao produto

(por exemplo, conhecimentos e habilidades) ou ao processo. Você pode ser mais explícito em identificar as habilidades principais e de pensamento, identificadas neste capítulo, e garantir o equilíbrio entre resultados predeterminados e a aprendizagem autodirecionada?

De que maneiras você encoraja e forja atitudes positivas quanto a brincar com as habilidades transferíveis que será de tanto valor para seus alunos para a vida no mundo do futuro?

### Enquanto coordenador de ensino

Com seus colegas, revise o currículo e seu conteúdo e analise quanto tempo está disponível para se seguir os interesses das crianças ou para incorporar a flexibilidade para oferecer às crianças a liderança na aprendizagem, que é central em uma pedagogia orientada à brincadeira.

Dê uma nova olhada nas iniciativas que estão guiando a sua fase ou disciplina no currículo no atual clima educacional. Até que ponto estas contribuem ao desenvolvimento da visão de aprendizagem proposta neste capítulo? Analise criticamente os prós e contras destas e outras questões que você sente que este capítulo levantou tanto para seu ambiente quanto para os alunos sob seus cuidados.

### Para a agenda educacional central e maiores considerações

Dadas as restrições curriculares, metas governamentais, testes de alto nível e monitoração constante do desempenho dos alunos e professores, como podem os ambientes de todas as fases da educação serem organizados para ensinar os alunos a se tornarem solucionadores de problemas ativos e agentes? Como educadores, como nós nos engajamos nas avaliações precisas do desenvolvimentos de operações cognitivas tão complexas?

## Leituras adicionais

## Sites da internet

Beardsley, G. e Harnett, P. (1998) Exploring Play in thePrimary Classroom. London: David Fulton.

Craft, A. (2000) Creativity Across the Primary curriculum: Framing and developing Practice. London: Routledge.

Fisher, J. (2005) The Foundations of Learning. Buckingham: Open university Press.

Peturson, R. e Asselstine, L. (2001) Creating the Curious Classroom. Toronto: Harcourt Canada.

www.ncaction.org.uk
www.standards.dfes.gov.uk

# parte III
## APOIANDO A BRINCADEIRA DAS CRIANÇAS

# 7

## Construindo "firmeza social" para a vida
### Brincadeiras duras e brutas nos primeiros anos

**Pam Jarvis**

Cinco crianças, quatro meninas e um garoto estão brincando de pegar no pátio da escola. O garoto pega uma das meninas e a derruba no chão, enquanto as outras meninas correm em volta deles; o grupo inteiro está gritando e rindo. O garoto solta a menina rapidamente, corre atrás das outras três meninas e se dirige para brincar com outro grupo de garotos. As meninas imediatamente se reúnem em um grupinho, conversando e rindo. A pesquisadora observando as crianças colocou um microfone em uma das meninas. Enquanto ela transcreve a fita, ela descobre que uma das meninas estava direcionando o garoto, gritando para ele instruções de quem deveria estar perseguindo em diferentes momentos do jogo. Quando o garoto ignora as suas instruções e se separa do grupo, as meninas se reúnem para discutir a brincadeira de pegar. O conteúdo de sua conversa foca em quem foi "beijada" (o que, já que a pesquisadora não viu ninguém ser beijada, deve equivaler a tocar ou ser pego), em como os garotos são nojentos, cada menina impressionando as outras com quantas vezes ela foi pessoalmente perseguida, enquanto simpatizavam com as preocupações das

outras quanto ao comportamento "exageradamente ansioso" do garoto.

## INTRODUÇÃO

Atividades de "rouba-beijo" como essa podem ser observadas em qualquer pátio de escola de ensino fundamental. Elas são uma versão do jogo de pegar genérico, conhecido por gerações de crianças britânicas como "he", "tig" ou "tag", dependendo da região de origem, e que também já foi observado internacionalmente, como por exemplo "El Dimoni" na Espanha e "Oni" no Japão (Opie e Opie, 1969, p. 20). Este capítulo focaliza o papel da brincadeira dura e bruta (D&B) no desenvolvimento com atenção em particular para as narrativas que as crianças utilizam para embasar tais atividades. Ao apontar uma grande variedade de teorias e resultados de pesquisas *empíricas*, procuramos explorar as seguintes questões:

> **Empírico**
> Baseado na observação ou na experiência.

- O que é a brincadeira "dura e bruta"?
- Quais são as narrativas típicas

> **Questões de gênero\***
> Que refletem ou envolvem diferenças de gênero ou estereótipas ou estereotipados de papéis de gênero (Merriam Webster).

que embasam tal brincadeira, qual o nível de complexidade social que elas alcançam e como elas podem ter se tornado uma questão de gênero?

■ Quais aprendizagens e desenvolvimento podem ocorrer dentro de tais atividades de brincadeira livre?

## INTRODUZINDO A BRINCADEIRA DURA E BRUTA

> **Recíproco**
> Um retorno de correspondência gentil e mútua (Merriam Webster).
>
> **Antropólogo**
> A pessoa que estuda os seres humanos e seus ancestrais através do tempo e do espaço e em relação ao caráter físico, ambiental e das relações sociais e culturais (Merriam Webster).

A brincadeira D&B pode ser definida como um conjunto de comportamentos físicos vigorosos, por exemplo, pegar, pular e brincar de luta, acompanhados de sentimentos positivos dos jogadores uns com os outros. A brincadeira D&B também envolve comportamento *recíproco*, que é frequentemente observado na mudança de papéis, como pegar e ser pego. Esse tipo de brincadeira foi primeiramente assim denominado pelo *antropólogo* Karl Gross em seus livros *Play of Animals* (1896) e *Play of Man* (1901).

O primeiro estudo antropológico moderno da brincadeira D&B humana foi conduzido por Neil Blurton Jones, em 1967. Ele transferiu técnicas de observação utilizadas

> **Etologia**
> O estudo científico e objetivo do comportamento animal, especialmente sob condições naturais (Merriam Webster).

por Harlow e Harlow (1965) em estudos de brincadeira D&B com macacos para a pesquisa do desenvolvimento humano, conduzindo estudos-pilotos sobre a brincadeira D&B de crianças em várias creches em Londres. Ele relatou um padrão de corrida, perseguição e brincadeiras de luta ocorrendo entre as crianças que refletiam comportamentos previamente observados por etólogos entre babuínos e macacos jovens. Estudos subsequentes foram conduzidos em culturas não ocidentais e fizeram descobertas similares. Konner (1972) conduziu um estudo antropológico do povo Zhun-Twa (!Kung), e Fry (1987) estudou crianças em Oaxaca, no México. Ambos os pesquisadores descobriram que as crianças nas culturas que eles estudaram se engajavam em brincadeiras D&B que pareciam ser muito similares àquelas das crianças ocidentais, com os comportamentos comuns observados incluindo perseguir, fugir, rir, pular, fazer barulho e uma expressão facial em particular, também encontrada em babuínos e macacos jovens, que etólogos animais já haviam denominado "expressão de brincadeira". A expressão de brincadeira é um sorriso grande, de boca aberta, com os dentes superiores cobertos (veja as Figuras 7.1 e 7.2). O fato de que ela não é apenas encontrada nos seres humanos mas também em primatas não humanos e macacos sugere que este é um comportamento natural, evoluído, em vez de um que é aprendido socialmente na infância com a observação de outras pessoas.

## O que é a brincadeira dura e bruta (D&B)?

Nos seres humanos, a brincadeira D&B parece ser um fenômeno que cruza as barreiras das gerações e culturas, prevalecendo principalmente entre os jovens machos.

---

\* N. de R.T.: Em educação geralmente usamos o termo sexo para falar do aspecto biológico e sexual.

**Figura 7.1**
Expressão de brincadeira humana 1.

Entretanto, o termo "dura e bruta" pode ser uma descrição insatisfatória e vaga de um conjunto diversificado de comportamentos de brincadeira. À medida que mais dados de pesquisa foram coletados, seguindo os estudos iniciais em observação de Blurton Jones (1967), várias taxonomias de movimentos em brincadeira D&B emergiram. Alguns dos movimentos identificados pareciam ser comuns entre as espécies primatas; outros, principalmente aqueles envolvendo a linguagem e/ou componentes de fantasia, foram identificados como particulares à brincadeira humana.

Uma questão imediata a respeito do desenvolvimento de uma taxonomia da brincadeira D&B é quanto a incluir os aspectos do comportamento que não envolvem contato ou a restringir o comportamento à brincadeira de luta. Entretanto, isso poderia levar à divisão do comportamento em "fatias" muito artificiais. Sendo assim, pesquisadores

**Figura 7.2**
Expressão de brincadeira humana 2.

modernos têm tentado estudar a brincadeira D&B como um comportamento complexo e composto, incorporando alguns elementos da brincadeira de exercício social (como a perseguição) e alguns elementos da brincadeira de luta (por exemplo, a batalha).

Uma questão importante para os educadores é se os indivíduos engajados no que parece ser a brincadeira D&B estão conduzindo tais ações com diversão ou raiva. Essa também foi uma questão estudada pelos etólogos, incluindo Loizos (1976), que conduziu um estudo etológico sobre a brincadeira dos chimpanzés, propondo que, apesar da brincadeira social e do comportamento agressivo compartilharem alguns de seus padrões motores, a brincadeira social se diferencia do comportamento agressivo de três modos específicos:

1. Ela tem seu próprio conjunto de sinais padrão que indicam "estou apenas brincando", incluindo a expressão de brincadeira e a troca de papéis.
2. Ela não termina na separação dos animais participantes.
3. A reação dos participantes da brincadeira social é responder com comportamento similar ao invés de um conjunto diferente de padrões. Por exemplo, um animal que é atacado agressivamente com frequência tentará ganhar vantagem tentando surpreender o atacante com um tipo diferente de resposta agressiva, ou pode tentar fugir.

Em seus estudos da brincadeira D&B humana, Boulton (1988, 1993a e 1993b) descobriu que grupos de crianças de todas as idades podiam amplamente concordar se um comportamento era brincadeira D&B ou agressão, e que elas utilizavam critérios similares para fazer isso. Boulton utilizou as definições destas crianças para guiar sua própria criação de uma taxonomia da brincadeira D&B. Costabile e colaboradores (1991) conduziram uma investigação internacional sobre como as crianças diferenciam a brincadeira D&B da agressão. Estes pesquisadores descobriram que, apesar das crianças mais velhas demonstrarem competência levemente maior, as crianças de todas as idades utilizavam critérios similares para julgar incidentes de interação física. O estudo foi conduzido com a gravação em vídeo de crianças em escolas na Inglaterra e na Itália, e subsequentemente se descobriu que não apenas as crianças em ambos paí-

**Figura 7.3**
A expressão de brincadeira dos Bonobos.
Fonte: Frans B. M. de Waal.

## IDEIAS EM AÇÃO

### Observações da "brincadeira dos macacos"

A brincadeira dos macacos envolve muita dureza e brutalidade, com algumas ações de brincadeira que são muito similares àquelas utilizadas pelos humanos. Os animais brincam de luta com frequência, o que envolve morder de brincadeira, a troca de papéis e fingir estar machucado; eles também brincam de "pega-pega", quando um macaco se aproxima do outro com expressão de brincadeira, bate nele e foge, convidando o outro animal a persegui-lo.

### Melhorando a prática

*D&B no pátio*

Em um de meus deveres como responsável pelo pátio, vi três meninos de 11 anos lutando e me dei conta, ao notar suas expressões faciais, que, enquanto dois deles estavam gostando da atividade, o outro não estava. Eu pedi que eles parassem, e então perguntei ao menino que enrugava a testa se ele estava bem. Ele disse que estava, mas utilizou a parada resultante para sair da brincadeira sem "perder". Eu não fiz mais comentários, e os outros dois meninos continuaram com sua brincadeira. Desse modm, taxonomias de D&B/agressão podem ter uma utilidade muito prática deste modo.

### Pare e reflita

Quanto tempo você teria permitido que este tipo de brincadeira prosseguisse? Você teria notado as expressões faciais das crianças antes de decidir como responder?

### Comentário

As ideias atuais sobre a "melhor prática" encoraja os educadores a intervirem em tais brincadeiras muito rapidamente e punitivamente?

---

**QUADRO 7.1**
Movimentos típicos identificados na brincadeira D&B humana

| Movimentos de brincadeira de luta (contato ou falso contato imitando agressão) | | Movimentos gerais da brincadeira D&B |
|---|---|---|
| Bater/chutar | Colidir | Perseguir |
| Balançar | Bater e fugir | Carregar outras crianças |
| Esbarrar | Morder | Rodar e balançar |
| Subir em cima | Lutar | Implicar |
| Segurar/agarrar outras crianças | Tropeça | Esgueirar |
| Empurrar | "Atirar" | |
| Engalfinhar (briga rápida em pé) | Boxe (séries de socos | |
| Kung fu/karate | leves de punho fechado, | |
| Dar uma cabeçada | pode bater levemente | |
| | ou ser atuação) | |

Fonte: Jarvis, 2007, p. 173, adaptado de: Humphreys e Smith, 1987; Boulton e Smith, 1989; Pellegrini, 1996; Power, 1999.

ses aplicavam critérios similares à definição da brincadeira D&B; elas também julgavam incidentes com o mesmo nível de consenso quando assistiam a gravações de crianças falando uma língua estrangeira. Isso indica que tais julgamentos podem ser feitos com base na sinalização não verbal, incluindo o reconhecimento inconsciente da expressão de brincadeira humana, possivelmente indicando que os seres humanos utilizam sistemas de julgamento similares àqueles usados pelos primatas.

O critério proposto por Costabile ecolaboradores (1991) e Boulton (1998) diferenciando a brincadeira D&B da agressão foi mais tarde sintetizado por Power (1999) e adicionado ao seu próprio critério, baseado principalmente em trabalhos com animais. Um composto da informação contida em Power (1999), Costabile e colaboradores (1991) e Boulton (1988) diferenciando a brincadeira D&B da agressão é resumido e apresentado no Quadro 7.2.

Parece claro, portanto, que a brincadeira D&B é um comportamento de brincadeira específico e universal, facilmente reconhecido pelas crianças através das barreiras linguísticas, e que separar tal comportamento da luta séria pode ser alcançado com relativa facilidade através da

---

**QUADRO 7.2**
Diferenciando a brincadeira D&B da agressão

| | |
|---|---|
| **Duração do episódio** | D&B dura mais do que a briga "real". |
| **Ficam juntos ou separados** | Parceiros de D&B tendem a continuar juntos quando o episódio de D&B termina, combatentes quase nunca o fazem. |
| **Expressão facial** | Parceiros de D&B riem e sorriem, combatentes enrugam a testa e possivelmente choram. |
| **Atos físicos** | Os socos foram reais ou "atuados"? |
| **Público** | Uma briga real tipicamente atrairá outras crianças, se agrupando para assistir. Contrariamente, as crianças tendem a demonstrar pouco interesse na brincadeira de D&B das outras a menos que estejam ativamente tentando se engajar. |
| **Ameaças** | Quando falam, pode ser bastante fácil diferenciar ameaças verdadeiras de ameaças de brincadeira. |
| **Intensidade** | A agressão real resultará em ações de maior intensidade do que a brincadeira de agressão. |
| **Tática** | A briga real envolverá táticas em que cada parceiro tenta ficar com a mão por cima, tentando realmente machucar o oponente; a brincadeira de luta envolverá a troca de papéis e a "agressão" contida e estilizada. |
| **Alvos** | Os oponentes da brincadeira de luta provavelmente serão amigos. Oponentes de lutas reais são provavelmente crianças que não gostam umas das outras. |
| **Consequências** | Ferimentos são raros na brincadeira de luta, mas prováveis em lutas reais. |
| **Faixa etária** | O aumento da idade está positivamente correlacionado com o aumento da probabilidade da luta ser real ao invés de brincadeira. Lutas entre crianças em idade de ensino médio provavelmente envolverão agressão real. |

Fonte: Jarvis, 2007, p. 175.

## IDEIAS EM AÇÃO

### A brincadeira D&B das meninas (observação do autor)

Baseando-se nas descobertas de meu próprio estudo observacional de brincadeiras D&B de crianças com idades entre 4 e 6 anos, brincadeiras D&B apenas com meninas parecem ser muito raras, já que durante os 18 meses de observações, apenas quatro de um total de 33 observações de crianças contendo brincadeiras de D&B envolviam apenas meninas. Uma destas gerou uma narrativa intrigante e muito original sobre uma bruxa e um coelho mágico, inventada pelas três participantes. Madelaine era o coelho mágico, enquanto Emily assumiu o papel de uma bruxa que queria transformá-lo em madeira. Cheryl fazia o papel do resgate que estava tentando salvar o coelho da bruxa. Outra brincadeira de D&B apenas com meninas foi bastante ativo e envolveu uma grande quantidade de contato físico. Ela envolveu rodar rapidamente em torno de um poste e então se deitar na grama, o que em um momento envolveu um gentil empilhamento à medida que as meninas deitavam umas em cima das outras, rindo e se abraçando. A história subjacente parecia ser "colocar o bebê na cama", em que o bebê acorda, levanta e brinca (dá voltas em torno do poste) e então se cansa e precisa ir para a cama novamente.

### Pare e reflita

Em que tipos de brincadeira você espera ver grupos apenas de meninas se engajando durante o tempo livre? Por que não conduzir uma observação local das crianças para ver se você pode descobrir ao menos uma narrativa de brincadeira de meninas?

### A brincadeira D&B dos meninos (observação do autor)

Quinze episódios de brincadeiras apenas entre meninos foram observados; dez destes envolviam D&B altamente ativas. Na brincadeira D&B entre o mesmo sexo, os meninos tendiam a se basear na mídia atual para formar suas narrativas de brincadeira. Beyblade, um desenho fantasioso Japonês sobre guerreiros rodopiantes, era muito popular na época de minhas observações, e eu presenciei várias atividades de meninos rodopiando em que eles fingiam ser os "Beyblades", algumas vezes assumindo os nomes dos personagens. O jogo envolvia girar e bater nos oponentes, sendo o objetivo empurrar o oponente para fora do "ringue". Quando um jogador era retirado ele geralmente se recompunha e retornava à brincadeira imediatamente; parecia não haver o conceito de estar "fora" por nenhuma duração de tempo. Foi esse alto nível de energia na brincadeira apenas dos meninos que distinguiu os gêneros mais efetivamente.

### Pare e reflita

Em que tipos de brincadeira você espera ver grupos apenas de meninos se engajando durante o tempo livre? Por que não conduzir uma observação local das crianças para ver se você pode descobrir ao menos uma narrativa de brincadeira dos meninos?

### Comentário
### Diferenças entre a brincadeira D&B dos meninos e das meninas (observação do autor)

Para um observador casual, tanto as brincadeiras dos meninos quanto as das meninas descritas acima se enquadrariam na categoria ampla de brincadeira de perseguir e pegar. Qualquer que seja o ritmo, a brutalidade e a particularidade da natureza do contato entre os jogadores meninos indicaram orientações sutilmente diferenciadas quanto ao gênero na atividade de perseguição. Houve muitas ações de brincadeira

(continua)

## IDEIAS EM AÇÃO

de luta no jogo dos Bayblades que não estavam presentes na historia da bruxa e do coelho mágico, e um jogo de guerra de robôs dos meninos envolvia o Adam socar de brincadeira o Chris fazendo efeitos sonoros (pow, pow), enquanto Chris direcionava golpes de caratê ao Adam. Mais tarde, quando pedi que os meninos me falassem sobre o jogo, eles propuseram que os movimentos de golpes eram o "martelo do Sr. Louco". Em contraste, o jogo das meninas envolvia muitos abraços, com a Cheryl abraçando Madeleine enquanto corriam para proteger-se do toque "maligno" da Emily. Quando a Emily parava de perseguir, Madeleine voltava-se para ela, colocando as mão ao lado da cabeça para fingir serem "orelhas de coelho". Algumas vezes, Cheryl e Madeleine permitiam que Emily (que era a jogadora mais jovem e menor) chegar perto o bastante para tocá-las, mas então riam e corriam. Eu também observei uma tendência de abraçar e acariciar no rápido e gentil empilhamento das meninas, com a narrativa embasando isso sendo bastante cuidadosa/maternal: "colocar o bebê para dormir". Os empilhamentos de meninos mais comuns que observei, por exemplo conectados a narrativas de cheetas e leopardos, foram ao contrário relacionados à confusão e à brincadeira de competição e força. Houve mais confronto físico direto na maioria dos jogos de meninos observados, e menos vocalização coerente do que foi observado na brincadeira das meninas.

### Melhorando a prática
### Quando a D&B se torna agressão? (observação do autor)

Algumas vezes parecia haver uma hierarquia clara em operação dentro da brincadeira dos meninos que não parecia tão óbvia com as meninas ou em grupos mistos. Algumas vezes também houve evidências de os meninos "transferirem" sentimentos de subordinação aos outros, com frequência meninos fisicamente menores, normalmente em comportamentos de brincadeira de luta mais violentos com indivíduos em particular. Eu notei que nem Rory nem Chris empurravam Grant, mas Chris empurrava Rory com bastante força, enquanto Rory era bastante bruto com Leon. Eu me questionei se isso indicava uma hierarquia de dominação subjacente. Chis sempre exibia a expressão de brincadeira enquanto ele estava empurrando Rory, mas o nível de energia no empurrão parecia bastante alto para mim.

Entretanto, eu precisei me lembrar que estava julgando a interação de jovens machos a partir de um ponto de vista feminino, então não cheguei a conclusões firmes neste ponto. Durante uma de minhas observações, tal comportamento de brincadeira de luta se desenvolveu em agressão séria, em que um menino excluído da brincadeira por um grupo de garotos se juntou a um grupo de amigos mais jovens e menores e foi subsequentemente repreendido pelos supervisores adultos por deliberadamente bater as cabeças de duas dessas crianças.

### Pare e reflita

O que poderia ter sido diferente se o adulto em serviço tivesse notado a exclusão da criança da brincadeira e lidado com a situação naquele momento, ao invés de depois dele ter se juntado a outro grupo de crianças mais jovens, e redirecionado suas frustrações a eles?

### Melhorando a prática

Tendo coletado uma narrativa só de meninas e uma só de meninos para as atividades acima, compare as narrativas e veja se você chega às mesmas conclusões descritas acima. Caso contrário, considere quais aspectos podem ser diferentes e por quê.

Quais podem ser os problemas para o adulto julgar quando intervir no momento em que supervisiona muitas crianças pequenas engajadas em brincadeiras livres no pátio da escola? Quais mudanças podem melhorar a situação sem restringir a habilidade infantil de se engajar em tais brincadeiras?

utilização principalmente de indicadores comportamentais.

## DIFERENÇAS DE GÊNERO NA BRINCADEIRA DURA E BRUTA (D&B)

Uma das diferenciações mais claras em todos os aspectos da brincadeira D&B parece ser as diferentes quantidades de tal comportamento encontrados entre os gêneros. Em termos de performance em tais brincadeiras, uma descoberta comum em pesquisas com animais humanos e não humanos parece ser que jovens fêmeas conduzem menos brincadeiras D&B do que os jovens machos, e o estilo de brincadeira feminino em geral é menos orientado fisicamente. Muitos pesquisadores concluíram que a brincadeira D&B é mais importante para o desenvolvimento dos machos, tanto em animais quanto em pessoas. Pellegrini e Smith (1998) notaram que machos de todas as espécies que brincam, incluindo humanos de todas as culturas, excedem as fêmeas na frequência da D&B. A sugestão é, portanto, que essa diferença de gênero se relaciona a diferenças evolutivas entre machos e fêmeas em muitas espécies mamíferas, incluindo os seres humanos. Isso introduz o conceito de *seleção sexual*: que meninas e meninos têm uma tendência natural a brincar de modos diferentes de modo a prepará-los para diferentes papeis na reprodução.

> **Seleção sexual**
> Uma teoria que propõe que os gêneros desenvolvem atributos levemente distintos, devido aos diferentes papéis que eles assumem na paternidade e na maternidade.

## COMO AS MENINAS E OS MENINOS SÃO DIFERENTES?

Suporte para a grande prevalência da brincadeira D&B em machos nas espécies primatas foi encontrado por Braggio e colaboradores (1978) nos dados coletados em seu estudo observacional comparando os comportamentos de crianças, chimpanzés jovens e orangotangos jovens. Eles descobriram que em todas as três espécies os machos passaram por uma frequência mais alta de D&B do que as fêmeas. A razão sugerida pelos pesquisadores quanto a essa diferença foi hormonal: o efeito evolutivo do hormônio *testosterona* dentro dos corpos machos. Há um amplo aumento de testosterona nos corpos dos mamíferos machos na primeira infância (o efeito *priming* ou "organizador"), e novamente na puberdade (o efeito ativador). Se o efeito *priming* está ausente nos machos, parece haver mudanças comportamentais correspondentes; em particular, redução da D&B foi observada em ratos e macacos. A introdução de testosterona em jovens fêmeas correspondentemente cria mais brincadeiras D&B.

> **Testosterona**
> Um hormônio produzido pelo testículo que cria as características do sexo masculino.

Também já houver estudos que indicam que o mesmo processo acontece com seres humanos. Há uma condição chamada Hiperplasia Adrenal Congênita (HAC) que ocorre em crianças quando suas mães são acidentalmente expostas a altos níveis de testosterona (através de tratamento médico) enquanto a criança ainda está no útero. Berembaum e Snyder (1995) descobriram que meninas com HAC mostraram preferência significativamente maior pelas atividades e brinquedos dos meninos; enquanto meninos com esta condição não parecem se diferenciar de modo algum dos meninos sem HAC. Além disso, Hines e colaboradores (2002) calcularam a quantidade de testosterona presente no sangue de mulheres humanas grávidas e, enquanto estudavam o comportamento da criança resultante aos 3,6 anos, eles descobriram que níveis de testosterona mais altos do que a média durante a gravidez resultam em níveis mais altos do que a média de brincadeira fisicamente ativa nas crianças fêmeas. Mais uma vez, não pareceu haver efeito nos meninos. Ambos estes estudos sugerem que mesmo níveis pouco mais altos de testosterona do que o normal no ambiente pré-nascimento dos seres humanos irão acionar um efeito *priming* leve, resultando em comportamentos de estilo mais masculino nas crianças fêmeas. A conclusão geral a partir de estudos com animais e seres humanos é que a testosterona tem um efeito importante sobre o comportamento de brincadeira expresso nos jovens mamíferos. Para entender por que isso pode acontecer, precisamos considerar a teoria evolutiva da seleção sexual.

## POR QUE AS MENINAS E MENINOS SÃO DIFERENTES? A EVOLUÇÃO E A SELEÇÃO SEXUAL

Uma teoria originada pelo evolucionista Trivers (1972) propôs que os machos e as fêmeas em cada espécie evoluíram de maneiras levemente diferentes devido aos diferentes papéis paternais que eles assumem na vida adulta em um *ambiente natural*. Essa teoria da seleção sexual sugere que mamíferos fêmeas precisam dar muito mais de seus recursos biológicos para cada criança do que os machos (por exemplo, durante a gravidez e a *lactação*). Os instintos que estão relacionados ao acasalamento e a gravidez consequentemente evoluíram seguindo diferentes caminhos em cada gênero; assim, machos e fêmeas de todas as espécies têm

> **Ambiente natural**
>
> O ambiente dentro do qual uma criatura evoluiu; para as pessoas esse é um mundo de animais para caçar e plantas para colher, não um mundo de fazendas e cidades, que foi construído pelas pessoas.
>
> **Lactação**
>
> Literalmente, secretar leite; refere-se ao período em que a mãe está amamentando um recém-nascido

> **Psicologia do desenvolvimento evolutivo**
>
> Uma teoria que propõe que as crianças nascem com um conjunto básico de características evolutivas, que precisam ser mais bem desenvolvidas na interação com o ambiente.
>
> **Adaptado**
>
> Uma espécie que passou por mudanças evolutivas que o capacitaram para se adequar ao ambiente que habita naturalmente

> **Forças evolutivas**
>
> Forças que moldam as criaturas, criando uma situação em que criaturas com um conjunto específico de características têm mais probabilidade de sobreviver e procriar do que aquelas que não possuem tais características.

comportamentos característicos levemente diferentes.

Bjorklund e Pellegrini (2002) propuseram uma teoria de *psicologia do desenvolvimento evolutivo*, que sugere que a evolução pré-programou os recém nascidos humanos com um "molde" comportamental específico aos humanos e aos gêneros que é preparado para passar por maior desenvolvimento na interação com o ambiente específico da criança durante os primeiros anos de vida. Isso significa que as experiências de brincadeira livre são de importância vital dentro deste processo, particularmente ao preparar as crianças para aspectos sociais complexos da vida adulta. A psicologia do desenvolvimento evolutivo propõe que os estilos de brincadeira das crianças foram *adaptados* por *forças evolutivas* para prepará-los a procurar as experiências práticas corretas para juntar habilidades e conhecimentos em preparação para os papéis frequentemente de gênero que eles encontrariam na vida adulta em um ambiente de caça e colheita. Então o que observamos quando os gêneros interagem na brincadeira ativa livre?

## EQUILIBRANDO A CULTURA, A BIOLOGIA E A EVOLUÇÃO

Enquanto há boas evidências da contribuição da evolução para os estilos de brincar das crianças, também é claro que o comportamento humano não é "programado" pela natureza até o ponto em que o comportamento de organismos menos complexos (por exemplo, bactérias e insetos) parecem ser. Isso nos deixa com a questão de como a cultura e a biologia podem interagir nos processos de desenvolvimento na jornada de produção de seres humanos adultos. Os seres humanos são psicologicamente muito flexíveis, o que significa que eles são capazes de aprender muitas maneiras diferentes de lidar com seus ambientes. Os filó-

---

### IDEIAS EM AÇÃO

#### A D&B de grupos mistos (observação do autor)

Durante os 18 meses de meu estudo da brincadeira D&B das crianças, descobri que a D&B com grupos mistos de crianças entre 4 e 6 anos normalmente começava quando duas ou três meninas procuravam um menino para oferecer um convite a persegui-las. Este convite era tipicamente uma ação de "tocar e fugir". Quando eu perguntei às crianças em grupos mistos do que elas estavam brincando, e resposta uniforme era "de roubar beijo", isso quando eu recebia alguma resposta. Elas pareciam bastante relutantes em falar sobre isso comigo. As narrativas subjacentes às perseguições entre gêneros mistos pareciam ser bem previsíveis; os meninos fingiam ser algum tipo de criatura poderosa e assustadora e as meninas fugiam deles. Havia, contudo, bastante variação na historia específica criada, o que parecia ser influenciado até um certo ponto pelo ambiente de brincadeira mediado pelo clima.

Nos meses de inverno, a criança perseguidora frequentemente fingia ser algum tipo de "monstro". Havia uma situação específica para isso, uma expressão que pode ser melhor descrita como uma careta, os dentes à mostra, mãos para cima em forma de patas e um caminhar vagaroso e atrapalhado no estilo de um ator representando o monstro de Frankenstein. Em todos os jogos de "monstros" que eu observei, vi uma menina representando o "monstro" apenas uma vez, em uma coorte de brincadeira apenas de meninas por um curto período de tempo até que o grupo foi convidar um menino para brincar. Ele imediatamente assumiu o papel de "monstro" e as perseguiu.

Outras narrativas de brincadeiras observadas subjacentes à perseguição entre os gêneros incluíram uma atividade de verão baseada na grama que eu descobri ser o jogo de "tocar o veneno", em que as meninas tocadas pelo menino perseguidor se deitaram e "fingiam de mortas" até que o toque de outra menina as "revivesse". Em dias úmidos no verão, eu subsequentemente observei jogos com narrativas similares, por exemplo "capturadores e presos", em que meninos e meninas colaboravam em um jogo em que os meninos fingiam amarrar as meninas a uma parede com cordas imaginárias, e lá elas deveriam ficar até serem soltas por outra menina, e um jogo de "esquive e agarre" em que as meninas corriam por uma fila de meninos enquanto os meninos tentavam agarrá-las à medida em que elas corriam.

#### Melhorando a prática

Conduza algumas observações focais de crianças jogando "rouba beijo". Que tipos de narrativas/histórias eles parecem estar usando? Repita a sua observação em uma diferente estação/ em um diferente clima e veja se a narrativa básica permaneceu a mesma enquanto a historia específica mudou sutilmente

> **Bioculturalismo**
> Uma teoria que sugere que as pessoas são construídas em igual medida pela sua biologia e pelo seu ambiente cultural.

sofos Mallon e Stich (2000) propuseram o conceito de *bioculturalismo*, destacando os papéis complementares da biologia, da evolução e da cultura na produção do comportamento humano.

Dado que seres humanos são uma espécie tão complexa, nós precisamos cuidar de muitos aspectos diferentes para compreender o comportamento das crianças na brincadeira D&B. Mesmo que se demonstre que brincadeira D&B nas crianças pode ter uma causa biológica através da ação da testosterona no corpo e raízes evolutivas claras na brincadeira não verbal de outras espécies, tal brincadeira nos seres humanos provavelmente mostrará maior variedade e complexidade do que se observa em animais menos complexos devido à maior flexibilidade psicológica dos seres humanos.

As evidências biológicas e evolutivas então sugerem que a natureza nos dotou de um conjunto muito básico de comportamentos instintivos, alguns dos quais variam entre machos e fêmeas. Precisamos considerar qual efeito isso pode ter sobre a habilidade que melhor nos separa de todas as outras espécies na terra: a linguagem. Tomasello (1999) propôs que, porque os seres humanos conseguem compartilhar com sucesso tais ideias tão complicadas e abstratas através da linguagem, somos capazes de compreender que outras pessoas têm pensamentos e motivações internas como nós mesmos – podemos começar a entendê-las quando nos "colocamos em seu lugar". Isso por sua vez subjaz uma forma de *evolução cultural* que é única à espécie humana, à medida que ideias e histórias são passadas de pessoa para pessoa. A habilidade de ler e escrever estende amplamente essa capacidade, enquanto nos permite compartilhar nossos pensamentos com muito mais pessoas, mesmo aquelas que nascem muito depois de nossa morte.

Lyle (2000) descreveu os seres humanos como "animais historiadores", compreendendo seu ambiente através de histórias e narrativas, o que significa que os seres humanos vivem em um mundo que é amplamente criado através das historias que contamos sobre ele. Uma questão emergente é, portanto: os gêneros constroem histórias bastante diferentes, originadas de sua psicologia evolutiva? Carol Gilligan (1993) propôs que os gêneros falam com "uma voz diferente", e que, quando adultos, homens e mulheres contam histórias de modos bastante diferentes e assumem atitudes diferentes a muitos aspectos da vida humana. Ela argumentou que os gêneros abordam decisões morais diferentemente, com as mulheres colocando mais ênfase no cuidado do que os homens. Ela sugeriu que isso explica por que as mulheres de todas as culturas estão mais inclinadas do que os homens a considerar as motivações e circunstâncias dos outros antes de chegar a uma conclusão sobre uma situação específica. Suporte empírico para a teoria de Gilligan emerge da revisão de Marden (1987) de uma pesquisa baseada em tribunais. Marder delineou uma descoberta clara relacionada aos gêneros: enquanto júris masculinos tendem a ser direcionados ao veredito, júris femininos tendem a ser direcionados às evidências, quer dizer, mais inclinadas do que os homens a considerar cuidadosamente pontos de vista diferentes oferecidos pelos outros membros do júri antes de chegar a sua própria decisão.

As sessões anteriores deste capítulo descreveram estudos sobre a brincadeira que descobriram que machos de várias espécies primatas estão mais envolvidos com a brincadeira fisicamente ativa que gira em torno de assuntos como domínio e *status*, enquanto as fêmeas preferem brincadeiras mais sedentárias, explorando relações mais simétricas e cooperativas. Para investigar inicialmente a correspondência entre a diferenciação linguística e comportamental do gênero, nós agora precisamos considerar se há correspondências nos diferentes tipos de brincadeiras conduzidas por meninas e meninos e as "vozes" que eles usam para narrar e descrever tal brincadeira.

As pesquisas atuais em linguagem e gênero nos primeiros anos podem ser resumidas da seguinte maneira: as meninas constroem um senso de comunidade em sua linguagem. As suas conversas indicam que elas estão preocupadas em serem gentis e em criar intimidade e solidariedade dentro de seus grupos de amizades, querendo ser vistas por seus amigos como morais e amáveis. As pessoas que são percebidas como maldosas são excluídas do grupo. Os meninos estão preocupados em ser aventureiros, assumir riscos e transmitir autoridade fora do grupo de amizade. Eles não procuram parecer gentis, mas eles têm preocupações subjacentes sobre a coesão/solidariedade do grupo. As pessoas que são fracas são vistas como não merecedoras de pertencer ao grupo masculino.

## COMO MENINAS E MENINOS UTILIZAM A LINGUAGEM PARA COOPERAR E COMPETIR

Com base em suas experiência de sala de aula, muitos professores proporiam que as questões que surgem na sala de aula e no pátio relativas a competição tendem a girar em torno dos meninos. Essa foi a posição assumida por Sheldon (1990), que propôs que grupos de meninos são adversariantes e grupos de meninas são afiliativos. Entretanto, Kyratzis (2000, 2001) discordou firmemente dessa posição, propondo que a razão porque os pesquisadores não haviam percebido a competitividade nas meninas era porque as afirmações nas quais as meninas se engajavam eram mais sutis do que as encontradas nos meninos. Crick (1996) similarmente argumentou que a razão para alguns pesquisadores proporem que as meninas não são agressivas é porque eles estão se concentrando no tipo errado de agressão em suas metodologias de pesquisa! Kyratzis

(2000, 2001) propôs que ambos os gêneros competem por posição no grupo de amigos, os meninos querendo ser os mais dominantes, e as meninas as mais queridas. Ela descreveu uma forma jovem da "voz diferente" de Gilligans (1993), propondo que as meninas contam historias para indicar e consolidar alianças, enquanto as histórias dos meninos são designadas a enfatizar uns aos outros o quão espertos (flutuação/dominância de autoridade) eles podem ser. Enquanto as meninas tipicamente não se engajam em agressão física direta ou verbal, elas empregam agressões relacionais, desvalorizando a relação de outras crianças dentro do grupo de amizade. Roy e Benenson (2002) relacionaram essa diferença de gênero a uma explicação da seleção sexual: adultos machos podem alcançar suas maiores probabilidades de produzir *descendentes* através da competição direta com outros machos por *status* e recursos, o que aumenta a sua atração às fêmeas enquanto provedores superiores. Entretanto, a fêmea adulta pode produzir menos descendentes e deve investir muito mais dos seus recursos físicos em cada criança do que o pai. No ambiente natural, fêmeas primatas tipicamente cuidam de seus filhos dentro de *grupos de parceiros*; sendo assim, o caminho para se cuidar de uma criança com sucesso é construir e manter relações fortes com outras fêmeas no seu grupo de parceiras. Consequentemente, desvalorizar outras fêmeas de modo mais dissimulado enquanto simultaneamente mantêm uma aparência agradável parece ser uma estratégia altamente adaptativa para as fêmeas, permitindo-lhes desvalorizar competidoras específicas enquanto mantêm boas relações com a maioria do grupo.

> **Descendentes**
> O produto da reprodução, o jovem produzido por um organismo.
>
> **Grupos de parceiros**
> Grupos de pessoas que são geneticamente relacionadas.

# BRINCAR: APRENDIZAGEM PARA A VIDA

Parece que, enquanto ambos gêneros competem, os machos utilizam um estilo abertamente competitivo em suas conversas, representando um mundo onde os indivíduos estão engajados em competições, enquanto as mulheres e as meninas têm mais possibilidade de utilizar o estilo conversacional do "*discurso* de dupla voz" (Kyratzis, 2000, 2001), um estilo de falar conflituoso e muito assertivo, que utiliza conteúdos linguísticos mitigantes em uma tentativa aparente de criar discordância dentro do grupo social; por exemplo, ao dar instruções para outras crianças pararem de se engajar em comportamentos mal vistos. A conversa das meninas, então, tem uma estrutura de superfície cooperativa, mas fornece uma moldura em que elas podem competir pela dominância emocional dentro do seu grupo social, enquanto a conversa dos meninos tem uma estrutura de superfície competitiva, mas fornece uma moldura para companheirismo e solidariedade de grupo. Pode-se, portanto, propor que a cooperação pode se tornar uma forma muito efetiva de competição entre grupos femininos, e que, dentro da coorte de cada gênero, relações de poder, posição social e discordâncias podem ser gerenciadas rotineiramente através da narrativa ao invés da competição física constante.

Evidências empíricas para a hipótese dos "estilos de competição de gêneros" incluem o trabalho de Charlesworth e Dzur (1987), que encontraram evidências de cooperação misturada com manipulação entre fêmeas entre 4 e 5 anos, mas não em grupos de machos. Esse estudo de interações entre

> **Discurso**
> Literalmente uma conversa, mas frequentemente utilizado pelos cientistas sociais para descrever uma linha teórica corrente.

---

## IDEIAS EM AÇÃO

### Estilos de competição dos gêneros (observação do autor)

Eu notei que, quando os meninos assumiam papéis na brincadeira de fantasias baseados em programas de televisão atuais, os personagens maiores e mais "fortes" eram mais populares; por exemplo, dois meninos escolherem o papel do "Mr. Psycho" (o "mais novo" e mais "durão" robô) no jogo de perseguição de guerras de robôs. Similarmente, durante o jogo de futebol, Ben propôs que ele era "um menino, mas posso derrubar mil homens". Rory, que era significativamente menor, respondeu com bastante incerteza "eu posso derrubar muitos homens". Além disso, quando Chris marcava um gol ele tipicamente dizia "como Beckham", acompanhando essa frase com uma bem observada imitação da "dança da vitória" característica de Beckham. Depois de um jogo, ele bateu no ombro de Rory enquanto estavam caminhando para a fila da sua turma, dizendo "vencedores... nós somos os vencedores. Nós ganhamos de 85 a zero". Em contraste, as meninas pareciam mais preocupadas em parecer cuidadosas. Na narrativa da bruxa e do coelho mágico, a jogadora mais jovem recebeu o papel mais poderoso mas também o de vilão, de bruxa, pelas outras duas jogadoras que eram vários meses mais velhas e reconhecidamente suas "melhores" amigas.

### Melhorando a prática

Como os meninos e as meninas competem no pátio? Uma maneira de se considerar isso é manter um rápido diário das reclamações que as crianças lhe trazem quando você está em serviço no pátio, organizadas em categorias de meninos e meninas. Quando você tiver feito isso por pelo menos meio semestre, examine seus dados para ver se há diferenças claras de padrão entre os gêneros.

o mesmo gênero descobriu que grupos de meninas tendem a se formar sob o controle de uma única fêmea dominante que utilizava agressão relacional para manter sua autoridade, enquanto a interação masculina tende a envolver comportamentos de dominância pela maior parte dos membros do grupo. Enquanto alguns meninos inevitavelmente têm mais sucesso do que os outros em suas tentativas de domínio, estes pesquisadores notaram que grupos apenas de machos não são tipicamente controlados por um único menino. Além disso, Marsh (2000) convidou crianças em um ambiente pré-escolar a se engajarem em brincadeira ativa e fantasiosa dentro de uma área chamada de "caverna do Batman", enfatizando que ambos meninos e meninas podiam ser "Batman" ou "Batgirl". Ficou claro durante o período da pesquisa que havia diferenças distintas entre os discursos de super-heróis dos gêneros. As Batgirls queriam resgatar vítimas claramente vulneráveis, enquanto mantinham boas relações com as outras Batgirls; os "Batmans" perseguiam e prendiam os "bandidos".

## MENINOS E O DISCURSO DO "GUERREIRO"

Uma psicologia evolutiva e de gênero certamente parece estar refletida nas vozes descritas neste capítulo, as meninas criando narrativas imaginárias nos quais bons relacionamentos são mantidos, enquanto protegem seu próprio lugar na hierarquia do grupo ao enfatizar a sua própria gentileza comparada a outras meninas, enquanto os meninos criam cenários nos quais eles exploram o potencial próprio e dos outros para a dominância física e valentia. Os discursos criados por cada grupo focam essas diferentes estruturas hierárquicas. Jordan (1995) identificou um forte discurso "guerreiro" entre os meninos em sua sala de aula, o que ela achou problemático dentro do ambiente de ensino e aprendizagem. Ela refletiu que tinha sido incapaz de encontrar

qualquer explicação sobre como ou por que tais narrativas pareciam tão importantes aos meninos sob seus cuidados, mas que evidências de pesquisa sugerem fortemente que o fascínio masculino com a competição física tem sido apresentado por muitas gerações, representado nos discursos de culturas humanas antigas e contemporâneas. Sugere-se que a explicação que falta pode ser a psicologia humana evolutiva e de gênero descrita acima, devido ao corpo de pesquisas empíricas que sugerem que os gêneros são influenciados pela sua biopsicologia subjacente a construir narrativas de brincadeira de gênero na brincadeira ativa livre; a biologia e a cultura assumem papéis complementares neste processo.

## A COMPLEXIDADE DOS PAPÉIS DE GÊNERO NO "ROUBA-BEIJO"

A iniciação feminina e a organização dos jogos de perseguição entre gêneros mistos observada dentro da minha pesquisa de brincadeiras D&B possivelmente indica um papel mais assertivo para as fêmeas humanas do que é geralmente proposto por pesquisadores quanto ao comportamento de espécies mamíferas. Os dados da observação sugerem que a escolha feminina é um importante inicializador humano da perseguição macho-fêmea – pelo menos neste período precoce do desenvolvimento. Pode ser que o toque da menina no menino e a fuga mostrem a escolha feminina e o aspecto organizacional do encontro adulto humano descrito por pesquisadores evolutivos. Geary e colaboradores (2004) conduziram uma revisão de pesquisas sobre o comportamento de corte humano. Eles propuseram que a corte adulta começa quando as fêmeas deixam claro aos machos que estão disponíveis, sinalizando ao homem que ele pode "perseguir". A revisão de Hrdy (1999) do comportamento primata feminino também indicou que o comportamento típico de fêmeas primatas é longe de passivo nas atividades de corte e no acasalamento, com as fêmeas de

BRINCAR: APRENDIZAGEM PARA A VIDA **243**

## IDEIAS EM AÇÃO

### A conversa das meninas no "rouba-beijo" (observação do autor)

Enquanto as crianças descreveram a brincadeira de "pega-pega" e pegar entre gêneros mistos como "rouba-beijo", eu nunca vi um beijo ocorrer durante a minha observação. Houve uma incidência de "rouba-beijo" descrita em diálogo de uma das transcrições do meu gravador, gerando a descrição de incidentes de "beijo" que eu não observei em minha observação focal simultânea das crianças. Isso foi em grande parte gerenciado por Felicity, a menina usando o microfone, que chamara o menino para brincar várias vezes, dando instruções relacionadas à menina específica que ele deveria perseguir em momentos específicos.

Transcrição da fala:

| | |
|---|---|
| Felicity: | O quê? Não, o quê? (outra criança falando, indistinguível.) É ela... com os amigos.. o quê? O que você disse, Kayleigh? Kayleigh. JAMIE! JAMIE! (muito alto.) Para. |
| Criança: | Saia! |
| Felicity: | Jamie! Jamie! Jamie! Oh-oh. Não, você tem que pegar ela e a Francesca agora. |
| Criança: | Para... não... foge. |
| Criança 2: | Ele tentou pegar a Francesca agora. |
| Felicity: | Você pode tentar pegar a Francesca agora. |
| Criança | (menino?): Vem cá, aqui. |
| Felicity: | Estou aqui! Nós não estamos falando. |
| Criança: | Não está brincando? Você não está brincando. |
| Felicity | (sem ar? Correndo): Mmm, mmm, Kayleigh, você ganhou um beijo. O (nome) pegou (?), Kayleigh ganhou um beijo! Eu já ganhei dois beijos. (sem ar.) Eu já ganhei um beijo, tem que pegar pra ganhar um beijo. A Jenny está brincando. Você tem que pegar a Jenny. Jenny, corre! |
| Criança: | Jenny! É "rouba-beijo"! |
| Felicity: | É "rouba-beijo", Jenny! Corre, corre, corre, corre, corre! (respiração pesada.) Vem, Jenny, corre! |
| Criança: | Eu vou ficar aqui... |
| Felicity: | Jamie! JAMIE! Umn, umm, umm. La, La (cantando.) |
| Criança: | Não, você tem? |
| Feliclty: | A Keyleigh, ela não está... |
| Criança (simultâneo, indistinto) | |
| Felicity: | Jamie... Oh-oh. (sem ar, correndo.) Ah! Ganhei um beijo. Não tenho tempo agora! Ah, eu tenho beijos por todos os lados. Ganhei beijos nas bochechas, beijo na cabeça. Ah, meu Deus! Kayleigh! (chama.) Acabei de ser beijada! |
| Criança: | Foi? |
| Felicity: | Sim, e foi aqui e foi pra todo o lugar (?). |
| Criança: | Ele beijou a Keyleigh bem lá. |
| Felicity: | E o meu foi em todo o lugar! |
| Criança: | Oh, não! (indistinto) |

Minha observação simultânea mostrou que o que realmente aconteceu foi que o menino perseguiu a Keyleigh, lutou com ela até derrubá-la no chão e então teve que correr, seguindo que ele havia sido chamado de volta ao jogo por Felicity, e sem sucesso perseguiu as outras meninas no grupo por um curto período de tempo antes de ir se juntar a um grupo apenas de meninos jogando um jogo diferente. A sofisticação do comportamento da Felicity nas suas afirmações falsas de que ganhou

(continua)

## IDEIAS EM AÇÃO

beijos "por todo o lugar" e a organização clara do processo de perseguição, junto com o tom de desgosto quando discutiram o comportamento resultante masculino, e o sofrido "oh, não" em resposta de suas parceiras femininas indica que as crianças envolvidas neste jogo estavam praticando habilidades sociais complexas, simultaneamente competindo e cooperando dentro de uma atividade altamente independente e de gênero.

### Melhorando a prática

Já que as crianças tendem a ser resguardadas quanto a suas brincadeiras, pode ser difícil para adultos coletarem dados relacionados a tais atividades. Quando eu estava tentando compreender esta área dos meus dados, descobri ser de muito auxílio conversar com os adolescentes sobre suas memórias e percepções da infância. Se você tem alguns jovens amigos ou familiares nesta faixa etária, você também pode achar útil fazer o mesmo.

---

várias espécies primatas parecendo assumir um papel organizacional.

Parece, portanto, que interações de gêneros mistos, tanto adultas quanto infantis, começam com a negociação de disponibilidade. As narrativas altamente de gênero da brincadeira "rouba-beijo" de gêneros mistos pareceu ser um espelho físico simplificado de comportamentos mais abstratos, linguísticos, adultos e de "flerte", atividades de brincadeira criadas por essas crianças em perseguições de gêneros mistos espelhando e simplificando aspectos do mundo social adulto. Carroll (2004) sugere que a maior proporção de histórias criadas por adultos que não são relacionadas à sobrevivência em uma situação difícil são organizadas em torno de questões de acasalamento. Isso também ficou claramente evidente na brincadeira de gêneros mistos conduzida pela minha amostra de crianças. A capacidade humana para a interação linguística cria atividades de brincadeiras D&B mais variadas e sofisticadas do que aquelas observadas em primatas; dentro da brincadeira D&B humana, as crianças usam (e desenvolvem) a linguagem para criar suas primeiras narrativas de gênero independentemente mediadas que, neste ponto de seu desenvolvimento, subjazem atividades físicas que

são compostas de ações motoras básicas que podem ser relacionadas a raízes evolutivas mais primitivas. Tal interação física foi observada entre o comportamento de D&B de jovens animais; por exemplo, o aspecto "tocar e correr" do "rouba-beijo" utiliza uma ação básica encontrada na brincadeira de "pegar-macaco" descrita por Bertrand (1976). Pode-se propor então que a brincadeira de "rouba-beijo" dos participantes de minha pesquisa utiliza comportamento físico que pode ser observado em outras espécies primatas, enquanto também subjazem a *biopsicologia* linguística da seleção sexual especificamente humana.

> **Biopsicologia**
> O termo completo, psicologia biológica, refere uma corrente da psicologia que é baseada nas propriedades físicas do cérebro.

Parecia haver uma rede intrincada de cooperação e competição intra e entre gêneros se desdobrando na perseguição entre gêneros mistos, os meninos formando um "partido de caça" que pode se engajar na proteção de seus membros, mas com o propósito competitivo subjacente do reconhecimento individual como "bom perseguidor" pelos pares de ambos os gêneros e, possivelmente, os adultos supervisores. As meninas normalmente iniciavam os jogos de perseguição e, em seguida, competiam para ser as "mais perseguidas", enquanto colaboravam para proteger as outras da atenção dos meninos quando ela se tornava muito energética, requisitando assistência adulta quando necessário. A compreensão básica subjacente das crianças de 5 anos de ambos os gêneros pareceu ser de que os garotos são mais "durões" e mais perigosos do que as meninas. Entretanto, em um exame mais profundo, as meninas parecerem ser bem menos desprovidas de poder dentro das atividades de perseguição de gêneros mistos, particularmente quando se considera que elas eram com mais frequência as iniciadoras e organizadoras de tais jogos, utilizando ordens verbais e suporte adulto com muita habilidade para controlar o comportamento masculino.

Vários pesquisadores propõem que a brincadeira D&B apenas entre meninos forma a base da socialização masculina, já que garotos que se engajam com sucesso nas lutas de fingimento enquanto envolvidos em tal brincadeira estão criando *caminhos neuronais* que irão mais tarde ser desenvolvidos em atividades esportivas com regras e competições baseadas na linguagem, enquanto aqueles que são incapazes de compreender os conceitos da luta de fingimento na primeira infância têm risco de se tonar adolescentes mais agressivos e obter menos sucesso social, e adolescentes mais agressivos (Pellegrini, 1993a, 1993b; Orobio de Castro et. al., 2002; Sax, 2005). Pellegrini e Blatchford (2000) concluíram que, para meninos de 5 anos e meio, a quantidade de tempo gasto em brincadeiras D&B com outros meninos pode prever diretamente o seu nível de sucesso na solução de problemas sociais um ano mais tarde. Ainda não há dados que sugiram como

> **Caminhos neuronais**
>
> Os caminhos através dos quais o pensamento ocorre na mente humana e animal, envolvendo uma reação eletroquímica entre as células no cérebro chamadas "neurônios".

---

## IDEIAS EM AÇÃO

### Explorando o "discurso do guerreiro" (observação do autor)

Quando um menino se machucava ou caía e não fazia bagunça, ou lidava com um incidente na brincadeira de luta que havia machucado outro menino de maneira responsável, os meninos tinham uma maneira muito sutil mas óbvia de mostrar aprovação e solidariedade; um leve toque rapidamente no garoto que havia mostrado resiliência em uma situação difícil, frequentemente oferecido por outro garoto que os dois indivíduos envolvidos na interação veriam como tendo um papel mais "adulto". Por exemplo, Rory, de 4,6 anos recebeu um forte empurrão nas costas durante um jogo de futebol de um dos jogadores maiores e mais velhos. Ele caiu com bastante força, mas levantou e voltou para o grupo de jogadores sorrindo. Um menino mais velho, da primeira série, passou por ele e gentilmente lhe deu um tapinha nas costas.

### Pare e reflita

A aconselhada "melhor prática" permite às crianças tempo o suficiente para tentar resolver seus próprios problemas e disputas? Ou os adultos são encorajados a se envolver muito rapidamente, sem permitir que as crianças desenvolvam suas próprias soluções?

será a adolescência de crianças de ambos os gêneros que não se engajam com sucesso na brincadeira D&B com gêneros mistos, mas isso certamente seria um foco interessante para pesquisas futuras.

## O DEBATE SOBRE "O PAPEL DO ADULTO NA BRINCADEIRA"

As evidências citadas até então sugerem que os resultados da brincadeira livre ativa, apesar sutis e de ação demorada, são mais numerosos do que é geralmente percebido. A boa condição física é um resultado claro e óbvio, mas também se poderia propor, com base nas evidências acima, que habilidades interacionais sutis e altamente relacionadas ao gênero também são desenvolvidas na brincadeira D&B, particularmente nos primeiros anos da educação fundamental. Entretanto, Sylva e colaboradores (1980) propuseram que atividades definidas pelos adultos e estruturadas são superiores a todas as outras, pois elas em si só ampliam a capacidade intelectual da criança e fornecem uma estrutura de metas definidas. Estes pesquisadores designaram D&B como "brincadeira de baixo desafio", propondo que ela é conduzida de maneira descuidada que envolve pouco esforço mental, resultando assim em poucas oportunidades para planejamento, retorno ou correção. Bishop e Curtis (2001, p. 34) citaram o superintendente (diretor de educação) de escolas em Atlanta definindo uma visão similar: "a nossa intenção é melhorar o desempenho. Você não faz isso colocando as crianças para se pendurarem em barras como macacos". Tais pontos de vista falham em reconhecer que, dentro de um ambiente social orgânico complexo, o retorno social emerge das reações dos outros jogadores, dando às crianças oportunidades de solucionar problemas independentemente e se corrigirem autonomamente de modo a permanecer dentro das atividades do grupo. Sluckin (1981) conduziu um estudo substancial das atividades no pátio de crianças de 8 a 10 anos, que o levou a propor que as crianças constroem numerosas habilidades específicas na brincadeira livre em espaço aberto, aprendendo muito mais do que é imediatamente óbvio, principalmente habilidades sociais e de solução de problemas que podem ser generalizadas e transferidas para outras situações fora do pátio da escola.

Enquanto pode ser possível para um adulto humano diretamente "ensinar" ideias relacionadas às habilidades interacionais sociais e físicas através da comunicação linguística e da atividade fechada e direcionada, é improvável que a segunda natureza de tal experiência seja internalizada com a mesma profundidade que uma criança irá internalizar as lições em primeira mão do pátio. A brincadeira D&B coloca as crianças em situações nas quais elas podem simultaneamente praticar a competição e a cooperação independentemente – são ambas habilidades vitais para a vida adulta primata. A brincadeira D&B é um comportamento juvenil natural e evoluído, que cria uma experiência de socialização vital para todos os jovens primatas, especialmente o ser humano linguístico, servindo a um propósito vital dentro do desenvolvimento da criança ao permitir-lhes operar espontaneamente dentro de um fórum que facilita a aprendizagem sobre respostas físicas e linguísticas complexas de outras crianças de ambos os gêneros. Como criaturas evoluídas, é certamente necessário para os seres humanos explorar completamente os atributos de nossa biologia fisiológica e psicológica e utilizar a nossa enorme capacidade de comportamentos aprendidos para desenvolvê-los, sejamos machos ou fêmeas.

> **Relações dinâmicas**
>
> Uma relação em que uma parte complementa (mas não é igual) a outra, e quando uma das partes muda, as outras também mudam para continuar a relação complementar.

## IDEIAS EM AÇÃO

### Qual é o papel do adulto no "rouba-beijo"? (observação do autor)

As orientações complexas das meninas no "rouba-beijo" envolviam um papel claro para os adultos dentro de tal brincadeira. Isso foi explicitamente levantado por uma das crianças, quando eu falei com um grupo de meninas, seguindo a sua inicialização de um jogo de perseguição entre gêneros mistos:

Pesquisador: Você vai brincar de pega-pega de novo com o Ben no almoço?
Célia: Sim, se ele tentar me pegar.
Pesquisador: Se eles te pegam, você tenta pegar eles?
Célia: Sim
Pesquisador: O que você faz quando pega eles?
Célia: Você conta pra professora.

Além disso, durante um jogo de "rouba-beijo" no verão, observei o Eliot bater na cabeça de Francisca com seu chapéu. Eu achei que a energia com que ele fez isso foi um pouco exagerada, o que se confirmou quando ela gritou e segurou a cabeça. Keyleigh imediatamente falou "eu vou contar" e saiu correndo; os meninos correndo atrás dela gritavam "não, não". Esse foi um jogo do qual Kayleigh foi a organizadora principal, e havia chamado os garotos para brincar várias vezes antes deste acidente acontecer.

Quando eu observei adultos lidando com situações relacionadas à rotina das meninas reclamarem dos meninos, tive a impressão de que isso com frequência era parte da brincadeira tanto para as meninas quanto para os meninos, na qual os adultos reforçavam o ultrage fingido das meninas, e os meninos sendo marcados em público pela demonstração do adulto de que são "perseguidores" de sucesso na frente dos pares femininos e masculinos. Estes comportamentos pareciam designados a garantir que os adultos forneceriam uma leve confirmação de que os meninos quebravam as regras. O papel feminino neste processo girava em torno do comportamento de "contar", chamando a atenção do adulto para as transgressões percebidas dos meninos. As meninas exerciam uma certa quantidade de poder sobre os meninos a esse respeito, já que a sua construção do processo de "contar" poderia ser um fator determinante entre um aviso leve ser administrado (desejado) ou uma punição (indesejada) serem a resposta adulta eventual. Havia uma tendência no comportamento de ambos os gêneros de direcionar a atenção do adulto ao comportamento dos meninos. Isso parecia criar uma situação de "risco e benefício" para os garotos, na qual eles claramente não recebiam reprimendas sérias dos adultos, mas pareciam utilizar avisos leves pra garantir seu *status*.

> **Não participante (pesquisador)**
> Uma pesquisa (com frequência observacional) aonde o pesquisador não interage com os participantes, mas coleta dados relacionados com seu comportamento/ interações.

### Melhorando a prática

É muito mais fácil para um observador *não participante* notar a manipulação que as crianças fazem da atenção adulta no pátio do que é para um adulto em serviço. As crianças podem tentar "puxar" uma pessoa que elas conhecem como o professor ou o "auxiliar" que está tentando agir como um observador durante a brincadeira. Talvez conduzir rápidas entrevistas com os filhos de amigos e familiares possa produzir alguns dados úteis sobre as convenções do "contar" no pátio da escola.

## IDEIAS EM AÇÃO

### O problema da intervenção adulta no jogo de futebol (observação do autor)

Durante o período de 18 meses nos quais desenvolvi minhas observações, ficou cada vez mais claro para mim que o desenvolvimento de uma enorme quantidade de habilidades sociais estava acontecendo dentro desses jogos no pátio, à medida em que as crianças aprendiam a negociar suas posições dentro de vários grupos sociais de gênero único e misto de forma independente. Isso foi particularmente proeminente nas D&B e nos simples jogos de futebol que aconteceram entre o grupo de garotos. Entretanto, o roteiro autodirecionado desses jogos era sempre vulnerável a intervenção adulta, que frequentemente parecia ser pobre em seus julgamentos. Por exemplo, quando Rory caiu duramente durante a prática do futebol, um supervisor do horário do almoço interviu e começou a organizar as crianças em times. Primeiro, ela designou dois "capitães" do primeiro ano e os ajudou a escolher os times. Os meninos mais jovens rapidamente começaram a se separar do grupo, mas o supervisor os chamou de volta. A prática comum entre os alunos mais jovens era entrar e sair de um jogo de futebol quando tivessem vontade, se revezando no papel de goleiro, e não havia o conceito de times opostos. Sendo assim, quando foram instruídos a brincar nos times direcionados pelo adulto, o jogo começou a se quebrar, já que novos participantes não tentaram entrar no jogo, e vários dos jogadores originais deram um "tempo". A bola logo parou, e os capitães tentavam comandar seus jogadores a retornar ao campo e remover os que não eram do seu time. Após um curto período de tempo, os meninos mais velhos e os mais jovens se separaram em dois grupos, enquanto os capitães do primeiro ano tentavam chamá-los de volta a negociações fragmentadas que eram particularmente problemáticas para os meninos mais jovens. Enfim, o menino de primeiro ano que foi o primeiro a ser escolhido capitão segurou a bola firmemente embaixo de seu braço e foi de um garoto ao outro tentando direcioná-los separadamente. O jogo de futebol nunca efetivamente recomeçou naquele período, e o próximo recreio (de tarde) iniciou com os garotos jogando futebol novamente do seu jeito bagunçado, sem times.

### Melhorando a prática

Você alguma vez já interviu na brincadeira de crianças e tentou ajudá-las a resolver o que você viu como um problema, apenas para descobrir que eles acham difícil entender a solução sugerida? Visite o *website* da High/Scope (www.highscope.org) e tente aplicar a estratégia de resolução de conflitos na próxima vez que você for chamado a auxiliar da seguinte maneira:

- Aproxime-se calmamente, controlando quaisquer ações ou linguagem que possa machucar.
- Leve em consideração os sentimentos.
- Colete informações.
- Recoloque o problema.
- Peça por ideias de soluções e escolha uma junto com eles.
- Dê suporte se necessário.

A necessidade de reconhecer *relações dinâmicas* entre o individuo e o grupo dentro de tal ambiente é também um fator importante que surgiu de investigações de pesquisas D&B. Isso é particularmente encontrado no trabalho de Jarvis (2006), que sugere que o comportamento evoluído de gêneros é expressado e mais desenvolvido pelas crianças pequenas na brincadeira ativa e livre, e que tais atividades podem embasar o desenvolvimento de uma "dureza social" que é necessária para o desenvolvimento com sucesso da adolescência e de habilidades sociais adultas. Sendo assim, pode-se propor que uma das responsabilidades mais importantes de educadores atuais de séries iniciais considerar como satisfatoriamente restabelecer o equilíbrio das oportunidades de aprendizagem da criança, concentrando-se em práticas mais holísticas que continuam a tratar do desenvolvimento de habilidades acadêmicas, mas dentro de um currículo

---

## Resumo e revisão

Este capítulo mostrou teorias e pesquisas relacionadas à brincadeira D&B em crianças e outros mamíferos jovens, e a interação linguística das crianças baseada na brincadeira, utilizando um modelo biocultural de crianças humanas, o que sugere que elas são primatas evoluídas crescendo dentro de um ambiente social humano complexo que é altamente dependente do uso da linguagem e da narrativa. Nós estamos agora em posição de propor algumas tentativas de respostas às perguntas feitas no inicio do capitulo:

■ O que é a brincadeira "dura e bruta"?

D&B é uma brincadeira fisicamente ativa, socialmente interativa, na qual nós podemos ver claramente o comportamento físico evoluído e a interação linguística na brincadeira das crianças humanas. Ela se compõe de uma estrutura física de brincadeira que pode ser claramente relacionada a espécies mamíferas anteriores, e narrativas especificamente humanas que as crianças inventam para embasar o "roteiro" das suas atividades D&B.

■ Quais são as narrativas típicas embasando tal brincadeira, qual o nível de complexidade social que elas alcançam, e como elas podem ter se tornado uma questão de gênero?

As narrativas embasando a brincadeira D&B são socialmente complexas, principalmente aquelas que ocorrem na perseguição entre gêneros mistos, em que podemos observar as crianças colaborando e competindo em grupos do mesmo gênero para alcançar competência social. As narrativas são de gênero também nas brincadeiras entre um só gêne-ro, em que cenários sutilmente diferentes são explorados, e nas brincadeiras de gêneros mistos, em que os gêneros criam variações de uma narrativa de perseguir e pegar que tem o centro comum nas meninas procurando companheiros machos para agirem como "perseguidores".

■ Que tipo de aprendizagem e desenvolvimento pode ocorrer dentro de tais atividades de brincadeira livre?

Conclui-se que muito da aprendizagem social e de gênero acontece dentro das estruturas de brincadeira que as crianças usam em suas atividades livres em espaço aberto. Sugere-se ainda que tal aprendizagem pode ajudar na construção de um nível de "dureza social", uma coleção de habilidades sociais complexas que podem embasar estratégias utilizadas mais tarde em relacionamentos adolescentes e adultos.

Este resumo da brincadeira D&B, em particular a implicação de que as crianças devem construir seu conhecimento de habilidades sociais independentemente, seguindo o padrão evolutivo de todas as espécies primatas, levanta a importante questão de que as crianças precisam do apoio adulto ao invés de sua direção ou interferência nas atividades de brincadeira livres. Dentro da sociedade pós-industrial do século XXI, tal apoio deveria incluir a facilitação de áreas externas seguras e não direcionadas mas com supervisão adulta engajada, de modo que as crianças possam trabalhar tais atividades do desenvolvimento dentro de ambientes adequados. Bishop e Curtis (2001) propuseram que o papel principal dos adultos na educação infantil e de séries iniciais deveria ser o de incentivar a

*(continua)*

## Resumo e revisão

brincadeira ao fornecer tempo de qualidade, espaço suficiente e supervisão adequada para permitir que as crianças se engajem em atividades auto-direcionadas.

Dada a obsessão nacional atual com metas educacionais bem definidas e claramente mensuráveis impostas sobre as crianças a quem faltam oportunidades de brincadeiras espontâneas e livres fora da escola, nós corremos o perigo de privar nossas crianças da aprendizagem vital que ocorre quando os primatas se engajam em tal brincadeira. Este capítulo propõe que o pátio é um fórum importante mas muito negligenciado para as atividades essenciais ao desenvolvimento nos primeiros anos. Sugere-se então que a brincadeira livre em ambiente externo é uma área de atividade em necessidade vital de regeneração dentro dos primeiros anos, utilizando o modelo biocultural do desenvolvimento humano para embasar tanto a prática quanto a pesquisa, e que os educadores de séries iniciais deveriam ser os primeiros a pressionar por transformações dentro da prática nacional recomendada.

---

muito mis amplo que nutre igualmente o desenvolvimento físico, social e emocional da criança.

### Transformando o pensamento e a prática: é com você!

### Questões para consideração

- Como os ambientes externos podem ser transformados de modo a apoiar a brincadeira livre e social em ambiente externo?
- Como podemos oferecer a supervisão não direcionada mas vigilante proposta por Bishop e Curtis (2001) durante a supervisão de brincadeiras livres, balanceando exigências de saúde e segurança com atividades que envolvem comportamentos de risco aceitáveis, e evitando a tentação de intervir excessivamente nas atividades de brincadeira livre das crianças?
- Como os educadores de séries iniciais podem agir mais efetivamente como advogados de uma mudança com foco em sua área de prática, fornecendo tempo suficiente, áreas seguras e supervisão não direcionada para que crianças da educação infantil e dos primeiros anos se engajem no processo de brincadeira livre natural e evoluído?
- Como os educadores de séries iniciais podem mais efetivamente iniciar discussões que explorem cuidadosamente exigências de prática de saúde e segurança com o direito das crianças de inovar, descobrir e se engajar em níveis aceitáveis de risco, enquanto gentilmente encorajando os pais e colegas a reconhecer as diferenças entre respostas facilitadoras e de auxílio e intervenção direta nas atividades de brincadeira livre das crianças?

Tais iniciativas podem ampliar os desenvolvimentos mais recentes e promissores nas políticas inglesas de séries iniciais representadas pelo Early Years Foundation Stage, (...) lançado em 2008, com uma ênfase amistosa da brincadeira em "atividades divertidas, motivadores e relevantes" (DfES, 2007b).

### Ideias para pesquisa

O modelo biocultural do desenvolvimento humano é uma abordagem nova dentro da área da pesquisa da brincadeira nos primeiros anos, que é atualmente pouco madura e pode ser expandida e refinada por futuros pesquisadores, inicialmente ao se engajarem na aprendizagem baseada na brincadeira direcionada pela criança, como é promovida pela proposta do Early Years Foundation Stage. O modelo de criança derivado da perspectiva biocultural é mais bem descrito como um "animal criador de histórias" (Lyle, 2000), com características muito básicas evoluídas, algumas das quais de gênero, que precisam ser exploradas e desenvolvidas nos tipos de brincadeira livre e social em que as crianças se engajam naturalmente, junto dos ensinamentos adultos baseados na sala de aula, balanceadas em quantidades bem cuidadas para o estagio de desenvolvimento de cada criança individual.

Basear nossa compreensão das necessidades de desenvolvimento da criança em tal modelo nos permite entender como uma criança em desenvolvimento pode ser percebida tanto como evoluída e *socialmente construída*. Entretanto, o modelo biocultural da criança é muito jovem, e, portanto, embasa uma arena de pesquisa interessante, que engloba muitos tópicos de pesquisas pobremente tratados com potencial para novos pesquisadores fazerem novas descobertas. Áreas de pesquisa podem incluir:

- A natureza das narrativas que embasam as brincadeiras de gêneros mistos e de um só gênero.
- Uma analise dos modos em que o ambiente externo de brincadeiras pode ser desenvolvido para maximizar a diversão e engajamento das crianças.

## Leituras adicionais

Bjorklund, D. e Pellegrini, A. (2002) *The Origins of Human Nature*. Washington, DC: American Psychological Association.

DfES Standards, Early Years Foundation Stage website: http://www.standards.dfes.gov.uk/primary/faqs/foundation_stage/eyfs/?subject=S_953489.

Holland, P. (2003) *We Don't Play With Guns Here*. Maidenhead: Open University Press.

Laland, K. e Brown, G. (2002) *Sense and Nonsense: Evolutionary Perspectives on Human Behavior*. Oxford: Oxford University Press.

Pellegrinni, A. (2005) *Recess: Its Role in Educational and Development*. Mahwah, NJ: Lawrence Erlbaum.

> **Socialmente construído**
> Um atributo, comportamento ou crença desenvolvido através da interação social com outros.

# 8

# A brincadeira para as crianças com necessidades educacionais especiais

**Jonathan Doherty**

A brincadeira é uma necessidade de todas as crianças. As crianças virtualmente transbordam com todos os pré-requisitos para a brincadeira... um vasto reservatório de energia e curiosidade, novas experiências emocionantes, ideias maduras e um rico estoque de imaginação que jorra livremente como uma corrente constante de atividade... a brincadeira é uma atividade importante na infância que auxilia as crianças a dominarem todas as suas necessidades de desenvolvimento.

Maxim, 1997, p. 261

## INTRODUÇÃO

Este capítulo inicia reconhecendo que as crianças em todos os lugares estão crescendo em um mundo de mudanças rápidas e crescente *diversidade*. As sociedades agora reconhecem e celebram a diversidade e a diferença. Mudanças culturais ocorreram em quase todos os aspectos da sociedade: na urbanização, nas novas tecnologias, nos padrões de trabalho adulto, na estratificação social e na organização familiar. Os direitos e reconhecimentos humanos estão continuamente evoluindo, e colocam enormes expectativas sobre as crianças quanto ao seu desenvolvimento, disposições e habilidades. A *inclusão* é o processo de incluir jovens (e adultos) com deficiências e/ou dificuldades de aprendizagem na sociedade dominante, declarado na crença de que incluir todas as crianças é um direito humano básico. Isso implica que, por sermos humanos, nós todos teremos necessidades particulares em um momento ou outro – não que sejamos diferentes. Segue então que nós almejamos oferecer oportunidades para as necessidades individuais de todas as crianças de modo que cada uma possa atingir seu potencial completo enquanto ser humano. Há uma situação de mudança nas escolas em paralelo a isso, e qualquer movimento em direção a uma *educação inclusiva* deve ser visto em

> **Diversidade**
> Reconhece que os indivíduos são únicos em termos de suas necessidades, aspirações, habilidades, fraquezas e forças.

> **Inclusão**
> Permitir que todas as crianças sejam capazes de participar completamente nas instituições principais da sociedade, quaisquer sejam suas necessidades ou habilidades individuais.

## BRINCAR: APRENDIZAGEM PARA A VIDA

**253**

> **Educação inclusiva**
> Garantir que todas as crianças tenham acesso à educação apropriada e efetiva sem levar em conta suas deficiências físicas.

um contexto social mais amplo: o da inclusão social. As pressões sobre as conquistas acadêmicas de todas as crianças, junto com uma visão mais estreita da aprendizagem, abertamente competitiva e um currículo baseado em resultados estão deixando muitas crianças para trás com o perigo de transformar a aprendizagem em exclusiva e inacessível para muitos – e especialmente para muitas das crianças com necessidades individuais particulares este é certamente o caso.

Como uma consequência de tais mudanças em ambientes escolares, em casa e em suas comunidades mais amplas, há menos oportunidades e tempo disponível para as crianças brincarem. Através das oportunidades que a *brincadeira* oferece às crianças em atividades de livre escolha ou mais estruturadas, ela é um meio efetivo de se tratar a pobreza e a exclusão social. As culturas de brincadeira das crianças foram seriamente alteradas com um efeito adverso na infância. Muitos autores comentam o desaparecimento da infância, e como ela, enquanto conceito, está sob ameaça. Caracterizar a infância como o tempo de brincar, explorar, aproveitar e aprender não está acontecendo hoje para muitas crianças. Este livro apre-

> **Brincadeira**
> Um comportamento dinâmico, ativo e construtivo. Uma parte essencial e integral do crescimento, desenvolvimento e aprendizagem saudável de todas as crianças em todas as idades, domínios e culturas.
>
> **Necessidades educacionais especiais (NEE)**
> Refere-se a crianças com dificuldades de aprendizagem ou deficiências que podem atrapalhar a sua habilidade de aprender ou obter acesso à educação.

senta uma profusão de evidências sobre o valor da brincadeira infantil e do lugar central que ela precisa ocupar nas vidas das crianças. Neste capítulo eu argumento que ela é central para as experiências da infância, com ênfase em particular para as crianças com *necessidades educacionais especiais*, e nele procuro explorar as seguintes questões:

- O que nós compreendemos por 'inclusão' e 'educação inclusiva'?
- Por que as crianças, a família e o currículo às vezes são chamados de "pedras fundamentais" das NEE?
- Qual é a significação particular da brincadeira para as crianças com necessidades educacionais especiais e como nós podemos melhor apoiar a brincadeira inclusiva?

## O CONTEXTO DA INCLUSÃO

Apesar de não ser o primeiro a fazê-lo, eu quero auxiliar o leitor a compreender o termo 'inclusão' ao introduzi-lo através da metáfora de uma jornada. A Baronesa Warnock elegantemente afirmou 20 anos atrás,

> Se eu vou caminhar em uma estrada, preciso de sapatos; mas há aqueles que precisam de uma cadeira de rodas, ou um par de muletas, ou um cão guia, ou outras coisas. Essas necessidades poderiam ser identificadas e supridas, e então nós poderíamos todos caminhar juntos. (1986)

Fortemente implicado nessa afirmação está que a inclusão é sobre reunir as pessoas e a ajudá-las a se mover de modo unificado. No centro disto está a afirmação de que a inclusão é sobre direitos humanos básicos e, como veremos na próxima sessão, isto é crescentemente repetido nas legislações por todo o mundo. Então, o que é a inclusão? Ela não é sobre a separação e é mais do que integração. O termo anterior, *separação*, se refere a agrupar as crianças com dificulda-

> **Separação**
>
> Agrupar as crianças com dificuldades individuais e necessidades similares, mas separados de outras crianças da sua idade.
>
> **Escolas especiais**
>
> Oferecem educação para as crianças cujas necessidades não podem ser supridas nos institutos regulares de educação.
>
> **Deficiência**
>
> Estar diminuído ou incapaz em força ou habilidade.

des particulares e necessidades similares, mas separadas de outras da mesma idade. Escritores como Herbert (1998) argumentam que não pode haver justificativa para colocar as crianças em *escolas especiais* e separá-las puramente com base nas suas *deficiências*. A separação dos semelhantes pode resultar em sentimentos de marginalização e estigmatização através das percepções de ser 'diferente' das outras crianças. Um argumento contrário é de que, para *algumas* crianças, a oferta de escolas especiais é a garantia de um ambiente apropriado para suprir as necessidades individuais. O jogo assume um papel vital na continuidade da oferta de apoio para todas as crianças, dando acesso a uma educação inclusiva e um currículo no qual cada criança pode aflorar e alcançar o prazer e o sucesso. As escolas especiais são locais com muitos recursos e com importante prática profissional, mas estão cada vez mais cuidando de crianças com necessidades severas e complexas, colocando uma carga pesada demais sobre elas. O outro termo, *integração*, se refere aos ambientes (educacionais) convencionais não fazerem mudanças profundas filosóficas ou estruturais, mas fazerem arranjos e adaptações para acomodar os alunos com necessidades especiais. Tal distinção entre os dois termos é feita por Farrell (2005), que interpreta o termo inclusão para significar

> **Integração**
>
> A inclusão de crianças deficientes no sistema regular de educação.

abordagens (pelas escolas) para reconsiderar o modo como suas estruturas, abordagens pedagógicas, agrupamento de alunos e mecanismos de suporte são organizados para responder às necessidades percebidas de todos os alunos. Parte disso é a noção de colaboração e os processos de reflexão e experimentação para oferecer oportunidades de envolver os alunos e planejar um currículo amplo equilibrado acessível a todos. A inclusão neste sentido é sobre ser incluído e fazer com que cada indivíduo se sinta parte de uma escola ou comunidade e bem recebido por elas. E como Ainscow (1995) nos lembra, isso requer uma mudança mais radical, mas uma mudança que pode desenvolver uma experiência de aprendizagem muito mais rica para os alunos.

Outras definições de inclusão apontam para uma conceituação muito mais ampla. A definição oferecida pelo Centre for Studies on Inclusive Education (www.inclusion. uwe.ac.uk/csie) define a inclusão como "o processo de aumentar a participação dos estudantes em, e reduzir a sua exclusão da cultura, currículo e comunidades das escolas locais". A *exclusão*, não confinada as escolas, é parte da sociedade como um todo. A inclusão social (Acheson, 1998) e inclusão educacional estão ligadas e se relacionam com questões mais amplas na sociedade tal como a saúde, a pobreza e a desvantagem social. Lingard relaciona isso com questões de justiça social, igualdade e cidadania (2000). A ideia de barreiras à inclusão (a que eu retorno mais adiante neste capítulo quando discutirmos a brincadeira inclusiva para as crianças) é refletida na definição do Early Childhood Forum, que define a inclusão como "um processo de identificação, compreensão e quebra das barreiras à participação e ao pertencimento a um grupo" (2003, p. 89).

> **Exclusão**
>
> Quando um aluno é proibido de frequentar a escola com base em uma ofensa séria.

O *modelo social de deficiência* argumenta que são barreiras ambientais que incapacitam as pessoas. O modelo é útil em

> **Modelo social de deficiência**
>
> Procura reduzir as barreiras que impedem uma pessoa com deficiência de ser um participante como os outros na sociedade.

promover a compreensão de como a incapacidade afeta não apenas o indivíduo, mas a comunidade a qual todos pertencemos. Ele almeja dar poderes aos indivíduos enfatizando o direito de ser independente e fazer escolhas. Reiser e Mason (1992) sugerem que para isso acontecer é necessária uma mudança no nível comunitário, o que transcende a noção de integração. Deste modo, o modelo social coloca como um desafio para a sociedade tornar-se inclusiva. Booth (2000) escreve sobre a inclusão como um processo, assumindo a visão de que ela não é um estado finito, mas um estado afetado tanto pelas diferenças culturais quanto históricas resultando em uma compreensão diferenciada sobre ela. Daniels e Garner (1999) argumentam que a inclusão pode ter concordância cultural, mas os países precisam interpretá-la dentro de seus próprios sistemas nacionais. Apesar de ser uma grande parte da agenda recente do governo do Reino Unido, a inclusão teve historicamente seu foco nas crianças com necessidades educacionais especiais e ambientes escolares – o que é o foco deste capítulo com referência especial à brincadeira das crianças. De modo a compreender o *status* atual da inclusão e NEE, é necessário ter conhecimento sobre como a relação da política, história e cultura nos últimos 30 anos, caracterizada inicialmente pela separação e pela diferença, forneceu as definições das necessidades educacionais especiais que temos hoje e a crença em uma sociedade verdadeiramente inclusiva.

## A emergência de uma agenda de inclusão: nacional e internacional

A importância da linguagem em torno das necessidades educacionais especiais tem sido identificada por autores como Wolfendale (2000), que corretamente comenta que isso não se dá apenas em nível político, mas também tem afetado a prática. Corker (2002) contesta até mesmo a existência do termo, argumentando que os rótulos associados são desumanizadores para as crianças. Ao se fazer uma crônica das necessidades educacionais especiais no Reino Unido, fica claro que antes de 1981 rotular certos tipos de necessidades individuais era uma prática bastante normal. Antes de 1981 no Reino Unido era perfeitamente aceitável se referir a categorias de deficiências utilizando palavras como "mal-ajustado" e "educaioncal subnormal", já que estas eram categorias definidas nas regulamentações do Education Act de 1944. Frederickson e Cline (2002), em seu texto compreensivo e informado *Special Education Needs: Inclusion and Diversity*, tabulam as categorias oficiais da NEE no final do último século e apresentam rótulos tais como "multideficiente" (Inglaterra e País de Gales); "retardado mental" (Estados Unidos); "severamente mal-ajustado" (Holanda) e "alunos atrasados" (Nova Zelândia). Com certeza tais termos parecem quase medievais para leitores no século XXI e faltam em sensibilidade quanto aos afetados poe esses rótulos. Mesmo na última década do último século a questão de se utilizar ou não rótulos para categorizar necessidades particulares foi debatido por muitos, e não apenas por causa de suas associações com financiamentos. Ao descrever a relação entre deficiências e linguagem, Corbett (1998) argumenta que um termo como "especial" é preconceituoso quanto à nossa visão de deficiência e tem conotações negativas de inadequação e dependência. Uma rápida olhada na legislação com ênfase em particular na Inglaterra e no País de Gales daquele tempo até os dias de hoje, e se baseando em legislações relevantes de outros países, irá esclarecer as mudanças na ideologia que nos apresentam ao conceito de inclusão e as definições de necessidades educacionais especiais que estão atualmente em alta. Ela também revela uma falta de referências à brincadeira enquanto meio de apoiar as crianças com NEE.

## Definindo as necessidades educacionais especiais

A definição da NEE dentro do Código de Prática NEE (DfES, 2001b) não é particularmente clara. Ela afirma que as crianças têm necessidades educacionais especiais se elas tiverem uma dificuldade de aprendizagem que requer que propostas especiais sejam organizadas para elas. Isso significa que elas experimentam maior dificuldade na aprendizagem do que a maioria de seus semelhantes. A associação com a aprendizagem é a essência da definição, elas também têm dificuldades de aprendizagem se elas possuem uma deficiência que as impede de frequentar a escola local que geralmente oferece um currículo e recursos disponíveis para seu grupo de colegas. Finalmente, a definição se aplica às crianças que estão abaixo da idade escolar e que se qualificam em uma ou nas duas definições acima. O termo "necessidades educacionais especiais" passou a ser utilizado com o advento do Warnock Report (DES, 1978), no qual, seguindo suas recomendações, o Educacion Act de 1981 (DES, 1981) substituiu as então existentes "categorias de necessidades". O relatório admitiu que as necessidades dos indivíduos mudam com o tempo, e em seguida propôs que as situações deveriam acomodar as mudanças de uma maneira flexível. Ele estabeleceu que crianças com necessidades educacionais especiais deveriam ser avaliadas, suas necessidades identificadas através de perfis detalhados e que a proposta deveria ser aplicável a mais crianças. Foi este pedaço da legislação que iria mudar dramaticamente a visão das necessidades especiais. Essa foi também a primeira vez que a proposição de necessidades especiais foi vista como um contínuo de necessidade, um afastamento significativo da posição anterior de polaridade aonde a posisão era tanto dentro de escolas especiais quanto nas escolas regulares. Definições das necessidades educacionais especiais clarificaram termos como "dificuldade de aprendizagem" e "deficiência". Para deixar a água ainda mais escura, o termo *necessidades especiais* também existe. Esse

> **Necessidades especiais**
> Aqueles com uma necessidade individual diferente ou além daquelas das outras crianças na mesma situação social.

se refere àqueles de um grupo social com origem ou circunstâncias que são diferentes daquelas da maioria da população escolar. Robson (1989) sugere que isso pode também incluir a necessidade de apoio à língua; cultura, para que referências sejam feitas à origem cultural da criança; racismo, em que há a necessidade de opor comportamentos racistas explícitos e desvantagem socioeconômica para combater seus efeitos nas realizações acadêmicas. Com frequência os dois termos são confundidos e com consequências negativas para a criança. As necessidades educacionais especiais estão preocupadas predominantemente com dificuldades de aprendizagem; necessidades especiais são um fenômeno de grupo compartilhado por crianças na mesma situação social (Frederickson e Cline, 2002).

Evans (2000) comenta que a influência de Warnock e do Educacion Act, de 1981 permanece forte, apesar das mudanças significativas que aconteceram desde então na educação, tendo origem nos últimos anos da década de 1980. Os primeiros anos da década de 1980 sinalizaram um amplo comprometimento com a inclusão e prometeu um movimento em direção à justiça social, tanto no Reino Unido quanto globalmente. O ano de 1981 foi designado o ano internacional das pessoas deficientes, e de 1983 a 1992 a década das oessoas deficientes. No Reino Unido, o ato de 1981 estabeleceu um grande passo adiante: ele ofereceu às crianças com necessidades educacionais especiais igualdade de oportunidades das crianças sem necessidades educacionais especiais. Ainda no crescente clima de testes nacionais e quadros de liga escolar; de crescentes números de crianças rotuladas como tendo necessidades educacionais especiais de alguma descrição nas escolas regulares; de pedidos contínuos às autoridades locais e governo que definam critérios claros sobre isso; e agora a existência de um mercado da educação onde os pais competem pela melhor educação para os seus filhos, é difícil ver como as mensagens do relatório e do ato de 1981 podem ser realizadas. Ainda não há menção da brincadeira na legislação britânica com relação à educação em geral, menos ainda em relação às necessidades especiais/ necessidades educacionais especiais.

O Education Reform Act (DfEE, 1988) estabeleceu um currículo nacional para as crianças com mais de 5 anos. A sua retórica falava de acomodar as necessidades de aprendizagem das crianças com necessidades educacionais especiais e especificou que todas as crianças tinham igualdade de acesso a um currículo amplo e equilibrado. O Children's Act (DoH, 1989) definiu as necessidades infantis em um contexto mais amplo e enfatizou o modo como a sua terminologia diferia da terminologia educacional, especificamente das necessidade educacionais especiais. O ato focalizou a importância do trabalho das várias agências pelo bem-estar das crianças – o que está no centro do pensamento e das perspectivas atuais. Foi dada uma clarificação em relação aos termos de "família" e "desenvolvimento". Nesta definição, "necessidade" se referia a uma deficiência significativa na saúde ou no desenvolvimento, e uma criança estava destinada a permanecer em necessidade se estivesse improvável de alcançar ou manter um nível razoável de saúde ou desenvolvimento sem proposta de serviços fora da família ou do sistema de educação comum (DoH, 1991). É interessante que o termo "desenvolvimento" foi usado e englobava o desenvolvimento físico, intelectual, social e comportamental; que são (além da linguagem) os componentes principais do desenvolvimento infantil, além de serem as áreas gerais de necessidades reconhecidas atualmente. É hora de colocar aqui que o Relatório Rumbold (DES, 1990) fez menção à necessidade infantil de falar, brincar e ter experiências de primeira mão, e viu estes como elementos essenciais do desenvolvimento infantil.

O Education Act, de 1993, fortaleceu o caso para a identificação e a avaliação precoce e o envolvimento e a parceria dos pais. Houve ainda mais progresso no ano seguinte com a publicação do Code of Practice (DfEE, 1994), que mais uma vez enfatizou o trabalho multi-agenciado e introduziu o papel do *coordenador de necessidades especiais* (CNE) nas escolas. A noção de diferenciar o trabalho nas classes dentro de um currículo comum foi introduzida de modo que as escolas pudessem alcançar as necessidades de aprendizagem de todos os seus alunos. Guias foram produzidas para os profissionais e autoridades locais sobre a identificação e a avaliação precoce das NEE envolvendo os cinco estágios, começando no nascimento, com o estágio final exigindo informações recolhidas e compartilhadas entre professores, outros profissionais e os pais. A última revisão do código mostra a aumentada ênfase sendo agora colocada na identificação da necessidade e da intervenção precoce para suprir essas necessidades.

> **Coordenador de necessidades especiais (CNE)**
>
> O professor com a responsabilidade de garantir que os requerimentos das crianças com necessidades especiais sejam cumpridos e de monitorar o progresso das crianças.

No contexto dos movimentos internacionais na direção da inclusão, artigos contidos na *Convenção Sobre os Direitos da Criança das Nações Unidas* (Nações Unidas, 1989) que foi assinada por 177 países, assegurou "o direito das crianças deficientes tirem a possibilidade de ter uma vida completa e decente, em condições que garantam a dignidade, promovam a autoconfiança, e facilitem a participação ativa da criança na comunidade" (Artigo 23) e sinalizou um movimento para manter os direitos das crianças com deficiências na agenda global. O Plano de Ação proclamou que "a inclusão e a participação são essenciais para a dignidade humana e para o aproveitamento e o exercício dos direitos humanos" (UNESCO, 1994). Logo após, no que ficou mais comumente conhecido como o *Salamanca Statement*, veio um chamado urgente para a proposição de educação para *todas* as crianças dentro do sistema regular de educação e a adoção do princípio da educação inclusiva como questão de legislação e política. Foi também significativo o reconhecimento de que as escolas inclusivas estavam destinadas a ser o tipo mais efetivo de escola em unir as crianças com necessidades especiais e seus semelhantes. Dois anos mais tarde, a publicação de uma pesquisa mundial (UNESCO, 1996) relatou que 92% (somando 48 países) tinham leis relacionadas às necessidades educacionais especiais. Uma descoberta importante da pesquisa foi que a maioria dos países favorecia uma abordagem integrada às necessidades educacionais especiais e deficiências nas escolas, e isso era alcançado de maneiras diferentes. Na Espanha, por exemplo, as escolas precisavam ajustar seu currículo para acomodar os interesses, aptidões e habilidades dos alunos; enquanto no Chile uma abordagem por fases foi escolhida, na qual os alunos com deficiências sensoriais ou motoras frequentam classes em paralelo às aulas regulares ou participam de cursos de integração. Em todos os países a segregação em escolas especiais era considerada apenas quando as necessidades do aluno não pudessem ser supridas nas escolas regulares.

As mensagens da arena internacional refletiram na Inglaterra e no País de Gales nesta época. O Educacion Act de 1996 (DfEE, 1996) impôs o dever das autoridades educacionais locais de identificar e avaliar as crianças partir da idade de 2 anos que estavam destinadas a necessitar de afirmações separadas sobre as suas necessidades individuais. Os pais com filhos que tinham afirmação de necessidades eram então capazes de escolher qual escola queriam que seus filhos frequentassem e o direito de apelos contra as decisões do LEA foi ampliado. A definição de NEE contida neste ato afirmava que "uma criança tem necessidades educacionais especiais... se ela tem uma dificuldade de aprendizagem que pede que provisões educacionais especiais sejam feitas para ela" (DfEE, 1996, sessão 312), o que foi instrumental em moldar as definições que utilizamos hoje. O artigo do partido trabalhador Excellence for all children: meeting special educational needs (DfEE, 1997) apoiou a *Salamanca Statement* pedindo pela adoção dos princípios da educação inclusiva em uma extensão das escolas regulares para aumentar sua capacidade de acomodar crianças com uma ampla variedade de necessidades. A legislação subsequente tem refletido esse movimento. Um parágrafo de inclusão está

**Figura 8.1**
Salas de aula inclusivas.
Fonte: John Callan/reportdigital.co.uk

contido na revisão do Currículo Nacional (DfEE/QCA, 1999). O Ato de Discriminação das Necessidades Educacionais Especiais e Deficiência (DfEE, 2001) fortaleceu o direito das crianças com afirmações de NEE a serem educadas em escolas regulares e o Code of Practice (DfES, 2001b) que acompanhou coloca mais ênfase do que a versão prévia no ensino e aprendizagem em resposta às necessidades dos alunos, assim como no envolvimento dos pais e alunos na avaliação e na tomada de decisão.

## A situação atual: a inclusão hoje e onde está a brincadeira?

Hoje em dia, o *status* e o interesse na inclusão continuam tendo alta importância na agenda política do Reino Unido, e tem recentemente gozado de prestígio elevado na educação infantil. Uma variedade de iniciativas do governo como o SureStart, programas do Early Excellence Centre, Portage, Children's Centre, Excellence in cities, e programas de melhora de comportamento como parte da Estratégia Nacional de Comportamento e Frequência (DfES, 2002), The Five Years Strategy for Children and Learners (DfES, 2004b) e A Estratégia dos 10 Anos para Crianças e Aprendizes (DfES, 2004c) refletem este interesse. Estas iniciativas compartilham metas comuns de diminuir a desvantagem e melhorar as oportunidades de vida das crianças através de intervenções de apoio familiar, aumento de serviços para as crianças e suas famílias e a ênfase no trabalho profissional e interagenciado. A mensagem de que as necessidades de crianças muito jovens não foram esquecidas está clara, e sustenta a influente publicação Every Child Matters (DfES, 2003c) (ECM). Os cinco resultados da ECM (seja saudável; mantenha-se seguro; aproveite e alcance; faça um resultado positivo; e alcance o bem-estar econômico), receberam apoio legal no Children's Act (DfES, 2004).

> Mostra a importante relação entre a realização educacional e o bem estar. As crianças e os jovens aprendem a lutar quando estão seguras, protegidas do perigo e engajadas. A evidência mostra claramente que a realização educacional é a maneira mais efetiva de melhorar resultados para as crianças pobres e quebrar ciclos de privação. (ECM, p.8)

Uma análise do programa ECM e outras iniciativas políticas na Inglaterra, no País de Gales, Escócia e Irlanda do Norte revela que eles estão centrados nas necessidades e que são interdependentes. Nos documentos essas necessidades são expressas como "resultados" e profissionais individuais e serviços relacionados tem a tarefa de trabalhar em direção a melhores resultados para as crianças. Sistemas de equipes multidisciplinares foram chamados para suprir as necessidades dos pais e das crianças focando um serviço de proposições padronizadas. A noção de um direito fundamental para todas as crianças é claro na legislação e também nas iniciativas políticas. O documento Improving the Life Chances of Disabled People fala de oferecer às pessoas incapacitadas oportunidades completas e de respeitá-las como membros iguais na sociedade. Every Disabled Child Matters (2003) fala dos direitos de crianças deficientes como tendo pouca importância na agenda e nos lembra dos resultados pobres para as crianças com deficiências, exigindo ações urgentes de serviços de apoio. O relatório Special Educational Needs and Disability – Towards Inclusive Schools (2004) colocou a visão de inclusão

---

**Portage**

Um serviço de visita domiciliar para aqueles que possuem necessidades especiais.

---

**Every Child Matters (ECM)**

A nova abordagem do governo Inglês para garantir o bem estar das crianças desde o nascimento até os 19 anos de idade, englobando as cinco áreas principais.

como realidade nas escolas. Mas onde está a brincadeira?

As exigências profissionais para conceder o Qualified Teacher Status (Teacher Training Agency – TTA, 2003) continha as competências de NEE relacionadas para aumentar o conhecimento e as habilidades profissionais de novos ingressantes no ensino. Uma expectativa similar está incluída nos níveis profissionais do Higher Level Teaching Assistants (2005a). O livro de apoio para aqueles em formação para dar aulas aos anos iniciais afirmava que os professores em treinamento "apoiam e incentivam a brincadeira infantil, a aprendizagem e o desenvolvimento" (TTA, 2005b, p.15), mas falhou em explicar como isso pode ser colocado em prática. É preocupante que, na sua revisão dos padrões para início do treinamento de professores (2007), as ligações entre diversidade e aprendizagem estão explícitas, assim como aquelas no Every Childs Matters, mas referências à brincadeira são notadamente ausentes. A brincadeira tem sido associada com 'proposta de qualidade', particularmente em relação ao cuidado infantil, enquanto em outros documentos termos como "proposital" e "estruturado" são utilizados. Sendo assim, há confusão. Por um lado há uma forte mensagem de que a brincadeira é importante e algo a ser incentivado nas crianças pequenas, e por outro há uma falta de clareza sobre o que constitui a brincadeira que é planejada e organizada pelos adultos e a brincadeira livre, que é iniciada pelas crianças. Descobertas de pesquisas (por exemplo, Hendy e Whitebread, 2000) descrevem uma divisão similar – celebrando o papel da brincadeira, mas relatando alguma confusão sobre o termo e ansiedades dos profissionais sobre onde a brincadeira se encaixa no contexto curricular de testagem, metas e resultados. Aonde isso nos leva? Demos a volta completa? Antes de discutir os três fatos mais importantes em relação à inclusão, vamos relembrar os princípios da inclusão apresentados até aqui:

- A inclusão não é um estado fixo. Ela é um processo.
- É um direito básico humano que todas as crianças aprendam juntas.
- A inclusão trata do respeito mútuo e da valorização da igualdade de todos.
- Todas as culturas precisam considerar o modo como suas políticas e práticas respondem a diversidade das crianças (e adultos).
- Barreiras à inclusão devem ser tratadas e práticas discriminatórias erradicadas.
- Toda criança deveria ter acesso a um currículo que supra suas necessidades individuais e permita a cada indivíduo alcançar seu potencial pessoal.
- A identificação precoce é vital para que as necessidades individuais das crianças possam ser apoiadas ao máximo.
- A brincadeira é aceita como algo valioso a ser promovido, mas há confusão sobre como ela é compreendida e sobre como ela existe dentro do currículo atual.

## Áreas específicas das necessidades educacionais especiais

Descobertas de Clough e Corbett (2000) sugerem que o número de crianças com necessidades educacionais especiais na educação regular está aumentando. Em 1978 o Relatório Warnock (DfES, 1978) afirmou que 20% de todas as crianças terão necessidades educacionais especiais ou experimentarão dificuldade de aprendizagem em algum momento de sua carreira escolar. Em 2007, o Statistical First Releases publicou número so que mostraram uma tendência à diminuição no número de crianças com *afirmação de NEE* e

> **Afirmação de NEE**
>
> Uma afirmação de necessidades educacionais especiais estabelece a ajuda exigida por uma criança com dificuldade de aprendizagem que está fora da provisão regular do sistema educacional.

um aumento no número de NEE sem afirmação. Uma interpretação destes números é que através dos melhores sistemas de apoio e intervenção precoce, uma maior quantidade de crianças teve suas necessidades supridas sem a necessidade de afirmações. Esta é uma interpretação, mas o que isso parece em termos reais? Em 2007, havia 1.333,440 crianças com NEE sem afirmação em escolas na Inglaterra, um numero que representa 16,4% de todos os alunos e um aumento em relação ao ano anterior. No mesmo ano, 229.100 alunos na Inglaterra em todas as escolas tinham afirmações de NEE, uma queda em relação ao ano anterior (ibid). A incidência de meninos com NEE com e sem afirmações é maior do que de meninas. Se as estimativas de Warnock forem verdadeiras, isso soma um número considerável de crianças, aproximadamente 6 em uma turma de 30 alunos. O Code of Practice (DfES, 2001) identificou 12 categorias de dificuldades que a criança pode experimentar que evidenciam a necessidade educacional especial. Estas podem ser convenientemente categorizadas em quatro amplos grupos:

1. *Cognição e necessidades de aprendizagem*: Este grupo inclui dificuldades específicas com a aprendizagem como a dislexia e a dispraxia (DeD); dificuldades de aprendizagem moderadas onde o alcance está abaixo dos níveis esperados e dificuldades de aprendizagem profundas e múltiplas que são complexas e severas (como deficiências físicas) e garantem um alto nível de apoio.
2. *Necessidades emocionais, comportamentais e sociais*: Este grupo cobre transtornos de comportamento e emocionais que atrapalham a aprendizagem, como o Transtorno de Déficit de Atenção (TDA) e Transtorno de Déficit de Atenção/Hiperatividade (TDAH) e a Síndrome de Tourette.
3. *Necessidades comunicativas*: Este grupo cobre o espectro das necessidades de fala, linguagem e comunicação (incluindo Transtorno do Espectro Autista).
4. *Necessidades físicas/sensoriais*: Neste grupo estão incluídas as deficiências físicas, mesmo quando não há necessidades educacionais especiais. Ele inclui condições como paralisia cerebral, espinha bífida

---

### IDEIAS EM AÇÃO

**Percepções de inclusão (observação de um profissional)**

Falando pessoalmente, quero muito ter certeza de que tudo que faço em meu trabalho almeja a experiência de cada criança. Não é apenas por causa de documentos como *Every Child Matters*. Eu ensino crianças pequenas por muito mais tempo do que existem esses documentos e sempre foco em incluir as crianças apesar de qualquer dificuldade que elas possam ter. Mas não é fácil e há muito o que saber, mas penso que, se você quer dar o seu melhor para uma criança, você fará funcionar.

Professora

**Percepções de inclusão (observação de um aluno)**

Na faculdade nos foi dito o quanto a inclusão é importante, mas foi apenas quando fui para a escola que vi por mim mesmo. O que isso realmente significava. Eu quero tentar incluir todas as crianças, mas não é fácil. Eu sinto que tenho muito mais para aprender. Nossa CNE na escola tem muito conhecimento, e eu sei que ela tenta muito incluir todos também. Eu penso que todos os alunos deveriam saber sobre este trabalho e muito mais sobre as necessidades educacionais especiais.

Professor dos anos iniciais

e distrofia muscular. Deficiências sensoriais incluem visual, auditiva e multissensorial e qualquer combinação destas.

## A BRINCADEIRA E A CRIANÇA, A FAMÍLIA E O CURRÍCULO

As três pedras fundamentais das necessidades educacionais especiais são a criança, a família e o currículo. Isso é facilmente mostrado em forma de diagrama como na Figura 8.2. Note que a brincadeira está no centro do triângulo. Isso é significativo porque a brincadeira é central para as experiências de cada criança na infância.

Por que a brincadeira é importante para uma criança com necessidade educacional especial? Simplesmente pelas mesmas várias razões que ela é tão importante para qualquer criança, como descrito em todos os capítulos deste livro. A infância deveria ser o tempo das crianças brincarem, e brincar livremente é uma parte essencial de ser criança. Foi Hughes (1990) que descreveu a infância como uma jornada para um lugar desconhecido onde a brincadeira era o meio das crianças descobrirem e formarem uma relação com o ambiente. Ser capaz de brincar livremente deveria ser uma grande parte da vida das crianças, e é muito importante para as crianças com necessidades educacionais especiais. Crianças com NEE se engajam em brincadeiras como aquelas sem qualquer deficiência, mas podem precisar de apoio adulto e modificações para atingir uma variedade e profundidade através dessas experiências. A sua necessidade de brincar não é diferente. Fazendo referência a Birth to Three Matters (DfES, 2002), "todas as crianças têm, desde o nascimento, a necessidade de se desenvolver, aprendendo através da interação com as pessoas e a exploração do mundo ao seu redor". A brincadeira admitidamente oferece tais oportunidades.

A brincadeira tem sido ampla explicada na literatura, através de perspectivas sociológicas, psicológicas, antropológicas e pedagógicas, e foi definida por muitos.

Seus benefícios, tais como o divertimento, a oferta de contextos para a escolha, o auxílio na tomada de decisão e a educação quanto a regras, por exemplo, ajudam as crianças a aprender sobre si mesmas como um ensaio para a vida futura; e ainda há muitos outros benefícios positivos que são tratados neste livro. Enfatizo o ponto de que a brincadeira é vital como um contexto para o desenvolvimento de todas as crianças. As autoridades curriculares e de qualificação dizem o seguinte quanto a isso:

> A brincadeira bem planejada, tanto em ambientes abertos quanto fechados, é a chave para as crianças pequenas aprenderem com diversão e desafios. Na brincadeira, elas se comportam de modos diferentes: algumas vezes sua brincadeira será explosiva, algumas vezes eles descreverão e discutirão o que estão fazendo, algumas vezes ficarão quietos e refletirão enquanto brincam. (QCA/ DfES, 2000, p. 25)

A brincadeira e o desenvolvimento infantil complementam um ao outro admiravelmente, já que o primeiro envolve o uso de habilidades em todos os domínios oferecendo informação sobre como as crianças se movem, como manipulam objetos, como expressam emoções e linguagem e a qualidade de suas interações com colegas e adultos. Os benefícios acadêmicos para todas as crianças incluem o aumento da compreensão numérica e espacial, habilidades linguísticas,

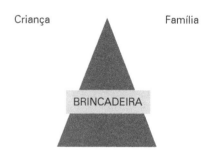

**Figura 8.2**
As três pedras fundamentais das NEE.

BRINCAR: APRENDIZAGEM PARA A VIDA **263**

## IDEIAS EM AÇÃO

### Estudo de caso: Categorias de necessidades

### Exemplo 1

#### Cognição e necessidades de aprendizagem

Daljit tem 2 anos e está se aproximando do seu terceiro aniversário. Seus pais suspeitam que ele possa estar mostrando sinais precoces de dificuldade de aprendizagem. Em sua brincadeira ele parece incapaz de formar conceitos ou fazer conexões entre eventos. Habilidades cognitivas tais como a memória e a solução de problemas ainda estão em maturação, mas ele já tem problemas de percepção que resultam em ele não receber informações relevantes dos seus arredores através de seus sentidos. As habilidades cognitivas gerais são baixas. Na sua brincadeira ela falha em reconhecer as formas básicas ou em ter habilidades linguísticas para acompanhar o reconhecimento. Nos próximos anos, Daljit também pode mostrar dificuldades em lembrar ou seguir instruções e realizar atividades sequenciais. Isso pode também resultar em frustração e baixa autoestima.

### Exemplo 2

#### Necessidades emocionais, comportamentais e sociais

Desde que Sonia nasceu, seus pais reconheceram que ela era um bebê extremamente ativo. Ela tinha dificuldade para dormir e seus pais relataram que era como se ela quisesse estar sempre acordada e envolvida no que estivesse ocorrendo ao seu redor. Tinha dificuldade em manter a atenção, preferindo ao invés disso experimentar algo novo e diferente. Agora com 2 anos, ela parece estar sempre se mexendo e em movimento. Quando sozinha ela parece inquieta. Ela acha difícil seguir instruções, ela é impulsiva e constantemente irrequieta. Apesar de ainda não ter sido diagnosticada profissionalmente, ela pode estar mostrando sintomas iniciais de transtorno de déficit de atenção/hiperatividade (TDAH). Outros sinais desta condição incluem demonstrações de comportamento imprevisível e comportamentos que não são socialmente aceitos. Ela pode se tornar introvertida e recolhida ou manifestar agressões físicas a outras crianças ou adultos.

### Exemplo 3

#### Necessidades comunicativas

Quando Ben tinha apenas alguns meses de vida, seus pais notaram que ele raramente fazia contato visual com eles ou com qualquer outra pessoa. Ela parecia relutante em seguir quando alguém apontava ou responder com interesse quando seus pais, Karen e Thomas, tentavam encorajá-lo a olhar coisas interessantes ao seu redor ou apresentavam pessoas novas a ele. Karen sentiu que ele poderia ter um atraso no desenvolvimento linguístico normal, porque, agora que Ben estava com 18 meses, tem palavras, mas reluta em manter uma conversa com outras pessoas. Ele nunca se empenhou nas interações pais-bebê que se baseiam em significados compartilhados e diálogo inicial. Neste ritmo, Ben provavelmente se desenvolverá até um nível imprevisível de comunicação e terá dificuldades linguísticas. Ele também pode em algum momento ser diagnosticado como tendo Asperger ou autismo.

### Exemplo 4

#### Necessidades físicas e sensoriais

Ali é um menino de 5 anos que tem paralisia cerebral. Danos no córtex motor desde o nascimento significam que a sua mobilidade física está significativamente deficiente. Ele é capaz de caminhar, mas precisa de reforços em ambas as pernas para ter su-

(continua)

## IDEIAS EM AÇÃO

porte extra. O seu controle motor é muito limitado, o que faz com que a manipulação de brinquedos e outros objetos seja difícil quando ele brinca. Ele é uma criança feliz e sociável, mas sua deficiência lhe apresenta algumas dificuldades quando brinca com os colegas. Ele precisa de apoio considerável dos pais e de outros adultos. Na sala de aula ele encontra dificuldade em atividades sobre a mesa, onde há elementos práticos e atividades em grupo, como "planeje e faça", já que o controle das suas habilidades motoras finas está nitidamente abaixo do dos seus colegas.

---

raciocínio causal, persistência e senso de domínio. A brincadeira, simplesmente, é o melhor veículo para o avanço da aprendizagem infantil (Hanline e Fox, 1993).

A cultura e o ambiente também influenciam os modos como as crianças pequenas brincam. A brincadeira nos permite entrar em contato com o nosso ambiente e com a nossa cultura de uma maneira muito direta. Os primeiros trabalhos de Singer (1973) mostraram que as crianças precisam ter privacidade, assim como espaço, objetos e adultos ao seu redor para modelar e encorajar comportamentos de brincadeira. Mesmo assim, não apenas a cultura afeta a brincadeira, mas a brincadeira também serve para expressar aquela cultura. Deste modo, a casa e a escola são parte de qualquer cultura e servem para moldar as experiências de brincadeira das crianças. Falaremos mais adiante sobre o assunto; vamos agora considerar a primeira dessas pedras fundamentais: a criança.

### Começando com a criança

O que os adultos podem pensar que é a compreensão de brincadeira da criança pode ser diferente da realidade das percepções dela (Scott, 2000). Uma maneira útil de ser capaz de compreender as necessidades das crianças (e assim ser capaz de suprir essas necessidades) é os adultos tentarem ver as coisas através dos olhos de uma criança. Como afirmam Cohen e Stern, é

"apenas ao aprender a ver as crianças como elas veem a si mesmas que nós encontraremos nossas pistas" (1983, p. 4). Pesquisas importantes conduzidas por Langster sobre crianças na pré-escola (1994) relataram que as crianças achavam que os adultos tomavam muitas decisões sobre as atividades de brincadeiras em que se engajavam e isso era mais evidente com relação às brincadeiras em ambientes externos. Central para a compreensão do mundo em uma perspectiva infantil é a importância de se escutar o ponto de vista das crianças. É vital que as vozes das crianças sejam ouvidas de modo que suas opiniões sejam reconhecidas como valorosas em um sistema educacional que é mais democrático e inclusivo (Mortimer, 2001). Na história das NEE no Reino Unido, as vozes das crianças têm sido encobertas pelas de outras pedras fundamentais. O que as crianças têm a dizer deveria ser ativamente procurado e trabalhado porque elas têm muito a dizer e nós muito a aprender com elas. O Children Act de 1989 enfatizou especificamente que os sentimentos das crianças devem ser levados em consideração quando decisões que elas estão envolvidas estão sendo tomadas. Rose e colaboradores (1999) nos falam no desenvolvimento da nossa compreensão sobre como as crianças com dificuldades severas de aprendizagem participam nas tomadas de decisões. Isto está de acordo com o encorajamento dentro do Code of Practice (DfES, 2001) que encoraja as crianças a fazerem escolhas e compartilharem seus sentimentos e desejos com os adultos. Ele afirma simplesmente que "o princípio de se procurar e considerar as visões averiguáveis da criança ou do jovem é importante" (DfES, 2001, sessão 3.3).

Um princípio inicial do Code of Practice é que as necessidades educacionais especiais das crianças devem ser supridas. Suprir as necessidades particulares de uma criança começa com uma disposição positiva para ver cada criança como competente. O termo, conforme definido por Thurman (1997), é a habilidade de desenvolver uma tarefa ou atividade e implica um grau de proficiência em uma habilidade única ou um conjunto de habilidades da parte do indivíduo (por exemplo, escrever, desenhar, andar de bicicleta e assim por diante). A disposição é o desejo, por parte dos outros, normalmente pais ou profissionais, de ver a criança como um indivíduo que "pode fazer". Essa é uma visão de que cada criança possui certas capacidades e habilidades que pode trazer a qualquer situação. Essa noção é apoiada pelo Birth to Three Matters (DfES, 2002), que fala sobre as crianças serem reconhecidas como capazes desde o nascimento. Ele propõe que todas as crianças são capazes; não em termos de alcançarem metas fundamentais em idades idênticas, mas ao tomar uma jornada individual onde o desenvolvimento individual é variado e desigual. Os pais e os profissionais precisam identificar as áreas de competência em cada criança (por exemplo, capacidade de raciocínio, capacidade de movimento, linguagem ou habilidades sociais) e então moldá-las para permitir que cada criança alcance seu potencial completo. Fatores que impactam a competência de uma criança incluem o temperamento, a cultura e as experiências ou oportunidades que uma criança tem em seus anos de formação em casa e no ambiente escolar; assim como fazem também a idade, o gênero e a motivação. A partir de fortes evidências de pesquisas relacionando dificuldades de aprendizagem e realizações acadêmicas com a baixa autoestima e problemas sociais e emocionais, os profissionais precisam considerar e tratar as necessidades afetivas de crianças individuais (Wall, 2006). As necessidades nesse contexto são as relacionadas com o desenvolvimento social de uma criança, como as expectativas diferentes que as famílias e a sociedade colocam sobre nós de acordo com diferentes situações. As necessidades emocionais nos primeiros anos são aquelas em conexão com expressões de felicidade, tristeza, raiva, desgosto, surpresa e medo. O psicólogo H. Rudolph Shaffer utiliza o termo "competência emocional" (2006, p. 148) para se referir às habilidades que utilizamos para interpretar as emoções dos outros e responder apropriadamente e ele vê isso como uma parte essencial de nossas vidas sociais. As necessidades afetivas estão também relacionadas ao senso de *self* da criança ao ser capaz de separar o *self* de outras pessoas e do ambiente, de suas visões de si mesmas (autoconceito) e o valor que elas colocam sobre elas mesmas e suas capacidades (autoestima).

## Famílias

As famílias fornecem a segunda pedra fundamental da NEE exploradas nesse capítulo. Tem se falado dos pais como os primeiros educadores de uma criança (Atkins e Bastani, 1988) porque eles são as pessoas que criam o ambiente para suas crianças e fornecem as primeiras e cruciais informações. Eles são aqueles que estão com a criança desde o nascimento e conhecem sua própria criança melhor do que qualquer outra pessoa. Eles sabem do que a criança gosta ou não gosta, seus interesses, sobre a saúde da criança e o progresso de desenvolvimento que tiveram. Durante os últimos 30 anos, houve um grande aumento na ênfase colocada sobre o valor de se envolver os pais na educação das crianças e os papéis que eles assumem nisso. Incluir os pais no cuidado e na educação das crianças está baseado nos direitos legais dos pais de estarem envolvidos e nos muitos benefícios para as crianças que resultam disso (Powell, 1994). Parcerias com os pais para tais aspectos como a tomada de decisões e a entrega de serviços são centrais de acordo com o Code of Practice e o Every Child Matters (DfES, 2003). Claramente é um benefício para todos quando a colaboração entre o lar e a escola é levada por um desejo mútuo de se fazer o melhor para as crianças. Escritores como Cook e colaboradores (2000) veem o envolvimento dos pais nos programas infantis como o fator principal que permite que ganhos precoces na intervenção sejam mantidos durante uma fase mais longa. Um modelo bastante útil exposto por Rennie (1996) ilustra a progressão em parcerias entre o lar e o ambiente escolar, movendo-se desde a construção da autoconfiança em um estágio inicial até a posição dos pais como coeducadores no estágio final. Os pais conhecem seus próprios filhos melhor do que qualquer outra pessoa, e parcerias que identificam e respondem às necessidades dos pais (através de aspectos como a comunicação, informação e apoio) e as contribuições dos pais (como informações sobre os gostos/desgostos e forças/fraquezas das crianças) são crucias para se alcançar resultados positivos para as crianças. *Planos de brincadeira* (Drifte, 2005) oferecem um método efetivo para os pais apoiarem a criança no ambiente familiar ao compartilhar informações sobre o seu progresso individual nos primeiros anos. Esses planos complementam as atividades nos ambientes e incorporam jogos e atividades de brincadeira para reforçar o que está acontecendo no ambiente educacional e são um ótimo exemplo de parceria colaborativa.

> **Planos de brincadeira**
> O planejamento de uma variedade de atividades para os pais apoiarem seus filhos em casa.

Ter um filho com necessidades educacionais especiais afeta não apenas os pais, mas a família inteira – o que para o propósito desta discussão inclui famílias de pais solteiros, famílias adotivas, famílias extensas e famílias do mesmo sexo. A família é um contexto importante para se compreender a criança com NEE. Kieff e Wellhousen (2000) comentam sobre o impacto positivo sobre as realizações que surgem de envolver as famílias na educação das crianças. Cada vez mais, através das mudanças nos padrões de trabalho, os avós estão mais envolvidos com as crianças e podem ter uma participação maior no cuidado com as crianças desde cedo. Uma criança com necessidades educacionais especiais traz grande riqueza para uma família, e ainda assim pode causar tensões não apenas para os pais e avós, mas também para os irmãos – os últimos experimentando sentimentos negativos de rejeição ou ciúmes em relação àquela criança (para informações mais detalhadas nas questões dos irmãos, os leitores são indicados a útil revisão de Carpenter, 1997). No guia publicado no Every Child Matters (DfES, 2007), *habilidades* (ser capaz de apoiar crianças e jovens adultos com uma dificuldade ou deficiência de desenvolvimento, e compreender que suas famílias, pais e responsáveis também precisarão de apoio e segurança) e *conhecimento* (saber como interagir com as crianças de maneiras que apóiem o desenvolvimento de suas habilidades de pensar e aprender) ilustram a importância dos profissionais terem conhecimento sobre o desenvolvimento infantil e compreensão de como as mudanças no desenvolvimento afetam o comportamento.

## Um currículo para suprir necessidades individuais

A educação para todas as crianças é importante no empenho do governo para a inclusão de todos na sociedade e, como vimos anteriormente, a legislação tem sido o meio de se conseguir isso. A escolha de palavras no Special Education Needs and Disability Act (DfES, 2001) deixa claro que é direito de cada criança ser educada em escolas regulares. As palavras do DfES refletem isso, dizendo que "a educação para as crianças com necessidades educacionais especiais é um desafio central para a nação. Ela é vital para a criação de uma sociedade plenamente inclusiva" (DfES, 1999, p. 1). A introdução da cidadania no currículo das escolas primárias e secundárias é parte do mesmo direcionamento para educar as crianças para serem membros responsáveis da sociedade. Naturalmente há dificuldades a serem vencidas no desenvolvimento de práticas educacionais inclusivas. Isso é operacionalmente uma situação inevitável na medida em que a agenda de inclusão se movimenta e amplia. As barreiras a um currículo inclusivo podem incluir a estabilidade familiar, gênero e etnicidade, comportamentos desafiadores, transições, mobilidade e desafeição. Apesar dessas barreiras, há muito que celebrar na primeira infância. Progressos consideráveis têm sido feitos recentemente para elevar o

## IDEIAS EM AÇÃO

### Apoiando a brincadeira inclusiva em casa

Aqui temos um plano de Brincadeira completo para Cindy, que tem Síndrome de Down e dificuldades de aprendizagem.

### Plano de Brincadeira para Cindy e sua mãe

Cindy irá brincar com esses jogos para ajudá-la a reconhecer as cores vermelho e verde e dizer seus nomes:

> **Sacola das sensações**
>
> Uma sacola na qual itens podem ser colocados para que os alunos possam adivinhar o conteúdo através do toque ou fazendo perguntas.

- Separar e nomear todas as coisas vermelhas que ela encontrar, seguido de coisas verdes quando ela já conhecer bem o vermelho.
- Pintar e fazer carimbos de batata usando tinta cor vermelho primeiro, e então verde quando ela já conhecer o vermelho.
- Separar e relacionar todas as formas vermelhas, e então as verdes.
- Nomear as coisas vermelhas que ela tira da *sacola das sensações*; e então as verdes.

**Comece por**
Olhar muitas coisas vermelhas; ajude Cindy a separar suas roupas vermelhas; dizer a palavra a cada vez para ela repetir.

### O que a Cindy fez

- Ela viu a camisa vermelha do seu pai e disse a palavra 'vermelho'.
- Ela apontou para uma xícara verde e disse 'verde'.
- Ela soube dizer o que era vermelho e o que era verde a cada vez.

Hora de seguir para outras cores.

Drifte, 2005

### Melhorando a prática

Use esse exemplo de plano de brincadeira para uma criança com quem você é familiar no ambiente de casa ou com uma diferente categoria de necessidade.

### Pare e reflita

Discuta com seus colegas/pares na faculdade como tais planos de brincadeira podem ser adaptados para uso em um ambiente educacional. Qual valor você vê em tal plano?

estado e o *status* da educação infantil e fundamental, nacionalmente e internacionalmente. Isso está inserido no currículo e ética de Reggio Emilia na Itália e no Te Whakiri na Nova Zelândia, que são mais completamente descritos neste livro por Brock no Capítulo 5. A nova moldura curricular no Early Foundation Stage da Inglaterra tem um forte compromisso com as práticas inclusivas e antidiscriminatórias exploradas através de seis títulos dos direitos da criança: Igualdade e diversidade, Apoio desde cedo, Prática efetiva, Desafios e dilemas e Reflexão sobre a prática. Outras iniciativas nacionais como o programa Every Child Matters, The Five Year Strategy for Children and Learners (DfES, 2004b) e Choice for parents, the best start for children: a ten-year strategy for child care e legislações tais como o Children Act (2003) e o Childcare Bill (que deve estar em atividade em 2008), oferecem princípios firmes sobre as quais construir uma prática educacional realmente inclusiva para as crianças. Mas o que nós queremos dizer com um currículo que é inclusivo?

## EDUCAÇÃO INCLUSIVA

Anteriormente neste capítulo a inclusão foi apresentada como um processo, e voltando àquela ideia, o termo educação inclusiva pode ser pensado como um processo no qual os ambientes educacionais estruturem ou até mesmo reestruturem a si mesmos, seus currículos e recursos para otimizar as oportunidades para cada criança. Mas como Barton (1998) nos lembra, a educação inclusiva é muito mais do que escolas fazendo pequenas mudanças; também não significa se tornar um depósito para que as crianças segregadas retornem à escola. Refletindo sobre o Relatório Warnock (DfES, 1978), Barton (1998, p. 85) afirma que a educação inclusiva é um direito de cada criança e reflete um dos direitos básicos humanos. Ela significa "a participação de todas as crianças e pessoas jovens e a remoção de todas as formas de práticas exclusivas". A educação inclusiva deve refletir, e reflete, a sociedade contemporânea e, com as rápidas mudanças acontecendo na sociedade e as implicações destas para as crianças pequenas, isso pode significar mudanças radicais nas escolas e em outros ambientes. Dentre os muitos benefícios de um sistema de educação inclusiva podem ser listadas as possibilidades maiores de amizade com semelhantes de desenvolvimento normal, oportunidades de interagir com semelhantes competentes que promovem habilidades sociais e de comunicação e experiências de vida realísticas que oferecem oportunidades para a aplicação de habilidades em atividades típicas da primeira infância (Hull et al., 2002). É importante também que semelhantes sem necessidades educacionais especiais ganhem com as interações com os colegas que têm necessidades – como no desenvolvimento de atitudes positivas e comportamentos altruístas. Isso significa considerar seriamente o modo como os alunos são ensinados e onde a brincadeira cabe no currículo e respeitar o direito das crianças de brincar e ter tempo livre; o modo como o currículo existente pode necessitar ser modificado, implementar mudanças nos modos tradicionais de avaliação e um foco na diversidade e na individualização das necessidades dos alunos. Deste modo, a educação inclusiva se torna uma educação onde todos os alunos podem aprender juntos e obter sucesso. Acredito que a educação inclusiva tem duas implicações significativas para os profissionais da educação infantil. Primeiro, ela pressupõe a existência de valores básicos no currículo sobre a diversidade que é adotada pelos educadores e que recebe uma resposta positiva deles, e segundo, que os princípios por trás da prática em educação inclusiva podem ser possíveis através de certas abordagens pedagógicas; sendo a brincadeira uma abordagem altamente efetiva.

Modelos de organização que são inclusivos e valorizam o papel da brincadeira são considerações importantes na educação infantil, e questões de planejamento estratégico, propriedade e avaliação (McQuail e Pugh, 1995) precisam ser tratadas tanto quanto as especificidades da individualização do programa. Uma abordagem curricular *de baixo para cima*, originada na criança e que vê as crianças já como aprendizes competentes, ocupa ativamente e responde aos interesses e habilidades das crianças e dos pais e, tendo a brincadeira como parte integral disso, assume a visão de que um conteúdo exigente demais pode atrapalhar a disposição da criança para aprender e inibir a compreensão. Em contraste, uma abordagem *de cima para baixo* tem seus conteúdos e habilidades determinados pelos adultos e tem os educadores moldando o conteúdo sob a ótica de teorias de aprendizagem e suas próprias filosofias de educação de acordo com os valores e preferências dos pais e guiados por direções políticas das autoridades governantes (Porter, 2002).

Resultados de pesquisas concordam que a qualidade do programa inclusivo é crítica (Scruggs e Mastropieri, 1994; McLaughlin, 1995). Ao identificar alguns fatores para a inclusão de sucesso na sala de aula, podemos citar os de Ainscow (1995) . Ele os lista da seguinte forma:

- Liderança efetiva.
- Envolvimento de toda a escola.
- Planejamento colaborativo.
- Coordenação.
- Reflexão.
- Política escolar.

As crianças com NEE deveriam se envolver em programas de aprendizagem que são guiados pelos mesmos princípios fundamentais daqueles que subjazem o currículo da educação infantl de qualidade, onde a brincadeira ocupa um lugar central e os profissionais aceitam que pode ser necessário que sejam feitas mudanças no conteúdo curricular e nas abordagens de ensino para que os programas sejam diferenciados e individualizados para melhor suprir as necessidades de cada criança.

## A brincadeira inclusiva

Combinar os termos "brincadeira" e "inclusão" em *brincadeira inclusiva*, parece sugerir tipos particulares de experiências que estão disponíveis a todas as crianças. Infelizmente, este frequentemente não é o caso. Podem existir barreiras existentes na cultura de uma criança que podem desencorajar a brincadeira com os outros ou barreiras no ambiente social, como crianças que

> **Brincadeira inclusiva**
> Fornecer equipamentos e recursos na escola e nas atividades fora da escola que permitam que as crianças com deficiências participem.

demonstram comportamentos agressivos ou aquelas muito tímidas para participarem de brincadeiras sociais. Barreiras em termos de dificuldades perceptivas e motoras que significam que uma criança não consegue ficar parada com facilidade, desajeitamento ou problemas de organização pessoal ou dos recursos da brincadeira, dificuldade cognitiva como memória de curto prazo falha ou falta de habilidade de seguir regras ou dificuldades emocionais como baixa concentração ou falta de disposição para ajudar os outros significam que a participação completa na brincadeira pode nem sempre ser possível para todas as crianças. As crianças que por muitos motivos podem ser excluídas da brincadeira incluem viajantes, crianças sob cuidados especiais, crianças com deficiências, aquelas de grupos étnicos e crianças que demonstram o tipo de comportamento antissocial que as impedem de participar da brincadeira com os semelhantes, incluindo a timidez (algumas vezes não considerada dentro do âmbito do comportamento antissocial). Ainda assim, quando a brincadeira é realmente inclusiva ela tem tanto a oferecer para as crianças e tem benefícios para cada um dos três fundamentos descritos na sessão anterior. A *criança* se beneficia em primeira mão das experiências de brincadeira que ajudam com as habilidades de solução de problemas, consideração de risco, aumento de aprendizagem, e desenvolvimento linguístico e social. Ela ajuda a desenvolver atitudes de tolerância e respeito e incentiva a independência, a confiança e a autoestima. A *família* e a *comunidade mais ampla* se beneficiam das amizades que se iniciam e crescem nas redes sociais centradas em torno da brincadeira em casa e em espaços comunitários para a brincadeira. O sentimento de pertencer à comunidade é incentivado, o que em troca aumenta a coesão social. A comunicação ajuda a construir sentimentos de estar conectado e participar ativamente na família ou grupo comunitário. Ela constrói uma apreciação da diversidade que é parte de cada sociedade. As escolas e outros ambientes se beneficiam em fornecer um *currículo* que se encaixa com as necessidades individuais das crianças, que se adere a princípios bem estabelecidos de boa prática na educação infantil e nos anos iniciais e que é entregue por profissionais reflexivos que se preocupam com as crianças e refletem sobre como melhor suprir as necessidades em constante mudança das crianças.

Considerando estes benefícios, como podem os princípios que subjazem as experiências de brincadeiras serem colocados em prática para apoiar as crianças com NEE? As oportunidades para a brincadeira devem estar abertas para todas as crianças e isso deve ser explicitado para todos. Para ser realmente inclusiva, a brincadeira deve ser acessível. Isso significa, por exemplo, que é preciso considerar os tipos de caminhos em um espaço para a brincadeira e onde estes caminhos estão localizados. O transporte deveria ser considerado se ele é necessário para que a criança possa participar na experiência de brincadeira. As escolhas sobre em qual brincadeira as crianças gostariam de se engajar e quaisquer adaptações a jogos e brincadeiras devem ser feitos para acomodar as necessidades em mudança das crianças. As experiências de brincadeira devem ser seguras, mas isso não significa que devam faltar desafios. Elas devem, quando necessário, aumentar o desafio, e não negá-lo. As características da brincadeira sejam elas naturais ou construídas artificialmente, deveriam oferecer as crianças variedade e estimular seu interesse. Os adultos precisam considerar as habilidades das crianças e as suas disposições em seu planejamento. A brincadeira inclusiva significa crianças com necessidades educacionais especiais interagindo com crianças saudáveis em um mesmo nível, brincando juntas.

**Figura 8.3**
Fornecendo recursos para a brincadeira inclusiva.
Fonte: Jim West/ Alamy.

## IDEIAS EM AÇÃO

### Cenário: Princípios por trás da educação inclusiva

O DfES definiu os princípios da educação inclusiva em sua publicação Inclusive Schooling: Children with Special Educational Needs (DfES, 2002c) deste modo:

- A inclusão é um processo através do qual as escolas, autoridades educacionais locais e outros desenvolvem a suas culturas, políticas e práticas para incluir as crianças.
- Com o treinamento, estratégias e apoio corretos, quase todas as crianças com necessidades educacionais especiais podem ser incluídas com sucesso na educação regular.
- Um serviço de educação inclusiva oferece excelência e escolha e incorpora as opiniões dos pais e das crianças.
- Os interesses de todos os alunos devem ser defendidos.
- As escolas, autoridades educacionais locais e outros deveriam procurar ativamente remover as barreiras à aprendizagem e à participação.
- Todas as crianças deveriam ter acesso a uma educação apropriada que lhes garanta a oportunidade de alcançar seu potencial pessoal.
- A educação regular nem sempre será apropriada para todas as crianças sempre. Do mesmo modo, apenas porque a educação regular pode não ser apropriada em um estágio em particular não impede a criança de ser incluída com sucesso em um estágio prévio ou futuro.

### Melhorando a prática

As ideias contidas nesse documento são mesmo muito válidas, em nível de orientação política. Conduza alguma pesquisa para considerar o modo como elas são realizadas na prática na área de sua autoridade local.

### Pare e reflita

Reflita sobre a prática em seu próprio ambiente. Os princípios acima refletem precisamente o que você vê diariamente? Caso não reflitam, o que precisa mudar para que isso se torne uma realidade? Discuta isso com seus colegas ou pares na Faculdade e faça uma lista com suas próprias ideias.

## Apoiando a brincadeira para as crianças com NEE

Em ambientes escolares, as abordagens a brincadeira inclusiva deveriam focar no fornecimento do tipo de experiências que permitem a cada criança uma participação mais completa o possível. Estudos recentes apontam para o papel do adulto/profissional responsável em facilitar isso. Hestenes e Carroll (2000), por exemplo, descobriram que uma característica central em apoiar a brincadeira era a compreensão que o profissional tinha das crianças e das habilidades associadas em previamente esvaziar as dificuldades que a criança pode encontrar ao se envolver na brincadeira. Neste estudo, crianças com atrasos no desenvolvimento escolhe atividades de brincadeira que exigiam predominantemente *habilidades motoras amplas* ou sensoriais com frequência nas brincadeiras solidárias, enquanto crianças

> **Habilidades motoras amplas**
>
> Envolvem o movimento dos músculos em ações amplas como correr, pular ou andar de bicicleta

com desenvolvimento normal optaram por atividades de brincadeira mais solitárias. O professor foi visto como um elemento fundamental na brincadeira através do seu papel em apoiar e ampliar e visto pelos pesquisadores como elemento importante nos programas efetivos de inclusão.

Como já enfatizei anteriormente, todas as crianças têm a mesma necessidade de brincar, então métodos de ensino formais não são sempre relevantes às necessidades das crianças pequenas, principalmente aquelas com necessidades educacionais especiais. Pesquisas mostram que o ensino direto formal pode mostrar ganhos em curto prazo, mas tem resultados negativos na consolidação profunda da aprendizagem e na generalização de habilidades (Mahoney et al., 1992). As crianças podem diminuir o seu envolvimento no que está acontecendo e se tornarem passivas, em vez de participantes ativos nas experiências, tornando-se dependentes do adulto para

direcioná-las. À medida que as crianças crescem e se afastam das experiências centradas na criança da primeira infância em direção a estruturas mais formais no final das séries finais do ensino fundamental, as crianças que tiveram muito cedo na vida instrução formal mantêm uma dependência dos adultos que contrasta com as metas do desenvolvimento de aprendizes independentes e autônomos. Isso não serve para negar que o ensino formal tem seu lugar na prática educacional para as crianças com NEE, mas uma abordagem mais naturalística com ênfase forte na brincadeira é certamente preferida. A ideia de Wilson de "momentos ensináveis" (1998), onde os profissionais aproveitam ao máximo as oportunidades que surgem naturalmente em situações não estruturadas ou semi-estruturadas para ensinar um conceito ou habilidade em particular, parece uma abordagem eminentemente mais sensível a ser adotada com crianças NEE do que o ensino formal didático. A

---

### IDEIAS EM AÇÃO

**Percepções da brincadeira no currículo (observação de um profissional)**

Eu penso que a brincadeira é realmente importante para todas as crianças. Ela tem tanto a oferecer, mas eu acho que nós estamos tão espremidos hoje em dia para inserir tudo mais no currículo, que ela pode ser deixada de lado. Isso não quer dizer que não seja importante – qualquer professor das primeiras séries lhe dirá isso. Mas há dificuldades quanto ao lugar que ela ocupa no currículo. Acredito que temos sorte de trabalhar com oa anos iniciais. Ela é uma parte natural do que nós oferecemos às crianças a cada dia. Ela não é algo que é oferecido uma vez que outros trabalhos estão terminados. Eu acredito que ela é central para qualquer currículo da educação infantil. Olhe para a minha sala de aula!

Jéssica, professora da educação infantil

**Melhorando a prática**

Olhe ao redor do seu ambiente e considere barreiras em potencial à brincadeira para as crianças com diferentes tipos de NEE, e então pense sobre como você poderia considerar isso melhor.

**Pare e reflita**

As mensagens nesse trecho são refletidas no ambiente onde você está trabalhando atualmente? Quais são as barreiras à inclusão da brincadeira como essa professora sugere para você e seus colegas? Como essas barreiras podem ser diminuídas? Você pode considerar implicações de custo, quaisquer soluções viáveis atualmente, e assim por diante.

diferenciação é um aspecto crítico para se suprir as necessidades individuais na sala de aula e envolve os professores e as crianças colaborando para desenvolver as melhores estratégias de aprendizagem no que Corbett (2001) referiu como uma pedagogia conectiva que relaciona as demandas curriculares com as necessidades da criança.

Sayeed e Guerin (2000) nos lembram que crianças pequenas com NEE podem ter dificuldades físicas para acessar os locais e realizar as atividades, compreender instruções dos adultos, responder verbalmente ou lidar com materiais pouco familiares. A brincadeira ultrapassa tais dificuldades. Eles propõem quatro áreas de consideração para apoiar a brincadeira inclusiva para as crianças com NEE:

1. As expectativas da criança devem ser altas, e isso requer algumas informações importantes sobre o passado de cada criança individualmente (por exemplo, circunstâncias familiares, histórico médico e assim por diante).
2. O planejamento deveria apoiar as necessidades identificadas e as metas de curto e longo prazo.
3. O ambiente de brincadeira deveria permitir atividades seguras, mas desafiadoras; porém também permitir oportunidades para correr riscos e de exploração.
4. Os papéis assumidos pelos adultos são de oferecer planos de brincadeiras (que eles chamam envolvimento indireto) e coletar informação sobre cada criança de

---

## IDEIAS EM AÇÃO

### Modelo de avaliação baseada na brincadeira (ABB)

*Estágio 1 Pré-brincadeira (preparação)*
- Seja específico sobre a informação a ser coletada.
- Decida quanto ao número de sessões, duração e tempo.
- Negocie o tempo e o tipo de atividades.
- Decida a localização.
- Considere fatores culturais e linguísticos.
- Familiarize-se com a criança e o ambiente.
- Decida se o foco será individual ou em grupo.

*Estágio 2 (interação adulto-criança)*
- Considere a proximidade da criança.
- Quando possível, permita à criança iniciar a brincadeira, mas lidere quando necessário (flexibilidade).
- Compartilhe a ação, fazendo com que a interação seja o mais prazerosa possível.
- Esteja consciente das necessidades básicas da criança.

*Estágio 3 Pós-brincadeira (conclusão)*
- Finalize gradualmente.
- Estruture a informação coletada.
- Dê retorno a outros adultos relevantes.
- Planeje o próximo passo.

De Sayeed e Guerin, 2001

### Melhorando a prática

Selecione previamente uma criança e tente utilizar o modelo ABB no seu ambiente.

### Pare e reflita

Depois da brincadeira, avalie a efetividade da ferramenta. O quanto foi útil a informação que ela forneceu a você sobre a criança? O quão fácil foi administrar? Foi mais ou menos efetivo do que outras ferramentas de diagnóstico que seu ambiente utiliza? Por quê?

modo a se planejar para suas necessidades especiais (envolvimento direto).

Este último ponto se refere à avaliação, que é fundamental ao apoio da brincadeira inclusiva para as crianças.

A definição de Garvey de brincadeira como "o comportamento espontâneo e voluntário de uma criança" (1991, p. 10) parece convidar oportunidades para a interação dos adultos para apoiar a aprendizagem e o desenvolvimento das crianças e para responder às necessidades individuais. (neste caso isso significa os práticos, os pais, e os profissionais de saúde e outros.) A avaliação informada pela observação é hoje uma característica familiar da prática dos primeiros anos. Os espaços de brincadeira oferecem um ambiente natural para a avaliação em experiências interativas entre o adulto e a criança. Tal avaliação pode ocorrer com o tempo e pode oferecer um retrato compreensivo dos pontos fortes e fracos de uma criança individual. Pugh descreveu a importância da avaliação claramente quando ela disse, "a observação e a avaliação são ferramentas essenciais de olhar e aprender através das quais nós podemos tanto estabelecer o progresso que já foi feito quanto explorar o futuro" (2001, p. 70). Observar as crianças brincando pode alertar os práticos dos padrões de desenvolvimento atípicos que podem então ajudar os especialistas a responder precocemente a preocupações expressadas sobre mudanças de desenvolvimento ou comportamento. A avaliação baseada na brincadeira (Sayeed e Guerin, 2001) combina a observação e a participação adulta e permite que avaliações sejam feitas em situações de brincadeira familiares. (Recomenda-se aos leitores o texto Early Years Play destes mesmos autores para maiores informações). A avaliação possui três estágios e é parte da brincadeira participativa, quando o avaliador interage com a criança em uma situação de brincadeira, é dado acompanhamento no quadro Ideias em ação.

## CRIANDO AMBIENTES PARA A BRINCADEIRA INCLUSIVA

O ambiente é central para o apoio da brincadeira inclusiva. Casey (2005) acredita que melhorias nos ambientes de brincadeira podem resultar na criação de novas possibilidades para brincadeiras mais inclusivas. Ela escreve que ambientes de brincadeira ricos oferecem oportunidades para a exploração e descoberta de destinos abertos, enquanto ambientes comuns ou negligenciados diminuem as oportunidades para as crianças brincarem juntas, resultando em frustração e destruição. A brincadeira permite que as crianças entrem em contato com o seu ambiente e a sua cultura de um modo muito imediato. Os ambientes infantis predizem melhor os resultados do desenvolvimento do que a existência de condições de deficiência, e o modo no qual as crianças interagem com o ambiente e as pessoas nele é crucial. O que acontece no ambiente influencia o modo como as crianças pequenas brincam e percebem a importância da brincadeira; por exemplo, o modo como os pais escolhem um brinquedo e não outro, ou o modo como encorajam seus filhos a brincarem. A brincadeira penetra em todas as culturas e permite que nós entremos em contato com o ambiente e a cultura e, de um modo imediato, a expressar aquela cultura. Deste modo, a casa é uma parte vital da cultura e serve para moldar as experiências de brincadeira e, mais tarde, a escola também o faz. Mas não é sempre uma fotografia tão cor de rosa. O ambiente de uma criança pode causar desafios sociais, emocionais e físicos, e estar longe de ser inclusivo. A marginalização de uma criança com NEE pode impedir o desenvolvimento de habilidades sociais através da falta de contato e tempo de brincadeira com os semelhantes. As crianças com deficiências físicas podem se tornar frustradas rapidamente na falta de rampas ou elevadores e com a existência de degraus ou portas estreitas que impedem sua mobilidade, apenas dois exemplos de como o ambiente pode também ser uma barreira à inclusão.

A revisão das pesquisas tem muito a nos dizer sobre a influência positiva do ambiente sobre a aprendizagem e o desenvolvimento. Hull e colaboradores (2002), em seu livro *Opening Doors: An Introduction to Inclusive Early Childhood Education*, descrevem quatro atributos do ambiente a serem considerados quando se apóia a NEE: físicos, temporais e sociais e afetivos.

*Atributos físicos* se referem a aspectos como o tamanho do grupo, e estes autores citam pesquisas que indicam que grupos menores são preferidos, porque os grupos menores têm mais probabilidade de se engajarem em brincadeiras fantasiosas (Smith e Connolly, 1980). Eles também dizem que espaços para brincadeiras mais amplos são mais convidativos às brincadeiras físicas e as brincadeiras fantasiosas são mais prováveis com equipamentos de brincadeira mais amplos. Os recursos são importantes para a brincadeira inclusiva de qualidade e a apropriação das atividades e materiais é vital, como foi confirmado mais recentemente (Fromberg, 2002). O espaço físico adequado é relacionado positivamente a ganhos no desenvolvimento. Oportunidades para as crianças se movimentarem livremente, jogos em grupo, exercícios para grupos musculares mais amplos (como pular corda ou jogar e pegar bolas) estão relacionados com resultados na aprendizagem e comportamento (Jensen, 2000).

O *ambiente temporal*: crianças com NEE precisam tempo de apoio para se engajar significativamente na brincadeira e tirar maiores vantagens dela. Christie e Wardle (1992), em um estudo de crianças com 5 anos, observaram que crianças estavam mais engajadas em vários tipos de atividades de

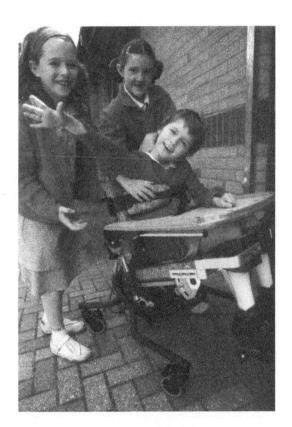

**Figura 8.4**
Formando amigos para as brincadeiras.
Fonte: Paul Box/ report digital.co.uk

brincadeira em períodos de 30 minutos do que em blocos de 15 minutos.

O que as crianças pensam sobre si mesmas e como elas se comportam estão relacionados nos *ambientes sociais e afetivos* que elas experimentam. Fazer amigos, correr riscos e resolver conflitos são parte da "alfabetização emocional", e ser capaz de cumprir esses papéis pode reduzir os riscos de problemas de saúde mental na vida futura (Mental Health Foundation, 1999). Essa faceta é sobre calor humano, sentir-se seguro e pertencer ao grupo, e como os ambientes comunicam essas mensagens, seja em casa, no parquinho ou na escola.

O *Play Inclusive Research Report* (Casey, 2004) identificou cinco características de ambientes para a brincadeira inclusivos e de qualidade que são descritos no seguinte quadro Ideias em ação com exemplos de como eles aparecem na prática.

As áreas tradicionais de trabalho (frequentemente conhecidas como zonas) que existem em muitos ambientes de educação infantil permitem que bastante apoio seja dado para suprir uma variedade de necessidades através da brincadeira. O canto da casa pode ser facilmente transformado em um hospital, café ou loja para estimular a brincadeira imaginativa das crianças. Aqui

## IDEIAS EM AÇÃO

### Características de ambientes inclusivos e de qualidade para a brincadeira

*Flexibilidade.* Qualquer espaço deveria ter oportunidades abertas para a brincadeira. Estes precisam ser variados e interessantes para engajar as crianças. Como isso se parecerá na prática? Espaços de brincadeira deveriam ter escorregadores para serem usados com água corrente, e árvores para transformar em esconderijos. Plataformas de madeira para serem usadas como pontes, balanços ou pranchas de mergulho são úteis. Deveria haver zonas seguras e protegidas para a contação de histórias.

*Abrigos* podem ser permanentes ou temporários. Idealmente estes são construídos pelas crianças a partir de materiais naturais. Eles oferecem privacidade e segurança. Como isso se parecerá na prática? Abrigos no nível do solo oferecem segurança contra os elementos; cabanas na árvore, túneis e espaços embaixo do nível do solo. Centros de interesse podem ser permanentes ou temporários e feitos pelas crianças. Como isso se parecerá na prática? Jardins sensoriais, piscinas rasas ou labirintos como características permanentes e tendas ou mesmo uma pilha de terra como temporários.

*Elementos naturais* para as crianças brincarem. Como isso se parecerá na prática? A lista pode incluir árvores, cavernas, grama alta ou arbustos. Além disso, pedras, gravetos e água. Uma atmosfera que exclui o calor recebe bem e acomoda a diferença. Esse é um espaço para as crianças. Como isso se parecerá na prática? Esculturas ou pinturas e imagens no solo.

After Casey, 2005

### Pare e reflita

Ao examinar o ambiente onde você trabalha, ou com que você é familiar, as características aqui descritas são integrais às experiências de brincadeira oferecidas as crianças?

### Melhorando a prática

Caso o seu exame indique que as áreas de brincadeira no seu ambiente não alcançam os padrões descritos acima, discuta com seus colegas o modo como podem ser feitas melhorias.

## BRINCAR: APRENDIZAGEM PARA A VIDA  **277**

> **O lugar que você quer que ele seja**
>
> Uma área onde são oferecidos materiais às crianças que as encorajam a utilizar sua imaginação e a se engajar em brincadeiras livres.
>
> **Habilidades motoras finas**
>
> Envolvem o movimento dos músculos em ações menores, como segurar uma caneta ou movimentar os dedos do pé na areia

as crianças podem estar envolvidas em vestir-se, talvez falar ao telefone, carregar um bebê ou cozinhar refeições para seus colegas. Ou *o lugar que você quer que ele seja* (Broadhead, 2007a) pode ajudar particularmente as crianças com NEE já que não há agenda adulta imposta na qual eles podem não "caber" por cause de sua NEE. A brincadeira com areia e água promove *habilidades motoras finas* valiosas através de atividades como encher e despejar baldes com água; pode ajudar com o desenvolvimento linguístico aonde as crianças utilizam frases como "mais do que" ou "menos do que", e habilidades cognitivas podem ser melhoradas através da mensuração e contagem ou representar papeis usando brinquedos como pás na areia. No canto da música, instrumentos musicais estão disponíveis que podem ser usados para a expressão individu-

al que pode não estar em evidência tão facilmente em outras áreas do ambiente. O canto dos livros ou das histórias permite às crianças tempo para sentar em silêncio e folhear uma variedade de livros individualmente ou compartilhar a leitura de uma história lida para um pequeno grupo pelo prático. Atividades de brincadeira em uma área de artes podem ajudar a construir habilidades cooperativas, habilidades linguísticas ao compartilhar ideias com os outros e habilidades motoras finas importantes e *coordenação oculomanual* enquanto utensílios grandes em ambientes internos ou

> **Coordenação oculomanual**
>
> É a habilidade do sistema de visão de controlar e guiar a mão para desenvolver tarefas como segurar uma bola ou escrever uma carta.

externos ajudam as crianças a desenvolverem habilidades motoras grossas e trabalhar junto com os outros, alternar turnos e facilitar a confiança ao encontrar desafios.

Ao compreender as necessidades da criança e planejar para acomodar essas necessidades na sala de aula interna e externa, a brincadeira ocupa um lugar central em suprir as necessidades individuais de uma criança. No quadro ideias em ação você pode ver isso exemplificado para Karl, que tem dispraxia.

---

## IDEIAS EM AÇÃO

**Estudo de caso: suprindo as necessidades de uma criança com dispraxia através da brincadeira**

Karl, 6 anos, tem dispraxia, uma condição que afeta quatro vezes mais meninos do que meninas. Ele tem dificuldades com muitas tarefas diárias na escola por causa de um planejamento e habilidades organizacionais pobres. Pendurar seu casaco no gancho correto e retornar a ele depois, chegar ao refeitório a tempo para o almoço, trocar-se para a educação física, todas essas atividades apresentam problemas para ele. Apesar de ser um menino brilhante, ele tem dificuldades com tarefas acadêmicas – uma memória de curto prazo pobre significa que não há garantias de que fatos

(continua)

## IDEIAS EM AÇÃO

lembrados em um dia serão lembrados no dia seguinte. Ele acha as tarefas escritas difíceis devido à falta de controle de suas habilidades motoras. Ele lê vagarosamente e precisa usar seu dedo para guiá-lo e orientá-lo à próxima linha do texto. Socialmente, ele acha as atividades nas quais seus amigos se engajam após a escola um desafio. Para ele, nadar ou andar de bicicleta são grandes dificuldades e, às vezes, a atrapalhação associada com a sua condição não o ajuda a fazer novos amigos com facilidade. Durante toda sua vida escolar e tempo de recreação Karl mostra os sintomas clássicos de dispraxia.

### Melhorando a prática

Quando Karl era um bebê, ele nunca engatinhou. Isso significa que atividades como a leitura, que envolve cruzar a linha média do corpo apresenta dificuldades. Do mesmo modo um esporte como a natação que envolve o uso coordenado de todos os quatro membros também é um grande desafio para ele. Aos 6 anos, o tempo gasto utilizando instrumentos grandes e pequenos como em uma lição de educação física serão essenciais para ele educar seu cérebro a enviar as mensagens corretas aos seus músculos que o auxiliarão com o equilíbrio geral, a sequenciar seus movimentos e coordenálos mais eficientemente. Em sua sala de aula, oferecer oportunidades de brincar de faz de conta de vestir-se, dar-lhe tempo para brincar com contas e com a areia e água ajudarão a fortalecer habilidades motoras importantes. A brincadeira, neste caso, é integral à sua vida na sala de aula e vida da escola de um modo não ameaçador e positivo.

### Melhorando a prática

De que outros modos você pode ajudar crianças como Karl na sala de aula? Que outros tipos de experiências de brincadeiras você acha que o ajudariam com suas dificuldades? Peça a alguns colegas em seu ambiente que o ajudem a fazer um plano de curto prazo para uma criança como Karl.

## *Resumo e revisão*

Este capítulo começou levando você em uma jornada. Foi uma jornada que propôs, parafraseando as palavras da baronesa Warnock, que se certas necessidades pudessem ser identificadas e supridas, então nós poderíamos seguir juntos. Ainda assim, para acompanhar a jornada nós precisamos considerar algumas coisas importantes. O capítulo propôs três questões iniciais:

- O que nós compreendemos sobre 'inclusão' e 'educação inclusiva'?

Uma revisão da legislação nos últimos 30 anos viu enormes progressos, não apenas ao dar clarificação para a terminologia associada às necessidades educacionais especiais neste país, mas mudanças significativas na legislação, afirmações políticas no Reino Unido e no contexto mais amplo internacional,

*(continua)*

## Resumo e revisão

e na prática. Há muito que celebrar já que a política de provisão para as crianças com todos os tipos de necessidades educacionais especiais tem avançado consideravelmente durante este tempo. Eu argumentei a importância disso, já que a inclusão é muito mais do que acontece na escola ou qualquer tipo de ambiente educacional – é sobre como as sociedades percebem fundamentalmente o conceito de necessidades especiais e a educação especial. A inclusão é um direito básico humano de *todas* as crianças.

- Por que as crianças, a família e o currículo às vezes são chamados de as pedras fundamentais das NEE?

Começando com a criança, argumentou-se que o ponto de início deveria ser a criança e uma séria consideração deveria ser dada às suas necessidades e competências. Os pais enquanto primeiros educadores e a família criam o primeiro ambiente que uma criança encontra e sua influência é significativa. A escola estende essa influência aos colegas, outros adultos e a um currículo que deve focar em suprir as necessidades individuais. A legislação recente como Every Child Matters e o Code of Practice refletem esse direcionamento e oferece a justificativa para os práticos seguirem com essa agenda.

- Qual é a significação particular da brincadeira para as crianças com necessidades educacionais especiais e como nós podemos melhor apoiar a brincadeira inclusiva?

Contra o atraso de um mundo em constante mudança colocando enormes demandas sobre as crianças e aumentadas pressões sobre as conquistas dos alunos e o alcance de padrões mais altos, eu argumentei que a brincadeira tem tanto que oferecer para as vidas de todas as crianças que deveria ser defendida vigorosamente pelos educadores e pais. A brincadeira é, em resumo, essencial para todas as crianças. É uma moeda para o presente e, muito importante, para o futuro neste mundo de mudanças, o que nos leva de volta ao que é importante ao currículo, e em nossas vidas. Nós todos precisamos brincar e temos o direito de brincar.

## Transformando o pensamento e a prática: é com você!

O capítulo concluiu oferecendo alguns modos práticos de fazer a brincadeira mais inclusiva para as crianças de modo que o nosso desejo natural de brincar (tanto o dos adultos quanto o das crianças) seja equilibrado com os enormes benefícios ao desenvolvimento e à aprendizagem que a brincadeira oferece, especialmente para as crianças com necessidades educacionais especiais. A natureza da brincadeira de faz de conta ou fingimento, por exemplo, tem muito a oferecer as crianças com deficiências como modo de se libertar de uma incapacidade física se o ambiente foi arrumado de modo a oferecer isso. Essa é a minha mensagem para pais, professores e responsáveis pelas políticas de ensino. A jornada continua.

## Questões para consideração

- Há um espaço entre a retórica e a realidade? A legislação sugere certos direitos e autorizações para as crianças que não estão visíveis na prática?
- As vozes das crianças, pais e educadores são igualmente ouvidas e respondidas?
- As referências escolares da escola regular estão atrapalhando as experiências para as crianças com necessidades especiais?
- Relatórios recentes sugerem que as crianças com NEE estão sendo deixadas de lado por um sistema que "não serve a um propósito". Você concorda?

## Ideias para pesquisa

Examine seu ambiente e explore alguns modos práticos que foram ressaltados neste capítulo para fazer a brincadeira mais inclusiva para as crianças. Examine criticamente seu impacto tanto em curto quanto longo prazo.

A natureza da brincadeira de faz de conta tem muito a oferecer às crianças com deficiências como modo de se libertar de uma incapacidade física se o ambiente é organizado de modo a apoiar isso. Quais considerações você precisaria explorar para garantir que seu ambiente apoiasse tal visão?

## Leituras adicionais

Casey, T. (2005) *Inclusive Play: Practical Strategies for Working with Children aged 3 to 8*. London: Paul Chapman.

Frederickson, N. e Cline, T. (2002) *Special Education Needs, Inclusion and Diversity: A Textbook*. Buckingham: Open University Press.

MacIntyre, C. (2001) *Enhancing Learning Through Play: A developmental Perspective f or Early Years Settings*. London: David Fulton.

Porter, L. (2002) *Educating Young Children with Special Needs*. London: Paul Chapman.

Wall, K. (2006) *Special Needs and early Years: A Practioner's Guide*. London: Paul Chapman.

## Sites da internet

www.surestart.gov.uk
www.nasen.org.uk
www.unicef.org.uk
www.kidsactive.org.uk

# 9

## Playwork[1]
### Ambientes de brincadeira

**Fraser Brown**

O contrário de brincar – se redefinido em termos que realçam seu otimismo e animação – não é trabalho, é depressão. Os que brincam saem de seus paradoxos lúdicos... com a crença renovada de que simplesmente viver vale a pena.

Sutton-Smith, 1999, p. 254

## INTRODUÇÃO

Embora seja possível identificar a provisão supervisionada de brincadeira fora da escola no final do século XIX (Cranwell, 2003), a maioria dos comentaristas aceitaria que as sementes da profissão de playworkers[2] da atualidade foram plantadas logo após a Segunda Guerra Mundial. Nas décadas de 1950 e 1960, inúmeros playgrounds de aventura apareceram no Reino Unido, muitos em resposta às ideias de Sorensen (um arquiteto dinamarquês). Sorensen tencionava fazer playgrounds

> **Paradoxo lúdico**
>
> O lúdico se refere ao brincar. E um paradoxo é a estranha contradição que talvez não seja esperada, mas, não obstante, existe. Então "o paradoxo lúdico" se refere a uma complexa contradição relacionada ao comportamento durante a brincadeira.

cheios de materiais, como um lugar onde as crianças podiam imaginar, moldar e criar a sua própria realidade. Em *Planning for Play* (1968, p. 55), Lady Allen de Hurtwood cita uma correspondência entre ela e Sorensen de 1947, que fornece algumas pistas quanto ao pensamento dele.

> O objetivo deve ser dar às crianças da cidade uma alternativa para as ricas possibilidades de brincadeira que as crianças do interior possuem... É oportuno alertar contra a supervisão excessiva. As crianças devem ser livres e independentes pelo maior tempo possível... devemos ser excessivamente cuidadosos ao interferir na vida e nas atividades das crianças.

Estas ideias moldaram o pensamento de muitos pioneiros do playwork (Abernerhy. 1968; Benjamin, 1974; Hughes, 1975). Nesta curta citação é possível identificar o nascer das ideias, agora dadas por certas, da ocupação do playwork: crianças controlando seus próprios lugares para brincar (Hughes, 1996); os perigos da adulteração (Else e Sturrock, 1998); e o valor de fornecer um ambiente de brincadeira rico (Brown, 2003). Nos últimos dez anos foi observada tanto a consolidação desse pensamento precoce quanto o desenvolvimento de inúmeras novas ideias, resultando a prática moderna do playwork, agora conhecida por um substancial corpo teórico. Tendo lidado com a maioria das teorias clássicas de playwork no Capítulo 1, no fim deste capítulo você poderá responder às seguintes perguntas:

- O que as recentes teorias sobre playwork e as ideias de Brian Sutton-Smith nos conta sobre a natureza e o propósito do playwork?
- Quais são as implicações para prática do playwork?

## A AMBIGUIDADE E ALÉM

O texto clássico de Sutton-Smith, The Ambiguity of Play (1977), contém o mais completo exame da teoria da brincadeira já escrito. Sutton-Smith identifica mais de 100 teorias, que ele agrupa sob cabeçalhos genéricos (retóricas). Todas elas têm uma coisa em comum: não fornecem uma explicação plena do brincar. Através de pinceladas de humor, pesquisa, folclore infantil e avanços na teoria, ele chega à conclusão de que tentar definir brincadeira é praticamente impossível. Qualquer definição para brincar teria que ser muito ampla. Teria que se adequar a animais assim como aos seres humanos, tanto para adultos como para crianças, e não poderia restringir-se aos valores da civilização ocidental. Deveria abranger todas as formas e tipos de comportamentos dos participantes, desde a imaginação e piadas a esportes e comemorações. Ele diz, "a brincadeira é como a linguagem: um sistema de comunicação e expressão que não é nem bom, nem ruim" (1997, p. 219). Ele expressa preocupação sobre a moderna tendência ocidental de idealizar a brincadeira, que nos leva a aceitar definições insustentáveis – por exemplo, de que a brincadeira é intrinsecamente positiva, voluntária e livre. Ele então introduz uma nova abordagem, sugerindo que a brincadeira tem um impacto evolutivo, porque é o meio pelo qual

> **Potencial de variabilidade adaptável**
> O potencial de um jogador executar/ praticar variados comportamentos vai ajudá-lo a adaptar-se a vida além das situações da brincadeira.
>
> **Desenvolvimento individual e "evolução" da espécie**
> A brincadeira cria situações que não apenas ajudam o indivíduo a desenvolver habilidades, mas ajudam grupos inteiros de jogadores a desenvolver habilidades que eles podem ensinar a outras pessoas; que, por sua vez, ajudam toda a raça humana a progredir.

os seres humanos se adaptam a todos os aspectos de mudanças históricas. A brincadeira é caracterizada pelo *potencial de variabilidade adaptável* (1997, p. 231). Sutton-Smith sugere que as atividades de brincadeira estimulam o cérebro de tal maneira que as células cerebrais retêm sua "plasticidade". Em outras palavras, o ato de brincar nos possibilita reter e ainda desenvolver nossa flexibilidade de pensamento. Isto claramente tem impacto substancial em ambos – no *desenvolvimento individual* e na *"evolução" da espécie*.

No seu trabalho mais recente, Beyond Ambiguity (2008), Sutton-Smith revela que nos últimos anos tornou-se cada vez mais interessado tanto no paradoxo como na dualidade da brincadeira. A brincadeira é paradoxal porque nem sempre é o que parece: por exemplo, uma luta às vezes não é uma luta, mas simplesmente uma brincadeira dura e bruta. A "dualidade" se refere especificamente ao elo que ele identificou entre as emoções primárias identificadas por Damasio (1994): choque, surpresa, medo, raiva, tristeza, felicidade e nojo; e certos aspectos fundamentais da brincadeira. Assim, o choque (surpresa) está sempre presente em brincadeiras que envolvem a provocação e dar trotes; o medo é central em correr riscos; a raiva domina todas as formas de competição; a solidão explica comemorações de todas as

> **Experiências de pico**
>
> As "experiências de pico" são aquelas em que o indivíduo sente uma alegria intensa e senso de propósito.

formas e tamanhos; a felicidade é a melhor descrição para as modernas brincadeiras de consumir, conhecidas como *experiências de pico*; e o nojo serve para todas as formas de non-sense e profanidade.

Atualmente, ele levou este estágio adiante e sugere que dentro destas formas diferentes de desempenhar a brincadeira há sempre também uma dualidade, e que há elementos em nosso comportamento informal de brincar que podem ser vistos como uma preparação para as provações da vida real. Assim:

- Provocar envolve assédio, que, quando reunido com a flexibilidade da brincadeira, pode ser visto como uma preparação para os procedimentos de iniciação da vida futura.
- Os riscos envolvem perigos sendo confrontados com a coragem, que nos prepara para os riscos que tomamos com relação ao nosso destino físico e econômico.
- As competições envolvem ataques refutados pela vigilância e defesa, que de várias maneiras podem ser vistos como um preparo para o combate, para a guerra e caça
- Comemorações envolvem a solidão às vezes confrontada com alegria, que ajuda a desenvolver os mecanismos para lidar com a ausência de identidade da sociedade.
- Experiências de fluxo descrevem narcisismos satisfeitos pela fama, que nos preparam para o papel central da *subjetividade do consumidor individualista* na vida moderna.
- E, finalmente, as profanidades envolvem desvios comportamentais refutados pela razão, que nos prepara para sermos *iconoclastas* rebeldes.

> **Subjetividade do consumidor individualista**
>
> A quantidade excessiva de oportunidades criadas por uma sociedade moderna de consumidores quer dizer que as pessoas têm que escolher constantemente entre quais itens comprar; como comida e móveis, de maneira subjetiva à base de fatores triviais. Por essa razão, o consumo se torna altamente subjetivo e individualista.

Tudo isso o levou à conclusão de que a brincadeira evoluiu como um mecanismo que permite que os seres humanos lidem com um mundo em contínua e rápida mudança. Nossa composição genética biológica geralmente não consegue manter o ritmo com nosso mundo social que muda rapidamente, mas a presença de um *gene da brincadeira* nos permite superar o problema.

## O CONCEITO DE RISCO NA BRINCADEIRA E NO PLAYWORK

> **Iconoclasta**
>
> Aquele que destrói símbolos e monumentos culturalmente importantes. No sentido que este capítulo usa o termo, está sugerindo que a brincadeira pode possibilitar que um jogador experimente com ideias que não são convencionais na sua cultura.

Em uma carta para o jornal britânico *Daily Telegraph* datada de 10 de setembro de 2007, intitulada "Deixem nossas crianças brincar", uma preocupação era expressa a respeito da afirmação "declínio marcante nos últimos 15 anos na brincadeira das crianças". A carta era notável pelo fato de ter sido assinada por 270 representantes de cargos elevados das mais variadas áreas de conhecimento. Os autores enfatizaram uma ampla gama de características da vida moderna que desgastaram a brincadeira das crianças, incluindo a "ansiedade cultural difundida que, quan-

> **Gene da brincadeira**
>
> Um conceito propondo que o desejo de brincar está codificado na biologia dos seres humanos. A referência a "um gene" é uma figura de linguagem, conforme o que conhecemos de genética indica que a necessidade de brincadeira seria o resultado de interações complexas entre muitos genes.

do não está incluída no processo de criar políticas, habitualmente contamina o espaço necessário para a brincadeira autêntica florescer".

Esse é um assunto refletido na obra de Tim Gill No Fear: Growing Up in a Risk Averse Society (2007). Gill chama atenção aos desenvolvimentos que aconteceram na sociedade do Reino Unido durante os últimos 25 anos e que tem tido um impacto negativo na brincadeira das crianças; e especialmente, nas oportunidades para as crianças experimentarem riscos. Isto inclui: maior quantidade de tráfego nas estradas; aumento de estruturas regulatórias, histórias alarmantes na mídia sobre pedófilos, e um medo crescente de litígio da parte de profissionais que trabalham com crianças. O resultado é que as crianças estão muito menos visíveis nas nossas comunidades locais do que estiveram no passado. O que é potencialmente perigoso porque, conforme Chilton (2003) sugere, as crianças precisam experimentar todos os aspectos do seu ambiente local para compreender a comunidade em que vivem. Também não será fácil para a comunidade aceitálas como tendo uma presença legítima se elas são raramente vistas. Também é perigoso a longo prazo, porque significa que as crianças terão bem menos oportunidades para correr riscos.

Gill (2007, p. 16) resume o argumento para permitir que as crianças se envolvam com riscos como sendo quatro:

1. Encontros com certos tipos de risco ajudam as crianças a aprender como administrar esses riscos.

2. Se o apetite da criança por correr riscos não é satisfeito, ela pode buscar situações que tragam riscos ainda maiores.
3. Experimentar atividades de risco traz efeitos colaterais benéficos para a saúde e o desenvolvimento das crianças.
4. Superar situações de desafio é uma parte essencial de viver uma vida significativa e satisfatória.

O problema exposto por Ball (2002) é que os resultados positivos da brincadeira são difíceis de medir; enquanto os resultados negativos – acidentes, custos, litígio – podem ser medidos pela ciência ou qualquer outra ferramenta qualitativa, e são todos muito reais. Defrontar-se com essa situação e com a ausência da força política das crianças, a tendência será de benefícios serem subestimados e a proposta de brincadeira sai perdendo.

Entretanto, a carta para o *Daily Telegraph* é uma indicação do entendimento crescente de que as coisas foram longe demais e que precisamos restabelecer o equilíbrio. Isto é algo que os playworkers têm dito por muitos anos. Hughes (2001) sugeriu que o playwork é essencialmente evolutivo por natureza, e que o risco e o desafio estão exatamente no centro do que a profissão é. Para ele, a oportunidade da criança de experimentar o risco deveria ser vista como parte do direito de brincar, o que é cultuado na Convenção das Nações Unidas sobre os Direitos da Criança (UNICEF, 1991). Consequentemente, Hughes (2001, p. 10) vê esse elemento do trabalho como compensatório em natureza. O papel do playwork é oferecer às crianças ambientes e experiências que enquanto "proporcionam desafios, não expõem as crianças a perigos desconhecidos, medos ou sentimentos de derrota".

A chave para esta abordagem é a necessidade para diferenciar entre risco (que é avaliável) e perigo (que é imprevisível). Gladwin (2005) diz que a avaliação do risco requer dois julgamentos separados: primeiramente, o que é potencial para que algo

BRINCAR: APRENDIZAGEM PARA A VIDA **285**

## IDEIAS EM AÇÃO

### Observação de um educador

A sequência seguinte acontece em um estabelecimento da educação infantil e ilustra muitos dos pontos precedentes – especialmente a natureza paradoxal da brincadeira; o papel da brincadeira de fluxo livre; a complexidade da brincadeira; e a dualidade da experiência. (Sou grata a Katherine Fisher por permitir o uso desta história)

É hora da merenda, e acompanhando o clima relaxado, me deito no chão entre as crianças, enquanto elas comem seus lanches.

Gerry: "Olhem – Katherine dormiu!"

Abro um olho e olho para Gerry.

Ele ri e volta para o seu lugar.

Martin: "Não é a Katherine, é um gigante".

Então começo a roncar: zzzzzzzz...

As crianças riem e começam a ficar agitadas.

Duas crianças se aproximam com suas maçãs e colocam-nas em cima da minha barriga.

Enquanto me mexo para pegar as maçãs, as crianças voltam correndo para seus lugares.

Faço de conta que como as maçãs, mas me sento e começo a fungar.

"Acho que deve ter crianças se movimentando por perto! Posso sentir cheiro de criança quando elas estão perto de mim! Nham nham!"

Elas todas gritam e correm para seus lugares.

Lisa rasteja no canto da casinha.

"Vamos pegar comida de mentira para o gigante".

Ela coloca a comida em um prato e empurra na minha direção.

Eu fungo novamente... "Que nojo, essa não é a minha comida".

Lisa ri.

Então Jodie pega um ursinho da caixa de brinquedos.

Ela rasteja até mim com o brinquedo e o coloca perto da minha cabeça.

"Aqui está, Sr. Gigante, peguei um ursinho para você".

Ela senta de volta.

Devagar começo a acariciar o ursinho.

Começo a sorrir e abraçar o ursinho de pelúcia.

Lentamente me sento e abraçando o ursinho saio da sala de aula.

Entro novamente na sala como Katherine.

"Olá a todos. Acabei de ver um gigante muito engraçado abraçando um ursinho, vocês viram?".

As crianças começaram a me contar sobre a sua aventura com o gigante e como ele podia sentir o cheiro delas e queria comê-las se elas se movessem!

Nenhuma criança sequer disse que o gigante era eu.

(continua)

## IDEIAS EM AÇÃO

### Comentário

Esta breve história ilustra não somente o poder da brincadeira, mas também o potencial impacto de um playworker sensível. Para começar, o playworker relaxa com as crianças e de forma alguma se comporta de maneira intrusiva na experiência delas. Todavia, ele é imaginativo o suficiente para reagir às pistas dadas pelas crianças, seguindo com o fluxo da brincadeira. Logicamente o playworker não é um gigante e não comeria as crianças. Todas as crianças sabem disso e, no entanto, nenhuma delas estraga a fantasia. Presumidamente elas se sentem seguras com o playworker em um mundo perigoso de gigantes. Uma das crianças parece intuitivamente entender o poder dos *objetos transicionais* (Winnicott, 1971) e ursinhos em particular – tanto é assim que ela consegue tirar a pressão da situação com sua oferta de paz para o gigante. Talvez a coisa mais extraordinária seja a dualidade final; a conversa sobre o gigante com exatamente a pessoa que estava fingindo ser o gigante. Essas crianças são bastante pequenas e, mesmo assim, elas podem claramente separar a fantasia complexa e poderosa da sua experiência de brincadeira da conversa subsequente sobre aquela experiência.

> **Objetos transicionais**
>
> Um objeto transicional é criado na crença de uma criança de que um objeto pode "substituir" outro na compreensão de uma experiência de fantasia.

---

aconteça; e em segundo lugar, quais as prováveis consequências se acontecer? O playwork evolutivo aceita que as crianças são capazes de avaliar seus próprios riscos. Além disso, é a inclinação dos seres humanos de correr riscos que nos diferencia e nos transforma na espécie dominante do planeta.

## TEORIA DAS PARTES SOLTAS

Bengtsson (1974) fala da brincadeira onde quer que "algo aconteça para movimentar a imaginação". Isso pode ser qualquer coisa, "mas preferencialmente algo que possa ser manipulado e influenciado" (1974, p. 49). Também reflete a visão otimista de criatividade mencionada por Nicholson e Schreiner (1973) quando eles sugerem que as crianças deveriam ser autorizadas a estruturar o seu próprio ambiente de brincadeira, porque os seres humanos são inerentemente criativos, não havendo razão para acreditar que

perdemos esse talento na medida em que envelhecemos. Essa visão é apoiada pela observação de Hart (1995) que as crianças apenas forem empolgadas por playgrounds quando eles estão sendo construídos. Ele sugeriu que havia uma ligação entre o interesse delas e a disponibilidade de "materiais com que pudessem trabalhar" (Hart, 1995, p. 21). Por que deveria ser assim? Já sabemos que a brincadeira está mais relacionada com o processo do que com o produto. Nicholson (1971, p. 30), ao desenvolver a sua "teoria das partes soltas", explica-a dessa maneira: "Em qualquer ambiente, tanto os graus de inventividade e de criatividade quanto a possibilidade de descoberta são diretamente proporcionais ao número e tipo de variáveis dentro dele".

Nicholson está usando a palavra "ambiente" no sentido holístico: "um sistema de partes interativas que nos afetam" (Nicholson e Schreiner, 1973, p. 19). Dessa forma, um ambiente de partes soltas inclui tudo a partir do perímetro das paredes de uma estrutura aos fragmentos do naufrágio que se encontram nela. Ele sugere que uma praia é um bom exemplo de um ambiente de partes soltas. Aqui a areia está constantemente mudando, o mar é fluido, mesmo as pedras estão sempre mudando com as marés. Os resíduos dos antigos excursionistas são deixados na praia para que futuras crianças brinquem. Assim, a forma e a estrutura de um ambiente de partes soltas é o resultado de "formas geradas pela comunidade" (1973, p.20). Todavia, Nicholson não acredita que este seja um processo inteiramente aleatório. Ao contrário, ele descreve um ambiente de partes soltas como tendo "a forma de uma desordem altamente ordenada – onde cada peça tem seu lugar" (1973, p. 20). O valor e a popularidade dos ambientes

---

## IDEIAS EM AÇÃO

### Observação do autor

Em uma oportunidade, quando minha esposa estava na França, busquei meu neto de 5 anos na escola. Para fazermos algo especial, fomos ao parque Rowntrees onde há uma variedade de equipamentos de brincadeira de aventura bem coloridos. Ele foi direto para o topo da "teia da aranha" (aproximadamente a 10 metros do chão). Admirando sua agilidade, mandei uma mensagem de texto para minha esposa comentando sobre a proeza do nosso neto. Quase imediatamente recebi a resposta dela dizendo, "Você está maluco? Faça-o descer!" Em um instante toda a minha perspectiva da situação mudou e eu comecei a encorajá-lo a descer. Ele estava na metade do caminho quando uma menina no mínimo três anos mais velha passou por ele a caminho do topo. Logicamente ele deu meia volta e seguiu a menina de volta ao topo. Quando ela chegou até o topo, a menina se apoiou em uma corda, agarrou o mastro central e escorregou para baixo até chegar ao chão. Meu neto começou a copiar o que ele tinha visto (e eu comecei a entrar em pânico!). Esticando os braços através das cordas, ele colocou suas mãos no mastro central, mas, ao avaliar a cena, deu meia volta e retorna pela rede de segurança (para o meu total alívio).

### Comentário

A lição dessa história é que mesmo com 5 anos meu neto era perfeitamente capaz de avaliar seu próprio risco. Ele foi capaz de julgar o que ele poderia e não poderia administrar. A ironia é que se ele não estivesse fora do meu alcance eu teria interferido. Tal intervenção teria tido causas puramente pessoais e não teria sido realmente a melhor coisa a fazer pelo interesse da criança. Nas palavras de Bob Hughes (2001, p. 54),

> A maioria das crianças não é nem estúpida e nem suicida. Elas não irão deliberadamente ultrapassar os limites de suas habilidades conhecidas. Mas, para se desenvolver, elas devem levar muito do que fazem até seu limite e testá-lo. Quando vemos uma criança envolvida em algo "perigoso", estamos fazendo esse julgamento sob o nosso ponto de vista, e não sob o dela.

### Pare e reflita

Existem momentos em sua própria prática em que você tenha interferido em (o que você considera ser) uma situação potencialmente perigosa, quando você poderia ter deixado o evento se desenrolar? Até que ponto você concorda que nossa avaliação do que é "perigoso" é realmente um julgamento a partir do nosso ponto de vista e não do ponto de vista da criança?

de partes soltas são confirmados por toda literatura. Norén-Björn afirma que "materiais soltos são de importância crucial para enriquecer a brincadeira" (1982, p. 166). Inúmeros pesquisadores têm demonstrado que as crianças preferem poços de areia e piscinas rasas a maioria dos outros itens do equipamento (Blakely e Hart, 1987). Moore (1974) descobriu que isso era especialmente verdade com as crianças com menos de 5 anos. Berry (1993, p. 129) declarou que a brincadeira de teatro é estimulada pela introdução de partes soltas e que a "quantidade de tempo empregado com esse tipo de brincadeira aumentou consideravelmente quando as partes soltas foram adicionadas". Parkinson (1987) ainda sugeriu que as partes soltas são um dos fatores que governam a extensão do alcance da brincadeira da criança.

Apesar disso, é importante não dar a impressão de que os materiais soltos são tudo o que é necessário para estimular a brincadeira das crianças. Chiang (1985) descobriu que, enquanto materiais "portáteis" são usados durante um grupo de teatro e um grupo de brincadeira construtiva, os equipamentos fixos ficam na frente com o grupo de brincadeira funcional. O próprio Nicholson (1971) aponta que um ambiente de partes soltas é um conceito holístico, o que inclui as estruturas sólidas como paredes e cercas, assim como os materiais criativos dentro delas. Ele não sugeriria que armações para escalar deveriam ser demolidas, mas deveria ser possível combiná-las com recursos soltos para facilitar as possibilidades criativas.

## O CICLO DE BRINCADEIRA E O ESTÁGIO DA BRINCADEIRA

Nos excelentes ensaios para conferência, "The playground as therapeutic space: playwork as healing" (1988), Perry Else e Gordon Sturrock apresentaram um forte argumento para os playworkers serem considerados potenciais curandeiros.

Eles argumentam que o playwork fracassou até o momento em florescer por causa da falta de clareza teórica, da ingenuidade política, das reivindicações conflitantes e poucos recursos e ausência de uma pesquisa afetiva. Como consequência, os últimos 30 anos têm visto uma redução de um acesso aberto à provisão de playwork.

Else e Sturrock se concentraram no estudo da mente ou da psique na brincadeira, e para descrever isso eles criaram o termo *psicolúdico*. A tese deles se baseia na proposição que "anterior a cada ato de criatividade... se encontra um domínio imaginário ou zona divertida (*lúdico*) e simbolicamente constituída. O playworker acompanha e trabalha com esse *material emergente* e conteúdo". Dessa maneira, eles declaram que o playwork não significa controle ou gerenciamento; mas ao contrário, seu valor reside na riqueza de respostas que a brincadeira permite, estabelece e gera artefatos (1998, p. 4-5). Para Else e Sturrock, o playwork acontece em dois níveis: primeiramente, o nível óbvio da brincadeira; e em segundo lugar, em uma camada mais profunda do inconsciente, mas com formação de conteúdo. Eles rejeitam a visão comumente apoiada que vê a brincadeira como indefinível. Em vez disso, eles sugerem que o propósito da brincadeira é agir como um elemento que aparece antecipadamente a criatividade, que pode ser visto como a fonte de toda a saúde mental. Nesse sentido, existem meios de curar traumas, neuroses e doenças psíquicas (através da brincadeira).

Como Bateson (1955), eles sugerem que o ímpeto da brincadeira acontece em uma *estrutura*, e que, quando as crianças brincam, elas emitem sinais que são contidos e refletidos de volta para a criança. Eles usam o conceito de Sutton-Smith (1984) da

> **Psicolúdico**
> Psique: da mente; lúdico: relacionado à brincadeira; portanto, psicolúdico é o estudo da mente durante a brincadeira.

## IDEIAS EM AÇÃO

### As partes soltas estimulam a imaginação

O livro *The Venture: A Case Study of an Adventure* Playground (Brown, 2007, p. 40-2) contém um ótimo exemplo da maneira como as partes soltas podem estimular a imaginação das crianças, que de outra forma poderia não se esperar que fossem criativas. O ex-playworker Ben Tawil conta a narrativa a respeito de uma carga de um caminhão de móveis velhos que foi deixada na entrada de um playground de aventura. Em suas palavras (levemente abreviadas):

Conforme as crianças chegavam para a sessão da tarde elas imediatamente se interessavam pelos móveis. Um grupo de aproximadamente sete crianças, com idade entre 8 e 12 anos, ambos meninos e meninas, começou a examinar cuidadosamente os móveis. Primeiramente sua busca parecia indiscriminada, quase caótica, com muito pouca comunicação entre eles... as crianças pareciam ter ideias simultâneas que eram originadas quando um deles ordenava uma peça da mobília. Surgiram dois líderes – a menina mais velha com mais ou menos 12 anos e um dos meninos mais novos, com mais menos 8 anos. Eles pareciam ter assumido o papel de decoradores de interiores – dizendo ao resto do grupo onde deveriam colocar os móveis. Essas instruções eram seguidas ao pé da letra com grande seriedade. Juntos eles criaram o ambiente de um lar...

Prontamente um menino de mais ou menos 11 anos sentou em uma escrivaninha e exclamou: "Vocês podem fazer menos barulho? Estou tentando escrever uma carta para o conselho" e sem nenhuma dúvida ou hesitação a menina mais velha (até esse momento a decoradora de interior chefe) chamou a atenção das outras crianças com um tom de voz severo e autoritário, "O pai de vocês disse para fazer menos barulho. Agora vão e brinquem em silêncio". Imediatamente o resto do grupo assumiu os papéis de irmãos, irmãs, avós, filha e um namorado visitante...

Essa brincadeira... continuou por *duas semanas* – todas as tardes e por oito horas inteiras durante o fim de semana. Grupos diferentes de crianças usavam os materiais e alteravam o ambiente e a narrativa para servir às suas necessidades... No fim o interesse das crianças diminuiu: talvez elas tivessem esgotado sua necessidade por esse tipo de brincadeira por aquele momento, certamente elas tinham se cansado dos móveis já decadentes. A brincadeira começou a mudar mais uma vez, conforme as crianças encontravam utilidades para painéis da mobília em brincadeiras de construção, e foi feito bom uso do restante, abastecendo a fogueira que fazíamos à noite.

### Comentário

Tawil diz,

> O valor dessa carga de caminhão de móveis velhos foi imensurável... os novos materiais disponíveis naquela tarde estimularam uma ideia derivada que as crianças controlavam – elas tinham um domínio completo da sua brincadeira e ela se desenvolveu naturalmente sem a necessidade de que eu interferisse, distraísse elas ou proporcionasse diversão.

Em um certo momento ele faz referência à ideia de que as crianças não estavam apenas envolvidas com uma brincadeira de teatro, mas sim em uma brincadeira socioteatral (Smilansky, 1968). Elas poderiam ser claramente vistas representando papéis de importância para suas vidas cotidianas. Havia uma mistura oportuna de idades e gêneros, com as crianças "mostrando compaixão, consideração, incentivo e apoio – experimentando afinidade e empatia (Brown e Webb, 2005)". Ele também

(continua)

## IDEIAS EM AÇÃO

fala de como a narrativa parecia criar vida própria, "não obstruída pelas indas e vindas intermitentes dos participantes".

Taylor (2008) sugere que a teoria das partes soltas tem relevância para um número de áreas de teoria e prática do playwork; incluindo os tipos de brincadeira (Hughes, 2006), a flexibilidade composta (Brown, 2003), o fenômeno transicional (Winnicott, 1951), valores e suposições (SkillsActive, 2002), os princípios do playwork (GAPP, 2005) e a segurança de qualidade (Conway e Farley, 1999).

### Pare e reflita

Como você poderia explorar a teoria das partes soltas em seu local?

---

*pista de brincadeira* para descrever esses sinais. Eles introduzem o conceito de um *ciclo de brincadeira*, no qual um mundo ideal satisfaz os desejos imediatos de brincadeira da criança e que possui o significado daquela brincadeira. Else e Sturrock enfocam a ideia de que os playworkers estão numa posição única para responder às pistas de brincadeira das crianças e eles enfatizam a importância de garantir que essas respostas sejam apropriadas. A partir dessas experiências interativas, os playworkers também podem conseguir "desenvolver *insights* e respostas interpretativas, auxiliando ainda mais e possivelmente aprofundando expressões desse *conteúdo lúdico*" (1988, p. 5).

Entretanto, isso ocorre somente no ciclo de brincadeira ideal. Às vezes esse processo ideal não tem êxito. Else e Sturrock chamam isso de *des-brincadeira* e sugerem que pode acontecer em quatro circunstâncias distintas em que:

1. O significado da brincadeira não é reconhecido.
2. A resposta do adulto é imprópria.
3. O refreamento é rompido.
4. O ciclo se torna híbrido.

Especialmente no último caso, eles sentem que a criança tem tendência de começar a formar neuroses. Isso é crucial para a tese deles. Muitas terapias bem estabelecidas envolvem a repetição de neuroses formadas durante a infância. Dessa forma, Else e Sturrock estão sugerindo que os playworkers estão em uma posição potencialmente importante porque eles estão "ativos no preciso momento onde as neuroses em potencial estão sendo formadas" (1988, p. 5). Consequentemente, eles perguntam se o playwork pode ser visto como um agente de cura, ou ao menos catártico, e sugere que os playworkers podem ser vistos "*associando livremente nas associações livres* das crianças".

Assim, para Else e Sturrock a brincadeira é um ímpeto ativo em uma estrutura de natureza particular. A estrutura é o ambiente para o material dirigido da criança – suas pistas e temas. O ímpeto de brincadeira exige acomodação e/ou retorno. Alguns elementos do estabelecimento de playwork serão inevitavelmente compensatórios para e contribuirão com o equilíbrio emocional da criança. Nos níveis mais profundos de funcionamento, as crianças expressam de forma simbólica matérias inconscientes cruciais para o seu desenvolvimento psíquico. Isso requer refreamento, reflexão, retorno e um engajamento cuidadoso do playworker; tudo isso significa que os playworkers devem desenvolver uma interpretação consistente ou uma perspectiva analítica para enviar suas respostas.

## IDEIAS EM AÇÃO

### Observação do autor

Em uma oportunidade, observei uma playworker brincando com um menino de 10 anos chamado Nicolae na ala de um hospital. Os dois estavam envolvidos com uma brincadeira de perseguição. Nicolae estava perseguindo a playworker, mas parecia que ele queria que ela o perseguisse. Enquanto eles estavam correndo em volta das macas, Nicolae parou na frente de uma mesa e bateu ruidosamente duas vezes com sua mão. A playworker continuou correndo, tendo deixado escapar a pista de brincadeira que ela recém havia recebido. Nicolae retomou sua perseguição. A seguir, ele bateu por cima de um colchão e colocou as mãos no rosto simulando pavor. Ele até disse "Ó, deus!". Essa era uma pista de brincadeira muito mais óbvia e mesmo assim a playworker deixou escapar completamente e continuou a correr para longe dele. Aquilo deixou Nicolae sem opção, além de retirar sua pista da playworker e então ele começou a correr atrás dela novamente. Quase imediatamente, ele passou perto do casaco da playworker que estava pendurando na maçaneta da porta. Ele parou e colocou sua mão dentro do bolso do casaco, simulando tirar alguma coisa. Por fim a *playworker* compreendeu a mensagem e começou a persegui-lo. Nicolae gritava animadamente, ele permitiu ser apanhado rapidamente e o par terminou rolando pelo chão, enquanto ele dava risada triunfantemente.

### Comentário

O significado não declarado das pistas de brincadeira desse exemplo é razoavelmente claro – "Pare de fugir e comece a correr atrás de mim". Quando a playworker finalmente respondeu, a reação de Nicolae não foi de simplesmente começar a fugir. Seu grito animado mostrou um sentimento verdadeiro de realização e o fato de que ele permitiu ser apanhado parecia refletir um desejo de confirmar a sua façanha.

Else e Sturrock (1998) enfatizam a importância da habilidade do playworker para interpretar as pistas de brincadeira das crianças. Eles sugerem que uma falha consistente dessa interpretação pode ter efeitos prejudiciais para as crianças em questão. Frequentemente as pistas de brincadeira são bastante sutis, o que significa que os playworkers têm que ser altamente sofisticados em suas habilidades para interpretar o significado do comportamento de cada criança. Entretanto, é favorável que uma das funções da brincadeira seja nos fornecer a oportunidade de se envolver com as mensagens não-verbais de outros seres humanos. Através da brincadeira, desenvolvemos aquelas habilidades interpretativas (Brown, 2008). Por essa razão, se o playworker tiver tido uma infância bem equilibrada, não deveria existir nenhum problema para interpretar as pistas de brincadeira das crianças.

Também é significativo que Nicolae tenha nascido prematuro de dez semanas e pesando menos de 1kg. Ele foi abandonado quando nasceu e subsequentemente passou a maior parte de sua vida confinado em uma cama. Ele teve um considerável dano cerebral, embora não estivesse claro se isso era resultado de sua constituição genética ou de sua experiência de vida – provavelmente uma combinação de ambos. Na época da minha observação, Nicolae tinha sido libertado de seu brutal tratamento por aproximadamente nove meses. Durante esse tempo ele tinha aprendido a andar, desenvolveu alguma linguagem rudimentar e agora estava envolvido com a brincadeira social. Seu uso de pistas de brincadeira um tanto sofisticadas era mais uma indicação do seu desenvolvimento através da brincadeira.

### Pare e reflita

O quanto você tem êxito para interpretar as pistas de brincadeira das crianças? Você consegue identificar exemplos da sua própria experiência que você tenha interpretado mal as mensagens não-verbais de suas crianças? Qual foi a sua reação? E a delas? O que você aprendeu com essa situação?

## O CONTINUUM BRAWGS E O EXTREMO DA RECALCITRÂNCIA

Frost e Woods (2006, p. 338) descrevem os playworkers como "adultos que apoiam e ajudam as crianças brincarem fornecendo recursos e uma atmosfera de segurança e proteção em ambientes dedicados à brincadeira das crianças". Em "Playwork: Theory and Practice" (Brown, 2003b, p. 4), sugeri que uma das preocupações essenciais do playwork é "possibilitar as crianças a desempenhar a sua própria programação de brincadeira". Dessa forma, o playwork trata de dar poder às crianças em sua brincadeira, mas ao mesmo tempo se certificando de que não sofrerão nenhum dano. A contradição em potencial aqui é aparente demais, e tem sido cobrada dos playworkers pelos últimos 50 anos. Como é possível para um adulto fornecer uma proposta segura que ainda ofereça às crianças liberdade total para explorar suas próprias ideias, sentimentos, experiências e habilidades? O Continuum BRAWGS[3], de Wendy Russel, é uma tentativa de se dirigir àquela aparente contradição.

Russel (2008) sugere que a provisão de brincadeira tem sido frequentemente caracterizada conforme um dos dois modelos: a abordagem *didática* ou a abordagem *ludocêntrica*. A abordagem didática enfoca o desenvolvimento da criança e vê o papel do adulto como um de estruturar e direcionar a criança para ajudá-la a se tornar adultos bem sucedidos. A abordagem ludocêntrica argumenta que a brincadeira tem valor por si só, e considera que o adulto deve apoiar, capacitar e dar poder às crianças, para se tornarem crianças bem sucedidas. Entretanto, Russel diz que isso é uma simplificação excessiva das duas posições que falha em

> **Didático**
> Pretender instruir; uma atividade empreendida com o propósito específico de ensinar.

considerar a complexidade dos estabelecimentos de brincadeira e a necessidade dos playworkers de desenvolver uma gama de respostas às brincadeiras das crianças.

Com a ajuda de Arthur Battram (2002), Russel conseguiu compreender que essa perspectiva dualística é incorreta. Em vez, Battram sugeriu que o princípio ludocêntrico deveria trabalhar na direção da zona intermediária, em alguma parte entre o extremo da ordem e o extremo do caos. Como resultado, Russel desenvolveu o modelo de um *continuum* a partir do didático (direcionando e ensinando) em uma extremidade, para o caótico (negligente e egocêntrico) na outra extremidade. Um típico estabelecimento didático seria caracterizado por um programa de atividades projetado por adultos e altamente estruturado, com um conjunto rígido de regras e assim por diante. A abordagem caótica poderia ser exemplificada por uma equipe que não é confiável, com horários de abertura imprevisíveis e recursos que são perigosos ou decadentes. No meio desses dois extremos, encontramos a abordagem ludocêntrica, que trata da brincadeira das crianças em vez de qualquer outra programação adulta.

> **Continuum**
> Uma corrente, sequência ou progressão de eventos/ áreas em que uma coisa leva logicamente a outra.

O modelo tem sido desenvolvido ainda mais, depois de conversas com Gordon Sturrock, que apontou a necessidade de considerar as emoções e sentimentos, em vez de simplesmente se concentrar no comportamento. Essa é uma tentativa de tratar dos problemas de intervenções adulteradoras, como, por exemplo, adultos participando de competições de brincadeira das crianças com a única intenção de vencer; ou dominar conversas com as crianças sobre assuntos delicados, como resultado de fracassar em entrar em acordo com o próprio "material não utilizado na brincadeira" das crianças (Else e Sturrock, 1998). O mais importante aqui é que os playworkers equiparem seus sentimentos aos seus comportamentos. Buscando se tornar mais conscientes de onde nossa prática se encontra no continuum, deve se tornar mais fácil adotar uma posição que seja conscientemente ludocêntrica.

## PRIVAÇÃO DE BRINCADEIRA E PLAYWORK TERAPÊUTICO

As ideias de Bob Hughes em relação à recapitulação e dos benefícios evolutivos da brincadeira e do playwork foram exploradas no primeiro capítulo. Essa subseção por sua vez se concentra no estudo dos efeitos da privação de brincadeira e a brincadeira tendenciosa de Hughes; e, especialmente, nas lições a serem extraídas do seu estudo premiado sobre a brincadeira das crianças em Belfast durante o período conhecido como *The Troubles* (um período de conflito étnico-político na Irlanda do Norte).

Hughes (2002) identificou 16 tipos diferentes de brincadeira, os quais ele afirma que todas as crianças precisam experimentar. Sua tese se baseia na ideia de que a falta de equilíbrio, ou déficit de um ou mais tipos dessas brincadeiras durante a infância provocará um dano permanente na criança em desenvolvimento. Ele sugere que isso pode assumir duas formas distintas, ou a privação da brincadeira ou a brincadeira tendenciosa. Hughes (2003, p. 68) afirma que a *privação da brincadeira* é o resultado de "uma falta crônica de interações sensórias com o mundo" ou "uma interação neurótica, errática". A *brincadeira tendenciosa* se refere a "uma abundância de brincadeira em uma área de experiência ou outra, tendo o efeito de excluir a criança de algumas partes da experiência de brincadeira total". Hughes sugere que a privação crônica e a tendenciosa na brincadeira das crianças pode estar bem mais difundida do que a sociedade reconhece. Este pode ser o resultado

de um número de fatores, incluindo o medo do tráfego, o risco percebido de estranhos, medo dos pais de que as crianças se envolvam com atividades de risco, etc.

Com base nas entrevistas conduzidas com sujeitos que cresceram durante o período do "The Troubles", Hughes concluiu que a brincadeira havia sido "adulterada". Adulteração é o termo que Hughes (2000, p. 13) usa para descrever o "impacto negativo dos adultos nas brincadeiras das crianças". Ele descobriu quatro efeitos principais na brincadeira:

1. privação e substituição de tipos de brincadeiras;
2. saturação por adulterar imagens e eventos;
3. privação de variação, escolha e domínio; e
4. violação traumática do processo de brincadeira.

Hughes sugere quatro resultados prejudiciais de tudo isso: a adulteração da brincadeira social promoveu a propagação contínua do sectarismo; a natureza militarista da experiência ambiental da criança encorajou a adoção de uma extensão extremamente limitada de narrativas de brincadeira; as restrições quanto à variação de comportamento das crianças criaram deficiências no mapeamento mental; e o estresse, trauma e privação de brincadeira na vida diária resultaram em uma mutação neuroquímica e neurofisiológica do cérebro.

Hughes (2000, p. 58) refere o trabalho de Harlow e Suomi (1972) e Einon e colaboradores (1978) para sugerir que "os sintomas da privação de brincadeira em outras espécies podem ser significativamente reduzidos quando é dada a oportunidade dos sujeitos brincarem novamente". Por essa razão, ele propõe uma função aos playworkers de aliviar os efeitos maléficos da privação de brincadeira, mas sugere que eles precisariam de treinamento especializado nos efeitos do conflito na brincadeira.

## IDEIAS EM AÇÃO

### Observações de um educador

Dois exemplos ilustram esses pontos. O primeiro eu usei em outro lugar (Brown, 2003, p. 61-2), mas vale à pena repetir porque oferece um excelente exemplo das deficiências de uma abordagem didática ao playwork. Trata-se de um incidente que testemunhei em uma oportunidade, quando um "playworker" tinha organizado um jogo de futebol para aproximadamente 20 crianças. Durante o jogo, um cachorro corria atrás de uma bola pelo campo. Muito espontaneamente as crianças incorporaram aquela bola na sua brincadeira e resultou em um jogo muito complexo, quase tridimensional. O adulto apitou vigorosamente e parou o jogo. As crianças lamentaram em voz alta, enquanto ele carregava a segunda bola para a linha lateral. A linguagem corporal das crianças deveria ter enviado uma mensagem para o apitador, mas ele parecia completamente inadvertido de suas "pistas de brincadeira" bastante óbvias (Else e Sturrock, 1998). Não foi uma surpresa quando, durante os próximos dez minutos, os jogadores se tornaram mais agressivos, a ponto de começar uma briga. Depois de algum tempo, quatro das crianças simplesmente se afastaram, e o jogo terminou em confusão.

O segundo exemplo foi fornecido por um colega de trabalho, que me falou de uma situação especialmente caótica em um playground local. Praticamente da noite para o dia, não por culpa própria, o comitê de administração perdeu o capital. A curto prazo, isso significava que os playworkers não poderiam ser pagos e o lugar seria fechado. Durante os próximos meses, o comitê do playground fez legítimos esforços para arrecadar fundos para reabrir o lugar. Em diversas ocasiões, as esperanças eram reavivadas, somente para serem perdidas, mas nesse meio tempo impressões falsas haviam sido dadas para as crianças. Finalmente, pequenas quantias de dinheiro foram alocadas para o projeto, com o resultado que se tornou possível abrir o lugar por duas ou três noites por semana. Porém, nunca era previsível em quais noites o playground estaria aberto, porque era difícil conseguir uma equipe confiável. Não surpreendentemente, durante toda essa longa saga, o comportamento das crianças piorou muito e no fim a violência se tornou a norma.

### Comentário

No primeiro exemplo a abordagem didática do treinador de esportes estava mal ajustada para o ambiente e esquema da brincadeira. Tendo sentido o gosto da vibração de uma brincadeira criativa, a inflexibilidade do esporte organizado era demais para as crianças aguentarem. Uma compreensão simples do processo de flexibilidade e a importância de trabalhar com as propostas das crianças poderia ter salvado aquele playworker de uma grande parte do estresse e transformado a experiência em algo muito mais divertido para todos.

No segundo exemplo, um grupo constante de crianças, que estavam acostumados com os playworkers que adotavam uma abordagem ludocêntrica previsível, foi lançado para o caos por uma adulteração crônica do seu ambiente de brincadeira. O fato de que isso estava fora do controle de um comitê bem intencionado é absolutamente irrelevante. As crianças não queriam que seu playground fechasse, e quando ele reabriu, elas queriam que ele abrisse em horários previsíveis, com playworkers que mostrassem comprometimento com o seu trabalho. Como nada disso aconteceu, não é de se surpreender que houvesse um ressentimento acumulado e uma falta de confiança geral.

### Pare e reflita

De que maneiras você pode garantir que os desejos das crianças tenham prioridade no seu estabelecimento? Como você poderia ter certeza de que os valores fundamentais de um playwork sejam adotados em todas as oportunidades?

## IDEIAS EM AÇÃO

### Observações de um hospital pediátrico romeno

Estudos de crianças abandonadas na Romênia feitos por Sophie Webb e por mim (2005) forneceram algumas confirmações das conclusões de Harlow; desta maneira, oferecem também apoio para as recomendações de Hughes. Nosso trabalho investigava o impacto de um projeto de playwork terapêutico sobre um grupo de crianças em um hospital pediátrico romeno. As crianças, que tinham entre 18 meses e 12 anos, tinham sido abandonadas no momento do nascimento; subsequentemente, receberam poucas influências positivas em suas vidas. Elas passavam a maior parte do tempo presas às suas camas na mesma ala do hospital. Elas eram alimentadas somente uma vez por dia, e suas fraldas eram raramente trocadas. Algumas das crianças eram HIV positivas e, ainda assim, quando ficavam doentes, eram tratadas com as mesmas agulhas.

Em 1999 a Iniciativa da Rosa Branca (IRB), uma instituição de caridade fundada pela Universidade de Leeds, empregou o primeiro playworker romeno (Edit Bus) para trabalhar com as crianças. Este era um resultado direto do novo diretor estar ciente da pesquisa de Harlow sobre os efeitos da privação de brincadeira em macacos criados em isolamento. A IRB trouxe Edit Bus para a Universidade de Leeds, onde nós projetamos um curso de treinamento especialmente feito para ela, que consistia em trabalhar na Enfermaria Geral de Leeds e no Berçário Ebor Gardens, o que era complementado com aulas reflexivas. Edit retornou para a Romênia em outubro de 1999 e começou a trabalhar exclusivamente com as crianças em uma sala de brincadeira rudimentar fornecida pelo hospital.

No início de cada dia, Edit tinha que desamarrar as crianças, alimentá-las, dar banho e trocar suas fraldas antes de levá-las para a sala de brincadeira, onde ela brincava/trabalhava com elas durante o dia antes de devolvê-las para suas camas no fim da tarde. Assim que ela deixava o hospital, as enfermeiras entravam na ala e amarravam as crianças novamente. Exceto pelo projeto de playwork terapêutico, durante o primeiro ano pouca coisa mudou na vida das crianças. Elas ainda passavam o resto do dia e a maior parte dos fins de semana amarradas nas mesmas camas, experimentando quase nenhuma interação com outras pessoas.

### Comentário

Durante o primeiro ano do projeto, dois pesquisadores da Universidade de Leeds passaram mais de 500 horas trabalhando no hospital. Usamos uma combinação de métodos de pesquisa para identificar mudanças no desenvolvimento das crianças, como diários de pesquisa, observação participante e não participante e nossa própria ferramenta de avaliação do desenvolvimento da brincadeira. Em alguns casos, as mudanças eram dramáticas, fornecendo fortes evidências do poder da brincadeira como um agente terapêutico e de desenvolvimento. As crianças mostraram uma velocidade de "recuperação" que era completamente inesperada, e que lança dúvidas sobre a visão de "idades e fases" do desenvolvimento da brincadeira, como é vista no trabalho de Piaget, Parten, Sheridan e outros (Webb e Brown, 2003). Estes trechos do diário de pesquisa de Sophie Webb ilustram a mudança desde outubro de 1999:

> *8 de março de 2000*: Virgil brinca bem com as outras crianças e normalmente é o instigador de brincadeiras de faz de conta; apesar de que, quando brinca sozinho, ele é mais sério. Ele está sempre ocupado recolhendo objetos e colocando-os na caixa amarela; ele muda a caixa de lugar e então tira para fora tudo o que tiver dentro. Isso é repetido muitas vezes, mas ele nunca se

(continua)

## IDEIAS EM AÇÃO

cansa. Ele gosta de estar no controle, mas está aprendendo a dividir seu "trabalho" com os outros, e certamente está adquirindo confiança. Surpreendeu-me quanta diversão ele teve com os blocos de construção, e foi tão fascinante assisti-lo rindo muito sozinho quando ele os derrubou.

*29 de março de 2000*: Olympia estava dançando com Virgil a música que estava tocando no rádio nesta manhã. Eles estavam de mão dadas e se movimentando pela sala. Quando me juntei a eles, Carol se aproximou e queria entrar na dança, e isso progrediu de maneira que começaram a correr por toda a sala ainda de mãos dadas e querendo ficar ligados. Isso pode parecer algo muito normal, mas considerando como essas crianças eram inseguras apenas seis semanas antes, é uma grande realização.

# Resumo e revisão

A brincadeira das crianças é um fenômeno complexo, com implicações que vão bem além da infância. Este capítulo se propôs a explorar as seguintes questões:

- O que as teorias mais recentes de playwork e as ideias de Brian Sutton-Smith nos dizem sobre a natureza e o propósito do playwork?
- Quais são as implicações da prática do playwork?

Como temos visto, Sutton-Smith (2008) oferece a proposição que a brincadeira pode bem representar o gene mutante que nos possibilitou desenvolver trajetórias diferentes dos répteis no curso da evolução. Burghardt (2005) sugere que os padrões de comportamento dos répteis são essencialmente reflexivos. A maior parte dos outros seres sensíveis são reflexivos em maior ou menor medida. Os seres humanos parecem ser os mais reflexivos de todos, e Sutton-Smith sente que a habilidade é desenvolvida através da brincadeira. Dessa maneira, ele está colocando a brincadeira bem no centro do processo evolutivo. A natureza paradoxal da brincadeira humana e sua complexidade inerente nos diferenciam de todas as outras espécies.

Nós também somos a espécie que corre mais riscos com o nosso futuro pessoal. Novamente, Sutton-Smith sugere que essa característica ajudou a consolidar o nosso lugar no processo de evolução. Os que correm riscos nem sempre são populares, mas eles fazem com que as espécies evoluam. Os playworkers geralmente veem o risco como uma parte essencial da brincadeira e acreditam que as crianças são plenamente capazes de fazer uma avaliação dos próprios riscos. Consequentemente, os estabelecimentos de playwork tendem a ser lugares arriscados: não somente no sentido físico, mas também no sentido social e emocional. Isso significa que os playworkers estão frequentemente trabalhando no limite do que outros na sociedade julgariam ser aceitável. Eles provavelmente são mais tolerantes com os extremos de comportamento que a maioria dos adultos. É por isso que Battram fala sobre o playwork estar "no extremo da recalcitrância", ao contrário de meramente guiar um caminho moderado entre o didático e o caótico.

Mas o que é playwork realmente? Das minhas próprias teorizações sobre a flexibilida-

*(continua)*

> ## Resumo e revisão
>
> de composta (veja o Capítulo 1), através da exploração de Else e Sturrock (1998) do ciclo de brincadeira, e do trabalho de Hughes sobre a privação de brincadeira, podemos ver que o playwork é essencialmente compensatório. Os playworkers avaliam o que está faltando no ambiente de brincadeira da criança e tentam tratar essas deficiências na brincadeira.
>
> Infelizmente esse trabalho tem sido de maneira geral menosprezado pelo governo, embora no Reino Unido o recente Children's Plan (DfES, 2007c) dê ensejo ao otimismo.

## Transformando o pensamento e a prática: é com você!

A profissão de playworker nunca conseguiu realmente desenvolver um coletivo profissional coerente e unido, com o resultado que a maioria das atividades de playwork propostas ainda pobremente fundamentadas. Essa fundação é frequentemente pequena em termos de natureza. Consequentemente, a provisão é irregular e a base política é fraca. Como todas as profissões relacionadas com a infância, o playwork tem sido tristemente contaminado com conflitos interprofissionais e intraprofissionais. Isso tem afetado a habilidade dos profissionais de desenvolver redes eficientes. Tudo isso leva à insegurança entre os playworkers, que acabam adotando uma abordagem um tanto defensiva com outras profissões.

## Questões para consideração

O playwork ainda é uma profissão novam e como tal, existem muitas questões não resolvidas desafiando a profissão hoje:

- Em que medida e por quais motivos a supervisão é aceitável?
- Em alguma situação é aceitável estruturar a brincadeira das crianças para elas?
- Qual é o melhor regime de fundos: público ou independente?
- As crianças e suas famílias deveriam esperar pagar uma taxa de ingresso?
- O pagamento sempre remove o potencial para as oportunidades de brincadeira gratuitas?
- Onde traçamos a linha entre segurança/perigo por um lado e risco/desafio por outro?
- Até que ponto é possível que esse trabalho seja feito por voluntários?

## Ideias para pesquisa

A maior necessidade para a profissão de playwork é alguma forma de pesquisa de impacto longitudinal. No momento, os playworkers gostam de trocar histórias do seu sucesso em longo prazo com crianças que em outras instituições foram consideradas problemáticas. Entretanto, essas histórias são geralmente evidências anedóticas e não verificadas. Um dos muitos poucos estudos sobre o impacto do playwork era o meu próprio estudo com Sophie Webb do impacto de um projeto de playwork terapêutico com um grupo de crianças abandonadas em um hospital pediátrico romeno. Contudo, esse estudo enfocava uma situação extrema. O que é necessário são estudos longitudinais semelhantes, mas enfocando crianças "normais", para que finalmente os playworkers possam contar com pesquisas significativas para apoiar suas necessidades de fundos.

## Leituras adicionais

Brown, F. (ed.) (2003) Playwork: Theory and Practice. Buckingham: Open University Press.

Brown, F. and Taylor, C. (eds) (2008) Foundations of Playwork. Maidenhead: Open University Press.

Gill, T. (2007) No Fear: Growing Up in a Risk Averse Society. London: Calouste Gulbenkian Foundation.

Hughes, B. (2001) Evolutionary Playwork and Reflective Analytic Practice. London: Routledge.

Sutton-Smith, B. (1997) The Ambiguity of Play. London: Harvard University Press.

## NOTAS

1. Estabelecimentos de playwork incluem escolas, clubes para jovens, playgrounds de aventura, salões em igrejas, centros comunitários e de lazer e ônibus ou veículos transformados em estações de brincadeira.
2. Playworkers são profissionais que planejam, organizam e supervisionam oportunidades de brincadeira para crianças e jovens. Eles podem estar dentro ou fora de estabelecimentos escolares.
3. BRAWGS é um anagrama das iniciais de três pessoas envolvidas no desenvolvimento desta ideia: Wendy Russel, Arthur Battram e Gordon Sturrock.
4. Bob Hughes recebeu o prêmio Mike Taylor Memorial Prize por Originalidade e Inovação em Erudição Profissional.

# 10

# Começando a brincadeira
## Pesquisas sobre a brincadeira e a dramaterapia

**Phil Jones**

Colette foi enviada para o *Family Futures*[1] para uma avaliação por fugir e se recusar a ir a escola. A ideia ocorreu a partir de um incidente quando a polícia recolheu Colette já tarde uma noite em um parque local com um grupo grande de garotos mais velhos que estavam usando drogas. Ela passou os primeiros 45 minutos da sessão de terapia individual olhando para mim e mexendo em seus dedos. Depois de um longo silêncio ela disse de repente, 'Eu nunca me sinto feliz, sabe, nunca. Por que isso?'... Eu perguntei a ela qual era o principal sentimento que ela tinha a maior parte do tempo: raiva, tristeza ou medo? Colette explicou que a maior parte do tempo ela sentia medo... Eu perguntei a Colette o que ela pensava que fazia quando sentia medo. Colette sentou-se reta e arregalou os olhos, e ela disse, 'Bem, eu corro o mais rápido que posso e então continuo correndo'.

Até esse momento a conversa tinha sido apenas de uma parte, comigo falando a maior parte do tempo. Eu sugeri que talvez utilizar uma caixa de areia poderia ajudá-la a pensar sobre a sua necessidade de correr e continuar correndo... Eu trouxe a bandeja de areia para perto de Colette, que disse que isso era bobo, mas com um tom de dúvida em sua voz.

A mão de Colette foi para a areia e ela a acariciou com carinho. Eu coloquei a minha própria mão na areia e me juntei a ela em tocar a areia... Colette deixou a areia correr entre seus dedos sentindo prazer nesta sensação e deixou cair um pouco de areia sobre minha mão muito gentilmente.

(Vaughan, entrevista em Jones, 2007, p. 89)

## INTRODUÇÃO

Este capítulo é apresentado em um formato levemente diferente dos outros capítulos deste livro. Ele descreve uma área altamente especializada, na qual a brincadeira é utilizada em interações terapêuticas, e, como tal, a prática descrita é a de especialistas na área terapêutica, ao invés da dos educadores em geal, em ambientes de cuidado e educação. Espera-se que os estudantes possam se beneficiar dos conteúdos deste capítulo como fonte de reflexão sobre os benefícios mais amplos da brincadeira, e que o capitulo sirva como fonte de informação para educadores qualificados atualmente considerando um treinamento em nível de pós-graduação nesta área.

A brincadeira, como testemunhada neste livro, é flexível e variada em suas formas. As crianças a procuram em uma variedade de modos e por um número de razões. Não há uma maneira de se brincar, nem um significado apenas para a brincadeira. Este capítulo lida com algumas qualidades específicas que algumas formas de brincadeira possuem. Estas estão relacionadas ao modo como a brincadeira tem em si o que foi descrito como *potencial terapêutico* ou *possibilidades de cura*. A brincadeira espontânea que as crianças criam está aliada à brincadeira criada intencionalmente para a terapia, embora seja um pouco diferente. As seguintes questões se relacionam com essa diferença:

> **Terapia**
> Uma forma de intervenção na qual o cliente e o terapeuta se encontram com a intenção de melhorar o desenvolvimento, reduzir sintomas identificados ou resolver conflitos (Oatley, 1984).]

- Como os terapeutas veem o potencial e os benefícios das crianças brincarem na terapia?
- Como o acesso às possibilidades terapêuticas da brincadeira é criado na terapia?

Este capítulo irá relatar pesquisas que exploram o modo como a brincadeira pode ser aliada aos modos como os adultos podem oferecer oportunidades para as crianças que precisam de um espaço terapêutico. Ele explora os modos como os potenciais e possibilidades da brincadeira são abertos pelos terapeutas e crianças trabalhando juntos na dramaterapia. Este capítulo trará o passado das conexões entre a brincadeira, a terapia e as *arteterapias*, seguido de uma descrição da abordagem de pesquisa utilizada, junto com algumas vinhetas de pesquisas em *dramaterapia* do Drama as Therapy (Jones, 2007).

> **Arteterapias**
> Formas de terapias individuais ou em grupo que utilizam as artes.

> **Dramaterapia**
> O uso do teatro na terapia, envolvendo processos como a representação de papéis, trabalhos com máscaras ou brincadeiras.

As duas questões acima serão utilizadas para nos ajudar a olhar essas pesquisas, e explorar o modo como os terapeutas veem o processo da brincadeira na terapia.

## A BRINCADEIRA, A TERAPIA E AS ARTETERAPIAS

O foco deste capítulo é sobre a brincadeira que ocorre em um contexto específico, o das terapias artísticas. A terapia da brincadeira tem sido estabelecida como uma modalidade distinta com limites profissionais claros (Gil e Drewes, 2004; Schaefer e Kaduson, 2006). Ainda assim, para as crianças que vêm para a terapia, esta não é a única situação em que a brincadeira pode ser oferecida terapeuticamente. Cada vez mais, as crianças são capazes de ter acesso a uma variedade de formas de terapia, dependendo de suas necessidades e da disponibilidade de diferentes terapias dentro da sua promoção local (Malchiodi, 1999; Evans e Dubowski, 2001). As terapias artísticas são oferecidas para as crianças em um número de países e em um número de ambientes diferentes: por exemplo, em escolas, hospitais e contextos familiares (Weber e Haen, 2004; Jones, 2005; Karkou e Sanderson, 2005). A pesquisa específica na qual nos basearemos examina os modos em que a brincadeira aparece na dramaterapia (Jones, 2007). A minha pesquisa observou o modo como 30 terapeutas viam a natureza de processos como a brincadeira dentro de seu trabalho com os clientes. Este capítulo apresenta um pouco dessa pesquisa – observando o modo como os terapeutas veem a efetividade dos processos relacionados à brincadeira em seu trabalho com as crianças. Os contextos do trabalho que embasa esse capítulo variam muito, desde crianças no Reino Unido a crianças e jovens vivendo com o vírus da

AIDS na África do Sul e crianças que sobreviveram ao tsunami no Sri Lanka.

A seguir, temos o histórico da brincadeira dentro das arteterapias. Em publicações anteriores, discuti os modos em que a brincadeira e o brincar são centrais à eficiência das arteterapias e a dramaterapia (Jones, 1996, 2005, 2007). A brincadeira é um parente próximo do teatro, e é uma fonte tanto para conteúdo quanto para o processo dentro da dramaterapia. Evreinov fala dessa relação próxima entre a brincadeira e o teatro em sua discussão do trabalho do soviético Malachie-Mirovich sobre o valor educacional dos brinquedos: "Todas as crianças têm a habilidade de criar uma nova realidade a partir de fatos da vida" (1927, p.36). A criança brinca naturalmente, sem instrução, criando o "seu próprio teatro", provando que "a natureza plantou no ser humano um tipo de 'vontade de atuar'" (1927, p. 36). Eu notei o modo como muitas figuras importantes dentro do desenvolvimento da dramaterapia e das arteterapias começaram o seu pensamento e trabalho inicial nas áreas da brincadeira e da brincadeira dramática com as crianças (Jones, 1996, 2005, 2007). Do trabalho de Moreno com crianças em parques em Viena em 1908 (Blatner e Blatner, 1988) ao trabalho de Slade com o teatro infantil (1954) e a sua utilização inicial do termo "dramaterapia", a inspiração para o uso do teatro na terapia foi fundamentada na brincadeira. A brincadeira tem grande relevância para o uso terapêutico do teatro. Blatner e Blatner (1988, p. 51) falaram da "base comum do teatro, do *psicodrama* e da brincadeira para as crianças".

Para o dramaterapeuta e para a criança vindo à dramaterapia, a brincadeira é parte da amplitude expressiva que pode ser utilizada para criar significados, explorar as dificuldades e atingir a mudança terapêutica. A literatura indica que o modo como a criança em terapia encontra significados nos processos de brincadeira é crucial para esse relacionamento (Klein, 1961; Erikson, 1963; Winnicott, 1974; Johnson et al., 1987). As razões para as crianças virem para a terapia podem variar enormemente. Uma recente pesquisa nacional no Reino Unido (Meltzer, 2000) ofereceu algumas das razões em sua análise da saúde mental de crianças e adolescentes:

- Entre crianças com idade de 5 a 10 anos, 10% dos meninos e 6% das meninas tinham um "problema de saúde mental" definido como um conjunto de sintomas ou comportamentos associados com angústia considerável e interferência substancial nas funções pessoais, clinicamente reconhecidos.
- Uma em cinco crianças reconheceu oficialmente necessidades educacionais especiais – aquelas com questões de saúde mental têm três vezes mais probabilidade do que outras crianças de ter necessidades especiais (49% comparados a 15%).
- Aquelas com um problema de saúde mental têm quatro vezes mais chance do que outras crianças de cabular aulas (33% comparados com 9%).

Como os exemplos de prática analisados neste capítulo demonstrarão, a saúde mental e emocional da criança está relacionada com a sua situação de vida e os eventos que elas experienciam. Exemplos disso incluem viver com alguma doença; as atitudes da sociedade na qual elas vivem; eventos traumáticos; sua vida familiar e questões como exclusão social incluindo a pobreza ou o preconceito. Aynsley-Green (2003, p. 35) ilustra os modos como estes fatores com frequência parecem estar conectados quando ele diz: "mesmo sendo verdade que a vasta maioria das crianças leva vidas ricas e completas, por outro lado há o crescimento das desigualdades em saúde, riqueza e educação; muitas crianças, jovens e famílias não se beneficiarão da sociedade". Ao se engajar

> **Psicodrama**
> Uma forma específica do uso do teatro como terapia desenvolvida por Moreno, pautando-se na exploração dos papéis que as pessoas assumem em suas vidas.

com as vidas das crianças através da terapia baseada na brincadeira, a ênfase pode ser colocada na capacidade de brincadeira para refletir e trabalhar com estas áreas complexas e interconectadas. O espaço terapêutico cria oportunidades para que a criança e o terapeuta utilizem essas qualidades da brincadeira. Stevens (2000, p. 177) resume isso: "é através da brincadeira que a criança aprende sobre o mundo, desenvolve habilidades e explora suas necessidades e ansiedades: em outras palavras, ajuda-as a se desenvolver e transformar a si mesmas".

Em conversa sobre sua pesquisa, a terapeuta Van Den Bosch refere-se a essa ideia de um "espaço de brincadeira" ao falar sobre uma cliente, Brenda:

> Van Den Bosch: Sim, e para Brenda (a terapia) deu espaço para perceber a presença de seus filhos. Até esse momento, ela nunca tinha realmente falado sobre a família. Eu acho que isso foi como a ideia de um espaço de brincadeira, o que além de dar a oportunidade de tentar as coisas sem consequências, dá também uma distância entre o cliente e o material, e assim permite tanto ao terapeuta quanto ao cliente explorarem o material (Jones, 2007, p.83).

Autores têm identificado um número de maneiras diferentes em que a brincadeira aparece dentro da dramaterapia (Jennings, 1992; Langley, 2006; Jones, 2007). Um estado de brincadeira é criado quando o cliente começa a brincar. Um aspecto importante desse estado se refere aos modos em que se pode dizer que o espaço da dramaterapia cria uma relação de brincadeira com a realidade. Essa 'brincadeira' se refere ao modo como uma criança na dramaterapia pode entrar em um estado que tem uma relação especial com o tempo, o espaço e regras e limites diários. Essa relação é caracterizada por uma atitude mais criativa e flexível em relação a eventos, consequências e ideias estabelecidas (Jones, 1996, 2007). Como Van Den Bosch mencionou no excerto da entrevista sobre sua pesquisa acima, esse espaço

permite que o cliente adote uma atitude de brincadeira e experimentação em relação a si mesmo e a suas experiências de vida.

A brincadeira também se refere aos modos em que brincar pode com frequência envolver a representação de eventos ou sentimentos que uma criança, por exemplo, está tentando assimilar, compreender ou dominar. Isso algumas vezes pode envolver a representação de um evento ou situação, e outras vezes a brincadeira assume o assunto ou questão que reflete o material com que a criança está preocupada ou se sente incomodada.

Na dramaterapia, a brincadeira também é vista como parte de um contínuo de expressão – como parte de um teatro. Sendo assim, há uma língua específica (por exemplo, objetos de brincadeira, brinquedos e jogos) que pode ser parte do modo como o cliente explora ou expressa o material na dramaterapia. Os conteúdos de brincadeira na dramaterapia normalmente incluem a brincadeira com objetos e *brinquedos simbólicos*, um *trabalho de projeção* com objetos na criação de pequenos mundos, a brincadeira dura e bruta, faz de conta ou brincadeiras dramáticas envolvendo a atuação de personagens e jogos (Weber e Haen, 2004; Karkou e Sanderson, 2005).

A brincadeira pode ser vista dentro de um contínuo de desenvolvimento de diferentes estágios, como a *brincadeira sensoriomotora* ou a *brincadeira simbólica* (Johnson et al., 1987; Jennings, 1992, Jones, 2007). Este contínuo está frequentemente conectado ao desenvolvimento cognitivo, emocional ou interpessoal. Para alguns pacien-

---

**Brinquedos simbólicos**
Pequenos objetos representativos, p. ex. uma árvore ou animal de brinquedo.

**Trabalho de projeção**
Uma maneira de brincar que permite às crianças expressarem os sentimentos ou preocupações de suas vidas utilizando objetos ou cenários de faz de conta.

**Brincadeira sensoriomotora**

Brincadeira que enfatiza o movimento ou a expressão senso-riomotora.

**Brincadeira simbólica**

Brincadeira que enfatiza a imaginação e a transformação, o faz de conta.

**Nível de desen-volvimento**

A ideia de que a maioria das crianças progride ao longo de dife-rentes estágios na brincadeira, na qual cada estágio oferece novos potenciais e opor-tunidades.

tes na dramatera-pia, a terapia con-sistirá em se mover para um novo *nível de desenvolvimento* através da brinca-deira. Para um clien-te com dificuldades de aprendizagem severas, por exem-plo, o trabalho te-rapêutico pode en-volver se engajar na mudança de um nível para o outro. Isso pode ser uma mudança da brinca-deira solitária para a brincadeira coo-perativa com outras crianças. Essa mu-dança levaria a uma mudança terapêuti-ca no modo como o cliente pode in-teragir com as pes-soas e seu ambien-te. Eles começam a tomar consciência dos outros através da brincadeira, por exemplo, e a fazer uso de objetos em interações com os outros ao invés de ficar envolvido em ati-vidades de brincadeira solitária.

Uma perspectiva de desenvolvimento pode também envolver a interpretação do problema do cliente como um bloqueio ou problema em algum estágio de sua vida. Cattanach descreve isso como "um estágio em nossa jornada no qual nós paramos e fi-camos trancados" (1994, p. 29). O uso da brincadeira na dramaterapia pode envolver a recriação do estado no qual tal bloqueio ocorre, e o retrabalho daquele estado de modo mais satisfatório. O processo de brin-cadeira dentro de uma sessão de dramatera-pia deveria focar revisitar aquele aspecto do cliente e de sua vida e ajudá-lo renegociar o nível de desenvolvimento.

Todas essas maneiras mostram como uma criança pode se engajar e fazer uso das possibilidades terapêuticas da brinca-

deira. A próxima sessão explorará pesqui-sas sobre como isso acontece em exemplos específicos.

## NARRATIVAS E SIGNIFICADOS: ABORDAGEM DE PESQUISA

A pesquisa na qual me basearei (Jones, 2007) se preocupou com o impacto dos processos terapêuticos centrais descritos em *Drama as Therapy* (Jones, 1996, p. 99-129) sobre o pensamento e a prática nesta área. A pergun-ta de pesquisa foi: "Como os dramaterapeutas estão fazendo uso dos processos terapêuticos centrais na análise dos processos que ocor-rem em suas práticas?". Um destes processos centrais foi definido como a brincadeira:

O drama e a brincadeira são parte de um contínuo de desenvolvimento. Como par-te deste contínuo, a brincadeira é incluí-da na linguagem expressiva que o cliente utiliza para criar significados e explorar o material na dramaterapia. Para clien-tes em dramaterapia, a brincadeira é um modo de descobrir ou criar acessos a sua própria espontaneidade. Para alguns clientes, esse processo forma o principal benefício terapêutico na dramaterapia. A dramaterapia cria relações de brinca-deira com a realidade. O espaço da dra-materapia permite aos clientes brincar com elementos de suas vidas – retraba-lhar questões, tentar novas configurações e possibilidades. Isso pode ser descrito como uma 'mudança na brincadeira'. Essa exploração através da brincadeira pode produzir mudanças, que podem ser inte-gradas à vida do cliente fora da drama-terapia... o desenvolvimento cognitivo, emocional e social pode ser trabalhado com a utilização da compreensão do de-senvolvimento do contínuo brincadeira--drama. Mudanças dramáticas no nível de desenvolvimento que o cliente é capaz de usar na dramaterapia, por exemplo, podem ser acompanhadas por mudanças cognitivas ou sociais para o cliente.

(Jones, 1996, p. 194-5)

Foram pedidas observações escritas de terapeutas que estavam fazendo uso de processos terapêuticos centrais, como o definido acima, analisando sua prática. A observação curta de prática poderia ser tanto parte de uma sessão ou uma descrição mais ampla de um processo durante uma sessão. O resultado foi que os participantes consideraram práticas que se baseavam em sua compreensão e uso dos processos terapêuticos centrais definidos em *Drama as Therapy* (Jones, 1996). A isso se seguiu uma conversa reflexiva com as respostas baseadas na observação e em abordagens de pesquisa narrativa. A conversa foi normalmente conduzida através do *MSN Messenger*, e cada participante viu a versão final para aprová-la. A pesquisa se tornou não apenas sobre a coleta das observações enquanto dados a serem analisados pelo pesquisador, mas sobre o pesquisador e o participante refletindo juntos sobre essas observações: tentando compreender como processos tais como a brincadeira auxiliavam os clientes. A pesquisa ofereceu como ponto inicial uma moldura de "conversas de pesquisa", que tentam identificar como a terapia funciona: permitindo o significado e o significante do que acontece nas observações serem desenvolvidos entre o pesquisador e o terapeuta.

**MSN Messenger**
Um tipo de conversa *online*, ao vivo, digitada.

Tanto as observações quanto as conversas foram conduzidas com cuidado com as questões éticas.[1]

## Exemplos de pesquisa

Os excertos no "Ideias em Ação" na próxima página são dos resultados completos da pesquisa (Jones, 2007). Eles foram selecionados para indicar os modos como os terapeutas veem a brincadeira como centro do processo terapêutico em seu trabalho com crianças. Os extratos das observações e das conversas de pesquisa (Jones, 2007) mostram uma variedade de diferentes contextos e situações que as crianças vivenciam. Eles também ilustram a flexibilidade e a potencialidade da brincadeira como uma linguagem e processo terapêutico sendo utilizado pelas crianças. Eles ilustram exemplos de modos como os terapeutas veem a brincadeira em seu trabalho, o modo como eles a veem trazer benefícios para as crianças e a lidar com as questões que elas trazem para a terapia.

## REFLEXÕES PRINCIPAIS DA DRAMATERAPIA

### Como é criado o acesso às possibilidades terapêuticas da brincadeira na terapia?

Retorno agora às questões colocadas no início deste capítulo como uma maneira de agrupar um pouco do material oferecido nas vinhetas e questões de pesquisa. Nesta sessão, irei me concentrar nas implicações na pesquisa dos relatos de dramaterapeutas para a compreensão da brincadeira ao se trabalhar com as crianças terapeuticamente. As questões são: "como os terapeutas veem os potenciais e benefícios para as crianças de brincar dentro da terapia?" e "como o acesso às possibilidades terapêuticas da brincadeira é criado na terapia?".

Em todas as observações, a criação de um espaço para a brincadeira na dramaterapia envolve o desenvolvimento de uma área separada, mas conectada, ao seu mundo diário, e que tem regras específicas e modos de ser. Todos os três relatos demonstram que o espaço permite que a criança na dramaterapia crie, durante as sessões, uma relação de brincadeira com a realidade. A dramaterapeuta Vaughan, em sua conversa de análise da observação de pesquisa, descreve o trabalho da *Family Futures* e a brincadeira de um modo que resume como a brincadeira é um processo central na dramaterapia:

BRINCAR: APRENDIZAGEM PARA A VIDA **305**

## IDEIAS EM AÇÃO

**Transtorno de estresse pós-traumático**

Uma reação psicológica que ocorre após vivenciar um evento altamente estressante, frequentemente refletido na depressão, ansiedade, *flashbacks* e pesadelos recorrentes.

### A brincadeira, a terapia e as crianças após um tsunami

Debra Colkett é uma dramaterapeuta trabalhando com crianças que recentemente sobreviveram ao tsunami em 2005. A observação foi parte de um número de iniciativas no Sri Lanka oferecendo apoio constante às crianças. A dramaterapia foi parte do "Programa Psicossocial" organizado pela UNICEF para todo o Sri Lanka e estava dentro da iniciativa fundada pelo Ministério da Educação de "Arte nas escolas" e pelo *Funforlife*, que apoia o trabalho com crianças em países que experimentam situações de guerra e desastres naturais. A prática também estava conectada com a organização local A Fundação do Bem, que oferecia recursos como psicólogos residentes e tradutores. Colkett, enquanto dramaterapeuta, trabalhou com as crianças de modo contínuo com apoio adicional e cuidados sendo fornecidos pela Fundação:

> As circunstâncias em que estávamos entrando não eram claras. Apenas sabíamos que trabalharíamos em vilas e campos com as crianças, muitas das quais eram órfãs do tsunami... O grupo aconteceu todos os dias por um mês inicialmente. Era um grupo aberto, então crianças de todas as idades podiam participar... O grupo tinha entre 12 e 24 crianças por dia. Nem todas vinham todos os dias.
>
> (Jones, 2007, p. 150)

Colkett descreve as metas do trabalho:

- fornecer um espaço seguro
- fornecer alguma forma de alívio para o transtorno do estresse pós-traumático (TEPT)
- oferecer controle
- oferecer apoio.

O seguinte é de um dos primeiros grupos.

### Excerto de observação de pesquisa

Nós começamos segurando as mãos em um círculo; eu, um colega de trabalho e um tradutor e quase 30 crianças que vieram se juntar a nós.

Eu tinha colocado um pano azul no centro e esperava ver o que acontecia. As crianças começaram a mover os seus braços para cima e para baixo e nós todos começamos a fazer ondas espontaneamente. A energia começou a crescer, e uma parte do círculo foi para o centro e depois para outra parte. Havia muitas risadas, o barulho ficou mais intenso e eu pedi que o tradutor perguntasse "qual é o som deste movimento?". Então veio um "Whuush!" e outros se juntaram. Nós estávamos correndo para dentro e para fora do círculo, as mãos ligadas e fazendo o som 'whuush!'. A energia e o barulho aumentaram balançando as paredes do templo, um tipo de caos contido. "O que está acontecendo?", eu gritei sobre o barulho. Eles disseram ao tradutor "É o tsunami!", "Tsunami chegando!".

"O que vocês conseguem ver?", eu gritei. As crianças estavam rindo, brincando com o movimento e respondiam "Casa!", "Minha casa!", "Meu avô!", "Minha avó!", "Minha irmã!", "Uma árvore!", "Se foi o tsunami!" e o barulho se tornou mais intenso. Nós estávamos na pior parte do tsunami. E então os gritos, de machucar os

(continua)

## IDEIAS EM AÇÃO

ouvidos, os gritos estridentes. Eu tentei perguntar "O que é esse som estridente?", mas ninguém me ouviu. Era quase insuportável.

B chamou minha atenção. As outras crianças ainda estavam na "brincadeira" da atuação. Mas o rosto de B havia mudado. Ele havia saído do círculo, enquanto todo o resto permanecia intacto. O movimento e o som continuavam crescendo até que morreram e estávamos de novo parados, aplaudindo e sorrindo com o esforço. B se sentou fora do círculo. Seus olhos estavam baixos, e seu rosto triste. Eu conferi o resto das crianças. Elas pareciam estar se divertindo.

Minha atenção retornou a B. Eu pedi que as crianças sentassem. Ele estava agora sentado com sua cabeça baixa e havia se isolado um pouco. Eu senti que ele havia voltado ao horror completo do tsunami. Como eu poderia trazer B de volta ao presente? Eu esperava desesperadamente que a minha intuição o alcançasse de algum modo. A intervenção correta era importante. Eu pedi que o tradutor perguntasse, "o que ele estava sentindo?". Ele olhou para cima, com medo e tristeza nos olhos. Ele não disse nada. Aquilo era incomunicável.

Após um longo momento, eu fui para mais perto de B, ainda sem certeza do que fazer, e as outras crianças me seguiram. Em um momento inspirado elas pegaram o pano azul, se juntaram em torno dele de modo que ele ficou preso dentro do círculo, e cuidadosamente colocaram o pano em cima dele como um cobertor. Consciente de que estávamos todos olhando para ele, eu falei com as crianças; eu sabia que elas tinham a resposta. "Como podemos fazer B se sentir melhor? Eu vejo que brincar de tsunami o chateou". "Nós podemos cantar para ele", elas responderam. "Você gostaria disso?", eu perguntei a B. Ele fez que sim com a cabeça. A minha conexão com ele e a perda que ele estava sentindo eram palpáveis. Nós cuidadosamente chegamos mais perto, a distância parecia importante. Não tão perto para sufocá-lo nem tão longe que o isolássemos. Após contarmos até três, "Iren Handen" (uma canção popular do Sri Lanka que significa o sol e a lua. É a canção tema de um filme popular no Sri Lanka, sobre dois garotos que passam por muitas dificuldades juntos, mas a sua amizade, fé e laços espirituais os mantêm fortes) ecoou no templo, e todos se concentraram em B.

### "Iren Handen" (Sun and Moon)

Iren Handen elija aran
Gahen velen suwanda aran
Elen dolen sisila aran
Apata sebuna ape lokaye
Sathuta wenna enne galuwe

### Tradução

Recebendo luz do Sol e da Lua
Sentindo o ar fresco dos rios e das cachoeiras
Cheiros frescos das árvores e arbustos
    Este mundo é para nós.
Ele olhou em todos os nossos rostos e olhos.

Nós estávamos aplaudindo, sorrindo e cantando para ele. Logo ele começou a sorrir, e o tsunami já não o tinha mais em seu cruel abraço. B estava conosco novamente.

### Excerto de conversa de pesquisa

Jones: Eu fiquei muito tocado pelo trabalho que você e as crianças criaram com o tsunami no templo – relembrando, como foi que você criou aquele espaço para elas? Como você se preparou, por exemplo?

(continua)

## IDEIAS EM AÇÃO

Colkett: Os prédios seguros eram um prêmio depois do tsunami. Foi muito difícil encontrar um espaço fechado seguro. Depois de uma semana ou mais, sugeriram que utilizássemos o templo. Eu envolvi crianças de todas as idades na tarefa de encontrar um lugar para nós. Nós nos colocamos em círculo. Dissemos nossos nomes e fizemos um movimento que combinasse. O nome era a música, e o movimento a dança. Então nós todos espelhamos o movimento e o nome da pessoa criando a sua 'dança' personalizada. Meu tradutor, Rajhita, falou em cingalês com as crianças. O inglês delas era limitado, como era meu cingalês, então a linguagem universal do movimento e da mímica foi muito útil.

Jones: Pela observação parece que você conseguiu controlar os processos que as crianças procuram naturalmente em sua brincadeira – quase como se você estivesse encontrando dicas e acompanhando o caminho delas – o pano azul, o acobertamento. Foi assim que você se sentiu ou foi diferente?

Colkett: Sim, eu segui completamente a liderança delas. Eu tinha preconceitos sobre o TEPT e como ele pode se manifestar. Durante o processo terapêutico elas não ficavam brabas... Elas experimentaram emoções e seguiram adiante. Foi uma lição a se aprender com elas. Eu estava em um estado de sentimentos muito intuitivo; tinha que confiar no meu treinamento sólido e nos meus instintos. (Jones, 2007, p. 192-5)

### A brincadeira, a terapia e crianças vivendo com o vírus da AIDS

Na seguinte observação a dramaterapeuta Kirsten Meyer descreve a prática com um grupo de adolescentes. O trabalho aconteceu em um projeto na África do Sul. Estatísticas recentes mostram que uma pessoa com menos de 20 anos de idade tem 50% de chance de contrair o vírus da AIDS. Meyer nota que a Statistics South Africa produz um relatório sobre os dados de registros de óbito, mostrando que mortes entre pessoas de 15 anos ou mais aumentou em 62% de 1997 e 2003 devido a condições relacionadas com a AIDS. Craig Higson-Smith, em seu relatório de avaliação do trabalho feito pela minha ONG, diz que,

> os impactos potenciais da AIDS na infância são enormes e complexos. Para começar a explorar essa questão, é essencial nos movermos além do pensar sobre as crianças como um grupo homogêneo, mas pensar sobre o impacto da AIDS sobre crianças em diferentes estágios do desenvolvimento em diferentes contextos sociais, econômicos e culturais.
>
> (Higson-Smith et al., 2006, p. 3)

Meyer também coloca seu trabalho no contexto dos modos em que a estigmatização da AIDS "não permite a expressão entre o grupo de pares 'normais' (na escola ou em casa), então um grupo de apoio psicossocial de adolescentes vivendo com a AIDS oferece um espaço para a 'indizível' (AIDS)". O grupo foi formado como parte de um projeto que foi organizado entre a *Zakheni Arts Therapy Foundation*, que Meyer fundou com um arteterapeuta, um financiador no Reino Unido, Hope HIV e uma Unidade de Pesquisa de HIV Perinatal em um Hospital da África do Sul. Os médicos eram principalmente pediatras que veem as crianças nos testes clínicos a cada 3 meses ou mais. O projeto foi inicialmente organizado para ter grupos de crianças soropositivas (idades 7-11), para apoio psicossocial e para ver se a adesão à medicação melhorava. Meyer diz,

(continua)

## IDEIAS EM AÇÃO

Minha organização não-governamental, fundada pela Hope HIV, montou quatro grupos. Dois grupos de arteterapia com crianças foram conduzidos por um ano. Eu conduzi um grupo de dramaterapia para crianças durante seis meses, e depois disso, um grupo de adolescentes por 12 sessões.

(Jones, 2007, p. 152)

As metas específicas do grupo eram:

**Autoestima**

O modo como um indivíduo vê aspectos de si mesmo relacionados a áreas como a autoconfiança e a valorização pessoal.

- desenvolver a *autoestima*
- desenvolver um ambiente contido, no qual explorar os sentimentos daqueles vivendo com a doença crônica
- encorajar diferentes modos de se expressar os sentimentos.

A terapia de curto prazo durou 12 semanas com sessões de uma hora e meia, e a indicação era de médicos da unidade. Meyer descreveu o grupo, composto de cinco adolescentes (um do sexo masculino e quatro do sexo feminino) entre 12 e 15 anos. Todos tinham sido informados (advertida ou inadvertidamente) sobre sua situação com o vírus da AIDS. Dois haviam contraído o vírus através de abuso sexual, e três haviam contraído ao nascer através da transmissão da mãe para o filho. Ela nota que,

alguns dos membros do grupo também haviam sofrido traumas ou abusos anteriores, como a perda dos pais, estupro, abuso físico e sexual. Nenhum deles havia colocado a sua situação para ninguém além de suas famílias, e eles estavam vivendo com o "peso" de seus segredos e o "indizível", e também com o medo da rejeição se descobertos.

Os membros do grupo estavam cientes de sua situação, mas não haviam falado sobre isso com ninguém fora de suas famílias. Durante as avaliações e entrevistas do pré-grupo, todos os participantes foram informados que o grupo era para adolescentes como eles, vivendo com o vírus da AIDS. Eles todos expressaram para mim e para seus médicos o quanto eles apreciariam um grupo como esse, no qual eles pudessem explorar e falar sobre seus sentimentos sobre viver com o vírus. Até esse ponto, ninguém havia mencionado a palavra AIDS no grupo; ela ainda era o "indizível".

(Meyer, em Jones, 2007, p. 96)

Na sessão que antecedeu a observação acima, um membro muito confiante e aberto do grupo, Zandile, contou para o grupo que ela havia sido estuprada. O grupo a apoiou e expressou sua preocupação com ela. Ao ser questionada sobre como se sentiu ao contar para o grupo, ela respondeu que estava com medo de nos contar no caso de rirmos dela. A discussão então levou a sentimentos sobre contar informações muito pessoais aos outros. Zandile então disse que queria que soubéssemos deste fato, já que é o motivo dela vir para a clínica (o motivo por que ela contraiu o vírus da AIDS).

Eu fui lembrada de que na nossa sociedade ter o vírus da AIDS é percebido como muito vergonhoso, como se o fato de ter o vírus fosse confirmação de ter feito algo muito errado ou pecaminoso. Zandile nunca teve espaço para explorar seus sentimentos sobre ter sido estuprada, e parecia estar emocionalmente "travada". Seu alívio em contar ao grupo não era sobre trabalhar seus sentimentos de ter sido estuprada, mas sobre ter uma oportunidade de explicar a sua situação com o vírus. Eu a compreendi e o grupo estavam dizendo que está tudo bem com ser estuprado, mas

(continua)

BRINCAR: APRENDIZAGEM PARA A VIDA **309**

## IDEIAS EM AÇÃO

não com ter o vírus da AIDS. Zandile não pôde participar da próxima sessão, quando Nomsa e Busisiwe falaram sobre sua situação para o grupo.

### Excerto de observação de pesquisa

No início da sessão quatro, uma das meninas estava falando sobre como o seu professor contou a ela que ela tinha "adolescência": "Eu tenho adolescência" ela disse, como se fosse algum tipo de doença. (Eu fiquei chocada ao ver o quanto era mais fácil falar sobre isso.) O grupo então seguiu a exploração do que significava ter "adolescência". Eles falaram de romance, mudanças corporais e de humor. Nomsa disse que a coisa que ela mais sentia falta de ter 10 anos era que você podia "brincar e se sujar"; agora, ela disse, as coisas eram diferentes.

Fiquei chocada com a pontualidade do seu comentário, e me questionei quanto à interpretação de brincar e se sujar, quer dizer, da contaminação; e quem está contaminado; e como deve se sentir quem vive com o vírus da AIDS em uma sociedade que o vê como "sujo". Além disso, em um momento de sua vida em que é vital para ela "brincar" com a própria identidade, o que significa viver com o vírus. Eu também fiquei chocada com o fato de que em uma idade em que ela deveria estar apenas brincando (8 anos), o seu pai passou a abusá-la sexualmente.

Respondi dizendo que queria saber o que era diferente para eles agora.

O grupo ficou quieto por um longo tempo, então eu disse: "talvez seja difícil falar sobre certas coisas". Eles fizeram que sim com a cabeça. Eu os convidei a pensar em segredos e nós jogamos uma bola de um para o outro, associando segredos. Depois disso, houve uma breve discussão sobre os diferentes tipos de segredos, sentimentos sobre a confiança, e o que significa guardar o segredo dos outros. Nas sessões anteriores, o grupo havia se engajado bem na atuação de papéis e pareceu gostar do processo.

Nomsa sugeriu que eles fizessem uma atuação, e o resto do grupo disse que gostariam muito, então a sessão seguiu rapidamente.

Nomsa queria "representar" primeiro e convidou Miriam para se juntar a ela. Miriam aceitou. Depois de um aquecimento, eu convidei os membros do grupo que estavam na platéia para dizer qual a relação que as duas meninas podiam ter. Busi sugeriu que elas fossem "melhores amigas". Eu então pedi sugestões sobre onde elas poderiam estar. Busi também sugeriu que estivessem no pátio da escola durante o recreio. Com isso em mente, sugeri que uma delas tinha algo para contar à outra que era importante. Nomsa disse que gostaria de ser aquela pessoa e começou a atuação. (Elas escolheram manter seus nomes.)

Foi uma atuação bastante curta. Ambas estavam sentadas em cadeiras. Nomsa voltou-se para Miriam e disse:

Nomsa: Posso confiar em você?
Miriam: Claro.
Nomsa: Eu sou soropositivo.
Miriam: [risadas com as mãos sobre a boca.]
Nomsa: Você me ouviu?
Miriam: Sim.
Nomsa: Então?
Miriam: Apenas não conte para ninguém mais.

Depois disso, elas saíram de seus papéis e Nomsa disse que se sentiu "aliviada" e que aquela foi a primeira vez que ela contou a alguém que tinha o vírus da AIDS. Eu senti alívio também, segurar esse "segredo" era difícil e intenso.

(continua)

# IDEIAS EM AÇÃO

Nós nos reagrupamos em nossas almofadas em um círculo, e eu convidei o grupo a refletir sobre o que havia acontecido. Isso levou a um silêncio muito intenso. Nomsa então disse que se sentia bem em dizer isso em voz alta. Nós falamos sobre as dificuldades de se contar isso e as percepções das outras pessoas. Nomsa também disse que gostaria de organizar um grupo de apoio em sua escola em algum momento. Houve longos períodos de silêncio, e eu refleti sobre como é difícil falar sobre o vírus da AIDS. Então, bem baixinho, Busi disse: "Eu tenho algo a dizer. Eu tenho AIDS."

O grupo ficou em silêncio novamente.

**Distanciamento**

Um modo de se relacionar com os outros e consigo mesmo que enfatiza o pensamento, a reflexão e a distância crítica.

**Empatia**

Um modo de se relacionar com outras pessoas que enfatiza a compreensão, sensibilidade e consciência dos sentimentos, pensamentos e perspectivas dos outros.

Ao refletir sobre o grupo mais tarde, eu me questionei sobre o significado de dizer alto (nomear), "Eu tenho AIDS". Eles todos sabiam de sua condição e estavam conscientes de que os outros também eram soropositivos. Eu senti isso como um processo necessário no qual eles pudessem começar a dizer isso por si mesmos. Através da atuação e da distância (ou falta de), eles foram capazes de reunir a coragem necessária.

Aqui os dois membros do grupo pareceram precisar criar um grau de distância de si mesmos ao criar papéis nos quais eles estão falando como "amigos"; ainda assim, eles mantêm as suas próprias identidades quando decidem não representar outras pessoas ou personagens inventados. Aqui a dramatização cria uma combinação de distanciamento e empatia dentro do grupo. Para Nomsa, a distância de dramatizar a si mesma fornece uma maneira de expressar o segredo. Para Busi, testemunhar os papéis dramatizados cria empatia com o cenário e com a abertura de Nomsa, e ela é capaz de falar pela primeira vez também. Isso mostra como os processos de *distanciamento* e *empatia* podem trabalhar em uma diversidade de maneiras dentro do processo terapêutico.

### Excerto de conversa de pesquisa

Meyer: Eu penso que o processo de empatia foi primordial. Sob a minha perspectiva enquanto terapeuta, o testemunho dos processos e das palavras dos outros foi muito emocionante e eficaz; e eu acho que para eles também, os muitos momentos calados em que olhavam uns aos outros e o tom de suas vozes. Eu acho que ter esse espaço construído para esse grupo de adolescentes foi muito significativo para eles. No meu ponto de vista, isso de algum modo representou a possibilidade da ideia de que se poderia abrir espaço internacionalmente para contemplar a doença. Criar um espaço seguro foi muito importante para eles, e eu acredito que eles apenas começaram a confiar realmente nesse espaço mais perto do fim. Então, na observação, assim como na sessão anterior, eu senti como se eles estivessem "testando o terreno".

Jones: eu estou me perguntando sobre seus pensamentos, as maneiras de ver aquele espaço: o espaço do grupo/ o espaço interior do indivíduo. Nas próximas frases você usa a palavra 'brincar' duas vezes: algo sendo "brincado" e eles "brincando" de alguma coisa. De um modo profundo, você acha que o espaço estava relacionado à ideia de um espaço de brincadeiras? Estou apenas me questionando sobre seus pensamentos quanto ao uso do termo aqui, estou interessado em escutar suas reflexões sobre por que você o utilizou/o que poderia significar?

Meyer: Uma brincadeira que acontecia nas sessões era em torno de "contar" e "confiar" entre eles. Eu senti que se eles pudessem brincar de "contar" na dramaterapia,

(continua)

## IDEIAS EM AÇÃO

uma mudança interna poderia ocorrer sobre o reconhecimento e o início do processo de integrar os aspectos "indesejáveis" ou "doentes" deles mesmos. No meu ponto de vista, isso era o que precisava acontecer muito antes que eles pudessem até mesmo contemplar falar sobre isso fora do espaço terapêutico.

Jones: Eu fiquei muito interessado no modo como as jovens mulheres representavam "melhores amigas" na atuação não apenas representando elas mesmas, mas ao escolherem manter seus nomes – o que você compreendeu disso durante a sessão?

Meyer: Para elas não fazia sentido mudar seus nomes (elas me disseram). Eu acho que isso está relacionado ao processo do "eu e do outro" na representação. Elas precisavam dizer "eu tenho AIDS" como elas mesmas, mas precisavam de um contexto para dizer isso, e o contexto de melhores amigas permitiu isso. (Jones, 2007, p. 152-7)

### A brincadeira, a terapia, e uma criança se recusando a ir à escola

A seguinte observação diz respeito a uma menina de 13 anos, e mostra-a desenvolvendo um relacionamento com o espaço terapêutico e a dramaterapeuta, Jay Vaughan. Nesta observação é possível ver os potenciais terapêuticos da linguagem da brincadeira, da retomada de um estágio de desenvolvimento e tempo junto com a noção do espaço de brincadeira dando permissão a Colette para tentar diferentes maneiras de se expressar, comunicar e assimilar suas experiências. Vaughan contextualiza uma parte do trabalho com Colette, notando que: "Colette tinha 5 anos quando ela e seus irmãos foram retirados de sua família natural por abusos físicos e sexuais e colocados em instituições".

Colette tinha 13 anos quando foi indicada ao *Family Futures* para uma avaliação por pequenos delitos e por se recusar a ir à escola. A indicação aconteceu após um incidente em que a polícia recolheu Colette já tarde uma noite em um parque local com um grupo de garotos mais velhos que estavam usando drogas. Colette já era conhecida nos serviços sociais e do secretário regional de educação como uma jovem difícil e perturbada que frequentemente se recusava a falar quando entrevistada. Vaughan diz que: "Todos concordavam que Colette precisava de ajuda; o único problema até então era que Colette não havia conseguido se engajar com ninguém para pensar sobre as escolhas que ela estava fazendo e o porquê disso".

Nesta sessão de avaliação inicial – que foi parte de um dia inteiro de avaliações envolvendo o resto da família – um arteterapeuta especializado no trabalho com adolescentes conversa com Colette. O objetivo da sessão era "ver se Colette poderia ou não ser auxiliada em se engajar com o terapeuta e começar a considerar as razões para seu comportamento perturbado".

### Excerto da observação de pesquisa

Colette estava muito ansiosa. Ela passou os primeiros 45 minutos de sessão individual olhando para mim e brincando com os dedos. Após um longo silêncio, ela de repente falou, "Eu nunca me sinto feliz, sabe, nunca. Por que isso?". Eu disse que muitos jovens acham difícil aproveitar a vida quando coisas difíceis aconteceram a eles quando eram pequenos. Colette expirou, relaxando os ombros, e me olhou com curiosidade. Eu lhe perguntei qual era o principal sentimento que ela tinha a maior parte do tempo: raiva, tristeza ou medo? Colette explicou que a maior parte do tempo ela sentia medo. Eu expliquei que quando coisas assustadoras acontecem todos os seres humanos têm um tipo de resposta animal para tentar se salvar daquilo que lhes dá medo. Essa resposta animal é de lutar, fugir ou petrificar-se. Eu perguntei a Colette o que ela pensava que fazia quando sentia medo. Colette sentou-se reta e ar-

(continua)

## IDEIAS EM AÇÃO

regalou os olhos, e disse, "Bem, eu corro o mais rápido que posso e então continuo correndo".

Até esse momento a conversa tinha sido apenas de uma parte, comigo falando a maior parte do tempo. Eu sugeri que talvez utilizar uma caixa de areia poderia ajudá-la a pensar sobre a sua necessidade de correr e continuar correndo. Colette olhou para a caixa de areia no canto da sala, deixando seus olhos se fixarem nela. Colette disse que não queria usar a caixa de areia, mas, depois de falar um pouco mais sobre seus problemas, eu notei ela olhar para a caixa de areia mais uma vez. Eu trouxe a caixa de areia para perto de Colette, que disse que isso era bobo, mas com um tom de pergunta em sua voz. A mão de Colette foi para a areia, e ela a acariciou com carinho. Eu coloquei a minha própria mão na areia e me juntei a ela... Colette deixou a areia correr entre seus dedos, sentindo prazer nesta sensação, e deixou cair um pouco de areia sobre minha mão muito gentilmente. Eu então pedi que Colette escolhesse dez objetos de três caixas de brinquedos e os organizasse na areia.

Ela vagarosamente juntou todos os bebês das caixas de brinquedos e os colocou no canto da caixa de areia. Ela trabalhou atentamente, acariciando os bebês enquanto gentilmente os colocava na areia. Em um momento ela levou um dos bebês até a boca e o beijou. Ela então construiu uma parede de blocos de madeira, sem portas, e prendeu os bebês em um canto da caixa de areia. No outro lado da parede ela colocou dois monstros grandes que eram maiores do que a parede e os bebês do outro lado. Colette então reorganizou os monstros, deixando-os cara a cara, e pareciam estar brigando. Colette se afastou e olhou a cena. Ela suspirou e começou a passar as mãos nas pernas de modo agitado. Eu pedi para ela descrever o que estava sentindo em seu corpo. Colette disse que estava com frio e podia sentir arrepios em suas pernas. Ela então disse que olhar para a caixa de areia com essa imagem, com os bebês presos, dava-lhe vontade de fugir.

Colette então começou a falar como se nunca mais fosse parar, lágrimas correndo lentamente pelo seu rosto, que ela continuava a limpar com raiva. Colette disse que tinha tentado fugir da sua família biológica, mas sempre se sentia mal em abandonar os bebês. Todas as vezes que ela fugiu, ela acabou de algum modo voltando até que finalmente desistiu de fugir e tentou se proteger junto com as irmãs mais novas dentro do quarto. Não funcionou. Eles ainda entraram. Algumas vezes ela apanhava e esperava que eles não fossem machucar suas irmãs menores. Mas algumas vezes ela deixava que levassem os bebês e os machucassem, e ela não tentava protegê-los. Ela disse, entre soluços, que cobria os ouvidos para não escutar suas irmãs chorando. Ela disse que se sentia mal por ter deixado isso acontecer e pensava muito sobre isso. Colette olhou para mim e sussurrou: "eu ainda quero fugir, mas todas as imagens do que aconteceu que tenho na minha mente vêm comigo também".

### Excerto de conversa de pesquisa

Jones: Eu estava pensando sobre como parece que tantas coisas estavam acontecendo ao mesmo tempo! Colette parecia estar construindo um apetite, um interesse, ou uma facilidade de se permitir projetar nos materiais dramáticos. Ela parecia estar criando um relacionamento com você através deles, ao mesmo tempo em que estava se testando, a capacidade dos materiais de prendê-la e ao seu relacionamento. Você vê isso do mesmo modo ou vê o processo sendo trabalhado de modo diferente?

Vaughan: Eu concordaria completamente que, enquanto em um primeiro nível uma simples história de fuga estava sendo contada, há muitos níveis de coisas diferentes acontecendo ao mesmo tempo. Colette estava com certeza aprendendo desse modo

(continua)

## IDEIAS EM AÇÃO

a confiar no terapeuta e no processo de trabalhar com a arte. Enquanto a caixa de areia facilita para Colette contar parte de sua história, os sentimentos vêm com a história. Parece que foi uma primeira vez para Colette. Enquanto muitas crianças são capazes de contar suas histórias, e Colette pode ter contado a dela antes, o que é significativo é que ela permitiu que os sentimentos emergissem e que o terapeuta os testemunhasse.

Estou também muito consciente de que, para muitos desses jovens e crianças, eles nunca tiveram a chance de trabalhar desse modo antes, e é um alívio tremendo trabalhar com um terapeuta que sabe sobre o tipo de coisas que eles podem ter vivenciado, e que usa a arteterapia para ajudá-los a expressar o que é inexprimível em palavras, e que é capaz de compreender as suas dicas não-verbais de que eles ainda são pequenas crianças assustadas. Nem sempre ajuda escutar apenas ao que é dito, porque muito acontece na comunicação não-verbal que contradiz a comunicação verbal. Eu acredito que, se um terapeuta pode compreender as mensagens não-verbais e, ao mesmo tempo, respeitar suas mensagens verbais, então toda a história que eles precisam contar pode ser ouvida.

Jones: Que diferença você vê em você brincar também (comparado a apenas assistir)?

Vaughan: Apesar de que há tempo e espaço para se assistir ao processo, há também momentos quando é útil brincar junto (brincadeira paralela) com crianças e jovens para se trabalhar com eles. Uma parte crucial da avaliação de uma criança é descobrir em qual estágio do desenvolvimento ela está, se é ou não possível chegar mais perto dela de algum modo e se juntar a ela na brincadeira. Eu suponho que o nosso trabalho é sobre a criança/jovem e os adultos ao seu redor. De modo a pensar como a criança faz ou não relações e ligações, o terapeuta precisa pensar sobre como formar um relacionamento com a criança. (Jones, 2007, p. 172-5)

---

"o espaço de brincadeira oferece... uma oportunidade de sair da vida diária e tentar algo diferente com distância o bastante para lhes permitir sentir seguras. Na brincadeira elas podem explorar todas as possibilidades do que pode acontecer e uma variedade de finais diferentes, e a beleza disso é que elas estão seguras dentro do espaço da brincadeira".

(Jones, 2007, p. 152)

No relato de Colkett sobre o uso de processos centrais, pode-se ver uma imagem da brincadeira emergindo que enfatiza os modos como o terapeuta tenta se manter sensível à criança que está descobrindo o próprio caminho através das formas e direções da brincadeira. Em seu relato, Colkett fala sobre isso de diversas maneiras. Ela descreve a "espera" para ver o que "emerge": o grupo sugere cantar, por exemplo; ela fala dos modos em que a resposta do grupo aos sentimentos de B foi "um momento inspirado... em que pegaram o pano azul". Ao introduzir ideias, ela sugere dicas para o grupo desenvolver; por exemplo, ao perguntar "que som emerge?". A ênfase está também nas formas em que as crianças fazem suas próprias estruturas, ao invés de estruturas externas fornecidas pelo terapeuta. Isso é demonstrado pela descrição de Colkett de uma "dança personalizada", por exemplo, que as crianças criam. A sua própria descrição do seu estado dá vazão a essa posição: um "estado de sentimento intuitivo". Ela precisa confrontar ao invés de seguir seus próprios preconceitos sobre o que precisa ser feito, e relata que as crianças ensinaramlhe uma lição. Ela, desse modo, vê os processos e direções da brincadeira como veículos flexíveis para as crianças em sua expressão, exploração e mudanças de relacionamento com as coisas que elas trazem.

Semelhantemente, o relato de Meyer é um testemunho dos modos como o terapeuta retém uma consciência profunda dos significados e significâncias potenciais da brincadeira, mas não impõe uma atividade ou interpretação. Ela mostra em seu relato os diferentes níveis da terapia da brincadeira. Ela nota o modo como o cliente fala sobre sentir falta de brincar, das experiências no parquinho, e considera os significados explícitos e potenciais dados pelas experiências dos clientes – sua situação com o vírus da AIDS, sua juventude, sobre brincar e se sujar, e as oportunidades perdidas de "brincar" com a sua identidade.

Ao refletir sobre uma observação não incluída neste capítulo, a dramaterapeuta Jo Rogers resume um aspecto principal do modo como o terapeuta cria um espaço aberto onde é possível que a brincadeira da própria criança se desenvolva. Isso pode ser visto em todos os três relatos incluídos neste capítulo. Ela enfatiza a importância de estar consciente de que seu papel pode ser facilitar o acesso e o desenvolvimento da brincadeira enquanto a criança pode ter previamente experimentado barreiras ao brincar,

> Rogers: Eu sinto que o meu papel é primeiramente aceitar o que quer que elas tragam, e quem quer que sejam, sem fazer julgamentos. Eu sinto que houve um obstáculo real à brincadeira para muitas delas: que as experiências na sociedade podem levar as pessoas com deficiências severas a procurar pelo que elas têm de errado. Então, sim, antes de qualquer coisa, eu deixo claro que todos os sons, movimentos, gestos e sentimentos estão "certos".
>
> (Jones, 2007, p. 52)

Vaughan reflete essa consciência quando oferece uma estrutura potencial para Co-

lette ao indicar-lhe a caixa de areia e uma grande variedade de objetos, por exemplo. Dentro disso a atenção está na "sugestão": ela vê isso do seguinte modo,

> Acredito que ela precisava se sentir acompanhada na areia, como se o terapeuta estivesse preparado para brincar também. Eu segui a sua liderança e me juntei ao seu convite de brincar. Em meu ponto de vista, essa disposição de me juntar a ela e brincar permitiu que ela se dedicasse ao trabalho com a caixa de areia.

A ênfase está no modo como ela dá ao cliente permissão para a brincadeira livre. Quando Vaughan toca a areia, ela está deliberadamente imitando o movimento do cliente, e procura comunicar contato e empatia. As suas palavras "segui a liderança dela" imita a abordagem de Colkett, em que o terapeuta procura manter, testemunhar e incentivar as ideias e direções de brincadeira provenientes do cliente.

Vaughan faz uma distinção interessante sobre assistir a brincadeira emergir e se engajar em brincadeira paralela – ambos são vistos por ela como importantes e necessários em diferentes momentos. A ênfase é sobre o papel do terapeuta em permitir que a brincadeira surja e estar com a criança enquanto se trabalha com a formação dos significados.

## Como os terapeutas veem os potencias e benefícios da criança brincar na terapia?

O espaço da brincadeira dentro da dramaterapia se torna uma arena para o material emergir. Uma vez que o material está presente, pode-se dar acesso a processos de brincadeira, e ao relacionamento com o terapeuta como uma presença, uma testemunha do que está emergindo e um jogador empático. O relacionamento criado com o terapeuta é visto por Vaughan como uma parte importante do trabalho de terapia. Ela diz que parte da significância da brincadeira na terapia é "para pensarmos sobre como a criança cria ou não relacionamentos e ligações com o terapeuta, o terapeuta precisa pensar sobre como formar uma relação com a criança". Deste modo, a relação formada pode oferecer uma experiência diferente daquelas que a criança pode ter experimentado fora da terapia. Em todos os três excertos, o conceito da presença do terapeuta e do espaço oferecendo segurança e confiança é primordial. A importância disso é central para que uma criança permita emergir o material que não pode ser expresso em outro lugar.

Meyer, por exemplo, fala da "segurança do espaço" e do material que pode ser oferecido para dar expressão e acesso aos outros e aos processos em trabalho na brincadeira e na terapia. Em seus relatos, ela relaciona isso à confiança. Dentro dos relatos de Colkett, ideias de que o espaço de brincadeira é protegido por barreiras também estão presentes; ela chama isso de "espaço fechado seguro", e a ideia de "caos contido". A brincadeira desenvolve um relacionamento com os eventos que a criança experimentou – isso é descrito por ela como "horror total" e "agarro cruel" – a brincadeira, entretanto, é descrita como assimilação, desenvolvimento de um relacionamento com aquilo que não pode ser facilmente expresso fora do espaço da brincadeira. A combinação da expressão do grupo, exploração e expressão na brincadeira permitem que o material surja e seja trabalhado junto. As implicações da análise dela são de que o espaço da brincadeira dentro dos limites terapêuticos cria segurança e permissão.

A ideia em todos os relatos é a de que a brincadeira permite a expressão do material que um simples relato verbal não poderia criar – de que a brincadeira cria um tipo específico de acesso para a criança expressar e encontrar as suas experiências de vida. Isso é visto em parte como assimilação, o trabalho criativo toca o material e começa a personalizá-lo: o horrível tsunami e seus efeitos – incorporados pelo grupo – por exemplo. Colkett fala da experiência das

crianças, "que era indizível": que as experiências não encontravam palavras. Algumas vezes, em seu relato, a presença do tsunami recriado é descrita por ela de um modo que indica o teste dos limites do que pode ser tratado e expressado, por exemplo, em suas palavras "Ninguém escutou. Era quase insuportável". Isso pode ser contrastado com seu relato do acesso das crianças à brincadeira e às artes quando ela fala da "linguagem universal do movimento e da mímica". A brincadeira também é tipificada como muito física e envolvente – com danças personalizadas movendo-se no círculo. Esse profundo envolvimento é visto como chave para a potência da brincadeira como sendo capaz de evocar e conter experiências previamente silenciadas. Meyer também usa a palavra "indizível" – e para mim isso não é coincidência. Como na comparação que apontei no relato de Colkett sobre a experiência indizível que não pode conter palavras, ou que não está pronta para as palavras, e as expressões do movimento e da mímica, também no relato de Meyer, o espaço da brincadeira e a linguagem da brincadeira, a relação entre o espaço da brincadeira e o espaço externo cria oportunidades e permissões; uma diferença real para seus clientes. Ela diz "muito antes deles poderem contemplar falar sobre isso fora do espaço terapêutico" a brincadeira cria uma oportunidade de contar e receber apoio. Vaughan também fala dessas qualidades. Ela vê parte do valor da brincadeira e das artes como sendo "ajudar... expressar o que é inexprimível em palavras" e que uma parte do valor do terapeuta para o cliente é a sua consciência da comunicação além das palavras, e quem "é capaz de entender dicas não verbais". Ela também fala da segurança do espaço contrastando com o "horror" experimentado em outros lugares e sobre um elemento chave do espaço da brincadeira na terapia tendo a ver com a criança reivindicar poder ou "controle" sobre as experiências em suas vidas. Como no relato de Colkett, ela concentra-se no contraste entre o silêncio da criança sobre o assunto fora da brincadeira e no nível de envolvimento e eloquência na brincadeira de Colette: "ela trabalhou atentamente", as imagens dos bebês, dos monstros e a areia se tornam uma evocação poderosa de sua experiência de vida e se torna visível para ela e para o terapeuta; e o acesso é seguido pela capacidade de assimilar, expressar e resolver ou alcançar um novo relacionamento com as questões previamente silenciadas.

Uma parte do benefício para as crianças nas três observações é visto como o modo em que a brincadeira dentro do espaço terapêutico envolve o alívio de algo a que a criança tem se agarrado, algo que a linguagem da brincadeira permite ser compartilhado. Vaughan toca neste assunto quando fala sobre o "alívio tremendo" de se compartilhar algo que havia sido silenciado. Meyer observa a respeito dos adolescentes no grupo, "eles estavam famintos por falar, e os papéis deram a eles o espaço para fazê-lo e repetir". Meyer também se refere à complexidade que pode acompanhar o compartilhamento do material que foi silenciado quando ela fala, "Nomsa então disse que era bom falar alto. Nós conversamos sobre a dificuldade de falar sobre isso e as percepções das outras pessoas".

Em parte, essa permissão se deve ao modo em que o conteúdo da linguagem da brincadeira permite a formação de imagens, que permite o compartilhamento de certas coisas que a linguagem verbal não permite. Isso é visto de diferentes modos. Um aspecto disso é o modo como as imagens comunicam de um modo que permite o distanciamento ou a falta de referência direta que se diferencia de uma descrição verbal da experiência. Isso dá permissão à criança para estar mais segura do que em uma referência direta. De outro modo, as imagens criam uma forma que permite à criança se comunicar na linguagem da brincadeira – isso parece ser algo com que se sentem familiares – como se a brincadeira fosse seu próprio terreno.

O espaço da brincadeira também é visto por ela como uma área mais segura para as crianças testarem algo antes de acessarem isso no mundo fora da terapia, "Eu senti que, se eles pudessem brincar de 'contar' na

dramaterapia, uma mudança interna poderia ocorrer sobre o reconhecimento e os inícios do processo de integrar os aspectos 'indesejáveis' e partes 'doentes' de si mesmos".

Na dramaterapia, os limites seguros do espaço terapêutico e da relação com o terapeuta e o estado de brincadeira criado se combinam para formar a "segurança da brincadeira" através da qual pode-se permitir a entrada de tal material no "espaço da brincadeira". Meyer fala dos processos de distanciamento, onde a brincadeira permite à criança tocar o material como se tivesse uma qualidade conectada, mas separada das experiências fora do espaço da brincadeira onde ele é apresentado: "Eu acho que isso se relaciona ao processo do 'eu e o outro' na brincadeira. Eles precisavam dizer 'eu tenho AIDS' como eles mesmos, mas precisavam de um contexto para dizê-lo, e o contexto de melhores amigos permitiu isso".

Os três relatos e conversas de pesquisa foram explorados usando as duas questões sobre como o acesso à brincadeira dentro das arteterapias é criado, e como os terapeutas veem a brincadeira como um processo central na prática da dramaterapia. A análise mostrou os vários modos como os terapeutas veem a criação de um espaço seguro e contido como essencial para que a criança seja capaz de trazer o material para a terapia. O desenvolvimento de um relacionamento com o terapeuta também foi visto como crucial, e os relatos falaram da importância da confiança, do testemunho e da permissão. O papel do terapeuta era tanto de estar consciente das questões que pudessem evitar o acesso da criança à brincadeira, enquanto seguia dicas e oferecia direções potenciais para ajudar o espaço e o relacionamento a serem usados pela criança para criar e descobrir o seu próprio potencial de brincadeira. A brincadeira é vista pelos terapeutas como um modo de ajudar as crianças a lidarem com as questões complexas que enfrentam em suas vidas diárias. A análise das observações e das conversas ilustrou as percepções da brincadeira como uma fonte rica e variada de assimilação, exploração, poder e criatividade. Todos os terapeutas tiveram essas percepções em comum enquanto descreviam e refletiam sobre os processos centrais que disponibilizaram para as crianças que precisavam do espaço terapêutico.

## Como a sociedade silencia as crianças?

Este capítulo mostrou o modo como as crianças podem se beneficiar da brincadeira dentro do contexto terapêutico da dramaterapia. Ele ilustrou os modos como os terapeutas veem a brincadeira como formadora de um veículo natural para as crianças expressarem, testarem, explorarem, assimilarem e se recuperarem de experiências difíceis da vida. Ele mostrou como a linguagem da brincadeira e os processos de brincadeira podem refletir questões da vida das crianças de modo direto e indireto. Este modo de se olhar a brincadeira pode ser válido para todos aqueles que vivem e trabalham com crianças, principalmente ao estar consciente do valor da brincadeira, mas também ao estar sensível às possíveis questões e significados que podem ser expressados na brincadeira espontânea da criança. Dentro das observações e da análise, um tema importante foi os modos como as crianças podem ser silenciadas. Essa questão traz consigo uma variedade de maneiras para aqueles vivendo e trabalhando com crianças. O seguinte quadro de ideias em ação oferece alguns pontos para reflexão sobre esse tema.

Nos relatos das observações, as crianças trazem encontros com experiências violentas e complexas: do desastre físico ao abuso dentro das famílias e dentro de suas comunidades, do estigma social à doença. De modos diferentes, as situações em que elas se encontram estão conectadas com o serem silenciados. A análise se refere aos modos como tal silenciamento acontece, e é importante considerar os diferentes fatores que resultam em tal silenciamento. Essa reflexão pode ser utilmente relacionada tanto ao modo como nós, adultos, podemos participar em tais fatores, e nos modos como os adultos podem trabalhar para combater os fatores que produzem silenciamento.

## Crianças como agentes ativos de suas próprias vidas

Nas observações e nas conversas de pesquisa, um tema principal foi a ideia do envolvimento ativo e da brincadeira como um modo da criança assimilar e assumir o poder sobre as suas experiências. Dentro disso há uma tensão que é importante ser considerada em todos os trabalhos com crianças. Um modo de ver isso diz respeito ao ponto em que as crianças são vistas como seres passivos a quem as coisas acontecem, comparado a elas serem vistas como agentes ativos que são capazes de ter compreensões, opiniões e direitos em determinar o que acontece a elas. Pode ser útil perguntar questões relacionadas a essa questão em todos os aspectos relacionados às crianças.

---

### IDEIAS EM AÇÃO

**Pare e reflita**

Explore o material contido nas observações de pesquisa deste capítulo.

- Quais fatores se combinam para produzir o silenciamento das crianças nas experiências que elas trazem para a terapia?
- Quais são os benefícios e limitações da brincadeira dentro da terapia descrita em tratar as experiências das crianças sendo silenciadas?

## IDEIAS EM AÇÃO

### Pare e reflita

Baseado nos relatos de vidas das crianças contidos nas observações, que questões você pensa que podem estar presentes relacionadas às crianças serem vistas como seres passivos ou agentes ativos pelas comunidades em que vivem?

Quais são os potenciais e limitações da brincadeira dentro da terapia descrita ao encorajar as crianças a verem a si mesmas como agentes ativos de suas próprias vidas?

### Melhorando a prática
### Indicação de terapia

O uso da brincadeira como terapia, ou na terapia, tem tanto paralelos quanto diferenças claras com outros trabalhos de brincadeira. Os paralelos incluem a linguagem da brincadeira e a natureza facilitadora da relação entre o adulto e a criança. As diferenças incluem o fato de que a brincadeira na terapia ocorre dentro de um espaço terapêutico com limites claros e específicos relacionados a áreas como confidencialidade, exploração pessoal e abertura. Outra diferença importante é que a relação entre a criança e o adulto não é apenas de facilitar a brincadeira, mas de fazer isso dentro de um relacionamento terapêutico que segue códigos de conduta, de ética e normas profissionais. Essa diferença de espaço e relacionamento precisa ser clara para a criança, pais, guardiões e organizações. De outro modo, como já foi argumentado, o espaço e a relação não são éticos, mas potencialmente perigosos.

Em termos de melhoria da prática, é naturalmente importante para aqueles em contato com as crianças, seja na brincadeira, no cuidado ou na educação saber quando uma criança pode estar mostrando que há questões em sua vida que podem precisar de indicação terapêutica.

### Pare e reflita

Como esse capítulo argumentou, as crianças naturalmente refletem e assimilam muitas experiências de vida em suas brincadeiras. Entretanto, em certas circunstâncias aqueles trabalhando com a brincadeira podem encontrar expressões ou questões que podem sentir serem indicadoras da necessidade de atenção de um especialista. Como pode se ver isso?

A indicação pode ser de trabalho especializado com terapeutas, ou profissionais com conhecimento e treinamento para lidar com questões específicas da vida da criança. Quais podem ser essas questões?

### Comentário

Exemplos disso incluem crianças que os educadores podem suspeitar que estão sofrendo abuso e/ou que têm necessidades emocionais ou comportamentais que podem exigir espaço e apoio particular, complementando atividades como a brincadeira.

O conhecimento sobre como levantar apropriadamente as preocupações com os outros profissionais, ou de indicar a criança, pode ser um elemento importante em manter ou melhorar a prática. Informações gerais e específicas sobre o que fazer se você tem preocupações com uma criança estão disponíveis (veja abaixo). Todos os indivíduos que trabalham com crianças precisam ter claras certas políticas e procedimentos relevantes.

### Com quem falar?

O seguinte trecho dá algumas ilustrações do tipo de informação que você encontrará ou precisará encontrar. É importante destacar que essas podem ser diferentes de-

(continua)

## IDEIAS EM AÇÃO

pendendo do contexto de sua prática. Questões de indicação incluem, por exemplo, a quem expressar suas preocupações,

> Discuta suas preocupações com o seu coordenador ou membro designado da equipe, dependendo do seu ambiente organizacional. Se você ainda tem preocupações, você e o seu diretor poderiam também, sem necessariamente identificar a criança em questão, discutir suas preocupações com colegas mais experientes em outras instituições de modo a desenvolver uma compreensão das necessidades de circunstâncias da criança.
>
> O que fazer se você está preocupado que uma criança pode estar sendo abusada http://www.everychildmatters.gov.uk

Devemos também lembrar que a suspeita de abuso na família não é a única razão para você indicar uma criança. Tornar-se uma vitima de comportamento abusivo fora da família, inclusive pelos colegas, pode também ser um motivo, ou eventos difíceis dentro da família da criança, como a morte ou doença séria de um irmão ou membro da família, ou o divórcio dos pais também podem resultar em profunda infelicidade que pode ser aliviada com a intervenção terapêutica.

### Sistemas de indicação terapêutica

Alguns ambientes podem ter sistemas específicos para a indicação de serviços específicos para as crianças. Aqui temos um exemplo de conselho aos educadores sobre o acesso as arteterapias nas escolas.

> O modo como o sistema de indicação funciona nas escolas pode ser diferente dependendo da equipe de funcionários e o arteterapeuta. Entretanto, a indicação de arteterapias nas escolas normalmente vem dos professores, coordenadores de necessidades especiais e coordenadores. Outras agências externas podem incluir assistentes sociais ou psicólogos da educação. O arteterapeuta pode receber uma lista de alunos, que a equipe gostaria que fossem avaliados. A partir disso, o arteterapeuta e outros profissionais, como o coordenador de necessidades especiais ou o coordenador podem começar o processo de seleção. Isso pode incluir a observação da criança em aula pelo terapeuta... A permissão dos pais é outra parte importante do processo de indicação. Isso normalmente é feito através de uma carta que é enviada para casa, que é acompanhada por um folheto informativo para os pais. Os pais têm a oportunidade de se encontrar com o terapeuta antes da terapia para discutir quaisquer dúvidas ou preocupações.
>
> Art Therapy in Schools Service www.atiss.co.uk

### O envolvimento da criança

Todos os materiais sobre a indicação a serviços de apoio enfatizam a importância da atenção, do cuidado para proteger a criança, e a necessidade de clareza quanto às linhas de comunicação e a responsabilidade. Além disso, a maneira como a criança é consultada é uma parte importante de qualquer processo como esse, considerando fatores como idade, a língua de preferência da criança, e como melhor se comunicar com a criança se a deficiência é um fator em sua compreensão ou expressão própria. É crucial que os direitos e necessidades da criança sejam respeitados. Guias de

(continua)

**IDEIAS EM AÇÃO**

normas éticas e códigos de prática, como foi mencionado anteriormente, são uma faceta importante ao se olhar para essa área. Um aspecto diz respeito aos modos como a criança pode ser envolvida e informada do processo de indicação. O seguinte é um exemplo de material dado às crianças sobre a indicação de terapia por uma organização terapêutica do reino Unido.

### Por que eu vou visitar um terapeuta?

O terapeuta pediu para ver você porque você se sente triste, brabo ou com medo de alguma coisa, ou talvez porque algo horrível lhe aconteceu. Talvez você não consiga se controlar e brigue, chore ou se sinta mal consigo mesmo. Algumas vezes, é difícil falar sobre seus sentimentos, então o seu terapeuta tentará ajudá-lo a se sentir melhor sem você precisar explicar as coisas. Isso porque as crianças brincam com os seus sentimentos melhor do que falam sobre eles.

Informações para as crianças, *British Association of Play Therapists*
www.bapt.info

Os seguintes *sites* oferecem informações sobre o que fazer se um profissional tem preocupações, como comunicar e preceder quanto a tais preocupações, e o que a indicação terapêutica pode trazer. Eles são incluídos como exemplos, alguns são específicos à brincadeira e às artes, outros são gerais. Como mencionado acima, o profissional precisa ter claro o que se aplica ao seu contexto específico.

- sobre o compartilhamento de informações a respeito das crianças, acesse www. ecm.uk/deliveriungservices/informationsharing

- sobre estruturas de cuidado e indicação terapêutica, acesse http://www.dh.gov. uk/PublicationsPolicyAndGuidance/PublicationsPolicyAndGuidanceArticle/fs/en

- sobre colaboração e comunicação entre agências, acesse http://everychildmatters.gov.uk/resources-and-practice/IG00060

- sobre indicação terapêutica se você acha que uma criança está sendo abusada, acesse http://www.everychildmatters.gov.uk

## *Resumo e revisão*

Este capítulo mostrou como a brincadeira é vista como um processo central no modo como se pode oferecer à criança a arteterapia. Todos os relatos falaram dos modos como os potenciais e possibilidades da brincadeira são abertos pelo terapeuta e pelas crianças trabalhando juntos na dramaterapia.

A brincadeira é parte da linguagem expressiva que uma criança pode utilizar para criar significados e explorar o material na dramaterapia. As observações de pesquisa, conversas e análises mostraram o modo como os terapeutas veem a brincadeira como uma forma da criança descobrir ou criar acesso a sua própria espontaneidade e poder.

*(continua)*

> ## Resumo e revisão
>
> O capítulo ilustrou como os terapeutas veem a maneira como a dramaterapia cria uma relação de brincadeira com a realidade. O espaço da dramaterapia permite que as crianças brinquem com elementos de sua vida – expressando e assimilando experiências, reelaborando questões e testando novas configurações e possibilidades. A pesquisa da visão dos dramaterapeutas sobre como seu trabalho é efetivo mostrou que eles veem a brincadeira como um processo central importante na sua prática terapêutica. A análise ilustrou como os terapeutas veem o modo como criam o acesso aos potenciais terapêuticos da brincadeira para as crianças. Ela também olhou os modos como diferentes fatores – como a criação de um espaço seguro, a relação terapêutica e a oportunidade da criança usar a criatividade – podem ser trabalhados juntos. Os relatos e as conversas mostraram que eles veem a exploração da brincadeira como uma oportunidade para as crianças utilizarem várias maneiras diferentes para produzir mudanças, que podem ser integradas na vida das crianças fora da dramaterapia.

## Leituras adicionais

**Os seguintes textos dizem respeito às arteterapias**

Bunt, L. e Hoskyns, S. (2002) *The Handbook of Music Therapy*. London: Routledge.

Case, C. e Dalley, T. (2006) *The Handbook of Art Therapy*. London: Routledge.

Jones, P. (2005) *The Arts Therapies*. London: Routledge.

Jones, P. (2007) *Drama as Therapy*, segunda edição. London: Routledge.

Karkou, V. e Sanderson, P. (2005) *Arts Therapies: A Research Based Map of the Field*. Elsevier Health Science.

Langley, D. (2006) *An Introduction to Dramatherapy*. London: Sage.

Payne, H. (1992) *Dance Movement Therapy: Theory and Practice*. London: Routledge.

**Os seguintes textos dizem respeito à terapia da brincadeira**

Gil, E. e Dewes, A. A. (Eds) (2004) *Cultural Issues in Play Therapy*. London: Routledge.

Schaefer, C. E. e Kadusn, H. G. (eds) (2006) *Contemporary Play Therapy*. London: Routledge.

**Os seguintes textos são sobre as arteterapias e as crianças**

Evans, K. e Dubowski, J. (2001) *Art Therapy with Children on the Autistic Spectrum*. London: Jessica Kingsley Publishers.

Malchiodi, C. A. (ed.) (1999) *Medical Art Therapy with Children*. London: Jessica Kingsley Publishers.

Weber, A. M. e Haen, C. (Eds) (2004) *Clinical Applications of Drama Therapy in Child and Adolescent Treatment*. London: Routledge.

## Sites da internet

**Oportunidades para o desenvolvimento profissional**

A terapia da brincadeira e as arteterapias são profissões que requerem treinamento especializado e registro. Cursos de curta duração apresentando abordagens e compreensões destas terapias podem estar disponíveis. Existem também programas de graduação e pós-graduação.

British Association of Art Therapists http://www.baat.org

UK Association for Dance Movement Therapy http://admt.org.uk

British Association of Dramatherapists http://badth.ision.co.uk

British Society for Music Therapy http://www.bsmt.org

Association of Professional Music Therapists UK http://www.apmt.org

British Association of Play Therapists www.bapt.info

Play Therapy http://www.playtherapy.org.uk

Health Professions Council Standards of Conduct, Performance and Ethics, Duties of Registrant (2003) http://www.hpc-uk.org

## NOTAS

1. Family Futures é um espaço de brincadeira que utiliza a dramaterapia

2. Os participantes foram informados dos Padrões de Conduta do Conselho dos Profissionais de Saúde, Performance e Ética, Deveres do Participante (http://www.hpc-uk.org) e ao Código de Prática da British Association of Dramatherapists (www.badt.isoin.com) assim como ao Código de Ética da Universidade de Leeds. Estes incluíam guias claros que refletem e fefinem todas as exigências éticas quanto a áreas como a permissão para inclusão de exemplos da terapia e confidencialidade do paciente: por exemplo, que o participante e eu iríamos manter anônimo o trabalho do cliente para que ele não fosse identificável.

3. Exemplos de tais normas podem ser encontrados nos seguintes sites da internet: www.bapt.info/ethicalbasis. htm para as Normas Éticas da British Association of Play Therapists (Associação Britânica dos Terapeutas de Brincadeira) e www.badth.org.uk/downloads/information para o Código de Prática da Associação Britânica dos Dramaterapeutas.

# parte IV
## PERSPECTIVAS FINAIS

# 11

## Brincar, aprendizagem para a vida
O papel vital da brincadeira no desenvolvimento humano

**Pam Jarvis e Jane George**

Relembrando meus anos de escola, as experiências que melhor serviram para me moldar enquanto indivíduo aconteceram durante as interações com meus colegas. Portanto, sinto que o maior valor educacional para os alunos está na pré-escola... foi na pré-escola que aprendi a dividir... e basicamente aprendi a conviver com as pessoas de modo geral. Quando entrei na 1ª série... repentinamente era esperado que eu me sentasse em uma classe, em uma fileira predeterminada e sentisse uma espécie de "conexão" com a professora na frente da sala, falando para mais de 30 alunos de uma vez só... O intervalo era o maior alívio para mim! Desde a pré-escola, tenho me tornado cada vez mais decepcionada com as lições ensinadas dentro da sala de aula. É claro que uma certa quantidade de matemática, inglês, história e ciências são necessárias para a vida posterior, mas também uma certa quantidade de interação com outras pessoas. Minha educação dentro da sala de aula falhou em me fornecer as habilidades mais vitais necessárias para sobreviver no mundo hoje.

> Amy Peterson, aluna do ensino médio com menção honrosa, em Schultz e Cook-Sather (2001, p.98)

### INTRODUÇÃO

Agora você quase chegou ao fim deste livro e (esperamos!) sentimos que você sabe muito mais sobre o conceito complexo da brincadeira que você tinha no início. Este capítulo tentará explorar alguns debates atuais controversos e com frequência teoricamente complexos, relacionados com o lugar da brincadeira na vida das crianças no início do século XXI. Inicialmente se considerará a pesquisa realizada sobre os relacionamentos fraternos, com a interação entre pares e amigos e então continuar para considerar os "espaços" no tempo e lugar onde as crianças brincavam juntas nas gerações anteriores, e por que as gerações recentes podem ter tido problemas para encontrar espaços suficientes para tal brincadeira. O capítulo encerrará fazendo algumas sugestões experimentais relacionadas a como os adultos, esperançosamente incluindo leitores deste livro, podem criar novas oportunidades para as crianças acessarem tais espaços nas sociedades pós-industriais ocidentais contemporâneas. A interação entre colegas e irmãos é uma área central para a pesquisa no início do século XXI, focando no desenvolvimento das crianças de forma complexa e holística, construindo sobre a tradição sociocultural vigotskyana que foi esboçada detalhadamente por Olusoga no Capítulo 2.

Este capítulo considerará as seguintes questões:

- Como a pesquisa sobre a interação entre colegas e irmãos sugere que tais interações sejam vitais para um desenvolvimento humano saudável?
- Que "espaços" no tempo e no lugar as crianças que brincavam ocupavam no passado, como esses se tornaram menos "abertos" ao longo do último quarto do século XX e quais podem ser os efeitos emergentes?
- Como os adultos podem tentar reabrir alguns "espaços" no tempo e nos lugares que serão utilizados com êxito pelas crianças no ambiente cultural da nossa sociedade atual?

## A BRINCADEIRA NA INTERAÇÃO ENTRE IRMÃOS

No início da teoria do desenvolvimento havia pouco interesse na pesquisa dos relacionamentos entre colegas; o foco principal estava no papel de pai ou mãe (principalmente no da mãe) e da criança. Por exemplo, o notável desenvolvimentalista John Bowlby propôs que o fator chave sobre o qual o sucesso do desenvolvimento social e emocional da criança estava relacionado era a existência de um relacionamento afetuoso, íntimo e contínuo com sua mãe (ou mãe substituta permanente – uma pessoa que assume constantemente o papel de mãe), no qual ambos encontram satisfação e alegria (1953, p. 13). O desenvolvimento intelectual também era muito visto nos teóricos ocidentais pela metade do século XX como um evento isolado; entretanto Lindon (2005) propôs que as ideias de Piaget sobre *egocentrismo* nas crianças entre as idades de 2 e 6 anos estavam de modo crescente sucumbindo às descobertas de pesquisa mais modernas, indicando que processos socialmente interativos bem mais complexos devem ser subjacentes ao desenvolvimento holístico das crianças. Nossa visão atual das crianças desde os primeiros meses de vida descreve seres altamente sociais, interagindo em muitos ambientes diferentes e com muitas pessoas diferentes, adultos e outras crianças.

> **Egocentrismo**
>
> Estar focado em si, mas não tendo o mesmo significado de ser egoísta – crianças pequenas ainda não entendem que outras pessoas são indivíduos como elas mesmas, com um mundo mental interno que está escondido dos outros – elas tem que aprender isso através da interação social.

Os pesquisadores têm cada vez mais ampliado o seu foco para abranger um panorama mais amplo das relações iniciais das crianças, com pesquisas que consideram não apenas os papéis dos muitos adultos dentro dos processos de desenvolvimento da criança, mas aqueles de outras crianças, comumente referidos como "colegas ou semelhantes". Os estudos sobre irmãos realizados por Judy Dunn, desenvolvidos por um período superior a 25 anos, desde o início dos anos 1980 até o presente, compreendem um elemento de pesquisa principal nesta área. O que toda a interação entre colegas tem em comum é a atividade central que as crianças pequenas desenvolvem juntas, a brincadeira. Uma pesquisa sobre irmãos e amigos será considerada a seguir, o capítulo então considerará a pesquisa relacionada com os problemas que podem surgir quando as crianças não têm experiências de interação com colegas ou amigos durante a primeira infância.

Rutherford (2005, p. 90) afirma que, no período de desenvolvimento de um indivíduo, os irmãos têm cinco funções:

1. a promoção de afeto e segurança;
2. a promoção de companhia e intimidade;
3. a promoção de apoio e ajuda;
4. a promoção de modelos para a imitação para a aprendizagem de habilidades e da língua;
5. através do conflito e da cooperação, os irmãos desenvolvem o seu próprio modelo de trabalho interno de relacionamentos e sentimentos dos outros.

Poderia ser discutido que as primeiras três funções têm o potencial para continuar ao longo da vida. Dunn (1983) efetuou uma recapitulação abrangente do conhecimento das relações entre irmãos que era então atual, observando que as descobertas anteriores haviam indicado que os relacionamentos entre irmãos eram significativas, distintas, recíprocas e contínuas ao longo dos anos. Ela constatou com sua visão da literatura que descobertas relacionadas com a brincadeira entre irmãos e o desenvolvimento associado à tomada de perspectiva indicava que havia potencial para muita aprendizagem de desenvolvimento para ocorrer através das interações entre irmãos. Além disso, ela propôs que o relacionamento entre irmãos também estava estruturado através de um conjunto complexo de interações como a relação entre irmãos e a relação mãe ou pai e criança. Subsequentemente, no seu próprio estudo longitudinal de famílias antes e depois do nascimento de um novo filho, ela descobriu que nas famílias em que os irmãos brincavam juntos, especialmente em brincadeiras de faz de conta, aproximadamente com 2 anos, a criança mais nova mostrava uma compreensão mais sofisticada das "outras mentes" do que a criança mais velha tinha com a mesma idade. Ela teorizou que essa diferença se devia à variável de exposição à influência de um companheiro de brincadeira levemente mais velho. Essa ideia tem sido apoiada mais recentemente por Flynn (2004), que sugeriu que a brincadeira de faz de conta, a decepção, a implicância e o falar sobre os sentimentos que ocorrem nas interações de irmãos apóiam o desenvolvimento da *teoria da mente* nos irmãos mais novos.

Lamb (1978) efetuou um estudo que compreendia observar irmãos brincando em uma sala de brinquedos/laboratório, subsequentemente descrevendo um conjunto de descobertas que indicavam que os irmãos mais novos tipicamente seguem (embora não exclusivamente) a liderança do irmão mais velho na brincadeira. Vê-se claramente que isso indica a "zona de desenvolvimento proximal" da criança mais nova, permitindo que ela se torne "uma cabeça mais alta que si mesma"[*] (Vygotsky, 1978, p. 102) na atividade colaborativa, mais do que ela poderia se realizar sozinha. Schaffer (1996, p. 265) sugeriu que os irmãos têm uma influência principalmente positiva

> **Teoria da mente**
>
> Uma habilidade que é partilhada por apenas algumas espécies na terra – a habilidade de compreender o que outra criatura pode estar pensando e modificar o próprio comportamento levando esse pensamento em consideração, às vezes com o intuito de enganar.

---

[*] N. de R.T.: "A head taller than himself", refere-se à sensação de poder que a criança experimenta no ato da brincadeira.

e enorme entre eles, que inclui muita imitação. Ele propôs que, em brincadeiras de fantasia, os irmãos são "parceiros completos em um mundo de faz de conta partilhado", e através dessa brincadeira as crianças aprendem regras sociais como posse, equidade, dividir e alternar a vez de brincar. Ele observou que a brincadeira partilhada se desenvolve com o tempo e que ela varia de acordo com a idade, gênero e temperamento dos irmãos envolvidos. Essas ideias são apoiadas por Barr e Hayne (2003), que estudou a aquisição de novos comportamentos em irmãos mais novos e filhos únicos. Enquanto ambos os grupos de crianças adquiriram ao menos um novo comportamento por dia através da imitação, aquelas com irmãos imitavam mais comportamentos novos sem nenhuma instrução do que os filhos únicos. Eles adquiriram tal aprendizagem principalmente através do "faz de conta" colaborativo e interações de brincadeira duras e brutas.

Pesquisas indicam que o relacionamento entre irmãos se desenvolve com o passar do tempo. Pike e Coldwell (2005), pesquisando relacionamentos entre irmãos na metade da infância (entre 4 e 8 anos), sugeriram que um relacionamento positivo entre irmãos está mais ligado ao ajustamento do que ao conflito. Eles propuseram que a qualidade do relacionamento que se desenvolve entre irmãos está intimamente associada com o ajustamento do irmão mais velho ao novo membro da família, um fator que sem dúvida também estará intimamente relacionado com o padrão de relacionamentos entre os adultos e crianças na família. Os estudos de Kim e colaboradores (2007) do relacionamento durante a meia infância e adolecência entre os irmãos concordam com esta visão. Esses pesquisadores também propuseram que um bom ajustamento ao relacionamento entre irmãos e altos níveis de intimidade entre irmãos estão relacionados com altos níveis de competência entre colegas ou semelhantes na adolescência.

Por essa razão, os pesquisadores predominantemente concordam que existem muitos benefícios em potencial para serem obtidos através das relações entre irmãos. Curtis e O'Hagan (2003) estudam a situação das crianças que não têm irmãos. Eles observaram que, enquanto tais crianças têm atenção total dos pais, eles podem carecer de oportunidades para desenvolver habilidades para alternar a vez na brincadeira e para dividir, a menos que sejam encorajados a interagir com outras crianças desde muito cedo. Tal descoberta é uma indicação de que pais e grupos de crianças pequenas, grupos de brincadeira na creche e em centros infantis podem ter um papel essencial no início da vida das crianças com estrutura familiar de filho único.

Deve-se notar que muito do corpo atual de pesquisa sobre relacionamentos entre irmãos tem sido efetuado em famílias ocidentais de classe média com ambos os pais e com dois ou três filhos. Ainda existe muito a fazer a fim de ampliar o foco da pesquisa para abranger o relacionamento entre irmãos em famílias maiores e em sociedades não ocidentais, particularmente em áreas do mundo onde muitas famílias vivem na pobreza e com necessidades. Tal falta de acesso aos recursos vitais muito provavelmente cria muitas escolhas difíceis para os pais e tensões subsequentes (e possivelmente até colaborações) entre irmãos que não são vivenciados por irmãos no mundo ocidental. Adicionalmente, enquanto existe um pequeno corpo de pesquisa relacionada com irmãos em relações com gêmeos ou outras relações "múltiplas" (por exemplo, Lowe et al., 1988), essa também é uma área que carece de expansão, particularmente nos tempos modernos, em que o advento da

> **Fertilização *in vitro* (FIV)**
> Um tratamento de fertilidade moderno, onde o óvulo é fertilizado em um tubo de ensaio em um laboratório, isto é, fora do corpo da mãe.

*fertilização in vitro* (FIV) aumentou o número de nascimentos múltiplos na sociedade ocidental.

## IDEIAS EM AÇÃO

### Brincadeira entre irmãos, aprendizagem e desenvolvimento (observação da autora)

Os irmãos Claire (somente 5 anos) e os gêmeos Sian e Andrew (2,6 anos) estão passando uma tarde ensolarada brincando no jardim nos fundos da casa. Sian está pulando em uma cama elástica pequena, enquanto Claire e Andrew estão no brinquedo que tem balanços e uma estrutura para se dependurar. Claire está no único balanço, enquanto Andrew está sentado silenciosamente no balanço do barco, olhando ao redor. Claire alcança o balanço do barco e embala Andrew gentilmente para frente e para trás. Ele sorri. Então Claire pergunta a Sian se ela pode ter a vez na cama elástica. Sian concorda. Sian vai em direção ao balanço único e Claire pula para cima e para baixo cantarolando e batendo palmas, enquanto os gêmeos observam. Depois de um minuto ou dois, Claire pergunta a Sian se podem trocar de lugar novamente. Sian concorda e, conforme ela pula para cima e para baixo na cama elástica, ela bate palmas e cantarola uma versão completamente misturada da canção que Claire cantava previamente. Quando Claire chega de volta ao balanço, Andrew, que estava sentando no balanço do barco próximo, diz: "Me empurra". Sian sai da cama elástica e vai sentar no outro balanço do barco. Claire fica parada no meio dos balanços do barco e empurra os balanços para frente, enquanto os gêmeos dão risadas.

Conforme a tarde passa e se torna o fim do dia, Andrew senta na frente da porta. Ele parece cansado e tem uma expressão bastante séria. Claire vai em sua direção. Ela se abaixa para que fiquem cara a cara, toca nele gentilmente na cabeça dizendo: "Androooo". Enquanto ela se afasta, seu rosto se transforma e ele abre um grande sorriso.

### Comentário: Aprendendo junto

Essa observação foi tirada de um vídeo de um dos filhos da autora, que foi filmado em uma tarde de verão no fim de 1980. Essa observação descreve alguns eventos do dia a dia muito comuns experimentados por muitas crianças de um ambiente ocidental, mas, se analisarmos cuidadosamente, podemos ver que essa interação

**Figura 11.1**
Aprendendo juntos (crianças).

(continua)

### IDEIAS EM AÇÃO

apoia descobertas prévias de pesquisa, indicando que existe uma abundância de aprendizagem ocorrendo por toda interação para todos os três irmãos. Todos eles aprendem sobre comunicação e divisão; as crianças mais novas aprendem linguagem da criança mais velha, e isso é claramente demonstrado por Sian cantando uma versão da canção de Claire, em contraste com a sua prévia brincadeira silenciosa. A criança mais velha também assume um papel de liderança intencional na brincadeira, responsabilizando-se por embalar seus irmãos mais novos, que são muito pequenos para usar o brinquedo grande sem ajuda. Mais tarde durante a interação, ela provê uma distração gentil para Andrew quando ele se sente cansado mais para o fim do dia. É claro que nem sempre as interações entre irmãos são positivas assim, nem para essas duas irmãs e seu irmão, ou dentro de outras famílias. As crianças também aprendem lições valiosas com seus desentendimentos, o que se refere à "dureza social" que Jarvis delineia no Capítulo 7. Essas crianças agora já passaram dos 20 e mantêm uma relação de irmãos próxima, embora as atividades às quais eles se dediquem sejam muito diferentes!

**Figura 11.2** Aprendendo juntos (crianças crescidas).

## A brincadeira na interação entre colegas ou semelhantes

Semelhantes não precisam ser irmãos, podem ser parentes ou crianças sem nenhum tipo de parentesco. Olusoga levanta essa perspectiva mais ampla sobre os relacionamentos entre colegas ou semelhantes no Capítulo 2. Em particular, ela esboça uma aprendizagem social e colaborativa essencial ocorrendo entre grupos de semelhantes de diferentes experiências culturais. Ela segue em frente para discutir a questão principal de que as crianças de famílias com filho único podem continuar a carecer de interações com semelhantes de diferentes idades descritos nos estudos acima, se essa oportunidade nunca é fornecida na educação e em estabelecimentos de cuidado que as crianças frequentam fora da família. Maguire e Dunn (1977) sugerem que as relações entre irmãos e as amizades na primeira infância desempenham um papel principal no desenvolvimento do entendimento emocional da criança pequena, comprovado pelo maior sucesso das crianças em entender o estado emocional de outros quando a sua rotina diária envolvia a interação em relacionamentos entre semelhantes e irmãos. Esses autores concluíram:

> Parece que a experiência de partilhar um mundo de faz de conta, ou estabelecer uma brincadeira conectada e coordenada com outra criança (irmão ou amigo) estão ligadas aos desenvolvimentos no entendimento social. O bom senso, assim como nossos dados, sugere que existe um processo de duas vias de influência entre relacionamentos e entendimento. (Maguire e Dunn, 1997, p. 683)

Peters (2003) descobriu que as crianças que fizeram laços fortes de amizade nos primeiros anos eram emocionalmente mais resistentes ao longo da transição para o ensino fundamental e se acostumavam mais confortavelmente com as exigências acadêmicas do ensino formal. Aqueles que não tiveram relacionamentos com colegas ou semelhantes nos primeiros anos, correspondentemente experimentaram uma transição mais difícil. Sebanc (2003) estudou padrões de amizade entre crianças de 3 e 4 anos juntamente com os relatórios de seus professores de seus comportamentos na escola e encontrou correlações positivas claras entre crianças que tinham amizades fortes e um comportamento *pró-social* e crianças que experimentavam problemas com amizades e comportamento agressivo. A pesquisa longitudinal de Lindsey (2002) com crianças entre 3 e 6 anos indicou que as crianças que tinham no mínimo um amigo mútuo no início do estudo eram mais apreciadas por colegas, passando uma ano, do que crianças que não tinham nenhum amigo mútuo no início do estudo; e que essa descoberta não estava correlacionada com cada lugar das crianças no *con-*

**Pró-social**
Comportamento ou pensamento que é direcionado à construção de relacionamentos.

*tinuum* apreciado/não apreciado criado no início da pesquisa. Lindsey concluiu que, mesmo tão cedo quanto os 3 anos, as amizades mútuas já são essenciais nos processos de desenvolvimento social das crianças.

Muitos pesquisadores (por exemplo, Coie e Kupersmidt, 1983; Ladd et al., 1988; Pellegrini, 1989 a; Dodge et al., 1990; Boulton, 1993) descobriram que crianças da educação infantil que são populares entre seus colegas lidam habilmente com a sociedade do playground, reconhecendo competentemente propostas de outras crianças que buscam brincadeiras duras e brutas. Em contraste, as crianças que são rejeitadas por seus colegas têm maior probabilidade de confundir tais propostas com agressão e responder da mesma forma. Evidências empíricas sugerem que esse seja um efeito duradouro, particularmente entre grupos de meninos. Boulton (1993a) propôs que um importante aspecto da cognição social problemática em meninos de 4 a 10 anos poderia ser vista na inabilidade de diferenciar entre interações de brincadeira e interações agressivas, levando a um efeito de "círculo vicioso", conforme a criança reage com "atos de agressão interpessoal, que por sua vez podem levar à pouca aceitação interpessoal" (Boulton, 1993 a, p. 262). Todos os estudos listados acima fazem alguma referência a esse tipo de "falha no *feedback*"; por exemplo, Dodge e colaboradores (1990, p. 1307) refletiram que muitas evidências sugeriam que aquele desgostar precoce pelos grupos de colegas estava tipicamente correlacionado com problemas de comportamento de longo prazo, propondo: "meninos rejeitados parecem ter falhado em dominar a tarefa da brincadeira dura benigna". Pellegrini e Blatchford (2000) concluíram que, para meninos de 5,6 anos, a quantidade de tempo gasto em brincadeira social ativa com outros meninos diretamente prediz o nível de sucesso na resolução de problemas sociais um ano mais tarde.

Em um estudo de observação do comportamento de crianças no playground, Braza e colaboradores (2007, p. 209) concluíram que participar de brincadeiras D&B e de faz de conta permite que as crianças criem hierarquias sociais complexas que "parecem reduzir o comportamento agressivo e ajudam as crianças a desenvolver habilidades sociocognitivas que não são requeridas em outros tipos de brincadeira (por exemplo, inteligência social, teoria da mente)". Em um estudo biológico sobre a brincadeira D&B de ratos, Pellis e Pellis (2007, p. 95) concluíram que tal experiência levou à reorganização neural e ao desenvolvimento de conexões "especialmente naquelas áreas do cérebro envolvidas no comportamento social". Com relação à expressão de tal aprendizagem dentro do espaço externo da criança, Pellegrini (1989a, p. 51) propôs: "Pode ser que a habilidade das crianças populares para discriminar a informação social possibilita que elas tratem a brincadeira D&B e a agressão em categorias distintas. MacDonald e Parke (1984, p. 1273) propôs que tais aptidões são inicialmente aprendidas nos primeiros anos de vida em brincadeiras D&B gentis com os pais, particularmente com o pai ou outro parente próximo do sexo masculino: "as crianças podem estar aprendendo o valor social e comunicativo de suas próprias demonstrações afetivas, assim como a usar esses sinais emocionais para regular o comportamento social dos outros".

Em apoio à sugestão de que as crianças que compreendem mal a "linguagem" da interação do playground têm problemas subsequentes com resposta de agressão, Orobio de Castro e colaboradores (2002) descobriram que existia uma correlação positiva altamente significativa entre a tendência das crianças a atribuir uma intenção hostil a outros e seu próprio comportamento agressivo expresso, particularmente entre os 8 e 12 anos. Essa investigação foi conduzida combinando dados de vários estudos prévios, criando uma amostra combinada, na maioria meninos. Das análises estatísticas, parecia haver uma maior tendência para atribuir agressão e reações desse tipo entre meninos, mas nenhuma conclusão dominante e firme em relação às diferenças de gênero pôde ser tirada, em virtude do grande desequilíbrio de gênero da amostra.

Infelizmente, muito da pesquisa relacionada com a brincadeira livre ativa no século XX era *androcêntrica*, baseada no fato de que os pesquisadores do desenvolvimento no passado tendiam a observar a brincadeira dos meninos como potencialmente mais "perigosa" e por essa razão, mais digna de sua atenção que a brincadeira das meninas. Com respeito à pesquisa de desenvolvimento, essa desigualdade no foco do gênero teve efeitos mistos para as meninas, por um lado perpetuando o estereótipo do modelo androcêntrico de humanidade, com diferenças femininas vistas como "fora do padrão", mas, por outro lado, permitindo que atividades de brincadeira femininas mais negativas se desenvolvessem em alguma medida sem o conhecimento dos adultos, como descrito por Osuloga no Capítulo 2 com sua argumentação da brincadeira das meninas envolvendo fantasias bastante agressivas sobre o poder de "varinhas mágicas".

> **Androcên-trica/o**
> Centrado em uma visão masculina do mundo.

## UM LUGAR PARA BRINCAR: A BRINCADEIRA LIVRE NO PASSADO

Os pesquisadores britânicos Opie e Opie desenvolveram um extenso estudo sobre a brincadeira livre das crianças nas ruas e playgrounds durante os anos de 1950 e 1960, fazendo entrevistas ou observando diretamente a brincadeira de aproximadamente 10.000 crianças na Inglaterra, na Escócia e no País de Gales. Em 1969, eles relataram: "para nós não existe cidade onde os jogos de rua não floresçam" (p. vi), e ainda sugeriram que as gerações sucessivas de crianças brincando poderiam ser as únicas guardiãs de muitas tradições orais antigas, propondo que, para entender os "esportes travessos" dos tempos Elisabetanos ou a brincadeira com cavalos de épocas ainda mais remotas, é preciso observar as crianças contemporâneas absorvidas em sua busca tradicional

## IDEIAS EM AÇÃO

### Problemas com a brincadeira? (observação da autora)

Michael, 5,6 anos, está no playground de sua escola no horário de almoço, brincando com um grupo de seis ou sete meninos. Eles decidiram brincar de "corrida" e estão se revezando para ser aquele que inicia a corrida. O "iniciador" fica ao lado dos corredores com a mão para cima, os corredores se alinham e então o iniciador diz "Já", abaixando a mão ao mesmo tempo. Michael já foi o iniciador duas vezes e o grupo decidiu que agora seria a vez de Huw. Entretanto, Michael se recusa a correr com os outros e fica em um dos lados com a mão para cima. Aiden diz para ele: "Abaixa a sua mão". Huw fica parado do outro lado do grupo com a mão para cima. Michael corre até Huw e segura o casaco dele dizendo: "Sai". Huw segura o casaco de Michael e o empurra contra a parede. Eles se empurram por um momento e então se separam. Huw retorna ao grupo original de meninos, que ainda estão esperando por ele para começar a corrida. Michael não se junta aos corredores, mas vai para outro lado e se junta a um grupo de meninos levemente mais novos, que inclui Jason e David. Michael participa com o grupo de uma brincadeira de pega-pega por alguns minutos. Quando os meninos mais novos fizeram um intervalo da brincadeira, Jason e David paravam para descansar ficando lado a lado. Michael colocou o braço em volta dos ombros de cada um deles e propositadamente bateu a cabeça de um no outro. Ambos começaram a chorar e Jason ficou com um galo e um roxo na testa. Mais tarde eu perguntei para a professora de Michael, Jackie, se essa é uma ocorrência atípica com Michael. Ela diz que não, Michael tem apresentado um histórico razoável de problemas quando participa das brincadeiras sociais com outras crianças. Ela acrescenta que ele é o único filho único de uma família reconstituída, na qual tem um meio irmão e uma meia irmã que vivem em uma casa diferente com a mãe e frequentam o ensino médio.

### Comentário: Apoiando a socialização

Não existe nenhuma sugestão de que Michael tenha se comportado dessa maneira porque ele não possui irmãos com idade próxima à dele, mas é possível que, em um estágio anterior no seu desenvolvimento, possa ter faltado interação com colegas ou pares com idade próxima. A professora prosseguiu seu relato dizendo que achava que os pais e crianças mais velhas na família tinham a tendência de "mimar" Michael, "deixando que ele fizesse tudo que quisesse, então isso é tudo que ele sempre espera". Enquanto as observações dos professores sobre esse assunto são com frequência úteis, precisamos tratá-las com muito cuidado, porque elas são o que chamamos de informações "rumores", já que não são produto de observação direta e focada (como era na observação do playground), ou o caso de um fato concreto (como é a estrutura familiar básica de uma criança e os arranjos da vida cotidiana). O foco principal deveria ser o que fazer a partir da situação imediata, ajudando a criança a reconhecer o quanto a sua atitude foi inapropriada. Nesse caso, Jackie se aproximou desse resultado perguntando a Michael se ele gostaria que alguém batesse a sua cabeça. Quando ele respondeu que não, Jackie perguntou a ele por que não. "Porque me machucaria", ele respondeu.

> **Rumor**
> Repetir uma informação que foi comunicada por outra pessoa, descrevendo algo que não é o resultado da experiência direta de alguém.

(continua)

## IDEIAS EM AÇÃO

**Descentrar**
Se afastar de um ponto de vista e considerar o ponto de vista de uma outra pessoa.

### Pare e reflita

Alguma vez você já lidou com uma situação como a descrita acima? Você tentou encorajar a criança a *descentrar* para o lugar da criança que ficou aborrecida ou machucada? Isso ajuda a considerar o quanto seria desagradável estar do outro lado de tal interação.

### Comentário

A pesquisa comentada até o momento neste capítulo indica que quanto mais interação entre colegas e semelhantes as crianças pequenas vivenciam (seja com irmãos ou crianças sem nenhum grau de parentesco), mais competentes elas se tornam nesse tipo de descentração. Consequentemente é muito importante que as crianças não entrem em um "círculo vicioso" em que o comportamento delas em interações com colegas seja pobre porque elas carecem de experiências de interação, fazendo com que outras crianças as rejeitem, o que, por sua vez, leva a criança em questão a se atrasar mais e mais no desenvolvimento de habilidades importantes da interação social. Jackie estava tentando evitar essa situação para Michael construindo um andaime para o desenvolvimento da sua teoria da mente, que apoia a habilidade para descentrar.

### Melhorando a prática

Desenvolva algumas observações de interações entre colegas ou pares no seu estabelecimento. À medida que você analisá-las, considere o que as crianças podem estar aprendendo com as interações em que estão envolvidas, lembrando que as crianças podem às vezes aprender tanto com um desentendimento quanto elas aprendem com interações que são obviamente positivas. Você também poderia considerar o quanto de interação entre colegas as crianças do seu estabelecimento são capazes de ter, e se elas têm chances suficientes para se engajar em brincadeiras com crianças mais velhas/novas e de diferentes culturas.

---

no chão de metal das cidades do século XX (Opie e Opie, 1969, p. ix).

Entretanto, é claro que esses pesquisadores encontrariam algo distintamente diferente nas ruas britânicas hoje em dia, em virtude do medo dos pais, que não permitem que suas crianças saiam desacompanhadas até que estejam no início da adolescência. A Children's Society (2007a) entrevistou 1.148 adultos britânicos sobre esse assunto, dos quais 43% sugeriram que as crianças não deveriam sair desacompanhadas de um adulto até que elas tivessem 14 anos.

O estreitamento gradual de oportunidades para as crianças se engajarem na brincadeira ao ar livre em espaços próximos ao seu bairro pelo último quarto do século XX é descrito em mais detalhes por O´Brien e colaboradores (2000, p. 273), que propuseram: "deixar as crianças brincarem na rua está se tornando uma marca de criação negligente e irresponsável". Em *A Child's-eye View of Social Difference*, uma pesquisa patrocinada pela Fundação Joseph Rowntree, Sutton e colaboradores (2007) entrevistaram crianças suburbanas e de cidades do interior da Grã-Bretanha sobre suas atividades fora da escola. Um dos participantes de uma cidade de interior explicou:

> Existe apenas um parque e ninguém brinca lá porque os garotos de 18 anos vão até lá e vandalizam tudo. Existe um playground perto das lojas e se a polícia pega você, eles o levam para casa. Não é permitido entrar.
> (Sutton et al., 2007, p. 29)

Ao contrário, as crianças suburbanas descreveram passar seu tempo livre com atividades organizadas por adultos, por exemplo, andando a cavalo, jogando tênis, nadando, dançando e tendo aulas de ginástica, e em clubes depois da escola para atividades como xadrez e para aprender diversos instrumentos musicais. Os autores refletiram: "Isso deixou [às crianças] muito pouco tempo quando elas chegavam em casa da escola para brincar de alguma outra coisa" (Sutton et al., 2007, p. 26).

Opie e Opie relataram que alguns dos termos que as crianças participantes da década de 50 e 60 usavam na sua brincadeira livre na rua poderiam estar diretamente relacionados com formas de inglês falado antigamente. Eles descobriram uma série de termos que as crianças costumavam chamar de "trégua" durante uma brincadeira de luta, que era específico à sua localidade regional, por exemplo, *fainites* (que significa uma pausa na brincadeira) no sul da Inglaterra, e "reis", "cruzes", "chaves" ou "tempo" no norte da Inglaterra, País de Gales e Escócia. As crianças na área ao redor de Cornwall usavam "tranca",* que pareceria mais intimamente relacionado com os termos do norte do que do sul, sugerindo um aspecto de semelhança céltica entre essas áreas que também é encontrada nas linguagens gaélicas de Cornwall, País de Gales e Escócia. Opie e Opie registraram que J. R. R. Tolkien (renomado por *O Senhor dos Anéis*, um estudioso da língua inglesa durante sua vida profissional) descrevia como, na coleção de histórias morais publicadas no século XIV, *Os Contos de Canterbury*, Chaucer nos conta que *"lordes mowe nat been yfeyned"*; em uma tradução para o inglês moderno: *"lords's orders must not be declined"*, o que quer dizer "ordens de lordes não devem ser recusadas". Isso indica que *fainites* descendeu do *"fains I"*, em ambos casos, "Eu declino". "Tranca" também é encontrada na literatura do século XIV no poema *Gawayne and the Grene Knight* (Opie e Opie, 1959, p. 148). Esse termo parece ser usado em um padrão semelhante ao termo *parley* (do francês *parlez*, falar) que era usado principalmente no vernáculo inglês para significar uma parada durante uma guerra para que houvesse negociações de paz. Isso pareceria ter uma clara semelhança a pleitear por uma parada durante uma brincadeira ou para pular a vez para descansar, ou para recuperar o fôlego antes de enfrentar mais uma vez o (falso) "inimigo".

É sensato pensar que as gerações de crianças brincando pelo menos até os tempos de Chaucer, provavelmente por bem mais tempo, transmitiram fragmentos de dialeto diretamente um ao outro que são os únicos ecos de formas linguísticas que de outra forma estariam mortas. É ainda mais provocador considerar que isso parou durante a vida contemporânea de adultos com 35 anos de idade ou mais na virada do século XX pela intromissão dos veículos motorizados projetados para alcançar velocidades cada vez maiores nas áreas de brincadeira tradicionais das crianças, e pela produção implacável de mídia global de massa engajada em uma moderna caça às bruxas para os perigosos "pedófilos". Tais fatores sociais estão unidos para convencer os pais de que as crianças não estão seguras fora da companhia de adultos familiares até que elas estejam velhas demais para tais brincadeiras. É provável que esses medos sejam exacerbados pelo ambiente sociocultural da vida na cidade, onde os vizinhos podem ser estranhos uns aos outros,

---

* N. de R.: Respectivamente: *kings, crosses, keys, barley* e *bars*.

passando suas vidas profissionais bastante afastados do ambiente do lar. Isso reduz a probabilidade de que uma sociedade sustentada por adultos "conhecedores" possa fornecer uma rede invisível, quase casual de vigilância sustentada para vigiar as atividades aparentemente independentes das crianças da vizinhança próxima a uma área local. A Children's Society (2007b) também destacou que arranjos para o cuidado flexível de uma criança – para as crianças de pais que trabalham – significa que elas podem ser transportadas por adultos a uma série de áreas diariamente, o que quer dizer que essas crianças podem achar muito difícil firmar amizades independentes e contínuas com colegas ou semelhantes.

---

## IDEIAS EM AÇÃO

### Duas infâncias muito diferentes na metade do século XX (entrevista da autora)

Ao escrever a análise reflexiva exigida para a sua tese de doutorado, Pam Jarvis, uma das autoras deste capítulo, comentou:

> [durante] minha própria criação em um bairro de Londres, [eu estava] cercada por prédios e tráfego. O playground no ensino fundamental era completamente alcatroado e estava de frente para uma rodovia movimentada. Havia um pequeno jardim cercado por muros e nos diziam que ele pertencia ao zelador da escola. Esse jardim era bem cuidado, com um pequeno gramado e um canteiro cheio de rosas, mas não era, nem em sonho, um lugar para as crianças brincarem. Em dias quentes de verão, às vezes éramos levados para ler ou desenhar no jardim, com a condição de que nos "sentássemos direito" ou não ficássemos correndo (o que estragaria o gramado) ou não tocássemos nas flores. Tenho certeza de que minha experiência cativa dentro dessa bonita prisão ao ar livre, além de criar uma irritação vitalícia com "Não pise na grama" e "Proibido jogos com bola" me levou a focar meus esforços de pesquisa ao longo dos anos nas brincadeiras das crianças ao ar livre no ambiente escolar. (Jarvis, 2005, p. 123)

Tenho um amigo, quase exatamente da mesma idade que eu (nascido em 1959), com quem tenho por vezes discutido previamente experiências de infância completamente diferentes de ambientes ao ar livre, mas nunca havia o entrevistado formalmente sobre isso até que estivesse escrevendo um capítulo para este livro. Aqui estão algumas das memórias de seu espaço de brincadeira muito menos restrito:

> Devia ter uns 6 anos quando brinquei pela primeira vez na floresta, não me lembro de férias de verão em que eu não estivesse na floresta; todos os dias eu saía com meus colegas de escola. A igreja ficava na esntrada da floresta. Eu seguia pelo terreno da igreja e ia floresta adentro. Nós passávamos dias inteiros lá, caminhávamos por toda a floresta até chegar no campo de golfe. Levava muito tempo para uma criança ir tão longe, então passávamos o dia inteiro na floresta e caminhávamos pelo que parecia quilômetros e quilômetros. Levávamos o almoço embrulhado e garrafas de água porque ficávamos fora por muito tempo.
>
> Não me lembro de receber instruções de adultos a respeito de estranhos, não havia nenhum, normalmente conhecíamos todo mundo. Existiam comerciais na televisão dizendo para não falar com estranhos e em uma oca-

(continua)

## IDEIAS EM AÇÃO

sião estranha em que víamos alguém que não conhecíamos, ignorávamos essa pessoa... Não teria gostado de crescer em uma cidade grande. Quando estávamos na floresta podíamos fazer tudo o que quiséssemos.

Os jogos que ele lembrava de brincar incluíam:

- Jogos de batalha, "na maioria relacionados com a Segunda Guerra Mundial, às vezes coubóis e índios. A 'trégua' nos jogos de guerra era chamada de *'fainites'*. Nós tentávamos evitar sermos vistos, como índios batedores. Daí evitávamos a trilha completamente. Era divertido evitar os garotos mais velhos. A gente costumava fingir que eles eram maus e nos escondíamos, eles eram os inimigos. Nós tentávamos evitar sermos vistos só pela diversão. Nós costumávamos tentar rastrear um ao outro, o que geralmente não dava certo. Nós terminávamos nos separando um do outro e indo pra casa sozinhos. Nunca era assustador, mas poderia ser um pouco chato".
- Cavar lugares para fazer esconderijos e fazer fogueiras ("nós tentávamos usar gravetos por um minuto e então usávamos fósforos") e fazer armadilhas falsas.
- Tentar represar pequenos córregos "sem ter o menor sucesso".

O fim do verão era marcado pela brincadeira com os fardos de feno no campo do fazendeiro:

Acho que o fazendeiro via isso como útil porque costumávamos empilhar os fardos de feno para construir castelos e a máquina que ele usava deixava os fardos em intervalos regulares pelo campo, então fazíamos algumas pilhas para ele, o que era útil quando ele carregava o feno na carroça. Brincar com o feno significava que o fim das férias de verão estava próximo.

### Melhorando a prática

#### Um ponto de pesquisa

Essas memórias muito diferentes ilustram um ponto importante para pesquisadores novatos. Enquanto pesquisas muito recentes sugerem que as crianças são menos livres para "perambular" que as crianças das gerações anteriores, isso não significa que não existirá uma ampla variação entre as crianças da mesma geração. Nesse caso, a diferença era claramente justificada pelo local e possivelmente em algum grau por causa da diferença de gênero; conforme o participante masculino não lembrava de brincar e nem ao menos ver alguma menina na floresta antes que tivesse idade de cursar o ensino médio, mesmo ele tendo lembrado de ver meninas brincando nas ruas próximas da sua casa.

Meus próprios filhos, nascidos na metade dos anos de 1980, cresceram no subúrbio de uma grande cidade inglesa no norte, em uma casa com um jardim razoavelmente grande que ficava em um quieto beco sem saída. A área era cercada por trilhas localizadas dentro de amplos montes gramados sobre os quais as crianças (de aproximadamente 7 anos) da vizinhança se reuniam para brincar. Mais a localização do que a geração decretou que elas tivessem muito mais liberdade para perambular do que sua mãe teve. Em uma possível reflexão de uma orientação mais igual para questões de gênero nos últimos anos do século XX, nenhuma diferença de gênero era aplicada às regras "para perambular" estabelecidas para eles.

Lembre que trabalhos de grande escala de pesquisa como aqueles empreendidos pela Children's Society (2007a, 2007b), mencionados anteriormente neste capítulo, podem dar apenas uma ideia muito geral. Portanto, é muito valioso empreender uma

(continua)

## IDEIAS EM AÇÃO

pesquisa de pequena escala, com o intuito de capturar narrativas ricas e descritivas dos indivíduos.

**Pare e reflita**

Se você trabalha com ou tem acesso a crianças com idade entre 7 e 13 anos, seria muito interessante conduzir algumas entrevistas breves com elas (com duração de no máximo 15 minutos) para estudar como elas passam o tempo quando não estão no estabelecimento escolar e até que ponto é lhes permitido "perambular". Certifique-se de que você tem a permissão explícita dos pais para suas entrevistas. Também seria útil entrevistar esses pais para tentar compreender as análises lógicas que eles usam para estabelecer limites quanto à prática de "perambular" para suas crianças.

## DIMINUINDO AS OPORTUNIDADES DE BRINCADEIRA NA ESCOLA

As escolas inglesas têm reduzido constantemente o tempo de intervalo durante o turno escolar, por causa das preocupações em relação ao gerenciamento do comportamento e para ter mais tempo em sala de aula para tratar das exigências do currículo, que é direcionado por adultos e altamente guiado por resultados (Pellegrini e Blatchford, 2002). O Currículo Nacional também surgiu como uma questão problemática central da revisão da literatura de Santer e colaboradores (2007) relacionada com a brincadeira livre das crianças. Na revisão, o tempo consumido para cumprir o currículo deixava pouco tempo, tanto fora quanto dentro da sala de aula, para as crianças desenvolverem *cognições coconstruídas* entre colegas originais e independentes. Essa preocupação com a prática de sala de aula foi repetida por Reay e Williams (1999), que propuseram que a ênfase na atuação individual nos testes contra objetivos estreitamente definidos aos 7, 11 e 14 anos tinham o resultado cumulativo de que muitas atividades criativas e colaborativas, que haviam sido previamente parte da prática em rotina de sala de aula nas escolas inglesas, foram então suprimidas em favor de um currículo "mastigadinho", aprendido individualmente e focado em resultados, para que as crianças tivessem desempenho máximo possível nos testes curriculares.

> **Cognição coconstruída**
>
> Um pensamento ou ideia que começou a partir da colaboração de duas ou mais pessoas.

> **Quase 6**
>
> Uma referencia à idade das crianças, todas elas terão tido seu quinto aniversário antes de 1º de setembro, e terão o sexto aniversário entre 1º de setembro e 31 de agosto durante o ano escolar vigente.

Uma preocupação particular, também proposta por Brock no Capítulo 5 e por Dodds no Capítulo 6, é a diminuição da técnica pedagógica da aprendizagem pela descoberta, que é "uma abordagem à instrução através da qual os alunos interagem com o ambiente, pela exploração e manuseio dos objetos, praticando com perguntas e controvérsias, ou fazendo experimentos" (Ormrod, 1995, p. 442). O Currículo Nacional especifica firmemente e com precisão o que os alunos (*quase 6*) devem aprender, incluindo a proposta de instruções exatas com relação ao que constitui uma resposta "aceitável" para testes aplicados no ensino médio. As escolas são avaliadas e recebem fundos com base nos resultados gerais. Os administradores educacionais têm sido inevitável e subsequentemente pressionados a encorajar os professores a se dedicar ao estilo de "transmissão" de ensino, que comunica a informação simples exigida para responder a questões previsíveis de testes corretamente, em vez de facilitar uma aprendizagem pela "descoberta" baseada na brincadeira, o que necessita de mais tempo e recursos para gerar um entendimento profundo e flexível e uma abordagem "e se..." para futuras investigações.

Para somar a essa cultura problemática na educação pública, o advento do "gerenciamento da atuação" nas escolas é o auge da política "pagamento por resultados", atualmente favorecida pelo sistema de educação pública inglês. Isso dita que um aluno ensinado por um professor deve alcançar um nível estatístico específico de progressão antes que o professor possa receber seu aumento anual de pagamento. Porém, a última vez que o pagamento por resultados foi declarado um fracasso nacional no sistema educacional foi na metade de século XIX! Isso foi elegantemente satirizado por Charles Dickens em *Tempos Difíceis* (1863), no personagem de "Sr. Gradgrind", que constantemente insiste que "tudo que se deve ensinar às crianças são fatos". É de grande preocupação que a atual prática imposta pelo governo na educação conspira para restringir a experiência das crianças com os problemas "de fim aberto" associados a atividades de aprendizagem de descoberta. Pollard e colaboradores (2000) sugeriram que aqueles que estabelecem o programa necessitam considerar tais questões mais profundamente, reconhecendo a diferença entre "currículo como planejado" e "currículo como experimentado".

Um resultado importante para se valorizar a brincadeira livre, particularmente em atividades experimentadas em grupos de colegas ou semelhantes, é que as crianças exercitam a sua habilidade natural para usar ideias e objetos de forma flexível na criação de cognições coconstruídas. As narrativas que se desenvolvem entre os participantes têm um fim aberto, assim como são os usos de objetos dentro delas. Tais interações podem ser aproveitadas pelos professores para apoiar atividades guiadas na aprendizagem através da descoberta. Logicamente, se as crianças não tiverem experiência suficiente de serem confrontadas com problemas de fim aberto, elas não aprenderão efetivamente como encontrar soluções de fim aberto; todos os problemas serão percebidos como tendo uma solução única, para o qual o professor vai fornecer uma resposta padrão. Guy Claxton (1997) propôs no seu livro *Hare Brain, Tortoise Mind* que os adultos também produzem soluções mais originais e *insights* para problemas relacionados com o trabalho quando são encorajados a "brincar" criativamente com ideias, particularmente em grupos. Claxton refletiu: "As maneiras lentas do saber não cumprirão aquele produto delicado quando a mente está com pressa... as pessoas precisam saber como utilizar o saber lento... Essa certamente deve ser a verdadeira função da educação" (p. 214-15).

## ENTÃO, QUAIS SÃO OS PROBLEMAS PRINCIPAIS?

Todas as espécies de primatas se desenvolveram para permitir um período de desenvolvimento substancial durante o qual as brincadeiras livres sociais e ativas formam muito da sua experiência necessária de desenvolvimento. Existe uma evidência crescente para indicar que, ao longo dos últimos 25 anos, vários fatores sociológicos têm inconscientemente se reunido para privar nossos filhos de espaços para a brincadeira, tanto no tempo quanto no espaço, com o resultado de que muitas crianças na sociedade britânica contemporânea são incapazes de experimentar atividades colaborativas independentes suficientes para promover um

### IDEIAS EM AÇÃO

### O que as crianças inglesas dizem a respeito da escola no início de século XXI (entrevista da autora)

As testagens contínuas das crianças na escola e a enorme ênfase na realização individual, em vez de um balanço entre atividades individuais e coletivas, deixam essas crianças, que são julgadas como inferiores ou incapazes sentindo-se "'mal', 'estúpidas', indesejadas na escola" (Riley e Docking, 2004, p. 166). Uma das autoras deste capítulo conduziu uma série de entrevistas para obter a "voz dos alunos" em diversas escolas durante o verão de 2006, com crianças de ambos os gêneros com idade entre 11 e 15 anos, que haviam experimentado o ensino e aprendizagem sob a direção do Currículo Nacional por no mínimo sete anos, incluindo seis anos de ensino fundamental. Esses participantes eram de uma ampla extensão de grupos étnicos e níveis sócioeconômicos, e sua colocação em grupos de habilidades avaliadas refletia uma ampla margem de habilidade em relação à tendência atual. O conteúdo predominante de suas "vozes" combinadas era uma percepção geral de que as atividades baseadas na escola eram essencialmente artificiais e alienadoras. Um menino branco da classe trabalhadora que havia sido colocado no grupo de habilidade inferior contribuiu no seu grupo com uma metáfora brilhante de como ele e seu grupo de amizades se sentiram na escola: "É como dizer, se uma pessoa negra entrasse, algo como tire a sua pele, você tem a cor errada. É como nos sentimos". As crianças em grupos de habilidade mais altos também não eram insensíveis ao modo como os valores individuais dos alunos eram percebidos pela escola, com um do grupo de habilidade médio comentando: "Algumas pessoas são conhecidas, mas algumas pessoas são apenas números para a escola, é como se eles não se importassem".

Outros de maneira mais direta reclamaram que muito do trabalho que os professores aplicavam em preparação para os testes eram "sem sentido e repetitivos". Um aluno do grupo de habilidade maior em seu grupo fez a observação de que inúmeras folhas de revisão "somente ficam guardadas dentro do livro, é um pouco sem sentido". Mesmo quando tarefas coletivas em grupos de trabalho eram estabelecidas, a cultura da sala de aula contemporânea parecia ditar que o objetivo total era percebido pelos alunos preocupados em alcançar individualmente um alvo ou padrão particular do que descobrir e refletir coletivamente. O resultado consequente foi apontado por um aluno de um grupo de habilidade médio que afirmou que "os não tão espertos [contavam com] uma pessoa inteligente para fazer o trabalho por eles". Outro aluno do grupo de habilidade maior comentou no seu grupo: "Quando os professores tentam misturar os alunos... então... as pessoas inteligentes ficam com pessoas que não são tão inteligentes... tende a acontecer que essas pessoas não querem realmente trabalhar, então você é deixado [para fazer todo o trabalho]".

O pesquisador foi levado a um ponto de reflexão principal por descobrir que temas de casa ou testes feitos sobre tópicos em que "as respostas" não haviam sido comunicadas diretamente pelo professor em sala de aula eram percebidos com unanimidade como extremamente injustos por um grupo em foco de alunos de 11 anos representando uma extensão mista de habilidades. Um membro desse grupo obstinadamente insistia: "Se o professor não ensinou, o conteúdo não deveria estar na prova". O propósito principal de escrever era visto por um grupo de participantes de 11 e 12 anos como "uma revisão para as suas provas" e vários participantes continuaram pensando no assunto para refletir que "escrever" e "diversão" estavam em polos opostos de acordo com suas estimativas. Muitas das crianças entrevistadas também propuseram que a leitura que era requerida na escola era pesada, difícil e chata, mas eles também relataram um engajamento fértil com atividades multimídia que exigia competência nas habilidades de comunicação, particularmente falar

(continua)

## IDEIAS EM AÇÃO

e digitar no MSN. Muitos participantes da amostra eram leitores ávidos de revistas, gibis ou romances de terror. Uma menina do grupo de habilidade médio-baixo sorriu quando o pesquisador perguntou sobre como a leitura "escolar" poderia ser transformada em algo mais interessante para os alunos, ela comentou suavemente: "Mas realmente, no fim das contas, é só educação, não?".

### Comentário: Preenchendo a lacuna

Uma crítica que poderia ser feita sobre essa pesquisa é de que, da metade da infância em diante, as crianças tradicionalmente mostram alguma quantidade de resistência ao "trabalho escolar". Entretanto, o pesquisador não encontrou apenas alguma resistência, mas um cinismo e desinteresse profundo, mesmo em crianças que haviam sido colocadas nos grupos de habilidade maior, que davam a impressão de que a escola para eles era em grande proporção um "simular". Certamente essa não é a maneira como gostaríamos que nossas crianças experimentassem a educação e realmente precisamos considerar como o regime implacável dos testes e sua associação dominante com o estilo de "transmissão" de ensino e aprendizagem são impactantes em relação às suas opiniões do mundo durante os anos mais formativos de suas vidas.

### Pare e reflita

Escolha uma atividade que você tenha utilizado no passado com crianças no seu estabelecimento e considere como isso teria sido abordado sob a perspectiva da aprendizagem pela "transmissão" e então sob a perspectiva da aprendizagem através da "descoberta". Faça a si mesmo as seguintes perguntas:

- Qual método provavelmente teria um resultado mais rápido?
- Qual método provavelmente resultaria em uma aprendizagem mais profunda?
- Qual método provavelmente criaria uma experiência mais interessante para as crianças?

### Melhorando a prática

Se você se acostumar com o hábito desse tipo de prática reflexiva no início da sua carreira, você estará bem encaminhada/o para fornecer o que várias dessas "vozes dos alunos" participantes referiram como coisas mais divertidas para fazer.

---

desenvolvimento psicossocial saudável. Um artigo recente de uma pesquisa conduzida pela Children's Society (2007b) relata que:

> Desde 1986, o número de adolescentes sem um melhor amigo aumentou de aproximadamente 1 em 8 para quase 1 em 5. Durante o mesmo período, adolescentes com 16 anos que foram agredidos por um colega ou semelhante aumentou em quase 50%, enquanto aqueles ameaçados com violência quase duplicou. Um número maior de meninas hoje em dia, em relação a meninas há 20 anos, relata que não são populares.

Broadhead (2007) relata que problemas de saúde mental infantil estão constantemente aumentando, e que nos últimos anos estão aumentando os relatos de crianças de até 4 anos que estão sofrendo de depressão clínica. O relatório da UNICEF "Um Panorama do Bem-estar da Criança nos Países Ricos" (2007) indica que as crianças britânicas relatam ter sem dúvida as relações entre colegas ou semelhantes mais pobres entre todos os países avaliados, e isso está refletido na pesquisa conduzida pela Children's Society (2007b) resumida acima.

Quanto mais complexa for a sociedade adulta, mais tempo os animais passam no período de desenvolvimento e mais complexas são as atividades de brincadeira com as quais eles se ocupam. "Brincar... é o que as crianças 'devem' fazer. Lembrar disso pode fazer com que a gente pense duas vezes antes de modificar os ambientes das crianças para alcançar... oportunidades de aprendizagem mais focadas nas escolas à custa da brincadeira" (Bjorklund e Pellegrini, 2002, p. 331). Claramente existe uma sociedade, e a sociedade do playground forma a base das habilidades sociais que as crianças de cada geração levam adiante para apoiar suas interações adultas.

A diminuição de correr riscos por parte das crianças na sociedade ocidental contemporânea forma um debate afim. As percepções entre adultos de que as crianças não estarão seguras para se aventurar desacompanhadas fora do ambiente de casa e da escola até que sejam adolescentes (Children's Society, 2007b) criam um comportamento físico de aversão ao risco entre as crianças que também pode ser mais adiante inculcado pela cultura de dependência psicológica e intelectual que está subordinada ao estilo de "transmissão" de ensino e aprendizagem. Alguns resultados especulados de tal "superestimulação intelectual" da criança estão refletidos em comentários retirados de uma pesquisa conduzida por um grupo de empregadores particulares, que cria um retrato de jovens socialmente ineptos e emocionalmente frágeis:

> Deveria haver uma ênfase maior no ensino [para alunos que deixam a escola] de "habilidades sociais", como encorajar alunos a se comunicar claramente, estabelecer um pouco de respeito pelos outros e promover neles entusiasmo para uma vida útil de trabalho... [para que eles não] se desestruturem emocionalmente se não conseguirem o que querem. (Management Issues, 2005)

É impossível "ensinar" diretamente habilidades sociais. Tal aprendizagem vem de uma complexa interação social com pares, algo que as demandas do Currículo Nacional e a construção do ambiente físico no Reino Unido parecem mitigar. Em conclusão, se não se permite uma proporção significativa de crianças que brinque na rua desacompanhada até que esteja no início da adolescência (Children's Society, 2007b) e passa seu tempo na escola sendo abarrotada de "fatos" transmitidos pelo professor em prol de testes de atuação altamente individuais em vez, de se dedicar às atividades de aprendizagem colaborativas e através de "descobertas", uma grande parte da sua aprendizagem de desenvolvimento necessária pode nunca ser atingida. Não está sendo permitido a tais crianças "espaço" físico ou intelectual suficiente para que se dediquem completamente a atividades de desenvolvimento social necessárias para primatas humanos altamente sociais. Capítulos anteriores deste livro escritos por Brock e Dodds lidaram extensivamente com quais medidas podem ser adotadas para abordar essa necessidade no ambiente escolar. Portanto, a pergunta que será tratada no restante deste capítulo é: como podemos trabalhar além do nosso ambiente físico existente para permitir às crianças lugares mais agradáveis para as brincadeiras fora da escola do que atualmente elas podem acessar?

## O FUTURO DA BRINCADEIRA

Como podemos "transformar em tendência" ou "normalizar" o trabalho em que Andrea está engajada, para que a boa prática que ela está promovendo não seja vista por outros profissionais como apenas algo conectado a um projeto (possivelmente um tanto "secundário"), mas como algo que acontece todo o dia nos playgrounds por todo o país, durante o horário do recreio escolar e quando as crianças estão fora da escola? O Artigo 31 da Convenção das Nações Unidas sobre os Direitos da Criança, do qual o Reino Unido é signatário, "estabelece o direito da

## IDEIAS EM AÇÃO

### Um projeto urbano de brincadeira (entrevista da autora)

Andrea trabalha em um projeto de brincadeira em uma cidade grande do norte da Inglaterra. Quando ela começou em 2006, o projeto consistia em três pessoas trabalhando para facilitar sessões de brincadeira para clubes após a escola, mas essa iniciativa cresceu para uma equipe de doze pessoas que administram um playground de aventura na área central da cidade e originou outros projetos que envolvem levar experiências de brincadeira a crianças em diversos estabelecimentos pela cidade. O sistema da sua prática é encorajar os profissionais a deixar as crianças liderarem suas atividades de brincadeira.

**SureStart**

Uma iniciativa do governo criada em 1998, que visa a melhorar os serviços para crianças com menos de 5 anos e suas famílias.

**O Fundo das Crianças**

Uma iniciativa do governo lançada em 2000 para melhorar a vida das crianças e jovens desamparados.

O financiamento principal para o projeto é do SureStart e do Children's Found, mas "pequenas somas de dinheiro de todas as partes" frequentemente pagam por iniciativas exclusivas. Essas iniciativas incluem a criação de "sacos de brincadeira", que são contêineres de remessa cheios de materiais de arte, equipamentos esportivos e outros recursos de brincadeira, que são levados a uma área e abertos por duas horas para as crianças se aproximarem e brincarem. Um objetivo presente (outubro de 2007) é envolver outras agências para que esses sacos possam encontrar mais lares permanentes, em áreas onde as crianças possam acessá-los quando elas quiserem, sem que a equipe do projeto de brincadeira esteja presente. Outra iniciativa parecida é a dos "guardas da brincadeira", em que profissionais levam um furgão cheio de equipamento para um parque local, abrem o veículo para as crianças brincarem por duas horas e então recolhem tudo e vão para outra área.

Andrea descreve a reação das crianças:

a maioria delas nunca viu nada parecido... normalmente elas não entendem que não queremos nada delas... Leva um pouco de tempo para que elas entendam que não estamos lá para ensinar nada para elas. Mas quando elas "entendem", temos experiências fantásticas com as crianças.

Os professores estavam inclinados a ver o projeto com um pouco de suspeita:

Uma professora fez com que me sentasse e disse: "Ok, você pode me explicar exatamente o que elas estão aprendendo com isso?". Eu respondi: "Bem, em termos de brincadeira com madeira, você pode ver as ferramentas que eles usam e as conversas que estão tendo enquanto estão criando... repare nos processos autodirecionados que estão acontecendo e como as crianças estão envolvidas com muita investigação. Por exemplo, elas podem tentar fazer um carrinho e colocar diferentes tamanhos de rodas em um lado, para então se dar conta de que ele não irá para frente, todas essas coisas investigativas".

Um professor se envolveu entusiasticamente, mas "acabou esmagando "a brincadeira das crianças; ele disse: "Dez minutos para fazer um esconderijo" e então colocou o recanto abaixo dizendo que não resistiria a nenhum tipo de vento forte". Mesmo os profissionais dos ambientes que estavam afinados com o sistema do projeto de brincadeira pareciam nervosos quanto a usar o equipamento e queriam muito treinamento, então os responsáveis tinham que explicar que eles não eram especialistas em brincadeira com madeira ou em nenhum uso específico de qualquer outro equipamento e recursos de brincadeira. Quando as crianças preenchem formulários de avaliação, "Nós fizemos o que queríamos fazer" sempre vem em primeiro lugar na lista dos pontos positivos.

criança ao descanso e ao lazer, a se ocupar com brincadeiras e atividades recreativas apropriadas para a idade da criança" (New Policy Institute, 2001, p. 7). Dada a combinação de fatores delineada anteriormente que parece ter inconscientemente conspirado para remover tais direitos da geração atual de crianças britânicas, é sugerido que os responsáveis pelas políticas de ensino considerem urgentemente abrir espaço, no tempo e no lugar, para a brincadeira livre e social das crianças dentro e fora do ambiente escolar. Para encorajar os pais a permitir que seus filhos utilizem tais áreas durante as horas depois da escola no século XXI – com sua grande população de veículos, com seus meios de comunicação de massa saturados e por isso altamente interessados na segurança – se deveria prestar atenção em fornecer espaços apropriados para a brincadeira ativa em qualquer clima, que sejam permanentemente seguros e se certificando de que esses lugares contenham superfícies e recursos apropriados; e a promoção de um conjunto de áreas distintas projetadas para ir ao encontro das necessidades de desenvolvimento de grupos de idade específicos. Esses espaços de brincadeira deveriam ser supervisionados por adultos que trabalham com crianças, treinados na promoção da brincadeira livre e das atividades lideradas pelas próprias crianças. É recomendado que as iniciativas resultantes sejam ser apoiadas por um claro reconhecimento das origens dos seres humanos como primatas sociáveis, e a natureza multicultural da sociedade britânica contemporânea, e que tudo isso acarreta na consideração da amplitude necessária de experiências de socialização.

Atualmente (fim de 2007) existem indicações de que as políticas sociais no Reino Unido estão se movendo na direção desse resultado. Um novo ministério para as Crianças, Famílias e Escolas foi criado na metade de 2007, e o governo britânico recentemente tem guardado alguns fluxos de fundos (incluindo o fundo "transformação") visando a melhorar a extensão e qualidade do trabalho para as crianças. Adicionalmente, o Children's Workforce Development Council foi estabelecido em 2006 para supervisionar a administração de tais iniciativas, e um projeto de cinco anos chamado Play England (www. playengland.org.uk) foi criado em março de 2007 com fundos da National Lottery para "promover estratégias para a brincadeira livre e criar uma estrutura de apoio duradoura para os fornecedores de brincadeira na Inglaterra... e para fornecer informações e uma gama de recursos para o desenvolvimento estratégico de provisão de brincadeira e espaços para brincar" (Play England, 2006). Entre muitas outras atividades de promoção de brincadeira, a Play England está atualmente comprometida em produzir um guia prático "como fazer" para o gerenciamento de riscos nos espaços de provisão de brincadeira. O Children's Plan, publicado em dezembro de 2007, prometeu apoio e fundos para empreendimentos de "lugares para brincar".

Estamos, por essa razão, vivendo atualmente em uma época e lugar em que, apesar de alguns desafios contínuos, como o foco estreito do Currículo Nacional para a aprendizagem baseada em resultados para as crianças com "quase 6" anos e acima e ruas obstruídas com tráfego das nossas cidades, oportunidades estão surgindo que podem agora permitir que as gerações atuais e futuras de crianças reivindiquem espaços físicos de brincadeira que têm sido remodelados para "servir" melhor para o conhecimento cultural de uma sociedade do século XX e pós-moderna. Esperamos que nossos leitores se tornem alguns dos adultos que nos conduzirão, em uma nova e emocionante fase de brincadeira, para a diversão e brincadeira no aprender.

## IDEIAS EM AÇÃO

### Uma infância no início do século XX

Aonde estou indo? Eu não sei exatamente.
Descendo o córrego onde os botões-de-ouro crescem –
Subindo a colina onde os pinheiros balançam –
Qualquer lugar, qualquer lugar. Eu não sei.
Aonde estou indo? As nuvens navegam,
As pequenas, as bebês, por todo o céu.
Aonde estou indo? As sombras passam,
As pequenas, as bebês, por toda a grama.
Se você fosse uma nuvem, e navegasse lá em cima,
Você navegaria em águas tão azuis quanto o ar,
E você me veria aqui nos campos e diria:
"O céu não parece verde hoje?"
Aonde estou indo? As gralhas no alto berram:
"É incrivelmente divertido estar vivo".
Aonde estou indo? Os pombos arrulham:
"Temos coisas bonitas para fazer".
Se você fosse um pássaro e vivesse nas alturas,
Você se debruçaria no vento quando ele passasse por você,
Você diria ao vento quando ele levasse você para longe:
"Aqui é aonde eu queria ir hoje!"
Aonde estou indo? Eu não sei exatamente.
Por que importa aonde as pessoas vão?
Indo pela floresta onde as campainhas crescem –
Qualquer lugar, qualquer lugar. Eu não sei.

"Spring Morning" de A. A. Milne,
de When We Were Very Young, 1921

### Comentário: De volta para o Futuro?

> **Urbanização**
> Um processo que ocorre quando uma sociedade é industrializada – conforme indústrias e grandes negócios são estabelecidos, as pessoas começam a viver em áreas "urbanas" (cidades) em vez de em áreas "rurais" (fazendas e interior).

É provável que não existam muitos adultos vivendo na Grã-Bretanha atualmente que tiveram permissão para "perambular" no escopo descrito acima durante suas próprias infâncias. Esse poema descreve uma infância inglesa em um período anterior ao último avanço de *urbanização* e quando *"freeway"* ainda não era uma palavra. É improvável que algum dia consigamos recuperar esse mundo, mas podemos ainda conseguir reivindicar tempo e espaço, para as crianças se dedicarem a alguns dos mesmos tipos de brincadeiras e de pensamento flexível descritos nesse poema. Um objetivo claro seria dar a cada criança na Grã-Bretanha tempo livre suficiente e um lugar apropriado para deitar na grama em um dia de sol e se ocupar com o tipo de pensamento flexível que apoia ideias sobre como, por exemplo, ela possa ver o mundo se o céu fosse o chão e o chão fosse o céu.

Um dos versos mais intensos nesse poema é "É incrivelmente divertido estar vivo". Quantas crianças verdadeiramente pensam isso hoje em dia? As evidências sugerem que essa não era a opinião das crianças entrevistadas em "O que as crianças inglesas dizem sobre a escola" antes; embora tenhamos que lembrar que os indivíduos variam (veja "Um ponto de pesquisa" anteriormente) e que, é claro, nem todas as crianças teriam uma infância tão livre e feliz durante a década de 1920, como A. A. Milne descreve em seu poema.

(continua)

## IDEIAS EM AÇÃO

### Melhorando a prática

Neste penúltimo quadro de "melhorando a prática" não vamos fazer nenhuma sugestão específica sobre como você pode tentar promover a facilitação de brincadeiras para crianças contemporâneas que sejam tão ricas quanto a experiência descrita no poema acima, embora sugerimos firmemente que você considere o enorme conjunto de descobertas das pesquisas, sugestões teóricas e práticas que você encontra nos capítulos deste livro para ajudar você com respeito a esse objetivo. Agora que você considerou algumas de *nossas* ideias, você poderia começar com *suas próprias* "perspectivas sobre a brincadeira", esboçando algumas ideias relacionadas com uma área de brincadeira ao ar livre ideal para as crianças do seu estabelecimento. Uma vez que você tenha feito isso, peça a colegas, pais e, mais importante ainda, às crianças pelas suas sugestões. Quando você tiver coletado essas informações, você estará bem encaminhada/o na direção de uma proposta de trabalho. O próximo passo é você e seus colegas buscarem fundos para tal empreendimento – você pode descobrir que isso não é tão difícil quanto inicialmente imaginou!

# *Resumo e revisão*

Conforme nos aproximamos do fim deste capítulo, podemos começar a sugerir algumas respostas experimentais às perguntas que apresentamos no início:

- Como a pesquisa sobre a interação entre colegas e irmãos sugere que tais interações sejam vitais para um desenvolvimento humano saudável?

Podemos ver através dos exemplos fornecidos neste capítulo que tais relações apoiam as experiências que as crianças simplesmente não poderiam ter se estivessem impossibilitadas de se engajar na brincadeira com uma ampla extensão de colegas ou semelhantes. Pesquisas com crianças que vivenciam problemas na interação social sugerem que podem existir consequências negativas para primatas humanos que não recebem "espaço" suficiente no tempo ou no lugar para executar tais atividades durante o período de desenvolvimento.

- Quais "espaços" no tempo e no lugar ocupavam as crianças que brincavam no passado, como eles se tornaram menos "abertos" ao longo do último quarto do século XX e quais podem ser os efeitos emergentes?

O currículo escolar não foi imposto nacionalmente antes de 1988 e, embora tenha havido pouca descoberta ou aprendizagem baseada na brincadeira experimentada nas escolas britânicas de ensino fundamental antes do fim da década de 1960, as crianças usavam seu tempo fora da escola, incluindo períodos de intervalos mais longos dentro do turno escolar, para se ocuparem com uma brincadeira livre colaborativa e independente. No passado, as crianças podiam brincar nas ruas, pois não estavam expostas ao perigo de um fluxo constante de veículos motorizados velozes, e os pais não eram constantemente bombardeados pelo produto impressionante dos recursos dos meios de comunicação

*(continua)*

## Resumo e revisão

globais sobre as atividades de pedófilos. Portanto, até o último quarto do século XX, as crianças tendiam a fazer a maior parte de suas brincadeiras livres colaborativas nas ruas, florestas e campos que agora são comumente designados por adultos como lugares perigosos. Existem evidências recentes de que muitas crianças e jovens na Grã-Bretanha não têm opiniões muito positivas de suas vidas. Uma gama de evidências foi citada neste livro, incluindo a "falta de amizade" contida nos relatórios da UNICEF (2007) e Children's Society (2007a, 2007b) e a insatisfação com a educação relatada nos estudos "voz do aluno" de menor escala que foram enfatizados neste capítulo.

- Como os adultos podem tentar reabrir alguns "espaços" no tempo e no lugar que serão utilizados com êxito pelas crianças no ambiente cultural da nossa sociedade atual?

Não apenas este capítulo, mas este livro como um todo nos levou até o ponto onde podemos de maneira útil propor uma questão dessa natureza, considerando a provisão de áreas de brincadeira "seguras" que se tornarão ambientes ao ar livre altamente complexos nas cidades modernas. A boa notícia é de que o financiamento do governo para tais iniciativas está aumentando e também existem planos para criar uma rede de escolas ampliadas e centros para crianças que são acessíveis para todas as crianças em qualquer área da Grã-Bretanha. À medida que vamos em direção à década de 2010, esses centros poderiam formar "círculos" ideais onde iniciativas de espaço para brincadeira ao ar livre e em ambientes fechados poderiam ser experimentadas como um projeto piloto, e esse potencial têm sido explicitamente reconhecido pelo Children's Plan (DCEF, 2007c). Em termos de *"Agora é com você" para transformar prática e ideias em pesquisa*, todos os capítulos neste livro deveriam ter lhe dado uma profusão de ideias sobre "para onde vamos daqui". Essa área de transformação é uma questão principal para os serviços prestados às crianças dentro da Grã-Bretanha contemporânea para possibilitar que as crianças experimentem sua infância como uma fase holística e agradável da sua experiência total de vida, em vez de experimentá-la como um período sobrecarregado de "abarrotamento" de aprendizagem transmitida por adultos em uma corrida para a vida adulta.

## Leituras adicionais

Claxton, G. (1997) *Hare Brain, Tortoise Mind*. London: Fourth Estate.

Dunn, J. (2004) *Children's Friendships: The Beginning of Intimacy*. Oxford: Blackwell.

Opie, I. and Opie, P. (1969) *Children's Games in Street and Playground*. London: Oxford University Press.

Santer, T., Griffiths, C. and Goodsall, D. (2007) *Free Play in Early Childhood*. London: National Children's Bureau.

UNICEF (2007) *An Overview of Child Wellbeing in Rich Countries*, disponível em: http://www.unicef-iedc.org/ presseentre/presski tlreport,eard7 lre7 _eng. Pdf

# 12

## E agora, como fica a brincadeira?

**Pam Jarvis, Sylvia Dodds e Avril Brock**

O projeto "O Ensino com Jogos" foi um estudo com duração de um ano realizado para oferecer uma ampla visão geral do uso por professores e alunos de jogos de computador disponíveis no mercado e comportamentos com respeito a eles na escola. O propósito era identificar os fatores que causariam impacto no uso desses jogos de entretenimento na escola (Sandford et al., 2006). Esses pesquisadores descobriram que, enquanto a diferença de geração previsível surgia, mostrando os alunos mais segurança para jogar esses jogos do que os professores, o uso eficaz de tais jogos no contexto do ensino e da aprendizagem dependia muito mais do conhecimento individual do currículo do professor e de sua habilidade de ensinar do que do conteúdo do jogo e da habilidade de informática dos jogadores. Portanto, o jogo não "tomou conta" da sala de aula de nenhuma maneira; os professores continuaram a desempenhar o papel principal de construir andaimes para o conhecimento de seus alunos.

> **Zeitgeist**
> O espírito da época; uma tendência geral de pensamento ou sentimento característico de uma época particular (Dictionary.com)

### INTRODUÇÃO

Chegamos ao fim deste livro e acreditamos que na época em que ele estava sendo escrito na Grã-Bretanha, existia um novo e emocionante *zeitgeist* que inspirou os autores. Discussões nacionais e globais relacionadas com a descoberta de novas maneiras para apoiar a brincadeira das crianças em ambientes urbanos do século XXI recém começaram. Esperançosamente, "a [nova] jornada está só começando", como Doherty sugere no Capítulo 8.

O panorama da brincadeira que foi desenvolvido para o leitor no interior das páginas deste livro engloba muitas áreas de investigação profissional e acadêmica. Elas estarão maduras para as atividades de pesquisa (particularmente ações de pesquisa conduzidas por educadores) bem além da vida profissional da nossa primeira geração de leitores. Por exemplo, em uma sociedade global cada vez mais multicultural, a abordagem sociocultural às atividades de brincadeira das crianças descritas por Olusoga no Capítulo 2 se tornará prática comum em todas as sociedades democráticas, necessitando de um grupo de educadores instruídos e reflexivos nessa área. Descobertas em progresso relacionadas com a genética humana informarão a abordagem biocultural ao desenvolvimento humano (delineada por Jarvis no Capítulo 7) muitos anos ainda por vir. Os profissionais eficientes precisarão atualizar o seu conhecimento das interações complexas de natureza e educação no desenvolvimento humano em uma base contínua. Descobertas relacionadas com o cérebro humano ativo e em funcionamento estão começando a nos mostrar uma considerável sofisticação na cognição humana mesmo desde os primeiros meses de vida, consequentemente existe uma necessidade de desenvolvimento, para que os seres humanos tenham acesso a experiências apropriadas de brincadeira desde bem cedo. Algumas sugestões excelentes dessas atividades são feitas por Doherty, Brock e Jarvis no Capítulo 4.

A área de playwork ocupacional introduzida por Brown nos Capítulos 1 e 9 está em uma trajetória nitidamente ascendente no Reino Unido, conforme o novo Children's Workforce Development Council expande a arena de carreira para aqueles que trabalham com crianças. Novas regras como essas irão incluir abundantemente o apoio a atividades baseadas na brincadeira para as crianças fora da escola, localizadas nas novas escolas ampliadas e centros infantis mencionados por Jarvis e George no Capítulo 11. Espera-se que toda a provisão futura para as crianças, quer em ambientes dentro quer fora da escola, começará de modo crescente com as necessidades das crianças, como aderida por Doherty no Capítulo 8, em vez de esmagar o desenvolvimento holístico de crianças individuais sob um currículo monolítico "um-serve-para-todos", que rotula muitos aspectos da individualidade de uma criança como "necessidades especiais" estigmatizadoras. Além disso, tais currículos, na melhor das hipóteses, conseguem somente alcançar a transmissão superficial de habilidades contemporâneas e conhecimento que se tornará rapidamente obsoleto na medida em que a criança se torna um jovem. Para considerar as muitas possibilidades de uma aprendizagem baseada na brincadeira profunda e de descoberta flexível nas salas de aula do futuro, podemos encontrar uma profusão de informações nos conceitos de-

lineados por Brock no Capítulo 3 e 5 e por Dodds no Capítulo 6.

Então, em resumo, o advento de várias iniciativas governamentais, algumas das quais são delineadas por Jarvis e George no Capítulo 11, indicam que o futuro para a brincadeira na Grã-Bretanha parece muito melhor do que tem sido por muitos anos, desde que consigamos evitar a tentação de dirigir o novo olhar adulto à brincadeira livre com uma perpectiva adulta, como Jarvis adverte no Capítulo 7. Contudo, tais avanços somente têm sido conquistados através de um debate que tem continuado por duas décadas áridas de brincadeira até os últimos anos do século XX. Conforme a experiência de infância na Grã-Bretanha mudou rapidamente através da sua imersão em uma sociedade que também muda rapidamente, as preocupações eram levantadas constantemente por muitos adultos trabalhando com crianças em competências muito diferentes. Isso tristemente culminou no relatório da UNICEF (2007) marcando o Reino Unido como o pior lugar do mundo desenvolvido para ser uma criança (veja Jarvis e George, Capítulo 11). O fato de inúmeros especialistas levantarem de modo crescente uma questão após a outra pode ser visto como causa de um impacto negativo simultaneamente sobre as crianças e infância, falta de tempo e espaço para a brincadeira livre. Jones fornece um fundo para algumas dessas questões no Capítulo 10, visitando os efeitos devastadores de desastres naturais, o vírus da AIDS, abuso infantil de crianças individuais e a capacidade de cura da brincadeira, para ajudá-las a começar a reconciliar o que parecem inicialmente circunstâncias esmagadoras.

## VIVENDO (E BRINCANDO) NO SÉCULO XXI

Atualmente as crianças se engajam em brincadeiras que nem mesmo existiam há 20 anos. O desenvolvimento da tecnologia não apenas causou impacto nos brinquedos tradicionais, mas também tem criado a existência de todo um novo mundo de aventuras

# IDEIAS EM AÇÃO

## Definindo o(s) problema(s)

No dia 12 de setembro de 2006, uma carta foi publicada no jornal *Daily Telegraph* assinada por cem profissionais, professores e autores, todos eles possuindo carreiras profissionais bem sucedidas ou trabalhando diretamente com ou escrevendo sobre crianças e sobre a infância. Essa carta levantava um resumo das questões contemporâneas com relação aos efeitos das mudanças tecnológicas e culturais que acontecem cada vez mais rapidamente nas vidas das crianças. Ela é reproduzida a seguir.

Estamos profundamente preocupados com o aumento da depressão na infância e com as condições comportamentais e de desenvolvimento das crianças. Acreditamos que isso se deve em grande parte à falta de compreensão, da parte de ambos – políticos e público em geral – da realidade e das sutilezas do desenvolvimento infantil. Como os cérebros das crianças ainda estão se desenvolvendo, elas não conseguem se ajustar – como os adultos podem – aos efeitos das mudanças tecnológicas e culturais que são cada vez mais rápidas. Elas ainda necessitam do que os seres humanos em desenvolvimento sempre necessitaram, incluindo comida de verdade (o contrário de alimentos processados de baixo valor nutritivo), brincadeira de verdade (o contrário de entretenimento sedentário, na frente de uma tela), experiência direta do mundo em que vivem e interação regular com os adultos significativos nas suas vidas.

Elas também precisam de tempo. Em uma cultura supercompetitiva e que se movimenta rapidamente, se espera que as crianças enfrentem um começo cada vez mais cedo de trabalho escolar formal e um currículo primário excessivamente acadêmico e direcionado por testes. Eles são empurrados por influências do mercado a agir e se vestir como miniadultos e expostos pela mídia eletrônica a materiais que teriam sido considerados inapropriados para crianças mesmo em um passado muito recente. Justificadamente, nossa sociedade empenha-se muito para proteger as crianças dos danos físicos, mas parece ter perdido de vista as suas necessidades emocionais e sociais. Todavia, agora está claro que a saúde mental de um número inaceitável de crianças está sendo comprometida desnecessariamente, e que isso é quase certamente um fator-chave no aumento de abuso de substâncias, violência e autodano entre nossos jovens.

Esse é um complexo problema sociocultural para o qual não existe uma solução simples, mas um primeiro passo sensato seria encorajar pais e responsáveis pelas políticas de ensino a começar a conversar sobre maneiras para melhorar o bem-estar das crianças. Portanto propomos que, como um problema urgente, um debate público seja iniciado sobre a criação das crianças no século XXI; essa questão deveria ser central para a criação de políticas públicas nas décadas por vir.

## Melhorando a prática

### Lidando com questões complexas

Embora o texto dessa carta não seja longo, ele levanta muitas questões. Leia novamente, destacando os principais pontos, e então faça uma lista separando por item. Em quais pontos você concorda com os autores da carta? Volte a cada um dos itens e considere como você poderia começar a lidar com as questões levantadas. Ao fazer isso, dê atenção ao ponto dos autores que eles descrevem como "um problema sociocultural complexo". Você encontrará questões muito complicadas enquanto desempenha essa atividade. Seria útil discutir tais questões com seus colegas e professores.

virtuais e brincadeiras. Tome por exemplo o jogo batalha naval – se você fosse uma criança há 50 anos ou mais, você teria jogado simplesmente com lápis e papel. Parceiros desenhariam grades, decidiriam quantos quadrados cobriria um porta-aviões, um submarino e assim por diante e então eles começariam o jogo para "procurar e destruir". Na metade do século XX, esse jogo foi mais desenvolvido (e comercializado) por fabricantes que, usando a mesma ideia básica, criaram um tabuleiro cheio de furinhos que não só recebiam miniaturas de navios, mas também tinham pinos coloridos para representar os tiros e os erros. Mais recentemente, versões eletrônicas têm sido feitas não somente para imitar os sons dos mísseis sendo disparados e dos ataques aéreos, mas também possuem um "comando de missão" e uma ampla extensão de planos de batalha embutidos e pré-programados.

O desenvolvimento contínuo da internet e o potencial para jogar *online* com estranhos localizados pelo globo estão mudando de modo crescente a natureza da brincadeira e do lazer para os seres humanos enquanto espécie, tanto para crianças quanto para adultos. Indivíduos de todas as idades podem explorar mundos virtuais, animados; por exemplo, assumir o papel de um cavaleiro medieval ou um personagem de ficção científica, cuidar de um bichinho de estimação virtual, representar um papel divino para uma família cibernética inteira ou até mesmo "dirigir" carros virtuais e "pilotar" aviões, helicópteros ou até espaçonaves virtuais. À medida que a tecnologia avança e a computação gráfica se torna mais e mais realista, as possibilidades parecem não ter fim.

## E AGORA, COMO FICA A BRINCADEIRA?

Os autores sinceramente apoiam os assuntos abordados pelos escritores da carta do jornal *Daily Telegraph* com respeito à sua

**Figura 12.1**
As crianças jogando jogos de computador.

## IDEIAS EM AÇÃO

### O futuro para a brincadeira é *online*? (Reflexão da autora)

A primeira vez que me tornei fascinada pelos possíveis futuros para a brincadeira baseada em computadores foi assistindo vários episódios do programa de ficção científica americano *Jornada nas Estrelas: A Nova Geração* no final da década de 1980. Os personagens tinham o que eles chamavam de "suíte holo"[*] na sua espaçonave do tamanho de um navio oceânico. Essa "suíte holo" era um dos principais lugares para onde eles iam quando queriam relaxar nas horas de folga, e lá conseguiam criar qualquer tipo de mundo virtual, 3D e completamente interativo que quisessem. Por exemplo, o digníssimo capitão executivo sênior da espaçonave assumia o papel principal de um abatido detetive particular em uma série de assassinatos misteriosos, enquanto vários outros membros da tripulação simplesmente criavam ambientes agradáveis e pessoas virtuais para interações relativamente mundanas (por exemplo, uma casa noturna de jazz abafada em New Orleans). Não havia problema em lidar com discussões ou até mesmo lutas físicas completas com personagens virtuais, porque o programa podia ser interrompido ou terminado com um simples comando de um jogador "real". É claro que havia alguns episódios onde o botão "pausa" funcionava mal. Um que lembro bem mostrava um personagem virtual perguntando a um personagem "real": "Para onde vou quando você me desliga?". Claramente, isso sugere um conjunto completo de novas questões (hipotéticas) sobre questões morais e éticas que podem ser levantadas se os avanços tecnológicos algum dia nos levarem à criação de equipamento de lazer real que se pareça com a "suíte holo". Uma série subsequente de *Jornada nas Estrelas: Viajante* continha um episódio que contava a história de uma menininha que conseguia interagir com personagens em um romance infantil de fantasia em sua "suíte holo", o que me levou a meditar que pudesse ter entrado no mundo de "*Alice no País das Maravilhas*", "*Mulherzinhas*", "*Os Famosos Cinco*" ou qualquer um dos romances científicos de Robert Heinlein de tal maneira durante a minha infância que eu nunca teria desejado ter amigos reais.

Eu nunca considerei esse tópico como nada além de uma interessante situação hipotética até que 10-12 anos mais tarde, quando conheci uma pessoa que era um dedicado jogador de jogos *online*. No jogo ele simulava habitar um universo do tipo *Jornada nas Estrelas*, onde ele era um piloto de espaçonave administrando um negócio de cargas, escapando de piratas galácticos e participando de algumas das suas transações duvidosas quando ele tinha a oportunidade. Ele tinha parceiros jogadores *online* no seu "negócio", pessoas que ele não conhecia fora do jogo; e mantinha "registros" dos seus "ganhos", que ele podia "gastar" em uma variedade de planetas dentro do jogo. Lembro-me de ficar fascinada porque ele tinha que "proteger sua espaçonave" quando saía do jogo, porque o jogo continuava quando ele não estava lá e "veículos desprotegidos" podiam ser "roubados" por outros jogadores quando ele não estava *online*! Eu ficava preocupada porque o jogo parecia mais interessante para ele em muitas maneiras que sua vida real (casa em um subúrbio pequeno e limpo e um trabalho das 9h às 17h). Fiquei realmente curiosa para saber dos eventuais efeitos em longo prazo na saúde mental causados por tais atividades para ambos, crianças e adultos. (Pam Jarvis)

### Reflexão

Conforme as gerações que estão mais e mais instruídas em computadores e avançam para os 60 e 70 anos, começando a sofrer com doenças que limitam a mobilidade, elas

(continua)

---

[*] N. de T.: Holo refere-se a holograma, uma figura tridimensional que é gravada em um filme fotográfico ou em um chapa.

## IDEIAS EM AÇÃO

estarão tentadas a viver uma grande parte de suas vidas *online*, não necessariamente em jogos de extrema fantasia, mas em sites da internet como "second life", onde nem a idade ou enfermidades precisam ser incorporadas à identidade *online*? Caso afirmativo, isso será um benefício ou um dano à sociedade como um todo? Por outro lado, o problema dos idosos isolados pode diminuir em alguma medida, mas as crianças começarão a sentir falta do contato com a geração de avós que está mais atraída por uma interação adulta continuamente disponível, do que uma conversa no mundo real bem mais restrita com uma criança pequena? Já me arrepio quando vejo pais jovens empurrando suas crianças em carrinhos de bebê onde o bebê fica de frente para a mãe olhando para frente inexpressivamente, suas orelhas tapadas com seus *ipods** ou conversando sobre a cabeça da criança em um telefone celular.

### Brincando em Espaços Cibernéticos: uma benção ou uma maldição?

#### Cenário 1: A vida nova de Jeff no espaço cibernético

Jeff tem 64 anos de idade e está a poucos meses de sua aposentadoria. Ele trabalha em diferentes turnos em uma empresa de segurança local, o que significa que seu horário nem sempre é sociável. No seu tempo livre, ele ama jogar golfe e, quando ele tem tempo livre, frequentemente está nos campos de golfe. Todavia, o clima britânico nem sempre contribui para uma rodada de golfe e agora que Jeff está envelhecendo, ele está achando as longas caminhadas pelos cursos de golfe mais difíceis por causa das juntas cansadas e da fadiga em geral. Há três anos ele comprou o seu primeiro computador. Ele se sentiu hesitante no início, mas, com um pouco de ajuda da família e dos amigos, agora ele consegue mandar e receber *e-mails* dos seus amigos de golfe, navegar na internet para achar as ofertas mais recentes sobre os preços dos itens relacionados com o esporte, agendar suas férias para jogar golfe; e o mais importante, para jogar uma rodada do golfe "virtual" com Tiger Woods, seu herói. Ele participou de vários torneios e ganhou mais de $1 milhão – se ao menos na vida real ele pudesse ser tão rico! Como Jeff diz: "Isso mantém a minha mente ocupada, ajudou meu desempenho no jogo no campo e me dá algo para fazer quando está molhado lá fora – acho que é maravilhoso!"

#### Cenário 2: Rastrear ciberneticamente o Papai Noel

Quando o Papai Noel deixar o Polo Norte para começar sua entrega épica amanhã, ele será rastreado de perto por radar e por satélite, e por bombardeiros a jato seguindo o trenó. E nessa Véspera de Natal teremos mais homens e mulheres, meninos e meninas do que nunca assistindo, à medida que o *site* que mostra o seu progresso pelo mundo em tempo real espera receber um bilhão de acessos.

"Norad rastreia Papai Noel" – desenvolvido pelo extremamente sério Comando de Defesa do Espaço Aéreo Norte Americano – se tornou um grande fenômeno festivo. Por apenas uma noite por ano, a organização estabelecida para defender os Estados Unidos da chegada de mísseis lança sua atenção para o Papai Noel.

Originalmente uma moda estado-unidense, rastrear o Papai Noel está rapidamente obtendo fãs dentro do país e em muitos outros. No ano passado, Jonathan Ross fez um animado comentário enquanto o trenó passava por cima do Big Ben e repórteres de outras nações também foram contratados para descrever Rodolfo brilhando pelos céus noturnos. Desta vez, as imagens do Papai Noel serão em 3D e será a maior audiência já tida até agora, graças a uma conexão com o *site* de pesquisa Google.

Jornal *Online Independent,* domingo, 23 de dezembro de 2007.

(continua)

---

\* N. de T. *Ipod* é o nome do aparelho MP3 ou MP4 fabricado pela Apple.

## IDEIAS EM AÇÃO

**Cenário 3: Fim do jogo para viciados em internet – uma perspectiva chinesa**

Combinando empatia com disciplina, um campo de treino em estilo militar perto de Beijin está na linha de frente da batalha na China contra o vício de internet, uma doença que aflige milhões de jovens da nação. O Centro de Tratamento de Adicção à Internet (CTAI) no Condado de Daxing usa uma mistura de terapia e exercícios militares para tratar as crianças da nova rica China que estão viciadas em jogos *online*... Preocupados com o número de mortes relacionadas com a internet e com o crime juvenil, o governo está agora adotando medidas para diminuir os casos de vício de internet proibindo novos cafés cibernéticos e colocando restrições aos jogos de computador violentos...

"Muitos dos viciados em internet aqui raramente consideraram os sentimentos das outras pessoas. O treinamento militar permite que eles sintam o que é fazer parte de uma equipe", diz Xu Leiting, psicólogo do hospital. "Também ajuda seus corpos a se recuperarem e faz com que eles se fortaleçam".

O CTAI tratou 1.500 pacientes dessa forma desde sua fundação em 2004 e se orgulha de um índice de 70% de sucesso em curar os vícios.

Os índices de vício em internet divulgados em estudos ocidentais variam enormemente, com pouco consenso em relação ao que constitui o vício e se tal conceito existe...

"A principal causa do vívio à internet é que as expectativas dos pais para suas crianças são altas demais", diz Leiting. Como muitos pais percebem a educação como sendo o único meio de avanço em uma sociedade extremamente competitiva de 1,3 bilhões de pessoas, alguns pais trancam suas crianças para estudar e pede para que seus professores deem a elas temas extras. "A pressão pode ser demais para algumas crianças", afirma Leiting, especialmente se elas fracassam. "Então elas escapam para o mundo virtual para buscar realizações, importância e satisfação, ou um sentimento de pertencimento", acrescenta.

Jornal *On-line Red Herring*, 11 de março de 2007.

### Reflexão

Enquanto a internet parece ter revigorado a vida de Jeff e criado uma grande quantidade de diversão para as crianças e adultos no mundo inteiro "assistindo ao Papai Noel" na época do Natal, o último cenário acima resume os possíveis problemas que podem surgir para crianças e jovens pela dependência excessiva da internet para atividades de lazer, particularmente quando isso está associado a problemas de relacionamento no mundo real. Poder-se-ia sugerir que a progressão eventual reside em educar os indivíduos a usarem seus ambientes de lazer *online* de forma segura, contudo precisaremos desenvolver novas habilidades para proteger nossa segurança psicológica mais do que a física nesses novos ambientes de recreação. Talvez educar as crianças voltadas para tal habilidade cada vez mais importante na vida, sustentará, por fim, uma das novas ocupações de educação/cuidado infantil referidos acima.

---

iniciação de um debate relacionado com as melhores maneiras de satisfazer as necessidades principais das crianças:

- desenvolver ambientes onde elas estejam seguras e amadas ao mesmo tempo, e *garantir* que elas estejam protegidas;
- receber tempo e espaço suficiente para a brincadeira livre;

- apoiar sensivelmente e dar liberdade suficiente para se engajar em interações sociais independentes, desenvolvendo relacionamentos positivos com uma ampla extensão de semelhantes (colegas, amigos, irmãos);
- dar a quantidade certa de nível de ensino estruturado de adultos comprometidos e bem treinados, apropriado ao próprio

estágio de desenvolvimento altamente individual das crianças e necessidades contínuas.

Entretanto, do ponto de vista sociocultural, frisaríamos que os educadores tivessem cautela com as referências superficiais à brincadeira "verdadeira". A interação cibernética é de fato muito real no mundo atual, e as crianças devem se acostumar com esse meio durante seu período de desenvolvimento se elas pretendem se engajar

---

## IDEIAS EM AÇÃO

### "Sobre crianças"

Suas crianças não são suas.
Elas são os filhos e filhas da Vida ansiando por si própria.
Elas vêm através de você, mas não de você,
E apesar de estarem com você, ainda assim elas não lhe pertencem.
Você pode dar a elas seu amor, mas não seus pensamentos.
Por que elas têm seus próprios pensamentos.
Você pode dar casa para seus corpos, mas não para suas almas,
Por que suas almas habitam a casa do amanhã, que você não pode visitar, nem mesmo em seus sonhos.
Você pode se esforçar para ser como elas, mas procure não deixá-las como você.
Porque a vida não vai para trás e nem permanece no ontem.
Vocês são os arcos para onde suas crianças foram enviadas como flechas vivas.
O Arqueiro vê o alvo sobre a trajetória do infinito,
E Ele faz com que você se curve a Seu desejo de que Suas flechas devem ir velozes e longe.
Deixe que o curvar fique nas mãos do Arqueiro por contentamento;
Porque assim como Ele ama as flechas que voam, também Ele ama os arcos que são estáveis.

Gibran, 1923.

### Dissonância psicossocial

Psicossocial: relacionado a ambos, o psicológico e o social; dissonância: som desarmônico ou áspero; discórdia ou incongruência (Dictionary.com).
A dissonância psicossocial é, portanto, a descrição de um sentimento de alguém cuja sociedade está de alguma maneira desequilibrada, em particular se alguns fatores da sociedade não estão sincronizados apropriadamente com outros, ou com as próprias ideias de alguém de como as interações com os outros deveriam proceder.

Essas palavras foram escritas por Khalil Gibran (1883-1931) pouco depois da Primeira Guerra Mundial. Deste modo, Gibran foi membro de uma das primeiras gerações que experimentou a *dissonância psicossocial* que a tecnologia em rápida mudança pode evocar. Quem sabe se nós como adultos podemos aprender essa lição que ele expressa de maneira tão bela – que cada geração sucessiva de crianças "habitará a casa do amanhã, onde [adultos] não podem visitar, nem mesmo em seus sonhos... porque a vida não vai para trás e nem permanece no ontem" – e cada geração sucessiva de adultos subsequentemente estará motivada a guardar ferozmente as atividades de brincadeira livre independente e flexível, nas quais seus filhos desenvolvem as bases vitais de habilidades de aprendizagem independente. Uma cultura assim também poderia apoiar a busca central para cada geração sucessiva de professores: aprimorar e desenvolver ainda mais os sistemas pedagógicos existentes que apontam as habilidades transferíveis e conhecimento que cada nova geração precisará para resolver desafios novos e imprevisíveis em um futuro desconhecido.

completamente e de maneira eficiente com seus mundos culturais quando se tornarem adultas. É claro, tal experiência cibernética precisa ser cuidadosamente equilibrada com uma interação no ambiente concreto e físico; talvez seja esse elemento de equilíbrio que precisamos observar com mais cuidado na direção dos nossos esforços para criar um ambiente mais estimulante para nossas crianças; equilibrado em ambos os termos – das oportunidades de interação cibernética e concreta – e em termos da provisão de atividades estruturadas e não estruturadas.

Um aspecto importante a lembrar é que não podemos predizer exatamente o mundo no qual as crianças irão viver quando adultas; portanto, é essencialmente importante apoiar cada geração de crianças no seu desenvolvimento de habilidades transferíveis. Isso deve incluir substancialmente o desenvolvimento das experiências e atitudes que apoiam a habilidade de autorregular as próprias experiências educacionais de alguém como um aprendiz independente (para o qual a brincadeira fornece experiências muito valiosas), e não a transmissão de blocos de conhecimento desarticulados em busca de um bom "desempenho" em um teste de papel e lápis altamente artificial.

Os capítulos deste livro foram projetados para levar você alguns passos ao longo da estrada na sua jornada profissional, e, com eles, tentamos comunicar algumas ideias (inevitavelmente limitadas pelo tempo) para ajudá-lo em sua busca para educar e criar uma geração de crianças alegres e em desenvolvimento. Tivemos grande prazer em convidá-lo a se juntar a nós como aprendizes para a vida toda nesse esforço fascinante e para levar esse processo adiante para as ainda desconhecidas culturas do futuro.

# Glossário

**Abordagem centrada na criança** Educação que adapta o estilo de ensino e de aprendizagem de acordo com o interesse específico da criança, por exemplo, permitindo a criança que tem um interesse em trens possa ler a respeito dos trens, escrever uma estória sobre trens, etc.

**Abordagem da integração dos tópicos** Interligar vários assuntos dentro de um currículo em um tópico para fazer um significado "humano" coeso para o aprendiz.

**Acomodação** Da teoria piagetiana, construir um novo esquema em resposta a uma nova experiência.

**Adaptado** Uma espécie que passou por mudanças evolucionárias que o capacitaram para se adequar ao ambiente que habita naturalmente.

**Afirmação de NEE** Uma afirmação de necessidades educacionais especiais estabelece a ajuda exigida por uma criança com dificuldade de aprendizagem que está fora da provisão regular do sistema de educação.

**Agência** A capacidade, condição ou estado de agir ou exercer poder (Merriam Webster).

**Agentes** A participação ativa na criação social do significado (dentro de um modelo de aprendizagem construtivista).

**Ambiente natural** O ambiente dentro do qual uma criatura evoluiu; para as pessoas esse é um mundo de animais para caçar e plantas para colher, não um mundo de fazendas e cidades, que foi construído pelas pessoas.

**Ambiente pedagógico** A prática que um professor, junto com um grupo específico de aprendizes, cria, atua e experiencia.

**Andaimes conceituais** Assistência fornecida por um adulto ou par mais experiente no contexto para auxiliar na aprendizagem da criança.

**Androcêntrica/o** Centrado em uma visão masculina do mundo.

**Anglo-americana** Relativo às nações habitadas por populações dos antigos Bretões, populações falantes de inglês.

**Antropólogo** A pessoa que estuda os seres humanos e seus ancestrais através do tempo e do espaço e em relação ao caráter físico, ambiental e das relações sociais e culturais (Merriam Webster).

**Aprendizado através das descobertas** Aprendizado ou instrução baseado na investigação.

**Aprendizagem iniciada pela criança** Permitir que as crianças tenham oportunidade de desenvolver seu conhecimento e suas habilidades através da brincadeira sem a direção de um adulto.

**Aprendizagem na brincadeira** Ter diversão e prazer enquanto se brinca. A experiência é percebida como prazerosa pelo aluno.

**Aprendizagem prática** O período de participação periférica legítima onde os aprendizes estão engajados no processo ativo de adquirir conhecimentos e habilidades de uma comunidade de prática até que eles sejam considerados conhecedores o suficiente para praticar sozinhos, e.g. um aprendiz de construtor, enfermeira comunitária, dentista, etc.

**Assimilação** Da teoria piagetiana, usar um esquema existente para lidar com uma experiência nova; no ensino o termo pode ser usado com o significado de absorver, assimilar e compreender completamente um elemento particular da aprendizagem.

**Autoeficácia** Confiança para se comportar de determinada maneira, a crença de um indivíduo de que possui a habilidade para realizar uma atividade.

**Autoestima** O modo como um indivíduo vê aspectos de si mesmo relacionados a áreas como a autoconfiança e a valorização pessoal.

**Autorregulação** Envolve que a criança individual deliberadamente preste atenção, pense e reflita sobre as suas ações.

**Bioculturalismo** Uma teoria que sugere que as pessoas são construídas igualmente pela sua biologia e pelo seu ambiente cultural.

**Biopsicologia** O termo completo, psicologia biológica, uma corrente da psicologia que é baseada nas propriedades físicas do cérebro.

**Bookstart** Bookstart é o primeiro programa nacional do mundo a fornecer livros para bebês, entregando pacotes de livros para bebês e crianças em fase de engatinhar no Reino Unido gratuitamente.

**Brincadeira** Um comportamento dinâmico, ativo e construtivo. Uma parte essencial e integral do crescimento, desenvolvimento e aprendizagem de todas as crianças saudáveis de todas as idades, domínios e culturas.

**Brincadeira bagunçada** Permite que as crianças explorem a brincadeira envolvendo texturas diferentes e recursos sem serem rotulados como "estar fazendo arte"; por exemplo, brincar com argila e pintar com os dedos.

**Brincadeira de atividade física** Brincadeira que incorpora o vigor físico, como as brincadeiras rítmicas em recém-nascidos, exercícios de brincadeira e brincadeiras duras e brutas.

**Brincadeira de desenvolvimento dos movimentos** O termo do Jabadao National Centre para o movimento, a aprendizagem e a saúde.

**Brincadeira de faz de conta** Aonde as crianças representam ou criam situações imaginárias dentro de sua própria brincadeira. Esse tipo de brincadeira surge quando um ambiente desperta ou permite a liberdade para a imaginação e a criatividade.

**Brincadeira heurística** Um tipo de brincadeira que oferece oportunidades às crianças de explorar objetos de maneira multissensorial.

**Brincadeira inclusiva** Fornecer equipamentos e aparelhos em atividades dentro e fora da escola que permitam a participação de crianças deficientes.

**Brincadeira lúdica** Atividades de brincadeira que envolvem ou tem como resultado o prazer.

**Brincadeira metacomunicativa** A metacomunicação é comunicar a respeito da comunicação, usada para descrever conversas em que as pessoas estão falando sobre aspectos relacionados à comunicação; as crianças frequentemente fazem isso nas suas interações durante as brincadeiras.

**Brincadeira rítmica** Padrões de linguagem ou de movimento que são conduzidos de modo rítmico.

**Brincadeira sensório-motora** Brincadeira que enfatiza o movimento ou a expressão física.

**Brincadeira simbólica** Brincadeira que enfatiza a imaginação e a transformação.

**Brinquedos simbólicos** Pequenos objetos representativos, p. ex., uma árvore ou animal de brinquedo.

**Caçador-coletor** A maneira como os primeiros seres humanos organizaram suas sociedades antes do advento do cultivo, caçando animais para obter carne e recolhendo vegetação comestível.

**Caminhos neurais** A conexão entre uma parte do sistema nervoso e outra.

**Caminhos neuronais** Os caminhos através dos quais o pensamento ocorre nas mentes humanas e animais, envolvendo uma reação eletroquímica entre as células no cérebro chamadas "neurônios".

**Catarse** Eliminação de um complexo trazendo ele até a consciência e permitindo a sua expressão (Merriam Webster).

**Cerebelo** A parte do cérebro que coordena a percepção sensorial e o controle motor. Integra os caminhos que fazem os músculos se moverem.

**Cestas de tesouro** Uma coleção de artigos do dia a dia que pode ser usada para estimular os sentidos de uma criança ou de um bebê.

**Coconstrução** Quando mais de um indivíduo está envolvido ativamente no processo de aprendizagem.

**Cognição** O processamento de informação, como um indivíduo compreende o mundo.

**Cognição coconstruída** Um pensamento ou ideia que começou a partir da colaboração de duas ou mais pessoas.

**Comunidades de aprendizagem** Um grupo de pessoas que compartilham um conjunto de relações, expectativas e oportunidades para garantir a completa participação e um ambiente de aprendizagem positivo.

**Comunidades de prática** Descreve como podem existir diferenças entre grupos diferentes no modo como eles podem ter diferentes maneiras

**358** GLOSSÁRIO

de realizar tarefas diárias, por exemplo, educar as crianças ou preparar o alimento.

**Conhecimento comportamental** Conhecimento (físico) enactivo que é representado nos sentidos e é desenvolvido "fazendo".

**Conhecimento icônico** Como o cérebro usa as imagens sensoriais ou ícones para armazenar o conhecimento.

**Conhecimento prático** Um aspecto da cultura profissional, semelhantemente ao habitus, o "conhecimento prático" é um conjunto de pensamentos, valores e comportamentos, mas nesta instância ela é compartilhada entre membros de uma profissão (por exemplo, professores, médicos) e é adquirido através de treino e de uma frequente associação subsequente entre colegas de profissão.

**Conhecimento representacional** Como o conhecimento é armazenado e processado na mente.

**Conhecimento simbólico** Representando o conhecimento através de ideias e conceitos, o conhecimento simbólico fornece compreensão da interconectividade das experiências de vida.

**Construtivismo radical** Uma visão de aprendizagem aonde a significação individual é construída a partir de experiências do individuo com a realidade.

**Construtivistas** Pesquisadores que aderem à noção de que o significado é construído individualmente a partir das experiências e percepções próprias, através da interação com o ambiente no qual o indivíduo existe.

**Construtivistas sociais** Pesquisadores que aderem à noção de que o significado é construído socialmente a partir das percepções e experiências conjuntas, através de interações com o ambiente mais amplo e tudo nele.

**Construtores de andaimes conceituais** Apoiando a aprendizagem através de outras pessoas instruídas, frequentemente por um diálogo adulto-criança que é estruturado pelo adulto.

*Continuum* Uma corrente, sequência ou progressão de eventos/áreas onde uma coisa leva logicamente a outra.

**Coordenação oculomanual** É a habilidade do sistema de visão de controlar e guiar a mão para desenvolver tarefas como segurar uma bola ou escrever uma carta.

**Coordenador de necessidades especiais (CNE)** O professor com a responsabilidade de garantir que os requerimentos das crianças com necessidades especiais sejam cumpridos e de monitorar o progresso das crianças

**Cortisol** Um dos vários hormônios esteroides produzidos pelo córtex adrenal, é produzido por mamíferos em situações de estresse para aumentar o metabolismo das gorduras e os carboidratos de modo a estimular o animal para correr ou lutar.

**Cuidado** Os aspectos criados pelo ambiente da aparência, personalidade e inteligência de uma criatura. Teóricos têm continuamente debatido as proporções de cada uma dessas qualidades que se devem à "natureza" e quais proporções se devem ao "cuidado", sem ainda terem chegado a um consenso definitivo.

**Cultura** As crenças habituais, formas sociais e traços característicos de um grupo racial, religioso ou social; também os traços característicos da existência de todos os dias (como as diversões ou estilos de vida) partilhados por pessoas em um lugar ou época (Merriam Webster).

**Currículo** Um corpo de conhecimento/habilidades a ser transmitido ao aprendiz; o conteúdo de um curso ensinado em uma escola; um programa de aprendizagem.

**Currículo formal e informal** O currículo formal é o programa planejado de objetivos, conteúdo, experiências de aprendizagem, recursos e outras contribuições oferecidas pela escola. Às vezes é chamado de "currículo oficial". O currículo informal é outro termo para currículo escondido.

**Currículo Nacional** O Currículo Nacional introduzido em 1988 nas escolas estaduais estabelece o currículo compulsório através dos conteúdos e dos estágios para crianças do ensino primário e secundário.

**Currículo oculto** As áreas do currículo que não são necessariamente ensinadas diretamente, mas que são aprendidas, como os códigos de comportamento, regras sociais baseados nos costumes, ou todas as lições que são ensinadas indiretamente na escola, mas não necessariamente através de lições formais; como por exemplo, regras sobre a observância do tempo, regras quanto ao uso de uniformes ou as roupas que são apropriadas, etc.

**Currículo recebido** O que as crianças verdadeiramente aprendem; o que elas realmente levam consigo do que é aprendido em aula, o que é lembrado.

**Deficiência** Estar diminuído ou incapaz em força ou habilidade.

**Departament for Children's Schools and Families** Um novo departamento do governo, que substitui o Departament for Education and Skills.

## GLOSSÁRIO 359

**Descendentes** O produto da reprodução, o jovem produzido por um organismo.

**Descentralizar** Se afastar de um ponto de vista e considerar o ponto de vista de uma outra pessoa.

**Desenvolvimento apropriado** Prática baseada no que é conhecido a respeito de como as crianças se desenvolvem, levando em consideração a idade, situação social e bem estar emocional.

**Desenvolvimento individual e "evolução" da espécie** A brincadeira cria situações que não simplesmente ajudam o indivíduo a desenvolver habilidades, mas ajudam a grupos inteiros de jogadores a desenvolver habilidades que eles então podem ensinar a outras pessoas; que por sua vez, ajudam toda a raça humana a progredir.

**Dicotomia** Divisão em duas partes mutuamente exclusivas, opostas, ou contraditórias.

**Didático** Pretender instruir, uma atividade empreendida com o propósito específico de ensinar.

**Direitos das Crianças das Nações Unidas** Um acordo internacional que fornece um conjunto abrangente de direitos para todas as crianças.

**Discurso** Literalmente uma conversa, mas frequentemente utilizado pelos cientistas sociais para descrever um debate teórico corrente.

**Discurso direto da criança ou parentês** A adaptação de língua simplificada pelos adultos quando se comunicam com crianças muito pequenas, o que inclui mudanças no tom de voz; alteração do vocabulário; uso de sons; repetições simples e questões frequentes.

**Dissonância psicossocial** Psicossocial: relacionado a ambos, o psicológico e o social; dissonância: som desarmônico ou áspero; discórdia ou incongruência (Dictionary. com). A dissonância psicossocial é, portanto a descrição de um sentimento que a sociedade de alguém ou o lugar de alguém dentro dela está de alguma maneira desequilibrado, em particular se alguns fatores da sociedade não estão sincronizados apropriadamente com outros, ou com as próprias ideias de alguém de como as interações com os outros deveriam proceder.

**Distanciamento** Um modo de se relacionar com os outros e consigo mesmo que enfatiza o pensamento, a reflexão e a distância crítica.

**Diversidade** Reconhece que os indivíduos são únicos em termos de suas necessidades, aspirações, habilidades, franquezas e forças.

**Dizigótico** Gêmeos que começam a vida como dois óvulos diferentes fertilizados por dois espermas separados e, portanto, possuem DNA diferente.

**Dramaterapia** O uso do drama na terapia, envolvendo processos como a representação de papéis, trabalhos com máscaras ou brincadeiras.

**Early Years Foundation Stage** Diretrizes para a educação e cuidado das crianças de 0-6 anos na Inglaterra, que foi introduzido a partir de setembro de 2008.

**Educação inclusiva** Garantir que todas as crianças tenham acesso à educação apropriada e efetiva sem levar em conta suas deficiências físicas.

**Egocentrismo** Estar focado em si, mas não tendo o mesmo significado de ser egoísta – crianças pequenas ainda não entendem que outras pessoas são indivíduos como elas mesmas, com um mundo mental interno que está escondido dos outros – elas tem que aprender isso através da interação social.

**Empatia** Um modo de se relacionar com outras pessoas que enfatiza a compreensão, sensibilidade e consciência dos sentimentos, pensamentos e perspectivas dos outros.

**Empírico** Baseado na observação ou na experiência.

**Endomorfo** Uma pessoa pesada com corpo macio e arredondado. (dictionary.com)

**Ensino didático** Direcionado pelo professor, instrução direta, onde as crianças são aprendizes passivos/simplesmente absorvem as informações.

**Equilibração** Levar ao equilíbrio. Na teoria piagetiana, isto se refere especificamente a equilibrar as ideias de um indivíduo com a realidade.

**Escala de envolvimento Leuven** A Escala de Envolvimento para Crianças Pequenas de Ferre Laevers é um sistema de monitoramento com orientação no processo – uma ferramenta para a avaliação da qualidade dos ambientes educacionais que estima o quanto as crianças estão "envolvidas" no seu trabalho – e o seu "bem-estar emocional".

**Escalas de avaliação** Usadas para quantificar numericamente níveis de capacidade e/ou de ambientes, frequentemente na forma de "pontuação". Nos processos de avaliação de crianças, isso pode significar a comparação de um nível de capacidade atual com um "nível de capacidade médio" nocional.

**Escolas especiais** Oferecem educação para as crianças cujas necessidades não podem ser supridas nos institutos regulares de educação.

**Esquema** Um termo da teoria piagetiana que refere a uma coleção de conceitos ou ideias que estão altamente organizadas dentro do cérebro.

**Esquemas reflexivos** O modo como os bebês assimilam estímulos no ambiente.

**Estabilidade** A relação do corpo com a força da gravidade para atingir a postura em pé.

**Estratégia para a Habilidade Numérica Nacional** Atividades de ensino e aprendizagem prescritas/estruturadas com o objetivo de instruir atividades de aprendizagem.

**Etológico** O estudo científico e objetivo do comportamento animal, especialmente sob condições naturais (Merriam Webster).

**Etólogo** Uma pessoa que estuda os animais em seu ambiente natural.

**Every Child Matter (ECM)** A nova abordagem do governo Inglês para garantir o bem estar das crianças desde o nascimento, englobando as cinco áreas principais.

**Evolução cultural** A realização de práticas culturais para se enquadrar ao ambiente aonde uma população vive, e.g., por exemplo, a norma cultural do enterro muito rápido dos mortos nos países quentes.

**Exclusão** Quando um aluno é proibido de frequentar a escola com base em uma ofensa séria.

**Experiências de pico** As "experiências de pico" são aquelas onde o indivíduo sente uma alegria intensa e senso de propósito.

**Ferramentas psicológicas** Descrevem os modos em que os seres humanos apóiam a construção de conhecimento, por exemplo, contar histórias, escrever, possivelmente até a Internet!

**Fertilização *in vitro* (FIV)** Um tratamento de fertilidade moderno, onde o óvulo é fertilizado em um tubo de ensaio em um laboratório, isto é, fora do corpo da mãe.

**Fiação** Os aspectos inatos e fixos da fisiologia do cérebro de uma criatura.

**Filósofo** Uma pessoa que busca sabedoria ou iluminação (Merriam Webster).

**Fisiologia** Os processos e fenômenos orgânicos de um organismo (Merriam Webster).

**Forças evolucionárias** Forças que moldam as criaturas, criando uma situação aonde criaturas com um conjunto específico de características tem mais probabilidade de sobreviver e procriar do que aquelas que não possuem tais características. Por exemplo, se os pássaros com bicos curvados são mais eficientes para pegar minhocas, então os pássaros com bico curvado irão sobreviver e reproduzir, enquanto os pássaros com bico reto não irão.

**Foundation Stage** Anterior a setembro de 2008, esta era a primeira parte de um Currículo Nacional, direcionado às crianças com idade entre 3 e 5 anos.

**Gene de brincadeira** Um conceito propondo que o desejo de brincar está codificado na biologia dos seres humanos. A referência a "um gene" é uma figura de linguagem, conforme o que conhecemos de genética indica que a necessidade de brincadeira seria o resultado de interações complexas entre muitos genes.

**Genes** A unidade funcional de herança que controla a transmissão e expressão de um ou mais traços (Merriam Webster).

**Grupos de parceiros** Grupos de pessoas que são geneticamente relacionadas.

**Habilidades motoras amplas** Envolvem o movimento dos músculos em ações amplas como correr, pular ou andar de bicicleta.

**Habilidades motoras finas** Envolvem o movimento dos músculos em ações menores como segurar uma caneta ou movimentar os dedos do pé na areia.

**Habilidades transferíveis** As habilidades de trabalho no comércio podem ser separadas em cinco categorias básicas, ou conjuntos de habilidades, que aqueles que procuram por trabalho podem usar para mostrar habilidades aplicáveis de um trabalho/carreira para outro. Essas categorias englobam a comunicação (a expressão, transmissão e interpretação hábil do conhecimento e das ideias); pesquisa e planejamento (a busca por conhecimento específico e a habilidade para conceituar necessidades futuras e soluções para satisfazer essas necessidades); habilidades interpessoais; organização, gerenciamento e liderança.

**Habitus** Um conjunto de pensamentos, valores, gostos e comportamentos que foram culturalmente adquiridos na infância e que o indivíduo frequentemente presume serem universalmente "normais" e/ou "o que todo mundo faz".

**Holístico** Relacionado ou preocupado com o todo ou com sistemas completos, em vez de com a análise ou tratamento de, ou dissecação por partes .(Minha definição: Educar a pessoa por inteiro, isto é, não apenas o intelecto, mas as emoções, a mente e o corpo).

***Homo Sapiens*** Nome latino para a versão das espécies humanas que atualmente vivem na terra.

**Iconoclasta** Aquele que destrói símbolos e monumentos culturalmente importantes. No sentido que este capítulo usa o termo, está sugerindo que

## GLOSSÁRIO  **361**

a brincadeira pode possibilitar que um jogador experimente com ideias que não são convencionais na sua cultura.

**Inclusão** Permitir que todas as crianças sejam capazes de participar completamente nas instituições principais da sociedade quaisquer sejam suas necessidades ou habilidades individuais.

**Inclusão social** A inclusão social está preocupada com a redução da desigualdade que existe entre grupos desfavorecidos da sociedade e do resto da sociedade.

**Inglês como segunda língua (ISL)** Quando o inglês não é a primeira língua de uma criança.

**Instintos humanos** Uma aptidão ou capacidade natural, ou inerente, específica à espécie humana (Merriam Webster).

**Integração** A inclusão de crianças deficientes no sistema regular de educação.

**Inteligência emocional** Nível de consciência das próprias emoções e das emoções dos outros, usando esse conhecimento para informar os próprios padrões de comportamento e de interação.

**Inteligências múltiplas** Uma teoria desenvolvida em 1983 pelo Dr. Howard Gardner que desafia a noção de inteligência tradicional baseada em testes de QI. Gardner sugere que existe uma ampla extensão de diferentes inteligências (como a Linguística, a Interpessoal, a Corporal-cinestética) para descrever o potencial adulto e infantil e que estas existem em diferentes combinações dentro de um indivíduo. Dessa forma, um professor deve usar uma variedade de técnicas de ensino ou caminhos para alcançar um aprendiz efetivamente.

**Interação Social** Uma sequência dinâmica de ações sociais entre indivíduos ou grupos que modificam suas próprias ações em resposta a interação com os outros.

**Internalização** Fazer algo que é inicialmente externo ao *self*, tornar-se parte da mente de alguém – por exemplo, ao aprender uma língua.

**Intersubjetividade** Significados compartilhados entre as pessoas; elas "lêem" símbolos do mesmo modo.

**Jabadao** Órgão nacional de caridade que trabalha em parceria com os cuidados em educação, saúde, artes e cuidado social ao desenvolver o movimento natural para as crianças pequenas.

**Lactação** Literalmente, secretar leite, se refere ao período em que a mãe está amamentando um recém nascido.

**Linguística** Relacionado à linguagem.

**Mamífero** Um grupo de animais com sangue quente e pêlos e que dão de mamar aos filhos.

**Mediação** Permitir um processo de negociação no qual os indivíduos interagentes se contatam de modo a desenvolver a compreensão.

**Metabrincadeira** Pensar, comunicar ou refletir sobre as experiências de brincadeira.

**Metacognição** Reflexão ou análise do seu próprio processo de aprendizagem e pensamento. A consciência dos processos cognitivos de um indivíduo e o uso eficiente dessa autoconsciência para autorregular o pensamento e a compreensão.

**Modelo de trasmissão-aquisição** Um modelo de educação que afirma que o professor precisa transferir conhecimento para que as crianças adquiram conhecimento.

**Modelo social de deficiência** Procura reduzir as barreiras que impedem uma pessoa com deficiência de ser um participante como os outros na sociedade.

**Modulação do interesse** Regular independentemente o próprio interesse.

**Monozigótico** Gêmeos idênticos que compartilham o mesmo óvulo fertilizado e esperma, e consequentemente o mesmo DNA.

**Motivação intrínseca** O estímulo para a aprendizagem inerente nas crianças que não são dependentes de fatores externos como dinheiro ou classe.

**Movimento impactante** Brincadeira de movimento entre o adulto e o bebê na qual o movimento começa longe da criança e na medida em que o adulto se aproxima o movimento junta velocidade e força, frequentemente culminando na criança sendo levantada pelo adulto.

**Movimento impulsivo** Brincadeira de movimento entre o adulto e o bebê que começa com força e gradualmente perde velocidade e força, como ser levantado no ar e terminar sendo abaixado até os braços do adulto.

**MSN Messenger** Um tipo de conversa *online* ao vivo, digitada.

**Multissensorial** Relativo ao ou envolvendo diversos sentidos fisiológicos, por exemplo, a visão, os sons, etc.

**Não participante (pesquisador)** Uma pesquisa (com frequência observacional) na qual o pesquisador não interage com os participantes, mas coleta dados relacionados com seu comportamento/interações.

**Narrativa das brincadeiras** Uma história imaginária criada por uma criança ou por um grupo

## 362 GLOSSÁRIO

de crianças para justificar e explicar suas ações (também podem ser chamadas de "narrativas de brincadeira").

**Narrativa** Literalmente algo que é falado (narrado), o termo é frequentemente usado por cientistas sociais para referir ao modo como as pessoas explicam coisas ao explicar uma "estória" secundária.

**Natureza** Os aspectos herdados da aparência, personalidade e inteligência de uma criatura. Teóricos têm continuamente debatido as proporções de cada uma dessas qualidades que se devem à "natureza" e quais proporções se devem ao "cuidado", sem ainda terem chegado a um consenso definitivo.

**Necessidades educacionais especiais (NEE)** Refere-se a crianças com dificuldades de aprendizagem ou deficiências que podem atrapalhar a sua habilidade de aprender ou obter acesso à educação.

**Necessidades especiais** Aqueles com uma necessidade individual diferente ou além daquelas das outras crianças na mesma situação social.

**Nível de desenvolvimento** A ideia de que a maioria das crianças progride ao longo de diferentes estágios na brincadeira, aonde cada estágio oferece novos potenciais e oportunidades.

**O Fundo das Crianças** Uma iniciativa do governo lançada em 2000 para melhorar a vida das crianças e jovens desamparados.

**O lugar que você quer que ele seja** Uma área aonde as crianças são oferecidas materiais que as encorajam a utilizar sua imaginação e a se engajar em brincadeiras livres.

**Objetivos de aprendizagem dos primeiros anos** As seis áreas de desenvolvimento e aprendizagem que definem o que se espera que as crianças aprendam durante o Estágio de Fundação dos três anos até a primeira série.

**Objetos transicionais** Um objeto transicional é criado na crença de uma criança de que um objeto pode "substituir" outro na compreensão de uma experiência de fantasia.

**Observação de área focal** Uma observação feita através do foco em uma área, registrando tudo que ocorre dentro dessa área por uma quantidade de tempo determinada.

**Observação focal de uma criança** Uma observação conduzida focando em apenas uma criança, registrando tudo que a criança faz e diz por uma quantidade determinada de tempo.

**OCDE (Organização para a Cooperação e Desenvolvimento Econômico)** Uma organização internacional que ajuda o governo a lidar com os desafios econômicos, sociais e governamentais de uma economia globalizada (site da OECD).

**Paradigma** Uma estrutura filosófica ou teórica de qualquer tipo (Merriam Webster).

**Paradoxo lúdico** O lúdico se refere ao brincar. E um paradoxo é a estranha contradição que talvez não seja esperada, mas não obstante, existe. Então "o paradoxo lúdico" se refere a uma complexa contradição relacionada ao comportamento durante a brincadeira.

**Participação guiada** Descreve como as crianças são levadas a participar na comunidade em que nasceram ao serem apoiadas pelos adultos a se engajar em atividades diárias/mundanas, muitas das quais vão variar de cultura para cultura.

**Participação Periférica Legítima** As ações de um novato na comunidade de prática que o levam a participar plenamente daquela comunidade; e.g. um médico em treinamento entra na comunidade médica (e.g. hospital). Eles passarão parte do tempo acompanhando colegas experientes; de maneira crescente, eles desempenharão um papel mais ativo nessa comunidade, participando nas atividades que envolvem outros profissionais, pacientes e suas famílias. Finalmente, o conhecimento e habilidade do indivíduo serão indicados pelo sucesso das interações, volume de participação e precisão de julgamento.

**Participantes** Aqueles que têm um interesse na educação das crianças, como por exemplo, pais, professores; governadores, aqueles que fazem políticas de ensino e as próprias crianças.

**Pedagogia** A arte, ciência ou profissão de ensinar.Pares ou semelhantes Aqueles que pertencem ao mesmo grupo social, especialmente no que diz respeito à faixa etária, série ou status (Merriam Webster).

**Pedagogia crítica** Uma abordagem que tenta ajudar os professores ou alunos a questionar e desafiar as ideologias e práticas que existem na educação.

**Pensamento compartilhado apoiado** Introduzida por Iram Siraj-Blatchford, essa frase descreve a habilidade de um adulto intuir os interesses e o nível de compreensão de uma criança e subsequentemente interagir com sucesso com ele/ela para desenvolver um conceito ou habilidade.

**Perturbações** Termo inventado por Jerome Bruner para descrever os momentos na aprendizagem quando se pode sentir perturbado, inquieto ou ansioso, que deveria ser uma parte esperada e aceita da cognição.

## GLOSSÁRIO · 363

**Planos de brincadeira** O planejamento de uma variedade de atividades para os pais apoiarem suas crianças em casa.

**Plasticidade/neuroplasticidade** A habilidade do cérebro, que permanece durante toda a vida, de mudar à medida que nós aprendemos ou experimentamos coisas novas.

**Portage** Um serviço de visitação familiar para aqueles que possuem necessidades especiais.

**Potencial de variabilidade adaptável** O potencial de um jogador executar/praticar variados comportamentos vai ajudá-lo a adaptar-se a vida além das situações da brincadeira.

**Pré-adolescentes** Uma frase usada para descrever crianças entre as fases de desenvolvimento da infância e da adolescência.

**Primatas** Membro de um grupo de mamíferos que desenvolveram particularmente cérebros grandes e uma habilidade para segurar objetos. Esse grupo engloba tanto os chipanzés quanto os macacos.

**Profanidade** Usar linguagem abusiva ou vulgar. Em sociedades modernas falantes de inglês tal linguagem é normalmente relacionada com palavras anglo-saxônicas para funções corporais, no passado e em algumas outras culturas tais palavras tendem ser relacionadas com conceitos religiosos, particularmente relacionados com o inferno e danação.

**Profissionais reflexivos** Profissionais que avaliam ativamente a sua competência profissional e procuram maneiras de melhorar o seu conhecimento e suas habilidades.

**Propriopercepção** A habilidade de reconhecer movimentos nas juntas que permitem acessar onde o corpo está no mundo e o quanto ele se move de maneira ágil.

**Pró-social** Comportamento ou pensamento que é direcionado à construção de relacionamentos.

**Psicodrama** Uma forma específica do uso do drama como terapia desenvolvida por Moreno enfocando a exploração dos papéis que as pessoas assumem em suas vidas.

**Psicologia do desenvolvimento evolutivo** Uma teoria que propõe que as crianças nascem com um conjunto básico de características evolutivas, que precisam ser melhor desenvolvidas na interação com o ambiente.

**Psicólogos do desenvolvimento** Um psicólogo que se especializa na psicologia dos bebês e das crianças, particularmente em como eles se modificam na medida em que amadurecem.

**Psicolúdico** Psique: da mente; lúdico: relacionado à brincadeira; portanto, psicolúdico é o estudo da mente durante a brincadeira.

**Quase 6** Uma referência a idade das crianças em uma aula do primeiro ano inglês, todas elas terão tido seu quinto aniversário antes de primeiro de setembro, e terão o sexto aniversário entre primeiro de setembro e trinta e um de agosto durante o ano escolar relevante.

**Questões de gênero** Que Refletem ou envolvem diferenças de gênero ou papéis estereótipos de gêneros (Merriam Webster).

**Racionalização técnica** Reduzir o ensino e a aprendizagem a habilidades e práticas específicas, para que se torne um processo técnico que os professores possam ser instruídos a usar como um princípio nacional.

**Recíproco** Um retorno de correspondência gentil e mútua (Merriam Webster).

**Reconceituar** Recompor um conceito e subsequentemente tentar comunicar isso de forma eficaz, normalmente feito dentro do ensino e da aprendizagem para estender/melhorar a compreensão do material a ser aprendido.

**Relações dinâmicas** Uma relação aonde uma parte complementa (mas não é o mesmo) a outra, e quando uma das partes muda, as outras também mudam para continuar a relação complementar.

**Relativo** Algo que possui uma relação com ou dependência necessária de outra coisa (Merriam Webster).

**Representação enactiva** Como a criança armazena as memórias das experiências passadas de acordo com uma resposta motora apropriada, por exemplo, andar de bicicleta – as ações são impressas em nossos músculos.

**Resultado de aprendizagem desejável** Um currículo para crianças na pré-escola na Inglaterra de 1996 a 1999.

**Rumor** Repetir uma informação que foi comunicada por outra pessoa, descrevendo algo que não é o resultado da experiência direta de alguém.

**Sacola das sensações** Uma sacola na qual itens podem ser colocados para que os alunos possam adivinhar o conteúdo através do toque ou fazendo perguntas.

**Seleção sexual** Uma teoria que propõe que os gêneros desenvolvem atributos levemente diferentes, devido aos diferentes papéis que eles assumem na paternidade.

**Separação** Agrupar as crianças com dificuldades individuais e necessidades similares, mas separados de outras crianças da sua idade.

**Sinapses** A junção entre dois neurônios ou células cerebrais por meio das quais a informação é transmitida.

**Sinaptogênese** A formação de sinapses que ocorre durante toda a vida de uma pessoa; é maior durante o desenvolvimento cerebral inicial.

**Sistemas dinâmicos** Um sistema que trabalha em interação com outros sistemas dentro do mesmo organismo ou mecanismo, cada sistema regulando o outro. Por exemplo, o corpo humano é um destes organismos, e o motor de um carro é um destes mecanismos.

**Socialmente construído** Um atributo, um comportamento ou crença desenvolvida através da interação social com outros.

**Sociocultural** De, relacionado com, ou envolvendo uma combinação de fatores sociais e culturais (Merriam Webster).

**Socioculturalismo** Descreve o papel da comunidade e da cultura em subjazer o desenvolvimento psicológico do ser humano. A teoria sugere que o desenvolvimento psicológico está enraizado nas ideias coletivas e convenções de uma cultura específica.

**Subjetividade do consumidor individualista** A quantidade excessiva de oportunidades criadas por uma sociedade moderna de consumidores quer dizer que as pessoas têm que escolher constantemente entre quais itens comprar; como comida e móveis, de maneira subjetiva à base de fatores triviais. Por essa razão, o consumo se torna altamente subjetivo e individualista.

**SureStart** Uma iniciativa do governo criada em 1998, que visa melhorar os serviços para crianças com menos de cinco anos e suas famílias.

**Taxonomia** Uma classificação ordenada de um grupo de conceitos relacionados.

**Tempo de ouro** Um período curto, frequentemente durante a tarde ou no final da semana, aonde as crianças e seus professores ou sentam-se juntos para celebrar suas realizações ou se oferece às crianças uma série de atividades para explorar. É frequentemente utilizado como um método para a modificação de comportamentos inapropriados e recompensa para as crianças que se comportam bem. As atividades governadas pelas 'regras de ouro' são oportunidades, no máximo, para autorreflexão e reflexão em grupo.

**Tempo livre** Quando o aprendiz recebe a oportunidade para fazer suas próprias escolhas a respeito da natureza de suas atividades.

**Teoria da evolução de Darwin** Uma teoria que propõe que características que dão a uma criatura em particular vantagem no ambiente em que habita tem maior probabilidade de sobreviver na espécie em questão. Isso se deve ao fato de que quanto mais bem sucedidos são os animais, maior a probabilidade de sobreviverem para reproduzir e passar adiante seus genes para a próxima geração.

**Teoria da mente** Uma habilidade que é partilhada por apenas algumas espécies na terra – a habilidade de compreender o que outra criatura pode estar pensando e para modificar o próprio comportamento para levar esse pensamento em consideração,às vezes com o intuito de enganar.

**Teoria do apego** Uma teoria psicológica e etológica que descreve como uma criança pequena pode se ligar a um indivíduo com quem ela passa períodos prolongados de t2mpo, p. ex., mãe.

**Teoria evolutiva** Uma teoria que propõe que as características que dão a uma criatura em particular uma vantagem no ambiente em que habita tem maior probabilidade de sobreviver, porque quanto mais bem sucedidos são os animais, mais chances eles têm de reproduzir e passar adiante seus genes para a próxima geração.

**Teoria histórica-cultural** Descreve o papel da "mente coletiva" (ou "cognição compartilhada") que existe na cultura de uma comunidade em subjazer o futuro daquela sociedade.

**Terapia** Uma forma de intervenção na qual o cliente e o terapeuta se encontram com a intenção de melhorar o desenvolvimento, reduzir sintomas identificados ou resolver conflitos (Oatley, 1984).

**Terapias artísticas** Formas de terapia individual ou em grupo que utilizam as artes.

**Testosterona** Um hormônio produzido pelo testes que cria as características do sexo masculino.

**Trabalho de projeção** Uma maneira de brincar que permite as crianças expressarem os sentimentos ou preocupações de suas vidas utilizando objetos ou cenários de faz de conta.

**Transformação da prática** Descreve o modo como as coisas podem mudar em uma sociedade quando novas descobertas são feitas; por exemplo, a invenção do forno de microondas criou uma diferença no modo como o alimento é preparado nas casas ocidentais; tais mudanças podem se permear na cultura e criar efeitos mais amplos, tais como a diminuição da "produção caseira de alimentos".

**Transmissão de conhecimento** Aonde a experiência de aprendizagem é inativa e consiste de ensinamentos didáticos, aonde a informação é fornecida ao estudante e simplesmente se espera que ele lembre.

**Transtorno do estresse pós-traumático** Uma reação psicológica que ocorre após a experimentação de um evento altamente estressante, frequentemente refletido na depressão, ansiedade, memórias repentinas e pesadelos recorrentes.

**Urbanização** Um processo que ocorre quando uma sociedade é industrializada – conforme indústrias e grandes negócios são estabelecidos, as pessoas começam a viver em áreas "urbanas" (cidades) em vez de em áreas "rurais" (fazendas e interior).

**Visão computacional da mente** Uma visão individualizada da mente que envolve a transmissão simples de conhecimento sem a interação com o mundo ao redor, seja biológico, psicológico ou social.

**Voz dos alunos** Pesquisa empreendida para coletar dados de entrevistas com alunos que se comprometeram em dar opiniões honestas sobre suas experiências na educação e possivelmente fazerem sugestões para mudanças positivas.

***Zeitgeist*** O espírito da época; uma tendência geral de pensamento ou sentimento característico de uma época particular (Dictionary.com).

**Zona de ação da educação** Escolas que recebem assistência especial do Departamento de Educação e Empregos para conduzir projetos desenvolvidos para aumentar o nível de desempenho dos alunos.

**Zona de desenvolvimento proximal** Da teoria Vygotskyana, a lacuna entre o nível atual de desenvolvimento do aprendiz comparado com o nível potencial imediato de desenvolvimento quando ele ou ela é auxiliado/a por um adulto ou par mais competente.

# Referências

Aasen, W. and Waters, J. (2006) The new curriculum in Wales: a new idea of the child? *Education 3 -13*. Vol. 34, No.2, 123-9.

Abbot, L. and Hevey, (2001) Training to work in the early years: developing the climbing frame in G. Pugh (ed.) Contemporary Issues in the Early Years: Working Collaboratively with Children. London: Sage.

Abbot, L. and Nutbrown, C. (2001) Experiencing Reggio Emilia: Implications for Pre-school Provision. Buckingham: Open University Press.

Abbott, L. and Langston, A. (eds) (2005) Birth to Three Matters: Supporting the Framework of Effective Practice. Maidenhead: Open University Press.

Abernethy, D.W. (1968) PLayLeadership. London: National Playing Fields Association.

Acheson, D. (1998) Independent Inquiry into InequaLities in HeaLth Reports. London: The Staationery Office.

Ainscow, M. (1995) Education for all: making it happen. Support for Learning.Voi. 10, No.4, 147-54.

Alexander, R. (1995) Versions of Primary Education. Buckingham: Open University Press/ Routledge.

Alexander, R. (2007) Where there is no vision ... FORUM, Vol. 49, Nos. 1 & 2,187-200.

Alexander, R. and Hargreaves, L. (2007) Community Soundings – The Primary Review RegionaL Witness Sessions. Cambridge: University of Cambridge Faculty of Education.

Allen of Hurtwood, Lady (1968) Planningfor Play. London: Thames & Hudson.

Anderson, M. (1998) The meaning of playas a human experience in D. Fromberg and D. Pronin 1 (eds), Play from Birth to 12 and Beyond: Contexts, Perspectives and Meanings. New York: Garland, 103-7.

Anning, A. (1991) The First Years at School. Buckingham: Open University Press.

Anning, A. (1998) Appropriateness or effectiveness in the early childhood curriculum in the UK: some research evidence. International Journal of Early Years education. Vol. 6, No.3.

Alming, A. (2005) in Moyles, j. (2005) The Excellence of Play. Buckingham: Open University Press.

Anning, A., Cullen, j. and Fleer, M. (2004) Early Childdhood Education: Sociology and Culture. London: Sage.

Anning, A. and Edwards, A. (1999) Promoting Children's Learning from Birth to Five. Buckingham: Open University Press.

Anning, A. and Ring, K. (2004) Making Sense of Young Children's Drawings. Maidenhead: Open University Press.

Anzul, M., Ely, Downing, M. and Vinz, R. (1997) On Writing Qualitative Research. London: Falmer.

Appiah, K.A. (1994) Identity, authenticity, survival: multicultural societies and social reproduction in A. Gutmann (ed.), Multiculturalism. Princeton: Princeton University Press.

Apple, M.W. (2004) Ideology and Curriculum, 3rd edn. New York and London: Routledge.

Arnold, C. (2000) Endangered: Your Child in a Hostile World. Roberts bridge Plough Publishing.

Arnold, C. (2003) Observing Harry: Child Development and Training 0-5. Maidenhead: Open University Press.

Art Therapy in Schools Service www.atiss.co. uk [accessed 19 October 2007].

Athey, C. (1990) Extending Thought in Young Children: A Parent-Teacher Partnership. London: Paul Chapman.

Atkins, J. and Bastani, J. (1988) Listening to Parents: An Approach to the Improvement of Home-school Relations. London: Croom Helm.

Aubrey, C. (2004) Implementing the foundation stage in reception classes. British Educational Research Journal. Vol. 30, No.5, 633-56.

Aynsley-Green, A. (2003) Children's health: an overview', in C. Horton (ed.) Working with Children 2004-05, London: Society Guardian and NCH (formerly known as National Children's Home).

Bailey, R.P. (1999) Play, health and physical developpment in T. David (ed.), Young Children Learning. London: Paul Chapman Publishing.

Ball, C. (1994) Start Right: The Importance of Early Learning. London: Royal Society for the Encourageement of the Arts, Manufacture and Commerce.

Ball, D. (2002) Playgrounds: Risks, Benefits and Choices. (HSE contract research report 426/2002). Middlesex University. Sudbury, HSE Books.

Ball, S.J. (1999) Labour, learning and the economy: a 'policy sociology' perspective. Cambridge Journal of Education. Vol. 23, No.3, 257-74.

Banich, M.T. (2003) Neuropsychology: The Neural Bases of Mental Function. New York: Houghton Mifflin.

Barr, R. and Hayne, H. (2003) It's not what you know, it's who you know: older siblings facilitate imitation during infancy, International Journal of Early Years Education. Vol. 11, No.1, 7-21.

Barton, 1. (1998) The Politics of Special Educational Needs. Lewes: Falmer.

Bateson, G. (1955) A theory of play and fantasy, Psychiatric Research Reports. Vol. 2, 39-51.

Battram, A. (2008) The edge of recalcitrance: playwork in the zone of complexity in F. Brown and C. Taylor (eds), Foundations of Playwork. Maidenhead: Open University Press.

Battram, A. and Russell, W. (2002) The edge of recalciitrance: playwork, order and chaos. Paper presented at the Spirit of Adventure Play is Alive and Kicking, Play Wales conference, Cardiff: June.

BBC (2007a) Tests 'stopping children playing', available at: <http://news.bbc.co. uk! 1 /hi/ education/ 653082 7. stm> [accessed 25 June 2007].

Beardsley, G. and Harnett, P. (1998) Exploring Play in the Primary Classrooms. London: David Fulton Publishers.

Bengtsson, A. (1974) The Child's Right to Play. Sheffield: International Playground Association.

Benjamin, J. (1974) Grounds for Play: An Extension of In Search of Adventure. London: Bedford Square Press of the National Council for Social Service.

Bennett, N., Desforges, c., Cockburn, A. and Wilkinson, B. (1984) The Quality of Pupil Learning Experiences. London: Erlbaum.

Bennett, N. and Kell, J. (1989) A Good Start? Four year olds in Infant Classrooms. Oxford: Blackwell.

Bennett, N., Wood, L. and Rogers, S. (1997) Teaching Through Play: Teachers' Thinking and Classroom Practice. Buckingham: Open University Press.

Bera (2003) Good Practice in Educational Research Writing. Notts: British Educational Research Association.

Berenbaum, S. and Snyder, E. (1995) Early hormonal influences on childhood sex-typed activity and playmate preferences. Developmental Psychology, 31,31-42.

Berk, L. and Winsler, A. (1995) Scaffolding Children's Learning: Vygotsky and Early Childhood Education. Washington, DC: National Association for the Education of Young Children.

Berlyne, D. (1960) Conflict, Arousal and Curiosity. New York: McGraw-Hill.

Berry, P. (1993) Young children's use of fixed playground equipment. International Play Journal. Vol. 1, No.2, 115-31. London: E. & EN. Spon.

Bertrand, M. (1976) Rough and tumble play in stump tails in J. Bruner, A. Jolly and K. Sylva (eds), Play and its Role in Development and Evolution. New York: Basic Books, 320-27.

Bilton, H. (1998) Outdoor Play in the Early Years. London: David Fulton.

Bilton, H. (2002) Outdoor Play in the Early Years: Management and Innovation. London: David Fulton.

Bishop, J. and Curtis, M. (2001) Play Today in the Primary School Playground. Buckingham: Open University Press.

Bjorklund, D. and Pellegrini, A. (2002) The Origins of Human Nature. Washington DC: American Psychological Association.

Bjorkvold, J.-R. (1989) The Muse Within: Creativity and Communication, Song and Play from Childhood through to Maturity. New York: HarperCollins.

Black, P. (1999) Assessment, learning theories and testing systems in P. Murphy (ed.), Learners, Learning and Assessment. London: OUP.

Blakely, K.S. and Hart, R. (1987) The playground for all children: some lessons in supporting creative play in a public recreation setting for disabled and nonndisabled children in Report from the IPA 10th World Conference, Creativity Through Play, Stockholm: June.

Blakemore, C. (1998) The Mind Machine. London: BBC Books.

Blakemore, C. (2001) What makes a Developmentally Appropriate Early Childhood Curriculum? Lecture at the Royal Society of Arts, 14 February.

Blakemore, C. (2003) Movement is essential to learning. Journal of Physical Education, Recreation and Dance. Vol. 74, No.9, 22-8.

Blatner, A. and Blatner, A. (1988) The Art of Play. New York: Springer.

Blenkin, G. and Kelly,A. (1994) The National Curriculum and Early Learning. London: Paul Chapman.

Blenkin, G. and Kelly, A.V. (1997) Principles into Practice in Early Childhood Education. London:Paul Chapman.

Blurton Jones, N. (1967) An ethological study of some aspects of social behaviour of children in nursery school in D. R. Morris (ed.), Primate Ethology. London, Weidenfeld & Nicolson, 347-68.

Booth, T. (2000) Reflection: Tony Booth in P. Clough and J. Corbett, Theories of Inclusive Education. London: PCP/Sage.

Boulton, M. (1988) A multi-methodological investigation of rough and tumble play, aggression and social relationships in middle school children. Unpublished PhD thesis, University of Sheffield/6742.

Boulton, M. (1993a) Children's ability to distinguish between playful and aggressive fighting: a developpmental perspective. British Journal of Developmental Psychology. Vol. 11,249-63.

Boulton, M. (1993b) A ComChrison of adults and children's abilities to distinguish between aggressive and playful fighting in middle school pupils, Educational Studies. Vol. 19, No.3, 193-204.

Boulton, M. and Smith, P. K. (1989) Issues in the study of children's rough and tumble play in M. Bloch and A. Pellegrini (eds), The Ecological Context of Children's Play, Trenton, NJ: Ablex, 57-81.

Bourdieu, P. (1977) Outline of a Theory of Practice. Cambridge: Cambridge University Press.

Bourdieu, P. (2001) (translated by Richard Nice) Masculine Domination. Cambridge: Polity.

Bower, T., Broughton, J. and Moore, M. (1971) Development of the object concept as manifested in the tracking behaviour of infants between 7 and 20 weeks of age. Journal of Experimental Child Psychology. Vol. 23, 182-93.

Bowlby, J. (1953) Child Care and the Growth of Love. London: Penguin.

Bowlby, J. (1969) Attachment and Loss, Vol. 1: Attachment. London: Hogarth.

Braggio, J.T., Nadler, R. D., Lance, J. and Miseyko, D. (1978) Sex differences in apes and children. Recent Advances in Primatology, Vol. 1,529-32.

Braza, F., Braza, P., Carreras, M., Munoz, J., SanchezzMartin, J., Azurmendi, A., Sorozaba, A., Garcia, A. and Cardas, J. (2007) Behavioral profiles of different types of social status in preschool children: an obserrvational approach. Social Behavior and Personality. Vol. 35, No.2, 195-212.

Bredo, E. (1994) Reconstructing educational psychology: situated cognition and Deweyan pragmatism. Educational Psychologist. Vol. 29, No.1, 23-35.

British Association of Play Therapists www. bapt. info [accessed 19 October 2007].

Broadhead, P. (2001) Investigating sociability and cooperation in fOl'r and five year olds in Reception class settings. International Journal of Early Years Education. Vol. 9, No.1, 24-35.

Broadhead, P. (2003) When children play, what are they thinking? Critical reflection on my own thinking, understanding and learning. Paper presented at the BERA Conference, Heriot Watt: September.

Broadhead, P. (2004) Early Years Play and Learning: Developing Social Skills and Cooperation. London: RoutiedgeFalmer.

Broadhead, P. (2006a) Inaugural lecture at Leeds-Met University, November.

Broadhead, P. (2006b) Developing an understanding of young children's learning through play: the place of observation, interaction and reflection. British Educational Research Journal. Vol. 32, No.2. 123-9.

Broadhead, P. (2007a) Playful learning: time to come out of the shadows, Keynote address at Play Sympoosium conference, Birmingham: April.

## REFERÊNCIAS 369

Broadhead, P. (2007b) Working together to support playful learning and transition in J. Moyles (ed.), Early Years Foundations: Meeting the Challenge. Maidenhead: Open University Press.

Brock, A. (1999) Into the Enchanted Forest: Language, Drama and Science in the Primary School. Stokeeon-Trent: Trentham Books.

Brock, A. (2004) Eliciting early years educators voices: rhetoric or reali ty? TACTYC International Journal of Early Years Education. Online discussion page: www.tactyc.org.uk.

Brock, A. and Power, M. (2006) Promoting learning in the early years in J. Conteh (ed.), Promoting Learning for Bilingual Pupils 3-11: Opening Doors to Success. London: Paul Chapman/Sage.

Brock,A. and Rankin, C. (2008) Communication, Language and Literacy from Birth to Five. London: Sage.

Bronfenbrenner, U. (1979) The Ecology of Human Development. Cambridge, MA: Harvard University Press.

Bronfenbrenner, U. (1989) Ecological systems theory in R. Vasta (ed.), Annals of Child Development, 6. Greenwich, CT: JAI, 187-25l.

Brooker, 1. (2005) Learning to be a child: cultural diversity and early years ideology in Yelland, N. (ed.), Critical Issues in Early Childhood Education. Maidennhead: Open University Press.

Brown, F. (2003a) Compound flexibility: the role of playwork in child development in F. Brown (ed.), Playwork: Theory and Practice. Buckingham: Open University Press.

Brown, F. (ed.) (2003b) Playwork: Theory and Practice. Buckingham: Open University Press.

Brown, F. (ed.) (2003c) Introduction: childhood and play in Playwork: Theory and Practice. Buckingham: Open University Press.

Brown, F. (2007) The Venture: A Case Study of an Adventure Playground. Cardiff: Play Wales.

Brown, F. (2008) Playwork theory in F. Brown and C. Taylor (eds), Foundations of Playwork. Buckingham: Open University Press.

Brown, F. (2008) The fundamentals of playwork in F. Brown and C. Taylor (eds), Foundations of Playwork. Maidenhead: Open University Press.

Brown, F. and Webb, S. (2002) Playwork: an attempt at definition. Play Action. Spring. Bognor Regis: Fair Play for Children.

Brown, F. and Webb, S. (2005) Children without play, Journal of Education. No. 35, March, special issue: Early childhood research in developing contexts.

Bruce, T. (1991) Time to Play in Early Childhood Education. London: Hodder & Stoughton.

Bruce, T. (2002) What to Look for in the Play of Children Birth To Three. London: Hodder & Stoughton.

Bruce, T. (2004) Developing Learning in Early Childhood 0-8 Series. London: Paul Chapman.

Bruce, T. (2005) Early Childhood Education, 3rd edn. Abingdon: Hodder Arnold.

Bruce, T. (2006) Early Childhood Education: A Guide for Students. London: Sage.

Bruer, J.T. (1991) The brain and child development: time for some critical thinking. Public Health Reports. Vol. 113, No.5, 388-97.

Brundrett, M. (2006) Educational research and its implications for educational practice. Education 3-13, Vol. 34, No.3, 99-101.

Bruner, J. (1966) Towards a Theory of Instruction. Cambridge, MA: Harvard University Press.

Bruner, J. (1976) Nature and uses of immaturity in J.S.

Bruner, A. Jolly and K. Sylva (eds), Play: Its Role in Development and Evolution. New York: Basic Books, 28-64.

Bruner, 1. (1983) Child's Talk: Learning to Use Language. New York: Norton. Bruner, J. (1986) Actual Minds, Possible Worlds. Cambridge, MA: Harvard University Press.

Bruner, J. (1996a) Culture, mind, and education in B. Moon and P. Murphy Curriculum in Context. London: Paul Chapman.

Bruner, J. (1996b) The Culture of Education. New York: Harvard University Press.

Bruner, J.S. (1962) On Knowing: Essays for the Left Hand. Cambridge, MA: Harvard University Press.

Bruner J.S. (1999) Culture, mind and education in B. Moon and P. Murphy, Curriculum in Context. London Paul Chapman.

Bruner, J. S., Jolly, A. and Sylva, K. (eds) (1976) Play: Its Role in Development and Evolution. Harmondsworth: Penguin.

Bruner, J. S., Jolly, A. and Sylva, K. (eds) (1976) Play: Its Role in Development and Evolution. New York: Basic Books.

Budilovsky, J. and Adamson, E. (2006) The Complete Idiot's Guide to Yoga: New York: Alpha.

Burgess, H. (2004) The primary strategy: a chance for a 'whole' curriculum. Education 3-13. Vol. 32, No.2, 10-17.

Burgess, H. and Miller, L. (2004) Editorial curriculum issues in the primary and early years. Education 3-13,

Burghardt, G.M. (2005) The Genesis of Animal Play: Testing the Limits. London: MIT Press.

Calaprice, A. (1966) The Expandable Quotable Einstein. Princeton, NJ: Princeton University Press.

Candland, D.K. (1993) Feral Children and Clever Animals: Reflections on Human Nature. Oxford: Oxford University Press.

Carnegie Task Force Report (1994) Starting Points: Meeting the Needs of Our Youngest Children. New York: Carnegie Corporation.

Carpenter, B. (ed.) (1997) Families in Context: Emerging Trends in Family Support and Early Intervention. London: David Fulton.

Carr, M. (1999) Learning and Teaching Stories: New Approaches to assessment and Evaluation, available at http://www.aare.edu.au/99pap/pod99298.htm [accessed 5 July 2005].

Carr, M. (2001) A sociocultural approach to learning orientation in an early childhood setting. International Journal of Qualitative Studies in Education. Vol. 14, Issue 4 , 525-42.

Carroll, J. (2004) Literary Darwinism. London: Routledge.

Casey, T. (2004) The Play Inclusive Research Report. Edinburgh: The Yard.

Casey, T. (2005) Inclusive Play: Practical Strategies for Working with Children aged 3 to 8. London: Paul Chapman.

Cattanach, A. (1994) The developmental model in draamatherapy in S. Jennings, A. Cattanach, S. Mitchell, A. Chesner, and B. Meldrum (eds), The Handbook of Dramatherapy. London: Routledge.

Chafel, J.A. (2003) Socially constructing concepts of self and other through Play. [1] International Journal of Early Years Education. Vol. 11, No.3, 213-22.

Charlesworth, W. and Dzur, C. (1987) Gender CommChrisons of pre-schoolers' behavior and resource utilization in group problem solving. Child Developpment. Vol. 58,191-200.

Chaucer, G. (c.1388) The Canterbury Tales, available at: http://www.bibliomania.com/0/2/ 14/241 frameset. html [accessed on 10 April 2008].

Chiang, L. (1985) Developmental Differences in Children's Use of Play Materials. Austin, TX: University of Texas Press.

Children's Society (2007a) Reflections on childhood, available at: <http://www.child rens-

society. org.uk/ NR/rdonlyres/DA92 712B- 5C3 F-4 7C2-87E6- 51 B8FOCll FFE/O/Reflection sonChildhoodFriendship.pdf> [accessed 10 September 2007].

Children's Society (2007b) Reflections on childhood: The Good Childhood: Evidence Summary one: Friends, available at: <http://www.childrens society. org.uk> [accessed 10 September 2007].

Chilton, T. (2003) Adventure playgrounds in the twenty-first century in F. Brown (ed.), Playwork: Theory and Practice. Buckingham: Open University Press.

Christie, J. F. and Wardle, F. (1992) How much time is needed for play? Young Children. Vol. 47, No.3, 28-32.

City & Guilds (2004) The transient 21st century workforce (25 February), available at http://www. cityandguilds.coml cpsl rde/xchgiSID-20444 7 A6617BA8A7FI cgonline/hs.xsl! 1395.html.

Clancy, M.E. (2006) Active Bodies, Active Brains: Building Thinking Skills through Physical Activity. Champaign, IL: Human Kinetics.

Claxton, G. (1997) Hare Brain, Tortoise Mind. London: Fourth Estate.

Clough, P. and Corbett, J. (2000) Theories of Inclusive Education. London: Paul Chapman.

Cohen, D. and Stern, V. (1983) Observing and Recording the Behavior of Young Children. New York: Teachers College Press.

Cohen, L., Manion, L. and Morrison, K. (2004) A Guide to Teaching Practice, 5th edn. London: RoutledgeeFalmer.

Coie, J., Dodge, K. and Coppotelli, H. (1982) Dimensions and types of social status: a cross age perspective. Developmental Psychology. Vol. 8, No.4, 557-70.

Coie, J. and Kupersmidt, J. (1983) A behavioural analysis of emerging social status in boys' groups. Child Development. Vol. 54,1400-16.

Collishaw, S., Maughan, B., Goodman, R. and Pickles, A. (2004) Time trends in adolescent mental health. Journal of Child Psychology and Psychiatry. Vol. 45, No.8, 1350-62.

Conteh, J. (2006) Promoting Learningfor Bilingual Pupils 3-11. London: Paul Chapman.

Conway, M. and Farley, T. (2001) Quality in Play: Quality Assurance for Children's Play Providers. London: London Play.

Cook, R.E., Tessier, A. and Klein, M.D. (2000) Adapting Early Childhood Curricula for Children in Inclusive Settings. Englewood Cliffs, NJ: Merrill.

## REFERÊNCIAS 371

Cooper, H. (2004) Exploring Time and Place Through Play: Foundation Stage – Key Stage 1. London: David Fulton.

Corbett, J. (1998) Special Educational Needs in the Twentieth Century: A Cultural Analysis. London: Cassell.

J. Corbett, J. (2001) Teaching approaches which support inclusive education: a connective pedagogy. British Journal of Special Education. Vol. 28, No.2, 55-60.

Corker, M. (2002) Profile: Mairian Corker in P. Clough and J. Corbett, Theories of Inclusive Education. London: PCP/Sage.

Corsaro, W. (1997) The Sociology of Childhood. Thousand Oaks, CA: Pine Forge Press.

Costabile, A. (1983) Five expressive motor patterns of rough and tumble behaviour in pre-school children. Monitore Zoologico Italiano: 17, 187.

Costabile, A., Matheson, P. and Aston, J. (1991) A cross national ComChrison of how children distinguish between serious and play fighting. Developmental Psychology. Vol. 7, 881-7.

Cowie, B. and Carr, M. (2004) The consequences of socio-cultural assessment in A. Anning, J. Cullen and M. Fleer (eds), Early Childhood Education: Society and Culture. London: Sage.

Craft, A. (2000) Creativity Across the Primary Curriculum: Framing and Developing Practice. London: Routledge.

Craft, A. (2002) Creativity and Early Years Education. London: Continuum.

Cranwell, K. (2003) Towards playwork: an historical introduction to children's out-of-school play organiisations in London (1860-1940) in F. Brown (ed.), Playwork: Theory and Practice. Buckingham: Open University Press.

Creasey, G.L., Jarvis, P. A. and Berk, L. E. (1998) Play and social competence in O.N. Saracho and B. Spodek (eds), Multiple Perspectives on Play in Early Childhood Education. Albany, NY: SUNY Press.

Cresswell, H. (1995) The Gift from Winklesea. London: Young Puffin Books.

Crick, N. (1996) The role of overt aggression, relational aggression and pro-social behaviour in the prediction of children's future social adjustment. Child Developpment. Vol. 67, 2317-27.

Crystal, D. (1988) Listen to Your Child: A Parent's Guide to Children's Language Development. Harmondsworth: Penguin.

Curtis, A. and O'Hagan, M. (2003) Care and Education in Early Childhood: A Student's Guide to Theory and Practice. London: Routledge.

Dadds, M. (2001) The politics of pedagogy. Teachers and Teaching: Theory and Practice, Vol. 7, No.1, 44-58.

Damasio, A.R. (1994) Descartes' Error: Emotion, Reason and the Human Brain. New York: Grosset-Putnam.

Daniels, H. (2001) Vygotsky and Pedagogy. London: RoutledgeFalmer.

Daniels, H. and Garner, P. (eds) (1999) Inclusive Education: World Yearbook of Education. London: Kogan Page.

Darwin, C. (1859, reprinted 1979) Origin of Species. London: Random House.

David, T. (1999) Teaching Young Children. London: Paul Chapman.

Davies, M. (2003) Movement and Dance in Early Childhood. London: Paul Chapman.

Davy, A. (2008) Exploring rhythm in playwork in F. Brown and Taylor, C. (eds) (2008), Foundations of Playwork. Buckingham: Open University Press.

DCSF (2007a) Early Years Foundation Stage Statutory Framework and Guidance. London: HMSO.

DCSF (2007b) Early Years Foundation Stage Statutory Framework and Guidance. Nottingham: DfES.

DCSF (2007c) Every Child Matters and Standards for Daycare. Nottingham: DfES.

DCSF (2007d) The Children's Plan, available at: <http://www.dfes.gov. uk/publications/ children splan/ ? cid =childrens_p lan&type= sponsored search &gcl id= COOaOLzKsJAC FQvkXgod lkcGqQ> Accessed on 11 th December 2007.

DCSF (2007e) Special Educational Needs in England: Statistical First Releases, January 2007. Available at www.dfes.gov. uk/ rsgateway /D BSFR/ 500 73 2/ index. shltml.

De Bono, E. (1973) Lateral Thinking: Creativity Step by Step. New York: Harper & Row.

DeCasper A. and Fifer W. (1980) Of human bonding: new borns prefer their mothers' voices, Science 208, pp.1174-1176.

DES (1978) Special Educational needs: Report of the Committee of Enquiry into the Handicapped Children and Young People (The Warnock Report). London: HMSO.

DES (1981) Education Act. London: HMSO.

DES (1982) Mathematics Counts Report of the Committtee of Inquiry into the Teaching of Mathematics in Schools (The Cockroft Report). London: HMSO.

DES (1990) Starting with Quality: The Report of the Committee of Inquiry into the Quality of

**372** REFERÊNCIAS

Educational Experience Offered to 3 and 4 year olds. Norwich: The Stationary Office.

DfEE (1988) Education Reform Act. London: HMSO. DfEE (1989) The National Curriculum. London: HMSO. DfEE (1994) Code of Practice on the Identification and Assessment of Special Educational Needs. London: HMSO.

DfEE (1997) Excellence for All Children: Meeting Special Educational Needs. London: DfEE.

DfEE (1999) The National Numeracy Strategy: A Frameework for Teaching Mathematics from reception to year 6. London: DfEE.

DfEE (1999) The National Curriculum: Handbook for Primary Teachers in England. London: DfEE.

DfES (1996) The Standards Site: Early Years Foundation Stage, available from: < http:// www.standards.dfes. gov. uk/ prima ry / fags/ foundation_stage/ eyfs/? su bbject=S_953 489> [accessed on 25th October 2006].

DfES (1999) All Our Futures: Creativity, Culture and Education. The National Advisory Committee on Creative and Cultural Education (NAECCE) Report. London: HMSO.

DfES (2000) The National Curriculum: A Handbook for Primary Teachers in England. London: DfEE. DfES (2001a) National Standards for Under Eights Day Care and Childminding. London: DfES.

DfES (2001 b) Special Educational Needs Code of Practice. Nottingham: DFES.

DfES (2002a) Birth To Three Matters framework. London: DfES Publications.

DfES (2002b) Inclusive Schooling: Children with Special Educational Needs. London: HMSO.

DfES (2002c) Siraj-Blatchford, 1., Sylva, K., Muttock, S., Gilden, R., Bell, D. Researching effective pedagogy in the early years. Research Report No RR356. Institute of Education.

DfES (2003a) Birth to Three Matters. Nottingham: DfES.

DfES (2003b) Excellence and Enjoyment: A strategy for primary schools. Nottingham: DfES Publications.

DfES (2003c) Every Child Matters. London: HMSO. DfES (2003d) The Primary National Strategy. Nottingham: DfES.

DfES (2004a) Every Child Matters. Change for Children. London: HMSO.

DfES (2004b) The Five Year Strategy for Children and Learners. London: HMSO.

DfES (2004c) The Ten Year Strategy for Children and Learners. London: HMSO.

DfES (2005) Key Elements of Effective Practice. London: DfES.

DfES (2006a) The Primary National Strategy: Primary Framework for Literacy and Numeracy. Nottingham: DfES.

DfES (2006b) 2020 Vision: Report of the Teaching and Learning in 2020 Review Group. Nottingham: DfES.

DfES (2007a) Special Educational Needs in England: 2007. A Summary of the DfES Statistical First Release. June. Ref. SFR 20/2007.

DfES (2007b) The Early Years Foundation Stage. Setting the Standards for Learning, Development and Care for children from birth to five. Nottingham: DfES.

DfES (2007c) The Report of the Teaching and Learning in 2020 Review. Nottingham: DfES.

DfES and Department for Health (2002) Together from the Start: Practical Guidance for Professionals Working with Disabled Children (Birth to 2) and their Families. London: DfES.

DfES Standards, Early Years Foundation Stage website: http://www.standards.dfes. gov. uk/ primary /faqs/ foun dation_stage/ eyfs/ ?subject=S _953489.

DfES/SureStart Unit (2002) Birth to Three Matters: A Framework to Support Children in their Earliest Years. London: DfES.

Department of Health (1989) The Children Act 1987: Guidance and Regulations. London HMSO.

Department of Health (1991) The Children Act Guidance and Regulations. Vol 2: Family Support, Daycare and Educational Provision for Young Children. London: HMSO.

Department of Health and Social Security (2001) Disability Discrimination Act. London: HMSO.

Department of Heritage (2001) Children's National Service Framework. London: DoH.

Dickens, C (1863) Hard Times. New York: Sheldon &Co.

Dishman, R.K. (1986) Mental health in V. Seefeldt (ed.), Physical Activity and Well-being. Retson, VA: AAHPERD.

Dixon, J. and Day, S. (2004) Secret places: 'You're too big to come in here!' in H. Cooper, Exploring Time and Place Through Play: Foundation Stage – Key Stage 1. London: Cassell.

Dockett, S. and Perry, B. (2005) Starting school in Australia is 'a bit safer, a lot easier and more relaxing': issues for families and children from culturally and linguistically diverse backgrounds.

Early Years: An International Journal of Research and Development. Vol. 25, No.3, 271- 281.

Dodge, K., Co ie, J., Pettit, G. and Price, J. (1990) Peer status and aggression in boys' groups: developmental and contextual analyses. Child Development. Vol. 61, 1289-1309.

Doherty, J. and Bailey, R.P. (2003) Supporting Physical Development and Physical Education in the Early Years. Buckingham: Open University Press.

Doherty, J. (2008) Right from the Start: An Introduction to Child Development. Harlow: Pearson Education.

Donaldson, M. (1978) Children's Minds. London: Flamingo/Fontana Paperbacks.

Dowling, M. (2000) Young Children's Personal, Social and Emotional Development. London: Paul Chapman.

Drake, J. (2001) Planning Children's Play and Learning in the Foundation Stage. London: David Fulton.

Drifte, C. (2005) A Manual for the Early Years SENCo. London: Paul Chapman.

Duffy, B. (1998) Supporting Creativity and Imagination in the Early Years. Buckingham: Open University Press.

Dunn, J. (1983) Sibling relationships in early childhood. Child Development. 54, 787-811.

Dunn, J. (2004) Children's Friendships: The Beginning of Intimacy. Oxford: Blackwell.

Dunn, J. and Kendrick, C. (1982) Siblings: Love, Envy and Understanding. Cambridge, MA: Harvard University Press.

Early Childhood Forum (2003) Policy Statement: Definition of Inclusion. London: HMSO.

Edgington, M. (2004) The Foundation Stage Teacher in Action. London: Paul Chapman.

Edwards, C. (2002) Three approaches from Europe: Waldorf, Montessori, and Reggio Emilia. Contemporary Issues in Early Childhood. Vol. 4, No. 1.

Edwards, c., Ghandini, L. and Foreman, G. (eds) (1993) The Hundred Languages of Children: The Reggio Emilia Approach to Early Childhood Education. Norwood, NJ: Ablex.

Einon, D.P., Morgan, M.J. and Kibbler, c.c. (1978) Brief period of socialisation and later behaviour in the rat. Developmental Psychobiology. Vol. 11, No.3.

Eliot, L. (1999) Early Intelligence: How the Brain and Mind Develop in the First Five Years of Life. London: Penguin.

Elliott, J. (2005) Using Narrative in Social Research, Qualitative and Quantitative Approaches. London: Sage.

Ellis, M. (1973) Why People Play. Englewood Cliffs NJ: Prentice Hall.

Else, P. and Sturrock, G. (1998) The playground as therapeutic space: playwork as healing. Proceedings of the IPA/USA Triennial National Conference, Play in a Changing Society: Research, Design, Application, Colorado.

Ely, M. (1991) Doing Qualitative Research: Circles within Circles. London: Falmer.

Erikson, E. (1963) Childhood and Society. Harmondsworth: Penguin.

Evans,1. (2000) From Warnock to the market place: the development of Special Education Policy in England and Wales: 1978-1998, in C. Brock and R. Griffin (eds), International Perspectives on Special Educational Needs. Suffolk: John Catt Educational Limited.

Evans, K. and Dubowski, J. (2001) Art Therapy with Children on the Autistic Spectrum. London: Jessica Kingsley.

Evreinov, N. (1927) The Theatre in Life. New York: Harrap.

Every Disabled Child Matters. National Children's Bureau. London. www.edcm.org.uh

Farrell, M. (2005) Key Issues in Special Education: Raising Standards of Pupil's Attainment and Achievement. Abingdon: Routledge.

Fisher, J. (1996) Starting from the Child. Buckingham: Open University Press.

Fisher, J. (2005) The Foundations of Learning. Buckingham: Open University Press.

Fisher, R. (2004) What is creativity? In R. Fisher and M. Williams, Unlocking Literacy: A Guide for Teachers. London: Routledge.

Fisher, R. (2005) Teaching Children to Think, 2nd edn. Cheltenham: Nelson Thomes.

Fisher, K. (2008) Playwork in the early years: working in a parallel profession in F. Brown and C. Taylor (eds), Foundations of Playwork. Buckingham: Open University Press.

Fisher, R. and Williams, M. (2004) Unlocking Literacy: A Guide for Teachers. London: Routledge.

Fleer, M. (2003) Early childhood education as an evolving 'community of practice' or as lived 'social reproduction': researching the 'taken-forgranted'. Contemporary Issues in Early Childhood. Vol. 4, No.1, 64-79.

Fleer, M., Anning, A. and Cullen, J. (2004) A framework for conceptualising early childhood education in A. Anning, J. Cullen and M. Fleer (eds), Early childhood education: Society and Culture. London: Sage.

Flewitt, R. (2006) Using video to investigate preschool interaction: educational research assumptions and methodological practices. Visual Communication. Vol. 5, No.1, 25-50.

Flynn, E. (2004) Understanding minds in J. Oates and A. Grayson (eds), Cognitive and Language Developpment in Children. Oxford: Blackwell, 231-58.

Foot, H., Howe, c., Cheyne, B., Terras, M. and Rattray, C. (2002) Parental participation in preschool proviision. International Journal of Early Years Education. Vol. 10, No. 15-19.

Forbes, R. (2004) Beginning to Play: Young Children from Birth to Three. Maidenhead: Open University Press.

Frean, A. (2007) Stealth curriculum 'is threat to all todddlers' available at <http://www.time sonline.co.uk/tol! life_and_style/ education/ article2971600.ece>.

Frederickson, N. and Cline, T. (2002) Special Education Needs: Inclusion and Diversity. A Textbook. Buckinggham: Open University Press.

Freud, S. (1974) The Standard Edition of the Complete Psychological Works of Sigmund Freud, 24 volumes, translated from the German under the general editorship of James Strachey, in collaboration with Anna Freud; assisted by Alix Strachey and Alan Tyson. London: Hogarth Press, Institute of Psychoanalysis.

Fromberg, D.P. (2002) Play and Meaning in Early Childhood Education. Boston, MA: Allyn & Bacon.

Frost, J. and Woods, r.c. (2006) Perspectives on play and playgrounds in D.P. Fromberg and D. Bergen, Play From Birth to Twelve: Contexts, Perspectives and Meanings, 2nd edn. Abingdon: Routledge.

Fry, D. (1987) Differences between play fighting and serious fighting among Zapotec children. Ethology and Sociobiology. Vol. 8, 285-306.

Fumoto, H., Hargreaves, D. and Maxwell, S. (2004) The concept of teaching: a reappraisal. Early Years: An International Journal of Research and Development. Vol. 24, No.2, 179-91.

Gallahue, D.L. and Ozmun, J. (1982) Understanding Motor Development: Infants, Children, Adolescents, Adults. Boston, MA: WCB/McGraw-Hill.

Gallahue, D.L. and Ozmun, J.c. (1998) Understanding Motor Development: Infants, Children, Adolescents, Adults. Boston, MA: WCB/McGraw-Hili.

Gammage, P. (2006) Early childhood education and care: politics, policies and possibilities. Early Years: An International Journal of Research and Development. Vol. 26, No.3, 235-48.

Gardner, H. (1993) Multiple Intelligences: The Theory in Practice. New York: Basic Books.

Gardner, H. (1999) Intelligence Reframed: Multiple Intelligences for the 21st century. New York: Basic Books.

Garrick, R. and Chilvers, D. (2003) Foundation stage units: a response to the foundation stage. Paper presented at the British Educational Research Association Conference, Edinburgh. 11-13 September.

Garvey, C. (1977) Play. London: Fontana/Open.

Garvey, C. (1990) Play, 2nd edn. Cambridge, MA: Harvard University Press.

Garvey, C. (1991) Play. London: Fontana.

Geary, D., Vigil, J. and Byrd-Craven, J. (2004) Evolution of human mate choice. Journal of Sex Research. Vol. 41, No.1, 27-43.

Gerhardt, L. (1973) Moving and Knowing: The Young Child Orients Himself in Space. Englewood Cliffs, NJ: Prentice- Hall.

Gibran, K. (1923) The Prophet, available at: http://leb.net/-mira/works/prophet/prophet4. html. [accessed 23 December 2007].

Gil, E. and Drewes, A.A. (eds) (2004) Cultural Issues in Play Therapy. London: Routledge.

Gill, T. (2007) No Fear: Growing Up in a Risk Averse Society. London: Calouste Gulbenkian Foundation.

Gilligan, C. (1993) In a Different Voice, 2nd edn. Cambridge, MA: Harvard University Press.

Gitlin-Weiner, K. (1998) Clinical perspectives on play in D. Fromberg and D. Bergin, Play from Birth to Twelve and Beyond. New York: Garland, 77-92.

Gladwin, M. (2005) Participants' perceptions of risk in play in middle childhood. Unpublished MA dissertation, Leeds Metropolitan University.

Glaser, R. (1999) Expert knowledge and processes of thinking in R. McCormick and C. Paechter, Learning and Knowledge. London: Paul Chapman.

Goddard, S. (2002) Reflexes, Learning and Behaviour: A Window into the Child's Mind. Eugene, OR: Fern Ridge Press.

Golding, W. (1954) Lord of the Flies. New York: Capricorn Books.

REFERÊNCIAS **375**

Goldschmied, E. (1987) Infants at Work (training video). London: National Children's Bureau.

Goldschmied, E. and Hughes, A. (1992) Heuristic Play with Objects: Children of 12-20 Months Exploring Everyday Objects (VHS video). London: National Children's Bureau.

Goldschmied, E. and Jackson, S. (1994; 2nd edn 2004). People Under Three: Young Children in Day Care. London: Routledge.

Goncu, A. (1993) Development of intersubjectivity in social pretend play in M. Woodhead, D. Faulkner and K. Littleton (eds) (1998), Cultural Worlds of Early Childhood. London: Routledge.

Goodman, N. (1984) Of Mind and Other Matters. Cambridge, MA: Harvard University Press.

Gopnik, A., Meltzoff, A. and Kuhl, P. (1999) How Babies Think: The Science of Childhood. London: Weidenfeld & Nicolson.

Gottlieb, G. (1996) Commentary: a systems view of psychobiological development in D. Magnusson (ed.), The Lifespan Development of Individuals: Behavioural, Neurobiological, and Psychosocial Perspectives. A synthesis. Cambridge: Cambridge University Press.

Greenland, P. (2006) Physical development in T. Bruce (ed.), Early Childhood: A Guide for Students. London: Sage.

Greeno, ].G., Pearson, P.D. and Schoenfeld, A.H. (1999) Achievement and theories of knowing and learning in R. McCormick and C. Paechter, Learning and Knowledge. London: Paul Chapman.

Grenfell, M. and James, D. (1998) Bourdieu and Educaation: Acts of Practical Theory. London: Falmer.

Groos, K. (1896) The Play of Animals. New York: D. Appleton and Co.

Groos, K. (1901) The Play of Man. London: Heinemann. Gruber, ].]. (1986) Physical activity and self-esteem development in children: a metaanalysis in G.A. Stull and H.M. Eckert (eds), Effects of Physical Activity on Children. Champaign, IL: Human Kinetics.

Gubrium, J. and Holstein, J. (eds) (2002) Handbook of Interview Research: Context and Method. Thousand Oaks, CA: Sage Publications Ltd.

Guha, M. (1987) Play in school in G. Blenkin and A.V. Kelly (1997) Principles into Practice in Early Childdhood Education. London: Paul Chapman.

Haeckel, E. (1901) The Riddle of the Universe at the Close of the Nineteenth Century, translated by Joseph McCabe. London: Watts & Co. Hall, G.S. (1920) Youth. New York: D. Appleton.

Hall, G.S. (1904) Adolescence: Its Psychology and its relations to Physiology, Anthropology, Sociology, Sex, Crime, Religion and Education. Vol. 1. New York: Appleton.

Hall, N. and Abbott, L. (1991) Play in the Primary Curriculum. London: Hodder & Stoughton.

Hallden, G. (1991) The child as project and the child as being: parents' ideas as a frame of reference. Children and Society. Vol. 5, No.4, 334-46.

Hanline, M.E and Fox, L. (1993) Learning within the context of play: providing typical early childhood experiences for children with severe disabilities. Journal of the Association for Persons with Severe Handicaps.Vol. 20, No.1, 23-31.

Hannaford, C. (1995) Smart Moves: Why Learning is Not all in Your Head. Arlington, NJ: Great Ocean Publishers.

Harlow, H.K. and Harlow, M.K. (1965) The affectional systems in A.M. Schrier, H.E Harlow and E Stollnitz (eds), Behaviour of Non Human Primates Vol. 2. London: Academic Press, 319-42.

Harlow, H.E and Suomi, S.]. (1971) Social recovery by isolation-reared monkeys in Proceedings National Academy of Sciences USA. Vol. 68, No.7, 1534-8.

Harms, T., Clifford, R.M. and Cryer, D. (1998) Early Childhood Environment Rating Scale-Revised. New York: Teachers College Press.

Harris, M. and Butterworth, G. (2002) Developmental Psychology. London: Psychology Press.

Hart, R. (1995) The right to play and children's participation in H. Shier (ed.), Article 31 Action Pack: Children's Rights and Children's Play. Birmingham: Play Train.

Heathcote, D. and Bolton, G. (1995) Drama for Learning: Dorothy Heathcote's Mantle of the Expert Approach to Learning. Oxford: Heinemann.

Hendy, L. and Toon, L. (2001) Supporting Drama and Imaginative Play in the Early Years. Buckingham: Open University Press.

Hendy, L. and Whitebread, D. (2000) Interpretations of independent learning in the early years. International Journal of Early Years Education.Vol. 8, No.3, 243-52.

Herbert, E. (1998) Included from the start? Managing early years settings for all in P. Clough (ed.), Managing Inclusive Education: From Policy to Experiience. London: PCP/Sage.

Hestenes, L.L. and Carroll, D.E. (2000) The play interacctions of young children with and without difficulties: individual and environmental influences. Early Childdhood Education Journal. Vol. 29, No.2, 95-100.

High/Scope (2007) All About High/Scope, available at: <http://www.highscope.org/About/allabout.htm> [accessed on 11 February 2007].

Higson-Smith, c., Mulder, B. and Zondi, N. (2006) Report on the Firemaker Project: A Formative and Summative Evaluation. Johannesburg: South African Institute for Traumatic Stress.

Hines, M., Golombok, S., Rust, J., Johnston, K. and Golding, J. (2002) Testosterone during pregnancy and gender role behaviour of pre-school children: a longitudinal population study. Child Development. Vol. 73, No.6, 1678-87.

HM Treasury (2003) Every Child Matters (the Green Paper). London: The Stationery Office.

HM Treasury (2004) Choice for Parents, the Best Start for Children: A Ten Year Strategy for Childcare. London: HMSO.

Hodgson, J. (2001) Mastering Movement. London: Methuen.

Hohmann, M., Banet, B. and Weikart, D. (1979) Young Children in Action. London: High Scope/Scope Press.

Holland, P. (2003) We Don't Play with Guns Here. Maidenhead: Open University Press.

Holland, R. (1997) What's it all about? How introducing heuristic play has affected provision for the underrthrees in one day nursery in L. Abbott and H. Moyles (eds), Working with the Under-3s: Responding to Children's Needs. London: Routledge.

Horton, C. (2003) Working With ChiLdren 2004-05. London: Society Guardian and NCH (formerly known as National Children's Home).

House of Commons (2000) Select Committee for Education and EmpLoyment: Minutes of Evidence. www.publications.parliament.uk. January 200l.

Hrdy, S.B. (1999) Mother Nature: NaturaL Selection and the Female of the Species. London: Chatto and Windus.

Hughes, A.M. (2006) Developing Play for the Under 3s: The Treasure Basket and Heuristic PLay. London: David Fulton.

Hughes, B. (1975) Notes for Adventure PLayworkers. London: Children and Youth Action Group.

Hughes, B. (1990) Why is playa fundamental right of the child? On Research and Study of PLay. Report of the IPA 11 th World Conference, Tokyo: June.

Hughes, B. (1996) PLay Environments: A Question of QuaLity. London: Playlink.

Hughes, B. (2000) A dark and evil cul-de-sac: has children's play in urban Belfast been adulterated by the Troubles? Unpublished MA dissertation, Cambridge: Anglia Polytechnic University.

Hughes, B. (2001) EvoLutionary PLaywork and Reflective AnaLytic Practice. London: Routledge.

Hughes, B. (2002) A Playworker's Taxonomy of Play Types, 2nd edn. London: Playlink.

Hughes, B. (2003) Play deprivation, play bias and playwork practice in F. Brown (ed.), PLaywork: Theory and Practice. Buckingham: Open University Press.

Hughes, B. (2006) PLay Types Speculations and Possibiliities. London: The London Centre for Playwork Education and Training.

Hull, K., Goldhaber, J. and Capone, A. (2002) Opening Doors: An Introduction to Inclusive EarLy ChiLdhood Education. Boston: Houghton Mifflin Company.

Humphreys, A. and Smith, P.K. (1987) Rough and tumble, friendship and dominance in schoolchildren: evidence for continuity and change with age. ChiLd DeveLopment. Vol. 58, 201-12.

Hutchin, V. (1996) Right from the Start: Effective Planning and Assessment in the EarLy Years. London: Hodder and Stoughton.

Hutt, C. (1979) Play in the under-fives: form developpment and function in J. G. Howells (ed.), Modern Perspectives in the Psychiatry of Infancy. New York: Brunner/Marcel.

Hutt, S. J., Tyler, c., Hutt, C. and Christopherson, H. (1989) Play, Exploration and Learning. London: Routledge.

Jackson, D. and Tasker, R. (2004) Professional Learning Communities. Networked Learning Communities. National Schools Centre for Learning.

James, O. (2003) Children before cash, The Guardian, 17 May, available at: <www.guardian.co.uk> [accessed on 29 December 2003].

Jarvis, P. (2005) The role of rough and tumble play in children's social and gender role development in the early years of primary school. Unpublished PhD thesis, Leeds Metropolitan University.

Jarvis, P. (2006) Rough and tumble play: lessons in life. Evolutionary Psychology. Vol. 4, 268-86; 330-46.

Jarvis, p. (2007) Monsters, magic and Mr Psycho: a biocultural approach to rough and tumble play in the early years of primary school. Early Years: An Internaational Journal of Research and Development. Vol. 27, No.2, 171-88.

Jennings, S. (1992) Dramatherapy: Theory and Practice for Teachers and Clinicians. London: Routledge.

## REFERÊNCIAS

Jensen, E. (2000) Learning with the Body in Mind. San Diego, CA: The Brain Store, Ine.

JNCTP (2002) The New JNCTP Charter for Playwork Education, Training and Qualifications, adopted at the Annual General Meeting held on 26 November 2002, Derby.

Johnson, C. (2004) Creative drama: thinking from within in R. Fisher and M. Williams, Unlocking Literacy: A Guide for Teachers. London: Routledge.

Johnson, J., Christie, J. and Yawkey, T. (1987) Play and Early Childhood Development. Illinois: Scott Foresman and Co.

Jones, P. (1996) Drama as Therapy, 1st edn. London: Routledge.

Jones, P. (2005) The Arts Therapies. London: Routledge. Jones, P. (2007) Drama as Therapy, 2nd edn. London: Routledge.

Jones, L., Holmes, R. and Powell, J. (eds) (2006) Early Childhood Studies: A Multiprofessional Perspective. Maidenhead: Open University Press.

Jordan, B. (2004) Scaffolding learning and coconstructing understandings in A. Anning, J. Cullen and M. Fleer (eds), Early Childhood Education: Society and Culture. London: Sage.

Jordan, E. (1995) Fighting boys and fantasy play: the construction of masculinity in the early years of school. Gender and Education. Vol. 7, No.1, 69-87.

Jupp, V. (ed.) The Sage Dictionary of Social Research Methods. London: Sage.

Karkou, V. and Sanderson, P. (2005) Arts Therapies: A Research Based Map of the Field. Elsevier Health Science.

Karrby, G. (1989) Children's concepts of their own play. Internationaljournal of Early Childhood. Vol. 21, No. 2,49-54.

Katz, L. (1988) What should young children be doing? American Educator. Summer, 28-33; 44-5.

Keating, 1., Basford, J., Hodson, E. and Harnett, A. (2002) Reception teacher responses to the Foundaation Stage. International Journal of Early Years Education. Vol. 10, No.3, 193-203.

Kelly, A. V. (2004) The Curriculum: Theory and Practice, 5th edn. London: Sage.

Kieff,1. and Wellhousen, K. (2000) Planning family involvement in early childhood programs. Young Children, 18-25.

Kilderry, A. (2004) Critical pedagogy: a useful frameework for thinking about early childhood curriculum. Australian Journal of Early Childhood, available at: http://goliath.ecnext.com/ coms2/ [accessed 11 January 2007].

Kim, J.- Y., McHale, S. M., Crouter, A. C. and Osgood, D. W. (2007) Longitudinal linkages between sibling relationships and adjustment from middle childhood through adolescence. Developmental Psychology. Vol. 43, No.4, 960-73.

Klein, M. (1961) Narrative of a Child Analysis. London: Hogarth.

Kolb, D. (1984) Experiential Learning. London: Prentice Hall.

Konner, M. J. (1972) Aspects of the developmental ethology of a foraging people in N. Blurton Jones (ed.), Ethological Studies of Child Behaviour. Cambridge: Cambridge University Press, 285-304.

Kress, G. (1997) Before Writing: Rethinking the Paths to Literacy. London: Routledge.

Kyratzis, A. (2000) Tactical uses of narratives in nursery school in same sex groups. Discourse Processes. Vol. 29, No. 3,269-99.

Kyratzis, A. (2001) Children's gender indexing in lannguage: from the separate worlds hypothesis to considderations of culture context and power. Research on Language and Social Interaction. Vol. 34, No.1, 1-14.

Ladd, G., Price, J. and Hart, C. (1988) Predicting pre-schoolers' peer status from their playground behaviours. Child Development. Vol. 59, 986-92.

Laland, K. and Brown, G. (2002) Sense and Nonsense: Evolutionary Perspectives on Human Behaviour. Oxford: Oxford University Press.

Lamb, M. (1978) The development of sibling relationships in infancy: a short-term longitudinal study. Child Development. Vol. 49, No.4, 189-96.

Langley, D. (2006) An Introduction to Dramatherapy. London: Sage.

Langsted, O. (1994) Looking at quality from the child's perspective in P. Moss and A. Pence (eds), Valuing Quality in Early Childhood Services. London: Paul Chapman.

Lansdown, G. and Lancaster, P. (2001) Promoting children's welfare by respecting their rights in G. Pugh (ed.), Contemporary Issues in the Early Years: Working Collaboratively for Children. London: Paul Chapman.

Laszlo, J.I. and Bairstow, P. J. (1985) Perceptual-Motor Behaviour, Assessment and Therapy. London: Holt, Reinhart & Winston.

Lave, J. and Wenger, E. (1991) Situated Learning: Legitimate Peripheral Participation. Cambridge: Cambridge University Press.

Lave, J. and Wenger, E. (1999) Legitimate Peripheral Participation in Communities of Practice in R. McCormick and C. F. Paechter (eds), Learning and Knowledge. London: Paul Chapman/The Open University.

Lee, C. (1984) The Growth and Development of Children. London: Longman.

Let our children play (2007) The Daily Telegraph Letters page 10 September.

Levinson, M. (2005) The role of play in the formation and maintenance of cultural identity: Gypsy children in home and school contexts. Journal of Contemporary Ethnography. Vol. 34, No.5. October, 499-532, available at: http://jce.sagepub.com/cgi/ content/abstract/34/5/499. [accessed: 14 June 2007].

Lewis, M. (2002) The Foundation Stage in England. Early Education. Vol. 38, Autumn, 6. Libraries Linking Idaho (LiLi) (2003) Facts about brain development and how children learn. Idaho State Library, available at: http://www.lili-org.read/readtome/braindevelopmen t. htm.

Liebermann, A.F. (1995) The Emotional Life of a Toddler. New York: Free Press.

Lindon,1. (2005) Understanding Child Development: Linking Theory and Practice. Abingdon: Hodder Arnold.

Lindsey, E. (2002) Pre-school children's friendships and peer acceptance: links to social competence. Child Study Journal. Vol. 32, No.3, 145-56.

Lingard, B. (2000) Profile: Bob Lingard in P. Clough and J. Corbett, Theories of Inclusive Education. London: PCP/Sage.

Linklater, H. (2006) Listening to learn: children playing and talking about the reception year of early years education in the UK. Early Years: An International Journal of Research and Development. Vol. 26, No.1, 63-78.

Loizos, C. (1976) An ethological study of chimpanzee play in J.S. Bruner, A. Jolly and K. Sylva (eds), Play: Its Role in Development and Evolution. New York: Basic Books, 345-51.

Lowe Vandell, D., Tresch, M., Owen, K., Shores Wilson, V. and Henderson, K. (1988) Social Development in Infant Twins: Peer and Mother-Child Relationships. Child Development. Vol. 59, No.1, 168-77.

Lyle, S. (2000) Narrative understanding: developing a theoretical context for understanding how children make meaning in classroom settings. Journal of Curriculum Studies. Vol. 32, No.1, 45-63.

MacDonald, K. and Parke, R. (1984) Bridging the gap: parent-child play interaction and peer interactive competence. Child Development. 55, 1265-1277.

MacIntyre, C. (2001) Enhancing Learning through Play. London: David Fulton.

MacIntyre, C. and McVitty, K. (2004) Movement and Learning in the Early Years: Supporting Dyspraxia (DCD) and Other Difficulties. London: Paul Chapman.

MacNaughton, G. (2003) Shaping Early Childhood: Learners, Curriculum and Contexts. Maidenhead: Open University Press.

MacNaughton, G. and Williams, G. (2004) Teaching Young Children: Choices in Theory and Practice. Maidenhead: London.

Magill, R.A. (1988) Motor Learning: Concepts and Applications. Oxford: WCB/McGraw-Hill.

Maguire, M. and Dunn, J. (1997) Friendships in early childhood, and social understanding. International Journal of Behavioural Development. Vol. 21, No.4, 669-86.

Mahoney, G., Robinson, C. and Powell, A. (1992) Focusing on parent-child interaction: the bridge to developmentally appropriate practice. Topics in Early Childhood Special Education. Vol. 12, No.1, 105-20.

Malaguzzi, L. (1995) History, ideas and basic philosoophy: an interview with Leila Gandini in C. Edwards, L. Gandini and G. Forman (eds), The Hundred Languages of Children: The Reggio Emilia Approach to Early Childhood Education. Greenwich, CT: Ablex, 41-89.

Malchiodi, C.A. (ed.) (1999) Medical Art Therapy with Children. London: Jessica Kingsley.

Mallon, R. and Stitch, S. (2000) The odd couple: the compatibility of social constructionism and evoluutionary psychology. Philosophy of Science. Vol. 67, 133-54.

Management Issues (2005) Employers slam 'unemployyable' schoolleavers, available at: <http://www. managemen t - iss ues.com/2006/ 8/24/ research/ em ployers-slam - unem ployableschoolleavers. asp> [accessed 9 September 2007].

Manning-Morton, J. and Thorp, M. (2003) Key Times for Play: The First Three Years. Maidenhead: Open University Press.

Marder, N. (1987) Gender dynamics and jury deliberaations. Yale Law Journal. Vol. 96, No.3, 593-612.

Marsh, J. (2000) But I want to fly too: girls and superrhero play in the infant classroom. Gender and Education. Vol. 12, No.2, 209-20.

Maude, P. (2001) Physical Children, Active Teaching: Investigating Physical Literacy. Buckingham: Open University Press.

Maxim, G. (1997) The Very Young: Guiding Young Children from Infancy through the Early Years. Upper Saddle River, NJ: Merrill/Prentice-Hall.

Maynard, T. (2007) Forest Schools in Great Britain: an initial exploration. Contemporary Issues in Early Childhood. Vol. 8, No.4, 320-31.

McCormick, R. and Paechter, C. (eds) (1999) Learning and Knowledge. London: Paul Chapman.

McCrae, R.R. et al. (2000) Nature over nurture: temperament, personality, and life span development. Journal of Personality and Social Psychology. Vol. 78, No. I, 173-86.

McCrum, M. and Sturgis, M. (1999) The 1900 House. London: Macmillan.

McLaughlin, M.J. (1995) Defining special education: a response to Zigmond and Baker. Journal of Special Education. Vol. 29, No.2, 200-8.

McNess, E., Broadfoot, P. and Osborn, M. (2003) Is the effective compromising the affective? British Educaation Research Journal. Vol. 29, No.2, 243-57.

McQuail, S. and Pugh, G. (1995) Effective Organisation of Early Childhood Services. London: National Children's Bureau.

Meadows, S. (1993) The Child as Thinker: The Developpment and Acquisition of Cognition in Childhood. London: Routledge.

Meadows, S. (2006) The Child as Thinker: The Developpment and Acquisition of Cognition in Childhood, 2nd edn. London: Routledge.

Meaney, M.J. and Stewart, J. (1985) Sex differences in social play: the socialisation of sex roles. Advances in the Study of Behaviour. Vol. 15,2-58.

Melillo, R. and Leisman, G. (2004) Neurobehavioral Disorders of Childhood: An Evolutionary Approach. New York: Kluwer, 2004.

Mellou, E. (1994) Play theories: a contemporary review. Early Child Development and Care. Vol. 102,91-100.

Meltzer, H. (2000) Mental Health of Children and Adolesscents in Great Britain. London: The Stationery Office.

Mental Health Foundation (1999) Bright Futures: Promoting Children and Young People's Mental Health. London: Mental Health Foundation.

Miller, L., Cable, C. and Devereux, J. (2005) Developing Early Years Practice. London: Open University Press/David Fulton.

Miller, L., Drury, R. and Campbell, R. (eds) (2002) Exploring Early Years Education and Care. London: David Fulton.

Milne, A. A. (1921) When We Were Very Young. London: Methuen.

Ministry of Education (1996) Te Whiiriki. Wellington: Learning Media Limited.

Moon, B. and Murphy, P. (1999) Curriculum in Context. London: Paul Chapman.

Moore, R.C. (1974) Patterns of activity in time and space: the ecology of a neighbourhood playground in D. Cantor and T. Lee (eds), Psychology and the Built Environment. London: Architectural Press.

Morgan, N. and Saxton, J. (1987) Teaching Drama: A Mind of Many Wonders. Oxford: Heinemann.

Mortimer, H. (2001) Special Needs and Early Years Provision. London: Continuum.

Moss, P. and Petrie, P. (2002) From Children's Services to Children's Spaces: Public Policy, Children and Childhood. London: RoutledgeFalmer.

Moss, P. (2006) Bringing politics into the nursery: early childhood education as a democratic practice. Keynote speech, European Early Childhood Research Association Conference. Reykjavik: September.

Moyles, J. (1989) Just Playing. Buckingham: Open University Press.

Moyles, J. (1990) Just Playing. Buckingham: Open University Press.

Moyles, J. (1994) The Excellence of Play. Buckingham: Open University Press.

Moyles, J. (2002) The Excellence of Play. Buckingham: Open University Press.

Moyles, J. (2005) The Excellence of Play. Buckingham: Open University Press.

Moyles, J. (2006) The Excellence of Play. Buckingham: Open University Press.

Moyles, J. and Adams, S. (2001) Steps: Statements of Entitlement to Play: A Framework for Playful Teaching. Buckingham: Open University Press.

Moyles, J., Adams, S. and Musgrove, A. (2002) SPEEL: Study of Pedagogical Effectiveness in Early Learning. DfES Research Brief and Report 363. London: DfES.

Murphy, B. (2004) Practice in Irish infant classrooms in the context of the Irish primary school curriculum.

Murphy, P. (1999) Learners, Learning and Assessment. London: Paul Chapman.

Murray, L. and Andrews, E. (2000) The Social Baby: Understanding Babies' Communication from Birth. London: Richmond Press.

Murray, Land Trevarthen, C. (1985) Emotional regulation of interactions between twoolds and their mothers in T.M. Field and N.SA. Fox (eds), Social Perception in Infants. Norwood: NJ: Ablex.

National Assembly for Wales (2003) The Learning Country: The Foundation Phase - 3 to 7 years. Cardiff: National Assembly for Wales.

NAEYC (National Association for the Education of Young Children) (1997) Developmentally appropriiate practice in early childhood programs serving children from birth through age 8. A position statement of NAEYC, available at: www.naeyc.org [accessed 15 January 2007J.

National Children's Society (2007) The Good Childdhood Inquiry, available at: www.children ssociety. org. uk [accessed 14 December 2007J.

Nelson Sofres, T., Quick, S., Lambley, C., Newcombe, E., in conjunction with Aubrey, C. in C. Aubrey (2002) Implementing the Foundation Stage in Reception Classes. DfEE Brief 350. London: HMSO.

Neuman, M. (2005) Governance of early childhood education and care: recent developments in OECD countries. Early Years: An International Journal of Research and Development. Vol. 25, No.2, 129-41.

New Policy Institute (2001) The Value of Children's Play and Play Provision: A Systematic Review of the Literature, available at: <www.npi.org.uk/ reports/play%20-%20literature.pdf> [accessed 27 January 2003J.

Newton, M. (2002) Savage Girls and Wild Boys: A History of Feral Children. London: Faber & Faber.

Nicholls, M. (2004) Cultural perspectives from Aotearoa/New Zealand: Te Whariki as an Intergenerational Curriculum. Journal of Intergenerational Relationships. Vol. 1, No.4, 8 January, 25-34.

Nicholson, S. (1971) The theory of loose parts in Landscape Architecture Quarterly. Vol. 62, No.1, October 30-4; also in Bulletin for Environmental Education. No. 12, April 1972, London: Town & Country Planning Association.

Nicholson, S. and Schreiner, B.K. (1973) Community Participation in Decision Making. Social Sciences: a second level course, Urban development Unit 22. Milton Keynes: Open University Press.

Noren-Bjorn, E. (1982) Survey undertaken of play acctivities on 27 playgrounds in Sweden in E. NorennBjorn, The Impossible Playground. West Point, NY: Leisure Press.

Norman, (1978) in J. Moyles (1989) Just Playing. Buckingham: Open University Press.

Nutbrown, C. (1996) REAL Project Early Literacy Education with Parents: A framework for Practice. Sheffield University.

Nutbrown, C. (1999) Threads of Learning, 2nd edn. London: Paul Chapman.

Nutbrown, C. (2006) Key Concepts in Early Childhood Education and Care. London: Sage.

O'Brien, M., Jones, D., Sloan, D. and Rustin, M. (2000) Children's independent spatial mobility in the urban public realm. Childhood. Vol. 7, No: 3, 257-77.

Oberhaumer, P. and Colberg-Schrader, H. (1999) in L. Abbott and D. Hevey, (200l) Training to work in the early years: developing the climbing frame. In G. Pugh (ed.), Contemporary Issues in the Early Years: Working Collaboratively for Children, 3rd edn, London: Paul Chapman.

Ofsted (2004) Registered childcare providers and places in England, available at: www. ofsted. gov. uk [accessed 29 April 2004].

Opie, I. and Opie P. (1959) The Lore and Language of Schoolchildren. London: Oxford University Press.

Opie, 1. and Opie P. (1969) Children's Games in Street and Playground. London: Oxford University Press.

Ormrod, J. (1995) Educational Psychology: Principles and Applications. Englewood Cliffs, NJ: Prentice-Hall.

Orobio de Castro, B., Veerman, J.W., Koops, W., Bosch, J. and Manhowwer, H. (2002) Hostile attribution of intent and aggressive behavior: a meta-analysis. Child Development. Vol. 73, No.3, 916-34.

Pahl, K. (1999) Transformations: Meaning Making in Nursery Education. Stoke-on-Trent: Trentham Books.

Parker Rees, R. (2000) Time to relax a little: making time for the interplay of minds in education. Education 3-13. Vol. 28, No.1, 29-35.

Parker-Rees, R. (2004) Moving, playing and learning: children's active exploration of their world in J. Willan, R. Parker-Rees and J. Savage (eds), Early Childhood Studies. Exeter: Learning Matters.

Parkinson, C. (1987) Children's range behaviour. Birmingham: Play Board.

Parten, M. (1932) Social participation among preschool children. journal of Abnormal and Social Psychology. 27,243-69.

Parten, M. (1933) Social play among pre-school children. journal of Abnormal and Social Psychology, 28,136-47.

Paul, R. (1993) Critical Thinking. Rohnert Park, CA: Center for Critical Thinking, Sonoma State University.

Pellegrini, A. (1989a) Categorising children's rough and tumble play. Play and Culture. 2, 48-51.

Pellegrini, A. (1989b) What is a category? The case of rough and tumble play. Ethology and Sociobiology. 10, 331-42.

Pellegrini, A. (1993a) Boys' rough and tumble play, social competence and group composition. British journal of Developmental Psychology. 11,237-48.

Pellegrini, A. (1993b) Boys' rough and tumble play and social competence, contemporaneous and longitudinal relations in A. Pellegrini (ed.), The Future of Play Theory. New York: State University of New York, 107-26.

Pellegrini, A. (1996) Observing Children in their Natural Worlds: A Methodological Primer. Mahwah, NJ: Lawrence Erlbaum.

Pellegrini, A. (1998) Rough and tumble play from childhood through adolescence in D. Fromberg and D. Pronin (eds), Play from Birth to 12 and Beyond: Contexts, Perspectives and Meanings. New York: Garland, 401-8.

Pellegrini, A. (2005) Recess: Its Role in Education and Development. Mahwah, NJ: Lawrence Erlbaum.

Pellegrini, A. and Blatchford, P. (2000) The Child at School. London: Arnold.

Pellegrini, A. and Blatchford, P. (2002) Time for a break. The Psychologist. Vol. 15, No.2, 60-2.

Pellegrini, A. and Gaida, L. (1993) Ten years after: a re-examination of symbolic play and literacy research.Reading Research Quarterly. June, 163-73.

Pellegrini, A. and Smith, P.K. (1998) Physical activity play: the nature and function of a neglected aspect of play. Child Development. 69, 557-98.

Pellis, S. and Pellis, V. (2007) Rough and tumble play and the development of the social brain. Current Directions in Psychological Science. Vol. 16, No.2, 95-8.

Pepler, D.]. (1982) Play and divergent thinking in D.J.

Pepler and K.H. Rubin (eds), The Play of Children: Current Theory and Research. Basel: S. Karger.

Peters, S. (2003) I didn't expect that I would get tons of friends ... more each day ... children's experiences of friendship in the transition to school. Early Years. Vol. 23, No.1, 45-53.

Pet rill, S.A. et al. (2004) Chaos in the home and socioeconomic status are associated with cognitive developpment in early childhood: Environmental mediators identified in genetic design. Intelligence. Volume 32, Issue 5, 445-460.

Piaget, J. (1951) Play, Dreams and Imitation in Childdhood. London: Routledge & Kegan Paul.

Piaget, J. (1955) The Child's Construction of Reality, translated by M. Cook. London: Routledge & Kegan Paul.

Piaget, J. (1968) Six Psychological Studies. London: University of London Press.

Piaget, J. (1962) Play, dreams and imitation in childddhood. New York: Nation.

Piaget,]. and Inhelder, B. (1969) The Psychology of the Child. London: Routledge & Kegan Paul.

Pike, A. and Coldwell, J. (2005) Sibling relationships in middle/early: links with individual adjustment, Journal of Family Psychology. Vol. 19, No.4, 523-32.

Pitcher, E. and Schultz, L. (1983) Boys and Girls at Play: The Development of Sex Roles: Brighton Harvester.

Play England (2007) Guide to managing risk in play provision, available at: http://www. playengland. org. uk/ [accessed 20 September 2007].

Plomin, R. (ed.) (2002) Behavioural Genetics in the Postgenomic Era. Washington, DC: American Psychological Association.

Plowden Report (1967) Central Advisory Council for Education (CACE) England. Children and their primary schools. London: HMSO.

Pollard, A. (ed.) (2002) Readings for Reflective Teaching. London: Continuum.

Pollard, A., Trigg, P., Broadfoot, P., McNess, E. and Osborn, M. (2000) What Pupils Say: Changing Policy and Practice in Primary Education. London: Continuum.

Portchmouth,1. (1969) Creative Crafts for Today. London: Studio Vista.

Porter,L. (2002) Educating Young Children with Special Needs. London: Paul Chapman.

Post (The Parliamentary Office for Science and Techhnology) (2000) Early Years Learning. June Report, available at: www.parliament.uk/ commons/selcom/ edehome.htm.

Powell, D.R. (1994) Parents, pluralism, and the NAEYC statement on developmentally appropriate practice in B.L. Mallory and R.S. New (eds), Diversity and Developmentally Appropriate Practices: Challenges for Early Childhood Education. New York: Teachers College Press.

Power, T. (1999) Play and Exploration in Children and Animals. Mahwah, NJ: Lawrence Erlbaum.

PPSG (2005) Playwork Principles, held in trust as honest brokers for the profession by the Playwork Principles Scrutiny Group, available from: <http://www.playwales.org.uk/page.asp?id=50> [accessed 5 August 2007].

Promislow, S. (1999) Making the Brain-body Connecction: A Playful Guide to Releasing Mental, Physical and Emotional Blocks to Success. Vancouver: Kinetic.

Pugh, G. (ed.) (1996) Trainingfor Work in the Early Years. Report of the Early Years Training Group. London: Paul Chapman.

Pugh, G. (ed.) (2001) Contemporary Issues in the Early Years. London: Paul Chapman.

QCA/DfES (2000) Curriculum Guidance for the Foundaation Stage. London: DfEE.

Ramsey, P. (1998) Diversity and play in D. Fromberg and D. Pronin (eds), Play from Birth to 12 and Beyond, Contexts, Perspectives and Meanings. New York: Garland, 23-33.

Reaney, M.J. (1916) The Psychology of the Organized Game. Cambridge: Cambridge University Press.

Reay, D. and Williams, D. (1999) I'll be a nothing: structure, agency and the construction of identity through construction. British Education Research Journal. Vol. 25, No.3, 343-54.

Red Herring (2007) Game over for internet addicts, available at: http://www.redherring. com/ Home/ 21604 [accessed 24 December 2007].

Reed, T. and Brown, M. (2000) The expression of care in the rough and tumble play of boys. Journal of Research in Child Education. Vol. 15, No.1, 104-16.

Reiser, R. and Mason, M. (1992) Disability Equality in the Classroom: A Human Rights Issue. London: Disability Equality in Education.

Rennie, J. (1996) Working with parents in G. Pugh (ed.), Contemporary Issues in the Early Years: Working Colllaboratively for Children. London: Paul Chapman.

Riley, J. (ed.) (2003) Learning in the Early Years. London: Paul Chapman.

Riley, K. and Docking, J. (2004) Voices of disaffected pupils: implications for policy and practice. British Journal of Educational Studies. Vol. 52, No.2, 166-79.

Roberts, R. (1996) In the schema of things in Times Educational Supplement, November.

Robinson, K. (2006), available on http://www.ted. com/ index. php/talks/view / id/ 66

Robsen, S. (2006) Developing Thinking and Understandding in Young Children. London: Routledge.

Robson, A. (1989) Special needs and special educational needs. Unpublished paper, Inner London Education Authority.

Robson, S. and Smedley, S. (1999) Education in Early Childhood. London: David Fulton.

Rogoff, B. (1998) Cognition as a collaborative process in D. Kuhn and R.S. Siegler (eds), Handbook of Child Psychology Vol. 2, 5th edn. New York: Wiley, 679-744.

Rogoff, B. (1990) Cognitive Development in Social Context. New York: Oxford University Press.

Rogoff, B. (2003) The Cultural Nature of Human Development. New York: Oxford University Press.

Rose, R. Fletcher, W. and Goodwin, G. (1999) Pupils with severe learning difficulties as personal target setters. British Journal of Special Education. Vol. 26, No.4, 206-12.

Roth, W.M (1999) Authentic School Science: Intellectual Traditions in R. McCormick and c.F. Paechter (eds), Learning and Knowledge. London: Paul Chapman/The Open University.

Rouse, D. and Griffin, S. (1992) Quality for the under threes in G. Pugh (ed.), Contemporary Issues in the Early Years. London: Paul Chapman/National Children's Bureau.

Rowlett, W. (2000) To what degree does mobility enrich the personal, social and emotional development, within the outside play curriculum for children under three? BA (Hons) degree project, University of North London.

Roy, R. and Benenson, J. (2002) Sex and contextual effects on children's use of interference competition. Developmental Psychology. Vol. 38, No.2, 306-12.

Russell, W. (2008) Modelling playwork: Brawgs Continuum, dialogue and collaborative reflection in F. Brown and C. Taylor (eds), Foundations of Playwork. Maidenhead: Open University Press.

Rutherford, D. (2005) Children's relationships, in J. Taylor and H. Woods, (eds), Early Childhood Studies: An Holistic Introduction. London: Hodder Arnold, 89-92.

Sammons, P., Eliot, K., Sylva, K., Melhuish, E., Siraj-Blatchford, 1. and Taggert, P. (2004) The impact of pre-school on young children's cognitive attainments at entry to reception. British Educational Research Journal. Vol. 30, No.5, 692-707.

Sandford, R., Ulicsak, M., Facer, K. and Rudd, T. (2006) Teaching with games: using commercial

## REFERÊNCIAS 383

off-the-shelf computer games in formal education, available at: http://www. Futurela b.org. uk/ resources/ documents/ project_reports/ teachin~ with_games/TWG jeport. pdf [accessed 23 December 2007].

Santer, J., Griffiths, C. and Goodsall, D. (2007) Free Play in Early Childhood. London: National Children's Bureau.

Saracho, O. and Spodek, B. (2003) Studying Teachers in Early Childhood Settings. Connecticut: Information Age Publishing.

Sax,1. (2005) Why Gender Matters. New York: Doubleday. Sayeed, Z. and Guerin, E. (2000) Early Years Play. London: David Fulton.

Sayeed, Z. and Guerin, E. (2001) Early Years Play: A Happy Medium for Assessment and Intervention. London: David Fulton.

Schachter, R. (2005) The end of recess. The District Administrator, August, available at: http://www. d istrictadm inistration.com

Schaefer, C.E. and Kaduson, H.G. (eds) (2006) Contemporary Play Therapy. London: Routledge.

Schaffer, H.R. (1996) Social Development. Oxford: Blackwell.

Scheffler, 1. (1999) Epistemology and education in R. McCormick and C. Paechter (eds), Learning and Knowledge. London: Paul Chapman.

Schore, A.N. (2001) Effects of a secure attachment relationship on right brain development, affect regulation and infant mental health. Infant Mental Health Journal. Vol. 22, Nos. 1-2,7-66.

Schultz, J. and Cook-Sather, A. (2001) In Your Own Word: Students' Perspectives on School. Oxford: Rowman and Littlefield.

Schwartzman, H. (1978) Transformations: The Anthroopology of Children's Play. New York: Plenum.

Schweinhart, 1oJ. and Weikart, D.P. (1993) A Summary of Significant Benefits: The High/Scope Perry Pre-school Study Through Age 27. Ypsilanti, Ml: High/Scope Press.

Scott, 1. (2000) Children as respondents in A. James and P. Christensen (eds), Research with Children: Perspectives and Practices. Sussex: Falmer, 98-119.

Scruggs, T.E. and Mastropieri, M.A. (1994) Successful mainstreaming in elementary science classes: a qualitative study of three reputational cases. American Education Research Journal. Vol. 31, No.4, 785-811.

Sebanc, A. (2003) The friendship features of preschool children: links with pro-social behavior and aggresssion. Social Development. Vol. 12, No.2, 249-68.

Sebba, R. (1991) The landscapes of childhood: the reflection of childhood's environment in adult memories and in children's attitudes. Environment and Behaviour. Vol. 23, No.4, 395-422.

Shaffer, H.R. (2006) Key Concepts in Developmental Psychology. Oxford: Blackwell.

Sharp, e. (1998) Age of starting school and the early years curriculum. Paper prepared for National Foundation Educational Research Annual Conference, London: 6 October.

Sharp, e. (1998) What parents want from a preschool. Education Journal. Issue 20, Item 4, 20-1.

Sheldon, A. (1990) Pickle fights: gendered talk in pre-school disputes. Discourse Processes. 13, 5-31.

Shephard, R.J., Volle, M., Lavallee, H., La Barre, R., Jequier, J.e. and Rajic, M. (1984) Required physical activity and academic grades: a controlled study, in J. Ilmarinen and 1. Valimaki (eds), Children and Sport. Berlin: Springer Verlag.

Shonkoff, J.P. and Phillips, D.A. (2000) From Neurons to Neighborhoods: The Science of Early Childhood Development. USA: National Academy Press.

Shore, R. (1997) Rethinking the Brain: New Insights into Early Development. New York: Families and Work Institute.

Shulman, 1oS. (1987) Knowledge and Teaching: Foundaations of the New Reform. Cambridge, MA: Harvard University Press.

Sims, M., Guilfoyle, A. and Parry, T. (2006) Child care for infants and toddlers: where in the world are we going? The first years – Nga Tau Tuatahi. New Zcaland Journal of Infant and Toddler Education. Vol. 8, No.1, 12-19.

Singer, D.G. and Singer, J.1o (1990) The House of Make Believe. London: Harvard University Press.

Singer, 1. (1973) The Child's World of Makebelieve: Experimental Studies of Imaginative Play. New York: Academic.

Siraj-Blatchford, I., Sammons, P., Taggert, B., Sylva K. and Melhuish, E. (2006) Educational research and evidence-based policy: the mixed method approach of the EPPE Project. Evaluation and Research in Education. Vol. 19, No.2, 62-82.

Siraj-Blatchford, I. and Sylva, K. (2004) Researching pedagogy in English pre-schools. British Educational Research Journal. Vol. 30, No.5, 713-30.

Siraj-Blatchford, 1. and Sylva, K. (2005) Monitoring and Evaluation of the Effective Implementation of the Foundation Phase Report. Cardiff: Welsh Assembly.

Siraj-Blatchford, 1., Sylva, K., Muttock, S., Gilden, R. and Bell, D. (2002) Researching Effective Pedagogy in the Early Years. Research Report No. 356, DfES. London: HMSO.

SkillsActive (2002) Assumptions and Values of Play work. London: SkillsActive.

Slade, P. (1954) Child Drama. London: University Press. SI uckin, A. (1981) Growing up in The School Playground. London: Routledge & Kegan Paul.

Smidt, S. (2007) A Guide to Early Years Practice. London: Routledge.

Smilansky, S. (1968) The Effects of Socio-dramatic Play on Disadvantaged Preschool Children. New York: Wiley.

Smith, P. and Connolly, K. (1980) The Ecology of Preschool Behaviour. Cambridge: Cambridge University Press.

Soler, J. and Miller, L. (2003) The struggle for early childhood curricula: a comparison of the English Foundation Stage curriculum, Te Whiiriki and Reggio Emilia. International Journal of Early Years Education. Vol. II, No.1, 57-67.

Sorenson, E.R. (1979) Early tactile communication and the patterning of human organisation: a New Guinea case study in M. Bullowa (ed.), Before Speech: The Beeginning of Interpersonal Communication. Cambridge: Cambridge University Press, 289-305.

SPRITO (1992) National Occupational Standards in Playwork. London: Sport and Recreation Industry Lead Body.

Star Trek series: The Next Generation and Voyager © Paramount Pictures 2004.

Stephenson, A. (2003) Physical risk taking: dangerous or endangered? Early Years. Vol. 23, No.1, 35-43.

Stern, D.N. (1985) The Interpersonal World of the Infant: A View from Psychoanalysis and Developmental Psychology. New York: Basic Books.

Stevens, R. (2000) Understanding the Self Milton Keynes: Open University Press.

Stonehouse, A. (ed.) (1988) Trusting Toddlers: Programmmingfor 1-3 Year Olds in Child Care Centres. Maidenhead: Australian Early Childhood Association.

SureStart Unit (2002) Birth To Three Matters: A Frameework to Support Children in Their Earliest Years. London: DillS.

Survey of Laws Relating to SEN. UNESCO.

Sutton, E., Smith, N., Deardon, C. and Middleton, S. (2007) A Child's Eye View of Social Difference,

availlable at: <http://www.jrf.org.uk/bookshop/ eBooks/ 2007 –children-inequality-opinion.pdf> [accessed on 7 October 2007].

Sutton-Smith, B. (1977) Towards an anthropology of play in S. Phillips (ed.), Studies in the Anthropology of Play: Papers in Memory of B. Allan Tindall. New York: Leisure Press, 222-32.

Sutton-Smith, B. (1992) In Channel 4 documentary: Toying with the Future. London: Channel 4 TV.

Sutton-Smith, B. (1997) The Ambiguity of Play. Cambridge, MA: Harvard University Press.

Sutton-Smith, B. (1999) Evolving a consilience of play definitions: playfully. Play and Culture Studies. 2, 239-56.

Sutton-Smith, B. (2008) Beyond ambiguity in F. Brown and C. Taylor (eds), Foundations of Play work. Maidenhead: Open University Press.

Sutton-Smith, B. and Kelly-Byrne, D. (1984) The idealization of play in P.K. Smith (ed.), Play in Animals and Humans. Oxford: Blackwell.

Sylva, K. (1994) School influences on children's developpment. Journal of Child Psychology and Psychiatry. Vol. 35, 135-70.

Sylva, K., Bruner, J.S. and Genova, P. (1976) The role of play in the problem-solving of children in J.S. Bruner, A. Jolly and K. Sylva (eds), Play: Its Role in Developpment and Evolution. New York: Basic Books.

Sylva, K. and Czerniewska, P. (1985) Play (Open University E206, Unit 6, Personality Development and Learning). Milton Keynes: The Open University.

Sylva, K., Roy, C. and Painter, M. (1980) Childwatching at Playgroup and Nursery School. London: Grant McIntyre.

Sylva, K., Roy, C. and Painter, M. (1994) Observation and Record Keeping. London: Preschool Playgroups Association.

Sylva, K., Siraj-Blatchford, 1., Taggert, B., Sammons, P., Elliot, K. and Melhuish, E. (1997-2002) The Effective Provision of Preschool Education [EPPE] Project Summmary of Findings, DillS Research Brief. London: DillS and Institute of Education, University of London.

Sylva, K., Siraj-Blatchford, 1., Taggert, B., Sammons, P., Elliot, K. and Melhuish, E. (2004) The Effective Provision of Preschool Education[EPPE] Project Technical Paper 12 – The Final Report: Effective Preschool Education. London: DillS and Institute of Education, University of London.

Sylva, K., Siraj-Blatchford, 1., Taggart, B., Sammons, P., Melhuish, E., Elliot, K. and Totsika, V.

(2006) Capturring quality in early childhood through environmental rating scales. Early Childhood Research Quarterly. Vol. 21,76-92.

Sylva, K., Taggart, B., Siraj-Blatchford, 1., Totsika, v., Ereky-Stevens, K., Gilden, R. and Bell, D. (2007) Curricular quality and day-to-day learning activities in pre-school. International Journal of Early Years Education. Vol. 15, No.1, 49-65.

Talay-Ongen, A. (1998) Typical and Atypical Developpment in Early Childhood: The Fundamentals. England: BPS Books.

Taggert, B. (2004) Editorial. Early years education and care: three agendas. British Educational Research Association Journal. Vol. 30, No.5, 619-22.

Taylor, C. (1994) The politics of recognition in A. Gutmann (ed.), Multiculturalism. Princeton, NJ:Princeton University Press.

Taylor, C. (2008) Playwork and the theory of loose parts in F. Brown and C. Taylor (eds), Foundations of Playwork. Maidenhead: Open University Press.

Teacher Training Agency (2003) Qualifying to Teach: Professional Standards for Qualified Teacher Status and Requirements for Initial Teacher Training. London: TTA.

Teacher Training Agency (2005a) Meeting the Professional Standards for the Award of Higher Level Teaching Assistant Status. Guidance to the Standards. London: TTA.

Teacher Training Agency (2005b) Teacher Training Agency Handbook of Guidance. Accompanies Qualifyying to Teach: Professional Standards for Qualified Teacher Status and Requirements for Initial Teacher Training. London: TTA.

The Children's Society, The Good Childhood Inquiry, available at http://www.childrens society.org. ukJ all_aboucus/how _ we_dp _it/ the_good_childhood_ inquiyl1818.html or www. goodchildhood. or.uk, [accessed 17 April 2008].

The Daily Telegraph (2006) Modern life leads to more depression among children, available at: http://www. telegraph. co. uk/ news/ main.jhtml; jsessionid = 2 UB5 R5 XIL22Y5QFIQMGCFF4 AVCBQ UIVO?xml=/news/ 2006/09112njunk 1l2. xml&page=1 [accessed 23 December 2007].

The Independent on Sunday (2007) On the trail of Santa Claus, available at: http://news. independent. co. uk/ world/americas/article 3278491. ece> [accessed 23 December 2007].

The Plowden Report (1967) Children and their Primary Schools A Report of the Central Advisory Council for Education (England). London: HMSO.

The Primary Review (2007) available at: <http:// www. primaryreview.org. uk/index.h tm!>

Thelen, E. and Smith, L.B. (1994) A Dynamic Systems Approach to the Development of Cognition and Action. Cambridge, MA: MIT Press.

Thompson, I. (1999) Issues in Teaching Primary Numerracy. London: Paul Chapman. Thurman, S. (1997) The congruence of behavioural ecologies: a model for special education programmming. Journal of Special Education. Vol. 11,329-33.

Tinbergen, N. (1975) The importance of being playful. Times Education Supplement, January. Tizard, B. and Hughes, M. (1984) Young Children Learnning. London: Fontana.

Tizard, B., Blatchford, P., Burke, J., Farquhar, C. and Plewis, I. (1988) Young children at school in the inner city. Hove: Lawrence Erlbaum.

Tomasello, M. (1999) The Cultural Origins of Human Cognition. Cambridge, MA: Harvard University Press.

Tovey, H. (2007) Playing Outdoors: Spaces and Places, Risk and Challenge. Maidenhead: McGraw-Hill.

Training and Development Agency (2007) The Revised Standards for the Recommendation for Qualified Teacher Status (QTS). London: TDA.

Trevarthen, C. (1992) An infant's motives for speaking and thinking in the culture in A.H. Wold (ed.), The Dialogue Alternative. Oxford: Oxford University Press.

Trevarthen, C. (1995) The child's need to learn a culture in M. Woodhead, D. Faulkner and K. Littleton (eds) (1998), Cultural Worlds of Early Childhood. London: Routledge.

Trevarthen, C. (1996) Howa young child investigates people and things: why play helps development. Keynote speech to TACTYC Conference: A Celebraation of Play, London: November.

Trevarthen, C. (1998) The child's need to learn a culture in M. Woodhead, D. Faulkner and K. Littleton (eds), Cultural Worlds of Early Childhood. London: Routledge/Open University Press.

Trivers, R. (1972) Parental investment and sexual selection in B. Campbell (ed.), Sexual Selection and the Descent of Man. Chicago IL: Aldine de Gruyter, 136-79.

Turner-Bisset, R. (2001) Expert Teaching: Knowledge and Pedagogy to Lead the Profession. London: David Fulton.

Tymms, P. and Merrell, C. (2007) Research Survey 411: Standards and quality in English primary schools over time: the national evidence, available at www. dfes.gov.uk [accessed 10 November 2007].

United Nations (1989) Convention on the Rights of the Child. Brussels: United Nations Assembly.

UNICEF (1989) Convention on the Rights of the Child. New York: United Nations.

UNICEF (1991) United Nations Convention on the Rights of the Child. Svenska: UNICEF Kommitten.

UNICEF (2007) An overview of child well-being in rich countries, available at: http://www.uniceficdc. org/presscentre/presskit/reportcard 7 Irc7 _eng. pdf [accessed 14 February 2007J.

UNESCO (1994) Salamanca Statement on Principles, Policy and Practice in Special Needs Education. Paris: UNESCO.

UNESCO (1996) Legislation Pertaining to Special Needs Education. Paris: UNESCO.

Van Dyk, A. (2006) Hyperactivity and fourchildren, available from: <http://www.sandplay.net/ hyper4year.htm> [accessed on 6 January 2007].

Van Hoorn, J., Nourot, T., Scales, B. and Alward, K. (1993) Playas the Center of the Curriculum. New York: Macmillan.

Villalon, M., Suzuki, E., Herrera, M. O. and Mathieson, M.E. (2002) Quality of Chilean early childhood education from an international perspective. International Journal of Early Years Education.Vol. 10, No. 1,49-59.

Vygotsky, 1.S. (1967) Play and its role in the mental devellopment of the child. Soviet Psychology. Vol. 5, 6-18.

Vygotsky, 1.S. (1976) Play and its role in the mental deevelopment of the child in J.S. Bruner, A. Jolly and

K. Sylva (eds), Play: Its Role in Development and Evolution. New York: Basic Books (original work published 1933, Soviet Psychology, 5, 6-18).

Vygotsky, 1.S. (1978) Mind in society: The Development of Higher Psychological Processes. Cambridge, MA and London: Harvard University Press.

Wade, B. and Moore, M. (1998) A Gift for Life. Bookstart: The First Five Years. London: Booktrust.

Wall, K. (2006) Special Needs and Early Years: A Practitioner's Guide. London: Paul Chapman.

Wallace, M. (1996) When is experiential learning not experiential learning? in G. Claxton, T. Atkinson, M. Osborn and T. Wallace (eds), Liberating the Learner: Lessons for Professional Development in Education. London: Routledge.

Wallace, M. (1999) When is experiential learning not experiential learning in P. Murphy, Learners, Learning and Assessment. London: Paul Chapman.

Ward, C. (1978) The Child in the City. London: Architectural Press.

Warnock M. (1986) Children with special needs in ordinary schools: integration revisited in A. Cohen and 1. Cohen (eds), Special Needs in the Ordinary School. San Francisco, CA: Harper & Row.

Webb, J., Schirato, T. and Danaher, G. (2002) Understanding Bourdieu. London: Sage.

Weber, A.M. and Haen, C. (eds) (2004) Clinical Applications of Drama Therapy in Child and Adolescent Treatment. London: Routledge.

Wells, G. (1986) The Meaning Makers: Children Learning Language and Using Language to Learn. Portsmouth: Heinemann.

Wells, G. (1987) The Meaning Makers. Sevenoaks: Hodder & Stoughton.

Wenger, E. (1998) Communities of Practice: Learning, Meaning and Identity. Cambridge:

Cambridge University Press.

Whardle, F. (2007) Playas curriculum, available at: . http://www.gymboreeplay.ch/pdf/ articles/ play_as_curriculum.pdfWhat to do if you're worried a child is being abused, available at: http:// www. everychildmatters [accessed 19 October 2007].

Whitebread, D. (2005) C.IND.LE Project: Supporting Young Children in Becoming Selfregulated Learners. Cambridge: CUMIS.

Whitebread, D. (2007) Self-regulation in children's play, Workshop at the TACTYC Play, Diversity and Heritage in the Early Years Conference, Brighton, 16-17 November.

Whiting, B. and Edwards, C. (1973) A cross cultural analysis of sex differences in behavior of children 3 through 11. Journal of Social Psychology. Vol. 41, 171-88.

Whiting, B.B. and Whiting, J.W.M. (1975) Children of Six Cultures: A Psycho-cultural Analysis. Cambridge, MA: Harvard University Press.

Willan, J., Parker-Rees, R. and Savage (eds) (2004) Early Child Studies: Exeter: Learning Matters.

Williams, M. (2004) Creative literacy: learning in the early years in Fisher and Williams, Unlocking Literacy: A Guide for Teachers. London: Routledge.

Wilson, R.A. (1998) Special Education in the Early Years. London: Routledge.

## REFERÊNCIAS 387

Wilson, R.A. (2002) The wonders of nature: honourring children's ways of knowing. Earlychildhood. Excelligence Learning Corporation. Available from: > http://www.earlychildhood news.com/earlychildhood/ article_view.aspx? ArticleId=70 [accessed 4 February 2007].

Winnicott, D.W. (1951) Transitional objects and transitional phenomena in D.W. Winnicott, Collected Papers. New York: Basic Books, 29-242.

Winnicott, D.W. (1974) Playing and Reality. London: Pelican.

Wolfe, P. (2001) Brain Matters: Translating Research into Classroom Practice.Alexandria, VA: Association for Supervision and Curriculum Development.

Wolfendale, S. (2000) Special needs in early years: prospects for policy and practice. Support for Learning. Vol. 15, No.4.

Wood, D. (1998) How Children Think and Learn. Oxford: Blackwell.

Wood, E. and Attfield, J. (1996) Play, Learning and the Early Childhood Curriculum. London: Paul Chapman.

Wood, E. (2004) A new paradigm war? The impact of national curriculum policies on early childhood teachers' thinking and classroom practice. Teaching and Teacher Education. Vol. 20, Issue 4, 361-74.

Wood, E. and Attfield, J. (2005) Play, Learning and the Early Childhood Curriculum, 2nd edn. London: Paul Chapman.

Wrigley, T. (2003) Schools of Hope: A New Agenda for School Improvement. Stoke-on-Trent: Trentham Books.

Wylie, C. and Thompson, J. (2003) The long-term conntribution of early childhood education to children's performance: evidence from New Zealand. International Journal of Early Years Education. Vol. 11, No. 1,69-78.

Young, M. (1999) The Curriculum as Socially Organised Knowledge in R. McCormick and C. Paechter (eds), Learning and Knowledge. London: Paul Chapman.

# Índice

Os termos em negrito indicam as entradas do glossário.

## A

abordagem caótica 292-293
**Abordagem centrada na criança** 37-39, 107-110, 113, 165-166, 217-218, 271-272, **356-365**
**Abordagem da integração dos tópicos** 109-110, **356-365**
Abordagem de baixo para cima, 268
Abordagem de cima para baixo 268
Abordagem do Alto/Escopo 94, 97-102, 129-130, 165-166, 246, 248
Abordagem ludocêntrica 292-293
Abordagem Montessoriana 37-39, 46, 94, 97-99, 104-105, 142-143, 165-166
Abordagem Regio Emilia 94, 96-98, 101-105, 129-130, 134-135, 268
Abordagem Steiner/Waldorf 94, 102-105, 142-143
Abuso infantil 318-320, 347-348
**Acomodação** 33-34, 165-166, **356-365**
**Adaptado** 237-238, **356-365**
Adulteração (da brincadeira social) 293-294, 296-297
**Agência** 76-77, **356-365**
**Agentes** 217-218, **356-365**
Agressão
　brincadeiras sociais e (diferenças) 229-233
　gênero e 84-88, 194-195, 235-236, 240-241, 330
　*veja também* brincadeiras de luta: brincadeiras "duras e brutas"
　violência 84-86, 317-318, 331-333
Alegria 283-284
**Ambiente natural** 236-237, **356-365**
Ambiente social 276
Ambiente temporal 276
Ambientes 284, 286-288
　criação de 177, 180, 182-188, 276-279
　**naturais** 236-237, **356-365**
　para bebês brincarem 152-157
Ambientes dramáticos 177, 180, 182-184

Ambientes/recantos de brincadeira 182, 186-188, 190
Amizade 148-149, 152-153, 194-196, 205, 207, 239-240, 310-311
　crianças NEE 268-271, 274-275
　interação entre semelhantes 324-326, 328-330, 335-336
**Androcêntrico** 331-332, **356-365**
ANECP 190-192
**Anglo-americano** 23-24, **356-365**
**Antropólogo** 228-230, **356-365**
Aprendiz em desenvolvimento, brincadeira e 195-199
Aprendizagem
　autoavaliação e 217-221
　**descoberta** 37-39, 108-110, 138-141, 337-338, 341-342, 347-348, **356-365**
　**divertida** 132-133, **356-365**
　experimental 167-168, 200, 202-204, 210, 214-216
　inserida (aprendizagem) 216-218
　modelo de Kolb 215-216
　necessidades 260-264
　**objetivos (iniciais)** 42-43, 94, 106, 112, 117-120, **356-365**
　processual 210, 214
　que dura toda a vida 203-205, 215-218, 350, 353-355
　"rica" 48-49
　teorias histórico-cultural 70-82
　teorias sociais de 63-71
　tirar proveito da brincadeira 36-49
Aprendizagem "rica" 48-49
**Aprendizagem através da descoberta** 37-39, 108-110, 138-141, 337-338, 341-342, 347-348, **356-365**
**Aprendizagem através de andaimes conceituais** 199-200, 347, **356-365**

## ÍNDICE **389**

Aprendizagem de transmissão 200, 202-203, 337-338, 340-342, **356-365**
Aprendizagem experimental 167-168, 200, 202-204, 210, 214-216
Aprendizagem independente 171, 173
**Aprendizagem iniciada pela criança** 37-39, 129-130, **356-365**
Aprendizagem inserida 216-218
**Aprendizagem na brincadeira** 132-133, **356-365**
Aprendizagem para toda vida 203-205, 215-218, 350, 353-355
**Aprendizagem prática** 199-200, **356-365**
Aprendizagem processual 210, 214
Aprendizagem situada 215-216
Aprendizagem superficial 169
**Área da bagunça** 154-206, 169171, **356-365**
**Assimilação** 33-34, 210, 214, 314-316, **356-365**
**Assimilar** 316-319, **356-365**
Associação Nacional de Professores Chefe 195-197
Atividade casulo 177-181
Atividade de conservação 217-218
Atividade em caixa de areia 299, 311-316
Atividade física (competição) 155-157
Atividade para economizar energia 217-218
Atividades "planeje-faça-revise" 97-100
Atributos físicos (ambiente) 274-276
Autoavaliação 217-221
**Autoeficácia** 121-122, **356-365**
**Autoestima** 58-59, 101-104, 143-144, 150, 156-157, 265-266, 307-308, **356-365**
Autoridade Curricular e Qualificações 47-48, 114-118, 170-171, 184-185, 262, 264
**Autorregulação** 121-123, 210, 214, 350, 353-355, **356-365**
Avaliação (inclusive da brincadeira) 273-275

## B

Bebês 127-159
**Bioculturalismo** 239-240, 347-348, **356-365**
Biologia 237-241
**Bio-psicologia** 242-245, **356-365**
**Bookstart,** 152-153, **356-365**
Bourdieu, P. 72-73, 81-82, 84-85
Brinca Inglaterra 341-344
Brincadeira "dura e bruta" 86, 122-123, 154, 228-251, 282-283, 302-303, 326-327, 330-332
**Brincadeira 356-365**
aprendiz em desenvolvimento e 195-199
bebês e crianças em fase de começar a caminhar 127-159
busca de ideias independentes 56-59
clima para 194-197
crianças com NEE e 260-268
definições 25-28, 253-254, 356-365
direcionada 208-212
epistêmica 27-29, 204-205
futuro da 341-344
gênero e *veja* gênero
**heurística** 99-100, 132-135, 138-139, 142-143, **356-365**
identidade cultural e 81-85
importância da 37-42

**inclusiva** 254-255, 269-279, **356-365**
inutilidade da 24-37
movimento e 142-153, 156-157, 231-233
na sala de aula 171, 173-181, 194-195, 200, 202-205
não direcionada 201-206
narrativas 86, 167-168, 237-238, 289-290, 293, 296-297
necessidades (essenciais) 54-57
papel da 347-354
papel do adulto (debate) 245-250
pedagogia da 94-124
preconceito 292-293
risco na 283-284, 286
teoria das partes soltas 54, 56-57, 284, 286-290
teorias historico-cultural 70-82
teorias instrumentais 42-48
teorias sociais da 63-71
**terapia** 29-32, 299-303, **356-365**
tirar proveito da 36-49
trabalho (e diferenças) 194-197
*veja também* brincadeira livre; brincadeira de ambientes fechados; brincadeira em ambientes abertos
Brincadeira com armas 84-88
Brincadeira com blocos 142-143, 155-156
**Brincadeira de atividade física** 143-147, **356-365**
Brincadeira de desenvolvimento dos movimentos 146-147, **356-365**
Brincadeira de fantasia 87-88, 194-197, 243-244, 326-327
**Brincadeira de faz de conta** 29-30, 32-33, 58-59, 87-88, 194-197, 302-303 243-244, **356-365**
Brincadeira de guerra, 84-86
Brincadeira de luta 84-85, 87-88, 229-236, 242, 244-246
Brincadeira de super-herói 84-86, 243-244
Brincadeira de teatro 287-288, 290, 292
Brincadeira direcionada 208-212
Brincadeira dos macacos 232-233, 242, 244-245
Brincadeira em ambientes abertos 52-53, 104-105, 122-123, 152-154, 156-157, 205-207, 330-337, 343-344
Brincadeira em ambientes fechados 152-156, 171, 173-181, 194-195, 200, 202-205, 336-338, 340
Brincadeira epistêmica 27-29, 204-205
Brincadeira espontânea 200, 202-206, 299-301, 317-318
Brincadeira experimental 29-30, 32
**Brincadeira heurística** 99-100, 132-135, 138-139, 142-143, **356-365**
Brincadeira imprópria 88-89
**Brincadeira inclusiva** 254-255, 269-279, **356-365**
Brincadeira intelectual 210, 214
Brincadeira livre 44-45, 58-60, 121-122, 201-202, 313-314, 337-338, 347-348
ao ar livre 42-43, 122-123, 205, 207, 331-337
diferenças de gênero 235-238, 243-246, 331-332
dureza social 235-238, 243-246, 249-250
tempo/espaço para 338, 340-343, 350, 353-355

# 390 ÍNDICE

Brincadeira lúdica 27-29, 205, 207, 288, 290, 292, **356-365**
Brincadeira metacomunicativa 32-33, **356-365**
Brincadeira não direcionada 201-206
Brincadeira nos primeiros anos 274-275
Brincadeira paralela 312-314
Brincadeira rítmica 146-148, **356-365**
Brincadeira sensório-motora 302-303, **356-365**
Brincadeira simbólica 302-303, **356-365**
Brincadeira social 120-121, 147-148, 150, 205, 207, 293-294, 296-297, 330, 341-343
Brincadeira/jogos virtuais 347-348, 349-353
Brincadeiras/jogos de rua 52-53, 331-337, 343-344
Brinquedos simbólicos 302-303, **356-365**
Bronfenbrenner, U. 73-74, 76-77, 165-167
Bruner, J. 37-39, 46, 54, 58-59, 106, 121-122, 144-145, 165-167, 203-204

## C

Caça e colheita 236-238, **356-365**
Caixas de conceito 182-186
Caminhos neurais 121-122, **356-365**
Caminhos neuronais 245-246, **356-365**
Catarse 27-30, 32, **356-365**
Cercados para galinhas 211-212, 214-218
Cerebelo 134-135, **356-365**
Cérebro 133-137, 282-283, 347-348
Cestas de tesouro 99-100, 132-135, 141-143, **356-365**
Ciclo de brincadeira 287-288, 290, 292
Cidadania 266-267
Cidade de Papelão 56-58
Clima (para brincadeira) 194-197
Clube depois da escola 54
CNAECC 170-171
Coconstrução 67-68, 70-71, 81-82, 86, 96-97, 120-121, 166-167, **356-365**
Código Elementar (1900) 84-85
Cognição 37-38, 347-348, **356-365**
  coconstruída 336-338, **356-365**
  necessidades/habilidades 260-264, 277-278
Cognição co-construída 336-338, **356-365**
Competição, uso da língua e 240-244
Competições 283-284
Comportamento aprendido 73, 76-77
Comunicação 104-105, 150-153, 167-171, 173
  habilidades 147-148, 204-205, 207, 339-340
  não verbal 312-313
  necessidades 260-264
Comunicação não verbal 312-313
Comunidades de prática 72-73, 76-82, 84-85, **356-365**
Conhecimento 198-200, 266-267
  comportamental 166-167, **356-365**
  habilidades 110-111
  icônico 166-167, **356-365**
  representacional 166-167, **356-365**
  simbólico 166-167, 356-365
Conselho de Desenvolvimento de Trabalho para as Crianças 341-343, 347-348
Construção de um recanto 183-184

Construtivismo radical 198-199, **356-365**
Construtivistas 141, 198-199, **356-365**
Continuum 292-293, **356-365**
Continuum BRAWGS 288, 290, 292-293
Conversação 150-152
Cooperação, uso da língua e 240-244
Coordenação oculomanual 277-279, **356-365**
Coordenador de necessidades especiais (COENE) 256-257, 260-261, 319-320, **356-365**
Corte/união 242, 244-245
Cortisol 136-137, **356-365**
Criadores de andaimes 86, 96-97, **356-365**
Crianças
  abaixo de 17-18 anos (bebês/crianças em idade de começar a andar) 127-159
  como agentes ativos 317-320
  como projeto/ser 81-82
  em idade de começar a andar 127-159
  idades 3-6 160-192
  idades 6-11 193-225
  interação adulta 273-274, 317-319
  necessidades educacionais especiais 16-17, 170-171, 252-280, **356-365**
  quase 6 96-97, 337-338, 343-344, **356-365**
  silenciando de 316-318
  vitorianas 75-73, 76-77
Criando ambientes 177, 180, 182-188, 276-279
Criatividade 170-171, 203-205, 207-210, 214, 216-218, 316
Cuidado 72-73, 136-139, **356-365**
  infantil 161-163, 268
Cultura 237-241, **356-365**
  *veja também* sociocultural; socioculturalismo
Currículo 37-38, 337-338, **356-365**
  baseado na brincadeira 41-43
  escondido 106, 203-204, **356-365**
  formal 106, **356-365**
  informal 106, **356-365**
  necessidades educacionais especiais e 260-268, 270-272
  pedagogia da brincadeira e 94-124
  recebido 106, **356-365**
  *veja também* Currículo Nacional
Currículo Nacional 15, 23-24, 44-45, 52-53, 60, 195-199, 336-344, **356-365**
  crianças NEE e 256-257, 259
  Nova Zelândia 104-105, 129-130
  pedagogia da brincadeira 104-105, 107, 109-110, 112-114, 116-117, 120-121
Currículo recebido 106, **356-365**

## D

Dança personalizada 313-315
Debate "papel dos adultos na brincadeira" 245-250
Debate natureza/cuidado 72-73, 136-139
Declaração NEE 260-262, **356-365**
Declaração Salamanca 258-259
Deficiência 253-254, **356-365**
Deficiência, modelo social de 254-256, **356-365**
Dependência (física/emocional) 147-149
Dependência emocional 147-149

## ÍNDICE 391

Dependência física 147-149
**Depositários** 95, 130-131, 260-267, **356-365**
**Descendentes** 240-241, 331-332, **356-365**
**Descentralizar** 331-333, **356-365**
Desempenho
  autoavaliação e 217-221
Desenvolvimento 62-63, 347-348
  neuronal 133-137
  papel da brincadeira 324-346
  teorias historicocultural 70-82
  teorias sociais 63-71
Desenvolvimento cognitivo 33-35, 67-68, 165-166,
  198-202, 302-304
Desenvolvimento emocional 302-304, 325-326,
  328-330
Desenvolvimento físico 143-144, 152-154
Desenvolvimento humano 62-63, 70-82, 347-348
  papel da brincadeira 324-346
**Desenvolvimento individual e "evolução" das
  espécies** 282-283, **356-365**
Desenvolvimento intelectual 325-326
Desenvolvimento neuronal 133-137
Desenvolvimento profissional contínuo (DPC) 95,
  120-121, 124, 189
Desenvolvimento psicológico 27-29, 36-37
Desenvolvimento sensório motor 141, 144-145
desenvolvimento social 303-304
**Dicotomia** 72-73, **356-365**
**Didático** 292-293, **356-365**
**Direitos da Criança** 15, 41-42, 258, 284, 286,
  341-343, 356-365
Direitos humanos 252-254
**Discurso** 240-241, **356-365**
"Discurso de voz dupla" 240-241
**Discurso direto da criança** 150, **356-365**
Discurso do "guerreiro" 242-245
Disposições 141, 262, 264, 270-271
Dispraxia 277-279
**Dissonância psicossocial** 354, **356-365**
**Distanciamento** 310-311, 316, **356-365**
Diversão 121-122, 141, 148-149, 194-195, 301-303
**Diversidade** 252, **356-365**
Drama/teatro 176-181
**Dramaterapia** 299-322, **356-365**
Dualidade 282-286
Dureza social 228-251

## E

**Early Years Foundation Stage** 15-18,
  42-43, 48-49, 94, 96-97, 104-109,
  112-113, 116-121, 128-131, 160,
  165-166, 170-171, 268, **356-365**
Edit Bus 295-296
Educação
  **inclusiva** 253-255, 259, 268-275, **356-365**
  legislação 108-109, 113, 255-259
Educação e Cuidado na Primeira Infância (ECPI)
  117-120, 161-164
**Educação inclusiva** 253-255, 259, 268-275, **356-365**
**Egocentrismo** 130-131, 292-293, 325-326, **356-365**
**Empatia** 220-221, 302-303, 310-311, 313-314, **356-365**

**Empírico** 228-230, **356-365**
**Endomorfo** 155-157, **356-365**
Ensino
  **didático** 109-110, 271-272, **356-365**
  direto 70-71
Ensino com Projeto de Jogos 347
**Ensino didático** 109-110, 282-283, **356-365**
**Equilibração** 33-34, **356-365**
**Escala de envolvimento Leuven** 133-134, **356-365**
**Escalas de avaliação** 165-166, **356-365**
Escalas de avaliação do ambiente na primeira infância
  163-166
Escola
  oportunidades para brincar na 336-338, 340
  rejeição 299, 311-313
  veja também sala de aula
Escolas da Floresta Dinamarquesa 94, 97-98,
  102-105
**Escolas especiais** 253-255, **356-365**
Espaços
  infância 177, 180, 182-188
  veja também espaços de brincadeira
Espaços cibernéticos 349-355
Espaços de brincadeira 152-153, 155-156, 274-276,
  301-304, 311-312, 314-316, 318-319,
  324-326, 341-344
**Esquema** 33-34, 36-37, 165-166, **356-365**
  **reflexivo** 141-143, **356-365**
Esquemas de trajetória 142-143
**Estabelecimento pedagógico** 223-224, **356-365**
**Estabilidade** 143-145, 152-153, **356-365**
**Estágio de Fundação** 37-38, 41-43, 96-97, 163-166,
  174, 176, **356-365**
  Veja também Guia Curricular para o Estágio de
  Fundação (GCEF)
Estágio pré-operacional 141-143
Estratégia Nacional de Comportamento e
Estratégia Nacional de Cuidado Infantil 128-129
**Estratégia Nacional para a Alfabetização e para a
  Habilidade Aritmética** 15, 109-111, 114,
  116-117, **356-365**
Estratégia Nacional Primária 15, 112-113, 116-117
Estratégias afetivas, 121-122, 217-218, 331-332
Estrutura/estratégia 121-122, 288, 290, 292
Estudo EEPAI 95
Etnicidade 16-17, 79-84
**Etológico** 148-149, 228-230, **356-365**
**Etólogo** 24-25, 229-231, **356-365**
Every Child Matters 259
Evolução
  **cultural** 239-240, **356-365**
  diferenças de gênero e 236-238
  **teoria de Darwin** 27-29, **356-365**
**Evolução cultural** 239-240, **356-365**
**Exclusão** 254-255, **356-365**
  social 129-130, 253-254, 301-302
Exclusão social 129-130, 253-254, 301-302
Exossistemas 76-77
Experiências de fluxo 283-286
**Experiências de pico** 282-283, **356-365**
Exploração 104-105, 138-141, 316-318

**392** ÍNDICE

Exploração direcionada 219-220
Expressão de brincadeira 228-233, 235-236

**F**

Família
   de crianças NEE 265-267, 269-271
   **descendentes** 240-241, 331-332, **356-365**
   **grupos de parceiros** 240-241, **356-365**
   irmãos 137-140, 265-266, 324-333
   pais envolvidos na aprendizagem das crianças
      130-131
**Ferramentas psicológicas** 64-68, **356-365**
**Fertilização in vitro** 327-328, **356-365**
**Fiação** 137-138, 147-148, **356-365**
**Filósofo** 27-29, 37-39, **356-365**
**Fisiologia** 27-29, **356-365**
Flexibilidade composta 51-53
Floresta Encantada 122-123, 210-212, 214
**Forças evolucionárias** 237-240, **356-365**
Fortalecendo 117-118, 122-123, 316
Fórum da Primeira Infância 254-255
Frequência 259
Froebel, F. 37-39, 43-44, 46, 102-104, 142-143,
      152-153, 165-166
Fundação Joseph Rowntree 333-334
**Fundo das Crianças** 341-342, **356-365**
Futebol 246, 248
Futuro da família 299, 311-314

**G**

Garagem da Vila (caso de estudo) 219-221
Gardner, H. 166-167, 169, 200, 202-203
Gêmeos 137-140
**Gêmeos fraternos** 137-138, **356-365**
**Gêmeos monozigóticos** 137-138, **356-365**
**"Gene" da brincadeira** 283-284, **356-365**
Gênero 16-17, 84-89, 194-195
   brincadeira dura e bruta e 234-240, 330-332
   brincadeira livre e 235-238, 243-246, 331-332
   papéis 186-188, 242, 244-246
   uso da linguagem e 240-244
**Genes** 24-25, 133-134, 136-138, **356-365**
"Grupo de revisão 2020" 116-117
Grupo do Currículo das Séries Iniciais 16-17
Grupos de parceiros 240-241, 356-365
"Guerreiro" 242-245
Guia Curricular para Estágio de Fundação (GCEF) 15,
      47-48, 95, 99-100, 112-117, 119-120,
      165-166, 170-171

**H**

Habilidade motora
   **ampla** 106, 271-272, 277-279, **356-365**
   **fina** 277-278, **356-365**
Habilidades
   de comunicação 147-148, 204-205, 207, 339-340
   motora *veja* habilidades motoras
   para vida 203-205, 207, 219-221
   principais 194-195, 205, 207, 215-216

   sensórias 271-272
   sociais 246, 248-250, 338, 340-342
   **transferíveis** 205, 207, 215-216, 350, 353-355,
      **356-365**
   *veja* **habilidades transferíveis construtivistas
      sociais** 198-199, **356-365-356-365**
**Habitus** 81-82, **356-365**
Headstart 97-98
Hiperplasia Adrenal Congênita (HAC) 236-237
Histórias 154, 186-188
**Holístico** 107, 117-118, 284, 286-288, 325-326,
      347-348, **356-365**
***Homo sapiens*** 25-26, **356-365**

**I**

**Iconoclasta** 283-284, **356-365**
Identidade
   cultural 81-85
   gênero e 84-89, 194-195
Identidade cultural 81-85
Imaginação 102-103, 289-290
Imitação 102-103, 325-327
**Inclusão** 252-262, 266-267, **356-365**
   *Veja também* inclusão social
**Inclusão social** 76-77, 253-255, **356-365**
Indicação de terapia 318-320
Infância 177, 180, 182-188, 253-254
**Inglês como segunda língua** 16-17, 37-38, 44-45,
      182, 186, **356-365**
Iniciativa da Rosa Branca 17-18, 295-296
**Instintos humanos** 29-30, 32, **356-365**
Instrução 65-68
**Integração** 254-255, **356-365**
Inteligência 198-199, 330
   **emocional** 97-98, **356-365**
   **múltipla** 166-169, 200, 202-203, **356-365**
**Inteligência emocional** 97-98, **356-365**
**Inteligências múltiplas** 166-169, 200, 202-203,
      **356-365**
Interação
   adulto-criança 273-274, 317-319
   entre irmãos 265-266, 324-333
   entre semelhantes 324-326, 328-333, 335-336
   social 193, 198-202, 245-246, 324, 331-333,
      341-342, 350, 353-365
Interação adulto-criança 273-274, 317-319
**Interação social** 193, 198-202, 245-246, 324,
      331-333, 341-342, 350, 353-355,
      **356-365**
**Internalização** 64-66, **356-365**
Internet 349-353
**Interpessoal** 215-216, 302-303, 330, **356-365**
**Intersubjetividade** 67-68, 70, 79-82, **356-365**
Investigação da boa infância 104-105, 193
Irmãos 137-140, 265-266, 324-333
Isaacs, S. 37-39, 46, 152-153

**J**

**Jabadao** 146-147, **356-365**
Jogos

## ÍNDICE  **393**

baseados em regras 27-30, 32
computadorizados 347, 350-351
virtuais 347-353
Jogos de computador 347, 350-351

## L

**Lactação** 236-237, **356-365**
Legislação 256-257, 259, 262, 264, 268
Linguagem 64-65, 101-103, 142-143, 316-318
    de brincadeira (idade de 3 a 6 anos) 167-171, 173
    **discurso direto infantil** 150, **356-365-356-365**
    habilidades 142-143, 147-148, 150-153, 277-278
    **inglês como segunda** 16-17, 37-38, 44-45, 182,
        186, **356-365**
    **linguística** 138-139, 239-240, 242, 244-245,
        333-334, **356-365**
    modos 205, 207-210
    uso de (meninos/meninas) 240-244
**linguística** 138-139, 239-240, 242, 244-245, 333-334,
    **356-365**
locomoção 143-145, 152-153

## M

Macrossistemas 76-77
Malaguzzi, Loris 101-102, 167-168
**Mamíferos** 27-29, **356-365**
Manipulação 144-145, 152-153, 240-241
Mapas da mente 208, 210
Mapas de aprendizagem 208-210
McMillan, M. 37-39, 152-153, 165-166
**Mediação** 64-68, **356-365**
Meios de comunicação 84-85, 243-244, 349-350
Meninas 234-238, 240-244
Meninos 234-238, 240-245
Mensagens verbais 312-313
Mente
    **teoria da** 326-327, 330-333, **356-365**
    **visão computacional da** 198-199, **356-365**
Mesossistemas 76-77
**Metabrincadeira** 121-122, **356-365**
**Metacognição** 121-123, 170-171, 173, 220-221,
    223-224, **356-365**
Micróbios De Purpurina 219-220
Microssistemas 76-77
Modelo de acreção 43-44
Modelo de aprendizagem de kolb 215-216
Modelo de aprendizagem experimental 215-216
Modelo de avaliação baseada na brincadeira (abb)
    273-274
Modelo de reestruturação 43-44
Modelo de sintonização 43-44
**Modelo de transmissão de aquisição** 68, 70,
    121-123, **356-365**
Modelo psicocultural 73-74, 76-77
**Modelo social de deficiência** 254-256, **356-365**
Modelo/teoria ecológica 73-74, 76-77, 166-167
**Modulação do interesse** 29-30, 32-33, **356-365**
Motivação 143-144
    **intrínseca** 37-39, 141, **356-365**
**Motivação intrínseca** 37-39, 141, **356-365**

Movimento 58-60, 106
    brincadeira e 142-153, 156-157, 231-233
    **de desenvolvimento (brincadeira)** 146-147,
        **356-365**
    **impactante** 147-148, **356-365**
    **impulsivo** 147-148, **356-365**
**MSN** *messenger* 303-304, **356-365**
Mudança na brincadeira 303-304
**Multissensorial** 99-102, 132-133, 154, 167-168,
    170-171, **356-365**

## N

**Não participante (pesquisador)** 246-247, **356-365**
**Narcisismo** 283-284, **356-365**
**Narrativa** 35, **356-365**
    brincadeira 86, 167-168, 237-238, 289-290, 293,
        296-297
    significado e 302-304
**Natureza** 136-139, **356-365**
Necessidades 54-57, 260-266, 349-350, 353-355
Necessidades comportamentais 260-264
**Necessidades educacionais especiais** 16-17, 170-171,
    252-280, **356-365**
Necessidades emocionais 260-266, 349-350
Necessidades físicas/sensoriais 260-264
Necessidades principais 350, 353-355
Necessidades sensórias 260-264
Necessidades sociais 260-264, 349-350
**Neuroplasticidade** 134-135, **356-365**
Neuroses 288, 290, 292
Nicholson, n. 54, 56-57
Nível de desenvolvimento 302-303, **356-365**

## O

**O lugar que você quiser que ele seja** 276-278,
    **356-365**
O Plano das Crianças 15, 22, 129-130, 341-344
*O Presente de Winklesea*, 208-210
**Objetivos de aprendizagem nas séries iniciais**42-43,
    94, 106, 112, 117-120, **356-365**
**Objeto transicional** 285-286, **356-365**
Observação 174, 176-177, 273-275
**Observação de área focal** 36-37, **356-365**
**Observação focal de uma criança** 25-26, 241-242,
    **356-365**
ODCE (Organização para o Desenvolvimento e a
    Cooperação Econômica) 23-24, 356-365

## P

Padrões Nacionais Ocupacionais para Playwork
    49-50
Pais envolvidos na aprendizagem das crianças (peac)
    130-131
**Paradigma** 27-29, **356-365**
**Paradoxo lúdico** 281, **356-365**
**Pares/semelhantes** 35, 64-68, 240-241, 253-255, 268,
    337-338, **356-365**
    Interação 324-326, 328-333, 335-336
**Participação guiada** 78-82, **356-365**

**394** ÍNDICE

Participação Periférica Legítima (PPL) 199-200,
356-365
pedagogia 44-45, 356-365
crítica 119-121, 356-365
da brincadeira, currículo e 94-124
definições 95-98, 356-365
peek-a-boo (brincadeira de esconder o rosto) 150
Pega e corre (brincadeira) 242, 244-245
Pensamento compartilhado apoiado 70-71, 96-97,
132-133
Pensamento crítico 217-218
Pensamento pré-linguístico 138-139
"Perambular" 333-337, 343-344
Perturbações 203-204, 356-365
Pessoas ocidentais 29-30, 32-33, 79-80, 165-166,
325-328, 338, 340, 356-365
Pestalozzi, J.H. 37-39, 46, 165-166
Piaget, J. 37-39, 46, 62-63, 108-109, 138-139, 141,
144-145, 165-166, 325-326
Pista de brincadeira 288, 290-294
Pistas não verbais 314-315
Planejamento em longo prazo, 186-188, 188, 190
Planos de brincadeira 265-267, 356-365
Plasticidade 134-135, 282-283, 356-365
Playground de aventura, 55-56, 289-290, 341-343
Playgrounds 122-123, 246, 248, 287-288, 290, 292,
330-337
de aventura 55-56, 289-290, 341-343
Playwork 48-60, 281-298, 347-348
Playwork terapêutico 292-293, 296-297
Portage 259, 356-365
Potencial de variabilidade adaptável 282-283,
356-365
PPEPA 47-48, 70-71, 95-97
Prática 29-30, 32, 186-189
Prática apropriada ao desenvolvimento 42-43,
107-109, 356-365
Prática reflexiva 174, 176-177
Prático
papel (gerenciando a brincadeira) 86-89
reflexivo 44-45, 270-271, 347-348, 356-365
Zona de Desenvolvimento Proximal 65-68
Prático/profissional reflexivo 44-45, 270-271,
347-348, 356-365
Pré-adolescentes 194-197, 336-337, 356-365
Primata 27-29, 240-242, 244-245, 356-365
Privação de brincadeira 51, 292-293, 296-297
Profanidade 282-284, 356-365
Profissionais das Séries Iniciais (PSI) 22
Programa do Centro de Excelência Precoce 259
Projeto de brincadeira urbana 341-343
Projeto peep 70-71, 163-164, 167-168
Propriopercepção 144-147, 356-365
Pró-social 330, 356-365
Proteção infantil 86, 88-89, 319-320
Provocação (implicar) 282-284
Provocação 177-181
Psicodrama 301-302, 356-365
Psicologia de desenvolvimento evolucionário
236-238, 356-365

Psicólogo de desenvolvimento 24-25, 165-168,
356-365
Psicolúdicos 288, 290, 292, 356-365

**Q**

Quase 6 (anos de idade) 96-97, 337-338, 343-344,
356-365
"Quebrar o quadro" 32-34
Questões de gênero 228-230, 356-365

**R**

Racionalização técnica 109-110, 356-365
Racismo 256-257
Recíproco 228-230, 356-365
Reconceituar 101-102, 356-365
Redes sociais 205, 207
Reflexão sobre a prática 186-189
Relacionamentos
adulto-criança 273-274, 317-319
dinâmicos 246, 248-250, 356-365
em formação (bebês) 147-150
veja também amizade; interação
Relações dinâmicas 246, 248-250, 356-365
Relativo/a 27-28, 356-365
Relatório Cockroft 216-218
relatório da Comunidade de Sondagem 119-120
Relatório de Força Tarefa de Carnegie 128-129
Relatório Plowden 43-46, 108-110, 199-200, 202-203
Relatório Rumbold 113, 256-257
Relatório Warnock 255-257, 260-262, 268
Representação enactiva 166-167, 356-365
Resolução de conflito 246, 248
Resolução de problemas 121-123, 138-139, 169,
186-188, 210-218
Resultado por pagamento 337-338
Resultados de aprendizagem desejáveis 102-103,
356-365
Revisão Primária 48-49, 104-105, 116-117, 119-120
risco 282-288, 338, 340
Rogoff, B. 62-63, 70-74, 76-82, 84-85
Romênia (hospital pediátrico) 17-18, 56-57, 295-296
rouba-beijo 228, 237-238, 241-242, 244-247
rumor 331-333, 356-365

**S**

Sabedoria prática 89-91, 356-365
Sacola das sensações 266-267, 356-365
Sacos de brincadeira/guardas da brincadeira 341-343
Sala de aula 171, 173-181, 194-195, 200, 202-205,
336-338, 340
Saúde e segurança 86-88
Saúde mental 276, 288, 290, 292, 301-302, 338, 340,
349-352
Seleção sexual 235-238, 240-242, 244-245, 356-365
Separação 253-255, 356-365
Significado 68, 70, 169, 302-304
Silenciar (das crianças) 316-318
Sinapses 134-137, 356-365

Sinaptogênese 134-137, **356-365**
Siraj-Blatchford, I. 47-48, 70-71, 95-97
Sistema de amigos 205, 207
Sistemas de projeções expressivas 73, 76-77
**Sistemas dinâmicos** 142-143, **356-365**
Sobreviventes ao tsuname 299-301, 305-307, 314-315, 347-348
Socialização 147-150, 205, 207, 245-247, 331-333, 341-343
**Socialmente aprendido** 228-231, **356-365**
**Socialmente construído** 250-251, **356-365**
Sociedade das crianças 333-338, 340-342
Sociedade nacional das crianças 104-105, 193
**Sociocultural** 62-64, 96-97, 102-104, 108-109, 325-326, 347-348, **356-365**
**Socioculturalismo** 62-63, 70-71, **356-365**
Status do hiv 299-301, 307-311, 313-314, 316, 347-348
**Subjetividade do consumidor individualista** 282-284, **356-365**
Suíte holográfica/personagens holográficos 350-352
**SureStart** 129-130, 161-162, 259, 341-342, **356-365**
Sylva, K. 47-48, 54, 70-71, 96-97

## T

Tabela/atividades de brincar com massa de modelar 69
**Taxonomia** 29-30, 32, **356-365**
Te whäriki 104-105, 129-130, 268
Teatro/representação 58-59
    crianças do primário e 203-205, 207, 219-221
    gênero e 73, 75-77, 84-85
    precoce 139-140, 154-156, 176-182, 186-188, 190
Tecnologia 347-355
Tema de casa 217-218, 339-340
**Tempo de ouro** 193-195, **356-365**
**Tempo livre** 193, **356-365**
Teoria bioevolucionária 122-123
**Teoria da evolução de darwin** 27-29, **356-365**
**Teoria da ligação** 148-149, **356-365**
**Teoria da mente** 326-327, 330-333, **356-365**
Teoria da recapitulação 27-30, 32, 51, 60
Teoria das partes soltas 54, 56-57, 284, 286-290
Teoria das partes soltas 54, 56-57, 284, 286-290
**Teoria evolucionária** 24-26, 51, **356-365**
**Teoria historicocultural** 62-63, 70-82, 91-92, **356-365**

Teorias clássicas 27-30, 32
Teorias de aprendizagem social 63-71
Teorias de regulação da energia 27-30, 32
Teorias instrumentais de desenvolvimento 42-48
**Terapia** 29-32, 299-303, **356-365**
    *Veja também* **dramaterapia**
**Terapias artísticas** 299-322, **356-365**
Testes/testagem 337-340, 350, 353-355
**Testosterona** 236-237, 239-240, **356-365**
**Texto de brincadeira** 32-35, **356-365**
*Toda Criança Importa* 15, 116-120, 129-130, 200, 202-203, 259-261, 265-266, 268, **356-365**
Trabalho 25-28, 194-197
**Trabalho de projeção** 302-303, **356-365**
Trabalho em equipe 205, 207-210, 214
**Transformação de prática** 72-74, **356-365**
**Transmissão** 200, 202-203, 337-338, 340-342, **356-365**
**Transtorno de estresse pós-traumático** 305-307, **356-365**

## U

UNICEF 23-24, 52-53, 284, 286, 338, 340, 347-348
**Urbanização** 343-344, **356-365**
**Uso de andaimes conceituais** 35, 37-39, 58-59, 67-68, 70, 96-97, 116-117, 150, 166-167, 198-200, 203-204, 331-333, **356-365**

## V

Violência 84-86, 317-318, 331-333
    *Veja também* brincadeiras de luta; brincadeira "dura e bruta"
**Visão computacional da mente** 198-199, **356-365**
Visual, auditiva e cinestética (vac) 166-168, 170-171, 210-211
**Voz do aluno** 48-49, **356-365**
Vygotsky, L. 37-39, 46, 57-58, 62-68, 72-73, 96-97, 138-139, 165-167, 326-327

## Z

Zeitgeist 347, **356-365**
**Zona de ação da educação** 37-38, **356-365**